CW00730105

DOCUMENTA

LLIBRES ● LIBROS ● LIVRES
BOOKS ● BÜCHER ● LIBRI

Cardenal Casañas, 4
08002 Barcelona
Teléfon 317 25 27 – Fax 318 84 18

HISTORIA DE LA ANTROPOLOGÍA INDIGENISTA: MÉXICO Y PERÚ

AUTORES, TEXTOS y TEMAS
ANTROPOLOGÍA

Colección dirigida por M. Jesús Buxó i Rey

29

Manuel M. Marzal

HISTORIA DE LA ANTROPOLOGÍA INDIGENISTA: MÉXICO Y PERÚ

EDITORA REGIONAL DE EXTREMADURA

ANTHROPOS
EDITORIAL DEL HOMBRE

Historia de la antropología indigenista : México y Perú / Manuel
M. Marzal. — Barcelona : Anthropos ; Mérida : Editora Regional
de Extremadura, 1993. — 543 p. ; 20 cm. — (Autores, Textos
y Temas. Antropología ; 29)
Bibliografía p. 511-522 y 528-529. Índices
ISBN 84-7658-405-9

1. Antropología indigenista - Historia   I. Título   II. Colección
391/397(72+85)
391/397(85+72)

Primera edición: 1981; 2.ª edición: 1986; 3.ª edición: 1989;
en Lima, Fondo Editorial Pontificia Universidad Católica del Perú

Primera edición en Editorial Anthropos: julio 1993

© Manuel M. Marzal, 1981, 1993
© Editorial Anthropos, 1993
© Editora Regional de Extremadura, 1993
Edita: Editorial Anthropos. Promat, S. Coop. Ltda.
   Vía Augusta, 64. 08006 Barcelona
En coedición con la Editora Regional de Extremadura.
   C/ El Puente, 9. 06800 Mérida. Tel. (924) 30 07 10
ISBN: 84-7658-405-9
Depósito legal: B. 18.967-1993
Fotocomposición: Seted, S.C.L. Sant Cugat del Vallès
Impresión: Indugraf, S.C.C.L. Badajoz, 147. Barcelona

Impreso en España - *Printed in Spain*

A Antonio Marzal

PRESENTACIÓN

Este libro es parte de una Historia de la Antropología. En él se recoge la reflexión sistemática sobre las sociedades indígenas de México y del Perú, hecha por misioneros, políticos, historiadores, ensayistas y antropólogos desde la llegada de los españoles hasta la actualidad. En este período de cinco siglos pueden señalarse dos épocas privilegiadas para tal reflexión. La primera se extiende, una vez consolidada la conquista, a lo largo del primer siglo de verdadero dominio español (entre 1550 y 1650 más o menos), cuando se escriben las grandes crónicas sobre los imperios azteca e inca y se reflexiona mucho sobre la transformación de las sociedades indígenas en los virreinatos de Nueva España y del Perú. Y la segunda se extiende a lo largo de medio siglo (entre 1920 y 1970 más o menos) de la vida republicana de México y de Perú, a partir del nacimiento del movimiento indigenista, cuando el indio, después de ser objeto de un largo silencio, vuelve a ser noticia y a ocupar una parte de la reflexión nacional.

Aunque suele afirmarse que la ciencia antropológica no nace hasta la segunda mitad del siglo XIX, sin duda la reflexión sobre las sociedades indígenas de la época colonial puede, por sus peculiares características, ser calificada de antropológica. Esto permite, por una parte, sistematizar con un enfoque similar la información y análisis hechos sobre el indio a lo largo de casi siglo y medio, tema que ha sido centro de la abundante y polémica reflexión del reciente V Centenario del encuentro de los dos mundos. Y por otra parte, permite dar un sentido más iberoamericano a la historia de la antropología, liberándola del habitual enfoque anglosajón, que suele convertir a muchos excelentes cronistas coloniales en precursores más o menos lejanos de esta disciplina.

Es probable que la inflación editorial y la acritud polémica del V Centenario reste actualidad o interés a esta ambiciosa HISTORIA DE LA ANTROPOLOGÍA INDIGENISTA. En los últimos años se han multiplicado los congresos sobre el V Centenario a ambos lados del Atlántico, y en las librerías han aparecido tan buenas ediciones críticas de las viejas crónicas con excelentes introducciones y tantos ensayos interpretativos sobre el hecho americano (razón por la que añado un anexo con obras de la última década) que parecen haber agotado el tema. Sin embargo, como escribía en el prólogo de las ediciones peruanas de esta obra, tengo la esperanza de que este trabajo ayude a comprender mejor la grandeza y tragedia del indio. De este indio que fue el creador de las altas culturas americanas, es una raíz importante de nuestra identidad mestiza y pluricultural, y sigue siendo un problema pendiente en nuestra vida política.

Pero, a pesar de la inflación editorial sobre el tema, creo que la reflexión sobre esta vieja historia del encuentro de mundos conserva actualidad por dos razones. Por una parte, el seguir tocando el tema puede promover los actuales derechos de los indios que se consideran —con mayor o menor justicia— descendientes directos de los hombres que encontró Colón. Y por otra, el análisis de los distintos indigenismos e indianismos americanos y la formación de una omnipresente cultura mestiza de todas las sangres puede servir de punto de referencia y enseñar una difícil convivencia a la naciente Europa comunitaria, que tiene una población blanca cada vez menor y soporta con creciente hostilidad las oleadas migratorias de negros, musulmanes e iberoamericanos.

Además este libro tiene una finalidad académica clara. Lo escribí para mis alumnos de historia de la antropología en la Facultad de Ciencias Sociales de la Pontificia Universidad Católica del Perú, donde enseño hace casi un cuarto de siglo. Y así a esta HISTORIA DE LA ANTROPOLOGÍA INDIGENISTA seguirá, cuando me lo permitan otros compromisos académicos impostergables, un segundo volumen de Historia de la antropología cultural, que tratará del evolucionismo, de la antropología cultural norteamericana, del neoevolucionismo y de la ecología cultural, y un tercer volumen de Historia de la antropología social, que presentará el desarrollo de la antropología social inglesa y de la etnología francesa.

No quiero terminar el prólogo sin expresar mi gratitud a todos los que han hecho posible este libro. A los indios americanos, cuyo contacto en diferentes países del continente siempre ha sido para mí un motivo de cuestionamiento y de esperanza. A los misioneros coloniales, especialmente a mis hermanos jesuitas, cuya entrega a la tarea evangelizadora y al estudio de las lenguas y culturas indígenas y cuya tenacidad en la construcción de utopías en el laberinto colonial, contribuyó a redimir la conciencia de Occidente; por eso, ahora estoy escribiendo una antología sobre los jesuitas-cronistas titulada *La utopía posible*, cuyo primer tomo ya se ha publicado. Y, finalmente, a la Editorial Anthropos de Barcelona, que ha querido publicar esta obra y que está mostrando sensibilidad para hacer coediciones con editoriales y universidades de América latina. Es sabido que la larga crisis económica de muchos países americanos, las barreras arancelarias de sus gobiernos y el costo de los correos, están haciendo cada vez más difícil la compra y venta de libros entre ambos lados del Atlántico. Por eso, todas las formas de superar el aislamiento editorial y de que podamos seguir leyéndonos son una buena inversión y un modo de alimentar la comunidad iberoamericana, que debe conservar su peculiar especificidad cultural, cualquiera que sean los bloques de naciones del mundo del futuro.

Lima, marzo de 1993

INTRODUCCIÓN

I

ANTROPOLOGÍA
Y POLÍTICAS INDIGENISTAS

No es posible hacer una historia del pensamiento antropológico sin empezar por precisar el objeto de esta disciplina.

1. El objeto de la antropología

Pienso que la mayoría de los antropólogos hemos tenido muchas veces la experiencia de tener que explicar a otros cuál es el objeto de nuestra actividad profesional. Por no sé qué estereotipos con frecuencia se nos identifica con los que buscan el eslabón perdido entre el mono y el hombre o miden pacientemente los cráneos de viejos enterramientos; otras veces se nos confunde con los arqueólogos, que hacen prolijas excavaciones para reconstruir antiguas civilizaciones; los más enterados dicen que los antropólogos se pasan años enteros conviviendo con grupos étnicos marginales, olvidándose de la marcha incontenible de la historia que va a acabar borrando todas las diferencias y a establecer una cultura universal. Todo eso —cráneos, restos arqueológicos y costumbres extrañas— lo ha estudiado alguna vez la antropología y hoy lo sigues estudiando algunas de sus ramas, pero la antropología no es sólo eso.

Tal confusión sobre la actividad profesional de los antropólogos, que se da en una conversación intrascendente durante una reunión social, se repite, no raras veces, en los mismos círculos profesionales de antropólogos que, cuando se reúnen, tienen necesidad de preguntarse qué cosa son.[1]

Las principales explicaciones de este hecho parecen ser: que la antropología es una ciencia relativamente joven y, por lo mismo, insuficientemente definida en sus métodos y en su mismo objeto; que la antropología, como todas las ciencias sociales, esta muy condicionada por los cambios de la realidad social que estudia y así ha tenido que redefinir su campo; y que la antropología, por el mismo crecimiento de la disciplina, ha tenido que sufrir una progresiva división en nuevas especialidades. Por todo esto, lo que alguna vez fue el objeto de la antropología o sus métodos más propios han podido dejar de serlo y, por el contrario, campos o métodos otrora vedados a los antropólogos quizás son hoy el centro de sus preocupaciones. De esta forma más que hablar de la antropología hay que hablar de las antropologías.

Todo esto deberá revelarse en esta historia del pensamiento antropológico, porque la dimensión diacrónica es precisamente la que permite ver la evolución de un hecho social. Pero aun así, hay que partir de una definición inicial de antropología que incluya a todos aquellos que hasta ahora han hecho estudios que pueden considerarse antropológicos, aunque los autores de tales estudios no hayan sido antropólogos (no hay que olvidar que la profesionalización de la antropología no tiene lugar hasta bien avanzado el primer tercio del siglo XX), para luego construir la historia de la antropología así definida.

Llamo antropología a aquella ciencia social que estudia el funcionamiento y evolución de la «otras» sociedades. Dentro de la tradición científica que se desarrolla en Occidente, que no es la única ni quizás la mejor, pero sí la que nos ha proporcionado el aparato conceptual que utilizamos cuando queremos describir y explicar los hechos sociales, la antropología nace cuando se estudian aquellas sociedades que han tenido un desarrollo diferente o desigual al del mundo occidental. En ese sentido, Bronislaw Malinowski, recluido durante varios años en la isla Trobriand, en la Melanesia, para darnos una visión total de la sociedad y de la cultura trobiandesa, es el prototipo de antropólogo. El estudio de la evolución y funcionamiento del hombre como ser biológico corresponde más bien a la antropología física; el estudio de las antiguas civilizaciones a través

---

1. Es significativo que en el Primer Encuentro Nacional de Antropólogos profesionales, celebrado en Lima entre el 3 y el 6 de julio de 1979, con el auspicio de la Sociedad Peruana de Antropología, donde hubo tres seminarios de discusión teórica, el primero de ellos se dedicara al objeto de la antropología.

de sus restos corresponde a la arqueología, y el estudio de la estructura de las diferentes lenguas corresponde a la lingüística, ciencias todas que tienen cierta vinculación con la antropología, pero que son una cosa diferente. Este estudio de las sociedades diferentes ha recibido el nombre poco afortunado de *antropología* (que etimológicamente significa «estudio o tratado del hombre»), sin duda por el aspecto holístico o totalizador que se quería dar a ese estudio: el hombre, en cuanto miembro de una sociedad e inmerso en una cultura, era estudiado en todos los aspsectos de su vida para ser mejor comprendido. Pero tal estudio ha tenido enfoques diferentes, y así la antropología se ha llamado en Inglaterra *antropología social*, en Estados Unidos *antropología cultural*, y en Francia *etnología*, aunque la similitud de marcos teóricos y metodológicos nos permite concluir que se trata de la misma ciencia.

Se ha repetido muchas veces que la antropología nace en el siglo XIX y que es una ciencia fundamentalmente anglosajona, por el desarrollo que ha tenido en el mundo de habla inglesa, a ambos lados del Atlántico. Ambas afirmaciones pueden matizarse. La antropología como ciencia o, al menos, como campo de conocimiento nace cuando Occidente se pone en contacto con el continente americano y los españoles tratan de conquistar, colonizar y cristianizar a los indígenas, especialmente a las altas culturas azteca, maya e inca. Si es cierto que el contexto ideológico de ese período no permitía el desarrollo de una ciencia autónoma, pues entonces la ciencia estaba bastante mediatizada por la filosofía y la teología imperantes, también es cierto que hubo una descripción y una explicación de los fenómenos sociales que son propias de la verdadera ciencia. Los antropólogos anglosajones no suelen estar de acuerdo con esta matización. Por ejemplo, Clyde Kluckhohn, en su difundida introducción a la *Antropología* (1949), escribe:

> Aunque los antiguos aquí y allá mostraron que valía la pena ocuparse de los tipos y las costumbres de los hombres, fueron los viajes y las exploraciones a partir del siglo XV los que estimularon el estudio de la variabilidad humana. Los contrastes observados con el compacto mundo medioeval hicieron necesaria la antropología. Por útiles que sean los escritos de este período (por ejemplo, las descripciones de viajes de Pedro Mártir) no pueden considerarse como documentos científicos. Con frecuencia fantásticos, se escribieron para divertir o con fines prácticos. Las relaciones minuciosas de observadores de primera mano se mezclaban con anécdotas embellecidas y a menudo de segunda procedencia. Ni los autores, ni los observadores tenían una instrucción especial para registrar e interpretar lo que veían. Contemplaban a otros pueblos y sus costumbres a través de

lentes toscos y deformadores, fabricados con todos los prejuicios y todas las ideas preconcebidas de los europeos cristianos... no fue sino a fines del siglo XVIII y comienzos del XIX, cuando empezó a desarrollarse esa antropología científica.[2]

Pero no se explica por qué Kluckhohn pone precisamente el ejemplo de Pedro Mártir de Anglería, autor de las famosas *Décadas de orbe novo* (1530), pero que nunca estuvo en contacto directo con las culturas americanas, y no pone el ejemplo del franciscano Bernardino de Sahagún, autor de una etnografía casi perfecta sobre la cultura azteca, a no ser que en el fondo esté oculto cierto etnocentrismo occidental de que toda la ciencia social nace en el siglo XIX y cierto etnocentrismo anglosajón que piense que la antropología aprendió a hablar en inglés. El desarrollo de la primera parte de este primer volumen de la historia del pensamiento antropológico será la mejor prueba de hasta qué punto es exagerada la afirmación de Kluckhohn. De todos modos puede resultar útil señalar una triple etapa en el desarrollo de la antropología, definida como estudio de las «otras culturas» o de las sociedades diferentes: en la primera, se describen dichas culturas o se reflexiona sobre la transformación de las mismas en la praxis social; en la segunda, se buscan las leyes científicas del cambio cultural; en la tercera, la búsqueda científica se convierte en actividad profesional. Así la comprensión de las otras culturas pasa de ser un objeto de estudio a ser una tarea científica y una actividad profesional.

La primera etapa corresponde al mundo colonial hispanoamericano, especialmente a México y al Perú, a partir de la segunda mitad del siglo XVI. Al encontrarse los españoles con las altas culturas americanas y al tratar de transformarlas profundamente en el campo político y religioso, tuvieron que hacer una serie de estudios; aunque no existían las condiciones objetivas para el nacimiento de una ciencia social autónoma, se hicieron muchos estudios descriptivos e históricos sobre las culturas americanas y se acumuló mucha reflexión teórica, aunque no sistemática, sobre la transformación de dichas culturas.

La segunda etapa —la comprensión de las otras culturas como tarea científica— se desarrolla a partir de la segunda mitad del siglo XIX, cuando personas procedentes de diferentes profesiones hacen las primeras formulaciones de la evolución de la sociedad y de sus principales instituciones (la familia, el Estado, la propiedad

2. Clyde Kluckhohn, *Antropología*, México, Fondo de Cultura Económica, 1965, p. 13.

18

o la religión); esas formulaciones evolutivas, cuyos ejemplos más significativos son *La cultura primitiva* (1871), del inglés Edward B. Tylor, y *La sociedad antigua* (1877), del norteamericano Lewis H. Morgan, señalan ya una ley de evolución unilineal en el desarrollo de las instituciones de la sociedad humana —salvajismo, barbarie y civilización, para Morgan—, que se presentan como una verdadera ley científica de la sociedad. Como reacción entra en la escena el difusionismo cultural, que privilegia el préstamo cultural sobre la invención independiente como clave del desarrollo de las sociedades y que también es formulado por antropólogos no profesionales de principios del siglo XX.

La tercera etapa —la comprensión de otras culturas como actividad profesional— se desarrolla a partir del primer tercio del siglo XX, cuando se institucionaliza la carrera de antropología en las universidades norteamericanas e inglesas. Casi simultáneamente surgen las escuelas nacionales: la antropología cultural de Franz Boas en Estados Unidos, la antropología social de Bronislaw Malinowski y Alfred Radcliffe-Brown en Inglaterra y la etnología de Marcel Mauss en Francia. La primera estudia la cultura o modo de ser y actuar propio del grupo; la segunda, la estructura social de los pueblos primitivos, como una rama de la sociología; y la tercera se interesa, sobre todo, por la organización social, pero tiene una fuerte preocupación filosófica. Por este mismo tiempo, México y Perú, que han redescubierto su población indígena tras la crisis de la política indigenista liberal del primer siglo de vida independiente, destierran su preocupación por estudiar lo indígena y, con los marcos teóricos de la antropología cultural norteamericana, montan sus programas de cambio dirigidos entre los grupos indígenas, lo que se traduce en actividad académica y profesional para los antropólogos.

Así, en unas cuantas grandes pinceladas, se tiene un primer cuadro del desarrollo de la antropología en los cuatro últimos siglos. A continuación voy a presentar un cuadro más elaborado, donde se señalen los principales problemas que se plantean y los logros teóricos y metodológicos que se consiguen en el desarrollo de esta disciplina.

2. **Desarrollo del pensamiento antropológico**

Es una más detallada visión panorámica del desarrollo de la antropología puedesn señalarse siete corrientes, cada una de las cuales va a plantear sus propios problemas y a hacer sus peculiares aportes. Paso a enumerar cada una:

2.1. El indigenismo colonial

Es la reflexión antropológica que se centra en las culturas indígenas americanas —de ahí el nombre que le ha dado de indigenismo— con ocasión de la conquista y colonización de México y del Perú por los españoles. Su período más significativo abarca la segunda mitad del siglo XVI y la primera del siglo XVII, en que se publican o al menos se escriben las obras más originales (véase apéndice n.º 2 al final del libro). Los principales temas son:

a) *Funcionamiento y origen de las religiones americanas*. La mayoría de los misioneros que escriben sobre las culturas autóctonas reconocen que es imposible evangelizar a los indios si no se conocen previamente las religiones americanas. Los mismos extirpadores de «idolatrías», que van a organizar en el Perú, en la primera mitad del siglo XVII, campañas sistemáticas contra las religiones indígenas que sobreviven en la clandestinidad, recogen mucha información sobre el tema. Así, en este período, se producen descripciones de los sistemas religiosos autóctonos: sus creencias en Dios, en los intermediarios sagrados y en los espíritus dañinos, con sus formulaciones sistemáticas o míticas; sus ritos impetratorios, satisfactorios, festivos y de transición; sus formas de organización del grupo religioso y las diferentes clases de sacerdocio y chamanismo; y las normas éticas, que son parte integrante de la religión o que se legitiman religiosamente. En estas descripciones no faltan, con frecuencia, sugerentes comparaciones de las religiones indígenas con las religiones greco-romanas y orientales, que eran las más conocidas de los misioneros. Al lado de las descripciones de las religiones indígenas, se plantea también el problema filosófico-teológico des su valor. La mayoría de los autores, influidos por la enseñanza bíblica de que «los dioses de los paganos son demonios»,[3] sostienen el origen demoníaco de las religiones americanas (teoría de la «parodia diabólica»); pero también se plantea el origen apostólico de las mismas, rastreando, en las tradiciones míticas y en ciertos símbolos o ritos, la presencia en América de

---

3. Puede consultarse Xavier León-Dufour, *Vocabulario de teología bíblica*, Barcelona, Herder, 1966. En el artículo sobre demonios dice: «Los traductores griegos de la Biblia sistematizaron esta interpretación demoníaca de la idolatría identificando formalmente con los demonios a los dioses paganos (Sal 96, 5; Bar 4, 7), introduciéndolos incluso en los contextos en que el original hebreo no hablaba de ellos (Sal 91, 6; Is 13, 21; 65, 3). Así el mundo de los demonios se convertía en un universo rival de Dios» (p. 186). Y en el artículo sobre ídolos dice: «Pablo prosigue esta crítica de la idolatría asociándola al culto de los demonios: sacrificar a los ídolos es sacrificar a los demonios» (I Cor 10, 2.ᵒˢ) (p. 357).

alguno de los apóstoles de Jesucristo, por más que esa primera evangelización se hubiera ido deformando con el tiempo por la idolatría. Finalmente, esta reflexión antropológica se centra también en el proceso de aculturación religiosa; con ocasión de los éxitos y fracasos de la tarea evangelizadora se presenta mucha información, conceptos, hipótesis y aun leyes sobre el cambio religioso.

b) *Funcionamiento y legitimidad de las sociedades indígenas*. La reflexión antropológica sobre este tema está muy condicionada por la política española con la población indígena. Como se verá ampliamente en el último apartado de este mismo capítulo, España quiso conservar a las sociedades indígenas «como tales», manteniendo muchas costumbres indígenas compatibles con el sistema colonial y gobernando las comunidades o reducciones por medio de autoridades indígenas. Por otra parte, cuando se encendió la polémica de los justos títulos de la conquista, con participación de juristas y teólogos, se quiso conocer la legitimidad de las sociedades indígenas. Así se realizan las discutibles «informaciones» del Virrey Toledo, que tratan de conocer el modo de gobierno incaico y, de paso, investigar si era posible probar la iligitimidad del poder político incaico. De ese modo, junto a las descripciones de los sistemas religiosos, aparecen las descripciones de los sistemas políticos y culturales de las sociedades indígenas.

Frente a la alternativa oficial, se crean alternativas utópicas, y así un oidor de la Audiencia de México y luego obispo de Michoacan, Vaco de Quiroga, realiza la utopía de Tomás Moro en sus «pueblos-hospitales», y los jesuitas construyen la experiencia utópica más grande y duradera de la historia en sus «Reducciones de Paraguay». Debajo de esas experiencia concretas y de otras muchas que se intentan, más vinculadas al proyecto oficial, estaba planteada ya la problemática de la «capacidad del indio» y la hipótesis del «buen salvaje», que van a popularizar los filósofos sociales franceses del siglo XVIII. Finalmente, la reflexión antropológica se centra también en el proceso de aculturación de la población indígena que se realiza en las mismas comunidades (las detalladas visitas y revistas que se conservan contienen muchos datos interesantes al respecto) y en las ciudades españolas, a las que van incorporándose progresivamente los indios para ir formando la naciente sociedad mestiza.

c) *El origen del indio americano*. También se plantea este tema más teórico, sin implicaciones directas en la praxis de evangelizadores o de funcionarios de la administración colonial. El tema interesa porque responde a la pregunta de cómo se vincula el hombre americano con el viejo mundo, y para responder, se utiliza el método comparativo entre rasgos culturales e instituciones de las culturas euro-afro-asiáticas y americanas. Por más que la geografía americana, todavía no descubierta por completo, y el insuficiente conocimiento etnográfico limiten mucho el valor de las diferentes hipótesis que se plantean sobre el origen del indio americano, llama la atención la seriedad del planteamiento y el uso del método comparativo. Junto a este tema hay que considerar también las primeras formulaciones del evolucionismo cultural.

2.2. El evolucionismo cultural

En el clima intelectual evolucionista del siglo XIX (la filosofía de la historia de Hegel, como evolución hacia la libertad, el materialismo histórico de Marx, con su esquema de la evolución de las sociedades , y el evolucionismo biológico de Darwin) y en el apogeo de la segunda revolución geográfica y colonial, se formulan las teorías del evolucionismo cultural de Edward Tylor (1832-1917) y Lewis Morgan (1818-1881). Éste sostiene en el prefacio de *La sociedad antigua* (1877): «Puede decirse ahora, sobra la base de pruebas convincentes, que el salvajismo precedió a la barbarie en todas las tribus de la humanidad, así como se sabe que la barbarie precedió a la civilización. La historia de la raza humana es una en su origen, una en su experiencia y una en su progreso».[4] La secuencia salvajismo-barbarie-civilización de Morgan es la formulación más rígida de un evolucionismo unilineal y aplicable a todas las sociedades en el espacio y en el tiempo, aunque Morgan no lo aplica sino a tres instituciones sociales, la propiedad, la familia y el gobierno. El evolucionismo cultural tiene el gran mérito de afirmar que la historia de las sociedades humanas se puede reducir a leyes científicas, pero presenta pruebas empíricas sumamente débiles y se convierte, por su implícita devaluación de lo «primitivo» y por su afirmación de que la marcha de las sociedades hacia el progreso es uniforme, en una justificación de la política colonial del mundo occidental.

El evolucionismo domina, durante varias décadas, el panorama de la reflexión antropológica, y los que hacen antropología, que no son profesionales y proceden de diferentes profesiones, dedican su tiempo a amontonar pruebas sobre la evolución de algunas de las

---

4. Morgan, *La sociedad antigua*, México, s.f., p. 48.

instituciones de la sociedad, tales como el matrimonio, la ley, la religión o el instrumental tecnológico. Pero la rigidez de la formulación evolucionista y su evidente debilidad empírica hacen que se desencadene una serie de reacciones: por una parte, aparece el difusionismo cultural, que sostiene que, en el dasarrollo de las sociedades humanas, es mucho más significativo la difusión o préstamo cultural que la invención, tan privilegiada por los evolucionistas y que, por consiguiente, la historia no se explica tanto por el desarrollo independiente y paralelo de sociedades que van recorriendo el mismo camino desde el salvajismo a la civilización, como por influjo de determinadas sociedades en otras y, sobre todo, por el influjo de determinadas sociedades privilegiadas que realizaron los mayores inventos humanos: el inglés Grafton Elliot Smith (1871-1937) va a ser el iniciador del difusionismo extremo, que defiende que la cultura humana proviene fundamentalmente de Egipto, con argumentos más débiles todavía que los de los evolucionistas; el padre Guillermo Schmidt (1868-1954) va a ser el representante más característico del difusionismo alemán (la Escuela de los Círculos de Cultura), que es mucho más aceptable que el inglés y que hace prolijas reconstrucciones del pasado de las sociedades, pero que tampoco llevan a ninguna parte.

La reacción del otro lado del mar —Estados Unidos— ante el evolucionismo cultural es más radical todavía. Es una reacción de tipo metodológico, porque no sólo se cuestiona la respuesta evolucionista, sino que se cuestiona la misma pregunta y así nace el «particularismo histórico», que estudia cada sociedad individual como un todo y es la primera piedra de la antropología cultural norteamericana. Muy poco después en Inglaterra, como reacción contra el difusionismo extremo, por influjo de Durkheim, que aplica el concepto de «función» a las sociedades humanas, por la analogía que hay entre la vida social y la vida orgánica, y como consecuencia de la revolución metodológica que realiza Malinowski en su trabajo de campo en la isla Trobriand, aparece la antropología social inglesa, que también estudia no cómo evolucionan las sociedades, sino cómo funcionan.

2.3. *La antropología cultural norteamericana*

Al institucionalizar el estudio de cada sociedad particular como un todo sobre el terreno, como lógica reacción contra el evolucionismo, el alemán Franz Boas (1858-1942) establece los dos fundamentos de la «escuela americana»: uno teórico, el concepto de cultura, y otro metodológico, el trabajo de campo. Más que un gran teórico, autor de alguna obra clásica de la antropología (cosa que nunca hizo, ya que toda sus producción escrita se reduce a un montón de ensayos), Boas es el creador de un estilo de trabajo científico y el formador de toda una generación de antropólogos norteamericanos, a quienes comunica la simpatía hacia el «primitivo» que él mismo sintió cuando, para probar el influjo del clima sobre el hombre de acuerdo a las teorías de Ratzel, tuvo que convivir con los esquimales y pudo «comprobar que ellos también gozan de la vida como nosotros [...], que la naturaleza es para ellos una bendición, que los sentimientos de amistad echan raíces en el corazón [...], que el esquimal es un hombre como nosotros».[5] Esta «humanización» del primitivo, uno de los grandes aportes de la antropología cultural, va a ser parecida a la que se verá en la antropología social inglesa, porque el acercamiento a la realidad social de ambas escuelas es muy similar. Los grandes temas de la antropología cultural son:

a) *El concepto de «cultura»*. Aunque fue Tylor quien acuñó la primera definición antropológica de *cultura* (utilizando esta palabra, que ya tenía otro significado en el campo de las humanidades y en el uso corriente, lo cual va a ser motivo de una serie de ambigüedades), la tarea de definir y redefinir este concepto va a estar siempre presente en la antropología norteamericana, y ya Kroeber llega a recoger, clasificar y discutir 161 deficiones.[6] Es que este concepto parece ser el mayor invento invento de la antropología norteamericana. Hay que reconocer que las definiciones de *cultura* son cada vez más sofisticadas y tienen en cuenta un mayor número de variables del sistema social, por ejemplo la ecología. Uno de los discípulos de Boas, Herskovits, ha dado una de las definiciones ms completas de *cultura* en la perspectiva de esta escuela:

> Para presentar la teoría de la cultura que ha constituido la base de nuestros estudios, en la forma más sucinta, las proposiciones que se pueden entresacar de ellos son las siguiesntes: 1) la cultura se aprende; 2) la cultura se deriva de los componentes biológicos, ambientales, psicológicos e históricos de la existencia humana; 3) la cultura está estructurada; 4) la cultura está dividida en aspectos; 5) la cultura es dinámica; 6) la cultura es variable; 7) la cultura

---

5. Citado por H.R. Hays, *Del mono al ángel*, Barcelona, L. Caralt, 1965, p. 265.

6. Koeber and Kluckhohn, *Culture: a critical review of concepts and definitions*, Nueva York, Vintage, 1952.

presenta regularidades que permiten su análisis por medio de los métodos de la ciencia; 8) la cultura es un instrumento por medio del cual el individuo se adapta a su situación total, y además le provee de medios de expresión creadora.[7]

Una consecuencia importante de este enfoque es que el ser humano no debe ser estudiado desde la perspectiva de la naturaleza humana universal, sino desde la perspectiva de su propia cultura, que lo ha modelado en el proceso de socialización incluso al nivel más inconsciente. Pero este enfoque lleva ya un doble germen, que va a convertirse en una doble radicalización, aparentemente de signo contrario, pero en realidad del mismo signo: el determinismo cultural y el relativismo cultural.

El determinismo cultural, cuya formulación más pura va a darse en algunos artículos de Alfred L. Kroeber (1876-1960), de los que posteriormente él se rectificó, sostiene que la cultura, aunque es llevada por los hombres y existe a través de ellos, representa realmente una entidad en sí mismo «de otro orden de vida» o «super-orgánica» y que no puede ser explicada por la geografía, la herencia física o la psicología del hombre, sino que hay que estudiarla por medio de la historia; en este estudio, no debe buscarse la explicación de los fenómenos en la causalidad propia de las ciencias naturales o biológicas, sino en la causalidad propia de las ciencias naturales o biológicas, sino en la causalidad de la historia, que es teológica (es decir, que lleva hacia alguna parte, independientemente del actuar de las causas eficientes), y en este estudio el individuo no tiene valor a no ser como ilustración.[8] El ejemplo clásico es la moda femenina, en la que Kroeber, a partir de varios indicadores de la falda, cintura y escote, descubre, en un período de unos ciento cincuenta años, una serie de variaciones cíclicas, que parece que no pueden atribuirse a la decisión de los modistos, sino a que la corriente de la cultura lleva al hombre, lo desee éste o no, a donde ella va.

El relativismo cultural, uno des cuyos representantes más característicos va a ser el mismo Melville J. Herskovits, sostiene que toda realidad conocida es realidad cultural y toda experiencia humana queda culturalmente mediatizada, pues cada individuo in-

---

7. Herskovits, *El hombre y sus obras*, México, Fondo de Cultura Económica, 1968, p. 677.

8. Tres artículos de Kroeber en la revista *American Anthropologist*: «Eighteen Professions», 17, pp. 283-288; «The Superorganic», 19, pp. 163-213; «On the Principle of Order in Civilization as Exemplified by Changes in Fashion», 21, pp. 235-263.

terpreta la experiencia a base de los principios recibidos en la propia socialización y todas sus valoraciones son relativas al fondo cultural de la cual surgen; así, «la poligamia, cuando se mira desde el punto de vista de los que la practican, muestra valores que no son visibles desde fuera».[9] Frente a esta posición conviene distinguir entre el relativismo como método, a fin de que los hechos sociales sean descritos con objetividad científica, desde el punto de vista de los participantes de la cultura que se estudia, lo cual es imprescindible para hacer buena antropología, y el relativismo como filosofía, según el cual todos los valores son igualmente válidos y la cultura sólo puede explicarse por sí misma (aquí el relativismo cultural se acerca al determinismo cultural de Kroeber), lo cual es mucho más discutible y puede llevar a la justificación de la esclavitud o del infanticidio y, desde luego, a la negación de la antropología aplicada.

b) *Cultura y personalidad.* Es otro gran tema de la antropología cultural norteamericana. La importancia que se atribuye a la «cultura» en la explicación del comportamiento de la persona plantea, al menos, dos problemas: el primero es si existe una «naturaleza humana» universal o sólo existen en realidad naturalezas «culturales». Este problema se plantea, sobre todo, con ocasión de las teorías de Freud sobre la psicología individual y de la utilización del psicoanálisis para llegar al inconsciente de la persona. Dos respuestas: la «relativista», representada por Margaret Mead (1903-1978), que sostiene que la adolescencia es una edad crítica sólo para las muchachas norteamericanas, pero no para las samoanas, y que lo mismo ocurre con otros problemas relativos a la educación y a la vida sexual, porque lo decisivo no son los factores biológicos o psicológicos, sino culturales. La otra respuesta, representada por Geza Roheim (1891-1955) en su obra *Psicoanálisis y antropología* (1950), es la siguiente:

> Escribimos este libro con el propósito de dilucidar un problema: saber si los psicoanalistas podían justificadamente interpretar los datos de la antropología de acuerdo con el mismo método utilizado por sus pacientes. La respuesta es enfáticamente afirmativa. La introducción demuestra que los análisis interculturales, aunque pueden tener un sentido adicional determinado por el contexto, poseen un significado subyacente que es independiente del sistema social, o la cultura, o las instituciones fundamentales, y que se funda en la naturaleza del proceso primario. Existe lo que podemos llamar un

---

9. Herskovits, *op. cit.*, p. 75.

simbolismo potencialmente universal. El contenido latente es universal, pero es posible que el símbolo mismo haya sido verbalizado por [...] individuos en muchas regiones del mundo, y luego aceptado por otros sobre la base del contenido latente universal.[10]

E segundo problema es cuál es el papel que juega la cultura en la formación de la personalidad. Todo individuo tiene, como resultado de su propia herencia, un conjunto de cualidades psíquicas; el proceso de socialización va a colorear de un determinado tono el paquete de ideas, de percepciones, de hábitos y reacciones emotivas condicionadas. Todo un conjunto de estudiosos, antropólogos y psicólogos (entre los que sobresalen Abram Kardiner y Ralph Linton) se reúne en un seminario interdisciplinar en el Instituto Psicoanalítico de Nueva York para dilucidar, a la luz del material etnográfico procedente de diferentes regiones culturales, las relaciones entre la personalidad individual y social.

c) *Aculturación y cambio cultural.* Un tercer tema de la antropología cultural norteamericana es el cambio. Aunque las sociedades tradicionales continúen siendo un gabinete privilegiado de estudio para los antropólogos, por ser la clara expresión de la cultura diferente, los cambios acelerados que el avance de la ciencia y tecnología de Occidente comienzan a producir, hacia la década de los cuarenta, en las mismas sociedades tradicionales, hacen que los antropólogos se dediquen a estudiar el cambio y el contacto cultural. Uno de los antropólogos que más influyó en esta nueva orientación, no sólo en su país, sino en los estudios de las sociedades indígenas de México y Perú, fue el norteamericano Robert Redfield (1897-1958). En su obra *The Folk Cultures of Yucatán* (1941) estudia cuatro comunidades yucatecas y establece entre las mismas un continuo *folk*-urbano que se caracteriza por un proceso de individualización, desorganización y secularización en una serie de indicadores previamente elegidos. La teoría de Redfield, aunque no es totalmente explicativa de la realidad social, y así pueden hacérsele muchas críticas, tiene un gran valor heurístico; hay que situarla al lado de las grandes tipologías polares (la solidaridad mecánica u orgánica de Durkheim, la comunidad-social de Tonnies) y , además, ha inspirado gran parte de la antropología aplicada de este período.

Con el interés por el cambio cultural crece el campo de estudios de los antropólogos, que ya no se limitan a las sociedades

---

10. Geza Roheim, *Psicoanálisis y antropología*, Buenos Aires, Editorial Sudamericana, 1973, p. 647.

indígenas y tradicionales, sino que estudian también la sociedad campesina, las colonias suburbanas y las mismas sociedades nacionales, pero con métodos más cualitativos que cuantitativos para seguir viendo a la sociedad «desde dentro», lo cual les resulta mucho más difícil por el tamaño y complejidad de los universos.

2.4. *La antropología social inglesa*

Ya se vio que la antropología social nace como reacción contra el difusionismo extremo y como consecuencia del influjo teórico de Durkheim y metodológico de Malinowski. Su año de nacimiento puede fijarse en 1922, porque ese año publican sus primeros grandes estudios de campo Malinowski y Radcliffe-Brown y muere Rivers, el último de los difusionistas que reintrodujo el estudio del parentesco, uno de los temas principales de esta escuela. Se llama antropología social porque quiere ser sociología de los pueblos primitivos y porque estudia no toda la cultura de las sociedades, sino sólo su organización social. Los temas de más interés para esta escuela son:

a) *El funcionalismo*. En su obra *La vida sexual de los salvajes* (1929) Malinowski observa: «He hablado del método funcional como si se tratara de una escuela de antropológica establecida de antiguo. Permítaseme confesarlo de una vez: el pomposo título de Escuela Funcional de Antropología ha sido dado por mí mismo, sobre mí mismo en cierto modo y en gran parte a partir de mi propio sentido de la irresponsabilidad».[11] Sin embargo, el funcionalismo ejerció y sigue ejerciendo un gran influjo en la antropología. Más que una teoría es un método.

El análisis funcional

> tiene por fin la explicación de los hechos antropológicos, en todos los niveles de desarrollo, por su función, por el papel que juegan dentro del sistema total de la cultura, por la manera de estar unidos entre sí al interior del sistema y por la manera como este sistema está unido al medio físico. La identidad real de una cultura parece reposar en la conexión orgánica de todas sus partes, sobre la función que tal detalle realiza en el interior de sus sistemas, sobre las relaciones entre el sistema, el medio y las necesidades humanas.[12]

---

11. Bronislaw Malinowski, *La vida sexual de los salvajes del noroeste de Melanesia*, Madrid, Morata, 1975, p. 32.
12. Malinowski, *Coral Gardens and their Magic*, Londres, George Allen, 1935.

Para hacer este análisis hay que realizar un exhaustivo trabajo sobre el terreno, para conocer las sociedades «desde dentro».

Este análisis funcional tuvo como consecuencia inmediata la revaloración del «primitivo». Frente a los prejuicios de los evolucionistas (recuérdese que Frazer, a pesar de las miles de páginas que escribió sobre el comportamiento social de los primitivos, preguntando una vez si había visto alguno respondió: «Ni lo quiera Dios», los funcionalistas, con Malinowski, «descartan la noción de que el salvaje es un niño, o un necio o un místico» y sostienen que las culturas tienen sentido, aunque se apoyen en presupuestos diferentes a los nuestros. Además el análisis funcional ayuda a descubrir muchos elementos de la vida social, aunque con frecuencia no vea con la misma facilidad los conflictos de la misma.

b) *La estructura social*. Como las ciencias naturales estudian las estructuras del universo (así, la física atómica estudia la estructura de los átomos y la fisiología y la anatomía, la de los organismos), la antropología social debe estudiar la estructura social, con métodos esencialmente similares a los de las ciencias naturales. Este concepto se convierte en la clave de la nueva escuela, y como los antropólogos norteamericanos definen y redefinen la cultura, los ingleses hacen otro tanto con la estructura social. Ésta puede definirse como la red de relaciones que envuelven a los individuos dentro de un sistema social; tales relaciones que por establecerse entre individuos que se consideran libres, podrían degenerar en un verdadero caos, tienen pautas fijas dentro de un «sistema moral»; para descubrir esas relaciones sociales es necesario investigar tanto los grupos institucionalizados (familias, tribus, clanes, etc.), como los papeles sociales (madre de familia, campesino, chamán, etc.). Cada sociedad define estos roles y estos grupos de manera diferente, de manera que la descripción de los mismos nos proporcionen la estructura de la sociedad.

Entre las estructuras sociales más estudiadas por la antropología social británica está el *parentesco*. La razón de este hecho radica en la presunción de que la vida social de los primitivos está sobre la territorialidad o sobre otro principio. En la investigación del parentesco uno de los mayores logros se debió a Morgan, quien descubrió que los iroqueses utilizaban el mismo término para el padre y los tíos paternos y llamó a ese término «clasificatorio», en oposición a los términos «descriptivos», que se referían a una sola relación social; además Morgan descubrió que el empleo de la terminología clasificatoria no era una simple fórmula de cortesía, sino una condensación verbal de las funciones, derechos y obligaciones sociales que están en la base de la organización social. La falsa deducción de que ciertos términos de parentesco eran prueba de antiguas formas de familia (por ejemplo, el matrimonio entre hermanos) hizo que los hallazgos de Morgan se olvidaran durante mucho tiempo. Fue Rivers quien, en unas conferencias pronunciadas en 1913 en la London School of Economics, redescubrió el parentesco y pudo «mostrar que la terminología del parentesco ha sido rigurosamente determinada por las condiciones sociales y que, si esta posición ha sido establecida y aceptada, los sistemas de parentesco nos proporcionan el instrumento más valioso en el estudio de la historia de las instituciones sociales».[13] Esta línea de trabajo la van desarrollar ampliamente todos los grandes antropólogos ingleses, especialmente Radcliffe-Brown, quien afirma en su célebre introducción a los *Sistemas de parentesco y matrimonio*:

> De la misma forma que el arquitecto, al diseñar los planos de un edificio, tiene que elegir los principios estructurales que elegirá, así, aunque de una manera menos deliberada, en la construcción de un sistema de parentesco existen un número limitado de principios estructurales que pueden ser utilizados y combinados de distintas maneras. El carácter de la estructura de la selección, de la manera de usar y de la combinación de dichos principios. El análisis estructural de un sistema de parentesco debe, por consiguiente, efectuarse en referencia a los principios estructurales y a su aplicación.[14]

Entre esos principios estructurales del parentesco señala la unidad del grupo de *siblings* (hermanos de padre y madre), la distinción de generaciones (las generaciones sucesivas tienden a distanciarse porque hay que transmitir la cultura y socializar a los individuos con disciplinas y control, mientras que las generaciones alternantes tienden a fusionarse, por las relaciones fáciles y la creencia de que el nieto sustituye al abuelo en el sistema social), la unidad de los linajes como grupo, etc.

c) *Rito y mito*. Éstos se estudian en la antropología norteamericana porque son parte de la cultura del grupo; en la antropología inglesa el rito se estudia, en la línea de la sociología de Durkheim, porque es uno de los mejores caminos para descubrir al grupo, ya que éste se expresa en el ritual común. Es ya clásico el método de análisis del rito que Redcliffe-Brown expone en su artículo «Tabú» (1939), que muestra cómo los ritos o tabués extraños tienen sentido

---

13. Rivers, *Kinship and Social Organization*, Londres, The Athlone Press, 1968.
14. Radcliffe-Brown (ed.), *African Systems of Kinship and Marriage*, Londres, Oxford University Press, 1950, p. 81.

en la cultura, en contra de lo que pensaban los evolucionistas, y cómo tienen una función social en el grupo. Radcliffe-Brown distingue en los ritos entre el propósito, que pretenden lograr los que lo realizan, el significado o su contenido simbólico, y los efectos reales que producen en la persona o en el grupo. Luego pone un ejemplo de los andamanenses, quienes, cuando una mujer quedaba embarazada, daban nombre propio a la criatura que estaba todavía en el vientre de su madre e imponían a sus padres la obligación de no comer sino determinados alimentos durante el período anterior al alumbramiento, y de no ser llamados por sus propios nombres, sino como padres del nuevo niño. Aunque los andamanenses no sabían dar razón de esa costumbre, su significado (descubierto por paralelismos con otras situaciones similares) era que el niño ya tenía vida propia y así debía tener nombre propio; los padres entraban en una situación anormal, para destacar la importancia del nuevo nacimiento, y así se conseguía el efecto individual de prepararlos para el acontecimiento y el efecto social de llamar la atención del grupo sobre el nacimiento de un integrante del mismo.[15]

En cuanto al estudio del mito por la antropología social, también hay un notable avance. De ser una simple fábula sin sentido o una reposición del pasado muerto, el mito se convierte con Malinowski en la «expresión de una realidad mayor que subsiste todavía parcialmente viva». «El mito cumple en la cultura primitiva una función indispensable: expresa, exalta y codifica las creencias, custodia y legitima la moralidad; garantiza la eficiencia del ritual y contiene reglas prácticas para aleccionar al hombre. Resulta así un ingrediente vital de la civilización humana.»[16] Pero los mitos, como todos los símbolos, son manipulables, y así pueden se narrados por cada grupo en conflicto con las variantes necesarias para servir de apoyo a su propia posición.[17]

2.5. *La etnología francesa*

Durante el período de construcción de la antropología cultural y social, Francia estuvo bastante ausente. Se sigue cultivando la sociología de la escuela del «Anuario sociológico» y, en el último

---

15. En Radcliffe-Brown, *Estructura y función en la sociedad primitiva*, Barcelona, Península, 1972, pp. 153-173.

16. Malinowski, *Estudios de Psicología primitiva*, Buenos Aires, Paidós, 1963, p. 33.

17. Edmund Leach, *Sistemas políticos de la Alta Birmania*, Barcelona, Anagrama, 1976.

tercio del siglo XIX, se hacen una serie de estudios de antropología física. Marcel Mauss (1872-1950), sobrino y estrecho colaborador de Durkheim, puede considerarse el padre de la nueva escuela antropológica e inspirador de metraux, Griaule, Dumezil, Bastide, Dumont y Levi Strauss. Sobre él escribe otro de sus discípulos:

> Mauss pertenece a la categoría, podríamos decir a la generación de los «etnólogos de cámara». No hace el menor estudio «sobre el terreno». A falta de observación directa poseía, para alimentar su reflexión, una erudición excepcional. Daba la impresión de haberlo leído todo, de haber conversado con todos los grandes etnólogos y de haberlo retenido todo [...] Nunca busca el desarrollo de una teoría sistemática, aunque tampoco ha cesado, a lo largo de toda su carrera, de buscar y multiplicar ideas originales, de indicar la dirección de investigaciones, para cuya dedicación él no disponía del tiempo necesario. Veía los problemas importantes, entreveía las soluciones, presentaba sus descubrimientos, dándonoslo todo en sus escritos o en sus cursos, a medida que una lectura, una conversación o una reflexión proporcionaban a su espíritu una de esas iluminaciones que han hecho de él no tan sólo un jefe de escuela, sino también un precursor.[18]

Aunque no tiene —como tampoco otro gran jefe de escuela, Boas— ninguna obra definitiva, sí acumuló una serie de ensayos inacabados, pero llenos de sugerentes observaciones, como el del don, la teoría general de la magia, etc.

Los principales temas que aborda la etnología francesa son:

a) *El pensamiento primitivo*. Lucien Levi-Bruhl (1857-1939) plantea la mentalidad primitiva como prelógica y eso, en un contexto evolucionista, es mal interpretado; su primera obra, *Las funciones mentales en las sociedades inferiores*, es de 1910, cuando todavía pululan muchas ideas evolucionistas, y así se le atribuye la interpretación evolucionista de que el primitivo vivía una etapa anterior a la lógica, como en el campo social se decía que vivía una horda y en el religioso que creía sólo en almas y no en Dios. Sin embargo, la obra de Levi-Bruhl puede interpretarse correctamente, sobre todo si se tienen en cuenta sus rectificaciones de los *Carnets* póstumos (1947). Así puede hablarse de dos mentalidades: la moderna, en la que el contenido de las representaciones mentales es, no sobre todo, intelectual, el vínculo entre las mismas, lógico, y el principio de apoyo, el principio de contradicción; y la primitiva, en la que el contenido

---

18. Jean Cazeneuve, *Sociología de Marcel Mauss*, Barcelona, Península, 1970, pp. 11 y 7.

de las representaciones mentales es no sólo intelectual, sino también emocional y motor, el vínculo entre las mismas es místico o prelógico y el principio de apoyo, el principio de participación, según el cual los seres y los objetos pueden ser, en sus representaciones, a la vez ellos mismos y otra cosa, como los bororos brasileños que se proclamaban ararás (papagayos). Por más que sea discutible el análisis de los hechos y pobre el material etnográfico utilizado, no hay duda de que la tesis central de Levi-Bruhl de que hay dos mentalidades diferentes, que no son dos etapas del pensamiento humano, sino dos aspectos del mismo, es un gran aporte a la reflexión antropológica. Cazeneuve observa al respecto:

> El conocimiento racional no brinda al hombre nada más que una satisfacción parcial, pues si bien, en cierto modo, da la posesión de su objeto, lo pone a este como exterior al sujeto, como extraño a él, por el hecho de ser objetivamente. Por el contrario las representaciones colectivas de la mentalidad primitiva realizan una comunión entre los seres que participan los unos de los otros, una posesión íntima y profunda del objeto que hace parecer, por comparación, muy incompleta la satisfacción que da el conocimiento racional. Por ejemplo, el pensamiesnto lógico puede aplicarse a la noción de Dios, pero no da nada al creyente que se compare con la participación de su ser en lo divino.[19]

b) *El estructuralismo.* Si el concepto de estructura sale de los escritos de Durkheim para cruzar el canal y ser cuidadosamente elaborado por la escuela social inglesa, des nuevo regresa para ser reelaborado por el estructuralismo francés. A diferencia de la estructura inglesa, que es empírica y observable, la estructura francesa es un modelo que supone un nivel de abstracción mayor que la anterior. El protagonista de esta gesta, que domina todavía buena parte de la etnología francesa y aun se ha extendido a otros campos del pensamiento, es Claude Lévi-Strauss (1908). Partiendo del estudio de la lingüística, dice que la gramática es como la «estructura» de la lengua, aunque uno no se acuerde de las reglas gramaticales cuando está hablando, y sostiene que podemos representarnos la cultura, esto es, el espacio específicamente humano, bajo la forma de un conjunto de sistemas simbólicos (mito, parentela, economía) que permiten el intercambio o comunicación a distintos niveles, entre los cuales el lenguaje sería al mismo tiempo el más perfecto y el más fundamental. Así la antropología puede considerarse como

---

19. Cazeneuve, *La mentalidad arcaica*, Buenos Aires, Siglo XX, 1967, p. 20.

una teoría general de las relaciones que trata de descubrir la estructura omnipresente. Levi-Strauss observa en *Tristes trópicos* (1955):

> El conjunto de hábitos de un pueblo lleva siempre la marca de un estilo; ellos forman sistemas. Estoy convencido de que estos sistemas no existen en número ilimitado y de que las sociedades humanas, así como los individuos, nunca crean —en sus juegos, sus sueños o sus delirios— de manera absoluta, sino que se limitan a escoger ciertas combinaciones en un repertorio ideal que sería posible reconstruir. Haciendo el inventario de todos los hábitos observados, de todos los imaginados en los mitos, y también de los evocados en los juegos de niños y adultos, en los sueños de los individuos sanos o enfermos y en las conductas psicopatológicas, se llegaría a diseñar una especie de cuadro periódico como el de los elementos químicos, donde las costumbres reales o simplemente posibles aparecerían agrupadas en familias y donde no tendríamos más que reconocer aquellas que las sociedades han adoptado efectivamente.[20]

c) *Las formaciones socio-económicas.* Este tema ha sido tratado, sobre todo, por los etnólogos franceses marxistas y entre ellos por Maurice Godelier. Aunque más adelante se verá el influjo del marxismo en los neoevolucionistas, en general puede afirmarse que aquél ha influido menos en la antropología que en otras ciencias sociales. Esto se debe quizás a que el marxismo ha estado un tanto ausente de los países anglosajones, que han tenido un cierto monopolio en la moderna antropología; pero, sobre todo, a que el marxismo suele analizar temas que han preocupado poco a los antropólogos, como el capitalismo industrial, y en cambio tiene poco que decir en temas tan antropológicos como la etnicidad, el campesinado y los sistemas de dominio del Estado en las sociedades precapitalistas.[21]

La antropología marxista ha comenzado a desarrollar trabajos empíricos a partir del análisis teórico de los «modos de producción». Según esta teoría, los distintos modos de producción produ-

20. Claude Lévi-Strauss, *Tristes trópicos*, Buenos Aires, Eudeba, 1973, p. 169.

21. La moderna antropología marxista de la Unión Soviética ha visto la necesidad de llenar esta laguna, aunque no tenga todavía influjo en el pensamiento antropológico por ser poco conocida en el mundo occidental. Una prueba de esta preocupación por los problemas en la etnicidad la constituye los trabajos presentados por los antropólogos soviéticos en el X Congreso Internacional de Ciencias Antropológicas y Etnológicas (Nueva Delhi, 1978). Puede consultarse al respecto el trabajo de V. Basilov, «La etnografía soviética en 1973-1978», *Ciencias Sociales* (Academia de Ciencias de la URSS), 4 (1978), pp. 62-71 (ed. española del Centro de Estudios e Investigaciones Sociales de Bogotá).

cen formaciones socio-económicas diferentes, y la estructura económica de las fuerzas productivas y de las relaciones de producción determinan la superestructura ideológica (religión, organización política, sistema de parentesco, etc.). Sin embargo, la antropología marxista francesa, al plantearse el problema del influjo de la economía en la sociedad, trata de superar el «materialismo vulgar», hablando de cierta semiautonomía de la superestructura o de que las estructuras no económicas funcionan como relaciones de producción. Así Godelier, en su obra *Instituciones económicas*,[22] al referirse al «efecto de las estructuras económicas en la organización de la sociedad», dice:

> Estoy de acuerdo con Marx y su hipótesis acerca de la importancia decisiva que hay que otorgar al papel de las estructuras económicas, cuando queremos entender la lógica subyacente a la forma de operar y evolucionar de los diversos tipos de sociedad. Pero, mi reformulación de esta hipótesis es tal que ya no me impide el reconocimiento y la explicación del papel dominante en aquellas sociedades en las que éste aparece detentado por las relaciones de parentesco, o la estructura y la organización políticas o religiosas. Tal como yo lo veo, este es el único enfoque que puede permitir superar las dificultades opuestas y complementarias que encontramos, por un lado, en la teoría económica reductivista, es decir, en aquella que reduce, como lo hace el materialismo vulgar, todas las estructuras no económicas a meros epifenómenos relativamente poco importantes de la infraestructura material de las sociedades, y por otro lado, en las teorías empiricistas que, según el caso, reducen el conjunto de la sociedad a ser no más que una consecuencia de la religión, la política o el parentesco. De hecho, la distinción entre infraestructura y superestructura no quiere decir otra cosa que el poder distinguir una jerarquía de funciones y causalidades estructurales que garanticen las condiciones de reproducción de una sociedad como tal, sin que en modo alguno implique un juicio previo sobre la naturaleza de las estructuras que en cada caso gobiernan tales funciones (parentesco, política, religión, etc.) o el número de funciones que una estructura puede soportar [1980, 109-110].

2.6. *El indigenismo moderno*

Llamo así a la reflexión antropológica que se realiza en México y Perú en el presente siglo, entre la década de los años veinte y la actualidad, en torno a las culturas indígenas que han sido redescu-

22. Maurice Godelier, *Instituciones económicas*, Barcelona, Anagrama, 1981.

biertas tras la tormenta del liberalismo político. Como se verá ampliamente en el último apartado de este mismo capítulo al hablar de las políticas indigenistas, ya no se pretende «asimilar» a la población indígena sino «integrarla» dentro de la sociedad nacional, pero respetando sus peculiaridades culturales y valores propios. Por otra parte, esta reflexión antropológica sobre lo indígena, que en su etapa de indigenismo colonial fue pionera y así no tuvo a quien imitar, ahora puede y de hecho va a inspirarse en otras corrientes antropológicas, sobre todo la antropología cultural. En los casi dos siglos y medio de silencio sobre lo indígena que tuvo la América hispana, desde el último tercio del XVII hasta la década de los veinte en el presente siglo, ocurren una serie de hechos que van a condicionar la nueva reflexión sobre el indio, especialmente el nacimiento y la profesionalización de la antropología. Además, como a nivel de trabajo de campo es verdad aquello de «América para los americanos», se van a desarrollar una serie de programas de investigación de los antropólogos norteamericanos a este lado del Río Bravo que van a influir significativamente en la antropología mexicana y peruana. Ya se habló de Robert Redfield y de su teoría del continuo *folk*-urbano, pero él no es el único. Finalmente, en este tiempo y a lo largo de todo este período, se va a plantear una y otra vez el problema político de la relación entre los grupos indígenas y la identidad nacional, lo que va a influir en la reflexión antropológica. Aunque en esta escuela no pueda hablarse de un maestro —como Boas, Malinowski, Redcliffe-Brown o Mauss—, es innegable que el grupo de antropólogos mexicanos que montaron los programas indigenistas de su país, a raíz del triunfo e institucionalización de la revolución mexicana, Manuel Gamio, Alfonso Caso y Gonzalo Aguirre Beltrán, van a ejercer un verdadero magisterio indigenista en la América hispana. Con esta introducción ya es fácil comprender cuáles son los temas que trabaja esta escuela:

a) *Identidad del indio*. Tanto para ver qué queda de lo indígena, después del primer siglo republicano de políticas de asimilación de la población autóctona, como para conocer quiénes deben ser los sujetos de los programas indigenistas de los gobiernos, en este tiempo la reflexión antropológica comienza por definir al indio. Es ya clásica la definición de Alfonso Caso (1896-1970):

> Es indio aquel que se siente pertenecer a una comunidad indígena, y es una comunidad indígena aquella en la que predominan elementos somáticos no europeos, que habla preferentemente una lengua indígena, que posee en su cultura material y espiritual elementos indígenas en fuerte proporción y que, por último, tiene un

sentido social de comunidad aislada dentro de otras comunidades que la rodean, que le hace distinguirse asimismo de los pueblos blancos y mestizos [1958, 15].

Tal definición significa un avance en la comprensión de lo indígena. Para el indigenismo moderno el indio ya no es —como lo fue para el liberalismo decimonónico— un individuo aislado, sino el grupo étnico indígena. Sin embargo, con el desarrollo del indigenismo, muchos programas indigenistas se convirtieron en programas de desarrollo regional prescindiendo de la identidad étnica de los destinatarios, y así disminuyó la necesidad de identificar al indígena. Pero, como se verá en el último capítulo, la identidad indígena es un problema pendiente, porque países como México o Perú tiene que ser fieles a sus raíces indígenas, si quieren ser fieles a sí mismos. Por eso la definición de lo indígena, aunque debe dar cuenta de la realidad social (las comunidades indígenas mexicanas son efectivamente eso que describe Caso), debe ayudar también a descubrir los nuevos rostros de una entidad que se redefine dialécticamente ante la cambiante sociedad nacional. Y ése es un reto de la actual reflexión antropológica.

b) *La integración de los indios a la comunidad nacional.* Este fue otro de los temas de la reflexión antropológica, muy vinculado al anterior. Como observa el mismo Caso:

> Se admite ahora que toda la aculturación debe ser dirigida, es decir planeada, no con el fin de asegurar el dominio de la comunidad más fuerte sobre la más débil, sino para evitar la desorganización y la explotación de la comunidad más débil por la más fuerte [1958, 36].

> No hay, en consecuencia, para resolver el problema indígena, sino un camino; el único científicamente correcto y también el único justo y generoso: hay que incorporar las comunidades indígenas a la gran comunidad mexicana; transformar estas comunidades llevándoles lo que ya existe en otros poblados del país [...] Puesto que no se trata de un problema racial, sino de un problema de atraso cultural, lo que se necesita es transformar los aspectos negativos de la cultura indígena en aspectos positivos, y conservar lo que las comunidades indígenas tienen de positivo y útil: su sentido de comunidad y de ayuda mutua, sus artes populares, su folklore. No tenemos derecho a destruir estas formas de cultura; dentro de la cultura nacional, la variedad es necesaria [1958, 103].

Hay toda una evolución en el enfrentamiento del problema: no hay que «asimilar» al indio, porque eso significa matar su identidad étnica, sino «integrarlo», conservando todos los valores positivos.

Pero esta política, aunque estaba llena de buena voluntad, acabó por destruir la identidad étnica. Porque las culturas indígenas no son sólo un conjunto de patrones y rasgos culturales que responden a un determinado hábitat y a una experiencia histórica propia, sino también un producto de la situación colonial que han vivido, en mayor o menor grado, a partir de la conquista española. Por eso se ha formado una coltura «enquistada», «defensiva», «aislante», como la llama Bonfil.[23] En consecuencia, hace falta un mínimo de autonomía para que la cultura pueda elegir su propio camino. En ese sentido, la gran pregunta que se hacen los críticos del indigenismo es: ¿pueden convertirse los grupos indígenas —al menos aquellos cuya conciencia étnica no haya sido definitivamente rota por la dominación colonial— en verdaderas «nacionalidades» que puedan organizarse políticamente bajo un único estado multinacional? La experiencia europea de países multinacionales (Bélgica, Yugoslavia o España), a pesar de sus tensiones reales y a pesar de que allí las nacionalidades integrantes tienen un similar nivel de desarrollo socio-económico, parece ser un buen ejemplo a seguir.

c) *Identidad nacional.* De esta manera el tema de la integración de los indios a la comunidad nacional se convierte en el tema de la identidad nacional. Porque esos indios, cualquiera que sea el criterio que se maneje para identificarlos (rasgos físicos, lengua materna, ciertos patrones culturales, sentido de pertenencia al grupo, etc.), no son, ni en México ni en el Perú, una minoría marginal, sino una gran masa, aunque silenciosa. Por eso la integración de los «otros» a una «nacionalidad», cuya propia identidad se supone conocida, se replantea periódicamente, y mucho más cuando parecen agotarse las posibilidades objetivas de la política indigenista integracionista, para preguntarse qué es la nacionalidad. La categoría «mestiza» —que plantea el Inca Garcilaso como fidelidad a su doble herencia biológica y cultural, y que aplican, un tanto inmisericordemente, los hombres que hicieron la independencia de España, pero con cierto sabor a racionalización, al presentir, más o menos conscientemente, que la independencia no era tan total y que los indios no recuperaban lo que perdieron con la llegada de Cortés y de Pizarro— no parece explicar mayor cosa lo que pasó en el encuentro de dos mundos diferentes, y mucho menos lo que debe pasar. Que México y Perú sean países mestizos (y México más que el Perú) es indudable, pero ¿qué significa ser mestizo en términos

23. Guillermo Bonfil, «Del indigenismo de la revolución a la antropología crítica», en Arturo Warman (ed.), *De eso que llaman antropología mexicana*, México, Nuestro Tiempo, 1970, p. 52.

culturales y en términos políticos? El concepto, bastante claro en su acepción biológica, por lo que significa la mezcla de «todas las sangres» con igualdad de oportunidades, hasta donde llegan nuestros conocimientos de la biología, resulta mucho más oscuro en su acepción cultural y política. Como el concepto de sincretismo religioso es inoperante, si no se describen y explican el tipo de aportes y de procesos que hay en el nuevo sistema religioso sincrético, lo mismo ocurre con el concepto de mestizaje cultural. Por eso, el problema de la identidad nacional, ya se plantee como un mestizaje cultural entre lo «hispánico» y lo «autóctono», ya como un Estado único integrado por una serie de nacionalidades o cuasi-nacionalidades diferentes, va a ser el pensamiento antropológico de estos dos países plantea problemas propios que requieren nuevos marcos teóricos y metodológicos, que también deben considerarse antropológicos, a no ser que se crea que la norma objetiva de lo que es esta disciplina la tengan los antropólogos anglosajones.

2.7. *El neoevolucionismo*

A medida que en la América hispana la antropología se centraba en el estudio de las culturas indígenas y sus formas de integración a la sociedad nacional, en Estados Unidos la antropología tuvo un impresionante desarrollo, por el volumen de trabajos, por la creciente especialización, por el rigor metodológico y por el acercamiento a otras disciplinas afines. En la orientación teórica, junto a la predominante antropología cultural, reapareció, en la década de los cuarenta, la antropología evolucionista. Los instrumentos metodológicos más sofisticados, especialmente en el campo de la arqueología, permitían abordar el tema de la historia cultural sin caer en la historia «conjetural» que tanto había criticado Radcliffe-Brown; además la evolución se va a estudiar no en la sociedad humana total o en algunas de sus instituciones, como hicieron los evolucionistas clásicos, sino en civilizaciones concretas taxonómicamente semejantes y, de un modo especial, en las civilizaciones de regadío.

El primero que vuelve a poner sobre la mesa el tema de la evolución es Leslie A. White (1900-1975), aunque insistió repetidas veces que su pensamiento no era «neo», ni «difería un ápice en principio de lo expresado en la antropología de Tylor en 1881».[24] Parte

---

24. White, *The Evolution of Culture. The Development of Civilization to the Fall of Rome*, Nueva York, Mc Graw Hill, 1959, cap. IX.

de que la cultura es «un mecanismo destinado a proveer al hombre con medios de subsistencia, protección [...], regulación social, ajuste cósmico y recreación. Pero para satisfacer estas necesidades se requiere energía. De allí que la función primordial de la cultura sea [...] la de dominar la energía [...]. El funcionamiento de la cultura como un todo halla base y determinación en la cantidad de energía dominada y el modo en el que la misma es puesta a trabajar»,[25] y luego señala tres etapas en la evolución, según se utilice a la energía humana únicamente, la agropecuaria, resultante de la revolución agrícola, o la industrial, que se inicia con la máquina de vapor y el motor de combustión interna. Pero no sólo en el campo de la antropología cultural norteamericana, que había continuado manteniendo su enfoque histórico, sino también en la antropología social inglesa, que nació radicalmente ahistórica, las exigencias mismas del trabajo científico llevan a retomar los estudios históricos. Fue Evans Pritchard quien lanzó el manifiesto de rebelión,[26] pero fue sobre todo un arqueólogo, Gordon Childe (1892-1957), quien plantea una nueva teoría de la evolución cultural con tres grandes revoluciones: la neolítica (la cultura paleolítica se transforma con la invención de la agricultura), la urbana (la cultura agrícola se transforma con la agricultura de regadío, que permite capitalizar recursos y la concentración de la población en centros urbanos) y la revolución del conocimiento. En Childe hay bastante influjo marxista, influjo que también se da en otros campos del neoevolucionismo a través del concepto del «modo asiático de producción», cuya profundización histórica y sociológica condujo a presentar hipótesis evolucionistas de carácter multilineal.

El tema central del neoevolucionismo es la metodología para descubrir las leyes de evolución cultural, y su representante más calificado es, sin duda, Julian Steward (1902-1972). En su *Theory of Culture Change: the Methodology of Multilinear Evolution* (1955) escribe:

> A pesar de medio siglo de escepticismo acerca de las posibilidades de formular regularidades culturales, se mantiene la convicción de que el descubrimiento de las leyes culturales es la meta final de la antropología [...] [es] importante el que la antropología reconozca explícitamente que un objetivo legítimo y fundamental es intentar ver las similitudes de las culturas a través de las diferencias, descu-

25. White, *La ciencia de la cultura*, Buenos Aires, Paidós, 1964, p. 341.
26. Véanse dos ensayos de Evans-Pritchard, titulados «Antropología social: pasado y presente» (1950) y «Antropología e historia» (1961), publicados en *Ensayos de antropología social*, Madrid, Siglo XXI, 1974, pp. 4-23 y 44-67, respectivamente.

brir procesos que se repiten independientemente en secuencias temporales y reconocer, también, la causalidad y efecto, tanto en términos temporales (diacrónicos) como funcionales (sincrónicos). Este cometido científico no tiene por qué inquietarse, por la necesidad de que las leyes o regularidades culturales sean presentadas en términos comparables a las de las ciencias físicas y biológicas; es decir, que sean absolutas y universales o que proporcionen explicaciones definitivas. Cualquier formulación de datos culturales es válida, con tal que el procedimiento formulado haya sido empírico, que la hipótesis se construya sobre la interpretación de los hechos y que sea sometida a revisión con la obtención de los nuevos datos.[27]

Tras esta visión panorámica del desarrollo del pensamiento antropológico en sus tres etapas (antropología como objeto de estudio y de praxis social, antropología como tarea científica y antropología como actividad científica de antropólogos profesionales) y en sus cinco grandes orientaciones (el indeginismo de México y Perú, la antropología evolucionista, la antropología cultural de Estados Unidos, la antropología social de Inglaterra y la etnología de Francia), el presente volumen va a limitarse a estudiar la reflexión antropológica en torno a las culturas indígenas de México y de Perú desde la conquista española hasta la actualidad, dejando para el segundo volumen el evolucionismo y la antropología cultural de estados Unidos y para el tercero la antropología social inglesa y la etnología francesa. Así los tres volúmenes mantienen una cierta unidad no sólo geográfica, sino también de aproximación temática.

3. Características de esta obra

Ante todo, se trata de una simple introducción. Aunque esta palabra sirve de ordinario para expresar la modestia del autor cuando se aborda un tema complejo, en mi caso hay, además, ciertas circunstancias objetivas; que yo sepa, nunca se ha escrito una historia de la antropología mexicano-peruana en torno a las culturas indígenas desde la colonia hasta la actualidad, y eso es ya motivo suficiente para considerar la primera como introducción. Además, sólo voy a elegir a los autores mas representativos, sabiendo que la lista podía alargarse muchos más.

En segundo lugar, se trata de un libro de texto, que es fruto de mis clases de pensamiento antropológico en la Facultad de Cien-

---

27. En *Cuadernos de Antropología Social y Etnología* (Madrid, Departamento de Antropología de la Universidad Complutense), 4 (1972), pp. 2-3.

cias Sociales de la Universidad Católica de Lima y que espero que sirva para mis clases en el futuro. Los libros de texto han sufrido una cierta devaluación, por haberse convertido en una receta de las disciplinas y por haber dificultado en la práctica el trabajo personal del alumno en las bibliotecas; por eso, durante algún tiempo se creyó que bastaba las orientaciones en clase del profesor y el trabajo personal con «separata» y bibliografía para que el alumno hiciera su propia síntesis de cada materia de su carrera; creo que esta creencia es muchas veces falsa y que el alumno no llega, con frecuencia, a hacer una verdadera síntesis; por eso pienso que los textos, que son la síntesis del profesor, pueden ayudar a que el alumno haga su propia síntesis, con tal de que éste no se limite a repetirlos mecánicamente, sino a completarlos y criticarlos.

En cuanto a la organización de la obra, presento las cinco grandes corrientes del pensamiento antropológico y, en cada corriente, a los autores más representativos, por la calidad de sus obras o por el aporte real que hayan hecho al desarrollo de la disciplina. En cada autor comienzo con una seire de notas biográficas que lo ubican en el espacio y en el tiempo y que tratan de explicar los condicionamientos socio-académicos y la plataforma de despegue; luego se citan cronológicamente sus obras, o al menos las más importantes, poniendo en primer lugar la fecha de la primera edición, por ser este dato importante para hacer la historia del pensamiento antropológico; si el año va entre paréntesis, quiere decir que es la fecha en que se terminó de escribir la obra, aunque se publicara mucho después; finalmente se presentan, bajo el título de «aportes», aquellos aspectos de la obra del autor en cuestión que parecen ser su mayor contribución al pensamiento antropológico por su novedad o por su profundidad teórica o metodológica; en la exposición de dichos aportes pondré con frecuencia trozos de los escritos, cuyas notas se reducirán al año de la edición y a la página respectiva, por aparecer el título completo de las obras en el apéndice final, mientras que las notas de otros autores no incluidos en este volumen aparecerán a pie de página. Entre los aportes, la simple etnografía, aunque se considera una verdadera contribución, no se presenta con toda la amplitud requerida, porque haría excesivamente grande la reseña de cada autor. No hay duda de que lo más discutible de este enfoque es la selección de los «aportes» de cada autor y de los criterios que se utilizan para hacerla; tal selección es fruto de mi lectura personal de las obras y sólo puede confirmarse, completarse o corregirse con la lectura de las obras de los antropólogos, especialmente de los clásicos, a los que muchos citan con frecuencia y pocos han leído suficientemente. Por eso pienso lo mismo que Ángel Palerm en su primer tomo de la *Historia de la etnología* (1974):

> Yo no puedo concebir el estudio de la historia de la etnología sino como una relación lo más viva posible, casi un diálogo, con los textos originales y con sus autores, hecho a la luz de los problemas actuales. En verdad, un autor no puede ser «explicado» sin ser traicionado, y ninguno merece tal suerte. Toda tentativa de hacerlo acaba en una visión distorsionada, y estereotipada y empobrecida. Cada quien deba hacer su propia «lectura». Si parezco apartarme de la norma en este volumen, es porque estoy ofreciendo el resultado de mi «lectura» en una coyuntura determinada. Si la repitiera, como de hecho ocurrió varias veces al repetir el curso, los resultados serían distintos [...] Lo que pido a los estudiantes es su propia «lectura», si es preciso en polémica con la del profesor, o simplemente sin tomarla en cuenta. Es mejor que polemicen y dialoguen con los textos originales y con sus autores.[28]

Por último, esta obra quiere ofrecer una visión panorámica, donde tienen más importancia las ideas fundamentales, su evolución y el porqué de esa evolución, que las detalladas exposiciones sobre cada autor; quiere servir de trama sobre la que se teja el estudio antropológico. A lo largo de la exposición de las cinco grandes escuelas antropológicas será posible descubrir la evolución de la antropología en su objeto, en sus mismos nombres, en sus marcos teóricos, en sus métodos de investigación, en su aplicación y en su progresiva especialización. Todo esto dentro del contexto socio-político global (por ejemplo, las revoluciones geográficas y coloniales de España en el siglo XVI y de Inglaterra en el XIX van a plantear determinados problemas a la reflexión antropológica); dentro del contexto científico concreto (el evolucionismo o el estructuralismo se convierten en «modas» que llegan también a la antropología); y dentro del impacto que van a producir ciertas personalidades, que van a convertirse en goznes de la reflexión antropológica (Boas, Radcliffe-Brown o Levi Straus van a cambiar el rumbo de la antropología).

Como este primer volumen va a limitarse al estudio del indigenismo de México y del Perú, es preciso conocer la política indigenista de estos dos países. Pero hay que aclararlo desde el principio. Una cosa es el estudio sistemático de las culturas y sociedades indígenas desde la conquista hasta la actualidad, que es el objeto de la primera escuela antropológica, dentro del panaroma ya presenta-

---

28. Ángel Palerm, *Historia de la etnología: los precursores*, México, Sep-Inah, 1974, pp. 13-14.

do, y otra cosa la política que se ha tenido con las sociedades indígenas, que es objeto de la historia política de México y Perú. Sin duda el indigenismo como pensamiento antropológico y el indigenismo como política tienen ciertas vinculaciones y, por eso, habrá que empezar por presentar el segundo para entender mejor el primero; pero tal vinculación no es simple confusión; también debajo de gran parte de la antropología social inglesa había unas intenciones y una financiación de tipo político y no por eso se le niega el carácter de escuela antropológica. Ni hay que pensar que los indigenistas «científicos» están al servicio de los indigenistas «políticos»; esto ha sucedido muchas veces, pero también puede decirse lo contrario, porque la praxis política con las poblaciones indígenas ha estado condicionada por las ideas de los estudiosos de las mismas. Con esta advertencia, paso a exponer los diferentes proyectos políticos indigenistas de México y Perú, que han servido de marco de referencia y de estímulo a los antropólogos indigenistas.

4. El indigenismo político en la historia de México y Perú

El indigenismo político en general puede definirse como el proyecto de los «vencedores» para integrar a los «vencidos» dentro de la sociedad que nace después de la conquista. Como esa sociedad ha ido evolucionando por una serie de factores internos y externos en estos casi cinco siglos, puede hablarse de tres grandes proyectos políticos que han organizado los gobiernos y cuyas metas pueden resumirse así: las sociedades y culturas indígenas deben «conservarse como tales» bajo el control (defensa-explotación) de la sociedad dominante (indigenismo colonial), deben «asimilarse» a la sociedad nacional para formar una sola nación mestiza (indigenismo republicano), o deben «integrarse» a la sociedad nacional, pero conservando ciertas peculiaridades propias (indigenismo moderno). Veamos cada indigenismo por separado.

4.1. *El indigenismo colonial*

La conquista significó, como es sabido, un gran colapso para la sociedad indígena, y las elites de ésta desaparecieron por la guerra, la peste, el mestizaje o la integración en la sociedad colonial. Esta integración se dio, sobre todo, a nivel de caciques o curacas. Sin embargo, había que salvar a la población indígena, porque el trabajo de los indios era la base de la economía nacional. El cronista indio Guamán Poma de Ayala, que nace dos años después de la conquista del Perú por los españoles y fue testigo de la fuerte disminución de los indios, se lo recuerda a Felipe III en su famosa crónica: «Digo a su católica real majestad que en este reino se están acabando los indios [...]; de acá a veinte años ya no habrá indios para el servicio de su corona real y defensa de nuestra santa fe católica. Sin ellos vuestra majestad no vale gran cosa, y acuérdese que Castilla es Castilla por los indios» (1966, III, 186). Pero en la política colonial, al lado de esta motivación un tanto interesada para salvar al indio, existió también la motivación más altruista de defenderlo de la explotación de los encomenderos y corregidores, que olvidaban toda la legislación proteccionista que había dado la corona española desde el famoso testamento de Isabel la Católica.

El proyecto político de España con la población indígena tiene su expresión jurídica en la *Recopilación de las Leyes de Indias* (1681) y su expresión política concreta en la «reducción» o «república de indios», cuya implementación promovió tan eficazmente el virrey Toledo, el verdadero organizador del virreinato peruano. La *Recopilación* dedica a los indios casi todo el Libro VI, con sus 19 títulos y sus 536 leyes; en el título dedicado a las reducciones ratifica muchas de las Ordenanzas de Toledo.[29] Para la corona española los indios eran libres, pero tenían un estatuto legal peculiar, por el cual debían vivir en reducciones para asegurar su catequización, el cobro del tributo y el servicio personal (mita) que tenían que prestar rotativamente (uno de cada siete cabezas de familia) a la actividad minera, que era la columna vertebral de la economía colonial. El sistema de reducciones, aunque facilitará la explotación colonial y significará una «des-estructuración» de la organización social de las diferentes etnias andinas (criterios dualistas para la vida social, control ecológico del suelo a diferentes niveles, reciprocidad al interior del grupo, vinculación religiosa con la propia *paqarina*, etc.), será el crisol de una nueva conciencia étnica, basada en la reciprocidad, en las relaciones de parentesco y compadrazgo y en las relaciones del grupo fungiendo como cofradía del santo patrono. Como observa Pablo Macera: «Los españoles, sin querer, hicieron de los indios una sola nación».[30]

En México se dio un proceso similar, con características propias, porque aunque el impacto aculturador y político español fue muy

---

29. *Recopilación de leyes de los reynos de la Indias*, Madrid, Antonio Balbas, 1756², tomo II, y *Tomo Primero de las ordenanzas del Perú, dirigidas al rey... por mano del... Duque de la Palata...* (recogidas y coordinadas por el lic. don Tomás Ballesteros), Lima, Francisco Sobrino y Bades, 1752.

30. *Visión histórica del Perú*, Lima, Milla Batres, 1978, p. 152.

semejante al del Perú, el imperio azteca tenía una organización social y económica diferente a la del Tawantinsuyo. El antropólogo norteamericano Eric Wolf, en *Pueblos y culturas de Mesoamérica* (1959) dedica varios capítulos a la política española en la población mexicana. Habla de que la conquista «engendró una catástrofe biológica. Entre 1519 y 1950, las seis séptimas partes de la población de Mesoamérica fueron diezmadas»,[31] a consecuencia de las nuevas enfermedades introducidas por los españoles (viruela, sarampión, fiebre tifoidea, etc.) y por los esclavos negros (malaria, fiebre amarilla, etc.) y contra las que los indios no estaban inmunizados; el resultado fue la aparición periódica de pestes, contra las cuales la medicina mexicana, como tampoco la europea de ese tiempo, era incapaz de defenderse. Otras causas, reales pero mucho menos significativas, de la catástrofe biológica fueron las guerras y el mal trato infligido a los indios, sobre todo en el «trabajo personal» de las minas. Luego Wolf trata los dos modelos de integración, la «hacienda» y la «república de indios», que «imprimieron con tal fuerza su marca sobre quienes les pertenecían, que los delineamientos de los modelos pueden verse aún, con toda facilidad, en la actual estructura de Mesoamérica. Los fines que animaban a estas dos instituciones eran muy distintos: una era el instrumento de los vencedores, otra el de los vencidos».[32] La hacienda va a ser una institución mitad feudal y mitad capitalista, que se organiza para satisfacer el mercado interno de las ciudades y de las zonas mineras y que se forma pagando por el uso de la tierra a un tesoro real cada día más pobre y pidiendo a los indios que se establezcan en su territorio, a cambio del pago del tributo personal y de un salario frecuentemente en especie. Sobre la conversión de los indios en peones de hacienda escribe Wolf:

> A partir de 1540, un número cada día mayor de indios se fue sometiendo al peonaje. Muchas veces, aceptaban este sistema como un medio para librarse de la servidumbre cada vez más onerosa de las comunidades indias; en éstas, donde la muerte y la enfermedad habían producido estragos, amenazados con perder la tierra y el agua, los indios eran obligados a soportar las cargas del tributo y del trabajo obligatorios, calculados a base del antiguo número de habitantes. Muchos recién llegados eran atraídos también por las nuevas mercancías de fabricación española, más accesibles a través de las haciendas que en los míseros pueblos indios. Por más ilegal que fuera el sistema de peonaje, el nuevo trabajador y su empleador se hallaron pronto asociados en una conspiración para eludir el control

31. Eric Wolf, *Pueblos y culturas de Mesoamérica*, México, Era, 1967, p. 174.
32. *Ibíd.*, p. 181.

real. Los funcionarios de la realeza se esforzaron, sin embargo, por limitarla, fijando en cinco pesos la cantidad que podía ser adelantada a un indio, pero sin demostrar igual preocupación por los límites que no habrían de sobrepasar las deudas contraídas por los descendientes de uniones mixtas entre europeos, africanos e indios.

Pero, muy pronto, el nuevo género de vida instaurado en las haciendas —favorables a los matrimonios y a los intercambios culturales que daban por resultado experiencias compartidas y parentescos multiplicados— ató a los trabajadores al lugar de residencia común, al mismo tiempo que las deudas acumuladas los encadenaban al propietario de la hacienda. El peón se hallaba económica y psicológicamente bajo la dependencia del propietario.[33]

El estudio más completo sobre la población indígena mexicana durante la colonia española es probablemente el de Charles Gibson, que se titula *Los aztecas bajo el dominio español* (1519-1810) (1964), y que termina así:

Lo que hemos estudiado es la decadencia de un imperio y una civilización indígenas. El imperio se desplomó primero y la civilización se vio fragmentada en comunidades individuales. Hubo cierta creatividad en las primeras etapas de la transición, pero no puede decirse que el proceso en conjunto haya sido productivo para los indígenas. La comunidad fue la unidad social indígena más vasta que sobrevivió y a pesar de frecuentes y severas tensiones. La cofradía y la fiesta la apoyaron. Casi todos los indios se sometieron a las exigencias de los españoles y protestaron sólo rara vez. La civilización se vio invadida de rasgos españoles en muchos puntos, pero conservó su particular carácter indígena en parte por convicción, en parte porque fue reducida a una categoría social tan baja que no tuvo ocasión de cambiar. Una de las primeras reacciones individuales y mas persistentes fue el darse a la bebida. Si hemos de creer en nuestras fuentes, pocos pueblos se inclinaron tanto a la bebida como los indígenas de la colonia española en el curso de la historia.[34]

El contraste con el proyecto político oficial, hubo, durante la colonia española, una doble posición extrema, que pueden calificarse de «utópicos» y «rebeldes»:

a) *La utopía indigenista*. Va a tener sus expresiones más significativas en México con los pueblos-hospitales del obispo de Michoacán don Vasco de Quiroga, que trató de poner en práctica el estado ideal

---

33. *Ibíd.*, p. 185.
34. Charles Gibson, *Los aztecas bajo el dominio español (1519-1810)*, México, Siglo XXI, 1967, p. 418.

diseñado por Tomás Moro en su *Utopía* (1505), y en el Paraguay con las famosas reducciones guaraníes organizadas por los jesuitas. Parece ser que esta idea de reducción, que los jesuitas van a aplicar a sus tres grandes misiones sudamericanas —la de Mainas en el Amazonas peruano, la de mojos y chiquitos en Bolivia y la de los guaraníes del Paraguay—, nace en Juli entre los indios aymaras.[35] Los jesuitas, la última orden religiosa en llegar al Perú, no quisieron encargarse de las «doctrinas» o parroquias indígenas porque no las consideraban un método pastoral válido; al ser forzados por el virrey Toledo a tomarlas, propusieron un nuevo tipo de «reducción», donde se mantenían muchos rasgos de la cultura indígena (sobre todo la lengua) y se ejercía una vigilancia más estricta para que los españoles no se metieran en los pueblos indígenas. La *Crónica Anónima* de 1600, al hablar de tres frutos del trabajo de los jesuitas, dice:

> El tercero [...] es defender los Padres de la Compañía a los indios de los españoles: ninguno ni soltero, ni casado, vive en el pueblo de Juli, porque son la polilla de los indios; el no permitirles que les hagan agravios, el llevarlos por la fuerza, tomarles sus hacenduelas y aun sus propias mujeres e hijas, que es lo común; no permitir que tengan dares y tomares cautelosos con que engañan a los indios, ventas del mal vino, coca podrida y harinas para borracheras, y otros tratos que son ordinarios en otros pueblos. Sino también en oponerse con valeroso pecho a los gobernantes, en que no saquen de Juli ropa para ellos, en que las cobranzas de las tasas sean con moderación y aun de estas mismas se las relieven conforme a los muertos, que se disminuya el número de indios para Potosí, que es cuchillo y sepultura de la tierra, y finalmente amparando a los desventurados indios de los jueces y comisarios que, como granizo, llueven por esta provincia [Mateos, 1944, 407].

Este nuevo tipo de reducción, que valoraba muchos rasgos de la cultura indígena y limitaba mucho la explotación del sistema colonial, aunque los indios seguían bajo el régimen de tributo y de mita, tuvo su mayor desarrollo en el Paraguay con algunos de los misioneros que iniciaron su trabajo en Juli. Allí el modelo de reducción fue llevado hasta sus últimas consecuencias, y los jesuitas crearon un verdadero «estado indígena» dentro del Estado que, si bien la corona española toleró al comienzo, por ser una defensa

---

35. Tal es la hipótesis de Alfonso Echánove en dos artículos de la revista *Missionalia Hispánica* del Consejo Superior de Investigaciones Científicas de Madrid: «Origen y evolución de la idea jesuítica de Reducciones en las Misiones del Virreinato del Perú», 34 (1955), pp. 95-144 y «La residencia de Juli, patrón, y esquema de reducciones», 39 (1956), pp. 497-540.

contra el avance de los paulistas y por llevarse a cabo en una región donde no era necesaria la mano de obra indígena para la minería, fue, a fin de cuentas, causa importante para la expulsión de los jesuitas de todos los dominios españoles en América.

b) *La rebeldía indígena.* Otra oposición al proyecto colonial vino de los indios mismos, que manifestaron diversas formas de resistencia a la conquista política y cultural de los españoles. Dentro de esa resistencia hay que enumerar, en el Perú, las rebeliones indígenas (desde la de manco Inca en Vilcabamba hasta la de Tupac Amaru II, pasando por la de Juan Santos Atahualpa), ciertos movimientos mesiánicos (expresados en el Taqui Onqoy y en el mito de Inkarri) y la misma tenaz resistencia pasiva para seguir siendo andinos, a pesar de la fuerte modelación cultural del régimen colonial. Como ejemplo de rebelión indígena transcribo una parte de la carta del franciscano fray José Gil Muñoz sobre el levantamiento de Juan Santos Atahualpa:

> Participo a vuestra merced el gran trabajo que al presente estamos padeciendo [...]: haber perdido en ocho días muchos pueblos de nuestras misiones de infieles con muchos miles de ánimas [...], por la malicia de un indio o mestizo que de estas partes del Cusco ha venido montaña adentro hasta hacer asiento en nuestras misiones como indefensas. Este demonio encarnado ha llamado a todos los indios de nuestras misiones [...], denominándose rey inga, y todos le han obedecido [...] Ya ha despachado sus embajadores a la sierra para que sus hijos los indios serranos y los mestizos sus ingas, que así los llama, le acompañen en la empresa de coronarse en la ciudad de Lima [...] Los indios de este valle o provincia de Jauja y los de Tarma están muy contentos y en algunas partes ya no obedecen al cura, diciendo que ya viene su inga [...] El dicho indio es querido [...], vestido con una cusma pintada o túnica de algodón [...] A otros negros y a un mulato [...] les dijo [...] él era del Cusco [...], que su casa se llamaba Piedra, que en su reino no había de haber esclavos, que ya se acabó el tiempo a los españoles y a él se le llegó el suyo; que ya se acabaron obrajes, panaderías y esclavitudes. Todo esto lo dijo a los negros y mulatos para que lo dijeran a los padres de dichas conversiones y sacando un santo Cristo que trae al pecho, dijo a los negros que por aquel Cristo les pedía que dijesen a los padres misioneros todo lo que él decía.[36]

En México se dan también rebeliones indígenas, que toman también a veces la forma de movimientos mesiánicos. Un reciente estudio de María Teresa Huertas y Patricia Palacios ha recopilado du-

---

36. Mario Castro Arenas, *La rebelión de Juan Santos*, Lima, Milla Batres, 1973, anexo y documental n.º 1.

rante la época colonial 14 rebeliones en el centro y sur de México y 16 en el norte,[37] diferencia que es explicable por el mayor impacto político y cultural en la antigua Mesoamérica, pero ninguna de estas rebeliones puso en peligro el control del gobierno de la metrópoli.

A pesar de estas rebeliones, al terminar el período colonial, una gran parte de la población indígena vive en «repúblicas de indios», bajo un régimen proteccionista y, en cierto sentido, segregacionista. Pero muchos indios han cruzado la frontera cultural de su comunidad para incorporarse a la gran hacienda, que continúa desarrollándose como apoyo a la minería o a la vida de la ciudad. El régimen de las repúblicas de indios, similar en cierto sentido al régimen de castas (los archivos parroquiales anotan cuidadosamente, en cada partida de bautismo, matrimonio o muerte, la condición de indio, de mestizo o de criollo), tiene su núcleo en la propiedad comunal, en el tributo y en el servicio personal.

Pero la colonia española tuvo, con relación a la población indígena, no sólo un proyecto «político» sino también un proyecto «religioso»; quería no sólo someter a los indios a la autoridad y al modo de vida de España, sino también hacerlos cristianos. Cualquiera que sea la interpretación que se dé a las bulas de Alejandro VI, por las que se concedía a los reyes de Castilla las tierras descubiertas a cambio de una serie de obligaciones de tipo espiritual, es innegable que los reyes ejercieron un eficaz «patronato», que ponía en sus manos la presentación de los obispos y párrocos y el cobro de diezmos, a cambio del sostenimiento del culto, y que convierte a España en un «Estado-misionero». Por su parte, la Iglesia siente la necesidad de cumplir su misión religiosa y de anunciar a este «nuevo mundo» la fe cristiana. El cumplimiento de este objetivo, común a la Iglesia y al Estado colonial, va a plantear una serie de problemas antropológicos que van a dar suma importancia a la antropología de la religión dentro del pensamiento antropológico de este período.

4.2. *El indigenismo republicano*

El proyecto político de las naciones recién independizadas para con sus poblaciones indígenas tiene metas menos explícitas que el de la colonia. Se debe, sobre todo, a que, desde la perspectiva liberal de igualdad de todos ante la ley, no hay indios sino perua-

---

37. *Rebeliones indígenas de la época colonial* (recop. María Teresa Huertas y Patricia Palacios), México, Sep-Inah, 1976.

nos, y, naturalmente, sin indios no puede haber proyectos indigenistas. Además, los hombres de la independencia estaban demasiado preocupados por la consolidación del nuevo Estado y pensaban, con el optimismo propio del liberalismo político y económico, que las diferencias —entre ellas, el indio— iban a desaparecer y que acabaría formándose una sola nación bajo un solo Estado.

Por eso, en el Perú se limitaron a desmontar cada una de las piezas del sistema indigenista colonial (la denominación de indio, el tributo, el servicio personal, la propiedad comunal y los cacicazgos), para que la libertad y la igualdad de los indios ante la ley fuera realidad. En el primer mes de la proclamación de la independencia, el general San Martín da decretos por los que «queda abolido el tributo» (aunque no tardaría en reestablecerse): «en adelante no se denominarán los aborígenes indios o naturales [...], sino ciudadanos del Perú y con el nombre de peruanos deben ser reconocidos» (27 de agosto de 1821), y «queda extinguido el servicio que los peruanos, conocidos antes con el nombre de indios o naturales, hacían bajo la denominación de mitas, pongos, encomiendas, yanaconazgos y toda otra clase de servidumbre personal, bajo la pena de expatriación» (28 de agosto), sanción que ha seguido practicándose, aunque no siempre por motivos tan nobles como la defensa de los indios.

Por su parte, Bolívar, el 8 de abril de 1824, declaró a los indios propietarios de sus tierras, pudiendo venderlas o enajenarlas, y ordenó el reparto de tierras de la comunidad entre sus miembros, y el 4 de julio de 1825 declaró extinguidos los títulos y autoridad de los caciques, por no reconocer la Constitución desigualdad entre los ciudadanos ni existir títulos hereditarios. Así se suprimieron dos instituciones —la comunidad y el cacicazgo—, que si bien fueron un instrumento de control y demonación del indio por la corona durante el virreinato, lo fueron también de defensa, con lo que muchas propiedades indígenas fueron a engrosar los crecientes latifundios y el indio se sintió más solo que nunca frente al nuevo mundo dominante.

Este desmantelamiento, consumado antes de la batalla de Ayacucho, no cambia en el marco jurídico de las ocho Constituciones políticas del siglo XIX, que apenas pronuncian la palabra *indio* o *indígena*. Como no hay diferencias ante la ley, durante todo este período los indígenas tienen el derecho del voto, aunque no sepan leer ni escribir, derecho del que serán privados por la ley del 20 de noviembre de 1898[38] y que no volverán a recuperar hasta la nueva

---

38. Jorge Basadre, «El sufragio de los analfabetos», en *La vida y la historia*, Lima, Fondo del libro del Banco Industrial del Perú, 1975, pp. 585-588.

Constitución de 1979. Pero, en general, puede decirse que en la naciente república los indios no cuentan, a no ser con su pasado un tanto mitificado, para nutrir el nacionalismo de un país que, para afirmar su propia identidad, necesita ser diferente de la España con la que acaba de romper. En consecuencia, frente al proyecto político indigenista de la colonia, que quería conservar la «nación india como tal» dentro del «reino» del Perú, en un régimen de libertad protegida y de control económico y político, el proyecto indigenista republicano pretendía «asimilar» al indio, convirtiéndolo en un ciudadano más de una república homogénea.

Pienso que no hay buenos estudios sobre el impacto de esta política en nuestra población indígena, pero hay datos suficientes para afirmar que el resultado final fue que muchos indios se vieron privados de sus tierras y de su identidad, ante el avance del latifundio que ahora no tenía ni siquiera la débil barrera de la ley, y tuvieron que incorporarse al mundo mestizo de las ciudades, plantaciones o fábricas del naciente capitalismo industrial. Así el país se hizo en realidad más mestizo culturalmente. Los grupos indígenas que quisieron defender su identidad se quedaron con las peores tierras en «regiones de refugio».

En México las metas y el proceso del indigenismo republicano van a ser bastante similares a los del Perú. En 1810 se inicia la lucha por la independencia con los curas Hidalgo y Morelos, con un programa donde las reivindicaciones indígenas tienen un lugar importante. En la proclama de Morelos de 17 de noviembre de 1810 se señala el fin del sistema de castas, de la esclavitud y del tributo indígena, que la tierra tomada a las comunidades indígenas debe ser devuelta y que la propiedad de los españoles y de los criollos hispanófilos debe ser expropiada. La independencia, que se consuma en 1821 por Agustín de Iturbide con un programa más conservador, llegando éste a proclamarse emperador, significa la igualdad de todos los mexicanos ante la ley y el fin teórico de la explotación colonial. Sin embargo, también en México las comunidades indígenas van a sufrir un gran impacto con el triunfo del liberalismo político del presidente Benito Juárez y del liberalismo económico del dictador Porfirio Díaz, y se va a acelerar el proceso de «mexicanización» del indio con el crecimiento de los latifundios. Benito Juárez, el indio zapoteca que se hizo abogado y llegó a presidente, dio en 1856 la ley de Desamortización, la cual ordenaba la venta inmediata, preferentemente a sus arrendatarios, de todas las propiedades de las corporaciones civiles y eclesiásticas, y declaraba ilegal la propiedad de las comunidades indígenas, que debían repartirse entre sus miembros. Debajo de la ley estaban los principios liberales de liberar a la gran propiedad de «manos muertas» y consagrar el estatus del ciudadano propietario. Como los eclesiásticos se defendieron de diversas maneras, dos años después, en 1858, se dio la ley de Nacionalización, que ya no obligaba a vender las propiedades por dinero que podía invertirse en empresas industriales y comerciales, sino que tenía carácter confiscatorio. El resultado final de la política de Juárez fue la liquidación de la propiedad eclesiástica, que no fue comprada por los campesinos sin tierra, sino por nuevos terratenientes, en cuyas manos fueron cayendo también las tierras de las comunidades, que ya podían venderse.

Este proceso se consumó cuando el dictador Porfirio Díaz, para fomentar la emigración interna y extranjera a las tierras baldías, dio en 1875 la ley de Colonización, que sometía a subasta pública todas las tierras poseídas ilegalmente. Debajo de esta nueva ley latía la idea de Sarmiento de que «civilizar es poblar» y se quería repetir, al sur del río Bravo, la conquista del oeste de los Estados Unidos. El resultado fue que tampoco ahora los indios sin tierra pudieron comprar un fundo propio, por falta de posibilidades económicas y técnicas y por apego a su propio hábitat y a su mundo cultural, y al contrario, muchos indios fueron despojados de sus tierras propias por no poder presentar su título legal. Resultado final: el latifundio creció desmesuradamente y la mayoría de los indios se quedaron sin tierra. Una fuente afirma que en 1910, al caer Porfirio Díaz bajo la revolución triunfante, el 1 % de la población poseía el 97 % de las tierras.[39]

4.3. *El indigenismo moderno*

La política indigenista cambió con la crisis de la ideología liberal. Mucho más radicalmente en México, que va a hacer una revolución profunda y que va a gestar un movimiento indigenista que en la década de los cuarenta se va a convertir en un movimiento continental; pero el cambio va a darse también en el Perú. El nuevo indigenismo no trata tanto de la igualdad legal de los indios y de los demás ciudadanos, como el indigenismo republicano, sino de superar la desigualdad real, que los gobiernos liberales han acentuado dramáticamente. Además no pretende «asimilar» a la población indígena, sino «integrarla» dentro de la sociedad nacional, pero respetando sus valores y peculiaridades culturales.

En el nacimiento de esta nueva orientación confluyen en el Perú

---

39. Salomón Ecksteins, *El ejido colectivo en México*, México, Fondo de Cultura Económica, 1966, pp. 18-25.

una serie de fuerzas que son políticamente antagónicas. Un reciente estudio de Carlos Degregori[40] plantea la discusión sobre el «problema indígena» en el Perú durante el siglo XX. Aunque en el libro se desarrolla el pensamiento indigenista de autores que serán presentados y analizados en la presente obra, ahora interesa sólo el hecho de que los diferentes sectores de la escena política peruana —la «derecha ilustrada», el leguiísmo, el apra, el grupo Resurgimiento del Cusco, la izquierda marxista, etc.— influyen en la nueva orientación de la política indigenista. Un indicador de este cambio son las dos primeras Constituciones políticas del presente siglo, la de 1920 y la de 1933. La Constitución de 1920, aunque conserva el tono liberal de todas las Constituciones peruanas, rompe el largo silencio de nuestras cartas políticas sobre la tercera parte al menos de los habitantes de nuestro territorio e introduce dos artículos que se refieren a los indios: «Los bienes de propiedad de las comunidades indígenas son imprescriptibles y sólo podrán transferirse mediante título público, en los casos y en la forma que establezca la ley» (art. 41) y «El Estado protegerá a la raza indígena y dictará leyes especiales para su desarrollo y cultura en armonía con sus necesidades. La nación reconoce la existencia legal de las comunidades de indígenas y la ley declara los derechos que le corresponden» (art. 58). Cuando la Asamblea Constituyente discutió este artículo, el diputado por Pachitea Aníbal Maúrtua pidió que se aprobara de pie y por aclamación, porque constituía una de las innovaciones más trascendentales que iba a producir la resurrección de la raza indígena.[41] Aunque en la predicción había un cierto triunfalismo ingenuo, sin duda era una innovación importante. Desde entonces el indígena deja de ser un ciudadano más, igual en derechos y deberes a todos los demás peruanos, para tener un estatuto legal peculiar y ser sujeto de «leyes especiales», que el Estado debe dictar para su promoción. Además se sanciona la propiedad comunal, que es una garantía para mantener el estatuto especial y una barrera para defender las tierras indígenas. De ese modo, en otro vaivén de la historia, se volvía a aspectos proteccionistas del virreinato.

Aunque la Constitución de 1920 tuvo escasa repercusión durante el régimen autoritario de Leguía y fue derogada diez años después por la revolución triunfante, sirvió para plasmar una nueva visión sobre el

---

40. Carlos Degregori, Mariano Valderrama, Augusta Alfajeme y Marfil Franke, *Indigenismo, clases sociales y problema nacional*, Lima, CELATS, s.f.

41. José Pareja y Paz Soldán, *Las constituciones del Perú*, Madrid, Ediciones Cultura Hispánica, 1954, p. 288. Puede consultarse también a Nicolás Lynch, *El pensamiento social sobre la comunidad indígena y principios del siglo XX*, Lima, Centro de Estudios Rurales Las Casas, 1979.

hecho indígena, que la Constitución de 1933 se va a limitar a ampliar. En efecto, ésta reconoce la existencia legal y personería jurídica de las comunidades (art. 207), garantiza la integridad de la propiedad de las mismas (art. 208) y además afirma: «El Estado procurará de preferencia dotar de tierras a las comunidades indígenas que no las tengan en cantidad suficiente para las necesidades de su población, y podrá expropiar, con tal propósito, tierras de propiedad particular, previa indemnización» (art. 211) y «El Estado dictará la legislación civil, penal, económica, educacional y administrativa que las peculiares condiciones del indígena exigen» (art. 212). Es decir, que la Constitución del 33 consagra las dos grandes innovaciones de la Constitución del 20 sobre la población indígena —el estatuto legal peculiar y la propiedad comunal—, pero da un paso más de suma importancia. Consciente del despojo de tierras sufrido por las comunidades, sobre todo durante el siglo en que no existió legalmente la propiedad comunal, y del crecimiento demográfico de las mismas, como resultado del mejoramiento de la situación médico-sanitaria, sostiene la necesidad de dar tierras a los comuneros y pone la base jurídica a la reforma agraria.

A pesar de este marco constitucional tan prometedor, la sucesión de gobiernos conservadores en el palacio de Pizarro hizo que la situación indígena no cambiara mucho.[42] La reforma agraria tuvo que esperar todavía treinta y seis años, si se prescinde de las modestas leyes de reforma agraria de los gobiernos de Prado y de Belaúnde, hasta que el presidente Velasco, en el «día del indio» (24 de junio de 1968), dio el D.L. 17.716, que inició un proceso de real distribución de la propiedad agraria peruana. Pero la legislación especial para los indígenas nunca llegó a promulgarse. Es cierto que en 1947 el presidente Bustamante crea el Instituto Indigenista Peruano para estudiar los problemas de la población indígena y asesorar al gobierno en su solución; que en la década de los cincuenta se establecen el Proyecto Perú-Cornell con los quechuas de Vicos en el Callejón de Huaylas, la Misión Andina en Puno y, a partir de estas experiencias, se organiza el «Plan Nacional de Integración de la población aborigen»; y que, durante el gobierno de Belaúnde, se monta un «Programa de Desarrollo Comunal» para integrar las comunidades indígenas y campesinas al desarrollo nacional. La revolución de la fuerza armada, que se inicia en 1968, dio una serie de medidas más radicales para integrar al mundo indígena: el Estatuto de las Comunidades Campesinas (1970), la Ley General de Educación, que garantiza la educación bilingüe (1972), el Decreto Ley sobre comunidades nativas y promoción agropecuaria de la selva (1974), el

---

42. Puede consultarse la obra de Thomas M. Davies, *Indian Integration In Perú. A Half Century of Experience, 1900-1948*, Lincoln, University of Nebraska Press, 1970.

Decreto Ley sobre oficialización del quechua (1975). Pero en este momento lo que se cuestiona, tanto en el Perú como en otros países del continente con fuerte población indígena, no es la eficacia de los métodos de integración del indio a la sociedad nacional, sino la legitimidad de la meta misma de la integración. Los antropólogos teóricos, más que los políticos o que los antropólogos embarcados en programas de acción, se plantean una nueva forma de indigenismo, cuya formulación pertenece más a la historia del pensamiento antropológico que a la de la política indigenista, y que se expondrá en el último capítulo.

Pasando ahora a México, allá se vivió la etapa del indigenismo moderno, con más radicalidad política y más profundidad teórica. La radicalidad política le viene de la revolución que se inicia en 1910, que significó, como es sabido, una serie de cambios profundos y en la que pueden distinguirse tres etapas. Una primera etapa bastante sangrienta (la población mexicana, que en el censo de 1910 era de 15,1 millones, en el censo de 1921 era solamente de 14,3), dominada por grandes caudillos (Zapata, Pancho Villa, Obregón, etc.) y que termina cuando el presidente Calles, poco después de concluir su período presidencial, organiza el Partido Nacional Revolucionario, antecesor del actual Partido Revolucionario Institucional y que va a ser la clave de la vida política mexicana hasta nuestros días. Una segunda etapa de reformas profundas, dominada por Lázaro Cárdenas (1934-1940) y de una orientación de izquierda marxista. Una tercera etapa, a partir del gobierno de Ávila Camacho en 1940, cuando la revolución mexicana toma una orientación claramente populista.

La población indígena no fue la protagonista de la revolución mexicana, pero tomó parte en ella, sobre todo en ejércitos organizados por algunos caudillos como Zapata, y se benefició de sus medidas, especialmente de la reforma agraria. Además, por ser lo indígena una de las raíces profundas de lo mexicano, el nacionalismo, que va a acabar siendo el ingrediente más importante de la revolución, debía autojustificarse y priorizar el trabajo con la población autóctona. De ahí que los diferentes gobiernos inicien una serie de proyectos indigenistas que van a culminar con la creación del Instituto Nacional Indigenista. Dicho instituto va a organizar una serie de programas regionales de desarrollo de las regiones indígenas y de integración de su población. El primero se funda en 1951 en San Cristóbal de las Casas, la sede episcopal de fray Bartolomé; veinte años después eran 14, y durante el gobierno del presidente Echevarría, se crearon en la mayoría de las 54 regiones indígenas de México. A partir de su trabajo en el INI, varios científicos sociales mexicanos van a elaborar una teoría indigenista que se exporta al resto del continente.

ÉPOCA COLONIAL
(1550-1650)

II

ESTUDIOSOS
DE LAS CULTURAS INDÍGENAS

Deseo reunir en el presente capítulo a los principales estudiosos de las culturas indígenas durante el período colonial tanto en México como en el Perú. Sobre las culturas indígenas se recogió desde la llegada de los españoles mucha información por los cronistas y así debo referirme brevemente a este género histórico. Raúl Porras Barrenechea, en sus *Fuentes históricas peruanas* (Lima, 1963), escribe:

> La crónica es, por naturaleza, un género vernáculo que brota de la tierra y de la historia. Al trasplantarse a América tenía una esencia propia y una larga tradición [...] La crónica medieval tuvo, como característica formal, la de ser narración pura, objetividad ajena a toda opinión o juicio reflexivo [...].
>
> Las crónicas primitivas son puro relato. Los cronistas viven en el espíritu de los acontecimientos que narran y pertenecen a él. Se jactan de lo que vieron y de lo que oyeron decir y de ello deriva su jerarquía en la credibilidad de las fuentes. Pero su cronología y su geografía son deficientes y tienen toda la vaguedad de las tradiciones populares [...] Se puede decir que la crónica se traslada a Indias por mandato real. Las ordenanzas sobre conquistas y descubrimientos, cada vez más humanas y previsoras, prescriben que los aventureros [...] lleven consigo un veedor que haga la «descripción de la tierra», de las riquezas de ésta y de los usos y costumbres de sus habitantes.[1]

---

1. Raúl Porras Barrenechea, *Fuentes históricas peruanas*, Lima, Universidad Nacional Mayor de San Marcos, 1963, pp. 147-148. Puede consultarse también la obra

Pero, dentro de estas características generales, la crónica va a tomar diversas formas, según la finalidad concreta con que se escribe. Y así pueden distinguirse, al menos, cuatro clases de crónicas:

a) La *crónica militar* (o soldadesca, si se utiliza la expresión de Porras) narra los incidentes del descubrimiento y de la conquista del suelo americano por los españoles, como, por ejemplo, la *Historia verdadera de la conquista de la Nueva España* (Madrid, 1632), de Bernal Díaz del Castillo, o la *Relación del descubrimiento y conquista de los reinos del Perú* (1571), de Pedro Pizarro. Para muchos, deben destacarse en esta crónica militar las *Cartas de relación*, de Hernán Cortés, publicadas en 1522 y 1525 y traducidas enseguida a diferentes lenguas. Cortés no sólo es un excelente narrador de sucesos en los que fue protagonista, sino que también presenta mucha información de las culturas nativas, por las que muestra una gran admiración.

b) La *crónica política* no fue escrita tanto por soldados cuanto por «juristas y licenciados de la segunda generación que —como escribe Porras refiriéndose al Perú— descubrieron, con honda preocupación humana, las instituciones sociales de los Incas y la organización económica y política, y nos dieron en cuadro admirable el más perfecto imperio aborigen. En ellos están esbozadas las notas sobre el carácter del indio, que pueden servir de punto de partida a nuestra antropología cultural».[2] Un buen ejemplo de esta crónica política es la segunda parte de la *Crónica general del Perú*, de Pedro Cieza de León. Como es sabido, dicha crónica tenía cuatro partes: la primera, que trata de la geografía del Perú y de las civilizaciones preincaicas, se publicó en Sevilla en 1553; la segunda, que trata del señorío de los incas, no se publicó hasta 1880 en Madrid; la tercera, cuyo tema es la conquista del Perú, se publicó en Roma en 1979 y en la Universidad Católica del Perú en 1987; y la cuarta, que trata de las guerras civiles, se publicará en tres volúmenes en la misma Universidad Católica del Perú a mediados de 1990. Otro ejemplo son las mismas informaciones y crónicas promovidas por el virrey Toledo, a pesar de su clara «hipótesis de trabajo» de justificar el dominio español, como luego se verá. En México puede señalarse como típica de la crónica política la *Breve y sumaria relación de los señores de la Nueva España*, del oidor de la Audiencia de México Alonso de Zurita, quien responde

---

de Porras, *Los cronistas del Perú (1528-1650)*, Lima, Biblioteca de clásicos del Perú, Banco de Crédito del Perú, 1986, 964 pp. Contiene también una antología de los cronistas.

2. Porras, *Fuentes..., op. cit.*, pp. 156-157.

a un cuestionario del emperador de 1553 sobre el gobierno y formas de tributo indígena.

c) La *crónica religiosa* fue escrita por los primeros misioneros y trata tanto de las creencias y ritos de los indios como de los incidentes de la «conquista espiritual». En el Perú hay que reseñar la *Relación de la religión y ritos del Perú, hecha por los primeros religiosos agustinos del Perú que allí pasaron para la conversión de los naturales* (1555), que se refiere a la antigua provincia de Huamachuco.[3] En México destacan el franciscano Benavente y el dominico Durán. Fray Toribio de Benavente (1490-1569), más conocido por *Motolinía* (es decir, pobre, término que los indios de Tlaxcala dieron a los primeros franciscanos por la pobreza de sus vestidos y que el fraile adoptó), es autor de la *Relación de los ritos antiguos, idolatrías y sacrificios de los indios de esta Nueva España, y de la maravillosa conversión que Dios en ellos ha obrado*,[4] donde con gran sencillez narra el proceso de evangelización de México, sus métodos y sus resultados; no se trata de un tratado sistemático, sino que es casi un libro de memorias, donde van acumulándose sin mucho orden las descripciones, las anécdotas y las digresiones. La misma sencillez tiene en su *Carta al emperador* (1555), cuando, al conocer algunos de los escritos de fray Bartolomé de Las Casas, siente la necesidad de refutarlo. En la carta no faltan los mismos argumentos que va a desarrollar Toledo en el Perú para justificar la dominación española, porque trata de «hacer ver a V.M. cómo el principal señorío de esta Nueva España [...] los mismos mexicanos lo habían ganado y usurpado por guerra, porque los primeros y propios moradores de esta Nueva España era una gente que se llamaban chichimecas y otomíes, y éstos vivían como salvajes [...], ni sembraban, ni cultivaban la tierra» (1949, 50) y porque «cuando el Marqués del Valle [Cortés] entró en esta tierra Dios Nuestro Señor era muy ofendido y los hombres padecían muy cruelísimas muertes [...]: porque el antecesor de Moctezuma [...] ofreció [...] en un solo templo y en un sacrificio, que duró tres o cuatro días, 80.400 hombres» (1949, 59). Además, va refutando,

---

3. En Colección de libros y documentos referentes a la historia del Perú (preparada por Horacio Urteaga), tomo XI, *Religión y gobierno de los Incas*, Lima, Librería San Martí, pp. 1-56.

4. La primera edición incompleta la hizo Lord Kingsborough en Londres, 1848, en las *Mexican Antiquities*, vol. IX. La primera edición completa, con el título *Historia de los indios de Nueva España*, la hizo Joaquín García Icazbalceta en México, en 1858. Puede consultarse la edición de Motolinía hecha por la Biblioteca de Autores Españoles, *Memoriales e historia de los indios de la Nueva España*, Madrid, 1970, con un estudio preliminar de Fidel de Lejarza.

una por una, todas las acusaciones, con cierto orgullo de las cosas buenas de México, tan denigrado por Las Casas,[5] y hace del dominico una caricatura como «hombre tan pesado, inquieto e importuno y bullicioso y pleitista, en hábito de religioso, tan desasosegado, tan malcriado y tan injuriador y perjudicial y tan sin reposo», sin olvidar los argumentos *ad hominem*, en que presenta a un Las Casas que se hacía acompañar en sus viajes de muchos indios cargados y a los que no pagaba nada.

Otro ejemplo de la primitiva crónica religiosa mexicana es la *Historia de las Indias de la Nueva España* (1581), del dominico Diego Durán, que no se publicó hasta 1867 en México. La razón de esta crónica fue similar a la de otras escritas por los misioneros sobre religión indígena: «que aunque queremos quitarles esta memoria [...] no podremos, por mucho trabajo que en ella se ponga, si no tenemos noticia de todos los modos de religión en que vivían». Esta obra es interesante porque plantea ya una serie de temas que van a repetirse en los estudiosos de la cultura y religión autóctonas y en los cronistas conventuales. Esteve Barba, en su *Historiografía indiana*, los resume así:

> La expresión de la idea dualista de la historia, con sus dos poderes enfrentados: el de Dios y el del diablo, que impera sobre los gentiles. Está siempre presente la ayuda providencial, por la que Dios protege a sus fieles; Moctezuma se ofusca ante Cortés; en la Noche Triste, la tormenta enviada por la divinidad protege la retira-

---

5. Como ejemplo de su refutación al dominico puede servir lo que dice del trato de los indios: «Y sepa V.M. por cierto que los indios de esta Nueva España están bien tratados y tienen menos pecho y tributo que los labradores de la vieja España, cada uno en su manera. Digo casi todos los indios, porque algunos pocos pueblos hay que su tasación se hizo antes de la gran pestilencia, que no están modificados sus tributos: estas tasaciones ha de mandar V.M. que se tornen a hacer de nuevo. Y el día de hoy los indios saben y entienden muy bien su tasación, y no darán un tomín de más en ninguna manera, ni el encomendero les osará pedir un cacao más de lo que tienen en su tasación, ni tampoco el confesor los absolverá si no lo restituyesen, y la justicia los castigaría cuando lo supiese. Y no hay aquel descuido ni tiranías que el de Las Casas tantas veces dice, porque, gloria sea a Dios, acá ha habido en lo espiritual mucho cuidado y celo en los predicadores y vigilancia en los confesores, y en los que administran justicia, obediencia para ejecutar lo que V.M. manda cerca del buen tratamiento y defensión de estos naturales. Y esto no lo han causado malos tratamientos, porque hace muchos años que los indios son bien tratados, mirados y defendidos. Más halo causado muy grandes enfermedades y pestilencias que en esta Nueva España ha habido y cada día se van apocando estos naturales» (1949, 85-86). Por la crítica histórica sabemos que Motolinía, aunque en muchos puntos refuta a Las Casas, se sitúa en una postura un tanto optimista, y que, desafortunadamente para los indios, el dominico tenía más razón.

da de los españoles; la Virgen y Santiago intervienen [...] Entronca Durán a los indios con los hebreos, idea que se repite con insistencia en las obras de la época, cuya historia universal no tiene más introducción que la que pueden suministrar las sagradas escrituras. Naturalmente, cuando llega a hablar de las instituciones y de las costumbres indígenas, las hace depender de las costumbres de los judíos. Cree, como otros muchos, en la predicación del evangelio por Santo Tomás, a quien relaciona con Quetzalcoatl, personaje civilizador. Notas todas ellas tan frecuentes en los historiadores misioneros, que deben considerarse como un fondo común de su ideario.

Comparte también con ellos su amor por los indios, desvalidos frente a los prepotentes españoles. Son seres humildes y sencillos, y los frailes están a su lado, conviven con ellos, se ponen de su parte, ven desde su punto de vista los problemas. Esto es achaque común de los misioneros, que suelen enjuiciar severamente a los españoles y mirar a los indios con más indulgencia y cariño, pero acaso se acentúa más por el carácter mismo de las fuentes de la historia de Durán. Pues lo que tiene de más original ésta en relación con la conquista española es que no utilizó fuentes españolas, sino indígenas, códices y testimonios orales de los indios: «porque, como estoy obligado —escribe— a poner lo que los autores por quienes me rijo en esta historia me dicen y escriben y pintan, pongo lo que se halla escrito y pintado».[6]

d) La *crónica conventual*, como se verá luego más ampliamente, narra la historia de las grandes órdenes religiosas que se establecieron en México y Perú y así recoge la fundación de los conventos y el trabajo pastoral de sus hijos más ilustres. La crónica conventual es la continuación lógica de la crónica religiosa, como la crónica política lo es de la crónica militar. Aunque todos tienen información sobre las culturas indígenas, las dos primeras se centran en la religión y las dos últimas en lo socio-político.

Pero junto a las crónicas hay que situar los estudios sistemáticos sobre las culturas indígenas. Las tres altas culturas de América fueron estudiadas de un modo bastante completo por fray Bernardino Sahagún, la azteca, fray Diego de Landa, la maya, y el padre Bernabé Cobo, la incaica, aunque dichas obras no fueron publicadas hasta el siglo XIX. Capítulo aparte merece el padre José de Acosta, por ser autor de la primera obra de síntesis sobre la cultu-

---

6. Francisco Esteve Barba, *Historiografía indiana*, Madrid, Gredos, 1964, pp. 197-198. Durán escribió también un tratado sobre *Ritos y fiestas de los antiguos mexicanos (1576-1578)*, que no fue publicado hasta 1880 y del que hay una edición en México en 1980 en la Editorial Innovación.

ra americana. Por eso, estos cuatro autores se expondrán ampliamente. Además, es indudable que con Sahagún nace la etnografía científica, con Acosta la etnología americana y con Cobo la historia natural. Todos presentan el funcionamiento de las culturas americanas, y Acosta y Cobo plantean también el problema del poblamiento americano. Sin embargo, va a ser un dominico, fray Gregorio García, quien haga el estudio más sistemático sobre este tema en su obra *Origen de los indios del Nuevo Mundo e Indias occidentales, averiguado con discurso de opiniones* (Madrid, 1607), que es efectivamente una presentación y discusión sobre las diferentes hipótesis sobre el poblamiento de América.

Fray Gregorio García es un dominico español que, según nos cuenta en el proemio de su obra, vino al Perú y vivió acá siete años, «adonde todo este tiempo tuvo gran curiosidad en ver, preguntar, oír y saber casi infinitas cosas [...]; en tres cosas particularmente reparé [...] La primera, ¿qué reyes gobernaron [...] hasta que entraron los españoles? La segunda, ¿de qué parte fueron a [...] las Indias los primeros pobladores? La tercera, ¿si se predicó el evangelio en esta parte en tiempo de los apóstoles? De todo lo cual tuve propósito de hacer tres libros en un mismo volumen». Al llegar a México para continuar recogiendo información, se da cuenta de la amplitud que está tomando el tema y se limita a los puntos segundo y tercero de su programa. Así, es autor del *Origen de los indios del Nuevo Mundo* (Madrid, 1607) y *Predicación del evangelio en el Nuevo Mundo viviendo los apóstoles* (Baeza, 1625). Al final del proemio de la primera obra, que ha sido reproducida en edición facsimilar con un excelente estudio preliminar de Franklin Pease, en 1981, por el Fondo de Cultura Económica de México, García presenta su metodología de trabajo:

> Refiero muchas opiniones, con sus fundamentos y razones, y pongo las objeciones y dudas que contra ellas se pueden ofrecer con su respuesta y solución. Acerca de todo lo cual ha de notar y advertir el lector que, aunque algunas opiniones que refiero tienen autores que realmente fueron de aquel parecer, pero les añado yo muchos fundamentos y dudas con sus soluciones y réplicas y otras cosas, que con grandísimo trabajo, cuidado y costa he visto en el Perú, Nueva España, Tierra Firme e Islas de aquel paraje, de que tomé motivo y ocasión para fundar otras opiniones de las cuales puedo decir con verdad que soy yo el autor; hablando particularmente como tal en cada una, no obstante mi sentencia, opinión y parecer, que después de todas ellas pongo. Para todo lo cual me ayudó mucho lo que he leído en libros impresos y relaciones escritas de mano, que tratan de aquellas partes y de la China y Indias occidentales. Y

finalmente de la relación vocal que tuve de los indios, y españoles, así seculares como religiosos y clérigos, que viven en aquellas tierras y doctrinan a los indios.

Entre las fuentes escritas cita sobre todo a Pedro Mártir de Anglería, Gonzalo Fernández de Oviedo, Francisco López de Gómara, Antonio de Herrera y José de Acosta, que pueden ser considerados historiadores generales de América, y a Pedro Cieza de León, Agustín de Zárate, Juan de Betanzos y el Inca Garcilaso, que son cronistas del Perú.[7]

Presuponiendo el monogenismo bíblico —en el sentido más restringido aún de que todos los seres humanos procedan primero de Adán y luego de Noé, que los habitantes de América provienen de Europa o de Asia o de África, y que sobre el poblamiento americano no tenemos verdadera ciencia (porque no hay evidencia de la causa), ni fe divina (porque la Biblia no dice nada), ni fe humana (porque no hay ningún testimonio fidedigno), sino simples opiniones discutibles— Gregorio García dedica los cuatro primeros libros de su obra a presentar por extenso y aun con posibilidad de réplica, como si se tratara de un panel, cada una de las doce opiniones, reservando el libro V a lo que los indios dicen de su origen en sus tradiciones míticas. Al exponer y discutir cada una de las opiniones, utiliza el método comparativo, con argumentos que tienen escaso valor (no hay que olvidar que la antropología «científica» de los evolucionistas y difusionistas de tres siglos después no va a mejorar mucho en este punto), pero que son interesantes como método, por los mismos prejuicios sociales y raciales que suponen (muchos de los cuales es probable que sigan actuando en nuestro inconsciente colectivo) y por la enorme erudición y el apa-

_____

7. Prescindiendo de los autores que serán estudiados en esta historia, Pedro Mártir de Anglería (1455-1526) es un sacerdote italiano, funcionario de la corte española, que llega a ser nombrado cronista, que escribió en latín la primera historia general de las Indias, las *Décadas de Orbe Novo* (1530); Gonzalo Fernández de Oviedo (1478-1557) es, un funcionario de la administración colonial que residió muchos años en Cartagena y en Santo Domingo y que fue el primer cronista general de Indias, escribiendo la monumental *Historia general y natural de Indias*, que no se publicó completa hasta 1855 en Madrid; Francisco López de Gómara (1511-1562), capellán de Cortés, nunca estuvo en América y es autor de *Historia de las Indias y conquista de México* (Zaragoza, 1552); Antonio de Herrera (1549-1625) fue también cronista mayor de Indias, donde nunca estuvo personalmente, y escribió la voluminosa *Historia general de los hechos de los castellanos en las islas y tierra firme del mar océano*, más conocidas como *Décadas*, que comenzaron a publicarse en 1601; Agustín de Zárate (1514-?) llegó al Perú en 1543 como funcionario de la administración española y escribe *Historia del descubrimiento y conquista del Perú, con las cosas naturales que señaladamente allí se hallan y los sucesos que ha habido* (Amberes, 1555).

rato conceptual que se maneja, lo cual siempre es interesante en una historia de las ideas. Como ejemplo presento la quinta opinión, que sostiene que los indios proceden de los hebreos, tal como se desarrolla en los ocho capítulos del libro III:

> Opinión ha sido de muchos y la gente vulgar española, que mora en las Indias lo siente así, que los indios proceden de las diez tribus de los judíos, que se perdieron en el cautiverio de Salmanasar rey de Asiria [...] El fundamento que para ello tienen es la condición, el natural y costumbres, que en aquella gente indiana experimentan, muy conformes a las de los hebreos; y aunque hombres doctos lo reprueban y no quieren asentir a este parecer, pero yo hice gran diligencia en averiguar esta verdad y puedo afirmar que he trabajado más en ello que en lo que escribo en toda la obra [1729, 79].

Los dos fundamentos que señala García para esta opinión son el cuarto libro de Esdras (de tradición bíblica, pero que no forman parte de la Biblia) y «el argumento que los dialécticos llaman a simili [...], porque, confiriendo el natural, el traje y vestido, condición y costumbres de los indios con las de los judíos, son muy conformes y semejantes» (1729, 84). Y así en los capítulos 2 y 3 enumera cada una de las semejanzas: en ser medrosos y tímidos, en el tipo físico, en la incredulidad, en la ingratitud, en la poca caridad con los pobres y enfermos, en la idolatría, en el vestido, en la nomenclatura del parentesco, las pautas de reverencia, en la indolencia para trabajar, en la perfección de los edificios públicos, en la organización social (decuriones o *chunca*, centuriones o *pachac*, milenarios o *guaranca*, diez mil o *hum*), en sepultar a los muertos en los montes, en expresar el dolor rompiendo las propias vestiduras, en sacrificar a los niños como forma de culto, y en realizar viajes por orden de los dioses en busca de la tierra prometida. No es posible detenerse a exponer cada una de estas similitudes, que García hace a base de su gran erudición (poniendo las citas de cada una de sus afirmaciones en el margen, como todos los libros de la época) y a base de su experiencia personal.

Los seis capítulos restantes del libro los dedica García a presentar las principales objeciones contra la opinión del origen hebreo del indio americano: la diferencia en talento, tipo físico y estimación de judíos e indios «los judíos fueron la gente de más lindo entendimiento, la más dispuesta y de buen rostro, la más estimada en todo el mundo [...]; los indios carecen de todo esto, porque son de rudo y torpe entendimiento, feos en cuerpo y rostro y la nación, a lo que entiendo, que hay de menos estima que hay en el mundo», porque hasta a los negros llaman señor y aunque los negros se casan con indias, casi nunca un indio se casa con una negra); la segunda objeción es que «si los indios descendieran de los hebreos, usaran de letras, como ellos las usaron» (1729, 106); la tercera objeción es que «si los indios fueran descendientes de aquellas diez tribus de los hebreos, no dejaran caer en todo punto su ley, ritos y ceremonias, en que ellos siempre fueron muy puntuales observantes» (1729, 108); la cuarta objeción es que «si los indios fueran descendientes de los hebreos, hablaran la lengua hebrea» (1729; 117). La solución de estas objeciones permite al dominico hacer pequeños tratados de antropología física, cultural y lingüística de las dos culturas, que compara con una serie de observaciones interesantes. Finalmente siente necesidad de responder al padre Acosta, que era considerado una «autoridad» por haber planteado con tanta nitidez el problema del poblamiento americano.

Para completar la información recojo las demás «opiniones» sobre el origen de los indios: 1) los indios llegaron a América por mar haciendo el viaje con técnicas de navegación suficientemente desarrolladas; 2) llegaron por mar, pero como consecuencia de una tormenta imprevista; 3) llegaron por tierra, a través de algún estrecho; 4) los indios descienden de los cartagineses; 5) los indios descienden de los judíos; 6) los indios descienden del linaje de Ophir, hijo de Jetán; 7) los indios descienden de los habitantes de la Atlántida; 8) los indios descienden de los romanos; 9) los indios descienden de los griegos; 10) los indios descienden de los fenicios; 11) los indios descienden de los chinos y tártaros; 12) los indios descienden de otros pueblos (egipcios, etíopes, africanos, etc.). En el desarrollo de cada una de las opiniones hay una metodología parecida a la expuesta sobre los judíos, lo que convierte a la obra de Gregorio García en un estudio comparativo entre la cultura indígena americana y las principales del mundo. Al final, el dominico, no sin resistencia, porque piensa que su principal tarea era hacer una exposición crítica de las teorías sobre el poblamiento americano, presenta su propia opinión:

Y así digo que los indios que hoy hay en las Indias occidentales y Nuevo Mundo, ni proceden de una nación y gente, ni a aquellas partes fueron de sólo una de las del Mundo Viejo, ni tampoco caminaron o navegaron para allá los primeros pobladores por el mismo camino y viaje, ni en un mismo tiempo, ni de una misma manera, sino que realmente proceden de diversas naciones: de las cuales unos fueron por mar, forzados y echados de tormenta, otros sin ella y con navegación y arte particular, buscando aquellas tierras, de que tenían alguna noticia. Unos caminaron por tierra, buscando aquella de la cual hallaron hecha mención [...], otros aportando a ella acaso o compelidos de hambre [...] o de enemigos circunvecinos, o yendo cazando para comer, como gente salvajina [...] Pero, porque aún no me he declarado en particular, ni he dicho de qué naciones proceden los indios [...], digo que unos indios proceden de los cartagineses, que [...] poblaron la Española, Cuba. Otros proceden de aquellas diez tribus que se perdieron [...] [1729; 315].

Con lo que García convierte el poblamiento americano en los poblamientos americanos porque sostiene un origen diferente en el tiempo, en el modo de llegar y en el pueblo de procedencia. Las razones aducidas son «hallar en estos indios tanta variedad y diversidad de lenguas, de leyes, de ceremonias, y de ritos, costumbres y trajes», lo que niega el origen único, la dificultad de que los indios se hubiesen multiplicado tanto si hubiesen procedido de un solo grupo que llegó de una sola manera y, finalmente, la similitud real que hay en las culturas americanas, con algunas culturas del viejo mundo, lo que prueba la procedencia de éstas. De este modo, García presenta una síntesis completa de las teorías existentes, con una información muy rica y unos métodos interesantes para su época; el refinamiento de éstos sólo sería posible cuando la arqueología apareciera como ciencia autónoma en el siglo XIX; a pesar de todo, el poblamiento del hombre americano sigue siendo un problema tan insoluble como en la época en que fray Gregorio García escribió su obra, que tiene cierto sabor a las reconstrucciones histórico-evolucionistas del siglo XIX.

Paso a exponer a los más destacados estudiosos de las culturas indígenas: Sahagún, Landa, Acosta y Cobo.

1. **Bernardino de Sahagún (1500-1590)**

Bernardino Ribeira nace alrededor de 1500 en Sahagún (León, España), nombre que va a utilizar en vez de su apellido paterno cuando se hace franciscano. Estudia en la universidad de Salamanca, que es el centro de la reflexión y de la crítica de la obra colonizadora de España en América. Allí enseñan Francisco de Vitoria, el más ilustre de los fundadores del derecho internacional o de gentes y que apoyó las tesis de de Las Casas, y Juan Solórzano Pereyra y otros muchos ilustres estudiosos de la problemática americana. Ingresa muy joven en los franciscanos, y antes de cumplir treinta años pasa a México, donde permanecerá el resto de su larga vida.

Enseguida se dedica a aprender el náhuatl, logrando un dominio tal de dicha lengua que en ella escribe, junto con sus colaboradores, una primera redacción de la *Historia de las cosas de la Nueva España*, aunque la redacción definitiva va a ser en castellano. Reside en diferentes conventos, dedicado a la evangelización de los indios, pero pasa como cuarenta años de su vida, en distintas épocas, en el Imperial Colegio de Santa Cruz de Tlatelolco, fundado en 1536, donde se inicia como profesor de latín de unos jóvenes indios, que van a ser grandes colaboradores suyos. Desde un comienzo se interesa por conocer a fondo la cultura mexicana, y ese interés se centra en la composición de su *Historia* cuya redacción permitió no sólo salvar el conocimiento de la cultura azteca —el franciscano llega a Nueva España sólo nueve años después de la caída de Tenochtitlán, la cual narra el Libro 12 de su *Historia*—, sino también el nacimiento de la ciencia etnográfica. En Tlatelolco es testigo de la famosa peste de 1545, cuando, según cuenta en su obra, «en toda esta Nueva España, murió la mayor parte de la gente que en ella había. Yo me hallé en el tiempo de esta pestilencia en [...] Tlatilulco, y enterré más de diez mil cuerpos, y al cabo de la pestilencia diome a mi la enfermedad y estuve muy al cabo» (III, 356).

OBRAS

Su obra fundamental es la *Historia general de las cosas de la Nueva España*, cuya redacción definitiva en náhuatl y castellano debió de terminarse en 1580, pero que no se publicó sino dos siglos y medio después, 1830. El principal manuscrito de dicha crónica es el *Códice Florentino*, que se conserva en la Biblioteca Medicea-Laurenziana de Florencia y que ha sido editado, en reproducción facsimilar, al tamaño original y sobre papel especialmente producido por la Secretaría de Gobernación de México en 1979.[8] La crónica de Sahagún recoge una descripción minuciosa

---

8. José Luis Martínez, *El «Códice Florentino» y la «Historia General» de Sahagún*, México, Archivo General de la Nación, 1982. Martínez hace un juicio que me parece válido sobre el valor de la edición de Garibay (1982, 139-140). Un juicio de conjunto sobre el trabajo de Sahagún puede encontrarse en *The Work of Bernardino Sahagún, Pioner Ethnographer of Sixteenth-Century Aztec Mexico* (eds. Jorge Klor de Alba, H.B. Nicholson y Eloise Quiñones Keber), University of State of New York, Institute of

de la cultura azteca, especialmente de su religión, en doce libros, que en la edición mexicana más conocida, la de la editorial Porrúa en 1956, preparada por el padre Ángel M. Garibay, tiene cuatro volúmenes de casi mil quinientas páginas.

APORTES

Me parece que los aportes fundamentales de Sahagún al pensamiento antropológico son la utilización, en el estudio de la cultura azteca, de los métodos y técnicas de lo que en el siglo XIX se llamará *ciencia etnográfica*; la descripción del contacto hispano-indígena, y su contribución a la antropología de la religión. Paso a desarrollar cada punto.

1.1. La «Historia general» y el nacimiento de la etnografía

En el prólogo de su obra Sahagún da a conocer la triple *finalidad* que se ha propuesto al escribir, a saber: religiosa, lingüística y de defensa de la sociedad mexicana.

a) La finalidad *religiosa* se explica por ser Sahagún ante todo un misionero, que quiere conocer la cultura azteca para mejor evangelizar, y en esto va a tener la misma tenacidad y las mismas limitaciones que otros muchos misioneros que nos han dejado excelentes estudios de culturas indígenas:

> El médico no puede acertadamente aplicar las medicinas al enfermo, sin que primero conozca de qué humor o de qué causa procede la enfermedad [...] Los predicadores y confesores médicos son de las ánimas, para curar las enfermedades espirituales conviene que tengan experiencias de las medicinas y de las enfermedades espirituales [...] Ni conviene se descuiden los ministros de esta conversión, con decir que entre esta gente no hay más pecados que borrachera, hurto y carnalidad, porque otros muchos pecados hay entre ellos muy más graves y que tienen necesidad de gran remedio: los pecados de la idolatría y ritos idolátricos [...] no son aún perdidos del todo. Para predicar contra estas cosas y aun para saber si las

---

Mesoamerican Studies, 1988. También puede ser útil la obra de Georges Baudot, *Utopía e historia en México. Los primeros cronistas de la civilización mexicana*, Madrid, Espasa Calpe, 1983. Es sabido que dichos cronistas fueron censurados o mutilados por haber intentado construir una utopía político-religiosa en México.

hay, menester es de saber cómo las usaban en tiempo de su idolatría, que por falta de no saber esto en nuestra presencia hacen cosas
idolátricas sin que lo entendamos [1965, I, 27].

Esta finalidad religiosa explica que siete de los 12 libros de la
obra describan el sistema religioso azteca.

b) La finalidad *lingüística* se debe al deseo de que los misioneros puedan aprender la lengua náhuatl con más facilidad que Sahagún. Parece que el franciscano no llegó nunca a terminar su
gramática y su diccionario en dicha lengua que había proyectado,
pero, al recoger tantos textos en náhuatl en su obra, piensa que
ésta puede servir para conservar el vocabulario y las múltiples significaciones de las palabras. Por eso indica en el prólogo: «es esta
obra como una red barredera para sacar a luz todos los vocablos
de esta lengua con sus propias y metafóricas significaciones, y todas las maneras de hablar» (I, 27).

c) Finalmente la finalidad *apologética* inscribe la historia en la
línea lascasiana de defensa de los indios, pero de un modo diferente: las Casas que nunca tuvo tranquilidad suficiente para estudiar ninguna lengua ni cultura indígenas, defiende a los indios
sobre todo en nombre del derecho de gentes, y sólo en su *Apologética historia* va a exaltar el valor de las culturas indígenas; en cambio Sahagún desarrolla este aspecto y encuentra justificación incluso para puntos tan discutibles como los sacrificios humanos,
como luego se verá. En el prólogo se lee:

> Aprovechará mucho esta obra para conocer el quilate de esta
> gente mexicana, el cual aún no se ha conocido, porque vino sobre
> ellos aquella maldición que Jeremías de parte de Dios fulminó con-
> tra Judea y Jerusalén, diciendo en el cap. 5.º «Yo haré que venga
> sobre vosotros, yo traeré contra vosotros una gente muy de lejos,
> gente cuyo lenguaje no entenderéis [...] gente fuerte y animosa, codi-
> ciosísima de matar. Esta gente os destruirá a vosotros y a vuestras
> mujeres e hijos, y todo cuanto poseéis, y destruirá todos vuestros
> pueblos y edificios». Esto a la letra ha acontecido a estos indios con
> los españoles: fueron tan atropellados y destruidos ellos y todas sus
> cosas, que ninguna apariencia les quedó de lo que eran antes. Así
> están tenidos por bárbaros y gente de bajísimo quilate —como se-
> gún verdad, en las cosas de policía echan el pie adelante a muchas
> otras naciones que tienen gran presunción de políticas, sacando fue-
> ra algunas tiranías que su manera de regir contenía—. En esto poco
> que con gran trabajo se ha rebuscado parece mucho la ventaja que
> hicieran, si todo se pudiera saber [I, 29].

Pasando ya al contenido de la obra, se trata de una «historia natural y moral», en el sentido que tenía este título en la época colonial y que el padre Acosta popularizó con su difundida obra, pero donde tiene más importancia por su extensión la historia moral. El contenido de cada libro es el siguiente: los dioses (libro I), las fiestas religiosas (lib. 2), las creencias en el más allá y los ritos fúnebres (lib. 3), astrología y horóscopos (lib. 4), agüeros y técnicas de adivinación (lib. 5), colección de oraciones a los dioses en las necesidades (peste, hambre, nuevo gobernante, etc.), de discursos rituales con ocasión de los ritos de transición (nacimiento, matrimonio, confesión de los pecados, etc.), y de adagios, acertijos y metáforas propias de la cultura náhuatl (lib. 6), astros y calendario (lib. 7), organización política (lib. 8), organización social de mercaderes, auríficeres y plumeros (lib. 9), otras actividades laborales, medicina y síntesis histórica de pueblos que han llegado al territorio mexicano (lib. 10), los tres reinos de la naturaleza (animal, vegetal y mineral) (lib. 11), e historia de la conquista de México por los españoles (lib. 12).

En este sentido la obra de Sahagún, aunque ha sido considerada como una enciclopedia mexicana por tratar todas «las cosas de la Nueva España», es ante todo una etnografía religiosa, que presenta con todo detalle el conjunto de creencias, ritos, formas de organización y normas éticas del sistema religioso azteca. Es especialmente interesante el libro VI, que se presta al análisis de contenido de sus oraciones y discursos rituales para descubrir la teología y los valores subyacentes. En el breve prólogo que Sahagún pone en este libro, como lo hace con todos, defiende la credibilidad de sus afirmaciones, porque «lo que en este libro está escrito no cabe en entendimiento humano el fingirlo [...] y todos los indios entendidos, si fueran preguntados, afirmarían que este lenguaje es propio de sus antepasados y obras que ellos hacían» (III, 53). En cuanto al libro XII, el único que la edición de Garibay publica en su doble versión «original» y «definitiva» y que permite comparar el estilo vivo de los informantes con sabor a tradición oral y el estilo más académico del autor, es una cosa diferente. Sahagún no hace en él antropología propiamente dicha, sino historia de la conquista española, pero con el valor antropológico de ser la visión de los vencidos. Ángel M. Garibay, a quien debemos la mejor edición de la obra de Sahagún y que estuvo embarcado hasta su muerte en el proyecto de la publicación en náhuatl y en castellano de todos los materiales preparados por los informantes de Sahagún, ha escrito sobre este libro 12:

Se trata de un documento en lengua nativa, redactado por indios, en el cual se da la visión de la conquista española desde la mira de los conquistados. La contextura misma del libro lo pregona. Comienza con los presagios que precedieron a la venida de los blancos (cap. I) y acaba con el relato de la fuga general, ante la avidez de los vencedores anhelantes de oro (caps. XL y XLI). Esta sola circunstancia hace ver la natural genialidad del autor: del mundo mágico al mundo económico. Dos [...] culturas diferentemente centradas y organizadas se ven frente a frente y luchan, para defenderse una, para aniquilar la otra. Venció la más fuerte, pero la voz del vencido sigue vibrando en estas páginas doloridas [IV, 11].

Pero la obra de Sahagún es significativa no sólo por su contenido, sino por la manera como fue compuesta. En la antropología profesional ha habido antropólogos, como Malinowski, que han inventado métodos de trabajo y otros, como los antropólogos británicos de la primera generación, que han aplicado los métodos que enseñó Malinowski. En la antropología latinoamericana Sahagún inventó una metodología de trabajo, aunque desgraciadamente no hizo escuela. El modo como el franciscano concibió e hizo realidad su historia puede saberse de la información que él mismo nos proporciona en el prólogo del libro 2:

A mí me fue mandado por santa obediencia de mi prelado mayor, que escribiese en lengua mexicana lo que me pareciese ser útil para la doctrina de estos naturales de esta Nueva España y para ayuda de los obreros y ministros que los doctrinan. Recibido este mandamiento, hice en lengua castellana una minuta o memoria de todas las materias que había de tratar, que fue lo que escrito está en los doce libros [...] Lo cual se puso de prima tijera en el pueblo de Tepepulco [...]

En el dicho pueblo hice juntar todos los principales con el señor del pueblo, que se llamaba don Diego de Mendoza, hombre anciano, de gran marco y habilidad, muy experimentado en todas las cosas curiales, bélicas y políticas y aun idolátricas. Habiéndolos juntado, propúseles lo que pretendía hacer y les pedí que me diesen personas hábiles y experimentadas, con quien pudiese platicar y me supiesen dar razón de lo que les preguntase. Ellos me respondieron que se hablarían acerca de lo propuesto, y así se despidieron de mí. Otro día vinieron el señor con los principales, y hecho un muy solemne parlamento, como ellos entonces le usaban hacer, señaláronme hasta diez o doce principales ancianos, dijéronme que con aquéllos podía comunicar y que ellos me darían razón de todo lo que les preguntase. Estaban también allí hasta cuatro latinos, a los cuales yo pocos años antes había enseñado la gramática en el Colegio de Santa Cruz en el Tlatelolco.

Con estos principales y gramáticos, también principales, platiqué muchos días, cerca de dos años, siguiendo la orden de la minuta que yo tenía hecha.

Todas las cosas que conferimos me las dieron por pinturas, que aquélla era la escritura que ellos antiguamente usaban, y las gramáticas las declararon en su lengua, escribiendo la declaración al pie de la pintura. Tengo aún ahora estos originales [...]

Cuando al Capítulo [...] me mudaron del Tepepulco, llevando todas mis escrituras fui a morar a Santiago de Tlatelolco, donde, juntado a los principales, les propuse el negocio de mis escrituras y les demandé me señalasen algunos principales hábiles, con quien examinase y platicase las escrituras que de Tepepulco traía escritas. El gobernador con los alcaldes me señalaron hasta ocho o diez principales, escogidos entre todos, muy hábiles en su lengua y en las cosas de sus antiguallas, con los cuales y con cuatro o cinco colegiales todos trilingües, por espacio de un año y algo más, encerrados en el Colegio, se enmendó, declaró y añadió todo lo que de Tepepulco traje escrito, y todo se tornó a escribir de nuevo [...]

Habiendo hecho lo dicho en el Tlatelolco, vine a morar a San Francisco de México con todas mis escrituras, donde por espacio de tres años pasé y repasé a mis solas estas mis escrituras, y las torné a enmendar [...] Después de esto [...] se sacaron en blanco, de buena letra, todos los doce libros [...] y los mexicanos añadieron y enmendaron muchas cosas a los doce libros, cuando se iban sacando en blanco, de manera que el primer cedazo por donde mis obras cirnieron fueron los de Tepepulco; el segundo, los de Tlatelolco; el tercero, los de México y en todos estos escrutinios hubo gramáticos colegiales [I, 105-107].

Luego Sahagún continúa narrando todas las vicisitudes que el manuscrito tuvo que sufrir por la diferente política de los superiores religiosos de la orden franciscana, hasta que un nuevo comisario general «se contentó mucho de ellos, y mando al autor que los tradujese en romance y proveyó de todo lo necesario para que se escribiesen de nuevo, la lengua mexicana en una columna y el romance en la otra, para enviarlos a España». Desafortunadamente la obra no se publicó hasta 1830, lo cual no sólo privó a los misioneros que trabajaban en Nueva España de un conocimiento más completo del mundo religioso azteca, sino que retardó el nacimiento de la etnografía. Con razón el historiógrafo español Esteve Barba ha escrito: «Si así como no se publicó en su tiempo, la obra de Sahagún hubiera sido conocida en otros países, tal vez se hubiera adelantado en tres siglos la aparición de la ciencia etnográfica».[9]

9. Esteve Barba, op. cit., p. 181.

Pero de todos modos Sahagún puede ser considerado como el primer etnógrafo científico. Si se define la etnografía científica como la descripción sistemática de las culturas como un todo y en todos sus aspectos, para ver su propia lógica interna dentro de determinados presupuestos, aunque sea posible la crítica desde una instancia no científica (la filosofía o la teología), y si esa descripción se hace con las técnicas más rigurosas para asegurar la veracidad de la información, puede decirse que Sahagún es el primer etnógrafo científico. Es indudable que el franciscano estudia todos los aspectos de la cultura (el hábitat, el ciclo vital, la organización política, la organización social, el sistema científico, el sistema religioso, etc.), aunque enfatice mucho más los aspectos religiosos y mucho menos los económicos por la finalidad concreta de ayudar a los misioneros; además, interrelaciona constantemente los diferentes campos y, finalmente, descubre la lógica interna de la cultura azteca, que en muchos aspectos juzga superior a otras y la mira con una gran simpatía («en las cosas de policía echan el pie adelante a muchas otras naciones que tienen gran presunción de políticos»). Esto se descubre hasta en los puntos en que tiene que condenar las costumbres aztecas. Por ejemplo, después de describir detenidamente los sacrificios de niños que se hacían en el primer mes del año, añade:

> [...] es cosa lamentable y horrible ver que nuestra humana naturaleza haya venido a tanta bajeza y oprobio que los padres, por sugestión del demonio, maten y coman a sus hijos, sin pensar que en ello hacían ofensa ninguna mas antes con pensar que en ello hacían gran servicio a sus dioses. La culpa de esta tan cruel ceguedad, que en estos desdichados niños se ejecutaba, no se debe tanto imputar a la crueldad de los padres, los cuales derramando muchas lágrimas y con gran dolor de sus corazones la ejercitaban, cuando al crudelísimo odio de nuestro enemigo antiquísimo Satanás [I, 142].

En cuanto a las técnicas de investigación, ya se ha visto que son múltiples y precisas, a saber, un esquema previo de todo lo que va a investigar, un prolongado trabajo de campo, un grupo de informantes selectos en cada uno de los lugares (Tepepulco, Tlatelolco y México), un equipo de auxiliares de investigación (los colegiales que hablan náhuatl, castellano y la lengua culta de esa época, el latín), material pictográfico para reconstruir la rica vida ceremonial de los aztecas que no pudo observar directamente, utilización de la lengua de sus investigados no sólo para recoger la información, sino para redactarla (caso probablemente único en la historia de la antropología), confrontación de la información recibida con nuevos informantes, etc.

Desafortunadamente, en una obra como ésta, no hay lugar para transcribir algunas páginas que muestren el método etnográfico del franciscano. Puede leerse casi cualquiera de los 11 primeros libros. Pero, puestos a elegir, son muy significativas las plegarias al principal dios Tezcatlipoca en tiempo de peste, en favor de los pobres, en tiempo de guerra, en favor del nuevo rey, al morir el rey y contra el rey que desempeña mal su cargo (lib. 6), los discursos rituales con ocasión del parto, del bautismo, de la iniciación, del casamiento, de la confesión de los pecados una vez en la vida (lib. 6), la descripción del papel social de los mercaderes (lib. 9), la descripción de animales y plantas (lib. 11), etc.

1.2. *Ensayo sobre el contacto cultural hispano-azteca*

Del capítulo 27 del libro 10 de su *Historia*, que en la versión náhuatl debía tratar de la anatomía del cuerpo humano, «no tradujo en lengua castellana cosa alguna el autor», como lo indica expresamente (III, 157), por razones que no conocemos, y puso en su lugar una reflexión personal de lo que estaba ocurriendo con los indios con motivo de los diferentes medios empleados por los misioneros para evangelizarlos e hispanizarlos, dos metas importantes de la empresa colonial. A esta reflexión personal, que Sahagún titula «Relación del autor digna de ser notada», puede considerarse el primer ensayo latinoamericano de antropología aplicada. La primera observación general del franciscano es que los indios tienen una gran capacidad para aprender la ciencia y la tecnología de la nueva sociedad, pero sufren una verdadera desintegración cultural:

> Parecióme cónsono a razón poner aquí oficios y habilidades, vicios y virtudes que después acá han adquirido.
> En cuanto a lo primero tenemos por experiencia que en los oficios mecánicos son hábiles para aprenderlos y usarlos, según que los españoles los saben y los usan, como son oficios de geometría, que se edificar, los entienden y saben y hacen como los españoles; también los oficios de sastres, zapateros, sederos, impresores, escribanos, lectores, contadores, músicos de canto llano y de canto de órgano, de tañer flautas, chirimías, sacabuches, trompetas, órganos; saber Gramática, Lógica, Retórica, Astrología y Teología, todo esto tenemos por experiencia que tienen habilidad para ello y lo aprenden y lo saben y lo enseñan, y no hay ninguna que no tenga habili-

dad para aprenderla y usarla. En cuanto a que *eran para más en los tiempos pasados* [la cursiva es mía], así para el regimiento de la república como para el servicio de los dioses, es la causa porque tenían el negocio de su regimiento conforme a la necesidad de la gente [III, 158].

El franciscano, aunque reconoce que los indígenas han aprendido los oficios manuales y las artes de los españoles y que incluso algunos, sin duda en número limitado, han demostrado su capacidad para las carreras universitarias, se detiene más a analizar las razones por las que la cultura azteca resultaba más funcional y preparaba mejor para enfrentar la vida. Así se refiere al sistema educativo comunal y sumamente rígido («y en especial se ponía gran diligencia en que no se bebiese octli»), al sistema laboral duro y a la austeridad como tónica de vida, a la preparación para la guerra y frecuente dedicación a la misma de los militares, y concluye Sahagún:

> Era esta manera de regir muy conforme a la Filosofía Natural y Moral, porque la templanza y la abastanza de esta tierra, y las constelaciones que en ella reinan, ayuda mucho a la naturaleza humana para ser viciosa y ociosa, y muy dada a los vicios sensuales; y la Filosofía Moral enseñó por experiencia a estos naturales, que para vivir moralmente y virtuosamente era necesario el rigor y la austeridad y ocupaciones continuas en cosas necesarias.
>
> Como esto cesó por la venida de los españoles, y porque ellos derrocaron y echaron por tierra todas las costumbres y maneras de regir que tenían estos naturales, y quisieron reducirlos a la manera de vivir de España, así en las cosas divinas como en las humanas, teniendo entendido que eran idólatras y bárbaras, perdióse todo el regimiento que tenían [...] Fue necesario desbaratarlo todo y ponerles en otra manera de policía, que no tuviese ningún resabio de cosas de idolatría. Pero viendo ahora que esta manera de policía cría gente muy viciosa [...] y aun les causa grandes enfermedades y breve vida, será necesario poner remedio; y parécenos a todos que la principal causa de ésta es la borrachera, que como cesó aquel rigor antiguo de castigar con pena de muerte las borracheras, aunque ahora se castigan con azotarlos, trasquilarlos y venderlos por esclavos por años o por meses, no es suficiente castigo éste para cesar de emborracharse, ni las amenazas del infierno bastan para refrenarlos [...] Es gran vergüenza nuestra que los indios naturales, cuerdos y sabios antiguos supieron dar remedio a los daños que esta tierra imprime en los que en ella viven [...] y nosotros nos vamos abajo de nuestras malas inclinaciones; y cierto, se cría una gente, así española como india, que es intolerable de regir y pesadísima de salvar [III, 158-160].

Aunque en este análisis Sahagún maneja variables discutibles para explicar la desintegración de la sociedad azteca colonial (cierto determinismo geográfico, la teoría científica de la época del influjo de las constelaciones en la conducta humana, cierto moralismo voluntarista, la política eclesiástica del inicio de la conquista de hacer tabla rasa de las religiones autóctonas y aun de muchas costumbres de la vida civil por estar mezcladas con ritos idolátricos, etc.), no hay duda de que el análisis mismo es agudo, tiene una orientación funcionalista y está hecho a base de conceptos que va a desarrollar siglos después la antroplogía anglosajona.

Muy interesantes resultan también la descripción y la evaluación que hace de las principales experiencias realizadas por los misioneros.

a) *Escuelas e internados*. Las escuelas se establecen enseguida para enseñar a leer, escribir y cantar. El franciscano cuenta con detalles el empleo que los frailes hacían de los muchachos para destruir los templos idolátricos y para sorprender a los indígenas que seguían celebrando clandestinamente sus fiestas religiosas. Enseguida se establecen internados con un alto nivel de perfección intelectual y ascético. A imitación de los interesados del período azteca, «tomamos aquel estilo de criar los muchachos en nuestras casas, y dormían en la casa que para ellos estaba edificada junto a la nuestra, donde les enseñábamos a [...] decir los maitines de Nuestra Señora y luego, de mañana, las horas; y aun les enseñábamos a que se azotasen y tuviesen oración mental» (III, 161). El fracaso de los internados se debió, según Sahagún, a la «briosa sensualidad» y al tipo de educación más blando que recibieron, y así se decidió que fueran a vivir con sus padres y que vinieran cada mañana a sus clases.

b) *Centro de líderes*. Como las escuelas tuvieron éxito en enseñar a leer y a escribir, los franciscanos intentaron el paso siguiente de enseñarles la gramática, con gran escándalo de «los españoles y otros religiosos que supieron esto; reíanse mucho y hacían burla, teniendo por muy averiguado que nadie sería poderoso para poder enseñar gramática a gente tan inhábil». Para ello, reunieron en el célebre colegio de Santiago de Tlatelolco —que en la actualidad forma parte de la plaza de las Tres Culturas en la ciudad de México— a los muchachos más hábiles de todas las provincias en régimen de internado, y trabajando con ellos dos o tres años, vinieron a entender todas las materias del arte de la gramática, a hablar latín y a entenderlo, y a escribir en latín y aun a hacer versos heroicos (III, 165). El colegio llegó a estar regido por los mismos colegiales y tuvo sus altos y bajos; según Sahagún debió de convertirse en una verdadera universidad para indígenas, dedicada entre otras cosas a la medicina, lo cual hubiera salvado muchas vidas en la peste «cuando murieron los pocos médicos y sangradores españoles». Las causas del deterioro del colegio fueron la peste de 1576, la disminución de rentas, la complejidad de la misma empresa y la inconstancia de los frailes.

El éxito mayor del colegio fue crear una verdadera intelectualidad indígena, que, en contra de todos los pronósticos de los enemigos de la experiencia, no causó ningún problema y prestó un gran servicio a la evangelización:

> Ha ya más de cuarenta años que este colegio persevera, y los colegiales de él en ninguna cosa han delinquido, ni contra Dios, ni contra la Iglesia, ni contra el rey, ni contra la república, más antes han ayudado y ayudan en muchas cosas a la plantación y sustentación de nuestra santa fe católica, porque si sermones y postillas y doctrinas se han hecho en la lengua indiana, que pueden parecer y ser limpios de toda herejía, son precisamente los que con ellos se han compuesto, y ellos por ser entendidos en la lengua latina nos dan a entender las propiedades de los vocablos y las propiedades de su manera de hablar, y las incongruidades que hablamos en los sermones, o las que decimos en las doctrinas [III, 167].

Y ya se vio el aporte de los colegiales a la misma obra etnográfica de Sahagún.

c) *Clero indígena*. Los franciscanos eran conscientes de que la evangelización no podía ser perfecta si no se hacía con clero nativo y que la naciente Iglesia iba a estar dependiendo excesivamente de los españoles si carecía de clero propio, y por eso, «a los principios se hizo experiencia de hacerlos religiosos, porque nos parecía entonces que serían hábiles para las cosas eclesiásticas y para la vida religiosa y así se dio el hábito de San Francisco a dos mancebos indios [...], que predicaban con gran fervor las cosas de nuestra fe católica a sus naturales» (III, 160). También se hicieron congregaciones de mujeres indígenas, muchas de ellas sabían leer y escribir, y se nombraron a las superioras de entre las mismas. Pero cesó la congregación, «ni aun ahora tenemos indicio de que este negocio se pueda efectuar» (III, 162) «y nunca más se ha recibido indio a la religión, ni aún se tiene por hábiles para el sacerdocio» (III, 160).

d) *Colonias modelos*. Este método, que se ha utilizado posteriormente en muchos programas de antropología aplicada, también lo pusieron en práctica los franciscanos de la primera hora:

Hízose también a los principios una diligencia en algunos pueblos de esta Nueva España donde residen los religiosos, como fue en Cholula y en Huexotzingo, etc., que los que se casaban los poblaban por sí junto a los monasterios, y allí venían todos a misa cada día al monasterio, y les predicaban el cristianismo [...] y era muy buen medio para sacarlos de la infección de la idolatría, y otras malas costumbres que se les podían apegar de la conversación de sus padres; pero duró poco, porque ellos hicieron entender a los más de los religiosos que toda la idolatría, con todas sus ceremonias y ritos, estaba ya tan olvidada y abominada que no había para qué tener este recatamiento, pues que todos eran bautizados y siervos del verdadero Dios; y esto fue falsísimo, como después acá lo hemos visto muy claro [III, 162].

Pero lo interesante de la exposición de estas experiencias es la objetividad con que se narran, aunque lógicamente dentro de los presupuestos teológicos y culturales del autor, la sinceridad con que se reconoce el fracaso del proceso de aculturación y la audacia con que se hicieron caminos nuevos.

1.3. *Contribuciones a la antropología de la religión*

Por diferentes razones la antropología de la religión, entendida como reflexión sistemática y comparatista del origen y funcionamiento de las religiones, fue una de las primeras ramas de la antropología que apareció. No hay que olvidar que Tylor escribe su *Cultura primitiva*, que trata sobre todo de la religión, en 1871, y que Durkheim escribe *Las formas elementales de la vida religiosa* en 1912. También los misioneros hispanoamericanos que estudian las religiones autóctonas tocan una serie de temas de la antropología de la religión, sobre todo los relacionados con la teología. Sahagún es un caso típico. Sus contribuciones más significativas son:

a) *Descripción del sistema religioso náhuatl*, con una detallada etnografía sobre las creencias, los ritos, las formas de organización y las normas éticas relativas al mundo sagrado. Aunque una historia del pensamiento antropológico como la presente no permite la transcripción de algunas páginas etnográficas de Sahagún, está fuera de duda que su obra es una de las más perfectas etnografías religiosas que ha producido la antropología.

b) *Reinterpretación y sincretismo*. La rapidez y el carácter bastante impositivo que tuvo la evangelización mexicana se tradujo en la aparición de fenómenos culturales que los antropólogos han estudiado con los conceptos de reinterpretación y sincretismo.

Reinterpretación es la atribución a las nuevas formas religiosas impuestas de los significados del sistema religioso autóctono o, de un modo más general, la relectura de las creencias, ritos, formas de organización y normas éticas de la religión católica traída por los misioneros, desde las categorías de la propia religión autóctona. El resultado de la proliferación de reinterpretaciones va a ser el nacimiento de un sistema sincrético, porque ambas religiones que se ponen en contacto no se fusionan en una totalmente nueva (síntesis), ni se sobreponen una sobre la otra manteniendo su total autonomía (yuxtaposición), sino que forman una nueva con elementos de las dos religiones originales (sincretismo).

Al describir la confesión propia de la cultura náhuatl, que tenía valor también en el fuero civil, Sahagún observa:

> Cerca de lo arriba dicho sabemos que aun después acá, en el cristianismo, porfían a llevarlo adelante, en cuanto toca a hacer penitencia y confesarse por los pecados graves y públicos, como son homicidios, adulterio, etc., pensando que, como en el tiempo pasado, por la confesión y penitencia que hacían se les perdonaban aquellos pecados en el foro judicial, tambien ahora, cuando alguno mata o adultera, acógese a nuestras casas y monasterios y, callando lo que hicieron, dicen que quieren hacer penitencia; y cavan en la huerta y barren en casa y hacen lo que les mandan y confiésanse de allí a algunos días, y entonces descarnan su pecado y la causa por que vinieron a hacer penitencia; acababa su confesión, demandan una cédula firmada del confesor, con propósito de mostrarla a los que rigen, gobernador y alcaldes, para que sepan que han hecho penitencia y confesádose y que ya no tiene nada contra ellos la Justicia. Este embuste casi ninguno de los religiosos y clérigos entiende por donde va, por ignorar la costumbre antigua que tenían, según arriba está escrito, mas antes piensan que la cédula, la demanda para mostrar como está confesado aquel año. Esto sabemos por mucha experiencia que de ello tenemos [I, 55].

Aquí a la confesión católica, que sirve para perdonar los pecados en el fuero interno de la conciencia, se le ha atribuido el significado de perdonar los delitos en el fuero judicial.

Otro ejemplo: después de describir las aguas y las tierras (lib. II, cap. 12), pone Sahagún un interesante apéndice sobre idolatrías «que se hacían y aun se hacen en las aguas y montes» y concluye: «Creo que hay [...] muchos lugares en estas Indias, donde paliadamente se hace reverencia y ofrenda a los ídolos, con disimulación de las fiestas que la Iglesia celebra a Dios y a los santos, lo cual sería bien investigarse para que la pobre gente fuese desengañada» (III, 354). Pone tres casos de reinterpretación: la Virgen de Guadalupe y la Diosa Madre Tonantzin en México, santa Ana, la madre de la Virgen y Toci, nuestra abuela en Tlaxcala, y el apóstol san Juan, el discípulo virgen, y el dios Telpochtli, que etimológicamente significa «virgen», en el pueblo de Tianquismanalco. Voy a limitarme a transcribir lo que Sahagún afirma del sincretismo Guadalupe-Tonantzin, pero advirtiendo que un caso de sincretismo en su origen no se prolonga indefinidamente, sino que el nuevo significado acaba suplantando al primero, como ocurre por ejemplo con el significado de la fecha de la navidad, cuyo origen tampoco fue cristiano:

> Cerca de los montes hay tres o cuatro lugares donde solían hacer muy solemnes sacrificios y que venían a ellos de muy lejas tierras. El uno de éstos es aquí en México, donde está un montecillo que se llama Tepeacac, y los españoles llaman Tepeaquilla, y ahora se llama Ntra. Señora de Guadalupe; en este lugar tenían un templo dedicado a la madre de los dioses que llamaban Tonantzin, que quiere decir Nuestra Madre; allí hacían muchos sacrificios a la honra de esta diosa, y venían a ellos de muy lejas tierras, de más de veinte leguas, de todas estas comarcas de México, y traían muchas ofrendas; venían hombres y mujeres y mozas a estas fiestas; era grande el concurso de gente en estos días, y todos decían «vamos a la fiesta de Tonantzin»; y ahora que está allí edificada la Iglesia de Nuestra Señora de Guadalupe también la llaman Tonantzin, tomada ocasión de los predicadores que a Nuestra Señora la Madre de Dios la llaman Tonantzin. De dónde haya nacido esta fundación de esta Tonantzin no se sabe de cierto, pero esto sabemos de cierto que el vocablo significa de su primera imposición a aquella Tonantzin antigua, y es cosa que se debía remediar, porque el propio nombre de Madre de Dios Nuestra Señora no es Tonantzin, sino Dios y Nantzin; parece esta invención satánica para paliar la idolatría debajo la equivocación de este nombre Tonantzin, y vienen ahora a visitar a esta Tonantzin de muy lejos, tan lejos como de antes, la cual devoción también es sospechosa, porque en muchas partes hay muchas iglesias de Nuestra Señora, y no van a ellas y vienen de lejas tierras a esta Tonantzin, como antiguamente [III, 352].

Parece que una de las razones de este sincretismo se debió al esfuerzo de adaptación de los misioneros. El mismo Sahagún, a pesar de su postura rígida que enseguida se verá, reconoce, cuando habla de los discursos ceremoniales de los padres a sus hijos, que «más aprovecharían estas dos pláticas dichas en el púlpito, por el lenguaje y estilo que están [...] que otros muchos sermones» (II, 131).

c) *Valoración de la religión nativa.* La moderna antropología, aunque es bastante relativista, sobre todo por el influjo de la antropología cultural norteamericana, reserva a alguna instancia la valoración de las culturas, y así ningún antropólogo, por relativista que sea, justifica la esclavitud o el infanticidio, por muy funcionales que resulten a las sociedades que los practiquen. En el campo religioso la moderna antropología suele ser mucho más relativista; en cambio el misionero hispanoamericano que hacía antropología no lo era, por sentirse portador de la única religión verdadera. Por eso es interesante ver cómo se plantea el valor de las religiones autóctonas. Sahagún trata esto en el apéndice del lib. 1, dedicado a los dioses, y hace la afirmación general de que todos los dioses indígenas eran diablos; además sostiene que la idolatría «fue la causa de que todos vuestros antepasados tuvieran grandes trabajos, de continuas guerras, hambres y mortandades y al fin envió Dios contra ellos a sus siervos los cristianos, que los destruyeron a ellos y a todos sus dioses» (I, 86-87) y ruega a Dios que, como «esta injuria no es solamente vuestra, sino de todo el género humano [...] hagáis que donde abundó el delito, abunde también la gracia» (I, 95).

Este carácter diabólico de las religiones autóctonas, unido a la ausencia de contactos culturales entre el viejo y el nuevo mundo («si ellos hubieran venido de [...] allá [...], halláramos acá trigo o cebada, o centeno, o gallinas de las de allá, o caballos, o bueyes, o asnos, u ovejas o cabras, o algunos otros de los animales mansos que usamos»), hace afirmar al franciscano lo siguiente:

> Acerca de la predicación del evangelio en estas partes, ha habido mucha duda si ha sido predicado antes de ahora o no; y yo siempre he sostenido la opinión de que nunca les fue predicado el evangelio, porque nunca jamás he hallado cosa que aluda a la fe católica, sino todo lo contrario, y todo tan idolátrico que no puedo creer que les haya sido predicado el evangelio en ningún tiempo [III, 358].

Luego rechaza algunos indicios de esa predicación (ciertas pinturas plasmadas en pellejos de venado que aludían a la predicación del evangelio y que se hallaron en Oaxaca, la existencia de la confesión auricular) y sostiene que «aunque fuese predicado por algún tiempo [...], perdieron del todo la fe que les fue predicada y se volvieron a sus idolatrías que de antes tenían». Y continúa:

> Y esto conjeturo por la dificultad grande que he hallado en la plantación de la fe de esta gente, porque yo ha más de cuarenta

años que predico por estas partes de México, y en lo que más he insistido y otros muchos conmigo, es en ponerlos en la creencia de la fe católica por muchos medios y tentado diversas oportunidades para esto, así por pinturas, como por predicaciones, como por representaciones, como por colocuciones, probando con los adultos y con los pequeños, y en esto he insistido aún más en estos cinco años pasados, dándoles las cosas necesarias para creer con gran brevedad y claridad de palabra; y ahora en este tiempo de esta pestilencia, haciendo experiencia de la fe que tienen los que se vienen a confesar, antes de la confesión, cuál o cuál responde como conviene, de manera que podemos tener bien entendido que, con haberlos predicado más de cincuenta años, si ahora se quedasen ellos a sus solas y que la nación española no estuviese de por medio, tengo entendido que con menos de cincuenta años no habría rastros de la predicación que se les ha hecho [III, 359-360].

Esta teoría de origen diabólico de las religiones americanas irá perdiendo aceptación para ser reemplazada por la de la predicación del apóstol santo Tomás en América, que defenderá el agustino Antonio de la Calancha en su *Crónica moralizada de la Orden de San Agustín en el Perú* (1639) y que permitirá al indio reconciliarse con su pasado. Sahagún, como la mayoría de los autores del siglo XVI, representa la postura dura, que justifica la evangelización haciendo tabla rasa de todo; pero, de todos modos, los argumentos que maneja y su análisis tienen un claro interés antropológico.

2. Diego de Landa (1524-1579)

Castellano de Cifuentes de la Alcarria, ingresa en 1541 en los franciscanos de Toledo y ocho años después llega a Yucatán ya ordenado sacerdote. Allí comienza su carrera misionera y un rápido ascenso en los cargos de gobierno franciscano: guardián del convento de Izamal (1552), custodio de Yucatán (1556), guardián del convento mayor de Mérida (1560) y por fin, al año siguiente, provincial de Yucatán y Guatemala. Durante este tiempo aprende la lengua maya, que utiliza no sólo para evangelizar, sino para conocer profundamente la cultura autóctona. Parece que entonces tiene una serie de dificultades en su trabajo por sus métodos un tanto violentos. El punto culminante fue el «auto de fe» de Maní. En junio de 1562 fue descubierto por dos chicos indios un adoratorio clandestino donde los mayas seguían sus cultos «no sólo de sahumerios, sino de sangre humana». Landa, por no haber todavía obispo en Yucatán y por ser provincial de los franciscanos, toma el asunto por su cuenta. Él mismo lo refiere en la *Relación de las cosas de Yucatán*:

> Que estando esta gente instruida en la religión y los mozos aprovechados, como dijimos, fueron pervertidos por los sacerdotes que en su idolatría tenían y por los señores y tornaron a idolatrar y hacer sacrificios no sólo de sahumerios sino de sangre humana, sobre lo cual los frailes pidieron la ayuda del alcalde mayor, prendiendo a muchos y haciéndoles procesos; y se celebró un auto [de fe], en que pusieron muchos cadalsos encorazados. [Muchos indios fueron] azotados y trasquilados y algunos ensambenitados por algún tiempo; y otros, de tristeza, engañados por el demonio, se ahorcaron, y en común mostraron todos mucho arrepentimiento y voluntad de ser buenos cristianos [1958, 32].

Entonces llega el primer obispo de Yucatán, fray Francisco de Toral, también franciscano, quien, «por las informaciones de los españoles y por las quejas de los indios, deshizo lo que los frailes habían hecho y mandó soltar los presos y que sobre esto agravió al provincial, quien determinó ir a España, quejándose primero en México, y que así vino a Madrid, donde los del Consejo de Indias le afearon mucho que hubiese usurpado el oficio de obispo y de inquisidor» (1958, 33). Durante este exilio español, ya fuera impuesto por las autoridades del virreinato, ya fuera voluntario para defenderse, Landa estuvo sometido a un prolongado examen, primero por el mismo Consejo de Indias y luego por una junta de teólogos y juristas, «los cuales dijeron —como se afirma en la relación— que el provincial hizo justamente el auto y las otras cosas en castigo de los indios» (1958, 33). Landa aprovecha los largos años de espera y soledad para escribir su *Relación*. En 1572 regresa a México convertido en obispo de Yucatán, cargo que significa su rehabilitación definitiva y que desempeña hasta su muerte.

OBRAS

(1566) *Relación de las cosas de Yucatán*; México, Porrúa, 1959.

El manuscrito, redactado fundamentalmente en España, se ha perdido. Lo que se conserva es una refundición anónima, hecha hacia 1616. Como observa Nicolau: «El desconocido autor suprime capítulos, extracta otros, conserva algunos [...] Su valor literario, claro está, se esfuma en la refundición; pero la minuciosidad de los detalles, la exacta descripción de los monumentos, los diseños que la acompañan, su testimonio personal que aduce ([...] "morando yo allí" [...] "que he visto"), sus rectificaciones a Oviedo: todo ello da la sensación de una absoluta veracidad».[10] El manuscrito de la refundición se conserva en la biblioteca de la Academia de la Historia de Madrid, donde fue descubierto y publicado parcialmente por el americanista francés abate Brasseur de Bourbourg en 1864. La primera edición completa se hizo en Madrid en 1884.

La obra de Landa es la fuente más importante para la historia maya. Así lo afirman Morley[11] y Thompson.[12] Éste dice textualmente:

> La más importante de éstas [fuentes] es la historia de Yucatán que compuso [...] Diego de Landa. Se trata de toda una mina de información acerca de costumbres, creencias religiosas e historia, a la vez que contiene una explicación detallada del calendario maya, ilustrada con dibujos de los glifos. Fue este libro el fundamento insustituible sobre el que se ha reconstruido la escritura jeroglífica maya. viene a ser así lo que más se aproxima a una piedra Roseta de esta cultura, casi tanto como lo mejor que podríamos desear jamás. Y ciertamente, sin este libro es dudoso que hubiéramos podido dar ningún paso en el desciframiento de los glifos, y sabríamos mucho menos sobre los mayas. El obispo Landa, fraile franciscano que llegó a Yucatán pocos años después de la conquista española, fue un hombre de indiscutible habilidad. Ha sido acremente criticado por su severidad al tratar de extirpar las recrudencias del paganismo [...]. Landa, como cualquier etnólogo moderno, obtuvo su material de informantes nativos. Y por extraño que parezca, de no haber emprendido tan celosamente su campaña contra la vuelta de los mayas a sus creencias paganas, bien pudiera ser que no contáramos con la fuente de primera importancia que es su *Relación*. No hay que olvidar que mientras estaba en España esperando la vista de su causa sobre los cargos de abuso de autoridad, ordenó los datos de manera que le sirvieran de testimonio indirecto para su defensa.

Además de la confirmación que ha tenido la *Relación* en la arqueología, aseguran su veracidad el interés y la larga permanencia del autor en el mundo maya y la seriedad de sus métodos de

10. Luis Nicolau D'Olwer, *Cronistas de las culturas precolombinas*, México, Fondo de Cultura Económica, 1963, p. 29.

11. Sylvanus G. Morley, *La civilización maya* (1946), México, Fondo de Cultura Económica, 1965, p. 10.

12. Eric S. Thompson, *Grandeza y decadencia de los mayas* (1954), México, Fondo de Cultura Económica, 1964, p. 49.

investigación. Un solo ejemplo: «Que el sucesor de los Cocomes, llamado don Juan Cocom, después de bautizado, fue hombre de gran reputación y muy sabio en sus cosas y muy sagaz y entendido en las naturales; y fue muy familiar del autor de este libro, Fr. Diego de Landa, y le contó muchas antigüedades y le mostró un libro que fue de su abuelo, hijo de Cocom que mataron en Mayapán, y en éste estaba pintado un venado [...]» (1959, 21).

APORTES

2.1. *Una etnografía maya*

La *Relación* de Landa es, ante todo, una etnografía maya. Aunque no pueda compararse con la etnografía náhuatl de Sahagún, ni por los métodos empleados para describir la cultura, ni por la forma de resumen anónimo del manuscrito original que tiene la *Relación* que se conserva, sin embargo reúne una información sistemática sobre casi todos los aspectos de la cultura. Así, a lo largo de los 52 breves capítulos de la obra, se describen el hábitat, los recursos naturales, en donde destacan descripciones más extensas de la flora y fauna (caps. 45-51), el sistema productivo, con una agricultura comunal basada en la reciprocidad en una tierra poco profunda («Yucatán es una tierra la de menos tierra que yo he visto, porque toda ella es una viva laja [...] Todo lo que en ella hay y se da, se da mejor y más abundantemente entre las piedras que en la tierra [...]; la causa de esto creo es haber más humedad» [1959, 117]), y donde tienen gran importancia los depósitos de agua subterránea o «zenotes»:

Que los indios tiene la buena costumbre de ayudarse unos a otros en todos su trabajos. En tiempo de sementeras, los que no tienen gente suya para hacerlas, júntanse de 20 en 20 o más o menos, y hacen todos juntos por su medida y tasa la labor de todos y no la dejan hasta cumplir con todos. Las tierras, por ahora, son del común y así el que primero las ocupa las posee. Siembran en muchas partes, por si una faltare supla la otra. En labrar la tierra no hacen sino coger la basura y quemarla para después sembrar, y desde mediados de enero hasta abril labran y entonces con las lluvias siembran, lo que hacen trayendo un taleguillo a cuestas, y con un palo puntiagudo hacen un agujero en la tierra y ponen en él cinco o seis granos que cubren con el mismo palo. Y en lloviendo, espanto es cómo nace. Júntanse también para la caza de 50 en 50 más o menos, y asan en parrillas la carne del venado para que no se les gaste, y venidos al pueblo hacen sus presentes al señor y distribuyen [el resto] como amigos y lo mismo hacen con la pesca. Que los indios en sus visitas siempre llevan consigo don que dar, y el visitado, con otro don, satisface al otro [1959, 40].

Se describen también los vestidos, el aplanamiento de la cabeza («a los 4 o 5 días de nacida la criaturita poníanla tendida en el lecho pequeño, hecho de varillas, y allí boca abajo le ponían entre dos tablillas la cabeza: la una en el colodrillo y la otra en la frente, entre las cuales se la apretaban tan reciamente y la tenían allí padeciendo hasta que, acabados algunos días, les quedaba la cabeza llana y enmoldada como la usaban ellos» [1959, 54]), las comidas y bebidas, el sistema educativo, el sistema político, el sistema jurídico y, más extensamente, los ritos del ciclo vital relativos a la pubertad, al matrimonio y a la muerte. Como ejemplo, recojo la descripción del rito de pubertad, al que Landa llama bautismo:

No se halla el bautismo en ninguna parte de las Indias sino [sólo] en éstas de Yucatán y aun con vocablo que quiere decir «nacer de nuevo» [...] caputzihil [...] No hemos podido saber su origen sino que es cosa que han usado siempre y a la que tenían tanta devoción que nadie la dejaba de recibir y [le tenían tanta] reverencia, que los que tenían pecados, si eran para saberlos cometer, habían de manifestarlos, especialmente a los sacerdotes [...] Lo que pensaban [que] recibían en él [bautismo] era una propia disposición para ser buenos en sus costumbres y no ser dañados por los demonios en las cosas temporales, y venir, mediante él y su buena vida, a conseguir la gloria que ellos esperaban [...] Tenían, pues, esta costumbre para venir a hacer los bautismos, que criaban las indias a los niños hasta la edad de tres años, y a los varoncillos usaban siempre ponerles pegada a la cabeza, en los cabellos de la coronilla, una contezuela blanca, y a las muchachas traíanlas ceñidas abajo de los riñones con un cordel delgado y en él una conchuela asida, que les venía a dar encima de la parte honesta y de estas dos cosas era entre ellos pecado y cosa muy fea quitarla de los muchachos antes del bautismo, el cual les daban siempre desde los tres años hasta los doce y nunca se casaban antes del bautismo [...]
El día [del bautismo] juntábanse todos en casa del que hacía la fiesta y llevaban a todos los niños que habían de bautizar a los cuales ponían en orden, de un lado los muchachos y de otro las muchachas [...] Hecho esto, trataba el sacerdote de la purificación de la posada, echando al demonio de ella [...] Hecho esto, mandaba el sacerdote callar y sentar a la gente y comenzaba él a bendecir con muchas oraciones a los muchachos y a santiguarlos con su hisopo [...] Acabada su bendición se sentaba y levantábase el principal que los padres de los muchachos habían elegido para esta fiesta y con

un hueso que el sacerdote le daba, iba a los muchachos y amagaba cada uno nueve veces en la frente, después mojábale con el agua de un vaso que llevaba en la mano y untábales la frente y las facciones, y entre los dedos de los pies y de las manos, sin hablar palabra. Esta agua la hacían de ciertas flores y de cacao mojado y desleído con agua virgen, que ellos decían, traída de los cóncaves de los árboles [...] Luego el sacerdote cortaba a los niños, con una navaja de piedra, la cuenta que habían traído pegada en la cabeza [...] Se despedían primero las muchachas, a las cuales iban sus madres a quitarles el hilo con que habían andado atadas [...] Acababa después la fiesta con comer y beber largo. Llamaban a esta fiesta *emku*, que quiere decir «bajada de Dios» [1959, 44-47].

El cuadro se completa con la descripción del sistema religioso propiamente dicho, que a Landa le interesaba tanto por su calidad de misionero. Así presenta los principales dioses, los ritos, sobre todo los sacrificios de año nuevo (caps. 35-38) o con ocasión de las pestes u otras calamidades (cuando «olvidaba toda natural piedad y toda ley de razón, les hacían sacrificios de personas humanas con tanta facilidad como si sacrificasen aves» [1959, 115]) y las diferentes clases de sacerdocio. Muy vinculados al sistema religioso están tres elementos que van a ser tres grandes logros de la cultura maya, la arquitectura, el calendario y la escritura. En cuanto a la primera, como observa Morley, «la arquitectura de piedra de los mayas es tan característica como la griega, romana o gótica. Tiene sus propias leyes, sus propias normas de construcción, sus variaciones locales pero fundamentalmente es una y tiene un punto de origen: el centro norte del Petén, probablemente la ciudad de Tikal o la de Uaxactún».[13] Por su parte Landa cuenta que, cuando los españoles llegaron a T-ho, cuyos edicios son «los segundos [...] que en esta tierra son más principales, poblaron aquí una ciudad y llamáronla Mérida por la extrañeza y grandeza de los edificios», aludiendo sin duda a la impresionante arquitectura romana de la ciudad extremeña, que fue capital de una de las dos provincias romanas de España. Luego el franciscano hace detalladas descripciones de los edificios de Izamal, T-ho, Chichén-Itzá y aun presenta croquis elementales de los mismos, lo cual puede ayudar a estudiar el deterioro de dichas ruinas. Además, con mentalidad etnológica, se plantea ya uno de los enigmas de la cultura maya, el desarrollo tan floreciente de la arquitectura en un medio adverso:

---

13. Morley, *op. cit.*, p. 378.

Si Yucatán hubiere de cobrar nombre y reputación con muchedumbre, grandeza y hermosura de edificios, como lo han alcanzado otras partes de las Indias, con oro, plata y riquezas, ella hubiérase extendido tanto como el Perú y la Nueva España, porque es, así en esto ʼle edificios y muchedumbre de ellos, la más señalada cosa de cuantas hoy en las Indias se ha descubierto, porque son tantos y tantas las partes donde los hay y tan bien edificados de cantería, a su modo, que espanta, y porque esta tierra no es tal al presente, aunque es buena tierra, como parece haber sido en el tiempo próspero en que en ella tanto y tan señalado edificio se labró, con no haber en ella ningún género de metal con que labrarlos, pondré aquí las razones que he visto dar a los que dichos edificios han mirado [1959, 106-107].

Entre las razones enumera la existencia de señores «amigos de ocuparlos mucho y que los ocuparon en esto», el sentido religioso («como ellos han sido tan buenos honradores de sus ídolos»), la emigración de las poblaciones que obligaba a construir sus centros ceremoniales en sus nuevos emplazamientos, las facilidades del medio («el grande aparejo que hay de piedra, cal y cierta tierra blanca») y aun cierta razón oculta («o la tierra tiene algún secreto que si hasta ahora no se le ha alcanzado ni a la gente natural de ella, en estos tiempos tampoco ha alcanzado»). Pero descarta la hipótesis que «los hayan edificado otras naciones sujetando a los indios», con dos evidencias arqueológicas: en las paredes de los bastiones de uno de los edificios hay imágenes de indios vestidos como los mayas contemporáneos de Landa y en un enterramiento se descubrió un cántaro grande con las cenizas y «tres cuentas buenas de piedra, del arte de las que los indios tienen ahora por moneda, todo lo cual muestra haber sido los indios los constructores»; sin embargo, reconoce que «era gente de más ser que los de ahora», por otras pruebas arqueológicas. Todo esto muestra que Landa no se limita a transcribir la información, sino que a veces trata de buscar explicación de la misma.

En cuanto al calendario, Landa dedica ocho capítulos a presentar el cómputo del tiempo por los yucatecos con su año sagrado de 260 días y su año civil de 365, luego los caracteres de los días, las fiestas de los días aciagos, los sacrificios del principio de año nuevo, la equivalencia entre el calendario gregoriano y el yucateco con la descripción de cada fiesta y, finalmente, el siglo maya:

> Tenían su año perfecto como el nuestro 365 días y 6 horas. Divídenlo en dos maneras de meses, los unos de a 30 días que se llaman U, que quiere decir luna, la cual contaban desde que se salía hasta

que no parecía. Otra manera de meses tenían de a 20 días, a los cuales llamaban Uinal Hunekeh; de éstos tenía el año entero 18, más los cinco días y seis horas. De estas seis horas se hacía cada cuatro años el año de 366 días. Para estos 360 días tiene 20 letras o caracteres con que los nombran, dejando de poner nombre a los otros cinco, porque los tenían por aciagos y malos [1959, 61].

No es éste el lugar para presentar todo el sistema cronológico maya que describe Landa, pero no está de más recoger la observación de Thompson: «Ningún otro pueblo en la historia ha tomado interés tal en el tiempo como lo hizo el maya; como tampoco cultura alguna ha elaborado una filosofía alrededor de un tema tan especial como éste del tiempo».[14]

Finalmente, con relación a la escritura, afirma Landa:

> Usaba también esta gente de ciertos caracteres o letras con las cuales escribían en sus libros sus cosas antiguas y sus ciencias, y con estas figuras y algunas señales de las mismas, entendían sus cosas y las daban a entender y enseñaban. Hallámosles gran número de libros de estas sus letras, y porque no tenían cosa que no hubiese superstición y falsedades del demonio, se los quemamos todos, lo cual sintieron a maravilla y les dio mucha pena [1959, 105].

Como es sabido, hay tres tipos de escritura: la pictográfica, en la que se traza un dibujo del objeto que se quiere representar; la ideográfica, en la que se trazan signos que no representan, sino que simbolizan el objeto, y la fonética, en la que los signos han perdido toda relación de semejanza o asociación mental con el objeto y sólo denotan sonidos. La escritura maya es del segundo tipo. Aunque Landa fue hombre de su tiempo y satanizó gran parte de la cultura maya, llegando a colaborar en la destrucción de muchos de los libros antiguos (cosa que parece inexplicable a los hombres de nuestro tiempo, aunque ahora también haya nuevas satanizaciones y destrucciones parecidas), sin embargo se constituyó en nuevo Champolión al recoger los caracteres mayas en un momento en que estaban a punto de dejar de ser usados («ya no usan para nada de estos sus caracteres, especialmente la gente moza que ha aprendido los nuestros» [1959, 106]). Con esto, Landa «proporciona suficientes datos con los cuales, como con una cuña, hemos podido abrirnos camino lentamente para ir adelante, poco a poco, a fin de penetrar, hasta donde es posible, el sentido

---

14. Thompson, *op. cit.*, p. 165.

de las inscripciones mayas. Así se puede leer ahora como una tercera parte de los jeroglíficos».[15]

Pero la *Relación* no es sólo una etnografía de la cultura maya en el momento de la conquista. También tiene datos importantes sobre la historia maya (caps. 6-9), sobre los «presagios» que precedieron a la conquista española, como ocurrió en las civilizaciones azteca e inca (caps. 10-11), sobre la misma conquista española, desde el naufragio de Jerónimo Aguilar hasta el viaje de Hernán Cortés y la conquista realizada por los Montejos (caps. 3-4 y 12-16), y sobre la evangelización y los métodos de la misma que emplearon los franciscanos (caps. 17-19). En fin, que la obra de Landa —aunque sólo conservemos de ella un resumen imperfecto— es una obra clave para la cultura maya.[16] En el último capítulo el franciscano se atreve a hacer un inventario de lo que ha significado la conquista y colonización española para la población indígena. Enumera todos los préstamos culturales que los indígenas han recibido (plantas, animales, herramientas y «otras muchas cosas de España, que aunque los indios habían pasado y podido pasar sin ellas, viven sin comparación con ellas más como hombres» (1959, 138), y, por su calidad de misionero, destaca sobre todo el hecho de la evangelización. En resumen, para él «yerran mucho los que dicen que, porque los indios han recibido agravios, vejaciones y malos ejemplos de los españoles, hubiera sido mejor no haberlos descubierto, porque vejaciones y agravios mayores eran los que unos a otros se hacían perpetuamente matándose, haciéndose esclavos y sacrificándose a los demonios» (1959, 139). Donde parece resonar más la tesis de Toledo que la de Las Casas. No hay que olvidar que la *Relación* se acaba de redactar en España cuando Landa prepara su defensa ante la administración colonial.

---

15. Morley, *op. cit.*, p. 293.

16. Morley concluye su obra así: «Cuando se consideran las conquistas materiales de los antiguos mayas en arquitectura, escultura, cerámica y pintura, y en menor escala su obra lapidaria y plumería, sus tejidos y tintes de algodón, junto con sus progresos intelectuales de orden abstracto, la invención de la escritura y de la aritmética de posiciones y su desarrollo concomitante del cero, caso único en el Nuevo Mundo, la construcción de un complicado calendario y una cronología que arrancaba de un punto fijo de partida, siendo ambos tan exactos como nuestro calendario gregoriano, y un conocimiento de la astronomía superior al de los antiguos egipcios y babilonios, y se entra a juzgar el producto de toda su civilización a la luz de sus "conocidas limitaciones culturales" que estaban al mismo nivel que las del antiguo hombre neolítico del Viejo Mundo, podemos muy bien aclamar a los mayas, sin temor de contradicción efectiva, como el pueblo indígena más brillante del planeta» (1965, 499-500).

3. José de Acosta (1540-1600)

Castellano, nacido en Medina del Campo, ingresa muy joven en la orden de los jesuitas (como cuatro de sus cinco hermanos mayores, uno de los cuales también atravesará el Atlántico para trabajar como misionero en México) y estudia en Alcalá en el colegio mayor de la Compañía de Jesús, cercano a la famosa universidad. En 1572 llega a Lima e inicia su cátedra de teología en el colegio mayor de los jesuitas y luego, a petición del virrey Toledo, en la universidad, actividad que continúa por varios años, pero que debe interrumpir por sus frecuentes viajes. Entre 1573 y 1574 estudia, a petición de su provincial, los problemas del sur de la provincia jesuítica en Cusco, Arequipa, La Paz, Potosí y Chuquisaca, y durante este tiempo aprende el quechua e inicia la recopilación del material que va a ser la base de su obra; en Chuquisaca trató personalmente al virrey Toledo, que estaba organizando la reducción general de los indios, y a su cuerpo de asesores, especialmente a Polo de Ondegardo, cuyos escritos sobre cultura andina cita con frecuencia.

En 1576 es nombrado superior provincial de los jesuitas, celebrando la primera congregación provincial, en cuyas actas aparecen las ideas fundamentales de su obra sobre la conversión de los indios, que escribe en latín entre 1576 y 1577 y que publica en Salamanca en 1588 con el título *De procuranda indorum salute*. Esta obra será la primera escrita por un jesuita en América. Como provincial visita de nuevo el territorio y en 1576 funda la casa de Juli entre los aymaras, que será un nuevo tipo de «doctrina», diferente a las que entonces tenían el clero y otros religiosos.

Entre 1582-1583 desempeña un papel importante como teólogo consultor del 3.er Concilio Limense, convocado por santo Toribio, al que asistieron la mayoría de obispos sudamericanos y que tuvo gran influjo en la vida de la Iglesia colonial y en la modelación religiosa del hombre sudamericano. Es fácil demostrar el paralelismo entre muchos decretos del concilio y las ideas de Acosta en el *De procuranda*. Una de las decisiones importantes del concilio fue la preparación de un catecismo único trilingüe, cuya redacción castellana se encomendó a Acosta y cuya traducción quechua fue hecha por los canónigos Balboa y Martínez y la aymara por el jesuita Blas Valera. Parece que Acosta va a tener también parte importante en la preparación del confesonario y del sermonario. El catecismo trilingüe y el *Confesionario para los curas de indios, con la instrucción sobre sus ritos* serán publicados en Lima, en 1585, por Antonio Ricardo y serán los primeros libros impresos en América del Sur.

En 1586 deja definitivamente el Perú. Permanece un año en México, donde recoge nueva información americana para su obra *Historia natural y moral de las Indias*, cuya redacción completa en España. En dicho país se dedica a actividades de gobierno de su orden, a escribir sobre temas teológicos y a publicar sus libros americanos. Aunque Acosta tuvo enorme resonancia como hombre de consejo y de gobierno en las más altas instancias eclesiásticas y civiles y por las múltiples ediciones de sus obras, no tuvo el profundo conocimiento de una cultura americana que acumuló Sahagún; pero el jesuita compensó con la profundidad de sus análisis la insuficiencia de sus observaciones y así debe considerársele más como etnólogo que como etnógrafo de las culturas americanas.

OBRAS

Las más significativas para el pensamiento antropológico son:
1588 *De procuranda indorum salute* o *Predicación del evangelio en las Indias*, Salamanca, Guillermo Foquel.
1590 *Historia natural y moral de las Indias*, Sevilla, Juan de León.

APORTES

3.1. *Acosta y la evangelización indígena*

Éste es el tema central en el *De procuranda*, pero se toca también en el libro V de la *Historia*, dedicado a la religión y ritos de los indios. Hay que tener en cuenta que el *De procuranda* no es el resultado de una larga experiencia misional, que Acosta nunca tuvo, sino más bien la reflexión sistemática sobre los problemas de las misiones americanas, en la coyuntura de la estructuración del virreinato por Toledo, y a la luz del 2.º Concilio limense y como preparación del 3.º, los dos concilios más importantes para la evangelización andina. Aunque, por su naturaleza y por la rapidez con que fue escrito el *De procuranda*, no puede considerarse una obra definitiva, tuvo enorme difusión e influjo. Al año de la primera edición, hay una segunda edición también en Salamanca (1589), una tercera en Colonia (1596), una cuarta en Lyon (1596), una quinta en Manila (1858), una sexta, traducida al castellano por el padre Francisco Mateos, en Madrid (1952) y una séptima también en Madrid (1954) en la edición de las *Obras completas* de Acosta, editada por la Biblioteca de Autores Españoles.

Como dicha obra no es propiamente un estudio de antropología de la religión, sino un manual de teología pastoral, contiene temas que carecen de importancia para una historia del pensamiento antropológico. Entre los que sí la tienen, merecen destacarse los siguientes:

a) *Una buena síntesis de los sistemas religiosos andino y azteca*, con sus creencias, sus ritos y sus formas de organización peculiares. Dicha síntesis se expone en el libro V de la *Historia*, pero hay nuevos elementos dispersos en el *De procuranda*. Aunque Acosta reconoce que «no deja la luz de la verdad y razón alguna tanto de obrar en ellos, y así comúnmente sienten y confiesan un supremo señor y hacedor de todo, al cual los del Perú llamaban Wiracocha» (1954, 141), el que "no tuvieran vocablo propio para nombrar a Dios [...] en lengua de indios» y el presupuesto de la teología colonial de que todos los dioses de los gentiles son demonios, hacen que describa todo el sistema religioso indígena como simple idolatría y como una parodia diabólica, como luego se verá. Pero la descripción es bastante exacta y la basa en sus propias investigaciones y en autores como Polo de Ondegardo, en su *Información acerca de la religión y gobierno de los Incas*, para el Perú, y el jesuita Juan de Tovar para México, haciendo además una serie de referencias a los autores clásicos y a los santos padres. Como ejemplo de las descripciones de Acosta, transcribo su síntesis del panteón andino, tomada del *De procuranda* y que desarrolla más ampliamente en la *Historia*. Después del Dios creador:

El mayor honor lo tributan al sol, y después de él, al trueno: al sol llaman Punchao, y al trueno, Yllapu; a la Quilla, que es la luna, y a Cuillor, que son los astros; a la tierra, a la que llaman Pachamama, y al mar, Mamacocha, la adoran también al modo de los caldeos. Además, a sus reyes, hombres de fama ilustres, les atribuyen la divinidad y los adoran, y sus cuerpos, conservados con arte maravilloso enteros y como vivos, hasta ahora los tienen; así al primero de ellos Mangocapa y Viracocha Inga Yupangi y Guainacapa y a sus demás progenitores en ciertas fiestas establecidas, los veneraban religiosísimamente y les ofrecían sacrificios cuando les era permitido; tanto que podrían competir en ingenio con los griegos para conservar la memoria de sus mayores. Pues lo que toca a la superstición de los egipcios está tan en vigor entre los indios, que no se pueden contar los géneros de sacrilegios y guacas: montes, cuestas, rocas prominentes, aguas manantiales útiles, ríos que corren precipitados, cumbres altas de las peñas, montones grandes de arena, abertura de un hoyo tenebroso, un árbol gigantesco y añoso, una vena de metal, la forma rara y elegante de cualquier piedrecita; finalmente, por decirlo de una vez, cuanto observan que se aventaja mucho sobre sus cosas congéneres, luego al punto lo toman por divino y sin tardanza lo adoran [1954, 560].

b) *El llamamiento a la fe incluye también a los indios.* Debajo de este problema teológico late un problema antropológico y político importante: la igualdad esencial de todos los hombres y el que los indios tuvieran un lugar en el nuevo cosmos.[17] Ya en el capítulo 1 del libro I del *De procuranda* Acosta afirma: «desistamos de sacar a relucir la dureza y tardo ingenio de los indios [...] y no osemos afirmar que algún linaje de hombres está excluido de la común salvación de todos» (1954, 396). Luego refuerza su argumentación, indicando que las dificultades reales en la cristianización de los indios se deben, no a la falta de capacidad de los indios, sino a la educación y costumbre («es cosa averiguada que más influye en el índole de los hombres la educación que el nacimiento» [1954, 412]) y, sobre todo, a las faltas de virtud y celo de muchos doctrineros, al empleo de métodos de catequización inadecuados y a la violencia de la primera catequesis: «la nación de los indios habiendo al principio recibido el evangelio más bien por la fuerza de las armas que por la simple predicación, conserva el miedo contraído y la condición servil [...] y da muestra de ello siempre que pueda hacerlo impunemente. Nada hay que tanto se oponga a la fe como la fuerza y la violencia» (1954, 420). Finalmente afirma que, por más que el cristianismo de muchos indios sea deficiente («porque adoran a Cristo y dan culto a sus dioses» [1954, 421]) y por más que se haya anunciado en un contexto inadecuado («si a pesar de tanta maldad de nuestros hombres,

---

17. Octavio Paz, en su sugerente ensayo sobre la nacionalidad mexicana *El laberinto de la soledad* (1950), ha escrito algo que es un buen comentario a lo que acaba de afirmarse: «Sin la Iglesia el destino de los indios habría sido muy diverso. Y no pienso solamente en la lucha emprendida por dulcificar sus condiciones de vida y organizarlos de manera más justa y cristiana, sino en la posibilidad que el bautismo les ofrecía de formar parte, por virtud de la consagración, de un orden y de una Iglesia. Por la fe católica los indios, en situación de orfandad, rotos los lazos de sus antiguas culturas, muertos sus dioses tanto como sus ciudades, encuentran un lugar en el mundo. Esa posibilidad de pertenecer a un orden vivo, así fuese en la base de la pirámide social, les fue despiadadamente negada a los nativos por los protestantes de Nueva Inglaterra. Se olvida con frecuencia que pertenecer a la fe católica significa encontrar un sitio en el Cosmos. La huida de los dioses y la muerte de los jefes había dejado al indígena en una soledad tan completa como difícil de imaginar para un hombre moderno. El catolicismo lo hace reanudar sus lazos con el mundo y el trasmundo. Devuelve sentido a su presencia en la tierra, alimenta sus esperanzas y justifica su vida y su muerte» (México, Fondo de Cultura Económica, 1973, p. 92).

todavía los indios creen en ¿qué sería si desde el comienzo de la predicación hubiesen visto los pies hermosos de los que anuncian el evangelio de la paz?» [1954, 428]), es cierto que «cualquiera cosa que digan en contrario los que se creen ellos solos cristianos, también en las naciones se han difundido la gracia de Dios y no hace el Señor diferencia entre ellos y nosotros, purificando por la fe sus corazones» (1954, 429). Con lo que no sólo hay un llamamiento de los indios a la fe, sino una participación efectiva de la misma.[18]

c) *Normas de antropología aplicada.* Acosta se opone radicalmente al método de evangelización de hacer tabula rasa, destruyendo a sangre y fuego los ídolos y huacas, como hicieron al principio no sólo la turba de soldados, sino algunos sacerdotes. «Esforzarse en quitar primero por fuerza la idolatría, antes de que espontáneamente reciban el evangelio, siempre me ha parecido [...] cerrar a cal la puerta del evangelio a los infieles en lugar de abrirla» (1954, 561). Y apoya su principio de que «antes hay que quitar los ídolos del corazón de los paganos que de los altares» con la autoridad de san Agustín. Más aún, siguiendo la enseñanza del papa Gregorio formula el principio más amplio de la aculturación dirigida de mantener todo lo aprovechable de la cultura indígena y aun hacer sustituciones:

> Oficio nuestro es ir poco a poco formando a los indios en las costumbres y la disciplina cristiana, y cortar sin estrépito los ritos supersticiosos y sacrílegos y los hábitos de bárbara fiereza; mas en los puntos en que sus costumbres no se oponen a la religión o a la justicia no creo conveniente cambiarlas; antes al contrario, retener todo lo paterno y genilicio, con tal que no sea contrario a la razón [...].
>
> Por lo cual muchas cosas hay que disimularlas, otras alabarlas; y las que están más arraigadas y hacen más daño, con maña y destreza hay que sustituirlas con otras buenas semejantes. De lo cual tenemos la autoridad del ilustre Gregorio papa, el cual, preguntado por Agustín, obispo de los ingleses, sobre causas semejantes, escribe a

---

18. Uno de los puntos más discutidos del *De procuranda,* desde el punto de vista teológico, es su afirmación de la necesidad de la fe explícita en Cristo para salvarse. La seriedad con que el mundo colonial discutía esos temas se desprende de que el dominico Francisco de la Cruz, a quien Acosta refuta sin nombrarlo («un varón tenido largo espacio por insigne en la doctrina y muy religioso, pero que ahora se ha trocado o se ha manifestado como grande hereje» [1954, 551]) y en cuyo proceso interviene, fue quemado por la Inquisición de Lima en 1578. Otros teólogos jesuitas como Suárez (*De fide,* disp. XII, sub. IV, n. 10) y Vásquez (*Opera,* Ingolstadii, v. VI, 467) se apartan de la sentencia rígida de Acosta.

Melito: «Dile a Agustín que he pensado mucho dentro de mí del caso de los ingleses; y pienso que no conviene de ninguna manera destruir los templos que tienen de sus ídolos, sino sólo los mismos ídolos, para que, viendo esas gentes que se respetan sus templos, depongan de su corazón el error, y conociendo al Dios verdadero y adorándolo, concurran a los lugares que les son familiares; y porque suelen matar muchos bueyes en sus sacrificios a los demonios, ha de trocárseles la costumbre en alguna solemnidad, como la dedicación del templo o del nacimiento de los mártires, y que levanten sus tiendas de ramos de árboles junto a las iglesias que antes eran templos gentílicos y celebren las fiestas con banquetes religiosos [...], a fin de que, dejándoles algunos goces exteriores, aprendan a gozar más fácilmente de los gustos interiores. Porque querer cortar de ingenios duros todos los resabios a la vez es imposible; y también los que quieren subir a lo alto, suben poco a poco, por pasos y no por saltos» [1954, 502].

Este principio es tanto más laudable cuanto que Acosta pensaba, como Sahagún y tantos teólogos del siglo XVI, que las religiones indígenas eran una parodia diabólica, porque el demonio trató de engañar a los indios imitando todos los rasgos de la religión verdadera (sacrificios, sacramentos, sacerdotes, religiosas, profetas, etc.) (1954, 152), para ser honrado con honores divinos y para burlarse de los hombres; pero Acosta pensaba también que Dios se desquitó al preparar de esa manera a los indios para que recibieran con más facilidad el cristianismo.

d) *Un modelo de doctrina diferente.* Como ya se vio, Acosta acepta que los jesuitas se encarguen de la doctrina de Juli entre los aymaras, a pesar de todas las razones que en el *De procuranda* aduce para no tomar doctrinas (1954, 573-574), y allí permanecerán los jesuitas durante casi dos siglos.[19] Puede decirse que los dos polos del nuevo modelo de doctrina son el respeto a la cultura nativa en todo lo que no se oponga a la religión y a la justicia, como se acaba de afirmar, y la independencia frente a los españoles. El testimonio de la «Crónica anónima», que se recogió en el apartado 4 del cap. I, es una buena prueba del dinamismo de una obra alentada por Acosta. Muchas de las normas de las reducciones de Juli son las orientaciones del *De procuranda*, y en ese sentido puede decirse que Acosta es el inspirador de las reducciones de

19. Puede consultarse al respecto mi obra *La transformación religiosa peruana* (Lima, PUC, 1983), donde hablo de «Juli, un modelo de doctrina diferente» (1983, 388-403). Mucho más completo al respecto es el estudio de Norman Meiklejohn, *La Iglesia y los lupaqas durante la colonia*, Cusco, Centro de Estudios Rurales Andinos Las Casas, 1988.

Juli, que fueron las predecesoras de las del Paraguay. Si, al tocar ciertos puntos en el *De procuranda*, como el servicio personal o la encomienda (Lib. III, caps. 11-18), Acosta no tomó una postura más radical, fue porque la situación del virreinato y la necesidad de la mano de obra de Juli, que estaba dentro del radio de acción de Potosí, no permitían otra salida.

Éstos son algunos puntos que llaman más la atención en el *De procuranda*, pero hay otros muchos interesantes para una antropología religiosa aplicada, como el conocimiento de la lengua indígena por los misioneros (Lib. IV, caps. 6-9), el análisis de la borrachera de los indios (Lib. III, caps. 20-22), los «sacramentos indígenas» (Lib. VI, caps. 12 y 21-22), etc.

3.2. *Acosta y las culturas americanas*

Este segundo tema lo desarrolla sobre todo en su *Historia*. En ella Acosta quiere ofrecer al hombre europeo una síntesis de la naturaleza y de la cultura del nuevo mundo. Su proemio al lector comienza así:

> Del nuevo mundo .e Indias Occidentales han escrito muchos autores diversos libros y relaciones, en que dan noticias de las nuevas cosas y extrañas, que en aquellas partes se han descubierto, y de los hechos y sucesos de los españoles que las han conquistado y poblado. Mas hasta ahora no he visto autor que trate de declarar las causas y razón de tales novedades y extrañezas de naturaleza, ni que haga discurso o inquisición en esta parte; ni tampoco he topado libro cuyo argumento sea hechos e historia de los mismos indios antiguos y naturales habitadores del nuevo orbe [1954, 4].

Para lo cual en los cuatro primeros libros describe las «obras de naturaleza», presentando sucesivamente el cosmos, el globo terráqueo y el mundo americano y su poblamiento (Lib. I); la zona tórrida, por la vieja idea de que no podía estar habitada (Lib. II); América, descrita de acuerdo al esquema básico de los cuatro elementos (tierra, agua, aire y fuego), concebidos como la esencia de la materia (Lib. III); América, descrita de acuerdo al esquema tripartito de los elementos «compuestos» de los tres reinos (mineral, vegetal y animal) (Lib. IV). Y en los tres libros restantes describe las «obras del libre albedrío», presentando sucesivamente al hombre americano como ser religioso: creencias, ritos y formas de organización (Lib. V), al hombre americano como ser socio-cultural:

organización educativa, social y política (Lib. VI) y al hombre americano como ser histórico: historia de los aztecas (la de los incas la trata con más brevedad en el libro anterior), que culmina con un capítulo dedicado a la «disposición que la Divina providencia ordenó en Indias para la entrada de la religión cristiana en ella» (Lib. VII). Este último capítulo de la obra es especialmente significativo para asegurar la integración de América en la «cristiandad europea». El gran escándalo que significa la aparición de una mitad del mundo no cristiano en pleno siglo XVI de la era cristiana va a cuestionar profundamente los mismos fundamentos epistemológicos de la cultura (la credibilidad de la Biblia) y el sentido de la salvación religiosa del hombre americano. Acosta resuelve este problema de modo diferente a como lo van a hacer otros estudiosos del hombre americano (en el cap. VI se verá la tesis del P. Calancha). A él no le convencen todas las citas de la escritura para explicar la existencia o cristianización de América, aunque le «parece cosa muy razonable que de un negocio tan grande como es el descubrimiento y conversión a la fe de Cristo del Nuevo Mundo, haya alguna mención en las sagradas escrituras» (1954, 25). Y cree asegurar la salvación religiosa del hombre americano, aunque considera diabólicas a las religiones autóctonas, con la extraordinaria providencia de Dios que se muestra en la cristianización del mundo mexicano y peruano, las dos altas culturas americanas. Acumula cuatro pruebas: Dios iba preparando la historia americana con dos grandes imperios unificados, de alta cultura y con una lengua común, todo lo cual facilitó enormemente la evangelización, como se demuestra de la dificultad que tiene la evangelización entre los indios amazónicos o de la Florida. Luego la división interna de los dos gran imperios (la división entre Atahualpa y Huascar en el Perú y la oposición de Tlascala a México) dan un tono providencial a la conquista, que de otro modo no hubiera podido realizarse, a pesar de la superioridad de los españoles en caballos y en armas, como lo demostraba su actual fracaso en la conquista de Chile, de los chunchos amazónicos o de los chichimecas mexicanos, que tenían mucho menos poder que los dos grandes imperios. En tercer lugar, la misma parodia que el diablo hizo de los ritos y creencias de la verdadera religión sirvió «para que las recibiesen bien en la verdad los que en la mentira las habían recibido: en todo es Dios sabio y maravilloso, y con sus mismas armas vence al adversario» (1954, 246). Finalmente, «quiso nuestro Dios [...] hacer que los mismos demonios [...], tenidos falsamente por dioses, diesen a su pesar testimonio de la venida de la verdadera ley, del poder de Cristo y del triunfo de la cruz, como por los anuncios y profecías y señales y prodigios arriba referidos [...] certísimamente consta» (p. 246). Así América adquiere «sentido» en la historia de la cristiandad.

La obra tuvo un gran éxito editorial. A la primera edición sevillana (1590) siguió la segunda en Barcelona (1591), una tercera, cuarta y quinta en Madrid (1608, 1792, 1894) y la sexta y séptima en México (1940, 1962). Pero se tradujo también a todas las lenguas cultas europeas, y así, antes de los cincuenta años de su aparición, ya se habían hecho 10 traducciones (tres al alemán, dos al francés y al latín y una al inglés, al italiano y al holandés). ¿Cómo se explica este éxito editorial? Palerm responde:

> Esta rápida difusión y la influencia universal del libro de Acosta suscita interesantes preguntas. Casi un siglo después del descubrimiento, el éxito de la *Historia* difícilmente puede explicarse en términos de la curiosidad ingenua por el Nuevo Mundo, ya por entonces satisfecha por muchas publicaciones, algunas de ellas francamente fantásticas. El hecho explicativo es que Acosta formula una serie de cuestiones y las resuelve con procedimientos metodológicos que están ligados, precisamente, a la nueva etnología. Acosta suscita y debate, quizás por primera vez, los grandes problemas que surgen al tratar de incorporar la experiencia natural y humana del Nuevo Mundo a las concepciones de la teología, la historia y la ciencia europeas.[20]

Efectivamente, la obra de Acosta trata de probar en sus cuatro primeros libros que América, no obstante la ignorancia en que se estaba acerca de su existencia, no obstante estar situada en una región que se consideraba inhabitable y no obstante todas las cosas naturales extrañas, era parte integrante del cosmos y del mundo y estaba formada de la misma materia y de los mismos entes que el viejo mundo. Y en los tres libros restantes trata de probar que América, no obstante la existencia de una vida religiosa y cultural autóctonas, era parte integrante de la humanidad y estaba llamada por Dios a formar parte de la cristiandad.[21] De esa manera Acosta explica a los europeos de su tiempo el caos intelectual que significó la aparición del nuevo mundo y que debió de ser semejante al que se crearía actualmente a nuestra ciencia, a nues-

---

20. Palerm, *Historia de la etnología. Los precursores*, México, Sep-Inah, 1974, p. 249.
21. Para desarrollar este punto puede consultarse la introducción de Edmundo O'Gorman a la excelente edición mexicana de 1962 de la *Historia* del Fondo de Cultura Económica, pp. XI-LIII.

tra historia y a nuestra teología, si alguna de nuestras naves espaciales descubriera interlocutores inteligentes.

Tras esta visión de conjunto de la *Historia*, paso a exponer algunos aportes especialmente significativos a la teoría etnológica.

a) *El poblamiento del hombre americano*.

Este punto lo desarrolla en su *Historia* (Lib. I, caps. 16-25). Es un análisis etnológico interesante, con un «diseño de investigación» muy estricto. Partiendo del postulado teológico del origen común de todos los seres humanos (monogenismo bíblico), se plantea el problema de dónde vino el hombre americano y analiza con seriedad científica cada una de las tres hipótesis que formula: por mar, intencionadamente; por mar, a consecuencia de un naufragio; por tierra. Y aunque el estrecho de Bering no se descubrirá sino dos siglos después, concluye:

> Más así a bulto y por discreción podemos colegir de todo el discurso arriba hecho, que el linaje de los hombres se vino pasando poco a poco, hasta llegar al nuevo orbe, ayudando a esto la continuidad y vecindad de las tierras, y a tiempo alguna navegación, y que éste fue el orden de venir y no hacer armada de propósito, ni suceder ningún gran naufragio; aunque también pudo haber en parte algo de esto; porque siendo aquestas regiones larguísimas, y habiendo en ellas innumerables naciones, bien podemos creer que unos de una suerte, y otros de otra se vinieron en fin a poblar. Mas al fin, en lo que me resumo, es que el continuarse las tierras de Indias con esotras del mundo o, a lo menos, estar muy cercanas, ha sido la principal y la más verdadera razón de poblarse las Indias; y tengo para mí, que el nuevo orbe o Indias occidentales, no ha muchos millares de años que las habitan hombres, y que los primeros que entraron en ellas más eran hombres salvajes y cazadores que gente de república y pulida; y que aquéllos aportaron al nuevo mundo, por haberse perdido de su tierra o por hallarse estrechos y necesitados de buscar nueva tierra, y que hallándola comenzaron poco a poco a poblarla, no teniendo más leyes que un poco de luz natural, y ésa muy oscurecida, y cuando mucho algunas costumbres que le quedaron de su patria primera.
>
> Aunque no es cosa increíble de pensar, que aunque hubiesen salido de tierras de policía y bien gobernadas, se les olvidase todo con el largo tiempo y poco uso: pues es notorio que, aun en España y en Italia, se hallan manadas de hombres, que, si no es el gesto y figura, no tienen otra cosa de hombres. Así que por este camino vino a haber una barbariedad infinita en el nuevo mundo [1954, 37-38].

Esta conclusión, que coincide fundamentalmente con lo que opina la ciencia hoy sobre el origen del hombre americano, la apoya en una serie de pruebas que confirman su hipótesis o excluyen las otras dos: la cercanía del nuevo y el viejo mundo («la una tierra y la otra en alguna parte se juntan o allegan mucho. Hasta ahora al menos no hay certidumbre de lo contrario. Porque al polo ártico, que llaman norte, no está descubierta y sabida toda la longitud de la tierra; ni faltan muchos que afirmen que sobre la Florida corre la tierra [...] hasta el mar Scítico o hasta el Germánico» [1954, 33]); en tierra firme hay animales (leones, tigres, osos, etc.) que naturalmente no pudieron ser traídos en barco (p. 34); en ninguna parte se han hallado barcos grandes, ni tenían unas técnicas marinas avanzadas («no sabían de aguja, ni de astrolabio, ni de cuadrante» [p. 34]) para explicar una gran navegación; no vinieron los indios a través de la Atlántida («no tengo tanta reverencia a Platón, por más que le llamen divino [...], se me hace muy difícil de creer que pudo contar todo aquel cuento de la isla Atlántida por verdadera historia» [p. 35]); tampoco es válida la opinión de que descienden de los judíos («sabemos que los hebreos usaron letras, en los indios no hay rastro de ellas; los otros eran muy amigos del dinero, éstos no se les da cosa» [p. 37], los indios no se circuncidan, y si fueran judíos, conservarían, como en toda la diáspora, su lengua y su fe en el Mesías); finalmente, lo que los indios dicen en sus mitos de origen tampoco resuelve el problema («cuanto hay de memoria y relación de estos indios llega a cuatrocientos años [...], todo lo de antes es pura confusión y tinieblas, sin poderse hallar cosa cierta. Y no es de maravillar faltándole libros y escritura, en cuyo lugar aquella su tan especial cuenta de los quipocamayos es harto [...] que pueda dar razón de cuatrocientos años» [p. 39]). Pero independientemente de la validez de cada prueba, cuando a la antropología científica le faltaban casi tres siglos para nacer, es indudable la seriedad metodológica de Acosta y la validez de algunos de sus conceptos teóricos implícitos, como la evolución de las culturas americanas o la posibilidad de una degeneración.

b) *Tipología de la evolución cultural.*

Desarrolla este tema en la introducción del *De procuranda*, al tratar del tipo de evangelización que debe darse. Para Acosta «es un error vulgar tomar a las Indias por un campo o aldea, y como todos se llaman por su nombre, así creer que son también de una condición» (1954, 395). Sin embargo, «no todos son iguales, sino que va mucho de indios a indios [...] pero pueden reducirse a tres clases o categorías»:

La primera es de aquellos que no se apartan demasiado de la recta razón; y a ella pertenecen los que tienen república estable, leyes públicas, ciudades fortificadas, magistrados obedecidos y, lo que más importa, uso y conocimiento de las letras, porque dondequiera que hay libros y monumentos escritos, la gente es más humana y política. A esta clase pertenecen los chinos [...], los japoneses y otras muchas provincias de la India oriental.

En la segunda clase incluyo los bárbaros, que aunque no llegaron a alcanzar el uso de la escritura, ni los conocimientos filosóficos o civiles, sin embargo tienen una república y magistrados ciertos, y asientos o poblaciones estables, donde guardan manera de policía, y orden de ejércitos o capitanes, y finalmente alguna forma solemne de culto religioso. De este género eran nuestros mexicanos y peruanos, cuyos imperios y repúblicas, leyes e instituciones son verdaderamente dignos de admiración.

Finalmente, a la tercera clase de bárbaros no es fácil decir las muchas gentes y naciones del nuevo mundo que pertenecen. En ella entran los salvajes semejantes a fieras, que apenas tienen sentimiento humano; sin ley, ni rey, ni pactos, sin magistrados ni república, que mudan de habitación, o si la tienen fija, más se asemeja a cuevas de fieras o cercas de animales. Tales son [...] los Caribes [...], los Chunchos, los Chiriguanás, los Mojos [...], la mayor parte de los del Brasil y la casi totalidad de las parcialidades de la Florida [1954, 392-393].

Acosta ve en su tipología tres tipos de sociedad con rasgos propios, ante las cuales hay que tener una estrategia de evangelización diferente: a los primeros hay que evangelizarlos por el convencimiento, como hicieron los apóstoles con Grecia y Roma, y si se quiere hacerlo con las armas, sólo se logra volverlos enemigos del nombre cristiano; a los segundos, como «si no son constreñidos por un poder superior, con dificultad recibirán la luz del evangelio y tomarán costumbres dignas de hombres [...], la misma razón establece que los que entre ellos abracen el evangelio, pasen a poder de príncipes y magistrados cristianos, pero con tal de que no sean privados del libre uso de su fortuna y bienes, y se les mantengan las leyes y usos que no sean contrarios a la razón o al evangelio» (1954, 393); finalmente, a los terceros «conviene enseñarles que aprendan a ser hombres e instruirlos como niños. Y si atrayéndolos con halagos se dejan voluntariamente enseñar, mejor sería; mas si se resisten [...], hay que contenerlos con fuerza y poder convenientes, y obligarles a que dejen la selva y [...] hacerles fuerza para que entren en el reino de los cielos». No interesa ahora la diferente estrategia, que refleja además un concepto de libertad religiosa propia del siglo XVI y totalmente distinto al nuestro, sino la exactitud de los rasgos culturales propios de cada sociedad. Aunque este proemio es más bien una tipología de las sociedades que una primera formulación del evolucionismo cultural, sin embargo también lo segundo esta implícito[22] por el dimamismo cultural al que se ha referido Acosta al hablar de la posibilidad de evolucionar o de degenerar que tuvieron los primeros habitantes de América. Además, hay algunos puntos que coinciden con la teoría evolucionista de Morgan: la escritura como propio de la civilización, ciertos rasgos de la sociedad bárbara y civilizada, y la misma posibilidad de «ideologización» de la teoría, convirtiéndose en justificación de la política colonial y de la evangelización compulsiva.

c) *Relación del hombre con el medio.*

El solo título de la *Historia* —natural y moral— es una afirmación de la importancia que dio Acosta al medio y puede considerársele naturalista y cosmógrafo. Armando Nieto ha escrito sobre este punto:

> La *Historia* exhibe indudables aciertos y atisbos de descubrimientos posteriores. Presiente las variaciones magnéticas, la existencia del continente australiano, la proximidad de Asia y América por el estrecho de Bering, la influencia de la corriente peruana en el clima de la costa. La riqueza mineral, la flora y la fauna del país aparecen minuciosamente descritas. Registran la manifestación del «mal de montaña», experimentado por su autor desagradablemente al cruzar la cordillera de Pariacaca. Hace consideraciones sobre la cruz del sur, su desviación del polo correspondiente y el modo que debe observarse para tomar por ella la altura sin errar. En suma, un arsenal de información que ningún científico desdeña.[23]

4. Bernabé Cobo (1580-1657)

Andaluz, natural de Lopera (Jaén), cursa únicamente los estudios elementales y a los quince años, cuando llega a su apartado pueblo un capitán indiano que andaba reclutando gente para la conquista del Dorado, se enrola en la expedición. Muchos años

---

22. John Rowe, «Etnography and Etnology in the Sixteenth Century», *Kroeber Anthropological Society* (Berkeley, California), 30 (1960).

23. Armando Nieto, «Reflexiones de un teólogo del siglo XVI sobre las religiones nativas», *Revista de la Universidad Católica* (Lima), 2 (1977), p. 135.

después, recordará con tristeza el fracaso de la aventura: los que hacen relaciones de nuevos descubrimientos, dice,

> las hacen con grandes encarecimientos, por acreditar sus jornadas y acreditar sus hechos. De que tengo más que mediana experiencia de los muchos descubrimientos que en mi tiempo en este Nuevo Mundo se han hecho; y cuando otras me faltaran, era bastante para este desengaño la que saqué a costa mía de aquella gran armada en que pasé a Indias, siendo mancebo seglar, el año de 1596 a la población del Dorado, de cuya tierra y riquezas publicó en España el que solicitó aquella armada cosas muy contrarias a las que experimentamos los que venimos [1964, II, 279].

Esta tardía expedición al Dorado, organizada por el gobernador de Guayana, Antonio de Berrío, termina trágicamente, y Cobo recorre diferentes lugares del Caribe, donde ya recoge una serie de observaciones sobre el hábitat y los hombres, hasta que en 1599 viene al Perú. En el viaje desde Panamá hace amistad con un jesuita, que viaja en la misma nave, y por su medio obtiene una beca en el colegio de San Martín y en 1601 ingresa en la Compañía de Jesús. Completa sus estudios y realiza la carrera sacerdotal en Lima y desde 1609 en Cusco. Como lo observa en diferentes pasajes de su *Historia del Nuevo Mundo*, su permanencia en la vieja capital del Tawantinsuyo, desde donde viaja a Tiahuanaco y La Paz, le sirve para acumular la información sobre el imperio incaico. Con razón Mateos, en el estudio preliminar a la *Historia*, resume su período de formación con estas palabras: «A través de los largos años de estudio y formación religiosa, su personalidad inquieta y andariega de peregrino buscador de maravillas, se iba definitivamente modelando en el hombre de ciencia, curioso e infatigable investigador de la naturaleza humana y de sus secretos, que éste fue en concreto el Dorado espiritual que encadenó el interés y la vida de Cobo» (1964, I, XX).

Desde 1613, ya ordenado sacerdote, trabaja en Lima; en 1616 se traslada a Juli, donde aprende el quechua y el aimara y se desempeña como misionero en la región de Collao. El siguiente trienio reside en Arequipa, y luego en Pisco y en Callao. Durante todo este tiempo la ocupación fundamental de Cobo es el ministerio sacerdotal, pero dedica mucho tiempo a recoger información para su proyecto de la *Historia del Nuevo Mundo*. Entre 1630 y 1642 vive por la misma razón en México, a donde llega en un largo viaje, atravesando toda Centroamérica. De regreso al Perú, se dedica a retocar la obra de su vida, cuyo prólogo está fechado en Lima el 7 de julio de 1653.

(1653) *Historia del Nuevo Mundo.*

Esta obra monumental estaba compuesta por tres voluminosos manuscritos sobre «cuantas cosas desearán saber de esta nueva tierra los aficionados a lición de historias y erudición, pues parte de esta escritura pertenece a la historia natural y parte a la política y eclesiástica» (1964, I, 5), y Cobo pudo concluirla «después de cuarenta años que la comencé». Con razón Raúl Porras la presenta como «inventario total de su época, síntesis de un siglo de colonización, catálogo de todas las plantas y animales del nuevo mundo, historia de todos los pueblos y razas indígenas» y que «no parece, en realidad, la obra de un hombre, sino de toda una generación».[24] Desafortunadamente sólo se conservan los 14 libros del volumen I (unas setecientas páginas en la edición de la Biblioteca de autores españoles) y tres libros del volumen II sobre la *Fundación de Lima.* Esta parte de la obra, terminada en México en 1639 y dedicada a Juan de Solórzano Pereyra, fue publicada por primera vez en Lima en 1882 por Manuel González de la Rosa, mientras que el primer volumen de la *Historia* fue publicado en España por Jiménez de la Espada en cuatro tomos entre 1890 y 1893.

El contenido de la obra lo presenta Cobo en el prólogo:

> Va repartida en tres partes, cada una en su cuerpo: la primera trata de la naturaleza y cualidades deste Nuevo Mundo, con todas las cosas que de suyo cría y produce y hallaron en él nuestros españoles, la cual contiene 14 libros: en el primero escribo del Mundo en común, con las divisiones que de sus partes hacen los cosmógrafos y geógrafos [...] Los 8 libros siguientes tratan de las calidades y temples de este Nuevo Mundo y de todas las cosas naturales que de su cosecha lleva y hallaron nuestros españoles cuando vinieron a poblarlo, dispuestos por sus grados y géneros, según el orden de perfección y nobleza que en ella consideran los filósofos, comenzando de las menos perfectas, como son las inanimadas, en que entran todas las especies de piedras y metales que he podido alcanzar, y prosiguiendo por los linajes de plantas y animales que son naturales y propios de esta tierra, en cuya historia toco de camino el conocimiento y usos que de ellas tenían los indios y de ellos han aprendido los españoles, así en lo tocante a su sustento, en que se servían de ellas, como para las curas de sus enfermedades, a que solían aplicarlas por las virtudes que en ellas alcanzaron a conocer útiles para este menester. En el libro décimo comprenderemos todas las cosas de

---

24. Porras, *Los cronistas..., op. cit.*, p. 405.

estos predicamentos de plantas y animales que los españoles han traído de España y de otras regiones de estas Indias después que las poblaron, y al presente nacen en ella con no menor abundancia que las suyas propias. Los 4 libros últimos contienen lo que pertenece a la naturaleza, condición y costumbres de los indios, particularmente de los habitantes de este reino, con el gobierno que sus reyes tenían, así en lo tocante a la administración temporal como a las cosas de su falsa religión, por haber sido esta república de los reyes Incas la más concertada en su manera de gobierno de cuantas hubo en esta tierra. Porque tratar de propósito de todas las otras repúblicas de los indios fuera proceder en infinito; si bien en las otras dos partes de esta historia no dejo de tocar algo de las costumbres más notables y modo de vivir de algunas naciones [1964, I, 5-6].

La segunda parte, con 15 libros, es una descripción del Perú colonial: su descubrimiento y pacificación, los gobernadores y virreyes que se han sucedido y los sucesos más importantes de cada gobierno; la forma de «la república de los españoles y de los indios, después que estos se hicieron cristianos, y el modo de gobierno que se guarda en ellas, señaladamente en este reino del Perú»; la descripción general del Perú «por sus obispados y provincias, y muy por extenso la de esta ciudad de los Reyes» (que constituye los tres libros de la fundación de Lima); el último libro recoge una breve descripción de las demás provincias de la América austral, que caen fuera de los términos del Perú (1964, I, 6). La tercera parte, con 14 libros, es una descripción de Nueva España y tiene una estructura similar a la de la segunda parte.

Al haberse perdido 26 de los 43 libros de la *Historia del Nuevo Mundo*, ésta se ha transformado en una historia «natural» americana (10 primeros libros) y en una historia de la civilización incaica (libros 12, 13 y 14), que es sin duda la más completa que ha llegado hasta nosotros, con una breve introducción sobre el poblamiento americano (libro 11) y un espléndido apéndice sobre la Lima virreinal. En este sentido pienso que los dos aportes más significativos de Cobo son como historiador de la cultura incaica y como naturalista.

APORTES

4.1. *Cobo, historiador de la cultura incaica*

Por la época en que escribe Cobo, debe ser considerado, sobre todo, como historiador de las culturas americanas. Sahagún, Acosta o Landa pudieron hablar con muchos sobrevivientes de los tres grandes imperios (náhuatl, inca y maya), Cobo no, por más que en el prólogo afirme:

> Bien se verifica que entré en estas Indias en el primer siglo de su población. Por lo cual tuve ocasión de alcanzar a conocer algunos de sus primeros pobladores, particularmente desde reino del Perú, en el cual entré a los 68 años de su conquista; y casi a todos los hijos de los conquistadores de él, y a no pocos de otras provincias; y grande número de indios que se acordaban de cuando los españoles entraron en esta tierra; con quienes he conversado largo tiempo, y me pudieron informar mucho de lo que ellos vieron; y lo que no alcanzaron, supieron a boca de los primeros españoles que vinieron a esta tierra [1964, I, 4].

Y quiere hacer una historia crítica, por eso su *Historia* comienza con estas palabras: «La diversidad de opiniones que he hallado en las crónicas de este Nuevo Mundo y el deseo de inquirir y apurar la verdad de las cosas que en ellas se escriben, fue el principal motivo que tuve para determinarme a tomar este trabajo». Cobo reconoce que, aunque la empresa es difícil, él ha tenido «gran aparejo para salir con ella», «por los muchos años que ha residido en Indias que son no menos de 57», por haber llegado al principio de la ocupación española («en el primer siglo», como dijo más arriba) y porque «he hallado mucha luz de cosas antiguas en papeles manuscritos, como son diarios y relaciones que hicieron los primeros conquistadores [...], entre las cuales son para mí dignas de todo crédito [...] la que escribió [...] Pedro Pizarro»,[25] así como de las cédulas reales, cartas de los virreyes y de otros archivos seculares y eclesiásticos; este último material es especialmente útil para la segunda y la tercera parte de la obra (1964, I, 3-5). Pero, para la historia del pensamiento antropológico, es necesario dilucidar cuáles son las fuentes de Cobo para el estudio de la sociedad y de la religión andinas, pues todo el valor etnográfico de su obra depende de las fuentes que tuvo y de los criterios que empleó en su uso. Él mismo los señala al comienzo del libro XII:

---

25. La utilización que Cobo hace de la *Relación del descubrimiento y conquista de los Reinos del Perú*, de Pedro Pizarro, queda manifiesta en el estudio preliminar de Guillermo Lohmann Villena, en la reciente edición de esa crónica en el Fondo Editorial de la Universidad Católica de Lima, 1978. Lohmann compara 24 pasajes de ambas crónicas en donde «el calco es flagrante» y supone que habrá otros muchos en la penumbra (pp. LXIX-LXXXXIV). La crónica de Pedro Pizarro, escrita en 1571, es, en opinión de Duviols en una nota sobre lo indígena de la misma edición citada, «además de una crónica de la conquista —que sostiene la tesis toledana—, una de nuestras fuentes fundamentales para la etnohistoria andina» (p. XCIII).

Habiendo de escribir en éste y en los dos libros siguientes [...] lo tocante a la república, gobierno, religión y costumbres de los incas, reyes antiguos del Perú, me pareció conveniente, para mayor crédito y autoridad de lo que dijere, poner en este capítulo los fundamentos en que la verdad de esta historia estriba; para que, si alguno intentase contradecirla, movido por el dicho de algún indio viejo o por no hallar agora tan vida la memoria de muchas de las cosas que aquí se tratan o por otro cualquier respet, sepa que a cuanto se escribe en ella precedió muy diligente pesquisa y examen en tiempo y con personas que no se pudo dejar de alcanzar la verdad. Lo que me mueve a prevenir esto, es el haber venido a mis manos algunas relaciones y papeles de hombres curiosos [...], que acerca de estas materias sienten diferentemente que los autores que de ellas han impreso y de lo que de todos está recibido; los cuales, a lo que principalmente tiran es a persuadirse, lo primero que los reyes Incas comenzaron mucho antes del tiempo que los historiadores ponen y que fueron muchos más en número; y lo segundo, que no adoraron tanta diversidad de dioses como les señalamos [1964, II, 58].

En cuanto a las fuentes de su información, Cobo señala las cuzqueñas, porque parte de que «no todos los indios supieron ni pudieron al principio, y mucho menos agora, dar razón de estas materias», como por ejemplo mitayos o yanaconas, y «como en la sola ciudad del Cusco residían todos los que trataban del gobierno y de religión, sólo ellos pudieron entender y dar razón de lo que acerca de esto se les preguntaba», y luego enumera las fuentes siguientes:

a) Juan Polo de Ondegardo, quien, siendo corregidor del Cusco, hizo una relación en 1559, después de hacer una «junta para ella de todos los indios viejos que habían quedado del tiempo de su gentilidad, así de los Incas principales como de los sacerdotes y quipocamayos», en la que tuvieron en cuenta «los memoriales de sus quipus y pinturas que aún quedaban en pie». Cobo añade que él mismo vio en el Cusco una de esas pinturas «dibujada en una tapicería de cumbe». Un resumen de esta relación *De los errores y supersticiones de los indios* fue recogido por el 3.er Concilio limense y publicado en el *Confesionario*, impreso por Antonio Ricardo en Lima en 1585. Además Polo, al ser nombrado de nuevo corregidor del Cusco por Toledo en 1571, toma parte en las famosas «informaciones» y parece ser autor de la *Relación* sobre los adoratorios y ceques del Cusco, que Cobo recoge en los capítulos 13-16 del Libro 13. Polo trata en Cusco con el Inca Garcilaso y es fuente histórica de Acosta.

b) Las *Informaciones* del virrey Toledo (1571), quien en el Cusco «mandó juntar todos los viejos incas que quedaban del tiempo de sus reyes incas; y para que se procediese con menos riesgo de engaño en negocio cuya averiguación tanto se deseaba, fueron examinados cada uno de por sí, sin darle lugar a que se comunicasen», y se «hizo esta misma diligencia y examen con cuantos incas halló en las provincias de los Charcas y de Arequipa» (1964, II, 60). Sobre los métodos etnográficos y el valor de las informaciones de Toledo se hablará despacio en el capítulo siguiente.

c) Cristóbal de Molina, el cusqueño, cura del hospital de los naturales, quien hacia 1574 «en otra junta general de los indios viejos que habían alcanzado el reinado del Inca Guayna Cápac [...] por mandado del obispo don Sebastián de Lartaun, se averiguó lo mismo, resultando de ella una copiosa *Relación* de los ritos y fábulas que en su gentilidad tenían los indios peruanos» (1964, II, 60). Esta *Relación*, que es una de las fuentes principales sobre religión andina cusqueña, no se publicó en castellano hasta 1913, en Santiago de Chile.

Estas tres relaciones manuscritas fueron utilizadas por Cobo, quien añade que «parece haberlas seguido el padre José de Acosta en [...] su *Historia de Indias*. ltimamente, Garcilaso de la Vega Inca [...] no se aparta casi nada de las sobredichas relaciones» (1964, II, 60). De esta manera, Cobo trataba de demostrar la credibilidad de sus afirmaciones con el empleo de cinco fuentes importantes para la cultura incaica. Pero, además, él tenía una rica experiencia de campo en la zona andina, «por haber residido en la ciudad del Cusco algún tiempo y éste tan cercano a el de los reyes Incas, que alcancé no pocos indios que gozaron de su gobierno, y muchos de ellos descendientes suyos, en quienes hallé muy fresca la memoria de sus cosas; aprovechándome de la ocasión, me informé de ellos cuanto deseé saber en este particular» (1964, II, 60). Y se refiere especialmente a la recolección de su información sobre dos puntos debatidos en ese momento, como se observó más arriba, la duración y número de los incas y la amplitud del panteón religioso incaico. Sobre el primer punto, observa que tuvo un excelente informante en Alonso Tapa Atau, nieto de Guaina Cápac: «conocí y comuniqué mucho a un indio principal de la sangre real de los Incas, que para cierta pretensión que con el virrey tenía, hizo información de su ascendencia, la cual me leyó él mismo y hallé la misma línea y número de Incas reyes, que pone en su relación el licenciado Polo». Además dice que asistió en 1610 en el Cusco, con motivo de la beatificación de san Ignacio de Loyola, a una «representación de sus reyes antiguos en un muy grande y lucido alarde, en que venían los once reyes Incas del Cusco, sentados con muestras de gran majestad en sus andas muy adornadas de plumas de diversos colores [...]; venían entre la infantería, que sería de más de mil indios, a trechos y por su orden y antigüedad, siendo el último el primer rey Inca y el delantero Guaina Cápac» (p. 61). Sobre el tema religioso, también pudo comprobar la fidedignidad de las relaciones, porque «es negocio que está en la memoria de los mismos indios más fresco de lo que quisiéramos los que deseamos se acaben de desarraigar de sus ánimos las reliquias de su gentilidad» y porque «suelen todavía reincidir en las supersticiones y ritos de culto [...], que los viejos hechiceros (que aún duran entre ellos algunos) les enseñan y persuaden» (1964, II, 61). Pero debe tenerse en cuenta el juicio de Porras:

> Cobo, a pesar de haber llegado al Perú veinte años después de Toledo y de ser coetáneo más bien de la reacción anti-toledana que representan Garcilaso, Blas Valera y el jesuita anónimo, es el más perfecto tipo de cronista dentro de los cánones de la escuela llamada «toledana». Concede a los incas una antigüedad de cuatrocientos años y atribuye a los últimos de ellos la expansión efectiva del imperio. Los pueblos vecinos al Cusco no estaban sujetos aún al imperio, sino confederados con éste en la época de Wiracocha, «quien los sujetó por armas».
>
> Es también un adversario del régimen incaico, a diferencia de sus hermanos en religión Acosta y el jesuita anónimo, y un pesimista sobre la raza indígena.[26]

Pasando ya al contenido de la obra, los tres últimos libros del volumen I permiten catalogar a Cobo como gran historiador de la cultura incaica. Limitándonos a la historia religiosa, el Libro 13 es, sin duda, la síntesis más amplia que conservamos de la religión andina prehispánica. Allí comienza por repetir la teoría del origen diabólico de la religión andina («el enemigo del linaje humano, que por su antigua soberbia e invidia de nuestro bien, procuró usurpar en estas ciegas gentes la adoración que debían a sólo el que los crió, para tenerlos aprisionados en su duro cautiverio» [1964, II, 145]), lo cual no le impide reconocer que los indios, «alumbrados de ella [la luz de la razón] vinieron a alcanzar y creer que había un Dios Creador universal de todas las cosas y soberano Señor y gobernador dellas» (1964, II, 155). Luego observa que había muchas religiones diferentes en el vasto imperio, aun después de la conquista incaica, porque los incas toleraban los cultos loca-

---

26. Porras, *Los cronistas...*, *op. cit.*, p. 408.

les, al lado del culto oficial, y aun «admitían y hacían traer al Cusco [los dioses locales] y colocarlos entre los suyos propios» (p. 145), para emprender al fin la descripción del sistema religioso incaico. Recoge primero los mitos cosmogónicos (cap. 2) y las creencias sobre el alma y el más allá (cap. 3). Después expone el panteón andino: el Dios creador Wiracocha, los dioses del cielo (sol, trueno, luna, estrellas), los dioses de la tierra (Pachamama y Mamacocha) y las Wakas, y describe los principales templos (Coricancha, Pachacamac, Copacabana, Tiahuanaco y Apurímac) y adoratorios (caps. 4-20). En esta parte es donde reproduce la *Relación* de los ceques, que ha sido estudiada por Zuidema como base de la organización social del Tawantinsuyo.[27] A continuación Cobo describe los ritos, sacrificios y fiestas, siguiendo el calendario ceremonial (caps. 21-32). Finalmente, Cobo presenta la organización religiosa de sacerdotes, hechiceros y demás personas consagradas al culto (caps. 33-38).

Como ya he dicho más de una vez, una obra como ésta no permite la reproducción de largos textos etnográficos de cada autor, que deben leerse en las obras respectivas. Con todo voy a reproducir, a manera de ejemplo, un texto sobre la forma de orar en que Cobo inserta una plegaria recogida por Molina:

Para el tiempo de ofrecer los sacrificios tenían los sacerdotes muchas oraciones señaladas, que recitaban; las cuales eran diferentes, conforme al dios al que sacrificaban, la ofrenda que le hacían y el intento a que iba enderezado el sacrificio. Estas oraciones compuso el Inca Pachacutec, y aunque carecía esta gente de letras, las conservaba por tradición, aprendiéndolas los hijos de los padres. Algunas dellas me pareció poner aquí, para que se vea el estilo y devoción que mostraban en ellas. Cuando sacrificaban al Wiracocha por la salud y bien común del pueblo, decían la oración siguiente:

---

27. Tom Zuidema, en *The Ceque System of Cusco. The Social Organization of the Capital of the Inca* (Leiden, J.B. Brill, 1964), toma de Cobo una «descripción de aproximadamente cuatrocientos lugares sagrados, en el interior y alrededores del Cusco, referentes a peñascos, fuentes o construcciones que, por una razón u otra, tenían un significado particular en la mitología o en la historia inca. Cada grupo de sitios se concebía como dispuesto sobre una línea imaginaria, llamada ceque; se consideraba que todas estas líneas convergían al centro del Cusco; el mantenimiento y el culto de los lugares dispuestos sobre estas líneas estaban asignados a determinados grupos sociales» (1964, 1). El imperio y la capital estaban divididos en cuatro partes (Chinchaysuyo, Collasuyu, Antisuyu, Contisuyu) y cada parte en tres secciones (Collana, Payan y Coyao) y cada sección en tres ceques. De la distribución del espacio se desprenden tres principios de organización social: la tripartición, la cuatripartición (números 2 y 4) y la división decimal (números 5 y 10).

«¡Oh Hacedor, que estás en los fines del mundo, sin igual, que diste ser y valor a los hombres y diciendo: "sea éste hombre", y a las mujeres: "sea ésta mujer", los hiciste, formaste y diste el ser; guarda, pues, y ampara a éstos que criaste y diste el ser, para que vivan sanos y salvos, en paz y sin peligro!
»¿Adónde estás? ¿Habitas por ventura en lo alto del cielo o en lo bajo de la tierra o en las nubes y tempestades? Óyeme, respóndeme y concede mi petición, dándonos perpetua vida y teniéndonos de su mano, y recibe ahora aquesta ofrenda, doquiera que estuvieres, oh Hacedor!» [1964, II, 205].

Parece que la etnografía religiosa incaica de Cobo es fundamentalmente válida, aunque siga discutiéndose sobre la exactitud de puntos concretos de la misma.[28] De todos modos es todavía la descripción más completa y sistemática sobre religión andina que se conserva.

Pero Cobo no es sólo historiador y etnógrafo, sino que toca también ciertos problemas etnológicos, sobre todo en el Libro 11.º. En la línea de Acosta estudia largamente el origen del hombre americano (caps. 11-20), y se acoge a la teoría de la emigración por el estrecho de Bering, todavía no descubierto, pero que él supone que «no debe ser muy ancho». Además hace un microtratado del indio americano, generalizando sobre el aspecto físico, complexión natural, costumbre y lengua de los indios (caps. 2-9). Es una generalización que refleja ya la experiencia y los prejuicios del primer siglo y medio de conquista y colonización españolas. Como ejemplo, recojo este párrafo sobre la complexión natural y «composición de humores» de los indios:

> Son todos naturalmente flemáticos de complexión; y como la flema natural hace blanda y húmeda la sustancia de los miembros de su cuerpo, tienen muy blandas y delicadas carnes, y así se cansan presto y no son para tanto trabajo como los hombres de Europa: hace más labor en el campo un hombre en España que cuatro indios acá. Son muy tardos y espaciosos en cuanto hacen y si cuando trabajan los apuran y quieren sacar de su paso, no harán nada; mas, dejándolos a su sorna y espacio, salen con todo aquello en que ponen la mano. Tienen una paciencia incansable en aprender nuestros oficios, que es causa de que salgan tan aventajados artífices como salen [...] Por eso hay ya tantos indios extremados oficiales de todas las artes y oficios, señaladamente de los más dificultosos y de curio-

28. Puede consultarse el artículo de John H. Rowe, «Religión e historia en la obra de Bernabé Cobo», *Antropología andina* (Cusco, Centro de Estudios Andinos), 3 (1979), pp. 33-39.

sidad, pero no de trabajo corporal, que a éstos son muy poco inclinados.

Ejercitan con mucha destreza la música de voces e instrumento,
la pintura, escultura y los oficios de bordadores, plateros y otros
semejantes. Pero en lo que sobre todo descubren los del Perú su
extraña paz y flema, es el de sufrir el espacio y sorna de las «llamas», que son sus bestias de carga; las cuales caminan tan espacio-
samente que no puede la cólera de los españoles sufrir tan pesada
tardanza, y ellos van a su paso, sin que los veamos jamás impacien-
tes por más veces que las «llamas» se les paren, cansen y echen con
la carga, como lo hacen muchas veces.

Junto con ser flemáticos son en extremo grado sanguíneos, de
donde les nace ser excesivamente cálidos, como se prueba en que en
el tiempo de mayores fríos y hielos, si se les toca la mano, se les
hallará siempre de calor notable [...]

De esta complexión flemática y sanguínea de los indios quieren
decir algunos les nacen dos propiedades bien notables, que no hallamos en los españoles indianos: la primera, es que todos tienen muy
buena dentadura [...] La otra propiedad es que apenas se halla indio
que padezca mal de orina, ni críe piedra [...] [1964, II, 15-16].

En esta cita se descubre la capacidad de observación de Cobo,
cualidad que aparecerá en toda su riqueza al estudiar al Cobo naturalista, independientemente de las interpretaciones propias de los
marcos científicos de la época. Finalmente, es un interesante aporte etnológico la tipología de Cobo sobre la «sociedades bárbaras»
(cap. 10). Ya se vio en Acosta una tipología de sociedades no europeas y el tipo de evangelización adecuada, según el nivel de civilización. Cobo se refiere sólo a las sociedades americanas:

A tres órdenes o clases podemos reducir estas gentes, tomando
por razón constitutiva de cada clase la manera de gobierno o república que guardan entre sí, por esta forma: en la primera clase de
bárbaros pongo aquellos que pasan la vida en behetrías, sin pueblos,
reyes, ni señores; éstos son los más rudos y salvajes de todos, de los
cuales, unos andan por los campos y desiertos a bandadas como
brutos, sin reconocer superioridad a ninguno, otros viven en pequeñas comunidades, que constan cada uno de solos los hombres de un
linaje y familia, los cuales obedecen en lo que quieren al padre de la
familia, que suele ser el pariente mayor, o al que entre ellos se aventaja a los demás en razón y habilidad.

El segundo grado tiene ya más semejanza de república, porque
incluye todos los bárbaros que viven en comunidades compuestas de
diferentes familias, reconocen una cabeza y cacique, a quien dan
obediencia, el cual no tiene debajo de su dominio ningún señor de
vasallos. El tercero grado contiene los indios de más orden y razón

política, que son los que se juntan en comunidades o repúblicas grandes, cuyo principado poseen reyes poderosos, que tienen por súbditos otros caciques y señores vasallos [1964, II, 30].

Luego Cobo explana otras características culturales de cada grado y los grupos indígenas que pueden catalogarse en el mismo: el primero está formado por cazadores, pescadores y recolectores, y «casi todos ellos no usan de ningún género de adoración», y dentro de este grado están los chichimecas de la Nueva España, los de la Florida y la California y otros innumerables de la América del Norte; asimismo en América del Sur, casi todos los habitantes de la costa norte, los de la selva amazónica, los «brasiles», los del estrecho de Magallanes y la mayoría de los que habitan el Tucumán y el Paraguay.

El segundo grado está formado por agricultores, que viven en pequeñas comunidades, integradas ordinariamente por gente del mismo linaje, y reconocen algunos dioses, pero practican pocos ritos y ofrendas; dentro de esta clase pueden considerarse algunas naciones de Paraguay y Tucumán, los «chilenos» y los de Popayán. El tercer grado está formado por agricultores, que viven «en pueblos grandes y ordenados, con muchas aldeas de corta vecindad alrededor, cada una de su ayllu o linaje», y adoran muchos dioses «con mayor orden, culto y celebridad de templos, sacerdotes y sacrificios»; pertenecen a este grado el imperio mexicano, el de los incas, el reino de Bogotá y otros señoríos en México como Tlascala. Además, Cobo observa que hay una línea evolutiva dentro de su tipología: «éste fue el camino por donde de la primera suerte y clase de bárbaros tuvo principio la segunda, y desta vino a salir la tercera, creciendo tanto en potencia y vasallos algunos caciques, que pudieron sojuzgar a sus comarcanos y tener por súbditos otros caciques» (1964, I, 31).

4.2. *Cobo, naturalista*

Aunque en la historia del pensamiento antropológico interesan, sobre todo, las descripciones y análisis de los hechos sociales, hay también un lugar para la naturaleza, en cuanto estímulo o condicionante de los hechos sociales. Por eso, hay que decir algo del Cobo naturalista, porque su presentación del universo (Lib. 1) y de América y el Perú (Lib. 2) y, sobre todo, sus detalladas descripciones de los «mixtos perfectos» (Lib. 3, con 45 capítulos, dedicado cada uno de ellos a un mineral diferente), de las yerbas (Lib. 4,

108 caps.), de las matas (Lib. 5, 87 caps.), de los árboles (Lib. 6, 129 caps.), de los peces (Lib. 7, 55 caps.), de las aves (Lib. 8, 59 caps.), de los insectos y otros (Lib. 9, 71 caps.), todos ellos originarios de América, y de los animales y plantas importados y su adaptación al suelo americano (Lib. 10, 45 caps.), contienen mucha información sobre las sociedades americanas y sobre los condicionantes naturales de las mismas. Con razón Porras ha escrito:

> Gran naturalista, Cobo, tiene el don de analizar y definir, de clasificar. En la enorme materia bruta de la historia natural de América, que tenía ante sí, traza líneas coordenadas, establece símiles y diferencias, clasifica y ordena. Así determina y separa grupos raciales y sociales, familias vegetales, estados de cultura o temples atmosféricos. Sus intuiciones científicas son admirables y de las sociales no se ha hablado. Así como se anticipa a los botánicos modernos en la adopción de ciertos principios y observaciones básicas no usadas en su época, se le halla igual perspicuidad en lo sociológico y en lo moral [...] Todos los fenómenos naturales de nuestro clima hallan en Cobo el arranque de la explicación científica, desde los temblores y la falta de lluvias hasta el «soroche». Y en sus páginas está, doscientos años antes que en su presunto descubridor, descrita y observada la corriente de Humboldt. Cobo es el precursor de toda la ciencia peruana.[29]

Como ejemplo de los métodos de Cobo, presento su información sobre la coca, una de las 87 «matas» americanas, que describe en el Libro 5.º. Comienza así:

> En este reino del Perú no hay cosa más conocida que la coca, cuyo trato es de los gruesos y mayor ganancia que hay en las Indias y con que no pocos españoles se han hecho ricos. Es la coca una mata no mayor que los manzanos enanos de España, de hasta un estado en alto; su hoja, que es la que tanto precisan y estiman los indios, es del tamaño y talle de la del limón ceutí y a veces menor. Da una frutilla colorada, seca y sin jugo, tamaña como pequeños escaramujos, que sólo sirve de semilla. Plantaban y cultivaban antiguamente la coca los naturales del Perú a manera de viñas, y era de tanta estimación su hoja, que solamente lo comían los reyes y nobles y la ofrecían en los sacrificios que hacían a los falsos dioses.
> A los plebeyos les era prohibida el uso della sin licencia de los gobernadores. Mas, después que se acabó el señorío de los reyes Incas y con él la prohibición, con el deseo que la gente común tenía de comer la fruta vedada, se entregó a ella con tanto exceso, que

---

29. Porras, *Los cronistas...*, *op. cit.*, p. 407.

viendo los españoles el gran consumo que había de esta mercadería, plantaron otras muchas más chácaras de las que antes había, especialmente en la comarca de la ciudad del Cusco, cuyos vecinos tuvieron en un tiempo su mayor riqueza en estas heredades; porque solía rentar cada año una buena chacra de coca más de veinte mil pesos. Pero ya ha dado gran baja, y su contratación va de cada día adelgazando; lo uno, porque los indios han venido en gran disminución, y lo otro, porque con el trato y comunicación con los españoles, se van desengañando y cayendo en la cuenta de que le es de más provecho el pan, vino y carne que el zumo que chupaban desta yerba [1964, I, 214-225].

Luego Cobo describe minuciosamente el uso que los indios hacen de la coca y los efectos que les produce (aunque piensa que hay algo de imaginación o superstición, reconoce que «los vemos trabajar doblado con ella»), la cantidad de producción, el modo como se transporta, el lugar donde se planta, el modo como se planta y beneficia, la manera como la curan una vez hecha la recolección, y los múltiples usos medicinales en que se emplea. También podían tomarse como ejemplo las descripciones de otras plantas que eran esenciales para la dieta del hombre americano, como el maíz y la chicha del maíz (Lib. 4, caps. 3-4), la yuca (cap. 7), la papa (cap. 13), el ají (cap. 25), etc. En todas las descripciones se nota la misma minuciosidad y el mismo rigor analítico, con una serie de referencias a la vida social y cultural del hombre americano.

III

FUNCIONARIOS
DE LA ADMINISTRACIÓN COLONIAL

Ya se vio, en el capítulo primero, cómo puede considerarse primera etapa de la historia de la antropología aquella en la que se describen sistemáticamente las sociedades diferentes o se estudian los mecanismos y resultados de la praxis social sobre dichas sociedades diferentes. Luego, en el capítulo segundo, se recogieron los principales estudios sobre las sociedades americanas. Ahora voy a presentar los estudios vinculados a la praxis colonial, que fueron realizados por funcionarios de la administración y que, aun siendo ante todo informes administrativos, normas de gobierno o tratados jurídicos, merecen, por su enfoque antropológico, un lugar en la historia de la antropología.

Presentar en esta historia a funcionarios de la administración colonial no significa, naturalmente, justificar la empresa a cuyo servicio estuvieron, sino recoger algunos de sus aportes a la investigación o a la praxis social. Por lo demás, no conviene olvidar que la antropología se ha desarrollado bastante con ocasión del colonialismo occidental, porque éste ha obligado al mundo occidental a estudiar la manera de conocer, manejar y dominar las sociedades que deseaba colonizar. Este pecado original de la antropología no invalida sus logros teóricos y metodológicos, como el hecho de que ciertas ciencias naturales (física, química, etc.) se hayan desarrollado sobre todo con ocasión de los grandes conflictos mundiales, que han costado la vida a millones de personas; tampoco invalida sus logros científicos. Además, el problema de la vinculación antropología/colonialismo no se limita a los antropólogos *amateurs* españoles en América en el siglo XVI o a los antropólogos profesionales ingleses en América en el siglo XX, sino que es un problema ético permanente de esta profesión, en lo que tiene de ponerse al servicio de un sistema, como se verá, en más de una ocasión, a lo largo de esta historia. Comienzo por Toledo, porque, como observa Ángel Palerm, «ninguna otra experiencia colonial expresó más claramente que la del virrey Toledo den Perú las relaciones existentes entre la investigación etnográfica y el establecimiento de un sistema de dominio sobre la población nativa».[1]

1. Francisco de Toledo (1515-1584)

Nace en Oropesa (Toledo) de una de las grandes familias nobles españolas. A los diecinueve años se pone al servicio del emperador Carlos, como soldado en diferentes campañas y como diplomático en una serie de difíciles misiones en Europa y África. Felipe II, que establece en España y en las colonias americanas uno de los sistemas de administración burocrática más avanzados, como se verá enseguida al hablar de las *Relaciones geográficas*, le nombra virrey del Perú en 1568. Ahí Toledo va a desarrollar su gran capacidad de administración burocrática y va a ser el «supremo organizador del Virreinato», según la expresión de Roberto Levillier, su principal biógrafo.[2] Vargas Ugarte hace un retrato duro de su persona:

> Se le extendían los despachos de virrey del Perú, cuando contaba unos 52 años. Sin mujer y sin hijos, habiendo llevado hasta entonces una vida casi austera, podía —como él mismo lo dice en una de sus cartas— dedicar toda su atención a los negocios que se le confiaran; pero, al mismo tiempo, es preciso reconocer que el aislamiento en que había vivido, la ausencia de un afecto honrado que despertara su sensibilidad y hasta su ascetismo, le dieron una inflexibilidad de carácter y una sequedad y falta de emoción en el trato con los hombres que no dejaron de empeñar un tanto su obra.[3]

---

1. Ángel Palerm, *Historia de la etnología: los precursores*, México, Sep-Inah, 1974, p. 226.
2. Probablemente el estudio más completo sobre Toledo lo hizo el americanista francés Roberto Levillier, autor de *Don Francisco de Toledo, supremo organizador del Perú. Su vida y su obra*, tomo I: *Años de andanzas y de guerras (1505-1572)*, tomo II: *Sus informaciones sobre los incas (1570-1572)*, tomo III: *2.ª parte de Historia Índica de Sarmiento de Gamboa*, Madrid, Espasa-Calpe, 1935, 1940 y 1942, respectivamente.
3. Rubén Vargas Ugarte, *Historia general del Perú*, II, Lima, Milla Batres, 1966, p. 177.

Entre 1570-1575 inicia una minuciosa y prolongada «visita general» del Perú profundo, medida en la que no va a tener muchos imitadores en los virreyes y gobernantes posteriores; su itinerario va a ser Huarochirí, Jauja, Guamanga, Cusco, Chuquiabo (La Paz), Potosí y La Plata; para completar su visita personal, nombra una serie de visitadores. No hay que olvidar que la «visita» era uno de los medios ordinarios del gobierno civil o religioso, y por eso los informes de las mismas van a constituir un material importante para la historia cultural peruana. Durante esta visita se llevan a cabo las *Informaciones acerca del señorío y gobierno de los Incas* y se dictan las *Ordenanzas para el buen gobierno de estos reinos del Perú*, de las que hablaré detenidamente. Entre la numerosa comitiva del virrey visitador iba Pedro Sarmiento de Gamboa, cosmógrafo y cronista, encargado de planear y describir el sitio de las nuevas reducciones y de redactar una *Historia de los incas* en la línea de las informaciones y de la que luego se hablará.

Cuando llegó Toledo al Cusco, todavía quedaba en Vilcabamba el último bastión de la resistencia indígena. La resistencia, que inició el inca Manco, quien llegó a sitiar durante ocho meses la ciudad del Cusco, y continuó su hijo Tito Cusi, era capitaneada ahora por otro hijo de Manco, Tupac Amaru. Aunque éste y los indios que le eran fieles en la región de Vilcabamba parece que no significaban ningún peligro para el dominio español, Toledo quiso terminar con la resistencia indígena; envió una expedición contra Tupac Amaru y ordenó luego la innecesaria muerte del inca vencido.[4] Así terminaba la conquista española, a los cuarenta años de iniciada, y quien la consuma es precisamente Toledo, el organizador de la nueva sociedad colonial.

---

4. Es sabido que Toledo es una de las figuras más discutidas de la historia colonial, aunque todos reconozcan el influjo real que tuvo en la organización del virreinato peruano. Para esta historia puede ser especialmente significativo lo que sobre la expedición a Vilcabamba y la muerte de Tupac Amaru piensan otros personajes de la misma, como el Inca Garcilaso, Guamán Poma de Ayala, Antonio de la Calancha y Bernabé Cobo, que recoge Levillier en el tomo I, pp. 405-434 y 437-462. En cuanto a los historiadores de la colonia, Vargas Ugarte siente necesidad de hacer un juicio de conjunto. Condena el haber confirmado la mita y la ejecución de Tupac Amaru y alaba su trabajo de organización del gigantesco virreinato, y concluye: «Maestro de quien todos somos discípulos le llamó Montesclaros y no hay exageración en la frase. Añádese a ello su abnegación en el desempeño de su cargo, su espíritu de justicia, su acrisolada honradez, su sabia previsión y su figura alcanzará todo el relieve que le corresponde. Se nos antoja al contemplar su rostro sereno y sombreado de austeridad un personaje de los cuadros de Zurbarán [...]. A él no le cupo la tarea de desbrozar el suelo conquistado sino la de organizarlo y modelarlo a imitación de la metrópoli, y en ella no tuvo antes o después quien llegara a sobrepujarlo» (1966, II, 270).

El período de gobierno de Toledo duró dice años y éste murió no mucho después de regresar a España.[5]

OBRAS

(1570-1572) *Informaciones acerca del señorío y gobierno de los Incas*, en Roberto Levillier, *Don Francisco de Toledo, supremo organizador del Perú*, II, Buenos Aires, 1940, pp. 1-204.

(1572-1575) *Ordenanzas que el señor Viso-rey don Francisco de Toledo hizo para el buen gobierno de estos reinos del Perú*, en Roberto Levillier, *Gobernantes del Perú*, VIII, Madrid, 1925, Colección de publicaciones históricas de la Biblioteca del Congreso Argentino.[6]

APORTES

1.1. Las «Informaciones»

Se conoce con este nombre a la noticia que fue recogiendo el virrey Toledo sobre el señorío, modo de gobierno y costumbres religiosas de los incas, durante la visita general al virreinato, por

---

5. Guamán Poma, en su *Crónica*, recoge un dibujo sobre la muerte de Toledo, y en el texto dice: «El Virrey don Francisco de Toledo, una vez cumplidas sus obligaciones en este reino, regresó a Castilla, donde se presentó a su señor el rey don Felipe II. Pero el montero de cámara no le permitió entrar, ni le dio licencia para ello. Apesadumbrado por este desaire se fue a su casa, no quiso comer, se sentó en su silla, desengañado y muy triste murió despidiéndose pronto de esta vida. Acabó su existencia con el dolor ocasionado por no haber visto el rostro de su rey y señor y por el remordimiento de los males que causó en este reino, tanto al Inca como a los principales indios y conquistadores» (1966, II, 71). La versión de Garcilaso es muy similar, y Felipe II dijo a Toledo que «no le había enviado a Perú para que matase reyes, sino para que sirviese a reyes» (1944, III, 252).

6. En 1752 se reimprimió en Lima, en la imprenta de Francisco Sobrino y Bades, el *Tomo primero de las Ordenanzas del Perú dirigidas al rey [...] por mano del Duque la Palata [...], recogidas y coordinadas por el Lic. D. Tomás Ballesteros [...] y nuevamente añadidas las Ordenanzas [por] el Conde de Superunda*. Esta recopilación de las ordenanzas, cuya autorización para ser publicadas dio el virrey en 1683 y que es casi contemporánea de la *Recopilación de las Leyes de Indias* (1681), reúne todas las ordenanzas de Toledo, reproducidas en Levillier, y otras que fueron dándose posteriormente. Es una prueba de cómo casi dos siglos después de su promulgación seguían vigentes las ordenanzas toledanas. En 1986 y 1989 se publicó en Sevilla, en la Escuela de Estudios Hispanoamericanos, una nueva edición de las ordenanzas toledanas en dos tomos. El título es *Francisco Toledo: Disposiciones gubernativas para el virreinato del Perú (1569-1574) y (1575-1580)*.

medio del interrogatorio de informantes cualificados con cuestionarios cuidadosamente preparados. Las informaciones, que recogió Toledo entre noviembre de 1570 y febrero de 1972, son 11 en total: todas ellas entre los indios, con excepción de la última, que fue entre los primeros conquistadores, y se hicieron tres en el Cusco, dos en Yucay y una en Jauja, Guamanga y en los tambos de Vilcas, Pina, Limatambo y Mayo. En una larga carta al rey de 1 de marzo de 1572, Toledo explica la metodología de trabajo, las pruebas que obtuvo y las conclusiones personales que saca:

> Entendiendo lo que importa al servicio de V.M., bien, asiento y conservación de estos reinos del Perú y para que con más facilidad se pueda plantar la doctrina cristiana y la luz evabgélica en los naturales de ellos y para la buena gobernación de sus repúblicas y mirar la orden que se podría dar, así en esto comio para que fuesen mantenidos en paz y justicia y se excusasen las vejaciones y molestias que se ha entendido que estos naturales han recibido y cada día van recibiendo de sus caciques y mayores, que son muchas y dignas de remedio, demás de ir proveyendo el que para esto ha sido necesario en esta visita general, que voy haciendo en todas las provincias de él hasta llegar a la ciudad del Cusco, mandé hacer y se ha hecho una información con número de 100 testigos de estos naturales, de los más viejos y ancianos y de mejor entendimiento que se han podido hallar, de los cuales muchos son caciques y principales y otros de la descendencia de los Ingas que hubo en esta tierra y los demás indios viejos, de quien se entendió que con más claridad y razón la podían dar, para los efectos arriba dichos, la cual se envía a V.M. en su real Consejo de Indias y para que V.M., siendo servido, la pueda mandar ver, por ser cosa tan importante a vuestro real servicio, me pareció enviar una relación sumaria de lo que en ella se prueba, que es lo siguiente [...] [1940, 3-4].

Luego habla de «otra información [...] con 100 testigos diferentes de los primeros, para saber [...] la costumbre que los ingas y curacas y otros indios ricos tenían, en tiempo de su gentilidad e idolatría, de enterrarse y qué riquezas llevaban consigo a sus sepulturas» (1940, 6) y otros muchos aspectos de su sistema religioso y ético.

Las «pruebas» que Toledo saca pueden resumirse en los siguientes puntos:

a) Antes del inca Tupac Yupanqui no tenían los naturales caciques en tiempos de paz, sino sólo en caso de conflicto entre dos grupos, cuando cada grupo seguía a sus indios más valientes, llamados cinches. Al extender Tupac Yupanqui los dominios de Quito a Chile, asolando a las comunidades que no querían sometérsele, usurpó el gobierno de toda la región;

b) el mismo Tupac Yupanqui fue quien instituyó el régimen de curacas y principales que encontraron los españoles, poniendo en estos cargos a quien quería y quitándolos a su antojo, sin respetar la sucesión legítima; el inca Huayna Cápac y luego sus hijos Huascar y Atahualpa hicieron lo mismo;

c) antes de la llegada de los españoles se enterraba a los incas y curacas en lugares escondidos, con parte de sus riquezas, creyendo que iban a resucitar; los cuerpos de los incas muertos tenían servicio de indios y chacras y en las fiestas importantes los sacaban a la plaza y les daban alimento;

d) adoraban a diferentes dioses y, en particular, al hacedor de todo, Viracocha, al Sol, a Huanacauri, de quien decían los indios que descendían, a Pachacame y a los cuerpos de Huayna Cápac, Tupac Yupanqui y otras criaturas, y les ofrecían oro, plata, ropa, tierras, ganados y servicio de indios e indias; además, tenían la costumbre de sacrificar niños y niñas hermosos y sin defecto alguno;

e) como los indios eran naturalmente ociosos, los incas procuraban hacerlos trabajar, «en cosas inútiles, como era en echar ríos por unas partes y por otras y hacer paredes muy largas de una parte y de otra por los caminos y escaleras de piedras de que no había necesidad» (1940, 8), para tenerlos siempre ocupados y evitar levantamientos, y así los incas les ponían, a cada diez hombres y aun a cada cinco, un mandón; además, «pruébase que estos naturales es gente que ha menester curador para los negocios graves que se les ofrecen, así de sus almas como de sus haciendas, porque si no hubiese quien los guiase y gobernase en ellos, se perderían» (1940, 9);

f) en tiempo de Huayna Cápac había muy poca coca, sólo se cultivaba en pequeñas chacras y se consideraba un gran regalo del inca para curacas y principales; la gente común no la usaba;

g) los incas hacían trabajar las minas de oro, plata y azogue, enviando indios a cualquier lugar del territorio donde eran descubiertas las minas; por su parte, los curacas y caciques debían dar cada año al inca oro y plata;

h) los indios de los Andes y chunchos comían carne humana, y en la provincia del Collao algunos indios cometían el pecado nefando (la sodomía).

Las conclusiones personales del virrey eran:

Lo 1.º, que V.M. es legítimo Señor de estos reinos y los ingas y curacas tiranos, como tales intrusos en el gobierno de ellos.

Lo 2.º, que V.M. puede proveer a su voluntad estos cacicazgos en los indios que mejor le pareciere, temporal o perpetuamente, con jurisdicción o sin ella, sin tener respeto a sucesiones y esto sería una de las cosas de mayor importancia para el gobierno espiritual y temporal de estos indios, porque siempre serán lo que fueren sus caciques y curacas, así en virtudes como en vicios.

Lo 3.°, que, presupuesto el verdadero dominio que V.M. tiene de estos reinos, pareciendo que conviene al buen gobierno, puede V.M. dar y repartir en esta tierra, temporal o perpetuamente, a los españoles, sin los escrúpulos que hasta aquí se ponían, afirmando livianamente que estos incas eran legítimos reyes y los caciques señores naturales, siendo todo falso, como por esta probanza consta.

Lo 4.°, que, teniendo V.M. el verdadero señorío de estos reinos, como lo tiene, y no habiendo, como no hay, legítimos sucesores de los tiranos ingas, todas las minas y minerales y todos los bienes del sol e ídolos y todos los tesoros de las sepulturas y tierras y ganados, que están dedicados para servicio de los cuerpos de los ingas, en que no haya poseedores particulares con buen título, pertenecen a V.M. como a rey y señor, como bienes vacos, mostrencos y que están proderelictos.

Lo 5.°, que, siendo V.M. tal señor y legítimo rey, le toca la tutela y defensión de los indios naturales de este reino y, como su tutor, mediante su flaqueza de razón y poco entendimiento, puede V.M. ordenarles leyes para su buena conservación y hacérselas cumplir, aunque las contradigan y parezcan contra su libertad, como sería quitarles que no estén ociosos y ocuparlos en cosas, que a ellos les están bien y a la república, y gobernarlos con algún temor, porque de otra manera no harán nada, como se ve y ellos lo confiesan en la probanza de estos hechos [1940, 12-13].

Las *Informaciones* plantean dos problemas interesantes: uno, su valor etnográfico, y otro, su utilización política. En cuanto al primero, es indudable que las *Informaciones* tienen más riqueza de datos que el apretado resumen de las mismas que hace el virrey en una diez páginas (contra las 200 que tienen las *Informaciones* en la edición de Levillier). Como ejemplo, recojo, un poco al azar, la respuesta de cuatro informantes de Yucay, el 2 de junio de 1571, sobre dos de las 19 preguntas del cuestionario:

A la 8.ª pregunta dijeron cada uno de por sí y todos juntos, que los dichos Ingas adoraban al dicho Wiracocha por hacedor de todas las cosas, y al Sol y a Pachacamac y a otras guacas, las adoraban no por dioses, ni por el hacedor de todas las cosas, sino porque los tenían por hijos o cosa muy allegada al dicho Wiracocha; y a otros adoraban también como cosas que entendían que podía interceder por ellos con el dicho Wiracocha, porque entendían que estaban con él, y los adoraban a algunos en sus mismos cuerpos, y a otros porque entendían que estaban convertidos en fuentes o árboles o piedras o en otros ídolos que adoraban, como era la dicha piedra y

125

guaca de Guanacauri y otros cuerpos de Ingas, y a éstos ofrecían todo lo sobredicho y los veneraban, y que lo susodicho se hacía por los dichos Ingas y caciques o indios en todos estos reinos, y ellos lo vieron y entendieron así y, demás de lo haber visto y entendido, oyeron decir a los dichos sus padres y pasados que ellos mismos lo hacían así, y también los demás Ingas e indios que hubo en sus tiempos [1940, 129].

A la 13.ª pregunta dijeron cada uno de por sí y todos juntos, que en tiempo de dicho Guaina Cápac la coca que había era sólo de chácaras para el dicho Inga y no había otras chácaras ningunas de caciques, ni otros indios, y que estas chácaras del dicho Inga las tenía en valles calientes y que eran unas chacarillas pequeñas, las cuales él hacía cultivar y tenía regaladas y que la dicha coca no la comía sino él y a quien él la quería dar por regalo que era a los caciques que estaban con él y a otros privados suyos, y que a los caciques «unos», que llaman entre ellos, de diez mil indios, les enviaba por gran regalo una bolsilla de la dicha coca, y los dichos caciques lo estimaban en mucho, como cosa que no se comunicaba la dicha coca entre la demás gente común de los dichos indios no la tenían, ni la alcanzaban, y que el dicho Inga la estimaba y daba a los que dicho tienen como cosa de regalo, y que esto saben de esta pregunta [1940, 131].

Pero, más importante que observar la riqueza de la información es discutir su objetividad. *A priori*, puede decirse que la investigación del equipo de Toledo tiene una serie de aspectos válidos y otra serie de ellos enormemente discutibles. Entre los aspectos válidos están el número de informantes (más de doscientos), la diversidad de regiones (Jauja, Guamanga, la región cuzqueña y la ciudad del Cusco), la minuciosidad de las preguntas y respuestas, la capacidad informativa de los informantes (caciques, principales y personas ancianas, que tienen un mayor conocimiento de la cultura), etc.; entre los aspectos discutibles están la forma casi jurídica de la información que, si da precisión a la respuesta, puede quitarle objetividad y, sobre todo, la «hipótesis de trabajo» subyacente, que podía fácilmente inficionar la información recogida. El grupo de Toledo no era un equipo de antropólogos que tratan de descubrir con simpatía y «desde dentro» los postulados y los mecanismos de funcionamiento de la sociedad andina, sino un equipo de políticos que quieren probar una serie de hipótesis previas para justificar la conquista y descubrir las costumbres y mecanismos sociales que permitan al gobierno y dominación de la población conquistada. Aunque muchos estudios antropológicos puedan terminar en una mayor manipulación de los grupos estudiados, los estudios de Toledo tenían ese punto de partida. Así, insensiblemente, estoy tocando el problema de la utilización de las *Informaciones*.

Pero antes, volviendo al problema del valor etnográfico de las mismas, éstas pueden valorarse también *a posteriori*, comparándolas con los datos de otros cronistas. Es sabido que uno de los procedimientos metodológicos para comprobar la veracidad de un estudio social es compararlo con otros estudios similares. Levillier, en el 2.º tomo de su obra, después de publicar el texto de las *Informaciones*, hace una detallada confrontación de las mismas con «pasajes atinentes» de 49 crónicas, muchos de los cuales se exponen o al menos se citan en esta historia, como los de Acosta, Cobo, Las Casas, el Inca Garcilaso, Guamán Poma, Calancha, Ávila, Arriaga, Cieza de León, Polo de Ondegardo, Sarmiento de Gamboa, Cristóbal de Molina el cusqueño, Gregorio García, Hernando de Avendaño, la «Crónica anónima», etc. Para Levillier «es elocuente de por sí la concordancia de estos testigos que vienen, desde el siglo XVI y XVII, a ofrecer ante la historia su ratificación imparcial» (1940, XXVI). Personalmente pienso que si en determinados puntos se da efectivamente esa ratificación, en otros no ocurre eso, como es fácil comprobar releyendo con detención el minucioso trabajo comparativo de Levillier; además, prescindiendo ahora de la polémica entre las dos lecturas de la historia incaica, la «idealizada», representada por el Inca Garcilaso, y la «dura», representada por las *Informaciones* de Toledo y la *Historia de los Incas* de Sarmiento de Gamboa, el problema está, mucho más que en la veracidad de las *Informaciones* de Toledo, en las conclusiones que él dedujo.

Así pasamos al problema de la utilización política de las *Informaciones*. Éste está estrechamente unido a la polémica de los justos títulos para la conquista española, como se manifiesta en el prefacio con que Sarmiento de Gamboa ofrece a Felipe II su *Historia de los Incas*, que, como se verá más adelante, es el complemento de las *Informaciones* toledanas:

> [...] los mismos predicadores, los cuales comenzaron a dificultar sobre el derecho y título que los reyes de Castilla tenían a estas tierras. Y como vuestro invictísimo padre era tan celoso de su conciencia, mandó examinar este punto, cuanto le fue posible, por doctísimos letrados, los cuales, como la información que del hecho se les hizo fue indirecta y siniestra de la verdad, dieron su parecer diciendo que estos Ingas, que en estos reinos del Perú fueron, eran legítimos y verdaderos señores naturales de esta tierra, lo cual dio asa a los extraños de vuestro reino, así católicos como herejes y otros infieles para que ventilasen y pusiesen dolencia en el derecho que los reyes de España han pretendido y pretenden a las Indias;

por lo cual el emperador don Carlos, de gloriosa memoria, estuvo a punto de dejarlas [...] Y todo esto sucedió por la incuriosidad de los gobernadores de aquellos tiempos de estas tierras, que no hicieron las diligencias necesarias para informar de la verdad del hecho, y por ciertas informaciones del Obispo de Chiapa, que, movido de pasión contra algunos conquistadores de su obispado, con quienes tuvo pertinacísimas diferencias —según yo supe en aquella provincia y en la de Guatemala, donde ello pasó, aunque su celo parece santo y estimable—, dijo cosas de los dominios de esta tierra, a vueltas de los conquistadores de ella, que son fuera de lo que en las averiguaciones y probanzas jurídicas se ha visto y sacado en limpio y lo que sabemos los que habemos peregrinado todas las Indias, despacio y sin guerra, inquiriendo todas estas cosas [1947, 73].

Esta era la situación. A raíz del descubrimiento y conquista de América, se había desatado una polémica sobre el derecho y título de los reyes de Castilla, promovida, sobre todo, por Bartolomé de Las Casas. Los detalles de la famosa Junta de Valladolid se verán al hablar de Las Casas. Pero en la polémica misma conviene distinguir entre los hechos sociales americanos, aportados por misioneros y conquistadores, y su interpretación ética y jurídica, aportada por teólogos y juristas. Entre los teólogos, uno de los que tuvo un papel más decisivo fue el dominico Francisco de Vitoria (1492-1546), quien, en dos famosas «relaciones» o conferencias públicas que se tenían en presencia de toda la Universidad de Salamanca, «De los indios recientemente descubiertos» (1539) y «De los indios o del derecho a la guerra de los españoles sobre los bárbaros» (1539), puso las bases del derecho internacional. En la primera relección Vitoria sostiene el principio de la igualdad jurídica de los hombres y de los pueblos; comienza por preguntarse «si esos bárbaros, antes de la llegada de los españoles, eran verdaderos dueños pública y privadamente, esto es, si eran verdaderos dueños de las cosas y posesiones privadas y si había entre ellos algunos hombres, que fueran verdaderos príncipes y señores de los demás», para concluir:

Queda, pues, firme de todo lo dicho que los bárbaros eran, sin duda alguna, verdaderos dueños pública y privadamente, y de igual modo que los cristianos, y que tampoco por este título pudieron ser despojados de sus posesiones como si no fueran verdaderos dueños, tanto sus príncipes como las personas particulares. Y grave cosa sería negarles a éstos, que nunca nos hicieron la más leve injuria, lo que no negamos a los sarracenos y judíos, perpetuos enemigos de la religión cristiana, a quienes concedemos el tener verdadero dominio de sus cosas si, por otra parte, no han ocupado tierras de cristianos [1960, 665].

Luego Vitoria examina detenidamente cada uno de los títulos para la conquista española que consideraba ilegítimos (autoridad universal del emperador como soberano del mundo, autoridad universal del papa y su pretendido señorío sobre el orbe, derecho de descubrimiento o invención, derecho de compulsión de los indios infieles que se resisten a recibir la fe cristiana, pecados contra naturaleza y autoridad de los príncipes cristianos para reprimirlos, etc.) y luego los títulos que consideraba legítimos (garantizar el legítimo derecho del libre tránsito, el libre comercio, y la libre predicación del evangelio, derecho de intervención humanitaria en defensa de los inocentes y para abolir sacrificios humanos, derecho de intervención por petición de aliados, etc.).

Como se ha visto, el virrey Toledo quería probar precisamente que en el Tawantinsuyo no había incas, ni curacas legítimos, y que se hacían sacrificios humanos, porque eran títulos válidos para la conquista y ocupación española según la doctrina de Vitoria. Además Toledo deduce de las informaciones otra serie de pruebas que justificaban algunas instituciones coloniales, tales como la encomienda o repartimiento, la mita o trabajo personal, etc. En algunos puntos las conclusiones de Toledo fueron más allá de la misma praxis colonial, como por ejemplo en la libertad total para poner y remover curacas, punto en el cual la administración del virreinato fue mucho más moderada, como lo prueban los abundantes juicios de los curacas.

1.2. Las «Ordenanzas»

Las *Ordenanzas* de Toledo son importantes como una fuente de conocimiento de la organización social de las comunidades andinas. En ellas se manifiesta la modelación cultural del marco jurídico hispano, aunque también se descubran una serie de costumbres indígenas, que las *Ordenanzas* hacen suyas. Lo más significativo de algunas ordenanzas, como por ejemplo las de la organización de las reducciones, no está en el proyecto mismo o en la manera como aseguran las metas que se había propuesto Toledo (mantener a los indios como grupo aparte, asegurar la mano de obra para actividades económicas vitales, como la minería, o proteger a los indios de una serie de abusos, etc.), sino en que llegaron a modelar la realidad social. Para ciertos etnohistoriadores, hasta mediados del siglo XVII, debajo de la organización toledana subsistieron los antiguos reinos prehispánicos, pero al fin venció la comunidad que, con una serie de modificaciones, ha llegado hasta nuestros días. Por eso, las *Ordenanzas* no sólo son interesantes en un texto de pensamiento antropológico como uno de los marcos jurídicos que ha regulado la realidad indígena a lo largo de nuestra historia (como nos interesan los sucesivos estatutos de comunidades indígenas), sino como el marco jurídico más vivo, porque creó la matriz colonial y porque estuvo vigente como dos siglos y medio.

Las *Ordenanzas* de Toledo son numerosas y prolijas y tienen un carácter particular, pues se iban dando sobre el camino, durante la visita general del virreinato y para regular problemas concretos. El tomo VIII de *Gobernantes del Perú* (Madrid, 1925, Colección Levillier) reúne ordenanzas de Toledo sobre los siguientes puntos: la Caja Real, el cultivo de la coca, la ciudad del Cusco y sus términos, el descubrimiento y explotación de las minas, los indiosyanaconas de Charcas, el orden que se ha guardado en los pleitos de indios, el defensor general de los naturales, las funciones del intérprete general de los indios en las lenguas quechua, aymara y puquina, la organización de las reducciones de indios en Charcas, la distribución y conservación de las aguas para huertas y casas de Lima, y la reglamentación del trabajo de los indios en los obrajes del Cusco. Todas estas ordenanzas se dieron en diferentes lugares de la sierra sur o del alto Perú, entre 1572 y 1575, con excepción de la última, que se dio en Lima en 1577. Un comentario general de las *Ordenanzas* lo hace Levillier en la obra que acabo de citar:

Sus sabias disposiciones no nacieron, con muchas otras del Perú, en la calma de gabinetes de apacibles teorizantes, ni partieron todas de España, como las humanitarias leyes anteriores, dictadas por teólogos y juristas, muchos de los cuales jamás estuvieron en Indias; antes bien, surgieron como medicina idónea para el estado social enfermizo, que se inició con Pizarro, atenuóse bajo La Gasca, cundió nuevamente con Cañete y Nieva y recrudeció con Castro, porque faltaba, para contrarrestar los abusos de poderes y encomenderos ensoberbecidos, quien uniera a un intelecto superior, autoridad moral y carácter férreo. A la comprensión cabal de lo que debía hacerse para defensa del indio oprimido, la organización del trabajo, el establecimiento del orden y el juego verídico de las instituciones, comprensión alcanzada por su mente sagaz en años de inspección del inmenso distrito, añadía Toledo arrestos para enfrentarse a los intereses heridos y sujetarlos en el territorio, mientras luchará contra las autoridades de la metrópoli, para que ellas, tocadas por intereses quejosos, no revocasen su reforma.

Hallábase ante estos problemas. *El régimen de las encomiendas*: retenerlas para el rey, o establecer la perpetuidad, o darlas por dos o tres vidas; las obligaciones de los encomenderos, obligaciones de orden militar y financiero para con el rey, de orden ético y religioso para con el indio. *La situación civil del indio*, su doctrina, la tasa para pagarla, su trabajo, la remuneración del mismo, el derecho de compelerle en caso de negarse, su reducción en pueblos para civilizarle y catequizarle; su moralización y su defensa contra los abusos de órdenes, sacerdotes, encomenderos, mineros y españoles en general, que usaban de ellos en las chacras, en repartimentos, en las minas, en los tambos y yerbales de coca, sin redituar su labor en forma alguna; la necesidad, en fin, de conciliar las exigencias del trabajo con los derechos naturales del indio a la libertad. Son estas ordenanzas las soluciones por él impuestas.[7]

En esta valoración global de las *Ordenanzas* no conviene olvidar nunca el contexto político. Toledo no era un filósofo o teórico social, como Platón o Tomás Moro, que presenta un modelo ideal de sociedad sin más limitaciones que la condición humana, sino un político que debe organizar la vida política de una sociedad concreta en condiciones muy peculiares: él era el representante supremo de la metrópoli cuando se estaba consolidando el poder colonial; los descendientes de los conquistadores y demás colonos españoles pugnaban por mantener los privilegios de la conquista, cuyo símbolo más típico era la encomienda; y los indios que habían perdido en la conquista sus jefes, su organización social y sus dioses, estaban dispersos y disminuyendo por las pestes, las guerras y la explotación, poniendo en peligro la base laboral del virreinato. Había que encontrar una fórmula de organización social. Así nace, o mejor se consolida, la reducción.

Como ejemplo de ordenanzas, presento la organización de las reducciones de la provincia de Charcas, que se dieron en Arequipa el 6 de noviembre de 1575. Los nueve títulos y 155 ordenanzas pueden reducirse a tres puntos: los bienes de la comunidad, los deberes de los indios y el gobierno de la comunidad. Paso a presentar cada uno de ellos:

1. *Los bienes de la comunidad.* Este punto se desarrolla sobre todo en el título VII. La comunidad tiene un territorio, que pertenece a sus parcialidades y ayllus, cuyo tamaño está en función del número de indios, tamaño que debe verificarse cada tres años, para que todos los indios tengan tierra (tít. IX, ord. 25). Para vender tierras sobrantes de las comunidades, hace falta licencia del corregidor, y de los particulares, licencia de la Audiencia (VII, 5). En cada comunidad debe haber una chacra común para las personas necesitadas:

> Ordeno y mando que en cada pueblo se haga de hoy en adelante una chacra de comunidad, así de maíz como de papas en tierras de

---

7. Levillier, *op. cit.*, pp. V-VI.

común, del tamaño que pareciere al corregidor, para los pobres, el fruto de los cuales en años prósperos se encierre en piruas aparte de los que ha de haber en las casas de la comunidad, hasta ver si el siguiente es abundante o no, y si lo fueren vendan de las comidas del año pasado alguna parte y guarden las demás, y las que hubieren cogido de presente para el efecto que dicho es; y el precio de las que vendieron se meta en la caja de comunidad y los años que fueren estériles provean de comida a los dichos pobres [VII, 1].

Los alcaldes, con la asistencia de los caciques, deben vigilar para que las chacras libres se den a los indios que no tengan (II, 36) y deben inspeccionar las chacras que hay en los andenes y hacer reparar éstos (IX, 25). Además, deben cuidar de que en las partes acomodadas se planten sauces, alisos o frutales de Castilla, «pues es negocio del que se les sigue y recrece tanto provecho a los naturales de este reino» (IX, 14) y que no corten los árboles por el pie, «so pena de que el indio que lo cortare, le den cien azotes y trasquilado por ello» (IX, 15).

En cuanto al ganado, así de la tierra como de Castilla, debe colocarse en buenos pastos y ser curado de las plagas (VII, 2). Cuando pase de 2.000 ovejas, 100 carneros, 300 vacas y 50 novillos, deben venderse los sobrantes porque no es posible darle la debida atención, y su importe debe ir al fondo común (VII, 3-4).

Las *Ordenanzas* estipulan una vigilante fiscalización sobre los bienes comunes. Los alcaldes, con los regidores, «hallándose presente el cacique principal y la segunda persona», darán cuenta de los bienes de la comunidad cada año (VII, 6). El dinero de la venta de los bienes comunes y los libros con las cuentas deben conservarse en una caja con tres llaves en poder del corregidor, del alcalde y del cacique (VII, 7). En la misma casa del cabildo debe haber otra caja de tres llaves para guardar las ordenanzas y demás papeles y un libro en el que se anoten las ausencias de los doctrineros, «para que, cuando se les hubiere de pagar, sea liquidado primero las dichas ausencias con los dichos alcaldes y regidores» (VII, 8).

Todos los viernes por la mañana deben juntarse en cabildo, durante una o dos horas, para tratar lo tocante a los bienes de la comunidad y demás cosas de la república (VII, 9).

2. *Deberes y derechos de los indios.* Se recogen sobre todo en el título IX. Las *Ordenanzas* están orientadas a que entre los indios «cesen las costumbres antiguas, que han tenido, contrarias a nuestra religión cristiana [...] y los agravios, que hasta aquí han recibido» (IX, 1), revocan las normas hechas por los visitadores (IX, 31) y deben leerse y publicarse en cada pueblo dos veces al año, por San Juan y por Navidad (IX, 32).

Los indios deben reconocer el ayllu y parcialidad paterna y no materna (IX, 2) y no deben poner a sus hijos sobrenombres de su gentilidad (de la luna, pájaros, animales, piedras o ríos) (VIII, 13); no pueden llevar un traje diferente al propio, bajo pena de 100 azotes y ser trasquilados la primera vez, estar atado dos horas en un palo en la plaza, la segunda, y ser enviado al corregidor para que lo castigue, la tercera vez (II, 17). Tampoco pueden tener armas de españoles, «como son arcabuces, pistoletes, coras, carabinas, espadas, puñales, dagas, ni ballestas, ni otras armas de españoles ofensivas, ni defensivas» (IX, 4).

Las obligaciones económicas más importantes de los indios eran el tributo y el servicio personal. Los indios solteros de dieciocho años pagan medio tributo, y en llegando a los veinte lo pagan entero (IX, 3), a la caja real y un tomín para el hospital (IX, 18). El servicio personal para minas, plazas y otros debe hacerse conforme al número real de indios de las reducciones y no por el que había en tiempo de los incas (IX, 29); sólo los uros están exceptuados, por ser balseros, durante el tiempo dedicado a esa actividad (IX, 30). Por otra parte, los indios deben ayudarse unos a otros en sus sementeras (IX, 7) y deben usar libremente de sus «tratos y contratos», bajo pena, para quien lo impida, de ser desterrado durante dos años, si es cacique, y de recibir 100 azotes y serle cortado el cabello, si es indio particular (IX, 21). Pero esta libertad de comercio está limitada, para evitar las ventas incontroladas de los españoles, y así los indios

no pueden comprar cosas de castilla, como son vino, ropa y otras cosas superfluas que no han menester, en cantidad de ocho pesos para arriba, si no fuere con asistencia del corregidor y del sacerdote de la doctrina, y ningún español, ni otra persona se lo puede vender, so pena de que, por la primera vez, pierda el precio de lo que así vendiere a los tales indios e incurra en pena de 100 pesos, aplicado para la cámara de S.M., juez y denunciador por tercias partes; y por la segunda pierda lo que contratare, y más 200 pesos según desuso, y que sea desterrado por diez años precisos de los pueblos donde se vendiere [IX, 5].

Las *Ordenanzas* prevén la erradicación de una serie de costumbres andinas, tales como apretar «las cabezas de las criaturas recién nacidas, como suelen hacer, para hacerlas más largas» (IX, 8), celebrar taquíes y borracheras, y «si algunos bailes quisieren hacer, sea el día y en lugares y fiestas públicas, con licencia del corregidor y del sacerdote» (IX, 9), o llevar a la «criatura por dentro del acso a raíz de las carnes, cosa de grande suciedad, sino que los traigan en los brazos o espaldas» (IX, 13). En cambio se ordena «que los caciques y principales, alcaldes y regidores, coman en las plazas donde tienen costumbre de juntarse en los pueblos, porque es justo que en esto se guarde la costumbre antigua del Inca, atento a que comen con ellos los pobres, comiendo públicamente» (IX, 19).

En cuanto a la moral pública, se prohíbe el juego de naipes y dados bajo severas penas (IX, 6), se prohíbe la prostitución en los tambos (IX, 11), se manda a los alcaldes que «tengan particular cuidado en no consentir que las indias mozas estén en las punas en las guardas de los ganados» (IX, 12) y se dan normas para que el ganado extraviado sea recuperado (IX, 22).

Acerca de la enseñanza y doctrina de los indios, de que trata el título VIII, se determina:

> Primeramente, entiendan que han de creer en un solo Dios todopoderoso, y dejar y olvidar los ritos e ídolos que tenían por sus dioses y las adoraciones que hacían a piedras y al sol y a la luna, a las guacas y otra cualquier criatura, y que no han de hacer sacrificio, ni ofrecimiento, como lo hacían a lo susodicho en tiempo de su infidelidad, y han de creer y guardar lo que en la doctrina se les enseña y predica; y cuando oyeren tocar la campana de la oración, se quiten los llautos y se hinquen de rodillas en el suelo y rezaren el Ave María, como hacen los cristianos [VII, 1].

Para eso, deben obedecer a los curas , y para instruirse mejor, además de la lengua general, deben aprender la española (VIII, 2). En cada reducción debe haber «escuela, para que los muchachos, especialmente los hijos de los caciques y principales, se enseñen a leer y escribir y hablar la lengua castellana [...]; para lo cual se procure un indio ladino y hábil, de que hay bastante número en todas partes, que sirva de maestro»; al maestro lo nombra el sacerdote y le paga la comunidad; los alumnos deben asistir hasta los trece o catorce años (VIII, 3). La catequesis se impartirá a los niños todos los días y a los adultos tres veces a la semana antes de ir al trabajo (VIII, 4). En la catequesis había dos dificultades: una, la misma actividad agrícola, y por eso se ordena que, cuando se junten a beneficiar las chacras de la comunidad, el cura vaya a darles catequesis los días señalados (VIII, 12), y que los pastores no estén más de seis meses sin venir al pueblo (VIII, 8), sino que se arreglen las cosas para que vayan a misa cada dos domingos, «porque, viniendo todos, el ganado no quede sin guardar, y haya alguacil aparte que tenga quipo de los dichos pastores y cuidado de recogerlos cada domingo en ruedas aparte y al tiempo que quieran entrar en la iglesia a misa, dé noticia a los dichos curas de los que faltan para que sean traídos y azotados» (VIII, 9); además no pueden tenerse pastores infieles (VIII, 10); pero nunca pueden los curas poner penas pecuniarias a los que faltan a la catequesis (VIII, 14). La otra dificultad para la catequesis era la acción de los especialistas religiosos andinos («hechiceros»); por eso se ordena que, para controlarlos, vivan junto a las casas del sacerdote (VIII, 4).

3. *El gobierno de la comunidad*. Este gobierno debía ser ejercido por autoridades y por funcionarios. Entre las primeras hay que señalar al corregidor, que era el único español, y cuya autoridad se extendía a varias reducciones; al alcalde, que era la autoridad municipal y de cuya elección y jurisdicción se trata en los títulos I y II de las *Ordenanzas*, y al curaca, que era la autoridad política y del que se habla en el título VI. Entre los funcionarios hay alguaciles (tít. III), escribano (tít. IV) y otros (tít. V).

a) *Autoridad municipal*: las *Ordenanzas* presentan sucesivamente su elección y su jurisdicción. En cuanto a la elección, debe realizarse el día primero de año, en la cabecera del pueblo, en presencia del corregidor y de la autoridad municipal en ejercicio, y deben elegirse por un año a dos alcaldes y cuatro regidores, alguacil mayor, procurador del pueblo y mayordomo del hospital (I, 1). La elección no es por sufragio de todos los indios tributarios, sino sólo de los alcaldes y regidores salientes, quienes deben dar su voto a nueve personas para los nueve cargos (I, 2). A la elección precede la misa del espíritu Santo y sigue el juramento, «por Dios nuestro Señor y por Santa María y por la señal de la cruz, que bien y fielmente y sin afición ni pasión usarán los dichos oficios en las cosas que son obligados, y que guardarán estas dichas ordenanzas, y las harán guardar y cumplir», y luego se entregarán las varas a los dos alcaldes, que deben ser uno de la parcialidad de Anansaya y otro de la de Urinsaya (I, 3-4). Para asegurar la independencia de poderes y el recto desempeño del cargo, las *Ordenanzas* declaran que no se puede elegir como alcaldes a los curacas o segundas personas (I, 6) ni éstos deben influir en la elección (I, 5); los dos alcaldes elegidos no pueden ser ambos principales ni parientes cercanos, ni del mismo ayllu, ni infieles, ni idólatras o castigados por hechiceros (I, 7-10), ni pueden ser reelegidos sino tres años después (I, 13). En otras ordenanzas se determina el asiento que la autoridad municipal ha de tener en el templo («el poyo de la mano izquierda, en el cual se sentarán por su orden, porque en el otro poyo se han de sentar los españoles que hubiere o pasaren por el dicho pueblo») (I, 11), y que, el día siguiente de la elección, se publique y pregone residencia contra los alcaldes, regidores y demás oficiales salientes por el término de treinta días (I, 12); las causas de residencia que puedan conocer, deben ser juzgadas en treinta días y las otras remitidas al corregidor, a quien en todo caso se puede apelar (I, 14-15); finalmente, los cargos de alcaldes, regidores y alguaciles deben ejercerse gratuitamente (I, 16).

En cuanto a la jurisdicción de los alcaldes, éstos ejercen una función judicial con los indios únicamente, tanto en lo civil como en lo criminal, y una función de vigilancia sobre los principales servicios comunales. Con relación a las causas civiles:

> Primeramente, les doy en nombre de S.M. poder, para que puedan conocer y conozcan de todos los pleitos civiles que tuvieren unos indios con otros, como no suban de cantidad de 30 pesos de plata corriente, porque de los tales ha de conocer de ellos el corregidor. Y ordeno y mando que no conozcan los dichos alcaldes de pleitos que tuvieren cacique con cacique, ni indios particulares con los caciques principales, ni del pleito sobre cacicazgo, ni de tierras que litigue un pueblo con otro, ni sobre indios a quien deban pertenecer, porque de todo ello ha de conocer el corregidor. Y permito que los dichos alcaldes conozcan de pleitos de chacras que usurpan unos indios con otros de los de su distrito; en todo lo cual no han de escribir, porque lo han de hacer sumariamente [II, 1].

Con relación a las causas principales, los alcaldes pueden conocer y juzgar las que ocurran en su distrito, que están sancionadas con azotes o corte de pelo, pero «en las que haya de haber pena de muerte, o mutilación de miembro o efusión de sangre», sólo pueden tomar preso al delincuente y hacer la información al corregidor (II, 5). Los alcaldes «oigan de justicia por lo menos dos o tres veces en la semana, sentándose en un poyo de la plaza del pueblo» (II, 2) y no pongan penas pecuniarias superiores a un peso (II, 4). Las ordenanzas siguientes son un verdadero código de los principales delitos y de las correspondientes penas: idolatría (II, 6), matrimonio andino previo o *servinakuy* (II, 8), amancebamiento (II, 9), unión marital con india infiel (II, 10), incesto (II, 12-14), ceremonias fúnebres de las viudas, tales como cortarse el cabello o salir a las punas con los parientes de su marido (II, 15), venta de hijas o de otras indias para mancebas (II, 16), llevar traje diferente del propio de los indios (II, 17), maltrato a los propios padres (II, 19), homicidio, antropofagia y envenenamiento o hechizamiento (II, 20), pintarse el cuerpo o el rostro (II, 21) y hurto (II, 22-23).

Finalmente, respecto a su función de vigilancia, los alcaldes deben hacer lo siguiente: visitar la cárcel cada sábado (II, 24), cuidar de que los enfermos hagan testamento, con fórmulas recogidas en las mismas *Ordenanzas* (II, 26), preocuparse de los huérfanos (II, 27), vigilar para que los hijos ilegítimos no sean separados de sus madres sin compensarles por la crianza (II, 28), supervigilar el hospital empezando por tener «cuidado de visitar el pueblo muy de ordinario para saber los enfermos pobres que hubiere, para que se lleven al hospital y sean curados [...] y hagan poner dos o cuatro muchachos con un barbero en la ciudad de su distrito, para que aprendan a sangrar y sirvan de este oficio en el pueblo» (II, 29), cuidar de que los artesanos ejerzan libremente sus oficios y reciban el pago justo, siendo «reservados de servicios de tambos y cargos y reparos de puentes y caminos y tan solamente sirvan en los demás oficios leves, que sirven los otros indios dentro de cada pueblo» (II, 31), llevar el control para que en cada pueblo haya mercado dos veces a la semana (II, 32), vigilar para que las calles y casas estén limpias y para que los indios duerman en barbacoas (II, 33), visitar los tambos y hacer reparar los puentes y caminos (II, 34), entregar las chacras libres a los indios sin tierra (II, 36), nombrar indios mesejeros para que guarden las chacras, a fin de que los dueños puedan asistir a la doctrina, pagándoles «un cómodo salario a costa de los dueños de las dichas chacras, de los frutos que de ellas se cogieren, por el tiempo que las dichas chacras tuvieren riesgo» (II, 38), vigilar para que nadie eche ganados en las sementeras (II, 39), y, finalmente, organizar el esquilmo del ganado de Castilla y de la tierra y repartirlo entre los indios más pobres, llevando la correspondiente anotación el *quipucamayoq* (II, 41). Los alcaldes de un pueblo no pueden entrar en los términos de otro llevando su vara, «salvo si fueren yendo con algún preso donde estuviere el corregidor, con algún recaudo sobre el delito, o en seguimiento de algún delincuente» (II, 42).

En el cumplimiento de su misión los alcaldes tienen la colaboración del procurador, quien debe proponer en Cabildo todo lo que fuere conveniente y necesario al bien del pueblo (II, 43), y de los alguaciles mayores y menores, que llevan también varas de autoridad (III, 1); deben rondar de noche y dar el toque de queda («para que cada uno entienda que es hora de recogerse, hagan tocar cada noche una de las campanas del dicho pueblo») (III, 2), deben visitar la cárcel dos veces al día (III, 4) y deben cumplir con puntualidad lo que le mandaren los alcaldes (III, 5). Además, hay un escribano, quien debe residir siempre en el pueblo «para que pasen ante él todos los autos y proveimientos que hicieren los alcaldes y regimiento en el cabildo y fuera de él» (IV, 1) y para «hacer cualesquiera testamento e inventarios e informaciones [...], que conveniere asentarse por memoria para cualesquiera efectos tocantes al bien común; porque todo lo demás que ser pudiera, que los indios suelen poner en quipos, se ordena y manda que se reduzca a escritura por mano del dicho escribano» (IV, 2); por último, hay otro indio que debe desempeñar las funciones de carcelero, pregonero y verdugo, a quien «le ha de dar la comunidad un topo de chacra de sementera, como a cada uno de los demás, atento a que será indio pobre y ha de estar ocupado en ello, y lo mismo a los alguaciles» (V, 1-2).

b) *Autoridad política*. A pesar de las conclusiones que Toledo saca de sus informaciones sobre los curacas, éstos van a ser una de las columnas del gobierno de los pueblos-reducciones. El rol del curaca está definido no sólo por lo que éste debe hacer, sino por lo que se le prohíbe, y las prohibiciones reflejan, sin duda, los principales abusos que en este punto encontró Toledo en la visita. Los caciques «tienen la obligación de dar un buen ejemplo [...] con su vida y costumbres, viviendo honesta y recogidamente como cristianos, porque [...] [los indios] imitarán lo que vieren hacer a sus cabezas» (VI, 18); deben juntar el tributo y guardarlo en la caja de la comunidad (VI, 1), del que están exentos el hijo mayor del cacique (VI, 7), la mujer casada con un indio tributario (VI, 13), la viuda o el indio exonerado por estar impedido (VI, 14), y la mujer que se case con el indio de otra parcialidad (VI, 15), porque su esposo debe pagarlo en dicha parcialidad. Además, los caciques deben cuidar de que los indios vivan en sus pueblos (VI, 87), y reducir a los ausentes y no admitir a los indios forasteros (VI, 13); también deben cuidar de las acequias y fuentes (VI, 28), y de los tambos (VI, 25-26). Los caciques y segundas personas deben tener cabalgaduras para andar, cosa que está prohibida a los demás sin licencia del gobierno, a no ser en caso de vejez o de enfermedad (VI, 21).

Se prohíbe a los caciques hacer derramas, o repartimientos entre los indios «de plata, ni de ganados, ni de otra cosa alguna, so color de que es para pagar su tasa, ni gastos de iglesia, ni para seguir pleitos, ni para camaricos a jueces o clérigos» (VI, 2), a no ser en los casos previstos de aderezar los caminos, puentes, tambos o iglesias y para beneficiar las chacras o el ganado de la comunidad (VI, 3). Se prohíbe también que en los viajes lleven más indios de los necesarios o indias sospechosas (VI, 4), que vayan personalmente a las audiencias a seguir los pleitos (VI, 5), que utilicen mensajeros para asuntos personales sin pagarles el trabajo (VI, 6), que anden a hombros de indios, a no ser por enfermedad grave (VI, 12), que impidan el matrimonio de los indios (VI, 17) o encierren a las solteras con pretexto de ayudar a la comunidad (VI, 19), que «hagan compañía con españoles [...] para ningún trato ni granjería, si no fuera con asistencia del corregidor de la provincia, porque se llevan los tales el provecho y los indios el trabajo» (VI, 20), que den banquetes o presentes a los españoles (VI, 22) y que tengan esclavos (VI, 24).

No puedo terminar esta presentación de la obra de Toledo sin hacer una breve referencia a Pedro Sarmiento de Gamboa (1532-?), uno de sus principales colaboradores en la visita general como cosmógrafo y cronista. En la historia colonial también está vinculado al descubrimiento de las islas Salomón y a los viajes al estrecho de Magallanes, con una temprana tentativa de colonizarlo. Su obra más importante es la *Historia de los incas* (1572) o segunda parte de la historia general llamada índica. Como dice en el prefacio, «llamo a ésta, segunda parte, porque le precederá la primera de la geográfica descripción de todas estas tierras [...] Y tras esta segunda parte se enviará la tercera, de los tiempos del evangelio [se refiere a la conquista española]. Todo lo cual quedó acabando por mandato de vuestro visorrey don Francisco de Toledo» (1947, 80). Dichas partes nunca las acabó, o al menos no han llegado hasta nosotros; la misma *Historia de los incas*, a pesar de la recomendación de Toledo, no se publicó hasta 1906 por el erudito alemán Richard Pietschmann, el mismo que descubrió la crónica de Guamán Poma.

La crónica de Sarmiento, por su metodología y por su finalidad política, es un complemento a las *Informaciones* toledanas. En el mismo prefacio a Felipe II se lee:

> En la visita general que [Toledo] por su persona viene haciendo por toda la tierra, ha sacado a luz y averiguado por mucha suma de testigos [...] la terrible, envejecida y horrenda tiranía de los indios [...] Para que V.M. fuese con poco cansancio y con mucho gusto informado, y los demás que son de contrario parecer desengañados, me fue mandado por el virrey don Francisco de Toledo, a quien yo sigo y sirvo en esta visita general, que tomase a mi cargo este negocio y hiciese la historia de los hechos de los doce ingas de esta tierra y del origen de los naturales de ella hasta su fin [...] Se certificará del hecho de la verdad de la pésima y más que inhumana tiranía de estos ingas y de los curacas particulares, los cuales no son, ni nunca fueron, señores naturales [1947, 77].

La crónica de Sarmiento tuvo una «fe de probanza y verificación», que sería un ejemplo de técnica de investigación social si los condicionamientos políticos no le hubieran quitado credibilidad, hasta hacer pensar que quizás sólo fue una farsa. El manuscrito se leyó, en quechua, a 42 informantes de diferentes ayllus, quienes «solamente enmendaron algunos nombres de algunas personas y lugares y otras cosas livianas [...] y con las dichas enmiendas todos los dichos indios de una conformidad dijeron que la dicha historia está buena y verdadera [...] y que creían que ninguna otra historia que se haya hecho será tan cierta y verdadera» (1947, 289).

A pesar de su tesis jurídica, la crónica de Sarmiento vale por toda la información que proporciona, al recoger una de las tradiciones del Tawantinsuyo, cuando quedaban todavía muchos quipucamayos. Porras observa al respecto:

> La versión de Sarmiento parece, a todas luces, la traslación directa, aunque algo sombreada de terror y despotismo de los antiguos cantares de los Incas. Se siente en ella el hálito multitudinario de los hayllis aclamando a los Incas vencedores, se escuchan las frases paternales de éstos a su pueblo, las oraciones y los himnos guerreros, la agorería de las «calpas» para desentrañar la suerte de los ejércitos incaicos, y la pujanza del poderío inca después del triunfo sobre los chancas. Alguna vez he dicho que la versión de Sarmiento de Gamboa, ruda, vital, plena de barbarie y de fuerza, en contraposición a la de Garcilaso, creador de un imperio manso e idílico, era la auténtica rapsodia de los tiempos heroicos. La de Garcilaso es la versión de las ñustas vencidas y de los parientes seniles y plañideros después de la conquista; la de Sarmiento es la versión masculina del imperio incaico, con una moral de vencedores.[8]

2. Las *Relaciones geográficas* de Felipe II

Junto a personas singulares, aunque hayan formado un grupo, como los colaboradores de Toledo, aparece ahora, por primera vez, una obra colectiva. Se trata del conjunto de *Relaciones geográficas* —monografías antropológicas diríamos actualmente— sobre todas las ciudades y provincias sometidas a los españoles, que se realizaron por orden de Felipe II, para facilitar el gobierno de dichas regiones. Sobre las *Relaciones geográficas* es interesante conocer su origen, su metodología y sus resultados:

2.1. *Origen de las «Relaciones»*

No es completamente claro, y así las *Relaciones* parecen ser la cristalización de varios intentos anteriores, cuando la inmensidad de territorios bajo el gobierno español exige la creación de un sistema burocrático complejo y cuando ocupa el trono español un rey austero y trabajador como fue Felipe II, que tiene paciencia para estudiar los problemas de un modo sistemático. El intento más importante parece

---

8. Porras, *Fuentes históricas peruanas*, Lima, Universidad Nacional Mayor de San Marcos, 1963, p. 153.

deberse a Juan de Ovando, sacerdote extremeño, quien fue una de las figuras más destacadas del gobierno colonial, llegando a ser presidente del Consejo de Indias. En 1569 se le encarga la visita del Consejo de Indias, al que acusa de desconocer las leyes por falta de una recopilación adecuada y de no conocer suficientemente la realidad americana. Las recomendaciones que hace, al acabar su visita, son: reorganizar el Consejo, hacer una recopilación de las leyes dadas y componer una descripción de todas las provincias americanas.

El Consejo se reorganizó, llegando a ser uno de los organismos burocráticos más eficientes en recoger y procesar la información; sus integrantes se reunían sistemáticamente para revisar toda la documentación que llegaba de ultramar (cartas de virreyes, de las audiencias o de los obispos, documentos de denuncia, etc.), la resumían y le presentaban las alternativas al rey con sus pros y contras para que éste decidiese; se conservan en el Archivo General de Indias de Sevilla muchos documentos con esta metodología de trabajo. De paso conviene observar que esta meticulosidad que tiene la información colonial española facilita el estudio comparativo de las diferentes regiones americanas y de la evolución de los problemas durante el período colonial.

La segunda recomendación de Ovando fue hacer una recopilación de las leyes de Indias. El *Código Ovandino*, dividido en siete libros e inconcluso, será uno de los primeros intentos de recopilación, obra que continuará Diego de Encinas en sus *Provisiones* (Madrid, 1596, 4 vols.)[9] y Juan Solórzano Pereyra —de quien se hablará en este mismo capítulo— hasta concluir con la *Recopilación de las Leyes de Indias*, que se publicó por fin en 1681. En cuanto a la tercera recomendación, Ovando prepara las «Ordenanzas reales al Consejo de Indias» (24 de septiembre de 1571), en que se lee:

> Ordenamos y mandamos que los de nuestro Consejo de Indias con particular estudio y cuidado, procuren tener hecha siempre descripción y averiguación cumplida y cierta de todas las cosas del estado de las Indias, así en la tierra como en el mar, naturales y morales, perpetuas y temporales, eclesiásticas y seglares, pasadas y presentes [...] y tengan un libro en la dicha descripción en el Consejo y gran cuidado en la correspondencia de virreyes, autoridades y ministros para que informen cada uno de las novedades que hubiese y lo que sucediere se vaya poniendo y añadiendo a dicho libro.[10]

---

9. Hay una edición facsimilar moderna del Instituto de Cultura Hispánica con el título de *Cedulario Indiano* (Madrid, 1946).

10. Citado por María del Carmen González Muñoz en «Estudio preliminar a Juan López de Velasco», en *Geografía y descripción universal de las Indias*, Madrid, Biblioteca de Autores Españoles, 1971, p. VIII.

Nombrado Ovando presidente del Consejo de Indias, se crea el cargo de cosmógrafo-cronista, que recae sobre el secretario de Ovando, Juan López de Velasco. Éste va a concluir en 1574 una *Geografía y descripción universal de las Indias*, aunque no va a publicarse hasta el siglo XIX. Esta obra comienza con una introducción general sobre la tierra y el mar americanos, en la que no faltan interesantes referencias a las culturas indígenas y en la que, al abordar el tema político, reaparece la postura toledana: «su gobierno y manera de república en la mayor parte de lo descubierto no era [...] de manera que merezca nombre de gobierno o república, salvo en la Nueva España el imperio de Moctezuma y en el Perú el de los Ingas, que aún se tiene entendido que procedió de tiranía más que de elección ni buen gobierno [...] El imperio de Moctezuma parece que tuvo mejor principio y así fue más justificado, aunque todos gravados y oprimidos de sus señores. En las otras partes casi todos eran como behetrías, solamente obedecían a los que los acaudillaban en tiempo de guerra, por el tiempo que duraba» (1971, 15). También se refiere López de Velasco al poblamiento americano y a la clásica hipótesis asiática: «en efecto todas son conjeturas flacas. Y así sólo queda por creer, hasta que haya mayor averiguación, que aquel Nuevo Mundo se junta con esotro por alguna parte, como de ello da indicio la costa de la China y de la Nueva España, que van corriendo en viaje de juntarse por la parte del septentrión; y que siendo así, se habrán por aquella parte dilatado en tantos siglos poco a poco las gentes hasta llegar a donde ahora están» (1971, 2). Sobre la disminución de la población indígena afirma:

En todo lo descubierto, al principio los naturales fueron muchos más en número de los que después ha habido, porque en muchas provincias, donde había gran multitud de ellos, han llegado casi a acabarse del todo. La causa de su disminución fue, al principio, la guerra, por los muchos que murieron en ella en las batallas y reencuentros, y desesperados por verse rendidos otros, no queriendo venir de paz, por levantarse a los montes, dejaron de hacer sus sementeras y murieron de hambre; de lo cual se siguió, en los primeros años mortandades generales, y enfermedades nunca vistas en aquellas partes, como fueron las viruelas que les pegaron los españoles; y después acá fueron faltando mucho con los malos tratamientos que los españoles les hacían y los excesivos trabajos que les daban con cargas demasiadas, porque al principio no había entre ellos otro recuaje, y con la labor de minas de oro y plata, pesquerías de perlas, granjerías del campo y labores de edificios, con que han acabado gran multitud de ellos; aunque ya, después de que aquello cesó, en partes hay donde han vuelto a acrecentarse y de haber ya más de lo que antiguamente había [1971, 14].

Son también interesantes las observaciones sobre la población no indígena, tanto sobre los españoles que pasan a las Indias, como los nacidos en éstas. Pero la obra de López de Velasco es, ante todo, una descripción minuciosa de todos los territorios de América sometidos a España, con dos grandes «tablas», la de las Indias del Norte, con el virreinato de Nueva España, cuatro Audiencias (México, Nueva Galicia, Guatemala e isla Española) y 17 gobernaciones, y las de las Indias de Mediodía, con el virreinato del Perú, cinco Audiencias (Panamá, Nuevo Reino, Quito, Lima y Charcas) y nueve gobernaciones. En cada una de estas demarcaciones administrativas se describen las ciudades y pueblos con su ubicación, clima, recursos, historia, población y lista de repartimiento y pueblos de indios. Por ejemplo, en la Audiencia de Lima se describen 18 pueblos y ciudades de españoles.

Esta *Geografía de Indias* parece que fue compuesta por López de Velasco antes de que llegaran las respuestas a los célebres cuestionarios de la *Relaciones geográficas*, si es exacta la afirmación de uno de los consejeros: «todo esto que ha escrito [López de Velasco] en este libro lo ha sacado de los derroteros y papeles que el Consejo le había dado de Santa Cruz»,[11] el cosmógrafo del Consejo de Indias. En todo caso, la geografía es la mejor preparación para acometer una obra de la envergadura de las *Relaciones geográficas*. Aunque parece que López de Velasco nunca estuvo en América, sin duda ninguna conocía bien la realidad que iba a investigar.

2.2. *Metodología de las «Relaciones»*

Las *Relaciones geográficas*, aunque se pensaron para América, pues sobre ella los miembros del Consejo real tenían mayor ignorancia, se hicieron también para algunas regiones de España, donde se publicaron con el título de Relaciones topográficas y son una excelente fuente de información sobre cómo era la cultura española en la metrópoli, cuando comenzaba la colonización americana.

El cuestionario para América, enviado en 1577, tenía 50 preguntas, que estaban precedidas por unas instrucciones:

> Primeramente, los gobernadores, corregidores o alcaldes mayores, a quien los Virreyes o Audiencias y otras personas de gobierno enviaren estas instrucciones y memorias impresas, ante todas cosas

---

11. Citado por González Muñoz, art. cit., p. XIX.

harán lista y memoria de los pueblos de españoles e indios que hubiere en su jurisdicción [...] Y distribuirán las dichas instrucciones [...] por los pueblos de los españoles, enviándolas a los Consejos, y donde no, enviándolas a los curas si los hubiere y si no a los religiosos a cuyo cargo fuere la doctrina mandando a los Concejos y encargando de parte de S.M. a los curas y religiosos, que dentro de un breve término las respondan y satisfagan como en ellas se declara, y les envíen las relaciones que hicieren [...] Y en los pueblos y ciudades, donde los gobernadores corregidores y personas de gobierno residieren, harán las relaciones de ellos, o encargarlas han a personas inteligentes de las cosas de la tierra.[12]

Las 50 preguntas contenían todo lo que hoy llamaríamos un «estudio de comunidad» y constituían una pequeña guía, similar a la de George P. Murdock, que permitía hacer un estudio comparado de comunidades americanas, aunque no con la precisión de la famosa muestra etnográfica mundial del antropólogo norteamericano citado. Los puntos investigados son nombre y sobrenombre del pueblo, fundador, clima, ubicación, recursos naturales —plantas, animales, minerales—, viviendas, sistema económico, sistema social, sistema religioso, vías de comunicación, causas de despoblamiento, etc. En fin, era una guía que permitía construir la «historia natural y moral» del pueblo en el sentido clásico de la expresión.

Hay un especial interés por los datos sobre culturas indígenas. Como ejemplo, transcribo algunos puntos del cuestionario:

5. De muchos o pocos indios, y si ha tenido más o menos otro tiempo que ahora, y las causas que de ellos se supieren, y si los que hay están o no en pueblos formados y permanentes, y el talle y suerte de sus entendimientos, inclinaciones y maneras de vivir, y si hay diferentes lenguas en toda la provincia o tienen alguna general en que todos hablen.

13. Ítem, lo que quiere decir en lengua de Indios el nombre del dicho pueblo de Indios, y por qué se llama así, si hubiere que saber en ello, y cómo se llama la lengua que los indios de los dichos pueblos hablan.

14. Cúyos eran en tiempo de su gentilidad y el señorío que sobre ellos tenían sus señores, y lo que tributaban y las adoraciones, ritos y costumbres buenas o malas que tenían.

15. Cómo se gobernaban y con quién traían guerra, y cómo peleaban, y el hábito y traje que traían, y el que ahora traen, y los

---

12. Marco Jiménez de la Espada, «Estudio preliminar», en *Relaciones geográficas de Indias: Perú*, 4 vols., Madrid, Ministerio de Fomento, 1881, p. CXIV.

mantenimientos de que antes usaban y ahora usan, y si han vivido más o menos sanos antiguamente que ahora, y la causa que de ello se entendiere.

26. Las yerbas o plantas aromáticas con que se curan los indios, y las virtudes medicinales o venenosas de ellas.[13]

No hay que olvidar que el cuestionario de 50 preguntas de 1577, por el que se hicieron la mayoría de las *Relaciones geográficas de Indias: Perú*, no fue el único. En 1569 circulaba uno de 37 puntos; en 1571 se preparó otro de 200 preguntas,[14] y en 1604 se envió todavía otro de 355 preguntas. Todos los cuestionarios, con excepción del último, corresponden al reinado de Felipe II; otro gran momento de la burocracia colonial se dará en el siglo XVIII, con la subida de los borbones al trono español.[15]

Las primeras respuestas del cuestionario de 1577 que llegaron al Consejo de Indias fueron las de las gobernaciones de Santa Marta y Venezuela y estaban fechadas en 1578, luego las de México en 1579 y 1580, y por fin las del Perú en 1586. Dichas respuestas sirvieron de información a los miembros del Consejo de Indias, pero no se publicaron sino tres siglos después: entre 1881-1897 el americanista español Marcos Jiménez de la Espada publica las *Relaciones geográficas de Indias* en cuatro volúmenes que se refieren sobre todo al Perú, y entre 1905-1906 el mexicano Francisco del Paso y Troncoso publica en la segunda serie de papeles de Nueva España, siete volúmenes sobre geografía y estadística, ya que el número de respuestas sobre el virreinato mexicano había sido mayor.

---

13. *Ibíd.*, pp. CXV-CXVII.

14. En su estudio preliminar Jiménez de la Espada, al referirse al cuestionario de las 200 preguntas, dice: «No creo, sin embargo, que el documento pasase más allá de las puertas del Consejo de Indias; y fundo mi opinión en el hecho de que todas las relaciones redactadas con arreglo a él, que yo he visto, se dieron en aquella oficina» (p. LXVII). Luego compara las equivalencias entre las preguntas de los cuestionarios de 1571, 1577 y 1604 (pp. CXIX-CXX). Finalmente, Jiménez de la Espada observa: «Para que nuestra Junta organizadora del Congreso Americanista pueda formarse una idea de la importancia que tiene esta publicación y las proporciones que alcanzaría si se continuara, pongo aquí un catálogo alfabético de las relaciones y descripciones geográficas, geográfico-históricas, geográfico-estadísticas hechas por interrogatorio, memoria, introducción u otro formulario semejante y de orden del Consejo de Indias, que me son conocidas o de que tengo noticia», y a lo largo de 32 páginas presenta 420 relaciones, de las que sólo publica en sus cuatro volúmenes 70. Hay una moderna edición de las *Relaciones geográficas de Indias: Perú*, 3 vols., Madrid, Biblioteca de Autores Españoles, 1965.

15. Sobre este punto puede consultarse el artículo de Sylvia Vilar, «La trajectoire des curiosités espagnoles sur les Indes: Trois siècles de *Interrogatorios* et *Relaciones*», en *Melanges de la Casa de Velázquez*, VI, París, 1970, pp. 247-308. Vilar comienza por

2.3. Valor de las «Relaciones»

Parece evidente que las *Relaciones* deben considerarse veraces, pues son producto de una investigación sistemática y con un conjunto de informantes que representan puntos de vista diferentes y aun opuestos (como los de los españoles y los indios en materias de conflicto); pero esa veracidad no es la misma en todas las relaciones, pues depende de la persona o equipo que responde, y además dicha veracidad no puede matizarse, por carecer de información complementaria sobre los que responden o sobre la seriedad con que se hizo la información, o por no disponer siempre de documentación del mismo lugar y época para hacer una confrontación; más aún, en algunos casos es innegable que la información está sesgada por las «hipótesis de trabajo» toledanas sobre la justificación de la conquista, que seguían funcionando, o por la «visión colonial» que los españoles, así colonos como funcionarios de la administración, muestran de los indios (son mentirosos, perezosos, ladrones, etc.), que era una racionalización de la explotación colonial. De todos modos opino que las *Relaciones* son una buena contribución a la etnografía peruana en el momento en que la obra reorganizadora de Toledo había terminado. A fin de ponderar este aporte etnográfico, presento a continuación la lista de relaciones publicadas por Jiménez de la Espada, que se refieren al actual territorio peruano (no las que se refieren a Ecuador, Bolivia y Argentina), son respuesta del cuestionario de 50 preguntas de 1577, y llevan fecha de 1586:

1) Descripción y relación de la provincia de los Yauyos, por Diego Dávila Briceño, corregidor de Huarochirí (11 págs.),
2) descripción de la provincia de Jauja por el corregidor Francisco de la Guerra (10 págs.),
3) relación de la ciudad de Guamanga y sus términos (20 págs.),
4) descripción de la provincia de Vilcas Guamán por el corregidor Pedro de Carvajal y de sus 10 curatos (15 págs.),

---

afirmar: «Hay pocas fuentes tan preciosas para conocer la evolución histórica de la América española como el conjunto de *Relaciones*, solicitadas a partir de 1569 por el Consejo de Indias a los funcionarios de la Administración real o a determinadas autoridades eclesiásticas del Nuevo Mundo» (p. 247). Luego hace una presentación sistemática de todas las relaciones coloniales. Los subtítulos del artículo son una buena síntesis del mismo: 1. Los orígenes; 2. El espíritu del cuestionario de 1577; 3. El interrogatorio de 1604; 4. Hacia una puesta al día de la información: el reinado de Felipe V; 5. La Academia, cronista de Indias y sus proyectos enciclopédicos; 6. El cuestionario sin fecha de la Biblioteca de Palacio; 7. El cuestionario de 1777 para la Nueva España; 8. La continuación de las *Relaciones* bajo Carlos IV; 9. La encuesta en la época de las Cortes de Cádiz, 1812.

5) descripción de repartimiento de Atunrucana (Guamanga) (5 págs.),

6) descripción del repartimiento de Atunrucana y Laramati (Guamanga) (9 págs.),

7) descripción del repartimiento de los Rucanas Antamarcas (Guamanga) (12 págs.),

8) relación de la Villa Rica de Oropesa y minas de Huancavelica (7 págs.),

9) relación de los Chumbivilcas por el corregidor Francisco Acuña (14 págs.),

10) relación de la provincia de los Collaguas por el corregidor don Juan de Ulloa Mogollón (8 págs.),

11) descripción del corregimiento de Abancay (15 págs.).

A pesar de que estos informes están atribuidos por razones administrativas a una persona, ordinariamente al corregidor, en ellos se observa que el corregidor ha recurrido a la información del cura, de españoles o mestizos con muchos años de permanencia en la zona o a grupos de indígenas. Por ejemplo, en el repartimiento de Atunsora el corregidor Luis de Monzón cuenta:

> Me junté en uno con el bachiller Pedro de Frías, cura de este dicho pueblo, y con Beltrán Saravia, y todos tres juntos respondimos a los dichos capítulos de la manera siguiente; y para lo que se ha de saber de los indios, se halló presente por lengua don Pedro Taypimarca, indio ladino en lengua española, escribano de cabildo de este repartimiento de los Soras. Halláronse presentes en esta junta algunos curacas y principales desde dicho repartimiento, que son don Martín Zapora y don Mateo Carua Llamoca, y don Diego Pichigua y don Luis Guamán Llamoca y otros principales e indios [1965, I, 220].

Muy similar es la metodología en los repartimientos de Atunrucana y Laramati (1965, I, 226) y de los Rucanas Antamarcas (1965, I, 237).

En cuanto al contenido mismo de los informes, no cabe en una obra como ésta, por su carácter esencialmente etnográfico. Pero quiero recoger, al menos, algunos ejemplos. En la relación de Yauyos de Dávila Briceño se relata el mito de Huallallo y Pariacaca, que recoge también Francisco de Ávila, de quien luego se hablará:

> Cuentan estos indios desta provincia una fábula donosa, que ellos tienen por verdadera, y dicen que los Yungas, sus vecinos del valle de Lima, entraron por esta provincia haciendo guerra y pobla-

ron un pueblo que hoy se llama Lima, que yo desbaraté para la reducción que se hizo; y que en el lago que está al pie desta alta sierra de nieve de Pariacaca, tenía un ídolo que llamaban Guallallo, al cual sacrificaban algunos tiempos del año niños y mujeres; y les apareció donde está este alto pico de nieve, un ídolo que se llamaba Pariacaca y les dijo a los indios, que hacían este sacrificio al ídolo Guallallo, que ellos adoraban:

—No hagáis eso de sacrificar vuestros hijos y mujeres, sacrificadme a mí, que no quiero sangre humana, sino que me sacrifiquéis sangre de ovejas de la tierra (que las llaman llamas) y corderos, que con eso me contentaré.

Y que ellos le habían respondido: —Matarnos ha a todos, si tal hacemos, el Guallallo. Y que el Pariacaca había replicado: —Yo pelearé con él y lo echaré de aquí.

Y así, tres días con sus noches peleó el Pariacaca con el Guallallo y lo venció, echándolo a los Andes, que son unas montañas de la provincia de Jauja, haciéndose el Pariacaca la sierra y alto pico de nieve que hoy es y el Guallallo otra sierra de fuego. Y así pelearon; y el Pariacaca echaba tanta agua y granizo, que no lo pudo sufrir el Guallallo, y así lo venció y echó a donde dicho es; y de la mucha agua que le echó encima quedó aquel lago que hoy es, que llaman de Pariacaca, que es el camino real que va al Cusco desde los Reyes.

Y lo tienen hoy creído los indios y suben a lo más alto de dicho cerro de nieve a ofrecer sus sacrificios al Pariacaca y por otro nombre Yaro, que así dicen quedó hecho sierra de nieve después de la dicha batalla y le hacen estos ofrecimientos. Y, como digo, aún no está esta provincia libre de hacello, y así, porque hacían los dichos sacrificios, siendo ya cristianos, los castigué yo, el dicho corregidor, y quité las dichas ovejas y vasos [1965, I, 161].

En la relación de Jauja se responde así la segunda parte de la pregunta 14 sobre la evolución religiosa:

Y en cuanto a los ritos y adoraciones que tuvieron antiguamente antes del Inca y después que los sujetó, dijeron que esto es cierto: que tienen noticia que sus antepasados decían que ellos habían procedido y salido de cuevas y lagunas y fuentes y cerros, y que les decían que adorasen al hacedor de los hombres y de la tierra y del cielo y de las aguas y cerros y demás cosas; y que los dichos antiguos valientes, que iban buscando tierras y ganándolas en sus guerras, amojonaban con unas piedras diferenciadas de las otras y mandaban a sus sucesores que de allí tuviesen memoria de ellos, porque ganaron aquella tierra, y puestos allí, adorasen al hacedor de todas las cosas. Y así lo hacían, hasta que el Inca los sujetó y hizo averiguación a qué adoraban antes que él viniese, y hallando esto, les mandó que adorasen por señor al sol, que era su padre, y a la luna, que era su madre; y que asimismo prosiguiesen en adorar a las piedras que pusieron sus antepasados, para que fuesen medianeras con el sol en todos sus buenos sucesos; y les dio orden de sacrificar niños y niñas y corderos y conejos de la tierra y figuras de hombres de oro y plata, y chaquira y otras cosas. Lo cual han usado y usaron, hasta que los españoles entraron en esta tierra, que se ha convertido a nuestra santa fe católica, y quitaron las piedras y guacas y adoratorios los sacerdotes y religiosos que los han doctrinado [1965, I, 169].

En la relación de Guamanga se contesta de este modo la pregunta 5 sobre el número de indios, evolución del mismo y características físicas, psicológicas y culturales de la población indígena:

Hay en esta provincia 35 o 36 mil indios de visita, según que se hizo por mandato del señor visorrey don Francisco de Toledo; y antes, en tiempo del Inga, hubo el doble más, y con las guerras, vinieron en disminución; y al tiempo que se pobló esta ciudad, eran como hasta 50 mil indios, y con las dichas guerras se consumieron muchos, y siempre han ido a menos y agora lo van, por causa de ir lejos a tierras de diferentes temples a las minas de azogue de Guancavelica, de lo cual se le sigue notable daño. Los indios que hay están poblados en pueblos, formados por la reducción que hizo hacer el dicho señor don Francisco de Toledo y por las que antes se habían hecho, y aunque antes estaban poblados en pueblos formados, no con la policía de calles y plazas que se les hizo hacer en la última reducción, por la cual y haberse mudado de diferentes temples, juntamente con las causas arriba declaradas, han muerto mucha cantidad de indios; y así, los dichos pueblos recién reducidos no son permanentes para la mayor parte, porque, después de la dicha reducción y verse los inconvenientes que hay en haberse mudado a diferentes temples y sitios malsanos y lejos de sus sementeras, se han vuelto a poblar muchos pueblos a donde antes estaban y a otras partes, con licencia de los gobernadores y con el parecer de los corregidores de sus distritos, los cuales podrán dar más larga relación de esto.

Es gente de mediana estatura por la mayor parte, de buen parecer, algo morenos; su entendimiento es bajo, inclinados a poquedades y vilezas, son flemáticos y perezosos, aunque sea para sí, porque, si no son apremiados por las justicias y sus caciques mandones, aun para sembrar para su sustento no se moverían; y así, todo lo que hacen ha de ser muy despacio y por fuerza. Son maliciosos, mentirosos y ladrones y sólo para la malicia tienen agudeza [...]; tienen apariencia de cristianos, y con facilidad reciben el baptismo y con dificultad acuden a las cosas que en él prometen; y son enemigos capitales de los españoles.

Su manera de vivir, todos son labradores, aunque, como es dicho, por la fuerza, y que se contentan con muy poco; no adquieren para sus hijos. Los vestidos y bebidas las hacen sus mujeres y parte de sus sementeras, que, por holgar ellos y beber, de lo cual son muy amigos y borrachos en general y que tienen por honra serlo, las hacen trabajar excesivamente como a esclavas; y en esto no ha habido remedio, aunque se ha procurado. Hay hechiceros entre ellos, que fingen ser médicos por el interés; son muy agoreros. Y los vestidos los hacen de lana de ganado natural de esta tierra, del cual también tienen de costumbre de criar alguno de que se sirven para comer y para cargar. Tienen diferentes lenguas, porque cada parcialidad habla su lengua diferente, aunque todos hablan la general del Cusco que les mandaron hablar generalmente los Ingas, y se han quedado en este uso, que es muy necesario, usando la suya y natural entre sí [1965, I, 187-188].

En la relación de los Rucanas Antamarcas (Guamanga), respondiendo a la pregunta 21 sobre «volcanes, grutas y todas las cosas notables y admirables en naturaleza que hubiere en la comarca», se dice:

> Respóndese al capítulo 21 que junto al pueblo de la Vera Cruz de Cavana está un pueblo derribado, al parecer, antiquísima cosa. Tiene paredes de piedra labrada, aunque la obra tosca; las portadas de las casas, algunas de ellas algo más de dos varas en alto, y los umbrales labrados de piedras muy grandes; y hay señales de calles. Dicen los indios viejos, que tienen noticia de sus antepasados, de oídas, que en tiempos antiquísimos, antes que los incas los señoreasen, vino a esta tierra otra gente a quien llamaron viracochas, y no mucha cantidad, y que a éstos los seguían los indios viniendo tras ellos oyendo su palabra, y dicen ahora los indios que debían de ser santos. A éstos les hacían caminos, que hoy día son vistos, tan anchos como una calle y, de una parte y de otra, paredes bajas, y en las dormidas les hacían cosas que hasta hoy hay memoria de ellas, y para esta gente dicen que se hizo este pueblo dicho; y algunos indios se acuerdan de haber visto, en este pueblo antiguo, algunas sepulturas con huesos, hechas de losas de piedras y enlucidas por dentro con tierra blanca, y al presente no parece hueso ni calavera de éstos [1965, I, 245].

En esta respuesta parece aludirse, por una parte, a la tradición de personajes míticos, a los que «seguían los indios viniendo tras ellos oyendo su palabra», que reinterpretan en las categorías cristianas de la colonia y consideran «santos», tradición que se relaciona con la predicación de algunos de los doce apóstoles, y por otra parte, dicha respuesta parece aludir también a una civilización regional avanzada (piedras labradas, calles, caminos, «tambos» —casas para pernoctar—, sepulturas bien cuidadas) anterior a los incas.

Finalmente, en la relación de Collaguas se contesta así al punto quinto del cuestionario:

> Es esta provincia, especial la de Collahuas, de muchos indios; porque en la provincia de Yanque Collaguas, que está en la Corona real, hay 4 mil indios tributarios casados, sin los mozos e niños y viejos e mujeres, que hay mucha chisma de esto [...] Fueron muchos menos indios antiguamente e siempre han ido multiplicando; la causa se entiende que es por la sanidad de la tierra y que no ha habido peste ni mortandad notoria, y también porque en tiempo de los incas, que señorearon este reino, iban a las guerras que se ofrecían, donde morían, y agora están más descansados e reservados de trabajos, después que este reino está pacífico.
>
> Los indios de esta provincia están poblados en pueblos permanentes formados ya, aunque antes de la visita general ya dicha tenían muchos poblezuelos [...]
>
> El entendimiento que tienen es, para indios, bueno, porque en sus cosas se muestran de razón y en lo que deprenden salen con ello, por donde hay buenos escribanos y cantores y músicos de flautas y chirimías, y si en otras cosas de más entendimiento los ejercitasen, tienen habilidad para ello. La inclinación que tienen, son comúnmente dados a fiestas y banquetes y pasatiempos; en su modo afables y poco codiciosos y, por esto, notados de perezosos, gente tímida y para poco.
>
> En la manera de vivir tienen su trato y comercio, entre éstos de esta provincia, los que tienen comida la dan a los que no la tienen a trueco de ganado, lana y otras cosas de rescate, y entre las provincias sus vecinas, van las que abundan de una cosa a rescatar con ella lo que falta; y de esta manera cada uno se previene como gente de razón.
>
> Los Collaguas usan generalmente la lengua aymara y la tienen por propia natural, aunque algunos pueblos de los Collaguas, como son los de Pinchollo, Calo y Tapay, usa y habla cada pueblo diferente del otro, muy bárbara, e que si no son ellos entre sí no la entienden, aunque están unos pueblos muy cercanos de otros; y no por eso dejan estos pueblos de hablar la lengua aymara, que es la general. Los de la provincia de Cavana hablan la lengua general del Cusco, corrupta y muy avillanada; y en esta provincia de Cavana, en algunos pueblos, hablan otra lengua incógnita y para ellos solos [1965, I, 328-329].

Fuera ya del actual territorio peruano está Pacajes, y su relación, de la misma fecha de 1586, tiene una exposición general válida para toda la provincia y una información sobre cada pueblo o curato (método similar al de varias relaciones peruanas, como las de Vilcas Guamán o Jauja). La relación de los Pacajes recoge un buen testimonio sobre las características de la conquista incaica y en especial la «ecología vertical» en la explotación de los recursos:

> Los cuales dichos indios pacajes dijeron los indios antiguos haber tenido su origen, unos de la una parte de la laguna de Chucuito y otros de hacia la parte de los Carangas, de donde salieron y poblaron en esta provincia en los cerros más altos que hay en ellas y vivían a manera de behetrías, sin reconocer señorío a nadie, sin pagar tributo, porque todo era traer guerra unos con otros, y el que más valiente y sabio era entre ellos, ese los mandaba y reconocían por señor.
>
> Y después de muchos años, que no saben cuántos fueron, teniendo noticia de esta provincia el inga Topa Yupangi, vino en persona con gente de guerra a conquistarlos, y en un pueblo antiguo, que se llamaba Llallagua, tuvo la primera batalla con todos los indios de los Pacajes, y después de haber peleado con ellos muchas veces, los venció y sujetó y mató mucha cantidad de hombres [...] Y lo primero que hizo el dicho Topa Yupangi fue nombrarles caciques y principales e hilacatas, y dividió los dichos indios en dos parcialidades o bandos: a los unos llamó del bando de hanansaya, quiere decir «cosa que es del bando de lo alto» y la otra parcialidad llamó de Urinsaya, que quiere decir «cosa que sirve a lo bajo»; y por este orden tuvo noticia de los indios que tenía cada parcialidad y los servicios que le habían de hacer en paz y guerra; y de los sucesores de los caciques puestos por el dicho inga son los que mandan a los dichos indios Pacajes.
>
> Y luego hizo el dicho inga recoger todo el ganado que había en la dicha provincia, e lo señaló con colores e hizo partición de ello con el sol, a quien, en agradecimiento por la victoria que le había dado, le dio la mitad del ganado que en ella hubo, que era grandísima cantidad, dejando una parte de ella a los truenos, a quien él tenía en gran veneración después del sol y le señaló tierras para sementeras y le llamó Apo Illapa, que quiere decir «Señor de los truenos», y les puso sacerdotes que tuviesen cuenta de hacer los sacrificios que dejó señalados para el sol, a quien reconocía por dios; y les señaló a los indios de la dicha provincia los tributos que habían de dar para él y para las dichas sus guacas, que era que guardasen el ganado del sol y el suyo, e hiciesen chácaras de papas y quinoa y cañigua, y de la lana, que se trasquilaba del ganado, le hiciesen ropa de cumbi y abasca; y también le señaló tierras de maíz en los valles de Cochabamba y Cauari y en la costa de Arica y en la costa de Arequipa; y toda esta comida se mandaba juntar en depósitos y de allí se repartía para los indios de guerra, que iban a la provincia de los Charcas [1965, I, 337-338].

Estos cuantos testimonios muestran la riqueza de información etnográfica y etnohistórica que contienen las *Relaciones*. Desafortunadamente no se ha hecho una recopilación más sistemática de las mismas (la edición de la Biblioteca de Autores Españoles de 1965 se limita a reproducir la edición de Jiménez de la Espada de 1881-1897), ni se ha hecho ningún análisis de contenido. De todos modos, lo que conocemos es suficiente para asegurar un lugar en esta historia del pensamiento antropológico.

Pasando ahora a México, cuyas *Relaciones*, como ya se dijo, llegaron primero a España que las peruanas, pero se publicaron después, a principios de este siglo, por F. del Paso y Troncoso, puede afirmarse sobre ellas casi las mismas observaciones que se han hecho sobre las *Relaciones* del Perú. Voy a limitarme a recoger algunas respuestas de la relación de la provincia de Acámbaro (1580) en los puntos relativos a las culturas indígenas. Luego, en el capítulo 5, se hablará de la relación de Tescoco (1582), del mestizo Juan Bautista Pomar:

N.º 5. Es provincia de 2.600 vecinos; ha sido antes de ahora muy más poblada, y por causa de una pestilencia, que hubo general en esta Nueva España habrá cuatro años, se disminuyó y bajó en esta dicha cantidad; y los que al presente son, están congregados en pueblos formados de calles, casas, iglesias; de manera que, a lo presente, parece será permanente. Son gente de buena razón y, para indios, de razonable entendimiento, e inclinados al vicio de la embriaguez; su modo de vivir es cultivar y labrar sus tierras, y algunas veces sirven de jornaleros a españoles, que les pagan su trabajo. Hay cuatro géneros de lenguas en toda ella, que son chichimeca, otomí, masagua, tarasco, y este tarasco es la más general [1945, 127].

N.º 9. La causa del nombre de este dicho pueblo de Acámbaro fue que, de muchos años a esta parte, cuatro principales con sus mujeres, según su ley, partieron un sujeto de la provincia de Xilotepeque, llamado Hueychiapa, y éstos trajeron consigo hasta 60 indios, así mismo casados, los cuales eran de nación otomí, y esa lengua hablan; y estos cuatro principales, con los dichos indios, se fueron derechos al rey y señor, que en aquella sazón señoreaba la provincia que llaman de Michoacán y le dijeron que ellos eran de nación otomí y que querían estar en su servicio, que les diese y señalase lugar y tierras donde poblasen; el cual, admitiéndolos, les señaló un sitio junto a la ciudad que dicen Guayagareo, y allí poblaron y estuvieron algunos días, y, no hallándose bien, se vinieron de lugar en lugar hasta llegar al río grande que pasa por ese dicho pueblo y allí poblaron, gobernándose por las dichas personas otomíes, no embargante el reconocimiento que tenían al dicho señor de Michoacán; el cual, desde ha ciertos años, envió a este dicho pueblo cuatro personas casadas de su nación, tarascos, mandándoles que viniesen a poblar a donde estos otomíes estaban, los cuales vinieron y poblaron a la falda del cerro, que este dicho pueblo tiene; y, estando poblados, envió después otro principal que mandase y gobernase a los dichos tarascos, y este postrero que vino trajo por mujer una india llamada Acambe y, estando ella una vez bañándose en el río, se ahogó, y por memoria de la dicha india, pusieron por nombre a este dicho lugar Acamba, yéndose corrompiendo la letra, le ha venido a llamar Acámbaro, y éste es su origen. Y que el Señor que entonces gobernaba en Michoacán se llamaba Tariácure; y entonces, por la orden que los otomíes poblaron en este dicho pueblo, poblaron así mismo los indios que se dicen chichimecas, los cuales tuvieron siempre los gobernadores del dicho Michoacán, puestos en frontera para defensa de sus tierras contra los indios mexicanos y otros enemigos suyos [1945, 128-131].

N.º 13. Quiere decir el nombre Acámbaro «lugar del maguey», que es un árbol [*sic*] de mucho provecho para los indios [...] [1945, 133].

N.º 14. Que eran, al tiempo que el Marqués del Valle vino a esta tierra, de un Señor llamado Calzonzi, que señoreaba toda la provincia de Michoacán, al cual la nación tarasca de este dicho pueblo, en reconocimiento del vasallaje, le hacía algunas sementeras de maíz y de otras semillas, con las cuales le acudían para regalo; y asimismo, de cuando en cuando, le daban algunas mantas, no en mucha cantidad; y los otomíes y chichimecas no le servían de otra manera que de estar en frontera de los enemigos, y así en los recuestros [*sic*] ganaban algún despojo de mantas y prisiones, acudían con todo ello al dicho Señor. Y que adoraban ídolos de piedra y de madera, a los cuales ofrecían comidas y, si en las guerras prendían alguna persona, la sacrificaban delante de ellos y le rogaban les diese victoria contra sus enemigos; y que los chichimecas adoraban en el Sol, y que en el dicho tiempo se ocupaban en labrar sus sementeras y en llevar cargas de leña a Páscuaro y Tzintzuntzán, donde residía el Señor; y al que veían que era holgazán y vagabundo, lo mandaban matar [1945, 134-135].

N.º 15. Que, como dicho está, eran sujetos al Señor de Michoacán, y éste enviaba a personas que viniesen a gobernar la parte de los tarascos, porque la de los otomíes y chichimecas, ellos eran gobernados por los señores que legítimamente eran de su nación, y en muriendo uno de éstos, el que había de suceder iba al dicho Señor a que le diese licencia para gobernar su parcialidad, y cuando algún gobernador, que gobernaba los dichos tarascos, no hacía el deber en su oficio, no lo privaban ni supendían, sino moría por ello. Y que traían guerra con los indios de Xocotitlán, que son en su frontera, y con los que de México venían, y que esto era por la banda del oriente, y que al poniente el dicho Señor tenía guerra con los de Jalisco, y la gente de este pueblo le iban a ayudar y peleaba con arcos y flechas y porras y con unos palos en forma de espadas con muchas navajas por los cantos. Y que el hábito que siempre traían era solamente unas chamarrillas de herbaje que les llegaban a medio muslo y no más hábito; y el que ahora usan en general es camisa y zaragüelles y mantas, todo de algodón, y sus sombreros de fieltre, y muchos de este pueblo usan capas, sacos y zaragüelles de lo mismo y zapatos a nuestro modo. Y solían usar para sus mantenimientos lo mismo que ahora, que es maíz y otras semillas; y antiguamente vivían muy sanos y morían de viejos, porque los que ahora hay se acuerdan de que entonces venían grandísima cantidad de viejos, y que ahora son pocos los que hay; y que acuden, de cuando en cuando, pestilencias, por ello que los van acabando, y no saben qué sea la causa de esto, mas de remitirlo al ordenamiento divino [1945, 135-137].

3. Juan de Solórzano Pereyra (1575-1655)

Es uno de los hombres que más ha influido en la realización del «proyecto colonial» para los indígenas, por medio de su libro *Política indiana* (1948), que durante casi dos siglos fue «el libro de cabecera de todos los funcionarios de las provincias españolas en Indias y de los que desempeñaban puestos en su dirección desde la Península».[16] Madrileño, estudia derecho en la Universidad de Salamanca, que continúa siendo centro del derecho de gentes; el padre Suárez sigue dando clases, aunque Vitoria y Cano ya han muerto. Al acabar los estudios, permanece como profesor durante seis años en la misma Universidad de salamanca (1602-1608). El conde Lemos, presidente del Consejo de Indias, le designa en 1609 oidor de la Audiencia de Lima, para que se hiciese «capaz de las materias de aquel Nuevo Orbe, especialmente de las tocantes a justicia y gobierno, y recopilación de sus células y ordenanzas» y con la promesa de incorporarlo al Consejo, una vez que cumpliera su servicio y entrenamiento en el virreinato peruano. Dieciocho años permaneció Solórzano en el Perú, donde enseguida se le ofreció la cátedra de prima de leyes en la Universidad de San Marcos, aunque él no aceptó para dedicarse plenamente a sus tareas administrativas y a la recopilación de las leyes de Indias. Su trabajo administrativo le permitió ver de cerca la realidad social, cuyas normas jurídicas recopilaba; por ejemplo, en 1616 se le encarga la visita de la mina de Huancavelica, que era una de las zonas mine-

---

16. Javier Malagón y José M. Ots Capdequí, *Solórzano y la política indiana*, México, Fondo de Cultura Económica, 1965, p. 30.

ras más conflictivas por los estragos que el azogue causaba sobre los indios mitayos.

A fines de 1626 regresa a España y, desde el año siguiente, es primero fiscal y luego consejero del Supremo Consejo de Indias hasta su jubilación en 1644. Al mismo tiempo que trabaja durante su segundo período de dieciocho años en la administración colonial desde el supremo órgano de gobierno, publica en dos partes en latín, en 1629 y 1639, el tratado *De Indiarum gubernatione*, cuya traducción y adaptación castellana hecha por él mismo es la *Política indiana*. Sobre este trabajo y sobre la personalidad de Solórzano, Malagón y Ots Capdequí observan:

Hombre de sólida formación universitaria, adquirida en las aulas de su Universidad de Salamanca, y de larga experiencia profesional, se nos revela en las páginas de *Política indiana*: como un jurista de primer orden, experto conocedor no sólo de la legislación de derecho de Castilla y de las Indias, sino también de los derechos romano y canónico, y del derecho feudal; como un prudente magistrado y hombre de gobierno; como un historiador serio y documentado; y como un pensador y un humanista, familiarizado con las culturas griega y latina, con los grandes autores del medioevo y con las figuras más señeras del movimiento renacentista.[17]

OBRAS

1648 *Política indiana*, Madrid, Diego Díaz de Carrera.

Hay ediciones en Amberes, de 1703, y en Madrid, de 1736-1739, 1776, 1930, que es la que se utiliza en este estudio, y de 1972 en la Biblioteca de Autores Españoles.

APORTES

Aunque la *Política indiana* es, ante todo, un manual de gobierno con su correspondiente fundamentación doctrinal y Solórzano Pereyra un jurista burócrata de la administración colonial, siempre es posible hacer una lectura antropológica de la obra para conocer mejor el proyecto político colonial para los indígenas y los mecanismos de dominación de la población nativa. La obra tiene seis libros, que tratan de lo siguiente: el 1.º, del descubrimiento y

---

17. *Ibíd.*, p. 42.

adquisición de las Indias y de los títulos de ella; el 2.º, «de la libertad, estado y condiciones de los indios, y a qué servicios personales pueden ser compelidos por el bien público»; el 3.º, «de las encomiendas de los indios»; el 4.º, «de las cosas eclesiásticas y patronato real»; el 5.º, «del gobierno secular de las Indias»; y el 6.º, «de la real hacienda de las Indias». De este contenido se desprende que los libros más interesantes para la lectura antropológica son los tres primeros, sobre todo el segundo.

En cuanto a las fuentes, se apoya principalmente en juristas y teólogos, pero cita con frecuencia la información o la opinión de historiadores y conocedores del mundo americano, tales como Acosta, fray Miguel Agia (autor de *Tratado que contiene tres pareceres graves en derecho*, sobre el servicio personal), Cieza de León, el Inca Garcilaso, Gregorio García, López de Gómara, Las Casas, Matienzo, Remesal, Torquemada, etc. Además, recurre a sus propia experiencia indiana; por ejemplo, al hablar de las enfermedades que los mitayos contraen en las minas de azogue, observa:

> [...] como yo lo experimenté en las de Guancavelica, donde estuve por visitador y gobernador desde el año 1616 hasta el de 1619, cuyo solo polvillo hace grande estrago a los que las cavan, que allí llaman «el mal de la mina»; y el vaho del mismo azogue a los que le cuecen y benefician les penetra en breve tiempo hasta las médulas, y debilitando todos los miembros, causa perpetuo temblor en ellos, de suerte que, aunque sean de robusto temperamento, pocos dejan de morir dentro de cuatro años [I, 16, 21, que se refieren a libro, capítulo y párrafo respectivamente].

El éxito de la obra fue grande, por su funcionalidad y porque todavía no se disponía de una recopilación de leyes de Indias; cuando ésta, por fin, apareció en 1681 (en cuya preparación había tenido tanta parte el mismo Solórzano), la *Política indiana* siguió empleándose, porque iluminaba muchos problemas y resulta más completa que la fría legislación, pero las nuevas ediciones de las mismas siempre remiten en los diferentes capítulos a los textos de la recopilación.

Antes de hacer una lectura antropológica de los Libros II y III, conviene recoger la opinión de Solórzano sobre algunos puntos que preocupaban a los estudiosos del mundo americano:

a) Sobre el poblamiento de América, después de recoger otras opiniones y sus argumentos, concluye:

> Esto es lo que en punto tan incierto y difícil se dice por otros; lo que yo puedo decir en él, es que pudo ser todo, pero que, habiendo

de adivinar, siempre he tenido por más probable la opinión de los que enseñan que este Nuevo Orbe está sin duda por algunas partes, que aún hoy no habemos descubierto, contiguo o tan vecino con el antiguo, que por ellas fue fácil y pronto que pasasen a él, por tierra o a nado o en embarcaciones pequeñas de corta distancia los primeros habitadores y los muchos y varios animales perfectos, de que le hallamos poblado: porque Dios, por su infinita providencia, ha dispuesto el mundo de suerte que sus cuatro partes, aunque por algunas se hallen divididas y cortadas del mar, por otras, o se juntan o se pueden comunicar con breves estrechos, y siempre cerca del continente colocó islas que sirviese como de gradas, para que todo pudiese ser andado y habitado del género humano. Así lo muestra el que llamamos de Gibraltar, el Arábigo, el Panamense, el Tracio y Cymérico, el de Anian, y otros, que nos descubren y delinean las tablas cosmográficas [I, 5, 31].

b) Sobre la predicación de algún apóstol al comienzo de la era cristiana, toma la opinión negativa, aunque parece conocer todas las razones esgrimidas por los que la defendían, y su postura es lógica, porque fortalecía la dominación colonial. A diferencia de Calancha, que es criollo y misionero de indios, que necesita salvar a los indios de la mentira diabólica de sus religiones nativas, permitiéndoles reconciliarse con su pasado, como más adelante se verá, Solórzano es peninsular y funcionario de la administración española, preocupado por consolidar el poder colonial. Por eso dice:

He dicho y vuelvo a decir que esta predicación y conversión se reservó a nuestro tiempo y a nuestros reyes y a sus ministros y vasallos. Porque, aunque hay algunos, que quieren persuadirse, que ya se había comenzado en tiempo de los apóstoles, o por alguno de ellos o de sus discípulos, pues David nos enseña que «por toda la tierra y hasta los más remotos fines del Orbe penetró su sonido» [...] todavía yo nunca he hallado argumento, ni rastro bastante para afirmarlo, y así me voy con la opinión de otros autores, no menores en número, ni menos graves en erudición, que sienten que hasta nuestra entrada, no la tuvo en este Nuevo Orbe el santo evangelio [I, 7, 17 y 22].

En una nota Solórzano recoge las citas de los autores que apoyan la hipótesis de la predicación apostólica en América, especialmente las del dominico fray Gregorio García, en su tratado *Predicación del evangelio en el Nuevo Mundo*, y las del agustino Antonio de la Calancha. Pero en el texto rechaza sus argumentos: la frase bíblica de «por toda la tierra [...] penetró su sonido» es una sinécdoque, en la que la parte se toma por el todo y así se ha de restringir a la tierra que entonces se conocía (I, 7, 23); y en cuanto a las tradiciones indígenas, «que en algunas partes se mostraron sabidores de su Muerte y Pasión, y del Ministerio de la Santísima Trinidad, y en otras partes se hallaron imágenes de nuestra Señora, y cruces a las cuales reverenciaban, y en muchas grandes tradiciones y vestigios de que por allí hubiese andado Santo Tomás, cuyo nombre conservan y cuyas huellas quieren hayan quedado impresas en algunos lugares», cree Solórzano que «no será mucho exceso dar poco crédito a tales relaciones de indios», y «caso de que sean ciertas, pudo el diablo sugerirlos a estos bárbaros para más eludirlos [...], como quien siempre ha procurado hacerse simia y remedo de Cristo (I, 7, 27-29).

c) Finalmente, sobre los justos títulos para la conquista, también tiene una postura mucho más conservadora que la que vamos a ver enseguida en Las Casas, lo cual se explica por su posición política y su ubicación temporal. Mientras que fray Bartolomé es un encomendero que tras una experiencia religiosa personal se «convierte» y ve con sus propios ojos cómo va desapareciendo la población indígena en el Caribe en la primera hora de la conquista y, por eso, siente la necesidad de gritar en la corte española, Solórzano es un jurista de la administración colonial, que es enviado a Lima con un cargo importante, casi ciento veinte años después del descubrimiento de América por los españoles; por eso refleja la posición oficial en los cuatro capítulos de la obra (Lib. I, caps. 9-12) dedicados a este tema, advirtiendo que no es «necesario andar inquiriendo y calificando la justicia de los Reinos, ya de antiguo adquiridos [...], sino por satisfacer a tantos herejes y escritores mal afectos a nuestra nación» (I, 9, 1-2). Luego Solórzano va analizando cada uno de los títulos, recogiendo las diferentes opiniones, especialmente el derecho de ocupación («haber sido castellanos los primeros que, por mandato de los reyes católicos las buscaron, hallaron y ocuparon» y «aunque estuviesen ocupadas, podrán pretender el mismo derecho en las que conquistaron por justa guerra con causas y razones legítimas, que para ello les ocasionasen sus naturales» [I, 9, 12 y 14]). También expone el derecho de civilización («en los que se hallasen de condición tan silvestres, que no conveniese dejarlos en su libertad, por carecer de razón y discurso bastante para usar bien de ella, como realmente se dice que lo eran muchos de muchas partes» [I, 9, 20]), para lo cual recoge la tipología de Acosta sobre los indios (las civilizaciones orientales de India y China, las altas culturas americanas de México y Perú y los demás grupos indígenas) y afirma que los terceros pueden ser conquistados, y en muchos casos los segundos, para asegurar su civilización y porque en ellos «se hallaron muchos y muy abominables y arraigados vicios contra la ley divina y la natural, como eran la idolatría», los sacrificios humanos y la antropofagia (I, 9, 22). Defendiéndose de la acusación de genocidio, por las muchas «vejaciones y malos tratamientos de los indios, y en muchas partes su total destrucción y acabamiento, de que a cada paso nos dan en rostro, valiéndose [...] del tratado que sobre el mismo argumento escribió el Obispo de Chiapa, el cual [...] han impreso en cuatro lenguas», responde:

> [...] yo, aunque ni quiero, ni debo excusar del todo las guerras, que en los primeros tiempos de nuestras conquistas se debieron hacer en algunas partes menos justificadamente contra los indios y los daños y malos tratamientos, que en muchas partes se les han hecho y se les hacen de ordinario [...], todavía me atrevo a decir y afirmar que estos excesos no pueden viciar lo mucho y bueno, que en todas partes se ha obrado en la conversión y enseñanza de estos infieles [I, 12, 9-10].

Tras esta justificación, tan propia de un burócrata colonial, ya es posible la lectura antropológica de los Libros II y III, en los que se expone el proyecto colonial sobre el indio y los mecanismos de la dominación colonial.

3.1. *El proyecto colonial*

Después de abordar el tema del servicio personal y de los tributos, Solórzano trata en el Libro II del modo de vida de los indios. La piedra angular del mismo es la reducción de los indios en pueblos. El hombre es un animal racional «sociable o político», siempre ha vivido en alguna clase de sociedad y logra una mayor perfección cuando está congregado en pueblos; por eso, los reyes de España, desde el inicio de la conquista dieron innumerables ordenanzas «sobre la política, enseñanza y forma en que se podría y debía tener en sus reducciones», especialmente al virrey Toledo, «a quien se le encomendaron particular y apretadamente estas reducciones, porque hasta su tiempo no se habían hecho como convenía, y él lo ejecutó con gran trabajo y cuidado en todas las provincias del Perú» (II, 24, 12-13). En México las reducciones tomaron el nombre de «agregaciones» y fueron promovidas, sobre todo, por el virrey conde de Monterrey, quien tuvo grandes dificultades, porque a los indios «se les hacía tan duro dejar los ranchos, donde ya se habían aquerenciado, que algunos de ellos se dejaban morir antes de reducirse, como los refiere [...] Torquemada» (II, 24, 16). Los indios, una vez reducidos, tienen una libertad condicionada:

> Aunque es verdad que en otros géneros de gente y vasallos hay esta libertad de mudar de suelo y pasarse con sus personas y casas a donde quisiesen [...] y que los mismos términos de nuestros indios, por cédulas antiguas de 1536 y 1566 y otras [...] parece que eso se les permitía [...], esto siempre se ha limitado en todos aquellos que tienen condicionada la libertad, y están obligados a hacer algunos servicios, o pagar algunos tributos en ciertos lugares y a ciertas personas, porque a éstos nunca se les ha permitido tal libertad, antes si se huyen, pueden ser buscados y revocados a sus heredades [II, 24, 32].

De la situación de los indios reducidos el jurista Solórzano infiere dos cosas, que considera «substanciales, aunque se repara poco en ellas»: una, que, aunque los indios se huyan de las reducciones, «los españoles que los acogen y ocultan, pecan y están obligados en ambos fueros a restituir los tributos»; otra, que las reducciones que se despoblaren, «por huirse sus habitadores o por morirse por las pestes que sobrevienen, como en muchos han sucedido [...], en tal caso las tierras, aguas y pastos que para estos pueblos en común se les concedieron, las pierden y no tienen derecho de poderlas pedir, ni disponer de ella en particular», sino que revierten a la Corona real, pero «no se ha de proceder fácilmente [...] a quitar estas tierras a las comunidades y poblaciones de los indios por cualquier fuga o ausencia suya» (II, 24, 39-43).

En el capítulo 25 trata Solórzano el problema de las costumbres dentro de las reducciones. Para él hay dos criterios, que repiten los concilios limenses y las cédulas reales: el primero, los indios deben vivir como seres humanos, no como bárbaros (por eso el Concilio Limense III dice: «mal pueden ser enseñados a ser cristianos, si primero no les enseñamos a que sepan ser hombres y vivir como tales» y recomienda que los doctrineros les inculquen la limpieza en sus casas y personas); el segundo, los indios deben conservar todas sus antiguas costumbres prehispánicas que no contradigan la vida cristiana y la organización colonial (por eso Solórzano recoge la real cédula de Felipe II de 1555: «aprobamos y tenemos por buenas vuestras leyes y buenas costumbres, que antiguamente entre vosotros habéis tenido y tenéis para vuestro regimiento y policía [...], con tanto que nos podamos añadir lo que conviene al servicio de Dios [...] y nuestro y vuestra conservación y policía cristiana»); en este sentido Solórzano recuerda que la Iglesia ha tolerado fiestas paganas, como las candelas el 2 de febrero, y por eso debe permitirse a los indios el uso del cabello largo cuando se bautizan, y sólo debe prohibírseles el incesto, el canibalismo, la idolatría y la embriaguez.

Este régimen de autonomía cultural de las reducciones se fortalecía con el empleo de la lengua propia o de la indígena general. Pero, en este punto, la posición de Solórzano ya significa una cierta evolución en el «proyecto colonial», como se desprende del capítulo 26. Parte de la gran variedad de lenguas que había en América, que sólo en el Perú «dicen que hay más de 700 lenguas diferentes», y recoge la opinión de los que defienden que a los indios se les enseñe en su lengua (el Concilio Limense III, varias cédulas reales, Acosta, Garcilaso, etc.), sobre todo por la dificultad de que aprendan castellano, pues «no parece que esto se podrá conseguir pretendiendo que tanto número de indios, y en su propia tierra, dejen las lenguas patrias, y se apliquen con gusto a hablar la extraña, pues sólo el oírla les suele ser muy odioso», y dice:

> Pero sin embargo de lo referido, yo siempre me he inclinado más a la opinión contraria, y tengo para mí que, en los principios de las poblaciones de estas provincias de Indias, hubiera sido fácil y conveniente haber obligado a todos los indios que iban entrando en la corona de España a que aprendiesen la lengua de ella, y que aun hoy será mucho más fácil y conveniente; porque cuando en los viejos se diera alguna dificultad, no dejarán de aprender cuanto bastara para entendernos; y en los muchachos y en los que después fuesen naciendo no podía haber alguna, pues toman y aprenden con tanta facilidad cuantas les quisieren enseñar, como lo dice Erasmo. Y así en breve tiempo estuviera corriente y entablado nuestro idioma o lenguaje [...], como lo experimentamos hoy en los indios que han quedado en la Isla Española y sus adyacentes [II, 26; 3, 10, 12].

Confirma su postura con la política lingüística de romanos y árabes en España, con la opinión de Matienzo, quien juzga que los indios aprenderían el castellano «sólo con que fuesen compelidos a esto sus caciques y curacas, porque de ellos penden los demás según los respetan, veneran y adulan» (II, 26, 19); con la autoridad de muchas cédulas reales, que esgrimen diferentes razones («en la mayor y más perfecta lengua de los indios no se pueden explicar bien ni con propiedad los misterios de la fe [...] aunque están fundadas Cátedras, donde sean enseñados los sacerdotes que hubieren de doctrinar a los indios, no es remedio bastante, por ser grande la variedad de las lenguas [...]»), y con el mismo ejemplo de los dos grandes imperios americanos, el azteca y el incaico, que difundieron sus propias lenguas.

La misma postura de tender barreras hacia el mundo no indígena muestra Solórzano en el uso del traje occidental, «si bien reconozco que, por las ordenanzas [...] de Toledo y por otras muchas cédulas [...], les está prohibido vestirse como nosotros y tener armas y caballos, eso fue mientras de ellos se pudo temer alguna rebelión, pero, después que cesó este recelo, otras muchas cédulas nos encargan que procuremos traerlos y enseñarlos a nuestras costumbres» (II, 26, 42), y en la celebración de matrimonios entre españoles e indios, que fueron permitidos desde las cédulas de 1514 y 1515. Sin embargo, recuerda la prohibición de que vivan en las reducciones indígenas «hombres vagabundos, mestizos y negros, por los daños e injurias que éstos siempre les hacen» (II, 26, 43).

Otra pieza esencial del proyecto colonial eran los caciques, de los que Solórzano habla en el capítulo 27. Comienza por declarar que, aunque el dominio y gobierno del Nuevo Orbe pertenece a los reyes de España, «todavía siempre fue de su real voluntad que en los pueblos de indios [...] se conservasen para regirlos y gobernarlos en particular aquellos mismos reyezuelos o capitanejos, que lo hacían en tiempo de su infidelidad, o los que se probase ser descendientes de ellos» (II, 27, 1). Sin embargo, ese gobierno a base de autoridades autóctonas se limitó con el establecimiento de corregidores españoles en los principales repartimientos de indios, para gobernar, recoger tributos y juzgar en las causas civiles y criminales de consideración:

> [...] y a los caciques sólo les toca cobrar las tasas de sus sujetos y llevarlas al corregidor, buscarlos y juntarlos para que vayan a las mitas y a otros servicios personales a que deben acudir y entender en otras ocupaciones menores; y en recompensa de este trabajo, les pagan los demás indios cierto salario, que está cargado en sus mismas tasas, y estaban obligados a servirlos en algunos ministerios domésticos, y traerles yerba para sus bestias, leña y agua para sus casas [II, 27, 5].

3.2. Mecanismos de la dominación colonial

Aquí ocupa un lugar destacado el «servicio personal». Solórzano comienza por distinguir éste de la esclavitud, que fue prohibida definitivamente por los reyes españoles, por más que se hubieran encontrado motivos para justificarla:

163

Dejando de insistir en otras muchas cosas, que se pudieran decir acerca de la materia e introducción de la servidumbre y esclavitud, y si es útil o justa la que se induce por guerras injustas, y que en muchas de las que se halla haberse hecho a los indios, hubo causas y justificación muy bastantes, ya por sus tradiciones y apostasía, ya porque peleando entre sí ellos unos con otros, pudieron los nuestros ayudar a los que por bien tuvieron y tomar por esclavos a los vencidos, o recibirlos en venta, o por venta o por trueque de los amigos, que se les daban [...] Lo cierto es que considerando los reyes [...] que estos indios les fueron principalmente dados y encomendados para que, por bárbaros que fuesen, los procurasen enseñar [...] la vida política y la ley evangélica, como consta de la Bula de Alejandro VI [...] y que esto no se consigue bien por vía de dureza o esclavitud, sino por amor, suavidad, tolerancia y perseverancia [...], siempre ordenaron que los indios fuesen conservados en su entera libertad y plena y libre administración de sus bienes, como los demás vasallos suyos en otros reinos [II, 1, 4-7].

Solórzano distingue también entre el servicio personal en favor de particulares, que estaba totalmente prohibido (con excepción del «servicio personal de los indios que en el Perú llaman yanaconas, teniéndolos como por adscritos y diputados, para que labren y cultiven sus heredades sin permitirles se ausenten de ellas», que se permitió, y Toledo, en su visita, «oídas u entendidas las razones, que en pro y en contra se alegaron, tomó resolución de no hacer novedad en los Yanaconas de las chacaras, dejándolos a los que los poseían» [II, 4, 5]) y el servicio personal por el bien público, que se institucionalizó después de discusiones. Solórzano recoge primero en el capítulo 5 los seis argumentos esgrimidos por los que se oponían: el servicio personal es incompatible con la libertad de los indios; como los españoles no son llevados a la fuerza al servicio personal, tampoco debe obligarse a los indios; si el bien común exige este trabajo para provecho de todos, los indios no deben ser obligados, porque ellos, «que por su natural miseria y rendimiento se contentan con poco, son los que menos participan de las casas, minas, heredades, obrajes [...], guardas de ganados y demás servicios, a que comúnmente suelen ser repartidos» (II, 5, 10); por más que los españoles encarezcan la necesidad de los indios para sus comodidades públicas, ninguna razón permite que se enriquezcan del sudor ajeno, como lo enseñan las reglas más elementales del derecho natural y civil (II, 5, 18); supuesta la «humilde condición de los indios y la grande codicia de los españoles», mientras se permita este servicio personal, serán inútiles todas las ordenanzas que se den para evitar abusos, y por ésos es mejor suprimirlo; finalmente, por estas razones los reyes han prohibido o restringido repetidas veces al servicio personal en cédulas de 1563, 1591, 1601 y 1609.

Luego Solórzano recoge en el capítulo 6 los argumentos a favor del servicio personal: como la república es un organismo donde cada grupo social cumple una función, «no puede parecer injusto que los indios, que por su estado y naturaleza, son más aptos que los españoles para ejercer por sus personas los servicios de que tratamos, sean obligados y compelidos a ocuparse de ellos» (II, 6, 10); aunque los delitos no pueden prescribir, los servicios personales, que se han realizado «con ciencia y paciencia de los gobernadores de sus provincias, porque juzgaron ser totalmente precisos», han prescrito en cierto modo, y así «es de mucha ponderación la observancia de tantos años en la continuación de los dichos servicios, para que no se deban quitar fácilmente del todo» (II, 6, 13); la experiencia ha demostrado que sin los servicios personales no podría conservarse o sería sumamente difícil el gobierno de las Indias, y así son un «mal necesario»; además, si se guarda la debida moderación, «aunque por su ocasión reciban [...] trabajo los indios, se compensa bastante con el bien y provecho, que consiguen por causa de ellos», y así los indios reciben su jornal, han aprendido muchos oficios, han recibido la enseñanza cristiana, se han liberado de la borrachera, idolatrías y otros vicios (II, 6, 28). después de presentar las dos posiciones extremas, Solórzano afirma:

> En el conflicto de estas encontradas opiniones y paresceres, y de los fundamentos, que por una y otra parte se consideran, el mío es que, mientras la disposición de las cosas no abre puerta a que del todo cesen estos servicios, nos vamos con lo proveído en las últimas cédulas del año de 1601 y 1609, que de ellas tratan y los toleran, por pedirlo así la precisa necesidad y utilidad en las Repúblicas de Españoles e Indios; que quitados, sería dificultoso que se pudiese conservar y sustentar; pero guardando en ellos las condiciones o precauciones siguientes, sin las cuales se podrá defender mal su justificación y conservación [II, 7, 1].

Así, pues, para Solórzano el servicio personal era un mal necesario para el funcionamiento de las dos repúblicas de españoles e indios (nótese de paso la expresa formulación del estado colonial como un reino con dos repúblicas distintas), pero exige una serie de condiciones:

1) «Que no cargue siempre el trabajo en unos mismos indios [...], sino que se muden y truequen por año, medio año, o por

meses o por semanas, como la calidad del servicio lo permite»
(II, 7, 2);

2) que «sea para sólo obras necesarias y en común útiles a
todo el Reino [...] y ésas, sólo las ordinarias y acostumbradas»
(n.º 9);

3) que «les quede tiempo para mirar a sus necesidades, a los
oficios y obligaciones, que requiere su sustento y el de sus mujeres, hijos y familia, y a las de los pueblos o reducciones, a los que
están agregados» (n.º 23);

4) que los que vayan a las mitas «tengan fuerzas para sufrir y
llevar los servicios y trabajos, a que se apliquen» y así sólo se envíe
a los varones entre dieciocho y cincuenta y cinco o sesenta años
(n.ᵒˢ 33-38);

5) que los indios «por razón de estos servicios no sean llevados muy lejos de sus pueblos o reducciones», pues la experiencia
«ha mostrado los daños, enfermedades y muertes, que de estas
mudanzas de temples y lugares, en que nacimos y nos criamos,
suelen resultar y resultan, y lo que puede y obra el amor de ellos y
de la patria, de forma que en muchas enfermedades no se halla
otro remedio que volver a gozar de los aires de ella» (n.ᵒˢ 39-42);

6) que a los indios «se les paguen competentes salarios o jornales proporcionados con la costumbre de las Provincias y con lo
que se juzgare que buenamente pueden merecer los trabajos en
que se ocupan: y que estos jornales se les paguen en mano propia
y sin tardanza» (n.º 52);

7) que los indios, «que así se repartieron, especialmente para
las minas, hallen en ellas en precios acomodados todo lo necesario
para su comida y sustento» (n.º 61); proporcionando, además, servicios curativos a «los indios, que enfermasen en estas labores y
ocupaciones» (n.º 63);

8) que tales indios, repartidos «en orden a las utilidades públicas y comunes y urgentes necesidades del Rey y del Reino», no se
permita que sean empleados por particulares en trabajos «de sólo
aprovechamiento suyo», ni mucho menos «vender, traspasar y
enajenar como suyos a otras personas» (n.º 64);

9) finalmente, «que los indios, por ser ocupados en estos servicios, no reciban daño, ni estorbo en la doctrina y observancia de
la fe y religión cristiana», porque las Indias «se concedieron principalmente con este cargo y gravamen de la predicación y conversión de los Indios a nuestros católicos reyes por la Santa Sede
Apostólica» (n.º 65).

En los capítulos siguientes Solórzano va discutiendo las formas
de servicios personales que pueden considerarse «legales» (por ra-

zones de utilidad pública y bajo las condiciones arriba señaladas). En primer lugar, la edificación de iglesias y obras públicas (II, 8). En segundo lugar, el trabajo agrícola en las mismas comunidades indígenas o en las tierras de españoles, «en que siembran trigo, cebada, maíz y otras semillas y legumbres, así de las de España como las de la tierra, sin las cuales no puede sustentarse la vida humana» (II, 9, 1), pero no se conceda el servicio personal para «viñas, cañaverales, olivares, añir y otras cosas [...], por ser algunas de ellas muy contrarias a su salud [...] y, principalmente, porque este género de frutos [...] no se juzga del todo por necesario para el sustento de la vida humana, que es la regla por donde medimos y calificamos este servicio» (n.º 35). Tampoco se conceda para las plantaciones de coca, cuyas hojas «los indios estiman y apertenecen tanto, que no sólo las comen, sino supersticiosa y bárbaramente las veneran, teniendo para sí que en ellas hay alguna virtud sobrenatural y divina. Y abusan de ellas para mil cosas [...] y la experiencia descubre que se alientan de ellas y sufren por mucho tiempo el hambre y la sed» (II, 10, 1), porque no se prueba que lo exija la necesidad pública, ya que los españoles no la necesitan «para su sustento y sólo miran en plantarla y beneficiarla por la ganancia que de ello consiguen», y los indios «tampoco necesitan de ella precisamente, pues sabemos que en su gentilidad raras veces usaban de ella y sólo a sus reyes y caciques se permitía, como refieren Acosta y el Inca» (n.º 9); sin embargo, «la razón por donde se toleran estos servicios personales de los indios para la agricultura, procede con igualdad en la cría de los ganados menores y mayores, guarda y conservación de sus sitios y pastos» (II, 11, 14). En tercer lugar, Solórzano, después de analizar la evolución de la política colonial frente al servicio personal para obrajes, expresa su opinión: «Yo, no sólo por mi parecer, sino siguiendo el que he visto tener y aprobar a hombres muy entendidos de estas materias, tengo por mejor y más acertado que en las Indias se quitasen del todo estos obrajes, o por lo menos por ningún medio se pudiesen dar, ni diesen para ello indios forzados» (II, 12, 19). En cuarto lugar, Solórzano aprueba los servicios personales para mesones o tambos (II, 13) y para correos o chasquis (II, 14), proporcionando en su análisis, como siempre, una interesante información sobre las costumbres indígenas y sobre la política colonial al respecto.

Finalmente, Solórzano examina largamente el trabajo personal de las minas, que fue el más discutido por las trágicas consecuencias que tuvo sobre la población. Primero analiza las razones a favor, siguiendo el «parecer de Matienzo, Acosta y Agia, que son solos o casi solos los que han escrito de este argumento» (II, 15, 2). Tales razones son un complemento a las expuestas en el capítulo 6 y pueden reducirse a las siguientes: los minerales son tan necesarios como la agricultura «para la conservación de estos y aquellos Reynos, y de las dos Repúblicas, que mezcladas ya constituyen españoles e indios» (n.º 3); esta necesidad pública legitima la mita de los indios, «que ya mezclado con nosotros hacen un cuerpo y han de ayudar a sustentarle», y «para el cual se han tenido siempre por más aptos y necesarios, enseñándonos la experiencia que ni españoles, ni negros, lo son para él» (n.ºˢ 12-13); la riqueza de las minas permite disminuir la carga impositiva de los súbditos (n.º 17), etc. Luego Solórzano desarrolla las razones en contra: ampliando lo expuesto en el capítulo 5, el trabajo de los minas siempre se tuvo por propio de esclavos («por carga servil y aun más que servil»), y los indios son libres; aunque los indios, como vasallos, tengan obligación de colaborar al bien común, «las cosas arduas o sumamente peligrosas no caen debajo de precepto de ley positiva, que nunca obliga a lo imposible, ni a ponerse uno a peligro de muerte» (II, 16, 10), y la mita minera causa innumerables muertes; con la mita minera no parece cumplirse el fin de que se conserven los reinos, porque «la experiencia muestra el gran menoscabo que han tenido los indios por este trabajo», y «especialmente, viendo los indios que se ponen en sus hombros todo este peso en que decimos consiste el sustento del Reino, sin querer los demás ayudar con un dedo siquiera a la carga, siendo los que se llevan la utilidad, pecado del que Cristo increpa a los fariseos» (n.ºˢ 56 y 69), etc. Solórzano concluye sobre la mita minera que, «aunque algunas cédulas reales han mandado o permitido que por ahora se continúe, eso es lo que se va practicando, ellas mismas confiesan la duda del caso y muestran desear el alivio de los indios, siempre que las urgentes y presentes necesidades en que hoy se halla la monarquía de España, dieren lugar para ello» (II, 17, 1), y enumera una serie de reflexiones sobre las ventajas de liberalizar el sistema: los mismos indios denunciarán nuevas minas, que ahora no descubren para no aumentar sus trabajos (pero «en el Perú hay indios que supersticiosamente creen que ha de resucitar el Inca y para él guardan todas las minas ricas de que tienen noticias» [n.º 12]); los trabajadores de las minas deben ser voluntarios (n.º 25); sin minas hay países ricos, y en la misma España las hay y no se explotan (n.ºˢ 47-48); hay que volver a la parsimonia y «procurar excusar los gastos superfluos que en todas partes han introducido los vicios del tiempo presente, y la relajación de costumbres que en esto y en otras cosas se ha ido entablando y experimentando, después que se descubrieron las Indias» (n.º 45).

Después de su larga exposición sobre el servicio personal, Solórzano aborda otras cargas que pesaban sobre los indios, especialmente los tributos (capítulos 19-21). El Libro III está dedicado íntegramente a la «encomienda», otra institución de la dominación colonial. En los tres primeros capítulos, Solórzano expone el origen, justificación y evolución de la encomienda, mientras que en los 30 restantes desarrolla la compleja jurisprudencia en torno a la misma. Sobre el origen, el jurista recuerda que la encomienda nace con el mismo Colón, quien, a solicitud de los que «comenzaron a poblar las primeras Islas», les repartió indios para el trabajo agrícola, ganadero y minero, y que los reyes acceden a la fórmula dentro de ciertas condiciones, ya que «les daban los indios por tiempo limitado, y mientras otra cosa no dispusiese el rey, y les encargaban su instrucción y enseñanza en la religión y buenas costumbres, encomendándoles mucho sus personas», de ahí el nombre de encomienda, que significa «recibir alguna cosa en guarda y depósito». La fórmula se propagó rápidamente en las demás conquistas (México, Yucatán, etc.), por la misma razón de necesidad de mano de obra, con los resultados deplorables que Solórzano reconoce:

> Pero estos repartimientos de indios, que por esta causa y forma se introdujeron, comenzaron luego a descubrir muchos daños e inconvenientes, y a quitar casi del todo la libertad de los indios encomendados, que tanto se deseaba y procuraba: porque los encomenderos, atendiendo más a su provecho y ganancia que a la salud espiritual y temporal de ellos, no había trabajo en que nos los pusiesen y los fatigaban más que a las bestias, lo cual les fue menoscabando mucho, como lo refiere y encarece en un particular tratado, que de esto hizo, el Obispo de Chiapa [III, 3, 8].

Luego Solórzano resume la larga polémica sobre la licitud de las encomiendas, en la que jugó un papel tan destacado Las Casas, y se refiere especialmente a las Leyes Nuevas de 1542, «en que se mandaron quitar del todo las encomiendas y que los indios concedidos a título de ellas o sus tributos, se volviesen a incorporar a la corona real», y a la revocación de dichas leyes en 1547. Además, examina Solórzano las razones que justifican la encomienda:

a) Los encomenderos tienen que cuidar de la doctrina espiritual y defensa temporal de los indios, a cambio de los tributos que de ellos reciben;

b) la corona tiene que asegurar que haya españoles que se queden y pueblen las provincias americanas;

c) la corona tiene que premiar a «todos los capitanes y hombres beneméritos, que en aquellas conquistas y pacificaciones le habían servido». Tales razones se recogen en la definición de encomienda que Solórzano presenta. Una encomienda es:

> Un derecho, concedido por merced real a los beneméritos de las Indias, para recibir y cobrar así los tributos de los indios, que se les encomendaren, por su vida y la de su heredero, conforme a la ley de sucesión, con cargo a cuidar del bien de los indios en lo espiritual y temporal, y de habitar y defender las provincias donde fueren encomendados y hacer cumplir todo esto, homenaje o juramento particular [III, 3, 1].

Así presenta Solórzano, con una gran erudición de juristas y teólogos y un conocimiento no pequeño de la realidad americana concreta que le tocó vivir y gobernar, las dos instituciones fundamentales de la dominación colonial: el servicio personal y la encomienda. Su punto de vista es muy útil para entender a las culturas indígenas durante el virreinato, pero no hay que olvidar que representa la «norma ideal»; la realidad fue más dura y más compleja, y así conviene conocer toda la literatura de denuncia sobre el sistema colonial, de la que Las Casas o Guamán Poma fueron dos buenos representantes.

IV

REBELDES Y UTÓPICOS

Frente al proyecto político oficial de la corona española para la población indígena conquistada y la reflexión antropológica que promovió, que se vio en el capítulo anterior, deseo recoger en el presente capítulo la reflexión antropológica en torno a los proyectos alternativos, a los que califico, siguiendo a Palerm, de «rebeldes» y «utópicos».[1] Hubo entre los vencidos, como ya anoté en el capítulo I al hablar de las políticas indigenistas, una serie de rebeliones indígenas, tanto en México como en el Perú, pero hubo también en el campo de los vencedores, desde los primeros años de la llegada de los españoles a América, una serie de personas, cuyo prototipo va a ser Bartolomé de Las Casas, que se van a declarar en rebeldía contra el proyecto colonial en nombre de los hombres y de las culturas americanas y van a estudiar a esos hombres y esas culturas para hacer más eficaz su defensa. Junto a la reflexión de los rebeldes hay que colocar la reflexión de los utópicos, que se opusieron al proyecto colonial de otro modo: no con la lucha directa, sino construyendo un sistema alternativo que superara o al menos minimizara las injusticias de la colonia: el obispo de Michoacán Vasco de Quiroga y el jesuita limeño Ruiz de Montoya, al planificar y construir sus respectivas utopías en los

---

1. Ángel Palerm, *Historia de la etnología: los precursores*, México, Sep-Inah, 1974, p. 263.

171

«pueblos-hospitales» y en las «reducciones del Paraguay» merecen un lugar en esta historia del pensamiento antropológico. Paso a exponer a cada uno de estos tres pensadores.

1. Bartolomé de Las Casas (1474-1566)

Sevillano, estudia humanidades en su ciudad natal y no en Salamanca, como han escrito muchos de sus biógrafos, sin duda para embarcarlo en la gran corriente indigenista de aquella famosa universidad. El primer contacto con el hombre americano lo tiene en 1498 en su misma casa, cuando su padre, que ha participado en el segundo viaje de Colón, le da como paje a un esclavo indígena hasta que la reina Isabel ordena poner en libertad a todos los esclavos indios llevados a España. Ese mismo año recibe las órdenes menores, que le permitían ser doctrinero en América. En 1502 llega como colono a Santo Domingo, iniciando así la «etapa americana» de su vida, etapa que se prolonga hasta 1547 en que regresa definitivamente a España, aunque en estos cuarenta y cinco años atraviese diez veces el Atlántico.

Durante el primer período de su etapa americana (1502-1514) el colono Las Casas participa en la conquista de la isla La Española y es testigo de cómo la encomienda causa la desaparición del indio; recibe una encomienda y al mismo tiempo actúa como doctrinero, habiendo celebrado en 1510 su primera misa, que fue, como cuenta en su *Historia de las Indias*, «la primera que se cantó nueva en todas estas Indias y, por ser la primera, fue muy celebrada del Almirante y de todos los que se hallaron en la ciudad de la Vega» (1965, II, 385), sin que ese acto significara mucho en su vida de clérigo-encomendero. En 1513 acompaña como capellán a Pánfilo de Narváez en la conquista y colonización de Cuba, donde recibe una nueva encomienda. Al año siguiente tiene lugar su famosa «conversión», que él narra detalladamente: estando preparando su sermón para la fiesta de Pentecostés en un pueblo de españoles, leyó aquel texto de la Biblia («ofrecer un sacrificio con lo que pertenecía a los pobres es lo mismo que matar al hijo en presencia de su padre», Eclesiástico, 34, 23) y «comenzó —cuenta— a considerar la miseria y servidumbre que padecían aquellas gentes. Aprovechóle para ello lo que había oído en esta Isla Española decir y experimentado, que los religiosos de Santo Domingo predicaban, que no podían tener con buena conciencia los indios y que no querían confesar y absolver a los que los tenían» (1965, III, 92). Alude al famoso sermón del dominico Antonio de Montesinos de 30 de noviembre de 1511 contra los encomenderos españoles, que Las Casas había escuchado y recoge en su *Historia* (1965, II, 441-448). Como consecuencia de su experiencia religiosa, decide renunciar a su encomienda y defender a los indios.

El segundo período americano (1515-1522) comprende las actividades de Las Casas en defensa de los indios hasta su ingreso en la orden dominicana en 1522. En 1515 se embarca para España con Montesinos, para informar a la corona sobre las injusticias cometidas contra los naturales. Se entrevista con Fernando el Católico y, muerto éste, con el regente cardenal Cisneros, a quien entrega sucesivamente un «Memorial de agravios», «Memorial de remedios» y «Memorial de denuncias» (1516). El resultado es que Cisneros envía a Santo Domingo una delegación integrada por tres monjes jerónimos y por el mismo Las Casas como asesor y como «Protector de Indios». Cuatro meses después de su llegada, Las Casas decide marchar otra vez a España para informar del fracaso de la misión. Aunque desde mediados de 1517 está en España, no puede entrevistarse con Cisneros, que muere enseguida, y entonces inicia la preparación de un proyecto de colonización y evangelización pacífica que sirva de modelo para la empresa española. Por fin, en noviembre de 1520, se embarca con 70 labradores bien escogidos, que puedan enseñar a los indios, y un grupo de religiosos dominicos para colonizar y evangelizar la Tierra Firme (260 leguas de la costa de Paria en Venezuela). Desafortunadamente, por una serie de factores adversos (deserción de los colonos, oposición de ciertas autoridades coloniales e incursiones de indios no reducidos), fracasó el proyecto y Las Casas, abatido y desilusionado, regresa a Santo Domingo, donde, después de nuevas experiencias, que se han llamado su «segunda conversión», decide hacerse dominico.

El tercer período americano (1523-1546) abarca su vida como misionero y como obispo de Chiapas. Los primeros años de dominico debe dedicarlos a la meditación y al estudio; entonces comienza a escribir sus grandes obras históricas. En 1534 emprende un viaje al Perú, a donde nunca va a llegar, pero el fallido viaje le permite ponerse en contacto con todos los problemas de la colonización española en Panamá, en Nicaragua y en Guatemala. En Nicaragua va a tener problemas con el gobernador, porque el dominico boicotea una expedición de conquista contra los indios, amenazando con excomulgar a todos los que participen en ella. En Guatemala, en 1537, después de haber predicado un día en el templo sus ideas de conversión pacífica (ideas que están recogidas en su tratado *Del único modo de atraer a todos los pueblos a la verdadera religión*, que debió de escribirse este mismo año), se comprometió ante el gobernador de Santiago de Guatemala a llevarlas a la práctica en la región de Tezulutlán (Guatemala), una zona montañosa tropical habitada por indios hostiles que en tres ocasiones habían derrotado a los españoles, y por eso éstos la llamaban «Tierra de Guerra». Las condiciones propuestas por Las Casas y aceptadas por el gobernador eran: los indios sometidos pacíficamente no serían dados en encomienda, sino que dependerían directamente de la corona y pagarían un tributo reducido; además, ningún español (fuera de Las Casas y sus compañeros) podría entrar en el territorio durante cinco años. Los misioneros lograron por medio de unos indígenas mercaderes, a quienes enseñaron romances sobre el cristianismo en lengua indígena de Tezulutlán, ser invitados a dicha región, donde hicieron muchas conversiones pacíficamente: desde entonces la tierra de la guerra se llamó de la «Vera paz». Todavía estaba la experiencia de Vera paz desarrollándose (aunque terminó mal algunos años después, por todos los intereses creados del régimen colonial), cuando el inquieto Las Casas regresa a España en 1540, esta vez después de veinte años, comisionado por el obispo de Chiapas para conseguir más misioneros.

En España se vive uno de los momentos más críticos de la política colonial, que va a terminar con la promulgación de las Leyes Nuevas (1542), que suprimen las encomiendas, pues desde ese momento ya no habrá nuevos repartimientos de indios y las encomiendas existentes terminarán a la muerte de sus actuales beneficiarios, pasando todos los indios a ser «vasallos libres del rey». Una serie de factores influyeron en la promulgación de las Leyes Nuevas. En 1537 el papa Pablo III estimó necesario escribir la bula «Sublimis Deus», en la que denuncia a los que «han tenido la audacia de afirmar en todas partes, que hay que reducir a servidumbre a los indios [...], con el pretexto que son como animales salvajes, incapaces de recibir la fe católica»; luego, partiendo de que los indios, como verdaderos hombres que son, «no sólo están capacitados para recibir la fe cristiana, sino, como hemos sabido, corren a ella con prontitud», declara, «en virtud de nuestra autoridad apostólica, que los indios [...], aunque estén todavía fuera de la fe cristiana, no deben ser privados de su libertad, ni del disfrute de sus bienes».[2] Dos años después, en 1539, el dominico Francisco

---

2. Citado en la selección de textos de Las Casas, *El evangelio y la violencia*, Madrid, ZYX, 1967, pp. 85-86.

de Vitoria tuvo, como ya se vio, en la Universidad de Salamanca las famosas «relecciones» sobre los indios y el derecho de la guerra, en las que sostiene que el papa, por no ser señor temporal del mundo, no ha podido dar el dominio de las Indias a los españoles, sino sólo la misión de predicar el evangelio, y que los indios son libres y dueños de su tierra. Finalmente, Las Casas fue otro de los agentes de las Leyes Nuevas, al escribir en 1541 su más virulento tratado contra «conquistas y repartimientos», la *Brevísima relación de la destrucción de Indias*, y al ser recibido por la misma junta redactora de las Leyes Nuevas.

Unos tres años dura la estancia de fray Bartolomé en España, donde declina el nombramiento de obispo de Cusco, pero acepta el de Chiapas, en cuya sede entra a principios de 1545. El 20 de marzo escribe una pastoral, pidiendo a españoles y a indios, como se hacía con motivo de todas las visitas pastorales, que denuncien las faltas del clero y todos los pecados públicos (idolatría, usura, amancebamiento, etc.), y añade en último lugar:

> [...] si sabéis o habéis oído que los indios [...] han sido y son opresos y agraviados, usurpándoles su [...], poniéndoles miedo o amenazas o poniendo las manos en ellos, para que no se vengan a quejar ante nos o ante la justicia, tomándoles los hijos o hijas o mujeres, ocupándoles sus tierras con sus sementeras o tomándoles por la fuerza las dichas tierras, o comprándoselas por menos precio [...] O si sabéis que les hayan llevado tributos o servicios demás de la tasa [...] o algunas otras violencias, agravios, daños o menoscabos [1958, V, 217-218].

Dicha denuncia debía hacerse en el plazo de nueve días «so pena de excomunión mayor». Con ocasión de la semana santa de ese mismo año, retira a todos los sacerdotes de su diócesis la licencia de confesar, con excepción de a dos, a quienes da normas muy estrictas y se reserva la absolución de todos los que tuvieron indios esclavos. Estas medidas y los conflictos con las autoridades coloniales de la Audiencia de los Confines sobre incumplimiento de las Leyes Nuevas, suscitan una serie de protestas, y a principios de 1547, cuando no llevaba todavía dos años como obispo, decide marcharse a España.

Durante la etapa española (1547-1566), última de su vida, continúa defendiendo a los indios con la misma pasión ante diferentes instancias del gobierno español y residiendo sobre todo en Valladolid, que es todavía la capital de España. Uno de los puntos cumbres de esta defensa es la polémica que tuvo en dicha ciudad con Ginés de Sepúlveda (1550-1551) ante la junta de teólogos y juristas nombrada por el emperador, de la que luego hablaré. También en esta época concluye sus grandes obras históricas. Su testamento, escrito dos años antes de su muerte, es la última confirmación de su postura crítica ante la obra española en América.

> Tengo por cierto [...] que cuanto se ha cometido por los españoles contra aquellas gentes, robos o muertes y usurpaciones de sus estados [...] ha sido contra la Ley de Jesucristo y contra toda razón natural [...]; y creo que, por estas impías e ignominiosas obras [...], Dios ha de derramar sobre España su furor y su ira, porque toda ella ha comunicado y participado poco que mucho en las sangrientas riquezas robadas [...] e acabamientos de aquellas gentes [1958, V, 539-540].

En el mismo documento solicita al rector del colegio que se reúnan todos los informes y relaciones sobre dicho tema «*ad perpetuam rei memoriam*, porque, si Dios determinare destruir España, se vea que es por las destrucciones que habemos hecho en las Indias, y parezca la razón de su justicia».

Esta seguridad en su misión de denuncia que Las Casas muestra hasta su muerte, unida a su fidelidad a la misma durante más de medio siglo, es lo que ha hecho interesante el estudio de su personalidad. En 1963 Menéndez Pidal publicó una discutida biografía del dominico en la que, a base de una rica documentación, trata de probar que Las Casas «ni era santo, ni era impostor, ni malévolo, ni loco; era sencillamente un paranoico», un caso de doble personalidad. Mientras en la mayoría de sus obras históricas (la *Historia de las Indias* o la *Apologética historia*) muestra una gran veracidad, en sus memoriales y escritos de denuncia (sobre todo la *Brevísima relación de la destrucción de Indias*) deforma enormemente los hechos. Este mismo dualismo se muestra en su personalidad: por una parte, es un hombre de excepcional y enérgica actividad, de razonable prudencia, de extraordinario poder proselitista, no es un gran pensador pero sí tiene una buena formación intelectual, posee una absoluta renunciación ascética, etc.; por otra parte, es un hombre poseído de una «idea fija», persistente durante cincuenta años: todo lo hecho en las Indias por los españoles es jurídicamente nulo, diabólico y debe deshacerse; la soberanía de los caciques es intangible y las sociedades americanas, idénticas a las orientales, constituyen repúblicas tan perfectas como las mejores y no necesitan de Occidente otra cosa que el cristianismo; a América sólo deben ir frailes y algunos labriegos apostólicos; los indios, sólo después de libremente bautizados, podrán ser vasallos del rey, pero con un vasallaje más bien honorífico, pues sólo pagarán tributos y serán gobernados por sus señores naturales. Esta idea fija le posesiona de tal modo que por ella falsea hechos, deforma documentos, agranda los datos y cifras y abunda en contradicciones. Al mismo tiempo se siente elegido de Dios y profeta (un Isaías para España), que amenaza con la destrucción de España y de Roma e intuye un cierto milenarismo americano. Tales son los principales rasgos de la personalidad de Las Casas, según la interpretación de Menéndez Pidal.[3] Aunque la afirmación de la paranoia y de la doble personalidad sean muy discutibles, parece claro que aquella idea fija refleja el pensamiento político de Las Casas y explica el papel importante que jugó en el primer siglo de la dominación española en América.

OBRAS

(1537) *Del único modo de atraer a todos los pueblos a la verdadera religión*, 1942; México, Fondo de Cultura Económica, 1975 (original en latín).

(1541) *Brevísima relación de la destrucción de Indias*, 1552; V, Madrid, Biblioteca de Autores Españoles, 1958.

(1551) *Apología* (contra Sepúlveda) manuscrito latino, Biblioteca Nacional de París.

(1559) *Apologética historia*, 1909; III y IV, Madrid, BAE, 1958.

(1566) *Historia de las Indias*, 1875; I y II, Madrid, 1958; 3 t., México, Fondo de Cultura Económica, 1965.

APORTES

1.1. *Nacimiento del indigenismo crítico*

Históricamente, se conoce como indigenismo crítico a ciertas corrientes actuales del pensamiento antropológico mexicano y peruano que cuestionan el indigenismo moderno, que trata de «integrar al indio a la sociedad nacional» en nombre de la originalidad e independencia de los grupos indígenas, precisamente cuando la

---

3. Ramón Menéndez Pidal, *El Padre Las Casas: su doble personalidad*, Madrid, Espasa-Calpe, 1963, pp. 394-396.

sociedad nacional había perfeccionado toda una serie de técnicas de integración de tales grupos. Por analogía, Las Casas puede considerarse indigenista crítico, porque se opuso tercamente a todos los procedimientos de asimilación y dominación de las sociedades indígenas americanas. Tal aspecto de su obra aparece sobre todo en los «opúsculos, cartas y memoriales», que se recogen en el volumen V de su *Obras escogidas*, en la Biblioteca de Autores Españoles. En los 53 documentos de dicho volumen aparecen 19 cartas, 11 memoriales, cinco representaciones, cuatro peticiones, tres tratados, dos súplicas y nueve escritos de otra naturaleza, entre ellas el resumen de la polémica entre Sepúlveda y Las Casas. Todos se refieren a la praxis política y religiosa de España con los indios y tienen diferente valor e interés.

Comienzo por presentar la *Brevísima relación de la destrucción de las Indias*, que es, sin duda, el modelo más claro de crítica. Este folleto, de unas cincuenta páginas en la edición española, lo compuso el obispo Las Casas en 1541 y se lo entregó personalmente al emperador Carlos V, aunque la dedicatoria de la edición publicada en 1552 es al príncipe Felipe. En ella Las Casas, «como hombre que por 50 años y más de experiencia», pide al rey que no permita más «conquistas» contra aquellas «indianas gentes, pacíficas, humildes y mansas, que a nadie ofenden»; pero como

> el ansia temeraria e irracional de los que tienen en nada [...] despoblar de sus naturales moradores y poseedores, matando mil cuentos de gentes, aquellas tierras grandísimas, o robar incomparables tesoros, crece cada hora, importunando por diversas vías y varios fingidos colores, que se les concedan o permitan las dichas conquistas (las cuales no se les podrían conceder sin violación de la ley natural y divina y, por consiguiente, grandísimos pecados mortales, dignos de terribles y eternos suplicios), tuve por conveniente servir a Vuestra Alteza con este sumario brevísimo, de muy difusa historia, que de los estragos y perdiciones acaecidas se podría y debería componer [1958, V, 135].

Para que el rey se decida a no permitir nuevas «conquistas», el agumento más decisivo parece ser conocer lo que ha pasado con las anteriores. Esta vez no discute derechos, sino que presenta hechos. Por eso Las Casas, después de presentar en la introducción una América superpoblada («la mayor cantidad de todo el linaje humano»), con gentes bondadosas («las más simples, sin maldades ni dobleces, obedientísimas y fidelísimas a sus señores naturales» y todas las demás notas del buen salvaje) y al mismo tiempo delicadas («son asimismo las gentes más delicadas, flacas y tiernas en complexión [...], que ni los hijos de príncipes entre nosotros [...] son más delicados [...], aunque sean [...] labradores») y abiertas a la dimensión sobrenatural («aptísimos para recibir nuestra santa fe católica y ser dotados de virtuosas costumbres, a los que menos impedimentos tienen para esto, que Dios crió en el mundo»), recoge una serie de cuadros dramáticos de lo que ha pasado en cada una de las zonas «descubiertas» (Santo Domingo, Puerto Rico, Jamaica, Cuba, Tierra Firme, Nicaragua, Nueva España, Guatemala, Santa Marta, Venezuela, La Florida, La Plata, el Perú y Nueva Granada). Aunque el dominico no visitó todas aquellas zonas, ha sido testigo presencial en muchas y sobre otras ha recogido información. Sin embargo, su información está enormemente sesgada por la hipótesis que desea probar; en ese sentido la *Brevísima relación* es la obra más representativa de la línea crítica. Es fácil descubrir exageraciones en esta obra. Menéndez Pidal se ha dedicado a señalar algunas: al describir La Española, región donde Las Casas estuvo muchos años, dice que había cinco reinos y en uno de ellos hay «30 mil ríos y arroyos, entre los cuales son los 12 tan grandes como Ebro y Duero y Guadalquivir» y «25 mil son riquísimos en oro»; sin embargo, «observamos que en ese reino sólo hay dos ríos principales, cuyo curso tiene la mitad o la tercera parte de largo que cualqiera de los tres ríos españoles nombrados»;[4] el segundo reino de Santo Domingo es «más grande que el reino de Portugal y harto más felice»; sin embargo, Menéndez Pidal observa que tal reino podrá tener 4.000 km^2 y Portugal más de 88.000. Las cifras ya pierden todo valor cuando describen las riquezas de las Indias o las muertes causadas por los españoles: «Los indios muertos por los españoles en 40 años son, según dice una vez, 12 millones o 15, pero sumando las cifras parciales que da para las diversas regiones americanas, resultan muchísimos más de 24 millones».[5] Y además, es interesante notar que atribuye estas muertes no a las pestes sobre todo, como hacen otros autores de la época, sino a las guerras y la explotación directa, que demostraban mejor la tesis de la obra. Cuando no tiene datos sobre una región, hace una inferencia sin más lógica que su propia hipótesis: por ejemplo, hablando del río de la Plata, «como está muy a trasmano de lo que más se trata de las Indias, no sabemos que no hayan hecho y hagan hoy las mismas obras que en las otras par-

---

4. Ramón Menéndez Pidal, *El Padre Las Casas y Vitoria*, Madrid, Austral, 1966, p. 49.

5. *Ibíd.*, p. 50.

tes. Porque son los mismos españoles y entre ellos hay de los que se han hallado en otras partes» (1958, V, 168).

Pero no conviene seguir señalando las inexactitudes históricas, porque esta obra de Las Casas, a diferencia de su *Historia* o de su *Apologética historia*, no debe medirse así. Con razón Palerm sostiene:

> En 1542 escribió un panfleto sanguinario [...], elevado al rey como informe, pero que en realidad era un desesperado esfuerzo por despertar la conciencia de la metrópoli. La relación, impresa en Sevilla, recorrió rápidamente el mundo occidental sediento de literatura antiespañola y anticatólica. Se tradujo de inmediato al holandés, francés, inglés, italiano y latín y se convirtió en la piedra miliar de la «leyenda negra».[6]

Como una confirmación de esta difusión política de dicha obra, Menéndez Pidal dice que entre la Unión de Utrecht (1579), en que las siete provincias unidas abrazan el protestantismo en guerra con España, hasta el final de la guerra de los Treinta Años, en 1648, en que España reconoce la independencia de Holanda, se hicieron 33 ediciones (13 en holandés, cinco en francés, ocho en italiano, dos en alemán, inglés y latín y una española).[7]

Otro ejemplo de la antropología crítica de Las Casas es su famosa polémica con Ginés de Sepúlveda (1958, V, 293-348). Cuando el dominico regresa a España en 1547, se encuentra con que está circulando un manuscrito, en defensa de la esclavitud de los indios, del humanista Juan Ginés de Sepúlveda, capellán y cronista de Carlos V, titulado *Democrates alter, sive de iustis belli causis apud Indos*. Las Casas lucha para que no se le conceda el permiso de impresión y sigue haciendo gestiones ante el emperador y el Consejo de Indias para que se corten los abusos de las «conquistas» y «encomiendas».

De esta época es su famosa carta al confesor del emperador, el teólogo dominico Domingo de Soto:

> ¿En qué lugar de sobre la tierra jamás, padre, tal gobernación se vido, que los hombres racionales no sólo de todo un reino, pero de 10 mil leguas de tierras poblatísimas porque felicísimas, después de estragados por las guerras injustísimas y crudelísimas que llaman conquistas, los repartiesen entre los mismos crueles matadores y ro-

---

6. Palerm, *op. cit.*, p. 264.
7. Menéndez Pidal, *El Padre Las Casas y Vitoria*, *op. cit.*, p. 37.

badores y tiranos y predones como despojos de cosas inanimadas y insensibles o como hatos de ganado, debajo de cuya no faraónica, sino infernal servidumbre no se ha hecho ni hoy hace más caso dellos que de las reses que pesas en la carnicería? ¿Y pluguiese a Dios no los estimasen en menos que chinches?[8]

Ante tales presiones, en abril de 1550 Carlos V decidió que se suspendieran todas las conquistas en el Nuevo Mundo, hasta que una junta de teólogos y juristas dictamine «para que las conquistas, descubrimientos y poblaciones se hagan con orden y según justicia y razón». La «Junta de los catorce» se reunió en Valladolid en agosto-septiembre de 1550, y entre los jueces había teólogos tan eminentes como los dominicos Domingo de Soto y Melchor Cano (Vitoria había muerto cuatro años antes), pero las dos posiciones extremas fueron presentadas polémicamente por Sepúlveda y Las Casas. Sepúlveda expuso primero durante dos o tres horas, leyendo un resumen del *Democrates alter*; luego le tocó a Las Casas, quien, con su inagotable facundia, leyó su *Apología* («cien pliegos de papel en latín y algunos más en romance», como nos cuenta él mismo) durante cinco días, hasta que los jueces pidieron a Soto que hiciera un resumen escrito de las dos posiciones. El resumen de Soto dice:

El punto que Vuestras Señorías pretenden consultar es inquerir la forma y leyes para que nuestra santa fe católica se pueda promulgar en el Nuevo Mundo [...] y examinar qué forma puede haber para que quedasen aquellas gentes sujetas a la Majestad del emperador sin lesión de su real conciencia, conforme a la bula de Alejandro VI. Estos señores proponentes no han tratado esto, en forma de respuesta general a la consulta, sino más en particular han dispuesto esta cuestión: ¿si es lícita a su Majestad hacer guerra a aquellos indios antes de predicarles la fe para sujetarlas su imperio, y que después de sujetados puedan más fácilmente ser enseñados y alumbrados en la doctrina evangélica [...]? El doctor Sepúlveda sustenta la parte afirmativa, afirmando que la tal guerra no sólo es lícita, sino necesaria. El señor Obispo defiende la negativa, diciendo que no sólo es innecesaria, sino ilícita, inicua y contraria a nuestra religión cristiana [...]
El doctor Sepúlveda funda su sentencia en cuatro razones: la primera, por la gravedad de los delitos de aquellas gentes, en especial por la idolatría y otros pecados contra naturaleza. La segunda

---

8. Bartolomé de Las Casas, *De regia potestate*, Madrid, Consejo Superior de Investigaciones Científicas, 1969, p. 121.

por la rudeza de sus ingenios, ya que son por naturaleza gente servil y bárbara, y por lo tanto obligada a los ingenios más elegantes, como son los españoles. La tercera, por el fin de la fe, ya que la sujeción es más cómoda para su predicación y persuasión. La cuarta por la injurias que se hacen aquellos hombres entre sí, matándose unos a otros, unos para sacrificarlos y algunos para comerlos [1958, V, 295-296].

De estas cuatro razones la más «antropológica» es la segunda. Sepúlveda se basa en Aristóteles, a cuyo estudio se había consagrado y cuya *Política* acababa de traducir al latín, que sostiene, al menos según algunas interpretaciones, la teoría de la servidumbre natural de algunos hombres, que por su rudeza ingénita y por sus costumbres inhumanas y bárbaras deben ser esclavos de los hombres superiores. La conclusión que se desprende de esto es que contra estos hombres inferiores se puede hacer la guerra en caso de que no reconozcan su servidumbre. Luego Sepúlveda aplica la teoría de Aristóteles a los indios con relación a los españoles. Los indios son inferiores,

> como los niños a los adultos, las mujeres a los varones, los crueles e inhumanos a los extremadamente mansos. Compara ahora estos dotes de ingenio, magnanimidad, templanza, humanidad y religión con las que tienen esos hombrecillos en los cuales apenas encontrarás vestigios de humanidad, que no sólo no poseen ciencia alguna, sino que ni siquiera conocen las letras, ni conservan ningún monumento de su historia, sino cierta oscura y vaga reminiscencia de algunas cosas consignadas en ciertas pinturas, y tampoco tienen leyes escritas, sino instituciones y costumbres bárbaras [...] nadie posee individualmente cosa alguna.[9]

A pesar de que Sepúlveda, como cronista imperial, escribió algunos años después una historia sobre los indios, él nunca estuvo en América y probablemente nunca había visto a ningún indio. Además, hace un juicio que ya es discutible para las culturas tropicales de la zona del Caribe, pero que es completamente falso cuando se aplica a las altas culturas aztecas, maya e inca, de las que por esos años había buena información en España. Tan vulnerables como sus argumentos del polo indígena son los del polo español.

---

9. Citado por Lewis Hanke, *El prejuicio racial en el Nuevo Mundo* (1958), México, Sep-Setentas, 1974. p. 86. El mismo Hanke, en su obra *La lucha española por la justicia en la conquista de América* (1948), nos da un resumen de esta polémica y una síntesis de este problema durante todo el siglo XVI español.

Al responder Las Casas a este punto dice que pueden reconocerse tres tipos de bárbaros: «los que tienen alguna extrañeza en sus opiniones y costumbres, pero no les falta ni política, ni prudencia para regirse»; los que carecen de lengua adecuada y de letras, pero tienen «reinos verdaderos y naturales señores y reyes y buen gobierno» y así tampoco se les puede hacer la guerra, y «los que por sus perversas costumbres y rudeza de ingenio y brutal inclinación son como fieras silvestres que viven en los campos, sin ciudades ni casas ni política, sin leyes, ni ritos, ni tratos; [...] como es lícito cazar fieras, así es lícito hacerles a estas gentes la guerra para defendernos procurando reducirlos a convivencia y política humana» (1958, V, 307). Luego sostiene largamente que los indios pertenecen al segundo grupo. Aquí el debate se relaciona con el argumento de la gran obra antropológica de Las Casas, la *Apologética historia*, de que luego hablaré. [10]

La conclusión que se desprende de este razonamiento, y que Las Casas hizo explícita durante el debate al ser preguntado, es que la evangelización, «en los lugares donde no hubiese peligro para usar las formas evangélicas, lo mejor era enviar solos a los predicadores, los que pudiesen enseñar buenas costumbres conforme a nuestra fe y que pudiesen tratar con ellos en paz»; en otros sitios pueden construirse algunas fortalezas, «para que desde allí se comenzara a tratar con ellos y, poco a poco, se fuese multiplicando nuestra religión y ganando tierras por paz y buen ejem-

---

10. En la *Apologética* vuelve a presentar una tipología sobre los bárbaros en los últimos capítulos de la obra. No parece que tengan esos capítulos mucha conexión con la férrea lógica del resto de la obra, fuera de aclarar el peligroso concepto de «siervos por natura» de la *Política* de Aristóteles, y que se había convertido en una racionalización de las conquistas americanas. Las Casas señala ahora cuatro clases de bárbaros: 1) las personas feroces, que olvidadas de su condición humana, se comportan como bestias; 2) las personas que tienen un comportamiento diferente suelen ser catalogadas de bárbaros («así estas gentes de estas Indias, como nosotros los estimamos de bárbaros, ellas también por no entendernos, nos tenían por bárbaros, conviene a saber por extraños» [1978, IV, 435]); 3) «los que por sus extrañas y ásperas y malas costumbres, o por su mala y perversa inclinación, salen crueles y feroces [...], no se rigen por razón, antes son como estólidos [...], ni tienen ni curan de ley ni Derecho [...], ni leyes, ni fueros, ni político regimiento [...]» (p. 436); de éstos habla Aristóteles en su *Política* y éstos son los que deben ser gobernados por los griegos, es decir, por los más sabios, para que los rijan o al menos impidan que hagan daño; 4) finalmente, pueden considerarse bárbaros los que «carecen de verdadera religión y fe cristiana, conviene a saber, todos los infieles por muy sabios y prudentes filósofos y políticos que sean. La razón es porque no hay alguna nación (sacando la de los cristianos) que no tenga muchos y grandes defectos y no barbaricen en sus leyes, costumbres, vivienda y policías [...], sino entrando en nuestra santa y católica fe, porque sólo ella es la ley sin mancilla» (p. 439).

plo» (1958, V, 308). Esta era la tesis que Las Casas había expuesto ampliamente en su tratado *Del único modo de atraer a todos los pueblos a la verdadera religión* (1537), que nos ha llegado incompleto, y la metodología de la experiencia iniciada en la Vera Paz.

Unido a este punto estaba el problema de los justos títulos de dominio español de América y la interpretación de la bula de Alejandro VI:

> Y ésta dice que fue la intención de la bula de Alejandro y no otra según lo declara la otra de Paulo, conviene a saber, para que después de cristianos fuesen subjetos a su Majestad, no cuando *ad dominium rerum particularium*, ni para hacellos esclavos ni quitalles sus señoríos, sino sólo cuanto la suprema jurisdicción con algún razonable tributo para la protección de la fe y enseñanza de buenas costumbres y buena gobernación [1958, V, 308].

Pero las intervenciones de Sepúlveda y Las Casas (de éste dice en su informe Soto que fue «tan copioso y tan difuso cuantos han sido los años que de este negocio trata») no fueron suficientes para zanjar el debate, pues las opiniones estuvieron muy divididas; fue necesaria una segunda vuelta, celebrada en 1552, en la que Sepúlveda hizo 12 objeciones y Las Casas 12 réplicas. Voy a limitarme a recoger dos réplicas de Las Casas que muestran la fuerza dialéctica del dominico. En la 8.ª réplica Las Casas le pregunta a Sepúlveda que, puesto que los españoles eran un pueblo bárbaro y fiero durante el imperio romano, «si fuera bien y lo aconsejara él que los romanos hicieran repartimientos de ellos, dando a cada tirano su parte como se ha hecho en las Indias, para que cogiendo el oro y plata que entonces España tenía, perecieran todos nuestros abuelos en las almas y en los cuerpos» (1958, V, 328). Y en la réplica 11.ª, hablando de la idolatría de los indios, dice, siguiendo a los santos padres que como los indios «estiman y aprendan ser aquellos ídolos el verdadero Dios [...], porque en la verdad el concepto universal suyo no se endereza, ni va a parar sino al verdadero Dios [...] síguese que [...] están obligados a defender su Dios [...], como nosotros los cristianos lo somos a defender el nuestro» (1958, V, 336).

1.2. La «Apologética historia»

Muy cercana a la línea de la antropología crítica está esta obra, consagrada a exaltar al indio americano y las culturas indígenas. Su título completo, muy de acuerdo con los cánones editoriales de la época, es *Apologética historia sumaria cuanto a las cualidades, disposición, descripción, cielo y suelo de estas tierras y condiciones naturales, policía, repúblicas, maneras de vivir y costumbres de las gentes de estas Indias Occidentales y meridionales, cuyo imperio soberano pertenece a los Reyes de Castilla.* Se trata, pues, de una historia natural y moral, de la naturaleza y de la cultura, pero apologética; aunque varios de los estudiosos de las culturas indígenas ya vistos, como Sahagún o Acosta, tienen también la finalidad de hacer una apología del indígena golpeado por la conquista española, en la presente obra de Las Casas, la apología no es una razón más para escribir, sino el hilo conductor de la argumentación. En el título mismo se profesa la soberanía de los reyes de Castilla, aunque ya se vieron los modestos límites de esa soberanía en la interpretación lascasiana de la bula alejandrina.

La introducción se inicia con estas palabras: «La causa final de escribirla fue conocer todas y tan infinitas naciones de este vastísimo orbe infamadas por algunos [...], publicando que no eran gentes de buena razón para gobernarse, carecientes de humana policía y ordenadas repúblicas» (1958, III, 3). Parece aquí resonar la acusación de Sepúlveda o de las *Informaciones* de Toledo. El esquema de la obra es muy sencillo: el indio tiene cualidades normales de talento y tiene capacidad de organizar su vida social, y esto se demuestra, *a priori*, por la correlación entre la perfección del hombre y la del medio ambiente (caps. 1-39), y *a posteriori*, por el funcionamiento de las culturas indígenas (caps. 40-267). Las Casas no defiende la racionalidad del indio, porque ésta no se negó nunca en serio, sino su capacidad plena para autogobernarse, la que muchos negaban, al menos como una racionalización de la dominación colonial:

> Para demostración de la verdad, que es en contrario, se traen seis causas naturales, que comienzan en el capítulo 23, conviene a saber, la influencia del cielo, la disposición de las regiones, la compostura de los miembros y órganos de los sentidos exteriores e interiores, la clemencia y la suavidad de los tiempos, la edad de los padres, la bondad y sanidad de los mantenimientos; con las cuales concurren algunas particulares causas, como la disposición buena de las tierras y lugares y aires locales, de que se habla en el capítulo 32.
>
> *Ítem*, otras cuatro causas accidentales, causas que se tratan en el capítulo 26, y éstas son la sobriedad en el comer y beber, la templanza de las afecciones sensuales, la carencia de la solicitud y cuidado cerca de las cosas mundanas y temporales, el carecer asimismo de las perturbaciones que causan las pasiones del ánima, convie-

ne a saber, la ira, gozo, amor, etc. Por todas las cuales, o por las
más de ellas, y también por los mismos efectos y obras de estas
gentes, que se comienzan a tratar en el capítulo 39, se averigua,
concluye y prueba haciendo evidencia, ser todos, hablando a *toto
genere*, algunos más y otros muy poco menos y ningunos expertos
de ello, de muy buenos, sotiles y naturales ingenios y capacísimos
entendimientos; ser asimismo prudentes y dotados de las tres especies de prudencia que pone el filósofo: monástica, económica y política; y en cuanto a esta postrera, que seis partes contiene, las cuales,
según el mismo, hacen cualquiera república por sí suficiente y tem-
poralmente bienaventurada; que son labradores, artífices, gentes de
guerra, ricos hombres, sacerdocio (que comprende la religión, sacrificios y todo lo perteneciente al culto divino), jueces y ministros de
justicia y quien gobierne, que es lo sexto; las cuales partes referimos
en breve abajo en el capítulo 45 y, en el 57, por gran discurso, hasta
las acabar proseguimos. Cuanto a la política, digo, no sólo se mostraron gentes muy prudentes y de vivos y señalados entendimientos,
teniendo sus repúblicas (cuanto sin fe y conocimiento de Dios verdadero pueden tenerse) prudentemente regidas, proveídas y con justicia prosperadas, pero que a muchas y diversas naciones que hubo
y hay hoy en el mundo, de las muy loadas y encumbradas, en gobernación, política y costumbres, se igualaron, y a las muy prudentes
de todo él, como eran los griegos y los romanos, en seguir las reglas
de la natural razón, con no chico exceso sobrepujaron. Esta ventaja
y exceso [...] parecerá muy clara cuando [...] las unas con las otras
se cotejaren [1958, III, 3-4].

Esta larga cita resume todo el contenido y la tesis de la *Apologética historia*, incluso señalando los capítulos, de los que se desprende que dedica, a la prudencia política y al buen funcionamiento de las sociedades americanas, más del 80 % de la obra.
Una exposición más detallada del contenido es la siguiente: 1) introducción: geografía y cosmografía (caps. 1-2); 2) capacidad intelectual de los indios: *a*) teoría de la capacidad intelectual de acuerdo a causas naturales: el cielo (cap. 23), el hábitat (cap. 24), el
organismo humano (caps. 25-26), el clima (caps. 29-30), la edad
de matrimonio de los padres (cap. 31) y los alimentos (cap. 32); y
de acuerdo también a causas accidentales: la moderación y dominio de las pasiones (caps. 27-28); *b*) aplicación de la teoría al indio americano (caps. 32-39); 3) capacidad social o de gobierno de
los indios: *a*) teoría de la prudencia en el gobierno (caps. 40-41),
b) aplicación al indio: gobierno de sí mismos (cap. 42), gobierno de
su familia (caps. 43-44) y gobierno de sus sociedades: introducción
(caps. 45-58), agricultura (59-60), artes y oficios (61-65), comercio
69-70), ejército (66-68), religión (71-195) y estado (196-267).

El marco teórico que utiliza Las Casas para probar la capacidad intelectual del indio está basado en el pensamiento filosófico y teológico del mundo clásico (especialmente Aristóteles y Platón) y del mundo cristiano (los santos padres, Tomás de Aquino y Alberto Magno), más que en el rudimentario pensamiento científico. Se trataba de un cierto determinismo ambiental o ecológico, unido a un moralismo ascético; el ingenio o capacidad intelectual del ser humano está condicionado por los cuerpos celestes, por el hábitat o por los demás factores señalados, no directamente, porque el entendimiento es de naturaleza espiritual, sino a través del cuerpo, pues «según la buena disposición y complexión y proporción del cuerpo humano, o mala, así alcanza la nobleza y grado de bondad, cuanto al entendimiento y a las otras sus partes, el ánima» (1958, III, 101).

Sin duda, la formulación teórica de Las Casas, desde nuestra actual perspectiva, carece de valor por su ingenuidad (por ejemplo, las elucubraciones, siguiendo a Alberto Magno, sobre la forma y tamaño de la cabeza y el ingenio: «La cabeza muy redonda y breve significa mal sentido y no tener memoria ni prudencia. La cabeza muy prolija y empinada, si arriba fuera llana, es señal de imprudencia y disolución; pero si fuere alta moderadamente, es indicio de buen sentido y de mejor entendimiento, etc.» [p. 82]); sin embargo, tienen verdadero valor su búsqueda de correlaciones entre naturaleza y cultura, la riqueza de muchas de sus observaciones y la firmeza con que concluye su razonamiento, hablando de la «clara inteligencia y gran valentía» (cap. 33), la «belleza notable» (cap. 34), la «sobriedad y templanza» (cap. 35), la «castidad» (cap. 36), la «mansedumbre» (cap. 37), etc. de los indios, en el momento en que eran destruidas las grandes civilizaciones americanas. Aunque no hay una formulación explícita, se presentan todos los elementos del mito del «buen salvaje», que comparten siempre utópicos y rebeldes, de igual manera que los «realistas» administradores coloniales sostienen el mito contrario, como se vio con Toledo. Uno de los elementos del mito del buen salvaje es la sobriedad indígena. Las Casas sostiene que la sobriedad en el comer y el beber la «tienen los indios más que otras muchas gentes en excelencia, porque todos en general [...] son abstinentísimos», y aunque los indios de la Tierra Firme toman chicha, no «la beben por ser destemplados, sino cuando hacen sus convites comunes y sus fiestas por ceremonias y ritos en honor y religión del culto de sus ídolos»; y, como son tan parcos en comer y beber, se multiplican más y «hallamos aquestas tierras todas universalmente tan llenas de gentes, que en todo el mundo parece que se vio ni halló tierra más ni tanto poblada» (1958, III, 117-119).

En cuanto al segundo tema de la *Apologética* la capacidad de gobierno del indio, Las Casas comienza por exponer la teoría de Atistóteles, que era admitida por la mayoría de sus contemporáneos, según la cual la virtud propia del gobierno es la prudencia, que utiliza los medios adecuados para satisfacer las necesidades; y hay tres clases de prudencia: la monástica, por la cual el hombre se vale de su razón para conseguir las cosas necesarias para la vida; la doméstica o económica, por la cual ordena y dispone la propia familia para alcanzar el bien común de ella, y la política, «que dispone y ordena rectamente las cosas pertenecientes para conseguir el bien y utilidad común de la ciudad o reino» (1958, III, 135-136). Al hablar de las necesidades, presenta las «inclinaciones naturales» (la propia conservación, el alimento, la unión sexual, la sociabilidad, el conocimiento, la religión, etc.), que el hombre debe satisfacer buscando con la razón los medios adecuados. Hay en todo ese análisis un germen de la teoría funcionalista de la sociedad. Luego Las Casas aborda brevemente la prudencia monástica y económica de los indios, para dedicar la mayor parte de la obra a demostrar cómo las sociedades indígenas (México y Perú, pero también el Caribe y Centroamérica, donde el dominico había vivido muchos años) organizaron las seis instituciones (agricultura, artes y oficios, comercio, ejército, religión y gobierno) que, según el mismo Aristóteles, son necesarias para el recto funcionamiento de una sociedad. Esta exposición de la prudencia política de los indios es la parte fundamental de la obra. No me es posible hacer una exposición más detallada, y así voy a limitarme a dos observaciones:

a) *Valor etnográfico.* La *Apologética* contiene una información etnográfica muy rica, sobre todo de religión y de organización social. Además es una información de primera mano, pues Las Casas describe detalladamente lo que ha visto muchas veces; por ejemplo, el capítulo dedicado a «la manera de hacer el pan cazabi» (yuca) (cap. 1). También es una información, que explica con frecuencia el porqué de las cosas descritas; así, en el capítulo 47, expone por qué muchos indios no vivían en pueblos y recoge además las ideas de los clásicos griegos y romanos sobre la evolución de la sociedad. Sin embargo, la etnografía lascasiana no tiene la perfección de otros autores estudiados anteriormente (Sahagún o Cobo), porque Las Casas no conocía las lenguas indígenas, ni dedicó grandes temporadas a estudiar las culturas indígenas, pues era un hombre de acción, urgido por los problemas inmediatos de la defensa del indio.[11]

b) *Método comparativo.* La *Apologética* contiene muchas comparaciones entre las diferentes sociedades indígenas y de éstas con las sociedades clásicas y europeas. Las Casas, por su formación y por su larga experiencia americana, desde los primeros años del descubrimiento europeo de América, tenía una gran cantidad de información. Tales comparaciones sirven al dominico, como a cualquier antropólogo, para hacer ciertas generalizaciones de la conducta social, pero también, como no suelen hacer los antropólogos, para demostrar que las sociedades indígenas fueron superiores a las europeas en muchas cosas. Para eso, pone como marco de referencia la razón natural y la fe, que permite descubrir ciertos valores universales. He aquí un ejemplo de las comparaciones de Las Casas, que desarrolla luego en varios capítulos:

> Decimos lo siguiente: que las [provincias] de esta Nueva España, en los sacrificios, a todas las naciones gentiles antiguas del mundo hayan excedido y mostrado y demostrado ser de más delgado y desmarañado y claro y sutil juicio de razón y de mejor entendimiento, y más comedidas y religiosas para con Dios, porque formaron mejor y más noble concepto y estimación de las excelencias de Dios. Pruébase [...] en nueve cosas: La primera, en la preparación que hacían y la penitencia con que se disponían para celebrar sus fiestas. La segunda, en la diversidad y multitud de los géneros y especies de cosas que ofrecían en sacrificio. La tercera, en la preciosidad y valor de los

---

11. Las Casas reconoció que, para conocer a fondo las culturas indígenas, era necesario conocer las lenguas indígenas y previno contra los relatos de gente que no conocía suficientemente esas lenguas. Dice expresamente: «Por huir de esta temeridad, todo lo que yo aquí escribo de las materias susodichas, sacando lo que concierne a estas islas y a las gentes que en ellas habitaban, que yo conozco de cuarenta y tantos años a esta parte, de las cuales nadie hay sobre la tierra que haya tenido tanta noticia, de lo demás tocante a muchas provincias de tierra firme, de ello por lo que yo he visto y experimentado en muchas partes que de ellas he andado en compañía de religiosos que sabían y penetraban muy bien las lenguas y de ello que he trabajado de ser informado, pidiendo por cartas a expertos religiosos me diesen de estas antigüedades noticia, todo, digo, es, o mucha parte de lo que escribo aquí, de religiosas personas y a quien debo según razón recta creer, habido. También me he aprovechado de otras personas y de sus relaciones, según que yo entendí ser lo que me decían verosímile».

Es conocida la preocupación de Las Casas por reunir relaciones de cosas americanas, y ya se vio el encargo que hizo en su testamento. En cuanto a fuentes escritas, Las Casas leyó casi toda la literatura americana impresa en su tiempo y la cita con frecuencia en la *Apologética* y en la *Historia de Indias.*

Para completar mis observaciones, puede consultarse a Lewis Hanke, *Bartolomé de Las Casas: pensador político, historiador y antropólogo*, La Habana, 1949.

mismos sacrificios. La cuarta, en el dolor y aspereza y tormentos, que por ofrecer los sacrificios y observancia e integridad de su religión y culto de sus dioses, padecían y tolerando lo sufrían. La quinta, en las ceremonias y solicitud, diligencia, temor, mortificación y devoción grandísima con que los ofrecían. La sexta, en la perpetuidad del fuego, el cual siempre conservaban noches y días. La séptima, en la religiosísima, modestísima y admirable honestidad de que usaban y tenían como innata y natural en todas sus ceremonias, ritos, sacrificios y divinos oficios. La octava, en la excelencia y santidad (según ellos creían) de las solemnidades pascuales, que de ciertos años a ciertos años tenían. La novena (según creo), en el mayor número de fiestas y días solemnes que guardar y celebrar solían [1958, IV, 184-185].[12]

Es indudable el influjo que tuvo Las Casas como defensor del indio, hasta convertirse en el «mito» de esta defensa, aunque la mayoría de las obras del dominico no se publicaron sino mucho después, en el último siglo. Las Casas es el padre de la antropología de denuncia, que, aunque requiera su propia hermenéutica por su característica de subrayar los tonos negros de lo que se denuncia, es una verdadera fuente de información y transmite datos, que frecuentemente olvidan tanto la historia oficial como los estudios de orientación estructural-funcionalista, ajenos a la perspectiva del conflicto.[13]

---

12. No se debe cerrar este estudio monográfico de Las Casas sin hacer alguna alusión a su relación con la población negra. Se ha criticado mucho a Las Casas porque, en su deseo de liberar al indio de la esclavitud, aconsejó que se trajeran esclavos negros. Es exacto y el mismo Las Casas nos lo cuenta en la *Historia*: «Antes de que los ingenios se inventasen, algunos vecinos, que tenían algo de lo que habían adquirido con los sudores de los indios y de su sangre, deseaban tener licencia para enviar a comprar en Castilla algunos negros esclavos, como veían que los indios se les acababan, y aun algunos hubo que prometían al clérigo Bartolomé de Las Casas que si les traía o alcanzaba licencia para poder traer a esta isla una docena de negros, dejarían los indios que tenían para que se pusiesen en libertad; entendiendo esto el dicho clérigo, como venido el rey a reinar tuvo mucho favor y los remedios de esta tierra se le pusieron en sus manos, alcanzó el rey que para libertad los indios se concediese a los españoles de estas islas que pudiesen llevar de Castilla algunos negros esclavos. Determinó el Consejo que debía darse licencia para que se pudiesen llevar 4 mil, por entonces, para las cuatro islas [...], De este aviso que dio el clérigo, no poco después se halló arrepiso, juzgándose culpado por inadvertente, porque como después vido y averiguó, según parecerá, ser tan injusto el captiverio de los negros como el de los indios, no fue discreto remedio el que aconsejó que se trujesen negros para que se libertasen los indios, aunque él suponía que eran justamente captivos» (III, 1965, 274-275).

13. Para conocer el desarrollo de tuvo posteriormente esta línea de denuncia de Las Casas, que va a tener otro representante ilustre en Guamán Poma de Ayala, puede consultarse la obra del historiador argentino Enrique Dussel, *El episcopado*

2. Vasco de Quiroga (1470-1565)

Castellano, nace en Madrigal de las Altas Torres, como Isabel la Católica, con quien va a compartir su amor hacia el hombre americano. Estudia derecho en la Universidad de Salamanca y allí recibe una sólida formación humanista. Actúa como funcionario de las cortes de los Reyes Católicos y del emperador Carlos I, quien le encarga una serie de misiones en África. Cuando las quejas de los abusos de la 1.ª Audiencia de México y de su cruel presidente, Nuño de Guzmán, abusos que se traducen en la huida de los indios de los pueblos, llegan a oídos de Carlos V, éste piensa en nombrar una 2.ª Audiencia de personas de toda probidad, que puedan restablecer su autoridad y devolver a los habitantes de Nueva España, tanto indios como españoles, su fe en la corona. Uno de los cinco oidores elegidos es don Vasco de Quiroga, el maduro abogado de sesenta años, que ya había mostrado su honestidad y capacidad en muchas misiones difíciles.

En diciembre de 1530 atraca en el puerto de Veracruz el barco que conduce a don Vasco. El juicio de residencia que tiene que entablar contra Nuño de Guzmán y su camarilla, le da oportunidad de conocer toda la problemática de la naciente sociedad colonial. Le impresiona, sobre todo, la explotación indígena, y por eso el 14 de agosto de 1531 escribe al emperador exponiéndole su plan de crear un «hospital» de indios, es decir, una colonia, que va a acabar convirtiéndose en la «utopía realizada». En cuanto una real cédula auto-

---

latinoamericano y la liberación de los pobres (1504-1620), México, 1979. Centro de reflexión teológica, con buena información sobre la actitud indigenista de los concilios y sínodos mexicanos y peruanos y de algunos obispos (el mismo Las Casas, Julián Garcés, Vasco de Quiroga en México, Toribio de Mogrovejo en Perú, etc.). También puede consultarse la obra de Vargas Ugarte, *Pareceres jurídicos en asuntos de Indias* (Lima, 1951), en la que se recoge un conjunto de memoriales entre 1601 y 1718 sobre agravios que reciben los indios en la mita minera y un dictamen moral sobre la misma, que se envían al rey, sobre todo por los jesuitas. Cuando los jesuitas llegan a Perú, en 1568, y luego a México, ya estaba bastante «resuelta» la polémica de los justos títulos, que habían sostenido sobre todo los dominicos, pero quedaba pendiente la polémica en torno a otras instituciones coloniales, como el servicio personal, y en esta polémica van a participar activamente los jesuitas. Pero es sabido que la literatura de denuncia no fue exclusiva de los religiosos, sino que durante toda la colonia se envían al rey frecuentes memoriales sobre los abusos que se cometían contra los indios. Uno de los más conocidos y que desencadenó una ola de investigaciones por parte de la administración colonial fue el memorial del alcalde del crimen de la Audiencia de Lima, el criollo Juan de Padilla, sobre «Trabajos, agravios e injusticias, que padecen los indios del Perú en lo espiritual y temporal», publicado por Vargas Ugarte en su *Historia General del Perú*, III, Lima, Milla Batres, 1966, pp. 391-420.

riza la experiencia, don Vasco compra con su propio dinero un terreno en Tacubaya, a dos leguas de México, y con la ayuda de un misionero funda el nuevo pueblo, al que bautiza con el nombre de Santa Fe. El primer biógrafo de don Vasco, Juan José Moreno (1722), quien escribe casi dos siglos después de la fundación de los pueblos-hospitales y da testimonio de su continuidad, observa: «No faltaron al principio contradicciones y muy fuertes, de los vecinos de México, con que impugnaban esta fundación, estribando en diferentes discursos políticos. Decían que lo que más convenía en aquellos principios era aumentar la población de la capital, fortificarla y ponerla en estado de hacer resistencia a una rebelión; que hacer nuevos pueblos era dividir las fuerzas».[14] Cuando la Audiencia le envía a visitar Michoacán, que había sido una de las zonas más castigadas por Nuño de Guzmán, quien llegó a torturar a Caltzontzin, rey de los tarascos, don Vasco tiene gran acogida y allí funda, hacia 1533, su segundo pueblo-hospital, Santa Fe de La Laguna.

En 1535 firma en México su famosa *Información en derecho*, en la que impugna la real cédula de 1534 que volvía a permitir la esclavitud de los indios. En un análisis de derecho comparado intercultural, Quiroga, a partir de la información etnográfica que recoge de diversas fuentes y de su propia experiencia de juez de indios, «donde están conmigo cuatro jueces de los mayores suyos que ellos entre sí tenían, para que vean lo que pasa e informen de sus costumbres» (1940, 302), sostiene que entre los indios no se daban verdaderos esclavos en el sentido europeo del término. A los prisioneros de guerra los sacrificaban; los que en tiempo de necesidad se vendían o se autoentregaban a la esclavitud, no llegaban a constituir una propiedad humana, como lo era el esclavo europeo, sino más bien un alquiler perpetuo de sí mismos, que les permitía conservar la libertad para tener propiedades, casa, familia y dar sustitutos a su obligación personal. En consecuencia, era injusto permitir a los españoles comprar esclavos indios a sus propietarios mientras no cambiara el tipo de esclavitud. Y más injusto todavía aducir el motivo de la guerra, porque en el caso de los indios pacificados, ellos no se levantan, sino que los españoles inventan rebeliones, y en cuanto a los que nunca fueron sujetos a los españoles, «no molestan, ni resisten a la predicación del santo evangelio, sino defiéndense contra las fuerzas y violencias y robos que lleven delante [...] los españoles que dicen que los van a pacificar [...]; a las fuerzas y violencias de guerra,

14. «Fragmentos de la vida y virtudes de don Vasco de Quiroga, primer obispo de Michoacán, escritos por el Lic. Juan José Moreno» (1722), en *Don Vasco de Quiroga* (comp. Rafael Aguayo Spencer), México, Polis, 1940, p. 30.

naturalmente han de responder con defensa, porque la defensa es de derecho natural» (1940, 300). En este documento Quiroga analiza también el problema de los justos títulos de la conquista.

En 1536 fue elegido primer obispo de Michoacán, donde pudo desarrollar una amplia tarea evangelizadora y de promoción entre los indios tarascos, que todavía lo recuerdan como «Tata Vasco». Entre 1547 y 1554 visita España por asuntos de su diócesis, y consigue del emperador exoneración del tributo para los indios de los pueblos-hospitales.[15]

OBRAS

No escribe ninguna obra para ser publicada. Entre sus escritos merecen señalarse:

1535 *Información en derecho*, en Aguayo Spencer, *op. cit.*, pp. 286-406. También editada por Carlos Herrejón, México, Sep, 1985.

1535 *Reglas y ordenanzas para los hospitales de Santa Fe*, en Aguayo Spencer, *op. cit.*, pp. 242-267. También en J.W. Warren, *Vasco de Quiroga y sus pueblos hospitales de Santa Fe*, Morelia, Univ. de Michoacán, 1990, 2.ª ed.

APORTES

2.1. *La «Utopía» realizada*

Al final de su *Información en derecho*, Quiroga alude a Tomás Moro por su obra *Utopía* (1516) sobre la república ideal, «donde su intención parece haya sido proponer, alegar, fundar y probar

15. Durante el tiempo que estuvo Quiroga en Valladolid, que era entonces la capital de España, se celebraron unas reuniones del Consejo de Indias para ver el problema de la perpetuidad de las encomiendas. Entre los invitados estaban La Gasca, que acababa de llegar de «pacificar» el Perú, y Quiroga. El primero, impresionado por lo que acababa de ver en el Perú y por lo poco de fiar que eran los conquistadores españoles para que se le «encomendasen» indios a los que integrar a la vida de la nueva sociedad colonial, especialmente en la fe cristiana, a cambio del tributo que de ellos recibían, siguió la línea contestataria de Bartolomé de Las Casas y se opuso terminantemente. En cambio Quiroga, paradójicamente, va a defender la encomienda perpetua. Él, a pesar de su fe en la utopía y del éxito de sus pueblos-hospitales, toma una postura realista ante la conquista, como un hecho consumado, y juzga que las encomiendas perpetuas van a hacer que los indios sean mejor tratados, por el mismo interés de los encomenderos para conservar a los indios. No sabemos si Quiroga asistió al debate entre Las Casas y Sepúlveda.

por razones las causas, por las que sentía por muy fácil, útil, probable y necesaria la tal república entre una gente tal, que fuese de la cualidad de aquesta, natural de este Nuevo Mundo, que en hecho de verdad es casi en todo y por todo como él allí sin haberlo visto lo pone» (1940, 397). Para ese entonces ya estaban funcionando los dos primeros pueblos-hospitales, y sus ordenanzas, que luego se verán, estaban inspiradas en las normas de la república utópica, como se comprueba por una simple comparación de los textos y porque en la biblioteca de Quiroga había un ejemplar de la *Utopía* profusamente anotado. Sin duda, la bondad que encontraba en el indio americano, el deseo de crear una alternativa al sistema colonial y su anhelo de «plantar un género de cristianos a las derechas, como primitiva Iglesia», fueron los motivos determinantes para que Quiroga tratara de realizar la *Utopía* de Moro. Veamos las ideas de Moro y la visión de Quiroga sobre el indio y la situación colonial:

a) *La «Utopía» de Moro*. El humanista inglés Tomás Moro, canciller de Enrique VII de Inglaterra, escribe en latín en 1516 un ensayo político, cuyo título, *Utopía*, ha venido a convertirse en paradigma de la sociedad ideal y, por lo mismo, irrealizable. Moro, uno de los grandes humanistas del siglo XVI, amigo de Erasmo y de Vives, fue acusado de alta traición y decapitado, y ha sido canonizado por la Iglesia católica. En su obra presenta dos discursos de un marino portugués, Rafael Hitlodeo, amigo de Américo Vespucio, sobre la mejor organización de un Estado, en una conversación que supone que tiene lugar en Amberes y a la que asiste también Moro. Aunque el intento de éste es «solamente referir lo que nos contó acerca de las costumbres e instituciones de los utópicos» el marino portugués, la conversación llega a ese tema «como por un rodeo»,[16] partiendo de la discusión sobre algunos problemas del naciente capitalismo inglés, como el modo de producción capitalista de la lana de oveja y su influjo en el aumento de la criminalidad. En las regiones donde se produce la lana más fina, las tierras ya no se dedican a la agricultura, sino a los pastos, y por el deseo insaciable de conseguir más pastos para aumentar los rebaños, los grandes propietarios arrojan de sus tierras a los pequeños propietarios «por el engaño, o por la fuerza, o les obligan a venderlas, hartos ya de vejaciones [...] derriban las casas, destruyen los pueblos y, si dejan el templo, es para estabular sus

---

16. *Las Utopías del Renacimiento (Moro-Campanella-Bacon)* (Eugenio Imaz, ed.), México, Fondo de Cultura Económica, 1956, p. 11.

ovejas».[17] Tal concentración de la propiedad tiene como consecuencia que disminuyen los puestos de trabajo, «porque un solo pastor [...] se basta para apacentar los rebaños en una tierra que, de sembrarse, exigiría el concurso de muchos brazos», y que la misma tela no resulte más barata, por el funcionamiento de los monopolios, que no la venden «hasta que puedan hacerlo a precio ventajoso». A los agricultores empobrecidos no les queda otra salida que el robo, que no podrá reprimir la más severa justicia. Y esto, «¿qué otra cosa es sino crear ladrones para luego castigarlos?».[18] La raíz última del problema está en la existencia de la propiedad privada.

> Cuando considero en mi interior estas cosas, doy la razón a Platón y no me extraña que no quisiera dar ley ninguna a los que se negaban a repartir con equidad en común todos los bienes. Hombre sapientísimo, previó acertadamente que el solo y único camino para la salud pública era la igualdad de bienes, lo que no creo se puede conseguir allí donde existe la propiedad privada. Pues mientras con títulos seguros cada cual atrae a su dominio cuanto puede, por muy grande que sea la abundancia, unos pocos se la repartirán por completo entre sí dejando a los demás la pobreza. Y casi siempre ocurre que estos últimos —hombres modestos y sencillos que, con su trabajo cotidiano, benefician más al pueblo que a sí mismos— son más dignos de suerte que aquellos otros rapaces, malvados e inútiles.
>
> Por eso estoy absolutamente persuadido de que, si no se suprime la propiedad, no es posible distribuir las cosas con un criterio equitativo y justo [...] Mientras exista, ha de perdurar entre la mayor y la mejor parte de los hombres la angustia y la inevitable carga de la pobreza y de las calamidades [...] Si se estatuyera que nadie posea más que cierta extensión de tierra y se declare como legal para cada ciudadano un cierto límite de fortuna; si se previniere con leyes adecuadas que ningún príncipe fuera demasiado poderoso [...], con estas leyes, repito [...], esos males podrán aliviarse y mitigarse, no habiendo, en cambio, esperanza ninguna de que sanen [...], si cada cual posee algo como propio.[19]

Y a la objeción de Moro de que «no urgiéndole a nadie el deseo de ganancia, la confianza en el esfuerzo ajeno les hará perezosos» —el viejo argumento de los defensores de la propiedad privada—, el marino portugués responde con la vieja seguridad de los socialistas: «No tienes la menor idea de la cuestión [...] Si hubieses

---

17. *Ibíd.*, p. 17.
18. *Ibíd.*, p. 19.
19. *Ibíd.*, pp. 35-36.

estado conmigo en Utopía [...]».[20] Y enseguida se inicia el segundo discurso, en que describe la isla de los utópicos. Tiene 54 ciudades grandes e idénticas en lengua, costumbres e instituciones, de las que Amauroto actúa de capital, y con una zona rural similar, y «ninguna de ellas siente el deseo de ensanchar los confines, pues los habitantes se consideran más bien cultivadores que dueños de la tierra». Las ciudades se componen de familias extensas de tres generaciones por la línea paterna, que cumplen rotativamente su servicio en el agro, donde permanecen cada vez dos años. Se siembra y se tiene más ganado del necesario para repartir los sobrantes entre las ciudades limítrofes. «Hay una ocupación, la agricultura, común a hombres y mujeres y que nadie ignora. Enséñasela a todos desde la infancia»,[21] pero cada persona debe tener además otro oficio. «Los trajes son uniformes [...] y sólo se diferencian según el sexo [...] Cada familia se fabrica los suyos.» La distribución del tiempo se acomoda a un horario rígido, pero la jornada obligatoria de trabajo es sólo de seis horas, pudiendo dedicar el resto de su tiempo libre al cultivo de las letras o a otra ocupación.

A pesar de la jornada limitada de trabajo obligatorio nunca escasean en «Utopía» las cosas indispensables, porque la casi totalidad de la gente trabaja, mientras que en otras sociedades la mayoría de la población es económicamente inactiva. Las comidas se realizan en comedores comunes, y hay mercados también comunes, donde «los cabezas de familia piden lo que necesitan y se lo llevan sin entregar dinero, ni otra compensación» y nadie, por temor a las privaciones, que es la causa de la «codicia y la rapacidad», solicita más de lo necesario. Los viajes se hacen «llevando una carta del príncipe, en la que consta la concesión del permiso y la fecha de regreso», y no se lleva cosa alguna, «pues en todas partes están como en su casa». Los excedentes de la producción, una vez que está asegurado el suministro de todas las ciudades durante un bienio, se venden a otros países para comprar lo que no tienen (casi exclusivamente el hierro), oro y plata, que van a emplearse, sobre todo, para pagar a los soldados mercenarios en caso de guerra. Porque dentro de la isla, como no hay moneda, el oro y la plata no tienen más valor que el natural y se utilizan, sobre todo, para la fabricación de bacinicas, de grilletes para aprisionar a los esclavos y de zarzillos para difamar a los criminales.

---

20. *Ibíd.*, p. 37.
21. *Ibíd.*, p. 95.

La organización política es democrática: cada 30 familias eligen anualmente un filarca, y todos los filarcas eligen anualmente al jefe de la ciudad, que es un cargo vitalicio. Para tratar los asuntos comunes a la isla, tres delegados de cada ciudad se reúnen anualmente en la capital. «Abominan la guerra como cosa totalmente bestial, aunque ningún animal la ejercita tanto como el hombre.»[22]

Así continúa una larga descripción de las costumbres e instituciones de los utópicos en el orden familiar, educativo, político, económico y religioso. Es fácil descubrir un modelo de organización social, que se convierte en una crítica de los sistemas sociales existentes y también en una reflexión sobre la «condición humana». Este fue el marco teórico con el que Quiroga construyó su utopía.

b) *Visión del indígena mexicano*. La impresión de Quiroga, al tener que tomar cuenta de la 1.ª Audiencia de México y resolver los problemas de la población indígena, debió de ser compleja: por una parte, pudo ver toda la dureza del régimen colonial en la época más crítica del primer gobierno civil, cuando Cortés había ido a defenderse ante el rey de España y cuando todavía no se habían dado las Nuevas Leyes ni se había organizado el virreinato; por otra parte, pudo ver toda la debilidad de la población indígena, que parecía tan lejana a todas las intrigas de las luchas internas de los conquistadores, lo que contribuyó a idealizarla y a pensar, como lo harán tres siglos después los filósofos de la ilustración, en el «buen salvaje». Quiroga cree que el indio vive todavía la primera edad dorada:

> Por do algunas veces me paro a pensar en este gran aparejo que veo, y me admiro cierto mucho conmigo, porque en esta edad dorada de este Nuevo Mundo y gente simplicísima, mansuetísima, humildísima, obedientísima de él, sin soberbia, ambición, ni codicia alguna, que se contenta con tan poco y con lo de hoy sin ser solícitos por lo de mañana, sin tener cuidado, ni congoja alguna por ello que les dé pena, como en la verdad no la reciben por cosa de la vida; que viven en tanta libertad de ánimos, con menosprecio y descuido de los atavíos y pompas de este nuevo infelice siglo, con cabezas descubiertas y casi en el desnudo de las carnes, y pies descalzos, sin tratar monedas entre sí y con gran menosprecio del oro y de la plata [...] y en verlos dormir como duermen en el suelo sobre petates y piedras por cabecera por la mayor parte y no tener, ni querer, ni desear otro ajuar en su casa más que un petate en que duermen y

22. *Ibíd.*, pp. 79-80.

una piedra en que muelen maíz y otras semillas que comen, y pagar con tanta simplicidad y verdad y buena voluntad lo que deben [...]; y en fin de verles, casi en todo, en aquella buena simplicidad, obediencia y humildad y contentamiento de aquellos hombres de oro del siglo dorado de la primera edad, siendo como son por otra parte tan ricos ingenios y pronta voluntad y docilísimos y muy blandos y hechos como de cera para cuanto de ellos se quiera hacer [1940, 385].

Más aún, el anciano magistrado, que todavía es laico y sólo tres años después será ordenado obispo, ve en la naciente Iglesia indígena un reflejo de la primitiva Iglesia y en los indios a «perfectos y verdaderos cristianos», aunque no tengan fe ni instrucción cristiana:

Me parece cierto que veo [...] en esta primitiva nueva y renaciente Iglesia de este Nuevo Mundo, una sombra y dibujo de aquella primitiva Iglesia [...] del tiempo de los santos apóstoles y de aquellos buenos cristianos, verdaderos imitadores de ellos [...]; aquestos naturales vémoslos todos, naturalmente dados e inclinados a todas estas cosas, que son fundamento y propias de nuestra fe y religión cristiana, que son humildad, paciencia y obediencia, y descuido y menosprecio de estas pompas, faustos de nuestro mundo y de otras pasiones del ánima, y tan despojados de todo ello, que parece que no les falta sino la fe y saber las cosas de la instrucción cristiana, para ser perfectos y verdaderos cristianos; y por eso no sin mucha causa, éste se llama Nuevo Mundo, porque así como estos naturales de él, aún se están, a todo lo que ellos parece, en la edad dorada de él, así ya nosotros habemos venido decayendo de ella [...] y venido a parar en esta edad de hierro [1940, 386].

Sin embargo, Quiroga es testigo de la edad de hierro que los españoles están viviendo y que han traído a América. Según Gibson, en su obra ya citada, *Los aztecas bajo el dominio español*, el «número de encomiendas en el valle de México en la década de 1530 se mantuvo en 30, con alrededor de 180 mil tributarios indígenas»,[23] y «la historia de la primera generación de encomiendas en el valle y fuera de éste, es de abuso generalizado y de atrocidades singulares. Los encomenderos utilizaban a los indígenas para todas las formas de trabajo [...], les cobraban excesivos tributos [...], los encarcelaban, los mataban, los golpeaban y los hacían perseguir por sus perros».[24] Tal es el marco social en el que Quiroga construye su Utopía.

---

23. Ch. Gibson, *Los aztecas bajo el dominio español (1519-1810)*, México, Siglo XXI, 1967, p. 66.
24. *Ibíd.*, p. 82.

Ya se vio la fundación de los dos primeros pueblos-hospitales. Para el pensamiento antropológico resulta más significativo la exposición y análisis de las *Reglas y ordenanzas para los hospitales de Santa Fe*:

1. En el pueblo-hospital deben cultivarse todos los oficios útiles (tejedores, canteros, carpinteros, albañiles, herreros y otros semejantes), para no tener que depender de fuera.

2. Pero la agricultura es el oficio común, que todos deben saber y practicar desde la niñez:

> *Ítem*, [...] todos habéis de saber bien hacer, y ser ejercitados y diestros en el oficio de la agricultura, desde la niñez, con mucha gana y voluntad porque ha de ser este oficio común a todos, para cada y cuando y según y como se os mandare [...]; en la cual agricultura [...] también a los niños que se criaren en el Hospital, juntamente con las letras del ABC y con la doctrina cristiana y moral de buenas costumbres [...] ejercitaréis y haréis que se ejerciten [1940, 249].

Como en la *Utopía* de Moro, en el pueblo-hospital todos deben ejercer la agricultura; sólo así se resuelven de un modo justo las relaciones campo-ciudad, sin que los campesinos resulten ciudadanos de segunda categoría.

3. Todos deben dedicarse al trabajo, que es poco y moderado, pues se limita a seis horas de trabajo en común, y sirve para la propia utilidad, «así en el ánima como en el cuerpo», sin rehuirlo perezosamente o sin licencia legítima.

4. Los frutos obtenidos con el trabajo común se distribuirán «según que cada uno, según su calidad y necesidad, manera y condición, lo haya menester para sí y para su familia, de manera que ninguno padezca en el Hospital necesidad». Lo sobrante debe servir «para obras pías y remedio de los necesitados» (1940, 250).

5. Junto a cada casa habrá un huerto familiar, sobre el cual no hay derecho de propiedad, sino sólo usufructo perpetuo, y en caso de que el cabeza de familia muere o abandone el pueblo-hospital, el derecho pasa a los hijos o nietos, mayores, casados, «por su orden y prioridad». Toda la propiedad de los huertos y cualquier bien raíz

> se quede perpetuamente inajenable en el dicho Hospital [...] para la conservación, mantención y concierto de él [...], sin poderse enajenar, ni conmutar, trocar ni cambiar en otra cosa alguna [...]; porque, si de otra manera fuese, se perdería esta buena obra [1940, 251].

199

6. La meta última del cumplimiento de estas ordenanzas era conservar la vida sencilla de los indios y librarlos de la codicia, soberbia y ambición, «las tres fieras bestias que todo en este mundo lo destruyen y corrompen»:

> *Ítem*, os aprovechará también la guarda de lo dicho para que así, viviendo en este concierto y buena policía, fuera de necesidad y mala ociosidad y codicia demasiada y desordenada, demás de salvar vuestras ánimas, os mostréis gratos a los beneficios recibidos de Dios [...], sin pérdida ni menoscabo de vuestra buena obediencia, simplicidad, humildad y poca codicia que en vosotros naturalmente parece haber, y sin falta de la debida y honesta diligencia y prudencia, que os conviene mucho a todos tanto tener cuanto os falta, y fuera del peligro de las tres fieras bestias que todo en este mundo lo destruyen y corrompen, que son soberbia, codicia y ambición, de que os habéis y os deseamos mucho apartar y guardar, quitándoos lo malo y dejándoos lo bueno de vuestras costumbres, manera y condición [1940, 252].

Quiroga quería conservar la actitud fundamental ante la vida de los indígenas, que era la propia de aquella primera edad dorada, y también aquellas costumbres que no se opusieran al ideal cristiano; además quería liberar a los indios de la mentalidad de lucro del naciente capitalismo, que se describe en el primer libro de la *Utopía* de Moro. Es el problema todavía no resuelto de «incorporar al indio» a la nacionalidad, sin darle una mentalidad capitalista en que la riqueza sea el valor supremo, sino conservando su sistema de valores, donde lo económico es un valor más.

7. Los que abandonan el hospital, pueden hacer el bien, enseñando a los demás la «doctrina, policía y oficios» que hayan aprendido.

8. Los hijos de los vecinos del pueblo-hospital deben casarse entre sí o con los «comarcanos», ellos desde los catorce años y ellas desde los doce, según orden de la Iglesia y no clandestinamente.

9. Enseñanza de la agricultura a los niños en la escuela:

> *Ítem*, que la manera para ser los niños, desde su niñez, enseñados en la agricultura, sea la siguiente. Que después de la horas de la doctrina, se ejerciten dos a la semana en ella, sacándolos su maestro u otro para ello diputado al campo, en alguna tierra de las más cercanas a la escuela, adotada o señalada para ello, y esto a manera de regocijo, juego o pasatiempo, una hora o dos cada día, que se menoscabe aquellos días de las horas de la doctrina, pues esto también es doctrina y moral de buenas costumbres, con sus «coas» o

instrumentos de la labor, que tengan todos para ello; y que lo que así labraren y beneficiaren, sea para ellos mismos, que beneficien y cojan todos juntos, en que se enseñen y aprovechen, y repartan después de cogido todo entre sí [...], a vista y parecer de su maestro, con alguna ventaja que se prometa y dé a quien mejor lo hiciere [1940, 253].

Es lo que la moderna pedagogía llama enseñanza activa, combinándola con el juego y educando la responsabilidad y la solidaridad.

10. Por su parte las niñas deben aprender los oficios propios de la mujer, especialmente el trabajo en los telares de lana, lino, seda y algodón y en los huertos familiares.

11. La unidad básica del pueblo-hospital es la familia patriarcal, organizada jerárquicamente.

12. Cuando vayan a trabajar al campo, todos los integrantes de la familia extensa deben ir juntos bajo la autoridad del patriarca, quien debe corregir y, aunque él mismo pueda estar exonerado del trabajo corporal, debe proceder con el ejemplo.

13. Para la construcción y reparación de las casas y edificios públicos debe recurrirse al trabajo común.

14. De las «familias urbanas» del hospital se provee a la atención de las estancias, señalando el principal y regidores a los que deben vivir en el campo por un período de dos años.

15. Todas las «familias rústicas», mientras cumplan su bienio en las estancias, estarán bajo la autoridad de un «veedor», que tendrá informadas a las autoridades del hospital (rector, principal y regidores); la renovación de las familias rústicas será parcial para asegurar el aprendizaje de las recién llegadas.

16. En las estancias del campo las familias rústicas han de criar aves de toda clase, así de Castilla como de la tierra, y ganados (ovejas, cabras, vacas y puercos) y animales serviles (especialmente bueyes, que sirven para el trabajo y pueden sacrificarse para utilizar su carne, cuero y sebo), a fin de satisfacer las necesidades del pueblo-hospital.

17. En las estancias del campo se han de sembrar plantas de diferentes tipos (lino, cáñamo, trigo, maíz, cebada y «orozuz, cuya raíz es pectoral») y en cada estancia debe haber una huerta grande, para hortalizas y árboles frutales de Castilla y de la tierra: este trabajo agrícola será realizado por todos (familias urbanas y rústicas), según el ciclo agrícola, y su fruto será distribuido también entre todos. Cuando no hay trabajo en el campo, «porque no les dañe la ociosidad, unos saquen piedra y labren y la cuadren, otros

corten madera y la devasten, y otros cojan grama, cochinillas y archilla, donde se dieren; otros hagan otras cosas y obras que convengan [...] para dicho Hospital [...] al respecto de las 6 horas dichas» (1940, 256).

18. Cada año se siembre el doble, para tener asegurado el sustento en los años malos; cuando así se acumula más de lo necesario, se puede vender y depositar el dinero en la caja común.

19. La caja común debe tener tres llaves, que deben estar en poder del rector, del principal y del regidor más antiguo, y sobre el fondo común debe haber un informe anual. «Haciéndolo así, pocas veces o ningunas, os veréis en necesidad, antes vosotros podréis socorrer a muchos necesitados» (1940, 257).

20. Cuando la familia extensa patrilocal crezca excesivamente (más de 10 o 12 matrimonios), se debe formar otro grupo familiar patrilineal.

21. Cada familia confeccione sus vestidos, que deben ser de la misma clase y hechura, fuera de las diferencias de varón y mujer y entre éstas de soltera y casada («os conforméis todos en el vestir de una manera, lo más que podáis, y de vestidos conformes los unos a los otros en todo, porque sea causa de más conformidad entre vosotros, y así cese la envidia y la soberbia de querer andar vestidos y aventajados los unos más y mejor que los otros, de que suele nacer [...] disensión y discordia» [1940, 258]).

22. Cuando algún miembro de hospital se quiera ir a pasar un día o más a las estancias, debe conseguir el respectivo permiso, hacer el trabajo que se le asigne y recibir el alimento como los demás estancieros.

23. La soberanía del pueblo-hospital radica en los padres de familia, quienes deben elegir al principal, por un período de tres años, pudiendo ser reelegido, y a los tres o cuatro regidores por un período de un año. La elección debe hacerse por voto secreto, «dicha la misa del Espíritu Santo y habiendo jurado en forma que elegirán a todo entender al más hábil, útil y suficiente al pro y bien común de la República del Hospital, sin pasión, ni afición». El principal ha de ser «buen cristiano, de buena vida y costumbres y ejemplo [...]; manso, sufrido y no más áspero y riguroso que aquello [...] que convenga para hacer bien su oficio»; los regidores se eligen cada año, «de manera que ande la rueda por todos los casados hábiles». El principal y regidores, una vez elegidos, eligen a los demás oficios del hospital, «por todos los hábiles para ellos, igualmente por su rueda y sin hacer agravio a ninguno». Además en el hospital había un rector, ordinariamente un eclesiástico (1940, 249-250).

24. El gobierno ordinario lo ejercen el principal y los regidores, que deben reunirse cada tres días por lo menos:

> Si el tiempo o la necesidad diere lugar a ello, no lo determine luego al primer juntamiento, hasta que en otro o en otros dos, lo hayan bien entre sí tratado y discutido, sin votar sobre ello; porque acontece que, después de haber votado, se trabaja más en sustentar su voto cada uno que es lo del pro y bien de la república. Que cuando así lo hubieren bien platicado y acordado todo, o cualquier cosa o parte de ella que sea de importancia, den parte de ello al Rector [1940, 261].

25. Todos los años deben visitarse las tierras del pueblo-hospital y renovarse los mojones, de acuerdo a los títulos de propiedad que se guardan en la caja común.

26. Los pleitos que surjan deben resolverse con el rector y los regidores, «llana y amigablemente y todos digan la verdad y nadie la niegue, porque no haya necesidad de ir a quejarse al juez a otra parte, donde paguéis derechos y después os echen en la cárcel» (1940, 261).

27. Debe contar el pueblo-hospital con graneros y depósitos para el trigo, el maíz y las demás semillas y granjerías que se recogen en común.

28. De la limpieza:

> *Ítem*, procuraréis todos la limpieza de vuestras ánimas y de vuestras personas, de manera que se conforme todo, y parezca por defuera, en el cuerpo, la limpieza que haya dentro en el alma. Y nos os vistáis de vestidos curiosos, ni costosos demasiado, como está dicho arriba, ni os invijéis, ni pintéis, ni os ensuciéis los rostros, manos, ni brazos en manera alguna, como lo solíades hacer, salvo si fuere por medicina útil y necesaria, porque así como es loable la limpieza, así es vituperable la suciedad, y andar sucios o querer añadir en lo de la disposición corporal que Dios Nuestro Señor plugo dar a cada uno [1940, 262].

29. No se debe escarnecer a los mal dispuestos o mal vestidos, contrahechos, tullidos, mancos, cojos, ni ciegos, sino tenerles mucha compasión.

30. Para los enfermos debe construirse una enfermería grande, con una sala especial para enfermedades contagiosas, con una capillita para que puedan oír misa y con todos los servicios a cargo del mayordomo y del despensero; además, debe pagarse al boticario y médico que los atiendan, y los sanos deben visitar a los enfermos.

31. Cuando haya misa entre semana, los que puedan deben asistir.

32. De la exclusión del pueblo-hospital:

> *Ítem*, que si alguno de vosotros o de vuestros sucesores en este dicho Hospital, haciere cosa fea y de mal ejemplo, por do no merezca ni convenga estar en él, y de ello se recibiese escándalo y desasosiego, por ser revoltoso o escandaloso o mal cristiano, o se emborracha, o demasiado perezoso, o que no quisiere guardar estas Ordenanzas o fuere o viniere contra ellas, y fuere en ello incorregible, o fuere o viniere contra el pro y bien común de este dicho Hospital, sea luego lanzado de él, y restituya lo que de él se aprovechó, como ingrato del bien en él recibido, y así el Principal y Regidores del dicho Hospital lo ejecuten, con parecer del Rector del dicho Hospital [1940, 263].

33. La fiesta titular del pueblo-hospital es la Exaltación de la Santa Cruz, que debe celebrarse todos los años con solemnidad, lo mismo que los santos titulares del templo y de las ermitas. En las fiestas principales y sobre todo en la pascua deben todos reunirse para comer juntos.

Del análisis de estos puntos resulta claro que Quiroga trata de construir la Utopía sin romper con el sistema colonial. No podía plantearse esta ruptura porque era funcionario público de la corona; pero piensa que, manteniendo la autonomía económica (los pueblos-hospitales no pagan tributo, se autoabastecen y sólo en determinadas ocasiones venden sus excedentes) y administrativa (los pueblos-hospitales se autogobiernan, con la excepción de la función de supervigilancia que realiza el eclesiástico que hace de rector) y motivando a los indígenas para que mantengan sus virtudes de la edad dorada, a la luz del evangelio que se les predica, se puede lograr una sociedad ideal. Los resultados confirmaron la esperanza de don Vasco.[25] No es éste el lugar para hacer un estudio de la evolución de los dos pueblos-hospitales, pero hay testimonios abundantes de que la experiencia se mantuvo por mucho tiempo y que llegó a agrupar a muchos indios, que acudían espontáneamente a incorporarse al pueblo-hospital.[26]

---

25. Sobre la población, Juan de Grijalva, en su *Crónica de la orden de N.P. San Agustín en las Provincias de la Nueva España* (México, 1624, edad I, cap. IX, fol. 15 vuelta) habla primero de 12.000 y más abajo de 30.000. Sobre la realización de la utopía, puede verse el juicio de Silvio Zavala, *La «Utopía» de Tomás Moro en la Nueva España*, México, 1947.

26. Aguayo, *op. cit.*, p. 203. Puede consultarse también a J.B. Warren (1990), ya citado, y la biografía de Rubén Landa, *Vasco de Quiroga*, Barcelona, Grijalbo, 1965.

3. Antonio Ruiz de Montoya (1585-1652)

Nace y muere en Lima, aunque pasa la mayor parte de su vida como misionero de las reducciones del Paraguay. Criollo, estudia en el colegio de los jesuitas de Lima, pero interrumpe sus estudios pensando hacer una mejor carrera primero en la conquista de Chile y luego en España. Ya estaba en Panamá cuando decide regresar para retomar sus estudios e ingresar en la Compañía de Jesús. En 1607, a los pocos meses de ingresar, es enviado a la nueva provincia del Paraguay, donde completa sus estudios sacerdotales y en 1612 inicia el trabajo en las reducciones guaraníes. Éstas se habían iniciado dos años antes, con su característica fundamental, que va a ir modelándose paulatinamente, de ser pueblos de indios que se hacían cristianos, sujetos al rey de España, pero no gobernados por los españoles, sino por los indios mismos bajo el consejo paternal de los misioneros.

Más de veinticinco años seguidos trabaja entre los guaraníes, interviniendo en la fundación de 11 nuevas reducciones, y desde 1620, es el superior general de todas ellas. En 1628 comienzan las incursiones de los colonos portugueses de Sao Paulo para aprisionar a los indios de las reducciones y hacerlos esclavos. Ruiz de Montoya tiene que dirigir la resistencia y en 1631 se ve obligado a conducir a los que quedaban a nuevos territorios. Como las incursiones de los paulistas siguen produciéndose, en 1638 Ruiz de Montoya se dirige a Madrid para conseguir licencia del rey para armar a los indios.

Habiendo obtenido dicha licencia, regresa en 1643 al Paraguay vía Lima para asegurar la ejecución de las autoridades en la capital del virreinato. Durante su estancia en Madrid ha aprovechado para publicar sus dos principales obras y para defender la obra de las reducciones con extensos memoriales. Ya había llegado a Chuquisaca, camino del Paraguay, cuando recibió orden de regresar a Lima para solucionar nuevos problemas de las misiones guaraníes. En esta ciudad le sorprendió la muerte; pero, por deseo ex-

---

Landa en el capítulo dedicado a los pueblos-hospitales transcribe parte del juicio de residencia contra don Vasco; entre los testigos el guardián del monasterio de Michoacán dice: «[...] fue muy de ver, e qué más convertidos están que otros naturales de otras ciudades y comarcas, y que allí les enseñan a leer, a cantar y hacer otras cosas, y que en lo que dice la pregunta de los chichimecas este testigo ha visto a muchos de ellos, que vienen huyendo de sus tierras y naturalezas se acogen a leer en el dicho hospital, e que cree que se allegan del buen olor que hay en el dicho hospital [...], que viven e tan limpiamente como pueden vivir monjas y frailes» (p. 170).

preso suyo, su cadáver fue llevado hasta el Paraguay, para ser enterrado en la reducción de Loreto.

OBRAS

1639 *Conquista espiritual hecha por los religiosos de Compañía de Jesús en las provincias del Paraguay, Paraná, Uruguay y Tapé,* Madrid; 2.ª ed., Bilbao, Mensajero, 1892.

1639 *Tesoro de la lengua guaraní,* Madrid, Juan Sánchez.

1640 *Arte y Vocabulario de la lengua guaraní,* Madrid, Juan Sánchez.

1640 *Catecismo Guaraní,* Madrid, Diego Díaz de la Carrera.

1643 *Memorial al rey.*[27]

1650? *Sílex del Divino Amor;* ed. de José Luis Rouillon, Lima, Pontificia Universidad Católica del Perú, 1991.

APORTES

3.1. *La construcción de la utopía*

> Llamamos reducciones —escribe Ruiz de Montoya en la *Conquista*— a los pueblos de indios, que, viviendo a su antigua usanza en montes, sierras y valles, en escondidos arroyos, en tres, cuatro o seis casas solas, separados a legua, dos, tres y más unos de otros, los sedujo la diligencia de los Padres a poblaciones grandes y a vida política y humana, a beneficiar algodón con que se vistan [1892, 29].

El «modelo» de las reducciones del Paraguay no nació perfecto en 1610. Aunque algunos de los misioneros que inician la experiencia paraguaya han trabajado en la reducción aymara de Juli, ahora las condiciones objetivas son diferentes. En el caso de Juli se trataba de reducir a indios, que eran parte de la alta cultura del Tawantinsuyo, después de derrotarlos políticamente, tratando de salvar su cultura y de minimizar la relación colonial, pero sin poder suprimir la mita minera, por estar en el área de las 16 provincias que mitaban para Potosí. En cambio, en el Paraguay se trata de reducir a

---

27. Recogido en apéndice 53 (II, 620-639) por Pablo Hernández, quien ha escrito probablemente el estudio más completo sobre las reducciones en su obra *Organización social de las doctrinas guaraníes de la Compañía de Jesús,* Barcelona, Gustavo Gili, 1913, tomo I, 608 pp., y tomo II, 740 pp.

indios que tenían la cultura guaraní del bosque tropical, con agricultura de roza y quema y organización social tribal de varias familias bajo la autoridad de un cacique («tubichá»), que eran invitados libremente a formar parte de los pueblos-reducciones, en los que se mantenían algunos elementos de la cultura ancestral (la lengua, la autoridad de los caciques, etc.), pero se creaba una cultura nueva y no se tenía más relación con el mundo exterior que el tributo, que se pagaba al rey, y el comercio (donde se darán los conflictos con la sociedad colonial, pues las reducciones podían saturar el mercado de ciertos productos). Además, en el Paraguay hubo que hacer una serie de ajustes, para adaptarse a la realidad cambiante, en el poco más de siglo y medio que duraron las reducciones.

Pero, de todos modos, las ideas fundamentales de las reducciones del Paraguay aparecen ya en la *Conquista espiritual* de Ruiz de Montoya, capítulo XLV, que el autor consagra a «algunas advertencias generales», que son comunes a todas las reducciones», sin que esto quiera decir que el jesuita limeño sea el creador de las reducciones. Dichas ideas fundamentales de organización de las reducciones son tres:

1) *Ruptura de las relaciones coloniales.* Los misioneros imponen la separación de los indios y de los españoles y niegan toda forma de trabajo personal de los indios. La razón básica de esta decisión de los misioneros jesuitas era la imposibilidad de predicar el evangelio, porque los agravios que reciben los indios de los españoles quitan credibilidad a la predicación. Montoya escribe:

> Los efectos de estos agravios referiré: el uno sea, no querer los gentiles recibir el Evangelio. El segundo, los ya cristianos detestarlo; porque si por el oído oyen la justificación de la ley divina, por los ojos ven la contradicción humana ejercitada en sus obras. En muchas provincias hemos oído a los gentiles este argumento, y visto retirarse de nuestra predicación, infamada por los malos cristianos [1892, 40].

Por eso, los misioneros no evangelizan a indios que han sido conquistados previamente por los españoles, sino que emprenden una «conquista espiritual», aunque los indios queden bajo la jurisdicción última del rey de España:

> No han entrado los españoles a aquella tierra, por haberla conquistado sólo el Evangelio, y porque nuestro deseo ha sido que estos indios los ampare su majestad [...] y que le paguen el tributo justamente debido. No ha faltado quien avise a esta corte que nos alzamos con los indios y que no queremos que entren españoles a sus pueblos [...]; bien deseamos que estos tales no los vean de sus ojos, porque, si bien hallarán cosas muchas de qué edificarse, no sé si

ellos edificarán mucho a los indios. De estos tales están muchos a la mira, deseosos que su Majestad se les encomiende (pasados los diez años que su Majestad les ha concedido de libertad, desde su bautismo) y les ponga el incomparable yugo del servicio personal, traza que inventó Faraón para aflicción del pueblo israelítico, y con que han muerto en las Indias infinidad de gentes, y aun sin esperanza de vida eterna, por falta de doctrina; que la continua ocupación [...] de este diabólico servicio personal les ha quitado el tiempo de aprenderla y de ejercitarla [1892, 199-200].

Ruiz de Montoya tenía muy grabado el recuerdo de su primer contacto con pueblos guaraníes bajo encomenderos españoles, dedicados a la explotación del mate, la «yerba del Paraguay»,[28] como cuenta en el capítulo VII de la *Conquista espiritual*. Lo reciben en un pueblo de 170 familias, y cuando pasa por allí a los pocos años, sólo hay 50 familias, y comenta: «de este común desmedor de los indios sujetos o encomendados a españoles, ya no se pregunta la causa por ser tan sabida, ni causa admiración, ni aun se repara por ser común». Describe la explotación de la yerba por los indios en el pueblo:

Está fundado este pueblo en un pequeño campo rodeado de casi inmensos montes de árboles silvestres [...] de que hacen la yerba que llaman del Paraguay. Son muy altos, hojosos y gruesos, la hoja es algo gruesa, la hechura de lengua. Derriban estos árboles [...] Los gajos de estos árboles se ponen en unos zarzos, y a fuego manso los tuestan, y la hoja la muelen con no pequeño trabajo de los indios, que sin comer en todo el día más que los hongos, frutas o raíces silvestres, que su ventura les ofrece por los montes, están en continua acción y trabajo, teniendo sobre sí un cómite, que apenas el pobre indio se sentó un poco a tomar resuello, cuando siente su ira envuelta en palabras y a veces en muy gentiles palos. Tiene la labor de aquesta yerba consumidos muchos millares de indios; testigo soy de haber visto por aquellos montes osarios bien grandes de indios, que lastima la vista el verlos [...]
Hechos ya en cada alojamiento, aduar de ellos, 100 y 200 quintales, con ocho o nueve indios los acarrean, llevando a cuestas cada uno cinco o seis arrobas 10, 15, 20 y más leguas, pesando el indio

28. Dice Hernández en la obra citada: «La yerba mate, *Ilex Paraquariensis DC.*, no tiene de yerba sino el nombre, porque es, no yerba, sino es hoja de árbol después de tostada y molida. El árbol que la produce es en su figura y su hoja, muy parecido al naranjo y alcanza desde 5 metros hasta 10 y 12 de altura, dándose algunos ejemplares que llegan a 15. Su región geográfica es la América del Sur entre los 25° y los 32° de latitud Sur, y muy en especial en los parajes cercanos a los ríos Uruguay y Paraná. Sólo los indios guaraníes [...] conocieron y tuvieron uso común de la yerba» (I, 198).

mucho menos que su carga [...] ¡Cuántos se han quedado muertos recostados sobre sus cargas, y sentir más el español no tener quien se la lleve, que la muerte del pobre indio! ¡Cuántos se despeñaron con el peso por horribles barrancas, y los hallamos en aquella profundidad echando la hiel por la boca! ¡Cuántos se comieron los tigres por aquellos montes! Un solo año pasaron de 60 [1892, 34-36].

Por eso, la primera idea de las reducciones era separar a los indios de los españoles.

2) *Organización de la vida económica y social del pueblo*. Las advertencias generales de R. de Montoya dicen al respecto:

> Son todos labradores y tiene cada uno su labranza aparte, y en pasando de 11 años tienen ya su labranza los muchachos, a que se ayudan unos y otros con mucha conformidad; no tienen compras ni ventas, porque con liberalidad y sin interés se socorren en sus necesidades, usando de mucha liberalidad con los pasajeros y con esto cesa el hurto, viven en paz y sin litigios [1892, 197].

Y aunque la propiedad de la tierra de cada labrador es privada (cada uno tenía su «abambaé»), enseguida se institucionalizó el «tupambaé» (propiedad de Dios y de los pobres), un terreno común que se destinó al sostenimiento de las iglesias, de las viudas y enfermos y a cualquier emergencia; al «tupambaé» pertenecían igualmente los rebaños de ganado vacuno y el trabajo de la yerba, que se recolectaba tanto para el uso diario de los indios como para el pago del tributo: sin embargo, se logró hacer huertos de yerba mate para el uso diario en los mismos pueblos, a fin de que los indios no tuvieran que subir a «hacer yerba» por el alto Paraná y alto Uruguay.

En cuanto a las demás actividades económicas, dice R. de Montoya:

> Son en las cosas mecánicas muy hábiles; hay muy buenos carpinteros, herreros, sastres, tejedores y zapateros, y si bien nada de esto tuvieron, la industria de los Padres los ha hecho maestros, y no poco en el cultivo fácil de la tierra con arado; sin notablemente aficionados a la música, que los Padres enseñan a los hijos de los caciques, y a leer y a escribir; ofician las misas con aparato de música, a dos y tres coros; esméranse en tocar instrumentos, bajones, cornetas, fagotes, arpas, cítaras, vihuelas, rabeles, chirimías y otros instrumentos, que ayudan mucho a traer a los gentiles y al deseo de llevarnos a sus tierras al cultivo y enseñanza de sus hijos [1892, 198-199].

En cuanto a la organización social, desapareció la poliginia guaraní en la organización familiar, pero se mantuvo la autoridad de los caciques, bajo la vigilancia de los misioneros; a las autoridades indígenas de las reducciones, según las ordenanzas del virrey Toledo (alcaldes, regidores, alguaciles, etc.), hay que añadir el corregidor de indios, que era un indio y no un español como en el Perú. Los pueblos estaban perfectamente planificados, con servicios comunes (como el hospital; en algunos pueblos, la imprenta, etc.) y templos de piedra de gran belleza y de rica imaginería que todavía se conservan.

Ruiz de Montoya se refiere también a estos aspectos en sus advertencias generales:

> No tiene lugar en ellos la embriaguez [...] Si algún descuido en la castidad se reparó en alguno, el cuidado y celo de los caciques, padres de familia y alguaciles, pone luego remedio eficaz con ejemplar justicia. Rondan de noche el pueblo y, si cogen algún sospechoso, lo corrigen; amancebamiento ni por imaginación se conoce, porque su castigo fuera perpetuo destierro. Procúrase que se casen con tiempo, antes que el pecado les prevenga.
>
> Hanse erigido hospitales donde se curan los pobres y los varones aparte de las mujeres; les han enseñado los padres a sangrar [...]; tienen señalados enfermeros que con vigilancia acuden a su oficio: otras cosas usan a este modo que forman una muy política república [1892, 199].

Se estableció un régimen de gobierno severo, donde todos tenían satisfechas las necesidades básicas, y donde se intensificó el cultivo religioso, que es el tercer elemento fundamental de las reducciones.

3) *El cultivo religioso profundo.* Ruiz de Montoya escribe al respecto:

> Al rayar del día en todo el año oyen misa, y desde la iglesia acuden al trabajo, que logra muy bien preparación tan religiosa, y aunque el sacramento de la confesión lo ejercitan luego, la comunión se les dilata por algunos años, a unos más y a otros menos, que, aunque la capacidad de aquella gente es muy conocida en aprender las cosas de la fe y en lo mecánico, la dureza en los de mayor edad suele ser mucha.
>
> Los capaces comulgan cuatro veces al año, en que tienen público jubileo, con preparación de sermones y ejemplos, ayunos, disciplinas y otras penitencias. Los de la congregación de la Virgen y otros que no lo son, frecuentan la confesión cada ocho días y los menos cuidadosos cada mes, rastrean en la confesión cosas muy menudas de la ingratitud con que corresponden a Dios [...]
>
> Celebran las fiestas principales [1892, 197-198].

A lo largo de la *Conquista espiritual* y, sobre todo, en aquellos capítulos destinados a contar ejemplos edificantes de la vida cristiana de los indios, se recoge mucha información sobre este punto. Y es explicable, porque la obra de Ruiz de Montoya, que es una defensa apasionada de los indios, quiere demostrar también la profundidad de su vida cristiana cuando un sistema adecuado —diferente del «diabólico servicio personal»— permite «aprenderla y ejercitarla», como dijo anteriormente. Ya estaban lejos los tiempos de la duda sobre la capacidad religiosa de los indios; la defensa de Acosta de la madurez cristiana de los indios cuando se les evangeliza adecuadamente, en su obra *De procuranda*, va a confirmarse con la experiencia que inician sus hermanos jesuitas treinta años después en el Paraguay.

Debajo de la apología no había sólo un problema teológico. Había también un problema político, porque Ruiz de Montoya demuestra que los indios guaraníes son capaces de una vida cristiana a la altura de los grandes místicos criollos o europeos (campo que él conocía personalmente, a pesar de ser un hombre de acción, como se desprende de su obra *Sílex del Divino Amor* y del testimonio de sus contemporáneos). Era una prueba de que hasta lo más sutil de la cultura europea estaba abierta a los indios, que acababan de dejar la vida tribal, la poliginia y la antropofagia ritual. Es cierto que el misticismo no era fruto sólo de la vida casi monacal de las reducciones, sino un sustrato de la cultura guaraní. Todavía los actuales guaraníes, aunque no sean chamanes, reciben la inspiración a través de sueños, donde escuchan un «canto», o varios, que en parte calificarán el porvenir de dicha persona.

La ruptura de las relaciones coloniales, la organización social y económica para satisfacer las necesidades de todos y el cultivo religioso profundo eran los tres elementos fundamentales de la construcción de la utopía, que Ruiz de Montoya contribuyó a inventar y realizar. La autonomía de esta «república de indios» sólo estaba limitada por el tributo que debía pagarse anualmente al rey de los yerbales que formaban parte del «tupambaé». En cuanto al poder judicial (aunque Montoya no alude a este punto en su obra), los jesuitas del Paraguay, al contrario que sus hermanos del Marañón, decidieron que cuando un indio cometía algún delito grave, penado por el código penal vigente, como por ejemplo un asesinato, no se le debía entregar al corregidor español más cercano, sino juzgarlo dentro de las mismas reducciones.[29] Y en cuanto al poder militar, fue Montoya quien consiguió de

29. Esta norma jurídica fue cristalizando, poco a poco, en la vida de las reducciones. Cuando el padre Juan Pastor, procurador de la provincia de Paraguay, llega a Roma en 1646, hace una consulta al general de los jesuitas: «Duda hay de lo que será

Felipe IV, después de interminables negociaciones en Madrid y Lima, que las reducciones tuvieran su propio ejército. Se debió a las incursiones que, a partir de 1628, iniciaron los «mamelucos» de São Paulo, en compañía de ejércitos de tupís. Los paulistas, conociendo la población de las reducciones y la ausencia de defensa que había en ellas, resolvieron convertirlas en viveros de esclavos, entrando en las mismas a sangre y fuego para conseguir mano de obra barata para sus plantaciones. Ruiz de Montoya nos hace un cuadro vivo:

> Los moradores de aquella villa [São Paulo] son castellanos, portugueses, italianos y de otras naciones, que el deseo de vivir con libertad y desahogo y sin apremio de justicia los ha allí agregado. Su instinto es destruir el género humano, matando hombres, si por huir la miserable esclavitud en que los ponen, se les huyen.
>
> Dos y tres años están en esta caza de hombres como si fueran bestias, y tal vez han estado diez y doce años [...] Entró esta gente peores que alarbes por nuestras reducciones, cautivando, matando y despojando altares. Acudimos tres padres a sus aduares y alojamientos donde tenían ya cautiva mucha gente, pedímosles nos diesen los que nos habían cautivado, y tenían muchos en cadenas. Al punto como locos frenéticos dieron voces diciendo: «préndanlos, préndanlos, préndanlos, que son traidores éstos, y juntamente dispararon algunos arcabuzazos, con que hirieron ocho o nueve indios que nos acompañaban. Uno quedó luego allí muerto de un balazo que le dieron en un muslo; al P. Cristóbal de Mendoza salió herido de un flechazo. Tuvieron al P. José Domenech preso, diciéndonos [...] que no éramos sacerdotes, sino demonios, herejes, enemigos de Dios y que predicábamos mentiras a los indios. Apuntóme uno de ellos con su escopeta al pecho, abrí la ropa para que sin ninguna resistencia entrase la pelota.

---

bien hacer cuando en nuestras reducciones los indios matan a otros, o cometen algún otro delito atroz digno de muerte. Porque en causas criminales no pueden los padres, etc.: tener Corregidor español en el pueblo que los castigue, tiene muchas y graves dificultades; llevarlos presos a los gobernadores, también; dejarles sin castigo, parecerá mal; contentarse con solo desterrarlos, es poco y tomarán otros avilantes para cometerlos en daños del bien común e infamia de nuestras reducciones que los sufren. Y se desea la dirección de Vuestra Paternidad, advirtiendo que han sido los indios muertos a manos de otros, 10 o 12, y el castigo que han tenido ha sido de treinta y cuatro azotes». Así se exponen todos los pros y contras; los padres no podían poner la pena capital, pues siendo sacerdotes les estaba vetado tomar parte en causas de sangre. El general respondió que se hiciera una junta de misioneros para estudiar el caso y se determinó que a los homicidas se les diera cadena perpetua, y después se cambió esta pena por la de diez años de reclusión (Hernández, I, 126-127). Es interesante notar cómo se plantearon las reducciones y como éstas resolvieron el problema de la legislación penal y criminal diferente para blancos e indios, aunque no fuera por la motivación más antropológica de juzgar según las pautas culturales indígenas, sino por la motivación más política de asegurar la autonomía de las reducciones.

Poco después entraron a son de caja y orden de milicia en las dos reducciones de San Antonio y San Miguel destrozando indios a machetazos. Acudieron los pobres indios a guarecerse en la iglesia, en donde (como en el matadero vacas) los mataban, hicieron despojo de las pobres alhajas [...]

Juntaron estos hombres infinita gente de nuestra aldea y de otras partes de gentiles que teníamos apalabrados para reducir; dioles peste, de que murieron muchos [...] Fueron tras estos alarbes el P. Simón Maseta y el P. Justo Mansilla, acompañando a sus feligreses que sin dejar a uno se los llevaron a todos [...] Los muertos que quedaban por los caminos no era posible enterrar. Habiendo caminando casi 300 leguas a pie llegaron a la villa de San Pablo, pidieron su justicia en varias partes, pero es cosa de cuento tratar del nombre de justicia. Trampeáronlo todo las justicias, y ya desesperados del remedio se volvieron los Padres por el mismo camino [...] [1892, 143-148].

Como los paulistas seguían incursionando en las reducciones y como todos los medios para exigir justicia fueron ineficaces, en 1631 Ruiz de Montoya dirige la transmigración de «700 balsas sin muchas canoas sueltas, en que se embarcaron más de 12.000 almas» (1892, 154) y, tras penalidades increíbles (paulistas que les siguen, españoles que desde un fuerte en el alto Paraná les cortan el paso, la peste que se declara, etc.), rehace las reducciones en la zona de Itatín, pero de nuevo allí empiezan las incursiones de los paulistas. Por eso, en 1637 Ruiz de Montoya emprende el viaje a Madrid para obtener licencia del rey para armar a los indios. Entre los papeles de su alegato lleva una carta del gobernador de Buenos Aires, Dávila, al rey: «vine a averiguar verbalmente cómo desde el año 1628 hasta 1630 habían traído los vecinos de San Pablo más de 60.000 almas de las reducciones de los padres de la Compañía» (1892, 296-297).

Además, se refiere a los intentos de los paulistas de conquistar el Perú, habiendo llegado éstos alguna vez al paso de Santa Cruz de la Sierra, «tierra ya vecina a Potosí». La negociación en la corte española es difícil, por el temor que tiene el rey a que los indios armados, una vez que terminen con los paulistas, terminen también con los españoles, sobre todo en una zona tan periférica del virreinato del Perú como era entonces la provincia del Paraguay. Pero, al fin, se da una aprobación en una real cédula de 1642, condicionada a la aprobación del virrey de Lima, que lo hace en 1648.[30] Gracias al

---

30. Para ver el desarrollo de la negociación de Ruiz de Montoya sobre las armas y los cambios de la política real en este punto hasta la aprobación definitiva en 1679, puede leerse la serie de memoriales y reales cédulas en Hernández, *op. cit.*, I, apéndice 8-18, pp. 524-543.

ejército de las reducciones, éstas se salvaron del pillaje paulista y se contuvo el avance de la frontera brasileña. Es cierto que en 1777, cuando ya en los pueblos de las reducciones se había iniciado la dispersión tras la expulsión de los jesuitas de todos los dominios españoles en 1767, varios pueblos de las reducciones pasaron al Brasil por el Tratado de San Ildefonso, que consagra la primera etapa de la «conquista del oeste» por los brasileños, conquista que se completa con la independencia a costa de Bolivia y de Perú y que, en opinión de muchos, es su gran tentación.

El ejército guaraní consolidó la construcción de la utopía. Cuando Ruiz de Montoya escribe la *Conquista espiritual* el número de reducciones era de 25 (1892, 203), y en la segunda parte de su obra hace una breve historia de cada una. En 1647, en 20 de las 22 reducciones hay 28.714 personas; en 1731 se marca el número más elevado, con 138.938 personas.[31]

El sistema de reducciones atrajo pronto la hostilidad de muchas personas, que estaban en desacuerdo con los métodos o que veían un freno a sus intereses, y es muy probable que haya sido una de las causas que más influyó en la expulsión de los jesuitas de América. Los argumentos que se esgrimieron van a repetirse bastante. Ya en 1643 Ruiz de Montoya presenta un extenso memorial al rey, en que va rebatiendo una por una las acusaciones.

> Halla el gobernador y sus secuaces para apoyo del destierro y privaciones de doctrinas que desean, graves delitos contra dichos religiosos [...] y se reducen a nueve: 1, que tienen oculto un gran tesoro de que se aprovechan; 2, que ponen mal a los españoles con los indios; 3, que no quieren que los obispos visiten sus doctrinas; 4, que no quieren que los gobernadores visiten; 5, que tratan y contratan; 6, que no quieren que los indios sirvan a los españoles; 7, que los indios que ha convertido la Compañía a la Iglesia ha sido por armas; 8, que dan armas de fuego a los indios; 9, que despueblan las reducciones de indios sin licencia de Vuestra Majestad.[32]

No es éste el lugar para exponer qué ocurrió a raíz de la expulsión de los jesuitas en las reducciones (treinta años después de la expulsión la población se había reducido a la mitad y los que quedaban estaban minados por el alcohol y las privaciones), ni los juicios contradictorios que se han hecho de esta obra.[33] Pero todo

---

31. *Ibíd.*, II, p. 618.
32. *Ibíd.*, II, pp. 622-623.
33. Bartolomé Meliá, gran conocedor de la cultura guaraní y de las reducciones, escribe en «La Utopía imperdonable: la colonia contra la socialización de los guara-

eso no limita el aporte de Ruiz de Montoya en la «construcción de la utopía».

3.2. *Estudio de la cultura guaraní*

Aunque el aporte fundamental de Ruiz de Montoya en esta historia sea la organización y gobierno de las reducciones, merecen reseñarse también sus estudios de la cultura guaraní, donde fue un verdadero precursor:

1) *Estudio de la lengua guaraní.* El jesuita peruano fue quien compuso y publicó la primera gramática y el primer vocabulario en dicha lengua. En la *Conquista* nos cuenta que la aprendió en la provincia de Guaira, en su primera misión: «con el continuo curso de hablar y oír la lengua, vine a alcanzar facilidad en ella» (1892, 34), facilidad que debió ser tan grande que se excusa de no expresarse bien en castellano cuando escribe en la corte española: «el carecer tantos años del trato español y su lenguaje, obligado por fuerza a usar siempre del indio, viene a formar un hombre casi rústico y ajeno del cortés lenguaje» (1892, 15). La edición del vocabulario y de la gramática, que el mismo Montoya preparó en España en un solo volumen en 1640, debió reimprimirse, y se conservan una edición del vocabulario de 1722 y otra de la gramática de 1724, impresas ambas en Santa María la Mayor, una de las reducciones donde funcionaba desde principios del siglo XVIII una imprenta, lo cual era una prueba más de la autonomía cultural de las reducciones. Hay una tercera edición facsimilar en Leipzig en 1876. (Tres años después se publica también la *Conquista* en guaraní y en portugués.)

2) *Estudio de la religión guaraní.* Como todos los misioneros, Montoya quería conocer la religión de los indios a los que quería hacer cristianos. Pero a diferencia de las grandes culturas americanas (azteca, maya e incaica), que tenían sus sistemas religiosos sumamente elaborados, con una teología compleja, un ritual rico y un sacerdocio organizado, la religión guaraní era mucho más elemen-

---

níes», *Acción* (Asunción) (julio 1972), p. 7: «Las reducciones fueron utopía anticolonial, pero no llegaron a ser política real contra la colonia. Las reducciones, disfuncionales dentro del sistema, no se atrevieron a atacar el sistema colonial en sus mismas raíces. Éste fue el drama de la expulsión de los jesuitas que tuvieron que obedecer al sistema en contra de un ideal de justicia en favor de los indios, que sólo pudo ser realizado a medias y que, al fin, se volvió contra indios y jesuitas a la vez». Del mismo autor merece consultarse el artículo «Fuentes documentales para el estudio de la lengua guaraní en los siglos XVII y XVIII», *Suplemento Antropológico* (Asunción, Universidad Católica), 5 (1970), pp. 114-161.

tal; puede decirse que, aunque admitían un Dios supremo, la religión estaba centrada en los cultos chamánicos locales o de tipo mesiánico, que se multiplicaron con motivo de la conquista española.[34]

Montoya nos da una interesante, aunque breve información de ambos puntos. Sobre la creencia en el Dios supremo, el problema que va a plantear, más de dos siglos después, el evolucionismo religioso, afirma:

> Conocieron que había Dios, y aun en cierto modo su unidad, y se colige del nombre que le dieron que es Tupán, la primera palabra, tú, es admiración, la segunda, ¿pan?, es interrogación, y así corresponde al vocablo hebreo *manhun, quid est hoc,* en singular. Nunca tuvieron ídolos, aunque ya iba el demonio imponiéndoles en que venerasen los huesos de algunos indios, que viviendo fueron famosos magos, como adelante se verá.
>
> Al verdadero Dios nunca hicieron sacrificio, ni tuvieron más que un simple conocimiento, y tengo para mí que sólo esto les quedó de la predicación del apóstol Santo Tomás, que, como veremos, les anunció los misterios divinos [1892, 50].

Y más adelante, dentro de la perspectiva teológica colonial de que las religiones indígenas eran demoníacas, observa:

> En todas partes procura el demonio remedar el culto divino con ficciones y embustes, y aunque la nación guaraní ha sido limpia de ídolos y de adoraciones, merced del cielo que libres de mentiras están dispuestas para recibir la verdad, como la larga experiencia nos lo ha enseñado, con todo esto halló el demonio embustes con que entronizar a sus ministros, los magos y hechiceros, para que sean peste y ruina de las almas [1892, 115].

Aunque no de forma sistemática, porque la *Conquista* no es una etnografía religiosa guaraní, sino una crónica misionera donde el cronista es casi siempre el protagonista de los hechos, Montoya da

---

34. Una de las primeras informaciones sobre religión guaraní se la debemos al jesuita Alonso de Barzana, en una carta al provincial del Perú de 1594, donde ya refiere a esos movimientos mesiánicos: «Es toda esta nación muy inclinada a la religión [...]. Tienen grandísima obediencia a los padres [sacerdotes], si los ven de buen ejemplo; y la misma o mayor a los hechiceros que los engañan en falsa religión, tanto que si se lo mandan ellos, no sólo les dan sus haciendas, hijos e hijas, y les sirven pecho por tierra, pero ni se menean sino por su voluntad. Y esta propensión suya a obedecer a título de religión ha causado que no sólo muchos indios infieles se hayan fingido entre ellos hijos de Dios [...], pero indios criados entre los españoles se han huido entre los de guerra, y unos llamándose papas, otros llamándose Jesucristo». Citado por Hernández, *op. cit.,* I, 79.

bastante información sobre los «magos», que fueron introduciendo en el pueblo toda clase de ritos propiciatorios e impetratorios. Describe a uno, «que andaba en misión de pueblo en pueblo [...] predicando que él era Dios, creador del cielo y tierra y hombres, que él daba las lluvias y las quitaba, hacía que los años fueran fértiles, cuando empero no lo enojaban; que si lo hacían, vedaba las aguas y volvía la tierra estéril» (1892, 47-48). Cuenta también con detalles el culto que se tributaba a cuatro cadáveres de «magos», a donde la gente acudía como a oráculos. De uno de ellos dice: «Era el templo bien capaz y bien aderezado, en él había un atajadizo lóbrego con dos puertas, en que estaba el cuerpo colgado de una red o hamaca, las cuerdas de ella estaban muy bien guarnecidas de muy vistosa y variada plumería, cubrían la hamaca unos preciosos paños [...] Había algunos instrumentos con que perfumaban el lugar, en el cual nadie era osado entrar sin el sacerdote, el cual en nombre del pueblo preguntaba las dudas a este oráculo» (1892, 116-117). En este caso los misioneros hicieron su propia «extirpación de idolatrías», similar a los autos de fe que se hacían en el arzobispado de Lima (cap. XXIX). También nos habla de verdaderos movimientos mesiánicos, con su carácter de restauración de viejas creencias y de reinterpretación de las cristianas; por ejemplo, «fue invención suya [del demonio] una religión que forjó de 12 escogidos magos: éstos traían más de 700 hombres, de éstos escogía unos bailadores, cantores y en embustes diestros que con sus fábulas arredrasen la gente del bautismo [...] hacían por la comarca graves daños a los cristianos que cogían, comiéndolos en odio de la fe [...]; se comieron más de 300 infantes, sin muchos adultos que pasaron por el mismo trance» (1892, 273). Era la reimplantación de la antropofagia ritual de la cultura guaraní.

Pero más importante que la etnografía religiosa que rescata es el planteamiento de ciertos temas pertenecientes o relacionados con la religión guaraní. Ya me he referido a la profundidad cristiana que Ruiz de Montoya atribuye a muchos guaraníes de las reducciones, y a las implicaciones antropológicas y políticas de esta atribución. Ahora quiero tocar otros dos puntos:

a) *Predicación del apóstol santo Tomás.* Montoya dedica a este tema seis de los 81 breves capítulos de la *Conquista.* Al narrar su entrada en la provincia de Tayati con su compañero, a pie, «por carecer toda aquella región de cabalgaduras», llevando «en las manos unas cruces de dos varas de alto y un dedo de grueso, para que por este signo se mostrase nuestra predicación», cuenta que los recibieron «con extraordinarias muestras de amor, danza y regocijos»:

Extrañando nosotros tan extraño agasajo, nos dijeron que por tradición muy antigua y recibida de sus antepasados, tenían que, cuando Santo Tomé (a quien comúnmente en la provincia del Paraguay llaman Pay Zumé [...] pasó por aquellas partes, les dijo estas palabras: «Esta doctrina que yo ahora os predico, con el tiempo la perderéis; pero, cuando, después de muchos tiempos, vinieren unos sacerdotes sucesores míos, que traerán cruces como yo traigo, oirán vuestros descendientes esta doctrina». Esta tradición les obligó a hacernos tan extraordinario agasajo. Hicimos una población muy buena, que fue escala para otras que hicimos en aquella provincia [1892, 95].

Montoya aduce una serie de razones «para entender que Santo Tomé ilustró el Occidente con su presencia y doctrina como hizo en el oriente», y su razonamiento es interesante no sólo por su metodología antropológica (argumentos lingüísticos, de tradición oral, comparación con otras regiones culturales, etc.), sino por la dignificación del indio, a cuya religión original se le da categoría apostólica, en la línea de lo que se dirá al tratar este tema en Calancha. Las razones aducidas son: en primer lugar, el nombre que dan a los sacerdotes de *abare* («hombre casto»): «este nombre a ninguno de los indios convino desde sus progenitores hasta Santo Tomé, sino al mismo santo, a quien comúnmente dicen los indios que fue Pay Abaré, Padre sacerdote, y en propios términos Padre, hombre diferente de los demás hombres en ser casto» (1892, 96), cosa desconocida entre los guaraníes, que practicaban la poliginia; en segundo lugar, la tradición que hay entre los indios de Brasil y de Paraguay (las huellas del santo impresas en una roca en la playa de San Vicente, el «camino de Santo Tomé», las huellas impresas en una roca en Asunción, y que «predicaba a los gentiles desde aquella peña», a quienes dio la mandioca, su principal alimento); en tercer lugar, todo lo que refiere Alonso Ramos Gavilán, el cronista agustino, en la *Historia de Nuestra Señora de Copacabana* (1621), sobre la cruz de santo Tomás de Carabuco, en quien también se apoya Calancha para defender la venida del apóstol al Perú; en cuarto lugar, un argumento teológico: si Dios mandó en el evangelio a los apóstoles que fueran a predicar a todo el mundo «y si esto es verdad, como lo es infalible, ¿cómo se puede pensar que dejaron a oscuras sin la luz del evangelio toda la América, que según cuenta matemática es casi la tercera parte del mundo?» (1892, 104). Si América no era tan grande, a él debió de parecerle, pues cuenta que fue «caminando al pie de 2 mil leguas, con el peligro y riesgo del mar, ríos y enemigos que es notorio, a pedir instantemente el remedio de tantos males», cuando tuvo que ir a embarcarse para España (1892,

16). Que el apóstol fuera santo Tomás, lo deduce Montoya de que Cristo lo eligió «por apóstol de la gente más abatida del universo mundo, para negros y indios», y concluye: «así entiendo, que el nombre que en Paraguay dan a Dios, que es Tupá, y que corresponde a Manhú lo inventaron los mismos indios, oyendo las maravillas que de Dios les anunciaba el santo, y espantados dijeron: Tupá, *quid est hoc*, cosa grande» (1982, 106).

b) *Las fronteras de la ley natural.* Un problema que se va a plantear la antropología culturalista norteamericana es hasta qué punto ciertos condicionamientos que se habían considerado «naturales», o sea debidos a la condición humana, no eran sino «culturales», o sea debidos a una determinada cultura. Las reducciones van a funcionar como un laboratorio social, y grupos humanos con una agricultura de roza y quema y una organización social tribal van a tener en las reducciones una modelación cultural dirigida; así, grupos que no hacía mucho tiempo practicaban la poliginia y la antropofagia ritual, se muestran en la obra de Montoya con mentalidad de comunidad religiosa y con visiones místicas, por más que éstas respondan también al ancestro guaraní. Esto plantea la pregunta de cuáles son las fronteras de la condición humana y en concreto las de la ley natural, esa idea del bien y del mal que todos los hombres admiten independientemente de sus condicionamientos socio-culturales. Ruiz de Montoya no se planteó el problema, aunque tocó muchos elementos del mismo, pero lo hicieron otros misioneros de las reducciones.[35]

Po todo lo expuesto, es evidente que a Ruiz de Montoya hay que colocarlo no sólo al lado de Quiroga, como constructor de la Utopía, sino al lado de los misioneros que reflexionaron sobre las religiones americanas.

---

35. El padre Domingo Muriel, provincial del Paraguay en el momento de la expulsión de los jesuitas, tiene una hipótesis sobre la atenuación de la ley natural entre los indios, en su obra *De iure naturae apud indos meridionales attenuato.* Después de hablar de ciertos comportamientos culturales entre los indios, como la falta de pudor, si éste se define en términos de la cultura occidental, afirma: «Tamaño desprecio del derecho natural nace del mismo origen que en los niños pequeños, con esta diferencia, que los niños obran así por no tener todavía desarrollada la razón por la educación: y los bárbaros por tener la razón deformada y ofuscada por la costumbre de sus antepasados y la suya, que llegan a convertirse en naturaleza», en Hernández, *op. cit.*, I, 77.

V

LA VOZ DE INDÍGENAS Y MESTIZOS

La reflexión sobre las culturas indígenas y sobre la praxis colonial presentada hasta ahora corresponde a hombres pertenecientes al mundo hispánico, que, en su mayoría, nacieron al otro lado del Atlántico. En este capítulo quiero recoger la voz indígena, lo que sobre las culturas indígenas y sobre la praxis colonial dijeron hombres que llevaban sangre americana y se sentían pertenecer al mundo cultural americano.

En el Perú ocupan un lugar destacado en esta línea el Inca Garcilaso de la Vega y Guamán Poma de Ayala, cuyas personalidades y aportes al conocimiento del mundo andino han sido repetidas veces comparados. Raúl Porras Barrenechea, uno de los primeros historiadores peruanos que dedicó un estudio monográfico a Guamán Poma en la obra *El cronista indio Felipe Guamán Poma de Ayala* (Lima, 1948), sostiene que «si el Inca Garcilaso es la expresión más auténtica de la historia inca y cuzqueña, la visión dorada y suave del imperio paternal», Guamán Poma «es el mundo inerte de la edad de piedra y de la prehistoria, que se rebela, inútilmente, contra el mundo del Renacimiento y de la aventura».[1] Por su parte, el historiador francés Nathan Wachtel, en su ensayo *Pensamiento salvaje y aculturación* (1971), sostiene una postura diferente, porque hace otra lectura de la obra de Guamán Poma:

---

1. Raúl Porras Barrenechea, *El cronista indio Felipe Guamán Poma de Ayala*, Lima, 1971, p. 68.

Raúl Porras Barrenechea opone a la barbarie de Guamán Poma (que para él representa el mundo inerte de la Edad de Piedra), el estilo puro y el pensamiento armonioso de Garcilaso de la Vega. No hay duda de que los *Comentarios Reales* constituyen una de las obras maestras de la literatura hispánica. Pero la oposición entre Garcilaso y Guamán Poma no se reduce a una discusión de gusto literario. Sus obras plantean todo el problema de la relación entre las dos culturas, la occidental y la indígena: por un lado, un oscuro cacique que maneja con dificultad la lengua española, mezclándola con el quechua y que, sin embargo, emprende la escritura de una crónica; por el otro, el hijo de un ilustre conquistador y de una princesa inca, que ha asimilado perfectamente los refinamientos del pensamiento humanista. ¿Qué significan en estas circunstancias, la aculturación de Garcilaso y la barbarie de Guamán Poma?

Si existe tal barbarie, sin duda es preciso tomarla en el sentido de un pensamiento salvaje, tal como lo rehabilita Claude Levi Strauss. Guamán Poma percibe el mando colonial a través de categorías auténticamente indígenas, que no por eso dejan de estar regidas por una lógica rigurosa. Pero su sistema de pensamiento es diferente al nuestro [...] De hecho, Garcilaso y Guamán Poma ilustran dos tipos opuestos de aculturación: mientras que el primero es el testimonio de una asimilación a la cultura occidental, se puede decir que el segundo, el contrario, integra los aportes occidentales a las categorías indígenas.[2]

Aunque las similitudes y las diferencias de estos dos representantes del mundo americano van a manifestarse en toda su amplitud en las respectivas monografías, puede ser útil comenzar por presentar los puntos que tienen en común. En primer lugar, su origen indígena: Guamán Poma es indio puro, que dice descender por línea paterna de los antiguos señores Yerovilcas de Huánuco y por línea materna del inca Tupac Yupanqui; Garcilaso es mestizo, hijo de un capitán español y de la princesa Chimpu Ocllo, nieta del mismo Tupac Yupanqui, pero es un mestizo orgulloso de su herencia indígena, y así en los *Comentarios reales* escribe: «A los hijos de español y de inca [...] nos llaman "mestizos", por decir que somos mezclados de ambas naciones; fue impuesto por los primeros españoles que tuvieron hijos en indias y por ser nombre impuesto por nuestros padres y por su significación, me lo llamo yo a boca llena y me honro con él» (1943, II, 279);[3] ade-

2. Nathan Wachtel, «Pensamiento salvaje y aculturación: el espacio y el tiempo en Felipe Guamán Poma de Ayala y el Inca Garcilaso de la Vega», en *Sociedad o ideología*, Lima, Instituto de Estudios Peruanos, 1973, pp. 166-167.

3. Frente al orgullo que siente Garcilaso por su condición de mestizo llaman la atención las frases tan duras que Guamán Poma tiene contra los mestizos, como

más, Garcilaso, como se verá, reivindica repetidas veces su calidad de indio y de inca («porque soy indio», «indio nacido entre los indios», «indio inca»). En segundo lugar, tienen en común el ser coetáneos y haber escrito una crónica de la vida incaica y colonial: Garcilaso nace en 1539 y publica en 1609 sus *Comentarios reales de los Incas*, que son una descripción de la cultura y una historia del Tawantinsuyo, y en 1617, su *Historia general del Perú*, que narra la conquista española desde su inicio hasta la ejecución de Tupac Amaru I; Guamán Poma nace hacia 1532 y en 1615 termina de escribir su *Primer Nueva Crónica y Buen Gobierno*, que es una crónica del mundo andino, de la conquista española y del gobierno colonial; ambos han sido testigos del mundo que describen, y sus obras reflejan la experiencia de toda una vida. En tercer lugar, tienen en común su rechazo de la situación colonial: es una de las conclusiones a que llega Wachtel (1971) en su citado estudio:

> Si Garcilaso y Guamán Poma representan dos tipos de aculturación que se sitúan en las antípodas, uno en relación del otro, aparentemente es un mismo proyecto el que anima sus empresas: el rechazo de la situación colonial. Porque incluso en Garcilaso, la aculturación no significa una conversión integral al hispanismo; no la vive como una renunciación a su identidad india: por el contrario, le sirve de arma para defender e ilustrar la civilización inca. Sin embargo, por el hecho de que Garcilaso y Guamán Poma expresan su rechazo utilizando uno el aparato mental tradicional, y el otro el que ha recibido de occidente, los alcances prácticos de sus restructuraciones son también diferentes.
>
> Garcilaso opone a la realidad una imagen sublimada que la traspone y la invierte; mientras que Guamán Poma refleja esta realidad, pero para encontrar la salvación en un pasado siempre presente. La ciudad ideal del primero se desvanece en un tiempo irremediablemente perdido, mientras que el modelo del segundo orienta su visión actual del mundo e inspira un programa concreto de reformas. Garcilaso se evade en el ensueño, o en la contemplación estética y religiosa del destino de la humanidad. Guamán Poma quiere transformar la sociedad en que vive, restaurarla dentro de su orden justo; quiere, en resumen, abolir la dominación colonial: su utopía conduce a la rebelión.[4]

---

luego se verá. No se trata de actitudes racistas, sino que es una protesta contra la manera concreta como se realizó el mestizaje en la colonia y, sobre todo, una consecuencia de su manera de ver el mundo dentro de un sistema cerrado.

4. Wachtel, *op. cit.*, pp. 227-228.

1. El Inca Garcilaso de la Vega (1539-1616)

Nace en el Cusco de la unión libre del capitán extremeño Garcilaso de la Vega y de la india Isabel Chimpu Ocllo, nieta de Tupac Yupanqui. Por el lado paterno, pertenecía a una familia noble de Extremadura y contaba entre sus ascendientes con los poetas Jorge Manrique y Garcilaso de la Vega, del que tomó el nombre. Por el lado materno, pertenecía a la familia imperial cuzqueña. Hasta los veinte años vivió en el Cusco, recibiendo el doble influjo de su identidad mestiza: el indígena, a través de su madre, que le transmite el quechua, y de sus tíos, que le cuentan las viejas tradiciones de su raza; el español, a través de su padre, quien le habla en castellano, le enseña todo lo que necesita conocer un caballero, y por el que conoce personalmente a los principales sobrevivientes de la conquista y actores de las guerras civiles (de los que dirá al nombrarlos en su historia: «a quien yo conocí»; pero en Cusco vive también el mayor conflicto de su identidad mestiza, cuando su padre, en cumplimiento de una real ordenanza que pretendía propiciar la estabilidad y moralidad de la colonia, y para constituir un mayorazgo que perpetuara las tradiciones familiares, se casa con una española y entrega a Isabel Chimpu Ocllo en matrimonio a un español de bajo linaje. En 1559 muere el padre del Inca Garcilaso, después de haber sido corregidor del Cusco, y lega a éste 4.000 pesos para que se vaya a estudiar a España. La vida de Garcilaso en la península, a partir de 1560, tiene dos etapas: la primera, consagrada a las armas, en la que combate contra los moriscos en las Alpujarras, y quizás en Italia, y obtiene el título de capitán de su Majestad, y la segunda, consagrada a las letras y a la religión, en la que se hace clérigo y compone sus obras históricas. La mayor parte de este período lo pasa en Córdoba, donde muere el 22 de abril de 1616 (un día antes que Cervantes y Shakespeare), y en cuya catedral mezquita están enterrados sus restos, que en 1978 fueron trasladados parcialmente al Cusco.

La personalidad del Inca Garcilaso es claramente mestiza, porque siente un compromiso emocional y vital con los dos mundos a los que pertenece. Pero afirmar esto no será quizás afirmar mucho, mientras las ciencias (biológicas, psicológicas o sociales) no hayan desarrollado teorías más elaboradas para explicar el mestizaje; la mayoría de los estudiosos, con un enfoque histórico-cultural, han tratado de descubrir, en los datos biográficos del Inca Garcilaso y en las afirmaciones más o menos autobiográficas de su obra, el contenido y el itinerario de su identidad; los psicólogos y psiquiatras han añadido a ese análisis el enfoque psicoanalítico;[5] en una historia del pensamiento antropológico quizás puede ser más útil comparar el mestizaje de Garcilaso con el de Guamán Poma. Esta comparación ya se inició en la introducción de este capítulo, pero quizás deba añadirse lo siguiente: mientras que Garcilaso es un mestizo biológica y culturalmente, que admite sus dos herencias sociales y que ha tenido posibilidades económicas y formación intelectual para hacer su propia síntesis y para aceptar lo indígena desde el mundo español, Guamán Poma es un indio aculturado, que admite también las dos herencias sociales de la colonia, pero que vive el conflicto colonial en todo su dramatismo y que no ha podido, por el lugar que ocupa en la escala social y por la falta de una mayor formación intelectual, terminar su propia síntesis y ver el mundo español desde el indígena.

OBRAS

1590 *La Traducción del Indio de los tres «Diálogos de amor» de León Hebreo,* hecha de italiano en español por Garcilaso Inca de la Vega, Madrid, Pedro Madrigal.

1605 *La Florida del Inca, Historia del adelantado Hernán de Soto*

---

5. Uno de los que ha dado este enfoque ha sido Fernando Saba en su tesis doctoral «Consideraciones psicoanalíticas acerca de la identidad del inca Garcilaso de la Vega», presentada en 1976 en la Universidad Nacional Mayor de San Marcos. En un trabajo más reciente, «Garcilaso Inca de la Vega, historia de un patronímico», escrito conjuntamente con Max Hernández y publicado en *Perú: identidad nacional* (Lima, CEDEP, 1979), Saba sostiene: «El lenguaje escrito restituía a Garcilaso su auténtico destino. Garcilaso, escritor mestizo del español, nacía a la creación luego de haber liberado la relación de sus padres de las fantasías de destrucción y violencia que parecen poblar la escena primaria que subyace a su primer recuerdo infantil. Al traducir de una lengua a otra los *Diálogos de amor,* Garcilaso asumía una carencia, iniciaba una demanda de amor y comenzaba a entender y reparar el vínculo de pareja de sus padres; por eso, la traducción surge como intento de síntesis, deslindamiento de espacios, conjunción de diferencias y similitudes, de conciliación y ruptura de sistemas significantes. Así asume la libertad que le autoriza a intercalar en el Garcilaso de la Vega el nombre de "Inca". Al hacerlo, a la vez que mantiene los vínculos con su padre y su identificación con el escritor toledano, subraya su diferencia con ellos, destaca la relación con su madre y se otorga de ese modo distintividad. Este hombre, que no era "un hidalgo completo, ni español ni indio, ni vecino ni forastero" (Porras, 1945), puede ya llamarse mestizo "a boca llena". Habiendo encontrado y aceptado "su significado", deviene en dueño y servidor del "nombre impuesto". La profunda y prolongada conflictividad de su identidad empieza a resolverse y Garcilaso puede asumir aspectos de sí mismo hasta entonces dispersos, al lograr el reconocimiento de su estirpe quechua en términos españoles» (pp. 118-119).

[...] *y de otros heroicos caballeros españoles e indios,* escrita por el Inca Garcilaso de la Vega, Lisboa, Pedro Crasbeeck.

1609 *Primera parte de los «Comentarios reales», que tratan del origen de los incas,* Lisboa, Pedro Crasbeeck. Hay además dos ediciones españolas, dos peruanas y dos argentinas; se utiliza la edición argentina de 1943, Emecé, 2 tomos. Los *Comentarios* se tradujeron al francés en 1633, al inglés en 1688 y al holandés en 1704.

1617 *Historia general del Perú o segunda parte de los «Comentarios reales» de los Incas,* Córdoba, Viuda de Andrés Barrera.

Por esta enumeración se ve que la obra del cronista mestizo es múltiple. Con razón observa Aurelio Miró Quesada:

> Por eso el Inca Garcilaso no sólo inicia en el Perú la literatura en lengua castellana, no sólo es el primer representante peruano de la Historia, del ameno relato y aún con su traducción de León Hebreo de la elevada inquietud metafísica, sino tiene además una importancia y una fuerza de símbolo. Garcilaso es el primer peruano que escribe cumpliendo una misión, el primero que asciende de la objetiva sencillez de la crónica o de la delectación subjetiva en la forma, para preocuparse por más hondos problemas: los del común quehacer y el común meditar.[6]

APORTES

Una lectura antropológica de los *Comentarios reales* permite descubrir en dicha obra una buena etnografía incaica y una serie de notas para una etnología de los incas:

1.1. *La etnografía incaica*

En el proemio de los *Comentarios reales* Garcilaso expone las razones que tuvo para escribir dicha obra:

---

6. Aurelio Miró Quesada Sosa, *El Inca Garcilaso,* Madrid, Ediciones Cultura Hispánica, 1948, p. 240. Otros estudios importantes sobre Garcilaso son: José de la Riva-Agüero, «La historia en el Perú» (1910) y «El Inca Garcilaso de la Vega» (1916), en *Obras completas,* Lima, Pontificia Universidad Católica, tomo IV, 1965, pp. 31-198, y tomo II, 1962, pp. 5-62; Symposium de 1955, *Nuevos estudios sobre el Inca Garcilaso de la Vega,* Lima, Centro de estudios histórico-militares del Perú, 1955; José Durand, *El Inca Garcilaso, clásico de América,* México, Sep-Setentas, 1976.

Aunque ha habido españoles curiosos que han escrito [...] del Perú y de otros reinos de aquella gentilidad, no ha sido con la relación entera que de ellos se pudiera dar, que lo he notado particularmente de las cosas que del Perú he visto escritas, de las cuales, como natural de la ciudad del Cusco, que fue otra Roma de aquel imperio, tengo más clara y larga noticia que la que hasta ahora los escritores han dado.

Verdad es que tocan muchas cosas de las muy grandes que aquella república tuvo, pero escríbenlas tan cortamente que, aun las muy notorias para mí, de la manera que las dicen, las entiendo mal. Por lo cual, forzado del amor natural de la patria, me ofrecí al trabajo de escribir estos *Comentarios*, donde clara y distintamente se verán las cosas que en aquella república había antes de los españoles, así en los ritos de su vana religión como en el gobierno que, en paz y en guerra sus reyes retuvieron, y todo lo demás que de aquellos indios se puede decir, desde lo más ínfimo del ejercicio de los vasallos hasta lo más alto de la corona real. Escribimos solamente del imperio de los incas [1943, I, 9].

De donde se desprende que Garcilaso quiere darnos sobre los incas, como Sahagún entre los aztecas, una relación clara y distinta de «las cosas que en aquella república había antes de los españoles», o sea, una etnografía general. Luego matiza su postura, frente a los autores españoles que habían escrito sobre los incas, y dice modestamente —no hay que olvidar que era un mestizo que escribía en España para un público español— «que mi intención no es contradecirles, sino servirles de comento y glosa y de intérprete en muchos vocablos indios, que, como extranjero en aquella lengua, interpretaron fuera de la propiedad de ella» (1943, I, 8). Sin embargo, es indudable que los *Comentarios* de Garcilaso son mucho más que un simple «comento y glosa» de los cronistas anteriores y que el conocimiento del quechua como lengua materna le permitía una profundidad que no podían tener sus predecesores; ya se verán después algunos de los sugerentes análisis lingüísticos de Garcilaso.

Consecuente con la meta que se propuso, el inca hizo, sobre todo, una etnografía del incanato, aunque escribió también una historia del mismo. Luis Valcárcel se ha tomado el trabajo de analizar el contenido de los 262 capítulos de los *Comentarios reales* y observa que el 70 % son de tema cultural, donde Garcilaso ha estudiado la cultura bajo todos sus aspectos, y sólo el 30 % de tema histórico, que «58 [capítulos] se ocupan de temas económicos y 38 de temas religiosos, precisamente los dos polos de la actividad cultural» y que, además, dicho autor «de la política se ocupa en 17 capítulos, del derecho en 3, de la moral en 1, de la ciencia en 6, de la técnica en 2, de la magia en 2, del mito en 4, del arte en 10, de la filosofía en 1, de la educación en 7, del lenguaje en 3 y de la organización social en 14».[7]

Un punto importante es el problema de las fuentes de información que tuvo Garcilaso. La primera fue la observación participante. Es frecuente que consigne esa observación personal cuando describe la ciudad del Cusco o determinados ritos, y además lo establece como principio:

> Demás de habérmelo dicho los indios, alcancé y vi por mis ojos mucha parte de aquella idolatría, sus fiestas y supersticiones, que aún en mis tiempos, hasta los doce o trece años de mi edad, no se habían acabado del todo. Yo nací ocho años después que los españoles ganaron mi tierra, y, como lo he dicho me crié en ella hasta los veinte años, y así vi muchas cosas de las que hacían los indios en aquella su gentilidad, las cuales contaré diciendo que las vi [1943, I, 48].

La segunda fuente de información la constituyeron las largas conversaciones que tuvo con sus parientes maternos y amigos durante aquellos veinte años. En esta información distingue tres momentos: los relatos y mitos que escuchó durante la infancia, las respuestas que le dieron sobre el gobierno incaico, al preguntar él, durante su juventud, y las informaciones complementarias que le enviaron a Córdoba, a su solicitud, para aclarar una serie de puntos oscuros. En el capítulo 15 del Libro I cuenta Garcilaso:

> Después de haber dado muchas trazas y tomado muchos caminos para entrar a dar cuenta del origen y principio de los Incas, reyes naturales que fueron del Perú [nótese, de paso, cómo ataca las tesis del virrey Toledo], me pareció que la mejor traza y el camino más fácil y llano era contar lo que en mis niñeces oí muchas veces a mi madre y a sus hermanos y tíos y a otros sus mayores acerca de este origen y principio porque todo lo que por otras vías se dice de él, viene a reducirse en lo mismo que nosotros diremos, y será mejor que se sepa por las propias palabras que los Incas lo cuentan, que no por las de otros autores extraños. Es así que, residiendo mi madre en el Cusco, su patria, venían a visitarla casi cada semana los pocos parientes que de las crueldades y tiranías de Atahualpa (como en su vida contaremos) escaparon, en las cuales visitas siempre sus

7. Luis E. Valcárcel, «Garcilaso y la etnografía del Perú», en *Nuevos estudios sobre el Inca Garcilaso de la Vega*, Lima, Centro de Estudios histórico-militares del Perú, 1955, p. 143.

más ordinarias pláticas eran tratar del origen de sus reyes, de la
majestad de ellos, de la grandeza de su imperio, de sus conquistas y
hazañas, del gobierno que en paz y en guerra tenían de las leyes que
tan en provecho y favor de sus vasallos ordenaban. En suma, no
dejaban cosa de las prósperas que entre ellos hubiese acaecido que
no la trajesen a cuenta. De las grandezas y prosperidades pasadas
venían a las cosas presentes, lloraban sus reyes muertos, enajenado
su imperio y acabada su república, etc. Estas y otras semejantes
pláticas tenían los incas y pallas en sus visitas y, con la memoria del
bien perdido siempre acababan su conversación en lágrimas y llanto, diciendo «Trocósenos el reinar en vasallaje», etc. En estas pláticas yo, como muchacho, entraba y salía muchas veces donde ellos
estaban, y me holgaba de las oír, como huelgan los tales de oír,
fábulas. Pasando, pues, días, meses y años, siendo ya yo de 16 a 17
años, acaeció que, estando mis parientes un día en esta su conversación hablando de sus reyes y antiguallas, al más anciano de ellos,
que era el que daba cuenta de ellas, le dije:

—Inca tío, pues no hay escritura entre vosotros, que es la que
guarda la memoria de las cosas pasadas, ¿qué noticias tenéis del
origen y principio de nuestros reyes? [...] ¿quién fue el primero de
nuestros incas?, ¿cómo se llamó? [...] ¿qué origen tuvo su linaje? [...]

El Inca, como holgándose de haber oído las preguntas, por el
gusto que recibía de dar cuenta de ellas, se volvió a mí (que ya otras
muchas) veces le había oído, mas ninguna con la atención que entonces) y me dijo:

—Sobrino, yo te la diré de muy buena gana; a ti te conviene
oírlas y darlas en el corazón (es frasis de ellos por decir en la memoria). Sabrás que en los siglos antiguos toda esta región de tierra que
ves [...] [1943, I, 39-40].

En el capítulo 19 del mismo Libro I vuelve Garcilaso a referirse a sus fuentes de información y, después de aludir a los dos
primeros momentos («en mis niñeces, me contaban sus historias
como se cuentan las fábulas a los niños» y «en edad más crescida,
me dieron larga noticia de sus leyes y gobiernos, cotejando el nuevo gobierno de los españoles con el de los Incas», expone cómo
hizo la información complementaria desde Córdoba:

Porque luego que propuse escribir esta historia escribí a mis condiscípulos de escuela y gramática, encargándoles que cada uno me
ayudase con la relación que pudiese haber de las particulares conquistas que los incas hicieron de las provincias de sus madres, porque cada
provincia tiene sus cuentas y ñudos con sus historias anales y la tradición de ellas [...] Los condiscípulos, tomando de verlas lo que les pedí,
cada cual de ellos dio cuenta de mi intención a su madre y parientes,
los cuales sabiendo que un indio, hijo de su tierra, quería escribir los

sucesos de ella, sacaron de sus archivos las relaciones que tenían de sus historias y me las enviaron [1943, I, 48].

De donde parece desprenderse que dichos condiscípulos eran también mestizos, porque habla de «las provincias de sus madres».

La tercera fuente de información fueron los cronistas españoles que publicaron o escribieron antes de Garcilaso. Aquí ocupa un lugar muy destacado otro mestizo ilustre, el jesuita Blas Valera (1545-1597), natural de Chachapoyas, hijo de un capitán de Pizarro y de una india de la corte del inca. Valera compuso en latín una crónica incaica, después de conversar largamente con los quipucamayos y demás informantes indígenas en las regiones del Cusco y el Collao, y se llevó el manuscrito a España en 1590; residía en Cádiz, cuando en 1596 los ingleses saquearon la ciudad y en el saqueo se perdió gran parte del manuscrito. El resto fue entregado a Garcilaso, quien lo utilizó en muchos puntos de los *Comentarios*, después de traducirlo al castellano (1943, I, 21).[8] La importancia para Garcilaso de esta fuente es tan grande que el historiador peruano Manuel González de la Rosa llega a acusar a los *Comentarios* de simple plagio, acusación que fue definitivamente rebatida por Riva-Agüero.[9]

Al lado de Valera, Garcilaso cita y utiliza a los principales cronistas españoles que tuvo entre manos, tales como Francisco López de Gómora, autor de *Historia de las Indias y conquista de México* (1552), Pedro Cieza de León, autor de la *Crónica general del Perú* (1553), Agustín de Zárate, autor de *Historia del descubrimiento y conquista del Perú* (1555), José de Acosta, autor de la *Historia natural y moral de las Indias* (1590), etc. En diferentes oportunidades Garcilaso, después de describir la cultura incaica a base de su observación personal y de sus informantes indígenas, lo confirma con los testimonios recogidos por los cronistas. Un solo ejemplo: en el capítulo 10 del Libro II Garcilaso, después de afirmar: «porque se vea que lo que atrás hemos dicho del origen y principio de los incas y de lo que antes de ellos hubo no es invención mía, sino

---

8. Al padre Valera atribuye también Porras una de las *Tres relaciones de antigüedades peruanas*, publicadas en Madrid, en 1879, por Jiménez de la Espada, sobre «Las costumbres antiguas de los naturales del Perú».

9. La polémica entre González de la Rosa y Riva-Agüero sobre la originalidad de Garcilaso se desarrolló en la *Revista Histórica del Perú*, tomos II (1907), III (1908), IV (1909-1911). El trabajo definitivo de Riva-Agüero es «El señor González de la Rosa y las obras de Valera y Garcilaso» (IV, 312-347), recogido en Riva-Agüero, *Obras completas*, t. VI, Lima, Pontificia Universidad Católica, 1968, pp. 9-62.

común relación que los indios han hecho a los historiadores españoles», recoge los lugares paralelos de Cieza, López de Gómora, Zárate y Acosta y concluye: «de manera que no decimos cosas nuevas, sino que, como indio natural de aquella tierra, ampliamos y extendemos con la propia relación la que los historiadores españoles, como extranjeros, acortaron, por no saber la propiedad de la lengua, ni haber mamado en la leche aquestas fábulas y verdades, como yo las mamé» (1943, I, 85-88).

El Inca Garcilaso es perfectamente consciente de que su conocimiento de la lengua general y su socialización en el mundo incaico («como indio» y «por haber mamado en la leche aquestas verdades») le permitían ver las cosas en toda su amplitud y «desde dentro». Al escribir sus *Comentarios*, cuarenta años después de salir del Cusco, él sabe que ya no pertenece a ese mundo, pero lo siente como propio y trata de exponer las «razones» que tienen los indios para su comportamiento, desvelando la lógica de la cultura incaica. Es decir, que por muy desnativizado que estuviera el inca, por su larga permanencia en el exilio español, su posición es superior a la del mejor etnógrafo. Recojo ahora un ejemplo de este estudio del comportamiento indígena desde sus presupuestos culturales y lingüísticos:

Declarando el nombre *Apachitas*, que los españoles dan a las cumbres de las cuestas muy altas y las hacen dioses de los indios, es de saber que ha de decir *Apachecta*; es dativo, y el genitivo es *Apachecpa*; de este participo de presente *apáchec*, que es el nominativo, y con la sílaba *ta* se hace dativo, quiere decir «al que hace llevar», sin decir quién es, ni declarar qué es lo que hace llevar. Pero conforme al frasis de la lengua, como atrás hemos dicho, y adelante diremos de la mucha significación que los indios encierran en una sola palabra, quiere decir «demos gracias y ofrezcamos algo al que hace llevar estas cargas, dándonos fuerzas y vigor para subir por cuestas tan ásperas como ésta»; y nunca lo decían sino cuando estaban ya en lo alto de la cuesta, y por esto dicen los historiadores españoles que llamaban apachitas a las cumbres de las cuestas, entendiendo que hablaban con ellas, porque allí les oían decir esta palabra *Apachecta*, y, como no entienden lo que quiere decir dánselo por nombre a las cuestas. Entendían los indios, con lumbre natural, que se debían dar gracias y hacer alguna ofrenda al Pachacamac, Dios no conocido, que ellos adoraban mentalmente, por haberles ayudado en aquel trabajo. Y así, luego que habían subido la cuesta, se descargaban, y, alzando los ojos al cielo y bajándolos al suelo y haciendo las mismas ostentaciones de adoración que atrás dijimos para nombrar al Pachacamac, repetían dos, tres veces el dativo *Apachecta*, y en ofrenda se tiraban de las cejas y, que arrancasen algún pelo o no, lo

soplaban hacia el cielo y echaban la yerba llamada cuca, que llevaban en la boca, que ellos tanto aprecian, como diciendo que le ofrecían lo más preciado que llevaban. Y a más no poder ni tener otra
cosa mejor, ofrecían algún palillo o algunas pajuelas, si las hallaban
por allí cerca, y, no las hallando, ofrecían un guijarro, y, donde no
los había, echaban un puñado de tierra. Y de estas ofrendas había
grandes montones en las cumbres de las cuestas. No miraban al sol
cuando hacían aquéllas porque no era la adoración a él, sino al
Pachacamac. Y las ofrendas, más eran señales de su afecto que no
ofrendas; porque bien entendían que cosas tan viles no eran para
ofrecer. De todo lo cual soy testigo, que lo vi caminando con ellos
muchas veces. Y más digo, que no lo hacían los indios que iban
descargando, sino los que iban cargados [1943, I, 73-74].

Análisis similares hace sobre la forma de juramento (1943, I,
70) y sobre la significación del nombre de «Huaca» (p. 74). Al
explicar el matrimonio del príncipe heredero con su propia hermana, Garcilaso acumula las «razones que para ello daban»:
«pues el Sol se había casado con su hermana y había hecho aquel
casamiento de sus dos primeros hijos (Manco Cápac y Mama
Ocllo), era justo se guardase la misma orden en los primogénitos
del rey [...] por conservar limpia la sangre del Sol, porque decían
que no era lícito se mezclase con sangre humana [...] porque al
heredero le perteneciese el reino tanto por la madre como por el
padre» (1943, I, 196). De esa manera, trata de explicar los hechos
sociales en términos de la cultura que describe.

Para terminar este breve comentario sobre la etnografía incaica de Garcilaso, puede ser útil recoger la valoración de la misma
que hace Valcárcel, tan conocedor de las fuentes de la cultura andina: «Los datos que aportan la mayoría de los cronistas son simplemente adiciones o ampliaciones a lo que fundamentalmente
había dicho Garcilaso. Por tanto, la verdad acerca de la cultura
incaica está en Garcilaso. La arqueología y la etnología están con-
firmando, han confirmado ya, lo que decía Garcilaso».[10] Y luego
Valcárcel recuerda cómo a él le cupo la suerte de participar en el
redescubrimiento de los tres torreones de las ruinas de Sacsahua-
mán, tan precisamente descritos por Garcilaso. Semejante valoración global no puede olvidar el carácter apologético de la obra del
inca, como reacción contra las informaciones y crónicas de inspiración toledana (aunque Garcilaso no explicite nunca esta intención); tampoco puede olvidar el peligro de idealización que hay

---

10. Valcárcel, *op. cit.*, pp. 149-150.

siempre en obras que se escriben en las condiciones en que se escribieron los *Comentarios* (la reconstrucción, en la sexta década de su vida, de todos los recuerdos de su infancia y mocedad, sobre todo si es verdadera la interpretación psicológica de reconciliación con la parcela indígena de la propia identidad); finalmente, tampoco pueden olvidarse los «errores» que tiene Garcilaso en su información sobre el incanato.

1.2. *Notas para una etnología incaica*

Aunque los *Comentarios* sean, sobre todo, una etnografía general del Tawantinsuyo, es indudable que Garcilaso toca una serie de temas etnológicos:

1) *El concepto de historia.* En el libro I, capítulo 2, al referirse al candente problema de la época del descubrimiento de América por los europeos: «si hay antípodas», Garcilaso toca brevemente el problema del poblamiento americano: «por dónde hayan pasado aquellas gentes, tantas y de tan diversas lenguas y costumbres como las que el Nuevo Mundo se han hallado, tampoco se sabe de cierto», alude a los inconvenientes de la hipótesis marina y de la hipótesis terrestre y decide no abordar el tema «porque tengo menos suficiencia que otro para inquirirlas» (1943, I, 14). Luego inicia su narración indicando claramente «dos edades» hasta la llegada de los españoles:

> Para que se entienda mejor la idolatría, vida y costumbres de los indios del Perú, será necesario dividamos aquellos siglos en dos edades; diremos cómo vivían antes de los incas y luego diremos cómo gobernaron aquellos Reyes, para que no se confunda lo uno con lo otro, ni se atribuyan las costumbres ni los dioses de los unos a los otros. Para lo cual es de saber, que en aquella primera edad, y antigua gentilidad, unos indios había poco mejores que bestias mansas y otros muchos peores que fieras bravas [1943, I, 29].

La descripción de la vida en la «primera edad» se limita a los capítulos 9-14 (mientras que la segunda se extiende del 15 al 262), en los cuales el inca hace una apretada síntesis de la vida social, calificándola de salvaje o bestial. En el campo religioso imperaba la idolatría más total, pues para muchos indios no había planta, objeto o «animal tan vil ni sucio, que no lo tuviesen por dios, sólo por diferenciarse unos de otros en sus dioses, sin acatar en ellos deidad alguna, ni provecho que ellos pudiesen esperar» (1943, I, 30) (lo que parece insinuar un período pre-religioso o una simple reducción de lo religioso a lo social en la línea de Durkheim), y otros indios «escogieron sus dioses con alguna más consideración que los pasados, pues adoraban algunas cosas, de las cuales recibían algún provecho», como la Pachamama o la Mamacocha (1943, I, 31); entre los sacrificios abundaban los sacrificios humanos. En la vivienda «tenían aquellos gentiles la misma barbaridad que en sus dioses y sacrificios. Los más políticos tenían sus pueblos poblados sin plaza, ni orden de calles, ni de casas, sino como un recogedero de bestias»; los demás vivían en riscos y peñas altas, en chozas dispersas, en cuevas o huecos de árboles; para Garcilaso algunos indios de esa edad no fueron conquistados por los incas, como los chirguanos, y continúan «en aquella rusticidad antigua [...] son irracionales y apenas tienen lengua para entenderse unos con otros dentro de su misma nación, y así viven como animales de diferentes especies, sin juntarse, ni comunicarse, ni tratarse, sino a sus solas» (1943, I, 34). La organización social se reduce a que «gobernaba el que se atrevía [...] y luego que señoreaba, trataba a sus vasallos con tiranía y crueldad, sirviéndose de ellos como esclavos» (1943, I, 34). El alimento era, sobre todo, yerbas, raíces y frutas que recogían, y en las zonas cálidas iban prácticamente desnudos. En la vida sexual, «muchas naciones se juntaban al coito como bestias, sin conocer mujer propia, sino como acertaban a toparse, y otras se casaban como se les antojaba, sin exceptuar hermanas, hijas, ni madres» (1943, I, 37). Así, no hay familia propiamente tal, ni siquiera se conoce el tabú del incesto. En una palabra, Garcilaso presenta esta primera edad de forma bastante similar a la etapa de salvajismo de los antropólogos evolucionistas.

La llegada de los incas y el inicio de su tarea civilizadora marcan el comienzo de la «segunda edad». Los incas enseñan la agricultura, la irrigación, el hilado y el tejido, y la construcción de caminos y edificios. «El inca Manco Cápac, yendo poblando sus pueblos, juntamente con enseñar a cultivar la tierra a sus vasallos y labrar las casas y sacar acequias [...], les iba instruyendo en la urbanidad, compañía y hermandad, que unos y otros se habían de hacer, conforme a lo que la razón, y la ley natural les enseñaba» (1943, I, 51). El gobierno local se realiza por medio de «curacas», quienes organizan la vida económica para asegurar el sustento de todos y ejercen la justicia en nombre del inca. Se introducen las reglas del matrimonio y se prohíbe el incesto y el adulterio. En el campo religioso, Manco Cápac inicia el culto al Sol, desengañándoles «de la bajeza o vileza de sus muchos dioses, diciéndoles qué esperanzas podían tener de cosas tan viles para ser socorridos en sus necesidades o qué mercedes habían recibido cada día de aquellos animales como los recibían cada día de su padre el Sol» (1943, I, 63). En cuanto a la Luna, aunque la tuvieron «por hermana y mujer del Sol y madre de los Incas, no la adoraron por diosa, ni le ofrecieron sacrificios, ni le edificaron templos» (p. 65). Más aún, para Garcilaso, como luego se verá, los incas llegaron con su «lumbre natural» a reconocer al Dios supremo, invisible creador del universo, por quien sentían «más veneración interior» que por el Sol y le llamaron Pachacamac.

Hay para Garcilaso una «tercera edad» (aunque no emplee esta terminología), que comienza con la llegada de los españoles. Él no se plantea el problema de los justos títulos de la conquista, pero parece situar a ésta dentro de una perspectiva providencialista, que trajo al Perú la evangelización cristiana. Así, su visión de la historia resulta ser lineal e irreversible. Esta visión providencialista se muestra ya en la «segunda edad», porque los incas realizan una tarea civilizadora que iba a permitir la aceptación del evangelio. No sólo «humanizan» a la población andina con todos los inventos, técnicas y pautas de comportamiento social que imponen, sino que suprimen la antropofagia y los sacrificios humanos, enseñan a comportarse conforme «a la razón y ley natural» y predican al «Dios desconocido» (Pachacamac). Garcilaso compara las tareas civilizadoras de incas y romanos («porque el Cusco, en su imperio, fue otra Roma en el suyo, y así se puede cotejar la una con la otra, porque se asemejan en las cosas más generosas que tuvieron» [1943, 11, 102]); de un modo especial compara, citando a Valera, la lengua general con el latín (la lengua general le es, a los indios, «de tanto provecho como a nosotros la latina, porque demás del provecho que les causa en sus comercios, tratos y contratos [...], les hace más agudos de entendimiento y más dóciles y más ingeniosos para lo que quisieran aprender, y de bárbaros los trueca en políticos y más urbanos» [1943, II, 95]). Todo lo cual se inscribe en esa visión providencialista, porque la evangelización va a completar enseguida las fronteras de Tawantinsuyo y porque el quechua va a ser la lengua misional. Si la realidad colonial no parece justificar esta visión ascendente de la historia, lo cierto es que Garcilaso está demasiado lejos en el espacio y en el tiempo (la segunda parte de los *Comentarios* no llegan a la época de Toledo, el verdadero organizador del régimen colonial) y siempre queda la «utopía retrospectiva», como la llama Wachtel,[11] o la visión religiosa, para dar una explicación diferente.

---

11. Wachtel, *op. cit.*, p. 174.

2) *Antropología de la religión*. Además de su detallada etnografía sobre las creencias, rituales, formas de organización y normas éticas del sistema religioso del Tawantinsuyo, Garcilaso aborda una serie de problemas etnológicos e incluso incursiona en el problema del valor de la religión incaica.

En primer lugar, se refiere a la predicación de los apóstoles en el Perú. Hablando del templo de Cacha, que edificó el inca Wiracocha en honor de cierto personaje que se le presentó en sueños «diciendo que era hijo del Sol y hermano de los incas», en cuyo templo había una imagen «de buena estatura, con una barba larga de más de un palmo, los vestidos largos y anchos como túnica o sotana», dice:

> La Estatua semejaba a las imágenes de nuestros santos apóstoles, y más propiamente a las del Señor San Bartolomé [...]
>
> Los Españoles, habiendo visto este templo y la estatua [...] han querido decir que pudo ser que el apóstol San Bartolomé llegase hasta el Perú a predicar a aquellos gentiles y que en memoria suya hubiesen hecho los indios la estatua y el templo. Y los mestizos naturales del Cusco, de treinta años a esta parte, en una cofradía que hicieron de ellos solos, que no quisieron que entrasen españoles en ella, la cual solemnizan con grandes gastos, tomaron por abogado a este bienaventurado apóstol, diciendo que ya con ficción o sin ella se había dicho que había predicado en el Perú. Lo querían por su patrón, aunque algunos españoles maldicientes, viendo los arreos y galas que aquel día sacan, han dicho que no lo hacen por el apóstol sino por el Inca Wiracocha [1943, I, 272].

Ni en este texto, ni en su alusión a la cruz «de mármol fino, de color blanco y encarnado», que los incas tuvieron en gran veneración y que Garcilaso vio en 1560 en la sacristía de la catedral del Cusco (1943, I, 69), el cronista mestizo no ve evidencia alguna de la predicación apostólica, que va a defender con tanta pasión el padre Calancha, como luego veremos; pero recoge información interesante sobre la manipulación de los símbolos: los mestizos, que deciden organizar una cofradía para ellos solos en honor de san Bartolomé, que, por el sueño del inca Wiracocha y por el templo de Cacha, se ha convertido en un símbolo de su doble raíz cultural, y los españoles y criollos, que no lo aceptan y acusan a los mestizos de superstición. En otro lugar habla también Garcilaso de la manipulación de los mitos por los incas, como ya se verá.

Este escepticismo de Garcilaso ante la predicación apostólica se extiende a las similitudes entre las dos religiones, que muchos misioneros descubren; así, acerca del «ídolo de Tangatanga, que un autor dice que adoraban en Chuquisaca y que los indios decían que era uno en tres y tres en uno», como la Trinidad cristiana, observa haciendo un análisis de indudable valor etnológico:

> Yo no tuve noticia de tal ídolo, ni en el general lenguaje del Perú hay tal dicción. Quizás es del particular lenguaje de aquella provincia, la cual está 180 leguas del Cusco. Sospecho que el nombre está corrupto, porque los españoles corrompen todos los más que toman en la boca, y que ha de decir Atacanca, quiere decir escarabajo [...] Que en Chuquisaca, en aquella primera edad y antigua gentilidad, antes del imperio de los reyes incas, lo adorasen por dios, no me espantaría, porque, como queda dicho, entonces adoraban otras cosas tan viles, mas no después de los incas, que las prohibieron todas. Que digan los indios que en uno eran tres y tres en uno, es invención nueva de ellos, que la han hecho después que han oído la Trinidad y unidad del verdadero Dios nuestro Señor, para adular a los españoles con decirles que también ellos tenían algunas cosas semejantes a las de nuestra santa religión, como ésta, y la trinidad que el mismo autor dice que daban al Sol y al rayo, y que tenían confesores y que confesaban sus pecados como los cristianos. Todo lo cual es inventado por los indios con pretensión de que, siquiera por semejanza, se les haga alguna cortesía.
>
> Esto afirmo como indio, que conozco la natural condición de los indios [1943, I, 75-76].

Además, recoge una larga cita del padre Valera sobre analogías de las dos religiones, que atribuye sobre todo a la falta de comunicación verdadera entre los primeros cronistas o misioneros y los indios («y así, interpretándolas a su imaginación y antojo, escribieron por verdades cosas que los indios no soñaron, porque de las historias verdaderas dellos no se puede sacar misterio alguno de nuestra religión cristiana»), pero no descarta la «parodia diabólica» para explicar la confesión, y el bautismo y el ayuno («pues el demonio ha procurado siempre ser tenido y honrado como Dios, no solamente en los ritos y ceremonias de la gentilidad, mas también en algunas costumbres de la religión cristiana, las cuales, como mona envidiosa, ha introducido en muchas regiones de las Indias, para ser por esta vía honrado» [1943, I, 77]). Sin embargo, Garcilaso afirma que los incas creían en la inmortalidad del alma y en la resurrección universal de los cuerpos y «tenían grandísimo cuidado de poner en cobro los cabellos y uñas que se cortaban», y al preguntarles él por qué hacían eso, le respondían: «Sábete que todos los que hemos nacido hemos de volver a vivir en el mundo [...] y porque nuestras [almas] no se detengan buscando sus cabellos y uñas [...] se las ponemos aquí juntas» (1943, I, 80); reflexionando sobre esta creencia incaica, dice: «cómo y por cuál tradición tuviesen los Incas la resurrección de los cuerpos, siendo artículo de fe, no lo sé, ni es de un soldado como yo inquirido, ni creo que se pueda averiguar con certidumbre» (1943, I, 81).[12]

En segundo lugar, se refiere al problema del Dios creador:

> Demás del Sol adoraron al Pachacámac (como se ha dicho) interiormente, por Dios no conocido; tuviéronle en mayor veneración que al Sol, no le ofrecieron sacrificios ni le hicieron templos, porque decían que no le conocían, porque no se había dejado ver; empero, que creían que lo había. Y en su lugar, diremos del templo famoso y riquísimo que hubo en el valle llamado Pachacámac, dedicado a este Dios no conocido. De manera que los incas no adoraron más dioses que los dos que hemos dicho, visible e invisible. Y así establecieron ley y mandaron pregonarla para que en todo el imperio supiesen que no habían de adorar más de la Pachacámac, por supremo Dios y señor, y al Sol, por el bien que hacía a todos [1943, I, 71].

Ya antes había observado que «los reyes Incas y sus amautas, que eran los filósofos, rastrearon con lumbre natural al verdadero sumo Dios y Señor nuestro, que creó el cielo y la tierra [...] al cual llamaron Pachacámac [...] quiere decir el que da ánima al mundo» (p. 66) «el Dios de los cristianos y Pachacámac era todo uno [...] porque la intención de aquellos indios fue dar este nombre al sumo Dios, que da vida y ser al universo, como lo significa el mismo nombre» (p. 67). En otro lugar, aunque en un contexto diferente, Garcilaso llega a decir que «toda la teología de los incas se encerró en el nombre Pachacámac» (1943, I, 118). Finalmente, al hablar del reinado de Huaina Cápac, recoge aquella anécdota en la que el inca, durante la fiesta del Inti Raymi, se quedó mirando fijamente el sol y, siendo amonestado por eso por el sumo

---

12. Sobre la inconsistencia que parece tener Garcilaso en este punto, el historiador francés Pierre Duviols, en *La lutte contre les religions autocthones dans le Pérou colonial* (Lima, Institut Français d'Études Andines, 1971) dice: «¿Cómo explicar que Garcilaso, al mismo tiempo, condena ciertas analogías y aprueba otras? Es que unas sirven a la tesis central de los Comentarios y las otras, no. La comunión, la confesión, la Trinidad, la venida del apóstol son elementos que suponen ya una revelación, ya la evangelización anterior a la llegada de los españoles. Aceptar alguna de estas dos hipótesis equivalía a que los peruanos habían olvidado, traicionado la palabra de Dios. Nada de eso ocurre con la vida eterna y con la resurrección. Se trata aquí de ideas filosóficas, que se pueden alcanzar por la sola razón natural y la moral, ayudadas por la Providencia. Concepciones escatológicas tan elevadas probaban una vez más la inteligencia y el mérito de los Incas. Por esta razón, Garcilaso tenía que tratar este tema, para que —como escribe— no falte del edificio piedra tan principal» (p. 71).

sacerdote, le respondió a éste: «Pues yo te digo que este nuestro padre el Sol debe de tener otro mayor señor y más poderoso que no él; el cual le manda hacer este camino que cada día hace sin parar, porque, si él fuera el supremo señor, una vez que otra dejara de caminar y descansara por su gusto» (1943, II, 238).

Aunque Garcilaso se equivoca al afirmar que los incas llegaron a identificar el culto de Pachacámac con el Dios creador, es indudable que en el Tawantinsuyo se admitió al Dios creador, aunque tuviera mucho menos importancia cultual, como ocurre con el Creador en casi todos los sistemas religiosos; además, el énfasis del cronista mestizo en que habían llegado a esta verdad por la luz natural (tema agustiniano, neoplatónico, que se encuentra también en Las Casas y Acosta) era una manera de reivindicar la grandeza de los incas; más aún, para Garcilaso, los incas, al extender sus sistemas religiosos por todo el imperio, ejercieron una misión civilizadora y se convirtieron en avanzada de la predicación cristiana (1943, I, 39).

Queda una última observación sobre la antropología de la religión en Garcilaso. Como ya se vio la manipulación de los mestizos del mito de san Bartolomé, también debe recordarse lo que el cronista mestizo afirma de los mitos andinos. Hablando de la isla Titicaca, en el lago del mismo nombre, donde había un templo muy venerado, recoge una «fábula de siglos más antiguos»: «dicen que después del diluvio vieron los rayos del sol en aquella isla y en aquel lago primero que en otra parte alguna», y observa:

> El primer inca Manco Cápac, favorecido de esta fábula antigua y de su buen ingenio, inventiva y sagacidad, viendo que los indios lo creían y tenían el lago y la isla por lugar sagrado, compuso la segunda fábula, diciendo que él y su mujer eran hijos del Sol y que su padre los había puesto en aquella isla para que de allí fuesen por toda la tierra doctrinando aquellas gentes, como al principio de esta historia se dijo largamente. Los incas amautas, que eran los filósofos y sabios de su república, reducían la primera fábula a la segunda, dándosela por pronóstico o profecía, si así se puede decir. Decían que el haber echado el Sol en aquella isla sus primeros rayos para alumbrar el mundo había sido señal y promesa de que en el mismo lugar pondría sus dos primeros hijos para que enseñasen y alumbrasen aquellas gentes, sacándolas de las bestialidades en que vivían, como lo habían hecho después aquellos reyes. Con estas invenciones y otras semejantes hechas en su favor, hicieron los incas creer a los demás indios que eran hijos del Sol, y con sus muchos beneficios lo confirmaron. Por estas dos fábulas tuvieron los incas y todos los de su imperio aquella isla por un lugar sagrado, y así mandaron hacer en ella un riquísimo templo [1943, I, 181-182].

En este párrafo Garcilaso se refiere al mito de Manco Cápac y Mama Ocllo, que ha narrado extensamente en el capítulo 15 del Libro II (1943, I, 41), y reconoce que es una reelaboración hecha por los amautas de un mito inicial, para justificar la conquista y civilización incaicas; aunque el cronista mestizo no hace ningún análisis teórico sobre el mito cuzqueño, similar a los que hacen los antropólogos de la escuela estructural-funcionalista inglesa, parece indudable que proporciona muchos elementos para ese análisis.

3) *La aculturación indígena.* Así como Sahagún recoge en su Historia una serie de observaciones sobre el contacto cultural hispano-azteca, Garcilaso también se refiere a los préstamos culturales de españoles e incas. Así, en los dos últimos libros de los *Comentarios*, al mismo tiempo que cuenta las hazañas de los dos últimos incas, hace una verdadera historia «natural» del mundo prehispánico (es especialmente interesante la descripción de la coca y de su empleo) (Libro VIII; caps. 9-25), y una detallada descripción de la introducción de animales y plantas de origen europeo (Libro IX, caps. 16-30). La descripción tiene, a veces, la viveza del mejor informe de campo. Por ejemplo, la manera como Garcilaso relata el trabajo de los primeros bueyes llegados al Cusco:

> Los primeros bueyes que vi arar fue en el valle del Cusco, año de 1550, uno más o menos, y eran de un caballero llamado Juan Rodríguez de Villalobos, natural de Cáceres; no eran más de tres juntas; llamaban a uno de los bueyes Chaparro y a otro Naranjo y a otro Castillo; llevóme a verlos un ejército de indios que de todas partes iban a lo mismo, atónitos y asombrados de una cosa tan monstruosa y nueva para ellos y para mí. Decían que los españoles, de haraganes, por no trabajar, forzaban a aquellos grandes animales a que hiciesen lo que ellos habían de hacer. Acuérdome bien de todo esto, porque la fiesta de los bueyes me costó dos docenas de azotes: los unos me dio mi padre, porque no fui a la escuela; los otros me dio el maestro, porque falté de ella [...] Los gañanes que araban eran indios; los bueyes domaron fuera de la ciudad, en un cortijo, y cuando los tuvieron diestros, los trajeron al Cusco, y creo que los más solemnes triunfos de la grandeza de Roma no fueron más mirados que los bueyes aquel día [1943, II, 255-256].

A lo largo de su narración, el inca va haciendo una serie de observaciones interesantes sobre problemas de contacto cultural. Antes de enumerar todos los animales y plantas introducidos por los españoles, observa: «me pareció hacer capítulo de ellas aparte, para que se vea y considere cuantas cosas menos y, al parecer cuán necesarias a la vida humana, se pasaban aquellas gentes, y vivían muy contentos sin ellas» (1943, II, 252). Luego va reseñando los animales (caballos, vacas, cerdos, ovejas, gallinas, etc.) y las plantas (trigo, vid, olivo, frutas, hortalizas, etc.) que se traen al Perú, su multiplicación, circunstancias de su adaptación al medio, precios que alcanzan, haciendo la reseña tanto a base de sus recuerdos personales como de las informaciones de sus corresponsales del Perú y de los indianos que se reúnen con él en España. Tales reseñas, aunque no siempre tienen un carácter muy científico, tienen el valor de un dato de primera mano. Al hablar de los caballos, comenta: «Comúnmente los indios tienen grandísimo miedo a los caballos; en viéndolos correr, se desatinan de tal manera que, por ancha que sea la calle, no saben arrimarse a una de las paredes y dejarle pasar, sino que les parece que dondequiera que estén (como sea en el suelo) los han de trompillar, y así, viendo venir el caballo corriendo, cruzan la calle dos o tres veces de una parte a otra; muchas veces acaesció (como yo los vi), irse a encontrar con el caballo, por huir de él»; luego recuerda que, durante mucho tiempo, los indios no quisieron dedicarse a herrar caballos, «aunque en los demás oficios, que de los españoles han aprendido, hay muy grandes oficiales», y que «a los principios de las conquistas en todo el Nuevo Mundo, tuvieron los indios que el caballo era toda una pieza, como los centauros» (1943, II, 254). También son interesantes sus observaciones lingüísticas: hablando de las plantas americanas dice: «todos los nombres que los españoles ponen a las frutas y legumbres del Perú son del lenguaje de las Islas de Barlovento, que los han introducido ya en su lengua española, y por eso damos cuenta de ellos» (1943, II, 179). Ésta es la razón por la que en el Perú se siguiera utilizando las palabras caribes *maíz, maní, tabaco*, etc., en lugar de las palabras quechuas *sara, ínchic, sairi*. Esto supone que, en un proceso de aculturación, las primeras formas culturales tienen más aceptación y que tras el primer contacto la cultura «cristaliza» y ya no permite innovaciones, como observa Foster;[13] por esa misma razón en el Perú tuvieron más aceptación las formas culturales del sur de España (Andalucía y Extremadura), por ser las que llegaron primero. Garcilaso observa también cómo los indios inventan palabras quechuas para los animales que nunca habían visto: a los cerdos les llaman *cuchi* («porque oyeron decir a los españoles *coche, coche,* cuando les hablaban»); a los gatos *micitu* («porque oyeron decir a los es-

---

13. Sobre el concepto de «cristalización cultural», véase a George M. Foster, *Cultura y conquista: la herencia española en América* (1960), Xalapa (México), Universidad veracruzana, 1962, pp. 389 y ss.

pañoles *miz, miz,* cuando los llamaban» [1943, II, 259]), y a la gallina *gualpa,* término que viene de Atahualpa (porque «como oyeron cantar los gallos, dijeron los indios que aquellas aves, para perpetua infamia del tirano y abominación de su nombre, lo pronunciaban en su canto diciendo "Athualpa", y los pronunciaban ellos, contrahaciendo el canto del gallo [...] Confieso verdad que muchos condiscípulos míos y yo [...] lo contamos en nuestra niñez por las calles, juntamente con los indiezuelos» [1943, II, 265]).

Garcilaso observa también la intensidad de la aculturación hispánica sobre el mundo andino en aquellos años, «porque las ansias que los españoles tuvieron para ver cosas de su tierra en las Indias han sido tan vascosas y eficaces, que ningún trabajo ni peligro se les ha hecho grande para dejar de intentar el efecto de su deseo» (1943, II, 268) y porque había entre los colonizadores el estímulo de conseguir la «joya que los reyes [...] habían mandado se diese de su real hacienda lo primero que, en cualquier pueblo de españoles, sacase fruto nuevo de España, como trigo, cebada, vino y aceite en cierta cantidad», y «la joya eran dos barras de plata de a 300 ducados cada una» (1943, II, 269). Pero el mayor impulso aculturador venía de la presencia de la nueva población, y por eso Garcilaso dedica el capítulo siguiente a las innovaciones, el capítulo 31 del libro IX, a los «nombres nuevos para nombrar las diversas generaciones»; dice que «lo mejor de lo que ha pasado a las Indias se nos olvidaba, que son los españoles y los negros»; recoge los nombres inventados para designar a los diversos grupos étnicos, y afirma que el nombre de criollo lo inventaron los negros:

> De manera que el español y al guineo nacidos allá los llaman criollos y criollas. Al negro que va de acá, llanamente llaman negro o guineo. Al hijo de negro y de india o de indio y de negra, dicen mulato y mulata. A los hijos de éstos llaman cholo; es vocablo de las Islas de Barlovento; quiere decir perro, no de los castizos, sino de los muy bellacos gosenes; y los españoles usan de él por infamia y vituperio. A los hijos de español y de india o de indio y española, nos llaman mestizos, por decir que somos mezclados de ambas naciones; fue impuesto por los primeros españoles que tuvieron hijos en Indias, y por ser nombre impuesto por nuestros padres y por su significación, me lo llamo yo a boca llena, y me honro con él. Aunque en Indias, si a uno de ellos le dice «sois un mestizo» o «es un mestizo», lo toman por menosprecio [...] A los hijos de español y de mestiza o de mestizo y española llaman cuatralvos, por decir que tienen cuarta parte de indio y tres de español. A los hijos de mestizo y de india o de indio y de mestiza llaman tresalvos, es decir que tienen tres partes de indio y una de español. Todos estos nombres y otros, que por excusar hastío deja-

241

mos de decir, se han inventado en mi tierra para nombrar las generaciones que ha habido después que los españoles fueron a ella, y podemos decir que ellos los llevaron [1943, II, 278-279].

A pesar de la diversidad étnica del país y de los conflictos que tal diversidad ocasiona —conflictos que Garcilaso no disimula, como se desprende del mismo texto transcrito, en que se alude a prejuicios interétnicos—, el Inca Garcilaso sostiene la unidad del país por encima de todo. La mejor prueba es la conocida dedicatoria que puso a la segunda parte de los *Comentarios reales*: «A los indios, mestizos y criollos de los Reinos y provincias del grande y riquísimo imperio del Perú, el Inca Garcilaso de la Vega, su hermano, compatriota y paisano», donde declara ser parte de la familia y de la patria, que forman los tres grupos étnicos más importantes del Perú. El prólogo que sigue a la dedicatoria confirma esta idea: «Por tres razones escribí la primera y escribo la segunda parte de los *Comentarios* de esos reinos del Perú. La primera, para dar a conocer al universo nuestra patria, gente y nación, no menos dichosa por ser [...] sujeta a nuestros reyes católicos [...], que por haber sido poseída y gobernada de sus antiguos príncipes, los Incas» (1944, I, 9). Aunque los conceptos de «patria» y «nación» no tuvieran, a principios del siglo XVII, el mismo contenido exactamente que en la actualidad, pues en el siglo XIX y principios del XX volvió a replantearse el problema de las nacionalidades, es claro que Garcilaso es el primer escritor que muestra la naciente conciencia nacional de la nueva realidad social y política que se va formando en el territorio del Tawantinsuyo, y que los *Comentarios* son el mejor símbolo de esa conciencia nacional. En una ocasión, hablando del primero que llevó trigo a su patria, dice así: «yo llamo así a todo el imperio que fue de los Incas» (1943, II, 267). Es significativo que, con ocasión de la rebelión de Tupac Amaru II, ocurrida en 1780-1781, se diera la real cédula de 21 de abril de 1782, en la que se dice al virrey de Lima: «Igualmente quiere el rey que con la misma reserva procure V.E. recoger sagazmente la *Historia del Inca Garcilaso*, donde han aprendido esos naturales muchas cosas perjudiciales»,[14] aunque en la península salía una nueva edición en 1880. Y es también significativo que, poco después de la independencia americana, el general San Martín ordenara que se hiciera una nueva edición de los *Comentarios reales*, como un modo de fortalecer la conciencia nacional.

---

14. En *La rebelión de Tupac Amaru*, t. 2, vol. 3.º, Lima, Colección documental de la Independencia del Perú, 1971, p. 267.

2. Felipe Guamán Poma de Ayala (1534-1615)

Durante algunos años después del descubrimiento en 1908, por Richard Pietschmann, en una biblioteca de Copenhague, del manuscrito de *El primer Nueva Crónica y Buen Gobierno* de Guamán Poma, se dudó de la existencia histórica de su autor, pero actualmente hay una serie de documentos que confirman su realidad histórica y añaden algunos detalles a su biografía. Con todo, la principal fuente sobre la vida de Guamán Poma es la *Crónica* misma. Parece que nació hacia 1534 en Suntunto, hoy comunidad del distrito de Cabana, en la provincia de Lucanas (Ayacucho). Se dice descendiente de los yerovilcas de Huánuco y sostiene que el inca Tupac Yupanqui, al conquistar a los yerovilcas, concedió a su abuelo el título de «segunda persona». Sobre su padre, Martín Guamán Mallqui, cuenta que, como segunda persona del inca Huascar, recibió como embajador a Pizarro y Almagro en Tumbes, y salvó la vida del capitán Luis Ávalos de Ayala en la batalla de Huarina, llevando desde esa ocasión el apellido del conquistador (1956, 14). Guamán Poma tuvo un hermano materno, don Martín de Ayala, sacerdote, pero no doctrinero (contra quienes el cronista hace las más agudas críticas) y modelo de virtudes cristianas, que debió influir en su educación formal (1966, 15-17), que debió realizarse en Guamanga y Cusco.

Pero, según la *Crónica*, Guamán Poma decidió recorrer todo el virreinato para defender a los indios e informar al rey: «Él se hizo pobre y desnudo sólo para ver el mundo y alcanzar merced de su Majestad, dándole cuenta de todo lo que ha visto con sus ojos. Qué cristiano sería capaz de hacer esto: dejar hijos, riquezas por valor de 20 mil pesos, desnudarse y meterse entre los pobres, durante 30 años, sólo para servir a su Majestad» (1966, III, 256). Se ha especulado mucho sobre la duración y extensión que tuvieron las peregrinaciones de Guamán Poma, como nuevo Quijote deshaciendo entuertos por los caminos del Perú; Porras cree que el cronista indio tuvo un conocimiento personal limitado del territorio del virreinato y se apoya en que hace descripciones bastante exactas de territorios que sí debió recorrer personalmente (Cañete: «tierra caliente yunga de mucha fruta y de pan y vino y mucho pescado»; Pisco: «una villa bonita pegada al mar que bate el agua, y de mucha frescura de la mar y linda vista»; Nazca, con el mejor vino del reino comparado con el de Castilla, «clarísimo, suave, oloroso y de las uvas como mollares, tamaño como ciruelas»), mientras que comete crasos errores geográficos de tierras lejanas (La Paz, tierra «muy linda de temple»; Tucumán, «tierra de mucho pescado», y Paraguay, «tierra en medio del mar»).[15]

Al regresar a su tierra, Guamán Poma se encuentra con que, durante su ausencia, ha sido despojado de su casa y de sus chacras; su conversación con el corregidor no resolvió el problema, y el cronista «tuvo que salir de la provincia y se vino a la ciudad de los Reyes de Lima, a fin de presentar sus quejas a su Majestad y hablarle a favor de sus pobres indios». El viaje es contado con todo lujo de detalles, casi al final de la *Crónica* (1966, III, 255-274). Resulta interesante, porque en el mismo desfilan, en el largo itinerario a través de los actuales departamentos de Ayacucho, Huancavelica, Junín y Lima, las principales figuras del mundo social de la colonia: en Castrovirreina, «el protector de indios, Juan de Mendoza y Carvajal, le hizo robar un caballo blanco, que le había costado 50 pesos; de ello se quejó a las autoridades, pero no alcanzó justicia, ni pudo recuperar», lo que le hace exclamar: «Mirad, Señor Dios, si este protector me hace tanto daño ¡qué hará con los pobres indios de Jesucristo!» (p. 259). En San Cristóbal, ante el envío de indias jóvenes a Huancavelica, donde «la india se convierte en bellaca y prostituta en medio de los españoles», decide con otro indio proponer la solución al obispo, pero el cura le mandó llamar y le «notificó que inmediatamente se fuera del pueblo, ni dijese nada, ni diese ánimo a los indios» (pp. 260-261). En el pueblo de Chinchay Yunga, el miércoles de ceniza, «oyó un sermón muy espantoso, dicho por ese padre, quien decía que los iba a "matar y desollar como a las llamas carachosas" y otras malas palabras, sólo con el objeto de espantarlos, lo cual, oído por el autor, se vio obligado a salirse de la iglesia, por no presenciar el sufrimiento de los pobres indios» (p. 261). Durante el viaje, al cruzarse con españoles e indios, éstos muchas veces le preguntaban que «en compañía de quién andaba y a quién servía» y él respondía «que venía sirviendo a un hombre respetable llamado Cristóbal, por no decir Cristo [...], de la Cruz [...], minero, rico y poderoso Señor [...]: "ahí viene alcanzándome, allí lo encontrarán, si lo buscan vuestras mercedes". Con estas palabras como respuesta, andaba el pobre caballero y autor por el mundo en busca de los pobres» (pp. 263-264). En el pueblo de Hatum Jauja se encontró con unas indias que venían huyendo del visitador de la idolatría Francisco de Ávila, y le contaron que «el doctor dijo que nosotras adorábamos piedras y, para obligarnos a declararnos culpables,

---

15. Porras, *op. cit.*, p. 40.

nos castigó, atormentándonos, como se acostumbra en ese lugar, que consiste en que al sentenciado lo coronan y atan al cuello una soga, le ponen en la mano una vela de cera y le hacen andar siguiendo la procesión» (p. 265). En la Villa Rica de Oropesa fue testigo de cómo «en la plaza se daba muchos bofetones y pezcozones a los pobres», y «entre ellos encontró a muchos de sus vasallos, que, al reconocerlo, lo abrazaron y contaron todas sus miserias y trabajos pasados en esta provincia, especialmente en las minas» (pp. 266-267).

Finalmente, llegó a la ciudad de Lima y la encontró «toda atestada de indios, ausentes y cimarrones, hechos yanaconas, con diversos oficios. Le llamó la atención que los indios bajos y tributarios se pusieron cuello, se vistieran como los españoles y usaran espada, otros se trasquilaban para no pagar tributo, ni servir en las minas. Ved en esto al mundo al revés» (p. 274). Tales son los últimos datos que conocemos de la vida de Guamán Poma, quien debió de morir en Lima en 1615.

Pero, independientemente de la exactitud de las fechas que transmite o de las denuncias que hace, es indudable que Guamán Poma vive y da testimonio de una de las épocas más significativas en la historia social del indígena peruano: la época de las guerras civiles, en las que participa un conquistador de quien él va a llevar el apellido; la época del movimiento mesiánico, organizado por el indio Juan Chocne, del Taqui Ongoy, a cuyo extirpador, el clérigo Cristóbal de Albornoz, Guamán Poma retrata en sus dibujos; la época del virrey Toledo, con la política de reducciones, la mita minera y la consolidación del régimen colonial; la época de las composiciones de tierras, iniciadas al final del siglo XVI, y, finalmente, la época de las grandes crisis demográficas.

OBRAS

(1615) *El primer Nueva Crónica y Buen Gobierno*.

Se trata de un manuscrito de 1.179 páginas, de las cuales 456 tienen dibujos. Debió de escribirse entre 1589 y 1615. La primera parte, la *Nueva Crónica*, tiene 455 páginas, y la segunda, el *Buen Gobierno*, 740. En la primera parte, se trata de las edades de la creación y de las generaciones de los indios (pp. 22-85), de los reyes incas, de las coyas, y capitanes (pp. 182-235), de los doce meses del año, de los ritos y ceremonias, de los enterramientos y de las acllas (pp. 236-301), de la justicia, de las fiestas y de la organización del gobierno incaico (pp. 302-367), de la conquista del Perú por Pizarro y de las guerras civiles (pp. 368-429). En la segunda parte, se trata de los nueve primeros virreyes (pp. 430-471) y de cada uno de los grupos sociales del virreinato: obispos y funcionarios eclesiásticos (pp. 472-483), mientras de la Audiencia (pp. 484-487), corregidores (pp. 488-533), españoles soldados (pp. 534-547), encomenderos (pp. 548-560), curas y visitadores eclesiásticos (pp. 561-702), negros esclavos (pp. 703-712) e indios principales y comunes (pp. 738-908). Finalmente, trata Guamán Poma de una serie de consideraciones sobre la política colonial (pp. 909-986), de la provincia y pueblos del reino y de los tambos reales (pp. 987-1.179).

El manuscrito, que se conserva en la Biblioteca Real de Copenhague, donde fue descubierto por Pietschmann, se publicó por primera vez en 1936 (París, Institut d'Etnologie); hay también una edición boliviana, preparada por Arthur Posnansky (La Paz, Instituto Tiahuanaco de Antropología, 1944) y otra peruana, preparada por Luis F. Bustíos (3 vols., Lima, Ministerio de Educación, 1956-1966), cuya interpretación es a veces excesivamente libre y que es la que he utilizado en la mayoría de las citas.[16]

APORTES

El gran aporte del cronista indio es su información sobre la sociedad andina prehispánica y colonial. En el prólogo Guamán escribe:

> Cuando tengáis ocasión de ver en vuestras manos lo que ha escrito en esta obra, tened presente que, para sacar en limpio toda esta historia, tuve mucho trabajo, antes de la conquista, los indios no conocían letra ni escritura alguna, por cuyo motivo toda ha sido tomada por los quipus y relaciones obtenidas en diversas lenguas, que estaban ya confundidas con el idioma castellano, como son el quichua, aimara, puquina, colla, concheca, charca [...]
>
> Pasé estos trabajos por servir a Dios Nuestro Señor, y a la Sacra Católica Majestad del Rey don Felipe III, gasté mucho tiempo muchos años acordándome y teniendo presente que esta obra puede ser

---

16. Las ediciones de Guamán Poma más importantes han aparecido en los últimos años. En 1980 aparecieron las de Franklin Pease en la Biblioteca Ayacucho de Caracas y la de John Murra, Rolena Adorno y Jorge Urioste en Siglo XXI. Esta misma edición ha aparecido en 1987 en Historia 16. El Fondo Editorial de la Universidad Católica del Perú ha publicado el excelente comentario de Rolena Adorno, *Cronista y príncipe: la obra de don Felipe Guamán Poma de Ayala*, Lima, 1989.

provechosa a los fieles cristianos para que puedan enmendar sus pecados, su mal vivir y sus errores [...]

La impresión de esta obra causará gozo y satisfacción por ser el primer libro y nueva crónica [...] escrito por el primer indio cronista [1956, I-II].

Poco antes ha afirmado: «escrito y dibujado por mí, con ingenio, dándole mayor claridad por medio de la exhibición de pinturas y dibujos» (p. 10), caso único entre los cronistas, con excepción del mercedario Murúa. Sin embargo, el cronista indio no proporciona más información sobre las fuentes que tuvo para componer su *Crónica*, y en cuya composición se demoró unos treinta años. En la primera parte debió de servirse de la tradición oral («los quipus y relaciones obtenidas en diversas lenguas»), reelaborada por él dentro de sus categorías de indio aculturado; en la segunda parte, en cambio, debió de utilizar el material recogido durante su peculiar trabajo de campo, recorriendo los caminos del Perú. Voy a limitarme a señalar, como aportes, el material mítico de su *Crónica*, su proyecto político y su concepción de la historia.

2.1. *Algunos mitos en la «Nueva Crónica»*

Después de presentar las cinco edades del mundo, que comienzan con Adán y Eva, Noé, el patriarca Abraham, el rey David y el nacimiento de Cristo, Guamán Poma expone las cuatro edades de los indios (*Wariwiracocha runa*, *Wari runa*, *Purun runa* y *Auca runa*), a las que añade la historia de los incas, que forman la era de los *Inca runa*. Las cuatro edades no tienen características completamente diferenciadas en la versión de Guamán Poma, o muestran ciertas inconsistencias, comunes a otras partes de la *Crónica*. Los *Wariwiracocha runa* son la «primera gente blanca del mundo». Esta generación dura unos ochocientos años. No sabían construir casas, vivían en cuevas y debajo de las peñas y se vestían de hojas de árboles, pero empezaron a trabajar y arar la tierra. Con el poco entendimiento que tenían invocaban al Creador y no adoraban ídolos, demonios, ni *wakas* (1956, 35-38). Los *Wari runa* son la «gente primitiva de estos reinos, autóctona», y su edad dura mil trescientos años. Construyen andenes para la agricultura de regadío. Abandonan las cuevas y edifican viviendas en forma de horno, llamadas *pucullo*, y empiezan a hacer sus vestidos de pellejos suavizados. Invocaban al Ser supremo y no adoraban a los ídolos, ni a las wakas (1956, 38-41). Los *Purun runa* comprenden un período de mil cien años; comienzan a vestirse con tejidos fabricados con hilos de diversas clases y a adornarse con plumas; eligen reyes y capitanes entre los legítimos descendientes de los *Wari Wiracocha runa* y tienen buenas leyes. Abren caminos y emigran a las tierras templadas o calientes. En esta época aprenden a teñir la lana, a criar el ganado (llama y alpaca) y a beneficiar los metales, fabricando prendas de oro y plata macizos. Como no sabían leer ni escribir, estuvieron ciegos, y así dijeron «haber salido de las cuevas, lagos, peñas, cerros y ríos, sin tener en cuenta que eran descendientes de nuestros padres Adán y Eva, cuyos hábitos y costumbres tenían, tales como trabajar, arar y adorar al Dios supremo creador» (1956, 41-45). Finalmente, los *Auca runa* duran dos mil cien años, período durante el cual sigue creciendo la población a un ritmo mayor del de las otras edades. «Son gente guerrera de esta tierra», que construyen fortalezas llamadas *pucaras* y comienzan a quitarse sus mujeres, hijos, chacras, sementeras, acequias de regadío y pastos, demostrando crueldad en sus luchas. Según sus leyendas, durante las batallas se convierten en leones, tigres, gavilanes y, por eso, utilizan los nombres de esos animales como apellidos, en recuerdo de las hazañas. «Había filósofos, astrólogos, gramáticos y poetas, indios que, a pesar de no saber leer, ni escribir, con su poco entendimiento, supieron tantas cosas como los antiguos romanos en la época de Pompeyo y Julio César.» Por su carácter belicoso, abandonaron las tierras bajas y despoblaron los pueblos y se fueron a vivir a las zonas montañosas y fortificadas, donde hacían sus guerras; a pesar de todo, tenían una sociedad justa, con buenas costumbres, y adoraban al Creador y no adoraban al Sol, ni a la Luna, ni a las estrellas, ni a los ídolos, ni a las *wakas*. Cuando los incas los conquistaron, los reyes y señores locales recibieron el título de segunda persona del inca (1956, 45-56).

Aunque este cuadro de las cuatro edades de los indios será retomado al hablar del concepto de historia en Guamán Poma, quiero adelantar algunas observaciones. Las cuatro edades marcan una cierta evolución en la vivienda, el vestido, el sistema productivo, la complejidad de la cultura, etc., pero no totalmente, y así desde la primera edad se conoce la agricultura y se da culto al Creador, sin caer en la idolatría, y se organiza una sociedad que satisface las necesidades de sus miembros. El papel civilizador que Garcilaso atribuye a los incas, Guamán parece descubrirlo más bien en los señoríos regionales anteriores al Tawantinsuyo; al menos presenta un cuadro bastante luminoso y llega a decir que «durante sus contiendas pelearon como hombres y no como bárbaros,

248

como hacen en otras partes», y que «no practicaban los tres vicios principales, que hace el hombre bárbaro semejante a un animal, o sea el emborracharse, hacerse la guerra y quitarse sus haciendas, y seguramente hubieron sido los hombres más santos del mundo, si en ese tiempo hubiese llegado hasta ellos algún apóstol de Jesucristo» (1956, 54). En cambio, los incas son los que introducen la idolatría y las conquistas injustas; el mismo nombre de *incas* «significa conquistadores, usurpadores o invasores», con lo que Guamán se acerca a las tesis de Toledo, no para justificar la conquista española, sino para condenar la expansión incaica a expensas del señorío regional de los yerovilcas, de los que Guamán Poma decía descender. El mito de Manco Cápac toma en el cronista indio una forma bastante diferente:

> El primer Inca de la segunda generación o dinastía que no era precisamente de los legítimos, dijo desde el principio que su padre era el Sol, su madre la Luna, sus hermanos los Luceros y su ídolo Huanacauri. Además él y sus familiares dijeron haber salido de un lugar nombrado *Tambo toco*, tambo con agujeros, por otro nombre llamado *Pacari tambo*, tambo donde aparecieron, sitio considerado por ellos como sagrado, donde adoraban y hacían sacrificios a sus ídolos y dioses. Pero los incas de la primera dinastía de Tocay Cápac, no tuvieron ídolos, ni efectuaron ceremonias, siendo limpios de toda idolatría, hasta que comenzó a reinar la madre y mujer de Manco Cápac Inga, de la casa de los Amaros serpientes. Lo que se acaba de manifestar es la verdadera historia del origen de los incas. [...]
> El Inga Manco Cápac no tuvo padre conocido, aprovecha de esto para hacerse llamar hijo del Sol, *Intip Churin*, e hijo de la Luna, *Quillap Wawa*, pero la verdad es que su madre fue Mama Waco. De esta mujer dicen haber sido una gran embaucadora, gran idólatra y hechicera, que hablaba con los demonios, efectuaba ceremonias malévolas, hacía hablar piedras, peñas, palos, cerros, lagunas, los que contestaban a sus preguntas, pudiendo así engañar a los indios [...]. Esta señora fue la primera inventora de las *Wakas* [...].
> En conclusión, este Inca no tuvo tierra, ni pueblo de origen, ni padre reconocido, ni siquiera casta, siendo la madre mundana y encantadora, la primera que comenzó a servir y a tratar con los demonios; en consecuencia, nunca pudo ser hijo del Sol y de la Luna, que están en lo más alto del cielo, y lo que dijo fue una mentira, por consiguiente, no le viene el derecho de Dios, ni era justo que fuese rey de este reino [1956, 60-61].

Pero, junto a este mito, Guamán Poma recoge otros de la tradición andina, como el del pobre que pedía limosna en los pueblos donde se celebraban fiestas, y por no ser atendido, Dios castigaba al pueblo egoísta, sepultándolo bajo un cerro o convirtiéndolo en una laguna (1956, 70), mito que recoge también Francisco de Ávila en Huarochirí (1966, 47-49) y que se cuenta todavía en la región cuzqueña para explicar el origen de ciertas lagunas. O el mito de la predicación del apóstol Bartolomé, quien convirtió al cristianismo al chamán indio Anti: «como señal de este milagro y del bautismo realizado —cuenta el cronista indio— dejo la Santa Cruz de Carabuco, presente hasta ahora como testigo de este milagro y de la llegada a estas tierras de [...] San Bartolomé; por esta razón, la fiesta de este santo apóstol y la santa cruz deben celebrarse como si fuera pascua del año» (1956, 70). Sin embargo, extraña que no haya ninguna referencia expresa en la *Crónica* de Guamán Poma al mito de Inkarrí, a pesar de haber sido el cronista contemporáneo y probable testigo del movimiento del Taqui Onqoy, a pesar de todo el contexto mesiánico de la *Crónica*, que se envía al rey inca para que éste restaure el orden del universo, que «está del revés», y a pesar de ciertas expresiones mesiánicas de la *Crónica*. Por ejemplo, en el comienzo de la segunda parte, al tratarse de los males de los indios, se dice: «Estos pobres de Jesucristo, sólo podrán tener descanso, cuando vuelva Jesús al mundo por sus pobres, como ya lo hizo una vez y acabe con tantos daños y males que pasan en este reino. Pues todos están contra ellos, hasta los pobres de Castilla que debían favorecerlos y ayudarlos, porque sufren como ellos: una vez que llegan a este reino se vuelven sus enemigos» (1956, II, 88).

2.2. *El proyecto político de Guamán Poma*

La segunda parte de la *Crónica* de Guamán Poma no es sólo una crítica al régimen colonial. Es posible descubrir también en ella un verdadero proyecto alternativo. Porras sostiene que «lo que pretende [Guamán Poma] es una restauración de los antiguos caciques o *auqui capac Churi*, y un nuevo reparto de las antiguas preeminencias, pero subsistiendo la desigualdad y un implacable régimen de castas».[17] Y más adelante completa:

> El trazo de la ciudad o provincia ideal que Guamán Poma propone para reemplazar la realidad ominosa que le ha tocado en suerte, tiene

---

17. Porras, *op. cit.*, p. 68.

mucho de república platónica, por la comunidad de bienes para el pueblo y el gobierno de los filósofos y ancianos, pero por la rigidez y autoritarismo primitivos, se acerca más a modelos americanos más próximos y afines, a las misiones jesuíticas del Paraguay o a las «reducciones» tan denostadas del Virrey Toledo, cuyo elogio como legislador está a cada rato, a regañadientes, en la pluma del cronista en esta parte de la obra. Difiere, en cambio, fundamentalmente, de la utopía indianista de Vasco de Quiroga en México. La organización del obispo de Michoacán estaba fundada en la humanidad y en la caridad cristiana, en los dulces vínculos familiares, la del indio Lucana, en un rígido estatismo, jerárquico e insensible, implacablemente aristocrático, sin las virtudes del régimen incaico y con todos los defectos de la burocracia española. De ambos toma directamente la dureza.[18]

Es interesante, en este sentido, comparar el proyecto político utópico de Guamán con los otros proyectos políticos utópicos que se vieron anteriormente. Guamán Poma exige caciques de «linaje», pone diez horas de trabajo de día (de 7 a.m. a 6 p.m., con una hora de descanso para comer), determina el tamaño de cada huerto familiar (uno o dos topos), da un enorme poder fiscalizador a los *quipucamayoc*, que deben llevar cuenta de todo, etc. Tal proyecto no se presenta de un modo definido en una parte de la *Crónica*, sino que hay que desenterrarlo debajo de las críticas, digresiones y consideraciones del anciano cronista. Pero hay un capítulo de la *Crónica*, que sigue precisamente al capítulo de consideraciones, donde se simula un diálogo entre Guamán Poma y Felipe III y donde el cronista expone sus ideas políticas:

> Yo quisiera servir a V.M. como nieto del rey del Perú, viéndolo cara a cara, comunicándole y hablándole posteriormente de todo lo que pasa en este reino, pero no puedo hacerlo, por ser viejo de ochenta años y enfermo, lo que no me permite ir tan lejos, sin embargo, estoy presto a decirle lo que he escrito durante treinta años, andando muy pobre y haciéndolo por servir a V.M. Pido sólo que me agradezca. De mi parte le comunicaré por cartas, en consecuencia, a medida que vaya preguntándome, yo leeré y responderé de esta manera. S.M. pregunte: Dígame don Felipe de Ayala, autor de este libro, ¿cómo antes [...] pudieron multiplicarse los indios en este Reino?
> Digo a V.M. que en aquel tiempo [...] [1956, II, 179].

Enseguida, el capítulo recoge la formulación más condensada del proyecto político de Guamán Poma. Paso a hacer una breve

18. *Ibíd.*, p. 69.

exposición del mismo, presentando sucesivamente sus medidas demográficas, económicas, políticas y religiosas:

a) *Medidas demográficas*. Por medio de tres preguntas sucesivas, referidas al pasado andino, al presente colonial y al futuro, Guamán Poma presenta su visión demográfica. En el pasado andino creció mucho la población por la unidad de poder, ya que «en este tiempo el soberano sólo era el Inca» y «los principales señores servían a éste [...], sacaban oro y plata, hacían trabajar las sementeras y cuidar los ganados, alcanzándoles para abastecer por medio del sustento a toda la gente [...], a pesar de que eran muchos», y el cronista llega a decir, en una frase evidentemente retórica, que «el pueblecillo más chico tenía dos mil soldados, otros, cincuenta mil, cien mil» (p. 180). En cambio, en el período colonial, disminuyó mucho la población por el mestizaje, pues «las mejores mujeres, especialmente a las doncellas, las toman para sí los [...] españoles [...], por cuyo motivo nacen muchos mesticillos y mesticillas en este reino», y por la explotación colonial, que ha sumido a la población en cierta desesperación, negándose a reproducirse: «por eso, desesperados al verse víctimas de tantos agravios y daños, muchos de ellos se ahorcan, siguiendo el ejemplo de los indios Chancas en Andahuaylas, donde se han agrupado indios e indias en un cerrillo y quieren morir de una vez» (p. 181). Ya se volverá sobre la oposición de Guamán Poma al mestizaje, pero ahora es interesante destacar la hipótesis de la desesperación para explicar la catástrofe demográfica colonial, como si el pueblo vencido hubiera tomado la decisión de no reproducirse porque el mundo colonial no merecía vivirse, hipótesis que no manejan ninguno de los autores no indígenas que abordan este tema (por ejemplo, Acosta o López de Velasco). La catástrofe demográfica del primer siglo de la colonia y su repercusión innegable en la vida económica y política del virreinato es denunciada por el cronista indio con una energía increíble:

> Digo a S.C.R.M. que en este reino se están acabando los indios y se terminan por acabar de acá a 20 años ya no habrá indios para el servicio de su corona real y defensa de nuestra santa fe católica. Sin ellos V.M. no vale gran cosa, y acuérdese que Castilla es Castilla por los indios [...].
> Considero que no es posible que se pierda un reino de tanto valor; bien sabe V.M. [que]; por muy importantes que hayan sido estas tierras, no tendrán valor, si disminuyen y se acaban los indios; por otra parte, ya están depobladas, donde existían mil almas, ya no hay cien, y todos sus ancianos y ancianas que no pueden multiplicarse; aunque hayan indios solteros, como se casan con viejas, éstas ya no tienen hijos [...] [p. 183].

En cuanto al futuro, Guamán Poma exige que los españoles dejen a las indias, y «aquellos, que estorban la multiplicación de los indios, sean castigados con todo rigor, quitándoles los oficios y beneficios que tengan» (p. 181), y propone al rey que ordene que «si una india da a luz de un padre, corregidor, encomendero o algún otro español, éstos serán castigados con cien azotes dados en público y trasquilados. Sólo así podrán vivir tranquilos estos pobres indios» (p. 193).

Otro punto importante de la política de población es la recuperación de los indios que han dejado sus propios pueblos-reducciones. Sobre eso el cronista indio presenta una interesante tipología de los fugitivos, formada por cimarrones o vagabundos, forasteros y huérfanos:

> 1.º Los cimarrones y vagabundos son aquellos, a quienes los llaman ladrón, prófugo, siendo ladrones que salieron de sus pueblos por salteadores, borrachos, jugadores, perezosos y comedores de coca.
>
> 2.º Son forasteros los ausentes de sus tierras por estar perseguidos o se han visto obligados a huir, al verse abrumados de trabajos, ocupaciones, o han sido agraviados en su persona, en sus haciendas, en sus mujeres, hijos, por los corregidores, padres, encomenderos o principales señores de este Reino. Por ello, dicen [...] gente aborrecida [...] gente ausente o huida de su pueblo, gente agraviada [...] gentes a quienes les han quitado sus haciendas, gente calumniada [...] gente pobre que no tiene a nadie, son pobres que no puedan dar tributo en sus pueblos.
>
> 3.º Son los indios e indias huérfanos, que son sacados de sus pueblos para que sirvan de criados, muchachos, chinaconas y amas en casa de los corregidores, padres, encomenderos, escribanos, tenientes o mayordomos. Son regalados a sus parientes en las ciudades, a donde los llevan por la fuerza, los maltratan y los castigan, como si fueran negros esclavos, y los tratan cruelmente dándoles mala vida. Estos huérfanos por eso huyen de sus amos y se ausentan de ellos y, temerosos de recibir daños, no vuelven a sus pueblos o reducciones, yéndose a otras ciudades, quedando después en condición de yanaconas o chinaconas, siendo llamados después [...]: huérfano tierno, sin padre y madre, de barriga dulce y liviano, perezoso, ladronzuelo, a quien no le gusta trabajar. Vete, eres basura y sólo sirves para criado. Así se dicen entre ellos [p. 187].

Es indudable que esta tipología es un buen reflejo de la realidad colonial y que explica la movilidad de la población en el virreinato. Para frenar esta huida de los indios y para que los pueblos no queden «solitarios y yermos», Guamán Poma sugiere varias medidas: en primer lugar, «es conveniente que V.M. como rey Inca, mande dar títulos y posesión, ordenando que los campos se pueblen nuevamente de indios, dándoles al mismo tiempo sementeras, pastales, propiedad, con la misma jurisdicción que tuvieron ellos, cuando primitivamente los poseyeron» (p. 186). En segundo lugar, el rey debe disponer que «los indios, que se ausenten y vayan a las minas y plazas de este Reino a cumplir con sus obligaciones, sean anotados, uno por uno, y se haga una lista a nombre de V.M.», para que puedan ser detenidos con facilidad. Las medidas sugeridas por el cronista indio son de innegable dureza:

> Enseguida se les busque y detenga, con cuyo objeto se ordene a los caciques principales den mandamiento, para sacarles de cualquier parte y lugar, donde estuvieron dentro de este Reino, además que sean buscados por un español, mestizo o mulato, a quienes se les abonará sus costas y salarios por cuentas del indio. Una vez preso, será llevado con grillos y exhibido en un caballo enjalmado, siendo entregado el indio con su mujer a los jueces de las minas o plazas, luego se le hará trabajar, teniéndolo preso y con una calza de hierro. Al Alguacil y a los cuadrilleros se les pagará por diez sus jornales. A los indios detenidos se les dará de comer a su costa, con el producto de su trabajo, hasta completar el total del costo de la comida y el gasto que ocasiona tenerlos presos, pagando inclusive el jornal del Alguacil del Rey. Además se les obligará a pagar el tributo que les corresponde y todo lo que deben [p. 186].

En tercer lugar, debe ordenarse en todo el reino que los españoles «no tengan indios [...] en su poder, ni los detengan siquiera por una hora a la fuerza [...] El que tenga, aun un sólo indio, merecerá ser castigado con 100 pesos de multa [...] Asimismo a los jueces que no ejecuten, ni vigilen el cumplimiento de estos mandatos [...], se les impondrá la pena de 1000 pesos» (p. 192). En cuarto lugar, se ordenará que los indios regresen a sus pueblos de origen cuando se apartan de ellos por una causa justa: los enfermos, una vez que se han curado en los hospitales, y los mitayos, cuando han cumplido su mita minera; por su parte, los «indios rescatadores, tengan licencia para permanecer sólo dos días enteros en un pueblo» (p. 192). En quinto lugar, «que se recoja a los indios e indias muchachos de cada provincia, estableciéndolos en algunos de los pueblos antiguos que están abandonados, dándoles sementeras y pastales con sus linderos bien amojonados» (p. 181). Finalmente, el rey debe ordenar que «ningún español, mestizo, cholo, mulato, zanbahigo, ni otra casta parecida a ellos, viva o resida en los pueblos donde existe sólo casta de indios, debiéndose echar afuera a todos ellos, grandes, chicos, aun casados, quienes juntamente con sus mujeres se irán a vivir a las ciudades o villas» (p. 193). Llama la atención el desprecio con que Guamán Poma mira a los mestizos, a diferencia del Inca Garcilaso, que siente que lleva en su vida las dos sangres y las dos herencias culturales. La razón de esta postura, que es muy radical, sobre todo si se tiene en cuenta que el cronista indio es un aculturado y acepta las grandes líneas del proyecto colonial, se verá al tratar de su concepción de la historia.

b) *Medidas económicas*. Ya se vio que uno de los medios sugeridos por Guamán Poma para aumentar la población era dotar a los indios de las sementeras, pastales y propiedad que tuvieron antiguamente. En la misma línea, entre sus medidas económicas, propone al rey lo siguiente:

> Ha de saber V.M. que es necesario obtengan riquezas en las comunidades, que ellos llaman Sapci, trabajando las sementeras de maíz, trigo, papas, ají, mango, algodón; que tengan obrajes, tenería, coca, frutas; que las doncellas y viudas hilen y tejan, a razón de una pieza de ropa por cada 10 mujeres, correspondiendo un tercio a la comunidad; que tengan ganado de Castilla o de esta tierra en la comunidad; que cada indio o india tenga su riqueza propia [p. 181].

Pero la vida económica de la colonia descansaba sobre la minería y por eso el cronista indio centra su atención en este punto, dentro del cuadro de la explotación colonial: «Digo a V.M. que los indios reciben grandes daños, en primer lugar de los mineros y de los jueces, quienes por cualquier motivo tienen la costumbre de colgarlos de los pies desnudos, con la vergüenza al aire, para azotarlos; los hacen trabajar día y noche sin pagarles y, si les pagan, les dan la mitad» (p. 183). Las soluciones que propone para remediar esta situación son tres: la primera es la reducción del número de personas obligadas a la mita: en lugar de la reglamentación vigente de una de cada siete, debe ordenarse que «de un grupo de 11 indios, se saque 1, por suerte, para los trabajos de las minas y que se releven entre las provincias con un intervalo de seis meses, obteniendo así un descanso de un tiempo igual para los indios de cada provincia» (p. 183). No deja de extrañar que, en una época en que se polemizó tanto sobre la supresión de la mita minera,[19] el cronista indio se

---

19. Vargas Ugarte ha recogido, en *Pareceres jurídicos en asuntos de Indias* (Lima, 1951), un conjunto de documentos, enviados al rey sobre todo por jesuitas de Lima, Potosí y Huancavelica, acerca de los problemas sociales y morales de la mita minera.

limitara a pedir la reducción del número de mitayos. Esa postura realista se debe, sin duda, a su conocimiento de la importancia de la minería para la vida económica colonial, y por eso concluye sus propuestas diciendo: «tomando estas disposiciones, pronto se hará más rico V.M. y su corona real, alcanzando las riquezas obtenidas para la satisfacción de todas las necesidades del reino». La segunda solución propuesta es una buena atención médica: «nombrar a cualquier indio, negro o español bien pagado, que sepa curar y sanar enfermos azogados» (p. 183). Guamán Poma conocía bien, por sus largos viajes por el virreinato, que muchos indios mitayos morían en Potosí y en los demás asientos mineros. La tercera solución es mucho más radical, pues se propone una especie de «nacionalización» y que los indios pudieran convertirse en mineros.

> Digo a V.M. que, cuando un indio descubre minas de oro, plata, azogue, plomo, cobre, estaño o pintura, inmediatamente intervienen los españoles, les quitan, les maltratan y se apoderan de las minas encontradas; por eso los indios ya no quieren denunciar. Ahora bien si V.M. pudiera tratar directamente con el indio descubridor y le hiciera mercedes, todas las minas buenas y ocultas estarían ya descubiertas, sería muy rico el reino y estuviera ya rico V.M. [p. 183].

Sin embargo, Guamán Poma sabía que esta última propuesta no iba a ser aceptada por la administración colonial y regresa a las propuestas que debían aliviar el trabajo de la mita. Enumera las siguientes: sustituir a los indios mitayos de las minas por un año por los «que sirven en las plazas de las ciudades [...] a fin de que puedan descansar [...]; así [...] podrán soportar al trabajo fuerte de las minas», y añade la motivación de siempre: «quien pierde a todos sus vasallos los indios, lo pierde todo» (p. 188); «que los muchachos hasta tener más de 20 años no entren en ningún socabón de minas de azogue, de plata y oro, no trabajen en funciones [...] porque, como son tiernos, les da el azogado, no pueden sanar y se mueren» (p. 188); que en todas las minas haya una despensa con agua y alimentos, «a fin de que puedan disponer de su sustento los que quedan encerrados en caso de derrumbe, mientras que, de día y de noche, se quite el desmonte» (p. 188); que no se permita que los indios se queden a trabajar en las minas, una vez terminado su turno de mita; y, finalmente, que no se impida el necesario desahogo a los indios:

> Debe permitírseles tengan sus fiestas, se alegren, canten sus canciones y *taquíes* con sus mujeres, hijos y parientes, porque quizás estén próximos a morir, como ha pasado con muchos indios que

han muerto o quedado mancos o tullidos, al hundirse las minas, y algunas veces ya no han vuelto a ver a su mujer, ni a sus hijos, por eso obligatoriamente deben confesarse, comulgar y hasta hacer testamento. Tampoco debe prohibirse que los demás indios se alegren en sus casas. Ni tienen nada que hacer en esos casos el corregidor, padre, ni el alcalde, porque con ese pretexto les quitan todo cuanto tienen y les desuellan a los pobres. Si el indio o india se emborracha y se hace atrevido, será juzgado, castigándosele con 50 azotes y esto siempre y cuando haya reñido con su mujer u otro indio, pero siempre con sentencia expresa del juez, no debiendo ir a la casa del indio a buscarle el padre, corregidor, ni el alcalde. Esto está dispuesto en las *Ordenanzas* de don Francisco de Toledo [p. 188].

c) *Medidas políticas.* La última propuesta de Guamán Poma hace alusión al ordenamiento de Toledo y a los abusos de las autoridades. También en este punto el cronista indio tiene una postura moderada; él no se cuestiona el dominio español, ni se plantea el problema de los justos títulos de la conquista, pero denuncia todos los abusos de los españoles y de las autoridades coloniales y hace una serie de interesantes propuestas que, en el fondo, son bastante radicales. Ya se vio cómo Guamán, ante el desgobierno de los primeros años de la conquista, recordaba el principio de autoridad de Tawantinsuyo, donde «el soberano sólo era el Inca; aunque había duques, condes, marqueses, grandes señores y principales, todos ellos vivían obedeciendo las leyes y mandamientos del Inca» (p. 180). En la denuncia de los abusos de los españoles se fija, sobre todo, en los cometidos contra las indias, porque esto rompía, además, sus esquemas sobre el mestizaje:

> Digo a V.M. que todos los españoles deben vivir como cristianos, procurando casarse con los de su calidad o señoras iguales a ellos, dejando a los pobres indios multiplicarse, y que no les quiten sus posesiones, tierras y casas. Aquellos que quitaron por la fuerza, obligarlos a que las devuelvan, pagando el importe de lo que gozaron y disponiendo que estas penas sean ejecutadas de inmediato. Luego ordenar el castigo inmediato de los que violen a las indias doncellas, a los que hicieron parir a las indias casadas o las fornicaron a la fuerza. A todos se les hará desterrar, condenándolos a seis años de galeras o mandarlos a Chile, confiscándoles todos sus bienes para vuestra Cámara [...] debiéndole pagar al indio los daños hechos, así como los gastos judiciales. Castigar al juez que no ejecute las sentencias impuestas, a la misma pena que el culpable, ordenando que ningún juez actúe injustamente contra los pobres indios [p. 185].

Y en su denuncia contra las autoridades coloniales, se refiere sobre todo a aspectos judiciales y tributarios. El rey debe «ordenar a los que no son jueces, como el padre doctrinante, encomendero y demás españoles, no se metan a hacer justicia y el que lo hiciere, sea castigado, imponiéndole penas y desterrándolo lejos de los indios de este Reino» (p. 185). Los pleitos de los indios sobre animales deben pasar a la jurisdicción de los jueces y ser vistos por el fiscal y por el protector. El tributo correspondiente a las especies debe pagarse conforme a los precios originales señalados por Toledo, y «de todo lo demás, inclusive del ganado muerto en las comunidades, se abone sólo el tercio. Si no puede ganar esa cantidad, se le dispense sin castigarle» (p. 185).

Pero, pasando ya a las propuestas en la estructura política, Guamán Poma se refiere a los corregidores y a los caciques. En cuanto al corregidor, el cronista indio cree que este cargo debe desaparecer y «nombrar para reemplazar a los corregidores de provincia a un indio principal cada año», lo cual «sería una gran medida para el buen gobierno y [...] un descanso para los indios, que de este modo se multiplicarían rápidamente» (p. 188). Tal medida era realmente radical, porque significaba suprimir la única autoridad española que tenía ingerencia directa en los pueblos indios, sobre todo si se vincula a la propuesta ya señalada de que en dichos pueblos sólo debían vivir los indios.

En cuanto a los caciques, Guamán Poma lamenta el desorden introducido por la conquista. Para él, «no hay sino un solo principal y señor en toda provincia, pero ahora cualquier mitayo tiene ese título, con lo cual el mundo anda perdido» (p. 191), y «es preciso disponer que no estén libres los indios, sino obligados a acudir al servicio de su señor natural, según la ley y ordenanzas existentes». Pero, con la conquista han surgido una serie de falsos señores, porque los mandones de *guaranga*, de *piscapachaca*, de *piscachunga* y de *chunga* dicen que ellos son apo o principales, y, a «cambio de cuatro reales, los visitadores los asientan con este título en las visitas y los corregidores hacen a su favor falsas informaciones». Por consiguiente, el rey «puede informarse en esta crónica que aclara de dónde le viene el derecho de ser servido a todo principal en cada provincia y corregimiento, privilegio que gozan desde sus antepasados» (p. 191). Más aún, el cronista propone: «órdenes S.C.R.M. que a mi presencia venga el cacique principal, sus segundos y todos los mandones de este Reino, para que yo dé testimonio de lo que merece cada uno, porque conozco a todos como segunda persona del Inca y de V.M.» (p. 186).

d) *Medidas eclesiásticas.* Finalmente, Guamán Poma presenta en su proyecto político una serie de medidas referentes al gobierno eclesiástico, que también caía bajo la jurisdicción del rey por el régimen de patronato. En primer lugar, defiende la supresión del sueldo mensual o «sínodo», sosteniendo que los «curas de las doctrinas están impedidos de cobrar el tributo que exigen indebidamente como salario, pues están obligados a sustentarse con lo que ganan al pie de los altares, cuyo monto alcanza muchas veces hasta dos mil pesos o cuando menos a mil, importe de las sumas abonadas por concepto de misas, ofrendas, responsos, dádivas, aguinaldos y limosnas» (p. 182). Basa su postura en que ni Cristo, «el primer sacerdote del mundo», ni los apóstoles pidieron salario, ni renta y se alimentaban de limosnas. En segundo lugar, propone la formación de un clero indígena: «si esta medida no les gusta a los curas, acuerde V.M. con S.S. el Papa para que los indios estudien y puedan ordenarse de sacerdotes, no exigirán salario, ni podrán pedir limosnas por ser indios naturales» (p. 183). De esa manera el sínodo pagado al clero (que el rey debía cubrir con el diezmo recaudado de los frutos de la tierra, con excepción de las tierras de los pueblos-reducciones) podrá emplearse en la defensa de la fe y propagación de la misma en las Indias orientales y en el Nuevo Mundo. En tercer lugar, Guamán Poma sugiere al rey que se ponga de acuerdo «con su Santidad el Papa, a fin de que nos envíe, como su segundo un cardenal, que esté sobre todos los sacerdotes y prelados, con el objeto de que los pueda castigar o desterrar, si lo merecen» (p. 190). Es sabido que el rey de España, para asegurar el control de la Iglesia americana a la que daba su patronato regio, nunca quiso admitir la existencia de un nuncio del Papa en América. De esa manera, la propuesta de Guamán Poma en este punto, como la anterior de la ordenación sacerdotal de los indios, que en la práctica nunca se ordenaron, salvo algunas excepciones, por considerarlos poco maduros en la fe cristiana, era realmente revolucionaria.

Pero, al repasar esta apretada síntesis del proyecto de Guamán Poma, queda la duda de si él pensaba realmente así, lo cual supone una fuerte aculturación dentro del modelo español, o si era únicamente una estrategia para lograr suavizar lo que era inevitable.

2.3. *La idea de historia en Guamán Poma*

Otro aporte interesante de la obra del cronista indio es su concepción de la historia. En ese sentido puede afirmarse que se han hecho dos lecturas de la *Nueva Crónica*, una «literal», desde las categorías de la historia occidental, por Raúl Porras Barrenechea (1948), y otra desde las categorías del pensamiento andino, por Juan Ossio (1970) y Nathan Wachtel (1971).[20] Si dicha *Crónica* permite esta segunda lectura, es claro que Guamán Poma proporciona al desarrollo del pensamiento antropológico la concepción de la historia y aun la manera de pensar diferentes, que son propios del mundo andino.

Porras, al analizar el valor histórico de la *Crónica*, sostiene:

> Hay un juicio desfavorable para el enjuiciamiento del valor histórico de la *Nueva Crónica* y son sus continuos errores y confusiones sobre la historia y la geografía contemporánea. Guamán Poma, lejos de ser un erudito, yerra a cada paso en las noticias más sencillas y divulgadas sobre hechos cercanos del Incario o de la conquista, ocurridos en vida de sus padres o en la suya misma, invitándonos a desconfiar de sus aseveraciones sobre personajes y sucesos de épocas más lejanas.
>
> Sin ir más lejos, Guamán Poma nos afirma que Almagro y Pizarro desembarcaron juntos en Tumbes [1936, 47], que el dominico Valverde era de la orden de San Francisco, que Almagro fue a España con Pizarro [p. 127], que la guerra entre Huascar y Atahualpa duró 36 años [p. 386], que Huayna Cápac y Pedro de Candia se entrevistaron en el Cusco [p. 369], que Candia fue compañero de Colón [p. 370], que Luque estuvo en el Perú [p. 376] y Almagro en la prisión de Atahualpa y que este inca fue «degollado» en Cajamarca. Es también notable la omisión del Virrey Conde de Nieva en las semblanzas biográficas de los once virreyes —contemporáneos suyos— que hasta entonces habían gobernado el Perú, demostrando que perdía muy fácilmente la cuenta.
>
> Para estar a tono en lo geográfico, afirma, como queda ya indicado al hablar de sus viajes, que el Paraguay es «tierra en medio del mar» y el serrano Tucumán «tierra de muchos pescados». Estos despropósitos son, en parte suyos, culpa de su memoria senil [...] pero también obra de la tradición oral, que fue su principal fuente de información y que es fácil de rectificar, cuando hay fuentes escritas. Tales errores nos previenen para juzgar el resto de la obra.[21]

Además de estos errores concretos como muestra, Porras alega la falta de representatividad de la *Nueva Crónica*, porque «la histo-

---

20. Juan M. Ossio, *The Idea of History in Felipe Guamán Poma de Ayala* (tesis inédita para obtener el grado B. *litt.*), Oxford, 1970. Un resumen del tema, hecho por el mismo autor, se encuentra en la revista *Runa* (Instituto Nacional de Cultura [Lima], n.º 1 [1977], pp. 10-12), con el título de «La idea de historia de Guamán Poma». Un enfoque similar lo tiene Wachtel en el artículo ya citado.

21. Porras, *op. cit.*, pp. 75-76.

ria provincial de Lucanas no puede explicarnos toda la historia del Perú», y «sólo con una miopía histórica insanable pueden erigirse tales relatos en hechos simbólicos».[22] Finalmente, Porras afirma que el valor de la obra está limitado por la falta de formación intelectual de Guamán Poma, que ha tenido que tropezar en su empresa —como él mismo lo reconoce— con «la rudeza de mi ingenio y ciegos ojos y poco ver y poco saber y no ser letrado, ni doctor, ni licenciado, ni latino», y por su incapacidad de expresarse en castellano, lo que hace muy difícil la lectura de la *Nueva Crónica*. Pero tales limitaciones no impiden a Porras reconocer en Guamán «dotes de ingenio y calidades de observación psicológica y de causticidad de expresión».[23] Todo lo anterior hace concluir a Porras:

> La *Crónica* de Guamán Poma no puede históricamente alcanzar el crédito ni la importancia de las obras contemporáneas, escritas entre la segunda mitad del siglo XVI y los comienzos de XVII. No puede competir en información histórica con Cieza, Betanzos, Cristóbal de Molina, o Sarmiento de Gamboa, ni tiene la primorosa forma del padre Acosta o de Morúa, ni el sentimiento nacional ya patente en el Inca Garcilaso. Su racismo frenético le enemista, fundamentalmente, con el Perú del porvenir, que sería un Perú mestizo. Lo único que lo vincula a la nación en potencia, que se preparaba oscuramente en universidades o en mazmorras coloniales, es su espíritu de protesta.[24]

Pero tal insuficiente información y tal «racismo frenético» que Porras atribuye a Guamán Poma quizás se deban, más que al contenido de la *Nueva Crónica*, a la lectura que Porras hace de la misma. Esto ha impulsado a los estudiosos del mundo andino a hacer otras lecturas del cronista indio. Juan Ossio, en su ensayo «La idea de historia en Guamán Poma» (1977), sostiene contra Porras que Guamán Poma no hacía una historia mediocre, sino una historia diferente:

> Desde este punto de vista podemos adelantar que Guamán Poma no participaba de la concepción lineal del tiempo de sus contemporáneos, que tampoco participaba del interés común de la época de describir objetivamente las hazañas de los individuos, ni percibía el espacio, el tiempo y las relaciones sociales como realidades cualitati-

---

22. *Ibíd.*, p. 81.
23. *Ibíd.*, p. 84.
24. *Ibíd.*, p. 89.

vamente distintas. Nuestra hipótesis es que podremos definir la concepción de la historia de Guamán Poma de Ayala como mística en el sentido de que se da bajo una concepción estática del tiempo (que quizás podría definirse como cíclica), en el sentido de que los acontecimientos se describen por su valor arquetípico y en el sentido de que el cosmos aparece como un todo indiferenciado. En lo que sigue demostraremos que Guamán Poma tiene una concepción estática del orden social, que la conquista fue vista como un *Pachacuti* o cataclismo cósmico, que el rey de España fue percibido como un inca, que Guamán Poma asumió el rol de mediador para que este inca restaurara el orden entre los congéneres y, por lo tanto, que su testimonio escrito puede ser mejor definido como «Carta al rey».[25]

Siguiendo el razonamiento de Ossio, voy a presentar algunas pruebas que aduce para la demostración de los tres puntos de su hipótesis:

a) La evidencia de esta «concepción estática del orden social» se apoya, en primer lugar, en que la conquista ha puesto el mundo al revés, según Guamán Poma:

> [...] y como se perdió, se hicieron de indios bajos y de mandoncillos, caciques, no lo siendo [...], de indio tributario mitayo, se hizo indio principal, y se llaman don y sus mujeres doñas, por ser perdido la tierra y el mundo; lo propio de los españoles pulperos, merchachifles, sastres, zapateros, pasteleros, panaderos se llaman don y doña, los judíos y moros tienen don (mundo al revés); desto los jueces no lo remedian, por ser cohechados, como los sacerdotes y padres se llaman doctores y licenciados, bachilleres, maestros, no teniendo título ni derecho [...]; esto es decir hay mundo al revés [1966, II, 36-37 y 300].

En segundo lugar, frente a la movilidad social individual que introduce la colonia, Guamán Poma propone estatus rígidos basados en la sangre y con matrimonio entre iguales («le ruego que os enfrenéis, que veáis cada uno de lo que sois; si sois caballero o hidalgo, pareceres muy bien y si sois pechero, o judío, o moro, mestizo, mulato, como Dios te crió, no hagáis de fuerza caballero» [1968, 1.068]) y «los caciques principales que casaren a sus hijas con indios mitayos, pierden las honras y preminencia» (1968, 788). En tercer lugar, el mestizo es despreciable no por motivos racistas (como pensaba Porras), sino porque es el resultado de dos categorías de individuos que eran irreconciliables. Para Guamán

---

25. Ossio, art. cit., p. 11.

Poma el término «español» designa a todo el mundo no indio («Wiracocha le llaman en común —al castellano extranjero, judío, moro, turco, inglés y francés, que todos son españoles— wiracochas»), y el término «indio» designa, en oposición a los españoles, a todos los habitantes de los cuatro «suyos», y el cronista indio concibe las relaciones entre indios y españoles bajo las categorías andinas de *hanan* (alto) y *hurin* (bajo). Por eso, Ossio concluye:

> El único matrimonio que considera legítimo es aquel que se da entre iguales. Como los españoles son considerados en su posición inferior (*hurin*) a la de los indios, él descarta toda posibilidad de fusión entre ellos. Los dos mundos son completamente irreconciliables y deberían de mantenerse separados, si el orden original fuera a restaurarse en este reino: de lo contrario, el mundo continuaría al revés.[26]

b) La concepción de un tiempo también estático (o quizás cíclico) y la consecuente percepción de la conquista española como un cataclismo cósmico (*pachacuti*) parecen desprenderse de la secuencia de las edades que describe y de su manera de computar el tiempo en años. En efecto, para Guamán hay un paralelismo entre las cinco edades del mundo indio y las cinco del mundo no indio; hay también una duración similar: 6.613 y 6.612 años respectivamente (si las segundas se computan desde Noé, de quien provienen las dos humanidades), y donde los números van a tener un carácter simbólico, pues son resultado de sumar los años en que está escribiendo Guamán Poma, 1612 y 1613, con la «duración mítica y milenarista de 5.000 años» (hay que tener en cuenta que para Montesinos cada período de mil años formaba un *cápac huatán* o gran año y cada período de quinientos años terminaba con un *pachacuti*). Por eso, Ossio concluye:

> Guamán Poma no era, pues, ajeno a esta concepción milenaria y es posible que los 5.000 años que añade al año en que está escribiendo su obra es el resultado de pensar que la conquista ponía término a un quinto *Cápac huatán*. La coincidencia de la conquista con la culminación de un período milenarista o de 500 años se confirma aún más fehacientemente, cuando dice: «[...] desde la conquista a ciento y doce años desde que se cuenta, desde 1613 del nacimiento del Señor» [1968, 435]. En otros términos, según esta cita la conquista habría tenido lugar en el año 1500 exactamente.[27]

---

26. *Ibíd.*, íd.
27. *Ibíd.*, p. 12.

Además, para Guamán la conquista es un *pachacuti*, porque la sexta edad, que sigue a las cinco primeras, es llamada *pachacutiruna*.

c) La concepción del rey de España como inca y como principio restaurador del orden por Guamán Poma se desprende de que ubica a Felipe III en la novena edad del mundo y le da el título de monarca: a la sexta edad *pachacutiruna*, siguen una séptima y una octava de desorden, y luego una novena, donde el cronista indio coloca, simultáneamente, a Carlos V, Felipe II y Felipe III, y que recuerda sin duda al noveno inca o novena posición, que es ocupada por Pachacuti o «renovador del mundo»; además, el cronista indio llama a Felipe III monarca y para él «el rey es rey de su jurisdicción, el emperador es emperador de su jurisdicción, monarca no tienen jurisdicción, tiene debajo de su mano mundo» (1968, 949). Por eso, Ossio concluye finalmente:

> Es pues, a este principio metafísico, a quien se dirige Guamán Poma a través de su *Nueva Crónica* para darle cuenta del malestar en que se halla sumido el resto de sus congéneres indios. Un desorden cósmico que era percibido bajo causas no históricas sólo podía ser restaurado por un Principio de orden, extrahumano. Este carácter mesiánico y el tono de comunicación personal es lo que nos ha permitido definir la *Nueva Crónica* como una «Carta al rey». Pero esta «Carta» no es enviada por una persona ordinaria, sino por un príncipe (*auqui*), la «Segunda persona del Inca» quien, como tal, podía transmitir la voz unísona de toda la población indígena. De aquí, que también escogiera llamarse Guamán Poma, ya que ambos términos expresan los principios del *Hanan* y el *Hurin*, con los cuales se expresaba la unidad del territorio andino.[28]

De esta manera la obra de Guamán Poma revela ciertas categorías del pensamiento andino, que él tuvo que expresar a través del lenguaje y de las técnicas narrativas del nuevo mundo, que estaba naciendo en el Perú y que él no dominaba completamente. Esto no quiere decir que toda la obra de Guamán haya que estudiarla desde esta perspectiva. En muchas partes de su *Crónica*, sobre todo el *Buen Gobierno*, el cronista indio se muestra mucho más aculturado y nos entrega cuadros de la vida colonial con la expresividad y frescura de un Cervantes o un Lope de Rueda, aunque con un castellano mucho más elemental.[29]

---

28. *Ibíd.*, íd.
29. Como ejemplo, recojo a continuación, en su texto original, un pasaje relativo a las costumbres de los españoles: «Lo que ymaginan los cristianos españoles tenien-

3. Indios y mestizos en México

Parece que México tuvo peor suerte que Perú en los testimonios de indios y mestizos sobre las culturas indígenas o la praxis colonial. Por eso, voy a limitarme a recoger brevemente la obra de dichos testigos indígenas o mestizos que se refieren a la confederación azteca.

---

do muchos hijos: Procuran, ymaginan todo en plata, oro y tener rriquiesas y están de día y de noche pensando marido y muger. Dize el marido a la muger: "Señora, no sauey nada; que cienpre estoy pensando que todos nuestros hijos entren al estudio, que poco o mucho que sepa la letra a de ser saserdote". Responde la muger: "¡Qué bien dicho y pensado, señor mío de mis ojos! Pues que Dios nos a dado tantos hijos para ganar plata y ser rrico, el hijo llamado Yaquito sea cleriguito, y Francisquillo tanbién. Porque ganarán plata y nos enbiará yndios, yndias a seruirnos. Y demás desto, mucho rregalo de perdís y gallinas, güebos, fruta, maýs, papas hasta las yeruas que comen los yndios. Y nos enbiará *chen*itas y muchachitos, yndias depocitadas. Pues, señor, ¿no será bueno que Alocito sea flayre agustino, y Martinillo, dominico, Gonzalico, merzenario? ¡O mi Dios, que biene tal al justo que nos a de rregalar mucho estos hijos!" "Señora, ¿no será bueno que Alocito fuera flayri franciscano, y Martinillo fuera de la Conpañía de Jesús?" "No, señor, que es esa horden que no se acuerda de su padre y madre y son pobres hórdenes y se hazen santos y no ganan plata ni tendrá qué darnos." Responde los hijos: "Padre, madre mía, mejor era seruir a Dios cazado y tener hijos y alzar una barreta y trauajar que no rrobar a los pobres de los yndios con poco temor de Dios. Bueno era ya que fuera saserdote, fuera flayre franciscano." "Calla, hijos, que no sauéys nada. Soys tontillo. Que muchos saserdotes enrrequiesen a su padre y madre y a sus ermanos. Y ellos están rricos de plata, de oro [ma]ciso. Con más de cinqüenta mil pesos se uan a Castilla, que lo e uisto a uista de ojos. Y ací otros muchos están en la dotrina y tienen hijos mesticillos y mesticillas y esos niños tu madre les criará; estando grandes, seruirán en casa. Más uale eso que no conprar negros que cirua en casa. Y ací no andéys rumiando, cino que aués de ser dotrinante y rrico y aués de uerbos con mucho tesoro." "Señor, el saserdote puede ser rrico. Yo e oydo que el primer saserdote fue Jesucristo y fue el más pobre. Y luego sus apóstoles San Pedro fue muy pobre y la pobresa que tenía lo dexó todo y ciguió a Jesucristo como no fueron rricos." "¿No [o]s digo que calléys?, tontillos, que no sauey nada. Uení acá, ci agora el obispo lo quitase y lo aplicase a la yglecia y tomase qüenta del salario de y las misas y ofrendas y todo lo aplicase para la yglecia y para los mismos pueblos. Sería malo como lo hazen los frayres y mandase que no fuesen rricos como la ley de Dios. Sería otra cosa y no quicieran ser saserdotes ni se llamaría propetario." "Señor padre, señora madre, que agora digo que emos de ser saserdotes, todos clérigos que no flayres. Y mañana en aquel punto hagamos una fiesta muy solene y cantemos desta manera: O qué bien dicho, Dios mío, / O qué bien dicho, Dios mío / Que con el cantar el rréquiem / Seremos rricos, seremos rricos. // Qué buen pensar de padre, / Seremos rricos. // Qué buen pensar de madre, / Seremos rricos. // Y nos enbarcaremos a España / Seremos rricos, / Que en España seremos rricos, / En el mundo seremos rricos"» (pp. 536-537).

3.1. *Los códices del mundo náhuatl*

Las tradiciones del mundo y de la historia náhuatl se recogían en códices, que encontraron los conquistadores españoles. Por ejemplo, Bernal Díaz del Castillo cuenta sobre los nativos de Zempoala: «Hallamos las casas de ídolos y sacrificios [...] y muchos libros de su papel cogidos a dobleces, como a manera de paños de Castilla».[30] Aunque no son muchos los códices que ahora se conservan, porque los misioneros creyeron que debían destruirlos para erradicar más fácilmente las religiones indígenas, es posible estudiar sus glifos y hacerse una idea del método empleado por los aztecas para consignar su historia. Los glifos empleados por los sabios aztecas eran de cinco clases: pictográficos, ideográficos, numerales, calendáricos y fonéticos, según que representaran objetos, ideas, números, fechas o sonidos (silábicos o alfabéticos), aunque el desarrollo de estos últimos fue limitado, sin llegar a contar con un alfabeto completo. Tales códices recogían la historia indígena en una serie cronológica continua y rectilínea, sin solución de continuidad entre los tiempos antiguos y los nuevos. Miguel León Portilla se refiere al número de códices existentes:

> Haciendo un cómputo de los códices náhuas que hoy día se conservan puede decirse, en resumen que existen probablemente nueve de origen prehispánico: la «Tira de la peregrinación» y la «Matrícula de tributos», ambos de origen azteca, relación histórica el primero y de los tributos que se pagaban a México-Tenochtitlán, el segundo. Los siete restantes son de contenido fundamentalmente mitológico, calendárico-religioso; el Código Borbónico (azteca) y los seis códices que forman el llamado «grupo Borgia» [...] Además de estos nueve códices de procedencia prehispánica, se conservan también en bibliotecas, archivos y museos de América y Europa por lo menos otros 30 códices sumamente importantes que son en buena parte copias realizadas durante el siglo XVI de antiguos documentos y pinturas indígenas.[31]

El mismo León-Portilla recoge la respuesta dada por uno de los presentes a los doce primeros frailes franciscanos llegados a Tenochtitlán, que preguntaban sobre la religión azteca: «Los que están mirando (leyendo), los que cuentan (o refieren lo que leen),

---

30. Bernal Díaz del Castillo, *Historia verdadera de la conquista de la Nueva España*, I, México, Porrúa, 1955, p. 143.
31. Miguel de León Portilla, *Los antiguos mexicanos*, México, Fondo de Cultura Económica, 1974, pp. 63-64.

los que vuelven ruidosamente las hojas de los libros de pintura. Los que tienen en su poder la tinta negra y roja, las pinturas. Ellos nos llevan, nos guían, nos dicen el camino. Quienes ordenan cómo cae un año, cómo siguen su camino la cuenta de los días y cada una de su veintenas, de eso se ocupan, a ellos les toca hablar de los dioses».[32]

Los restantes autores de que hablaré ya escribieron en castellano o en una lengua indígena, pero sin duda utilizaron para su información el contenido de los viejos códices.

3.2. *Hernando Alvarado Tezoczomoc*

Es una fuente importante para la historia de su patria, México-Tenochtitlán, como Ixtlilxochitl lo es para Texcoco. Es un indígena que se declara nieto del último emperador azteca, Moctezuma II. De su vida se sabe que fue alumno de Sahagún en el colegio de Tlatelolco y se desempeñó como intérprete de náhuatl en la Real Audiencia de México. Escribió en náhuatl su *Crónica mexicana* (1598), en la que cuenta la historia de los aztecas de fines del siglo XIV hasta la llegada de Cortés en 1519. Pero sólo se conserva una traducción al castellano, que se publicó por primera vez por Lord Kingsborough en *Antiquities of México* y luego por Orozco y Berra en México en 1878.

3.3. *Fernando de Alva Ixtlilxochitl (1568-1648)*

También indígena como Tezoczomoc, es descendiente del último señor de Texcoco; pero también del penúltimo emperador de México, Cuitlahuac; estudia con Sahagún en el colegio de Tlatelolco, actúa como intérprete del Juzgado de indios y como gobernador de Tlalmanalco. Es autor de una obra en castellano que se conoce como *Historia chichimeca*, que narra la historia política y cultural de la meseta central mexicana desde fines del período tolteca (fines del siglo XII) hasta la conquista española, desarrollando, sobre todo, el período chichimeca y el período azteca, que se inicia con la liga tripartita hacia 1430, sobre cuyo período Ixtlilxochitl escribe, especialmente, la historia de Texcoco. Parece que la obra debió de terminarse hacia 1640, aunque el autor dejó incon-

---

32. León-Portilla, *op. cit.*, p. 65.

clusa la narración de la conquista española. Ixtlilxochitl escribió también, en náhuatl, un conjunto de «Relaciones» (de los toltecas, de los chichimecas y de otros pobladores), que era el material que debió de utilizar después para su *Historia chichimeca*. La serie de relaciones toltecas y chichimecas fueron aprobadas como fidedignas por el cabildo de Otumba en 1608. El manuscrito original de ambas obras se ha perdido y ahora tenemos una copia de ambas en castellano, que se publicó por primera vez en la colección de Lord Kingsborough y luego en México en 1891-1892.

En cuanto a la metodología empleada para la composición, Ixtlilxochitl dice en el prólogo:

> Desde mi adolescencia tuve siempre grande deseo de saber las cosas acaecidas en este Nuevo Mundo, que no fueron menos que las de los romanos, griegos, medos y otras repúblicas gentílicas, que tuvieron fama en el universo; aunque con la mudanza de los tiempos y caída de los señoríos y estados de mis pasados, quedaron sepultados sus historias, por cuya causa he conseguido mi deseo con mucho trabajo, peregrinación y suma diligencia en juntar las pinturas de sus historias y anales y los cantos con que las conservaban, y sobre todo, para poderlas entender, juntando y convocando a muchos principales de esta Nueva España, los que tenían fama de saber y conocer las historias referidas, y de todos ellos [en] sólo dos hallé entera relación y conocimiento de las pinturas y caracteres y que daban verdadero sentido a los cantos, que por ir compuestos con sentido alegórico y adornados de metáforas y similitudes son dificilísimos de entender [1965, II, 15].

No es posible extenderse en el contenido de la obra. Como ejemplo voy a recoger el mito de la creación del mundo y de sus cuatro edades, con que abre la *Historia chichimeca*, pero utilizando la versión de la primera relación:

> Los tultecas alcanzaron y supieron la creación del mundo, y cómo el Tloque Nahuaque lo creó y las demás cosas que hay en él, como son plantas, montes, animales, etc.; así mismo supieron cómo creó Dios al hombre y a la mujer, de donde los hombres descendieron y se multiplicaron, y sobre todo añaden muchas fábulas, que por excusar prolijidad no se ponen aquí, y no es de espantar, que lo mismo han hecho las demás naciones del mundo.
>
> Y dicen que el mundo fue creado en el año del ce tecpatl, y este tiempo hasta el diluvio Atonatiuh, quiere decir, edad del sol de agua, porque se destruyó el mundo por el diluvio, y [...] duró esta edad y mundo primero, como ellos lo llaman, 1716 años [...] Añaden asimismo otras fábulas, de cómo tornaron a multiplicar los hombres

de unos pocos, que escaparon de esta destrucción dentro de un *Toptlipetlacalli* ([...] arca cerrada) y cómo [...] los hombres hicieron un *Zacualli* [...] (torre altísima), para guarecerse en él, cuando se tornase a destruir el segundo mundo. Al mejor tiempo se les mudaron las lenguas y, no entendiéndose unos a otros, se fueron a diversas partes del mundo, y los tultecas, que fueron hasta siete compañeros con sus mujeres, que se entendían la lengua se vinieron a estas partes [...] Cumplidos 1715 años después del diluvio, fueron destruidos de un grandísimo huracán, que se llevó los árboles, las peñas, casas y gentes y grandes edificios aunque se escaparon hombres y mujeres [1965, I, II, 13].

El mito continúa con lo que sucede en las otras edades. De la confrontación de esta versión del mito con la de la *Historia chichimeca* (II, 21-25) se desprende que para los aztecas las cuatro edades eran: *Atonatiuh*, sol de agua; *Tlacchitonatiuh*, sol de tierra; *Ehecatonatiuh*, sol de aire, que terminan con el diluvio, un temblor de tierra y un viento huracanado, y la cuarta edad, que es la actual. Por la forma del mito referido en la primera edad, es indudable que se han introducido elementos de la tradición bíblica sobre el diluvio, el arca de Noé y la torre de Babel. Tampoco falta en las diferentes versiones del mito la alusión a Quetzalcóalt, quien «virgen, justo y santo [...], enseñó la ley natural y constituyó el ayuno [...] fue el primero que estableció la cruz, a que llamaron Dios de las lluvias y de la salud; el cual viendo el poco fruto que hacía en las enseñanzas de estas gentes, se volvió [...] y dejó dicho [...] que volvería [...] y que para entonces su doctrina sería recibida y sus hijos serían señores» (I, 470-471).

3.4. *Juan Bautista Pomar*

Es un mestizo, natural de Texcoco y nieto del rey Netzahualpitzintli. Es autor de la *Relación de Tecoco* (1582), que es la respuesta a uno de los cuestionarios enviados por los funcionarios en tiempo de Felipe II, y que fue publicada en 1891 por García Izcazbalceta. Pomar responde de la pregunta 11 a la 31, desarrollando con mayor amplitud la 14 y la 15, que tratan de la organización política y religiosa y del modo de vida prehispánico y colonial. Por citar sólo un ejemplo, transcribo la respuesta sobre la disminución de los indios. Comienza: «Averiguóse una cosa digna de admiración y es que en tiempo de su infidelidad vivieron sanísimos, sin jamás saber qué cosa era pestilencia», mientras que después de la llegada de los españoles «las ha habido tan grandes y crueles que se afirma haberse consumido por ellas de diez partes las nueve de la gente que había», y la peste de 1576-1580 «se llevó de tres partes de la gente las dos, al menos en esta ciudad». Al buscar las causas, la crónica dice:

> Las causas de donde procedían la sanidad que afirman que tenían en su antigüedad, y las que hay para que al presente tengan tan grandes y tan generales mortandades, aunque se han investigado por muchos doctos y hábiles en medicina y por los propios indios [...] no han sido posible saberse alguna que del todo cuadre y satisfaga, puesto que los unos y los otros dicen que, si hay alguna causa de su consumición, es el muy grande y excesivo trabajo que padecen en servicio de los españoles en sus labores, haciendas y granjerías, porque de ordinario en cada demanda se reparten para este efecto mucha cantidad de ellos en todos los pueblos de esta Nueva España, de lo que padecen allí de hambre y cansancio se debilitan y consumen de tal manera los cuerpos, que cualquier y liviana enfermedad que les dé, basta para quitarles la vida, por la mucha flaqueza que en ellos halla y más de la congoja y fatiga de su espíritu que nace de verse quitar la libertad que Dios les dio, sin embargo de haberlo así declarado V.M. por sus leyes [...] y así andan muy afligidos y se parece muy claro en sus personas, pues por defuera no muestran ningún género de alegría, ni contento, y tienen razón, porque realmente los tratan muy peor que si fueran esclavos [1941, I, 50].

Con relación al mundo maya, ya se verá en el capítulo siguiente los aportes del *Popol Vuh*, el libro sagrado de los quichés, que recogió y reprodujo en su crónica el dominico Ximénez. También debe mencionarse *El libro de los libros de Chilam Balam*, que es una selección de textos proféticos (*chilam* significa «el que es boca») atribuidos a un personaje llamado Balam; dichos textos fueron recogidos por diferentes personas en distintas épocas y publicados parcialmente; hay una moderna edición mexicana de 1948 del Fondo de Cultura Económica.

VI

LA CRÓNICA CONVENTUAL

Se llama crónica conventual a la historia de cada una de las órdenes religiosas que se establecieron en México y Perú, especialmente franciscanos, dominicos, agustinos y jesuitas. Dichas crónicas narran, ante todo, el desarrollo de la respectiva orden religiosa, indicando la fundación de las casas, la creación de nuevas provincias, el trabajo pastoral de la orden y la vida y «milagros» de sus hijos más ilustres. Pero muchas de ellas, al exponer el marco cultural en el que los religiosos desarrollan su tarea apostólica, recogen una información etnológica interesante, que convierte a estas crónicas en una fuente indispensable del pensamiento antropológico hispanoamericano. Como se escriben sobre todo a partir del siglo XVII, cuando todas las órdenes han desarrollado ya una intensa actividad misionera y cultural, participan de la vida de la historia y de las modas literarias culteranas de esa época, además del carácter apologético y triunfalista, que tiene casi siempre la propia historia. Refiriéndose a la crónica conventual peruana, Raúl Porras escribe:

> El convento es el centro de la vida colonial. Los frailes ejercen entonces el magisterio de la cultura. Los conventos son centros de enseñanza y los depositarios de manuscritos, crónicas y libros famosos. La emulación entre los órdenes religiosas hace concebir a frailes eruditos la idea de probar que su orden es la más antigua y la que mayores servicios ha prestado. Los frailes coleccionan, principal-

271

mente, hechos edificantes sobre la vida de los más beatíficos siervos de su orden, florecillas piadosas, milagros y manifestaciones de santidad. Conciben la historia del Perú o de los Incas como un preámbulo de su historia conventual, y los ritos y supersticiones de los indios como manifestaciones demoníacas. La crónica conventual es, por exceso de minuciosidad, pesada y farrogosa y por gusto de época, generalmente retórica e hinchada de metáforas culteranas. El cronista conventual no se preocupa mucho de la fidelidad histórica, relata las cosas edificantes y honrosas de su orden y no los yerros, pecados y relajaciones. Es crédulo y propenso a la milagrería y su finalidad principal es edificar o moralizar. Por esto el cronista conventual más representativo es Fray Antonio de la Calancha, autor de la famosa *Crónica moralizada*.[1]

Hay cierta diferencia entre las crónicas conventuales del inicio del período virreinal, que dedican gran parte de su contenido a presentar la religión y cultura de los indios y la manera como se realizó la «conquista espiritual», y las posteriores, que se centran mucho más en problemas internos de la orden, como el de la aplicación de la «alternativa», norma según la cual los superiores elegidos tenían que ser, alternativamente, españoles y nacidos en América; por eso, naturalmente, resultan más interesantes en esta historia las primeras que las segundas. Pero no hay que olvidar que la información sobre la conquista espiritual del noroeste de México, es decir, de la zona que nunca formó parte del imperio azteca, y de la selva amazónica en el Perú, se recoge en los cronistas posteriores, por la misma época en que se realizó tal conquista espiritual. Paso ya a presentar un breve panorama de los cronistas de cada una de las órdenes religiosas, para hacer luego las monografías de Mendieta y Calancha, que en mi opinión son muy representativos:

1. **Panorama de la crónica conventual y misionera**

Este panorama sólo pretende destacar los principales cronistas y obras, especialmente los que ayudan a conocer la realidad y evolución de la población aborigen de México y del Perú:

---

1. Raúl Porras Barrenechea, *Fuentes históricas peruanas*, Lima, Universidad Nacional Mayor de San Marcos, 1963, pp. 242-243.

1.1. *La crónica franciscana*

a) En México puede considerarse, como primer cronista conventual franciscano, a fray Gerónimo de Mendieta, autor de la *Historia eclesiástica indiana* (1596), pues trata efectivamente del desarrollo de la orden en Nueva España y narra la vida de sus hijos más ilustres, aunque, por el título y por todo el Libro I, que se refiere a la evangelización del Caribe, tenga ciertas pretensiones de ser una primera historia de la Iglesia en América. De Mendieta hablaré luego extensamente.

Juan de Torquemada escribe *Monarquía indiana* (Sevilla, 1615),[2] donde se continúa la narración de Mendieta y, como luego se verá, se aprovecha casi literalmente la obra de éste, que no se había publicado por alguna razón; quizás no obtuvo autorización de las autoridades españolas, por la violenta crítica de su autor respecto a los procedimientos colonizadores. Torquemada ya no es un testigo presencial de la mayor parte de las cosas que cuenta, como lo habían sido Motolinía o Mendieta; además, es mucho más profuso y tiende a hacer comparaciones y digresiones interminables que, con frecuencia, tienen poco interés: pero tiene información nueva, y además influyó en la historiografía franciscana con su pronta publicación en Sevilla, en 1615, y, sobre todo, con la nueva edición de 1723 en Madrid, ya que los ejemplares de la primera edición se habían perdido casi por completo en el viaje a México. Lo que Torquemada copia de Mendieta se verá al tratar de este cronista; lo nuevo aparece, sobre todo, en las digresiones y comparaciones en donde no faltan algunas referencias al Perú. Para ver la diferencia entre los dos cronistas, basta comparar, por ejemplo, el Libro II de Mendieta, que trata de los ritos y costumbres de los indios, con los Libros VI a XIV de Torquemada, que tratan del mismo tema.

El criollo fray Agustín de Betancurt, natural de México, es autor del *Arte para aprender la lengua mexicana* (1674) y del *Teatro mexicano: descripción breve de los sucesos ejemplares históricos, políticos y religiosos del nuevo mundo occidental de las Indias* (México, 1698). La obra tiene cuatro partes, que tratan de la historia

---

2. El título completo es: *Los veinte y un libros rituales y Monarquía indiana con el origen y guerras de los indios occidentales, de sus poblaciones, descubrimiento, conquista, conversión y otras cosas maravillosas de la misma tierra distribuidas en tres tomos.* Compuesto por Fray Juan de Torquemada, Ministro provincial de la Orden de nuestro Seráphico Padre San Francisco en la Provincia del Santo Evangelio de México en la Nueva España, Sevilla, 1615.

natural de México, de su vida política, antes de la llegada de los españoles, de la conquista española hasta la caída de Tenochtitlán y de la provincia franciscana de México. Esta cuarta parte se publicó, en realidad, de modo independiente en 1697, con el título de *Crónica del Santo Evangelio de México*. En este libro continúa la historia de la orden que había publicado Torquemada. Es interesante que utilice entre sus fuentes a los autores indígenas, como Tezoczomoc, Ixtlilxochitl y Pomar, a los que nos referimos en el capítulo anterior. Su postura frente al indio es compleja: aunque lo defiende repetidas veces, toma, al mismo tiempo, una postura más crítica, propia de una época en que se ha esfumado el deseo de construir la utopía, y así llega a decir de los indios que «con los muchos años de administración, he llegado a experimentar sus malicias, y que ya están, con el trato de la gente plebeya que comunican, muy distintos de lo que estaban en la primitiva de la conversión de las Indias».[3]

Junto a estas crónicas de la primera provincia franciscana de México, que tienen un marco de referencia no sólo geográfico, sino político y cultural más amplio, hay que citar las crónicas de las otras provincias franciscanas que fueron creándose, tales como la *Crónica de la santa provincia de San Diego de México* (México, 1682), de fray Baltasar de Medina, la *Crónica de la provincia de San Pedro y San Pablo de Michoacán* (México, 1643), del criollo fray Alonso de la Rea, quien hace una digresión por la historia de los tarascos y su relación con los mexicanos, sus costumbres y su religión, y la *Crónica miscelánea de la santa provincia de Jalisco* (1653), del criollo fray Antonio Tello.

b) En el Perú el primer cronista franciscano[4] es el limeño fray Diego de Córdoba Salinas, autor de la *Crónica de la religiosísima provincia de los doce apóstoles del Perú* (Lima, 1651). Al contrario

3. Citado por Esteve Barba, *op. cit.*, p. 189.

4. Riva-Agüero, en su trabajo «Los cronistas de convento», en *Obras completas*, IV, Lima, Pontificia Universidad Católica, 1965, al tratar de los cronistas conventuales franciscanos se refiere también al criollo huamanguino fray Luis Jerónimo de Oré, autor del *Símbolo católico indiano* (Lima, 1598). Se trata, en realidad, de una explicación de la doctrina cristiana con himnos religiosos en quechua, pero con algunos capítulos dedicados al origen y condición de los indios peruanos, a los que presenta como «una de las naciones más nobles y honradas del mundo». «Trae también el *Símbolo* —observa Riva-Agüero— algunas noticias o fábulas sobre los incas, y una oración al Supremo Hacedor, traducida de quechua y atribuida al rey Capac Yupanqui, muy sospechable y dudosa por su acendrado espiritualismo. La ofrece fray Jerónimo de Oré como muestra de las muchas del propio género que los intérpretes españoles e indios descubrían como antiguas (y que de seguro fraguaban o alteraban)» (p. 242).

de lo que van a hacer otros cronistas peruanos contemporáneos, como el agustino Calancha, la crónica de Córdoba se centra en la historia franciscana, «sin detenerme a descubrir si todas las tierras de este nuevo orbe eran habitables, el origen e introducción de las naciones que la poblaron, cómo pudieron pasar a ellas, ni apurar si la predicación evangélica había llegado a sus oídos, porque de esto hay mucho escrito en las historias de Indias y, aunque muy curiosas, no son de mi intento» (1957, 5), y sobre todo se centra en la historia franciscana edificante, pues, según Porras,

> es una colección de nuevas florecillas franciscanas, escritas con el candor y la ingenuidad características de los frailes menores: relaciones de milagros sorprendentes, de curaciones maravillosas, de éxtasis o transportes celestiales, de música y resplandores divinos, que surgen de las celdas de los frailes penitentes y de la fe de los apóstoles más sencillos. La crónica omite, naturalmente, los desórdenes y las rivalidades que inquietaron en el siglo XVII la vida franciscana y produjeron tumultuosos bandos.[5]

Aunque en la colección de biografías y en el resto de la crónica haya referencias interesantes a la vida social de la colonia y a un clima religioso, que en parte pervive en la personalidad religiosa básica del pueblo, lo más aprovechable de la crónica, desde un punto de vista más etnográfico, es su información sobre la misión de los panataguas, un grupo nativo no identificado por los estudiosos posteriores, con la cual los franciscanos inician la conquista espiritual de la selva desde Huánuco en 1631 (Lib. I, caps. 25-28) y la misión en el famoso cerro de la sal. El marco histórico-antropológico del Libro I, tomado sobre todo de Acosta y del Inca Garcilaso, resulta poco original.

El segundo cronista franciscano, fray Fernando Rodríguez Tena, compone, hacia 1774, su obra *Misiones apostólicas de la religión de mi padre San Francisco de Asís en América*, que no ha sido publicada todavía y de la que existen varias copias manuscritas; es interesante para conocer la evangelización de la selva, pues el cronista resume relaciones de los primeros misioneros, pero las distintas relaciones tienen un valor desigual y el cronista se limita casi siempre a acoplarlas, sin ningún sentido crítico.

Cuando se crea el colegio misionero de Ocopa, en 1725, la crónica conventual se convierte en historia misionera. Así, la *Historia de las Misiones del convento de Santa Rosa de Ocopa* (1771), de

---

5. Porras Barrenechea, *op. cit.*, p. 244.

José Amich, que se ha publicado en Lima en 1975, es ya una historia misional. En la década de los veinte, que marca el nacimiento del indigenismo moderno en el Perú, el franciscano fray Bernardino Izaguirre se dedicó a editar su valiosa *Historia de las misiones franciscanas* (Lima, 1922-1929, 14 vols.), en la que se refunden viejas crónicas, se publican diarios de misioneros o informes de expediciones y se recogen, en los dos últimos volúmenes, gramáticas y vocabularios de las lenguas quechua, amuesha, campa y shipibo. Es indudable que en todas estas crónicas sobre la selva puede recogerse una buena información etnográfica y una serie de enseñanzas sobre el problema todavía no del todo resuelto de la ocupación de la Amazonia, si dichas crónicas se leen con cierta comprensión para con los valores teológicos y antropológicos de unos misioneros que, no obstante su labor titánica, produjeron con frecuencia choques culturales serios y quizás por eso recibieron una muerte violenta con mayor frecuencia que sus vecinos jesuitas, que misionaban el Marañón.

1.2. *La crónica dominicana*

a) La crónica dominicana en México se inicia con el mexicano fray Agustín Dávila Padilla, que escribe la *Historia de la fundación y discurso de la provincia de Santiago de México de la orden de predicadores* (Madrid, 1596), que tuvo varias ediciones, y se continúa con el oaxaqueño fray Francisco de Burgoa, autor de dos obras de un estilo tan culterano como sus respectivos títulos, la *Palestra historial de virtudes y ejemplares apostólicos* (México, 1670) y la *Geográfica descripción de la parte septentrional del polo ártico de la América* (México, 1674), que proporcionan interesante información sobre las costumbres y la evangelización de zapotecos y mixtecos, otra de las altas culturas mexicanas.

Para la zona maya se cuenta con la *Historia general de las Indias occidentales y particular de la gobernación de Chiapa y Guatemala* (Madrid, 1619), del dominico gallego Antonio de Remesal. Esta interesante obra, aunque por su amplia información puede considerarse la primera historia civil y religiosa de Centroamérica, narra, ante todo, la evangelización de los indígenas por los dominicos y la historia de la provincia dominicana de San Vicente de Chiapa y Guatemala, cuyo verdadero fundador fue Las Casas. Por eso, el cronista dedica muchos capítulos a la vida y obra del célebre dominico, cosa que siente necesidad de explicar (I, 142), y así puede considerarse el primer biógrafo de Las Casas; parece ser que Remesal, cuando era profesor de hebreo de la Universidad de Alcalá, antes de venir a América, descubrió los manuscritos de Las Casas en el convento dominico de Valladolid, y allí nació su amor por Las Casas, e incluso escribió una biografía, que luego va a incorporar a la crónica.

Desde luego no resulta excesiva esta incorporación, aunque haya algunas inexactitudes, como en la narración de la experiencia de Verapaz o al afirmar que Las Casas llegó a venir al Perú. De las culturas nativas prehispánicas la crónica no tiene información directa y su autor siente necesidad de explicarlo:

> De los ídolos de las provincias de Comitlán y Chiapa, y algo de los tzoques, tuve bastante noticia y todo lo ordené y compuse por la razón dicha: y no lo puse aquí, así porque esta materia está tan llena de cosas sin concierto, y que tan lejos están de dar gusto al entendimiento con su sustancia, ni con su modo, que antes le fatigan y cansan leer cosas tan sin orden y que lo mismo se es trasladarlas de la memoria o libros de los naturales, o de lo que los autores dichos escribieron,[6] que imaginarlas el pensamiento más desconcertado del mundo; como porque, con sólo decir que los padres de Santo Domingo convirtieron a la fe de Jesucristo N.S. los pueblos y naciones que hay desde Tehuantepec a San Salvador, que todos eran idólatras, está dicho todo lo que se puede decir [...]
>
> Cesé también de aquel propósito, por parecerme había cesado la causa de la razón que tuvieron, así el rey nuestro señor como los primeros padres de esta provincia, en mandar que se supiesen las cosas de la gentilidad de los indios, que era desengañarlos, y, arrancada por este modo la cizaña de la superstición, plantasen y sembrasen en sus corazones la [...] religión cristiana. Esto ya por la misericordia de Dios está hecho, y así no sólo no me pareció necesario volver a tratar de la materia de los ídolos, pero aun lo tuve por muy peligroso, que el natural del indio, más que otra nación del mundo, es inclinado a estas cosas, y, viéndolas impresas y que se las traen a la memoria, se puede temer que con facilidad se volverán a ellas [1964, I, 420].

Pero si Remesal no sintió necesidad de informar sobre las religiones nativas, sí da una interesante información indirecta sobre la conquista espiritual; por citar un solo ejemplo de esto, narra la

---

6. Se refiere Remesal a que «los primeros padres [...] tuvieron gran cuidado en saber las historias de sus supersticiones, el origen de sus dioses, y de sus sacrificios», y enumera un trabajo de fray Domingo de Vico sobre este tema en cachiquel, y otro de fray Salvador de San Cipriano de los ídolos de la provincia de Zacapula (1964, I, 420).

disputa entre los dominicos, que sostenían que había que catequizar a los indios dando a Dios el nombre indígena, y los franciscanos, que decían que debía dársele el nombre español, para evitar la idolatría (II, 276); también da una amplia información de la explotación colonial y de la defensa de los indios por los misioneros, herederos de Las Casas. Además, no limita su información a los dominicos, sino que habla también de la labor del clero y de las demás órdenes religiosas, y de la vida civil de la naciente gobernación de Guatemala. Para escribir su historia, Remesal va a utilizar las fuentes inéditas de los dominicos que le precedieron (Las Casas, Salvador de San Cipriano, Tomás de la Torre) y los archivos de las principales ciudades, transcribiendo muchos documentos oficiales (por ejemplo, las Leyes Nuevas, la instrucción de Carlos a La Gasca para la pacificación del Perú, etc.); en cuanto al estilo, como dice el prólogo: «de los modos de escribir historia escogí el lacónico, breve y sucinto, por ser más acomodado a este género de escritura y más conforme a mi natural» (I, 74); y efectivamente, la obra, tanto por su estilo como por los resúmenes que encabezan cada capítulo, resulta de una lectura muy fácil.

Poco más de un siglo después de la aparición de la crónica de Remesal, termina su *Historia de la provincia de San Vicente de Chiapa y Guatemala* (1722) otro cronista dominico, fray Francisco Jiménez, aunque dicha obra no se publicó hasta 1929-1931 por la Sociedad de Geografía e Historia de Guatemala. Tal crónica trata, naturalmente, de la evolución y trabajo pastoral de la provincia dominica, pero recoge además mucha información sobre la historia civil de la región y, en concreto, sobre las rebeliones indígenas. Una importancia excepcional tienen los 20 primeros capítulos de la crónica, donde Jiménez transcribe, a la cabeza de su obra, su traducción al castellano de un manuscrito quiché, que él, siendo párroco de indios, había descubierto en Chichicastenango: el *Popol Vuh*, el libro sagrado de los quichés. El *Popol Vuh*, que significa etimológicamente «libro de la comunidad», había sido redactado en idioma quiché y en caracteres latinos alrededor de 1544 por un indio ladino ya cristiano: «esto lo escribiremos ya dentro de la ley de Dios, en el cristianismo; lo sacaremos a la luz, porque ya no se ve el *Popol Vuh*, así llamado, donde se veía claramente la narración de nuestra oscuridad, y se veía claramente la vida».[7] Jiménez, que conocía perfectamente la lengua indígena y que había com-

---

7. *Popol Vuh: las antiguas historias del Quiché*, México, Fondo de Cultura Económica, 1965, p. 21.

puesto una gramática y vocabulario titulados *Tesoro de las lenguas quiché, cackchiquel y zutuhil*, conoció la importancia del texto descubierto y, por eso, quiso encabezar con el mismo su crónica. El *Popol Vuh* comienza con las palabras «éste es el principio de las antiguas historias de este lugar llamado Quiché»[8] (término que, en la misma lengua, significa «lugar de muchos árboles», como su sinónimo náhuatl *quauhtlemallan*, de donde viene Guatemala), consta de cuatro partes y de 45 breves capítulos y desarrolla tres temas principales: el primero es el mito del origen del mundo y la creación del hombre, el cual, después de varios intentos infructuosos, fue hecho de maíz (I, 1-4; III, 1-3); el segundo tema relata las hazañas de los héroes míticos Hunahpú e Ixbalanqué en una serie de mitos de contenido cultural y moralizante (I, 5-9; II, 1-1); y el tercer tema, de menor valor literario, está formado por un arsenal de noticias sobre el origen de los pueblos indígenas de Guatemala, su distribución en el territorio y sus emigraciones y conquistas, que culminan con el predominio de los quichés (III, 4-10; IV, 1-12).

Como ejemplo del *Popol Vuh*, transcribo parcialmente el mito de la creación del hombre:

> Esta es la relación de cómo todo estaba en suspenso, todo en calma, en silencio; todo inmóvil, callado, y vacía la extensión del cielo.
>
> Esta es la primera relación, el primer discurso. No había todavía un hombre, ni un animal, pájaros, peces, cangrejos, árboles, piedras, cuevas, barrancas, hierbas, ni bosques; sólo el cielo existía.
>
> No se manifestaba la faz de la tierra. Sólo estaban el mar en calma y el cielo en toda su extensión [...] Solamente había inmovilidad y silencio en la oscuridad, en la noche. Sólo el Creador, el Formador, Tepeu, Gucumatz, los Progenitores estaban en el agua rodeados de claridad. Estaban ocultos bajo plumas verdes y azules, por eso se les llama Gucumatz. De grandes sabios, de grandes pensadores es su naturaleza. De esta manera existía el cielo y también el Corazón del Cielo, que éste es el nombre de Dios. Así contaban.
>
> Llegó aquí entonces la palabra, vinieron juntos Tepeu y Gucumatz [...]; se pusieron de acuerdo, juntaron sus palabras y su pensamiento. Entonces se manifestó con claridad, mientras meditaban, que cuando amaneciera debía aparecer el hombre. Entonces dispusieron la creación y crecimiento de los árboles y los bejucos y el nacimiento de la vida y la creación del hombre. Se dispuso así en las tinieblas y en la noche por el Corazón del Cielo, que se llama

---

8. *Ibíd.*, p. 21.

Huracán. El primero se llama Caculhá-Huracán. El segundo es Chi-pi-Caculhá. El tercero es Raxa-Caculhá. Y estos tres son el Corazón del Cielo.

Entonces vinieron juntos Tepeu y Gucumatz [...]: —¡Hágase así! ¡Que se llene el vacío! ¡Que esta agua se retire y desocupe [el espacio], que surja la tierra y que se afirme! Así dijeron [...] No habrá gloria ni grandeza en nuestra creación y formación hasta que exista la criatura humana [...] Así dijeron.

Luego la tierra fue creada por ellos [...].

Luego hicieron los animales pequeños del monte [...] Al punto fueron creados los venados y las aves [...] Y estando terminada la creación de todos los cuadrúpedos y las aves, les fue dicho a los cuadrúpedos y pájaros por el Creador y Formador y los Progenitores: —Hablad, gritad, gorjead [...] Decir, pues, nuestros nombres, alabadnos a nosotros, vuestra madre, vuestro padre [...] ¡Invocadnos, adoradnos!, les dijeron. Pero no se pudo conseguir que hablaran como los hombres [...] Por esta razón fueron inmoladas sus carnes y fueron condenados a ser comidos y matados todos los animales que existen sobre la haz de la tierra.

Así pues, hubo que hacer una nueva tentativa [...] De tierra, de lodo hicieron la carne [de hombre]. Pero vieron que no estaba bien, porque se deshacía, estaba blando, no tenía movimiento, no tenía fuerza [...] Al principio hablaba, pero no tenía entendimiento. Rápidamente se humedeció dentro del agua y no se pudo sostener.

Y se dijeron el Creador y el Formador [...] que se hagan una consulta acerca de esto [...] Enseguida les hablaron a aquellos adivinos, la abuela del día, la abuela del alba [...], cuyos nombres eran Ixpiyacoc e Ixmucané [...] A continuación vino la adivinación, la echada de suerte con el maíz [...] Entonces hablaron y dijeron la verdad: —Buenos saldrán vuestros muñecos hechos de madera; hablarán y conversarán sobre la faz de la tierra [...] Y al instante fueron hechos los muñecos labrados en madera [...] Tuvieron hijas, tuvieron hijos los muñecos de palo; pero no tenían alma, ni entendimiento, no se acordaban de su Creador, de su Formador [...] y por eso cayeron en desgracia [...] Y dicen que la descendencia de aquéllos son los monos que existen ahora en los bosques [...]; por esta razón el mono se parece al hombre [...].

Y dijeron los Progenitores [...]: «Ha llegado el tiempo [...], que aparezca el hombre, la humanidad sobre la superficie de la tierra» [...] A continuación entraron en pláticas de la creación y formación de nuestra primera madre y padre. De maíz amarilla y de maíz blanco se hizo su carne [...] Únicamente masa de maíz entre en la carne de nuestros padres, los cuatro hombres que fueron creados. Éstos son los nombres [...]: el primer hombre fue Balam-Quitzé, el segundo Balam Acab, el tercero Manucah y el cuarto Iqui-Balam [...] Grande era su sabiduría; su vista llegaba hasta los bosques, las rocas, los lagos, los mares [...] Y enseguida acabaron de ver cuanto había en el mundo. Luego dieron gracias al Creador y al Formador [...] Acabaron de conocerlo todo y examinaron los cuatro rincones y los cuatro puntos de la bóveda del cielo [...] Pero el Creador y el Formador no oyeron esto con gusto: —No está bien [...] ¡Que su vista sólo alcance lo que está cerca! [...] ¿Acaso no son por su naturaleza simples criaturas y hechuras [nuestras] [...]? Entonces el Corazón del Cielo les echó un vaho sobre los ojos, los cuales se empañaron como cuando se sopla sobre la luna de un espejo [...] Así fue destruida su sabiduría y todos los conocimientos de los cuatro hombres, origen y principio [de la raza quiché] [...].

Entonces existieron también sus esposas y fueron hechas sus mujeres. Dios mismo las hizo cuidadosamente. Y así, durante el sueño, llegaron, verdaderamente hermosas, sus mujeres.[9]

Este bello mito tiene, sin duda, analogías con el mito bíblico, ya sea por el carácter «potencialmente universal» de las grandes tradiciones míticas humanas, ya sea porque haya habido cierta reinterpretación de la tradición quiché en la catequesis cristiana del indio ladino que escribió el *Popol Vuh*. Pero, independientemente de estas analogías, nos transmite muchos elementos del mundo cultural quiché. Según Adrián Recinos, los nombres de los dioses están ordenados en parejas, de acuerdo con la concepción dualística de los quichés: el Creador y el Formador; Tepeu (que significa «el rey conquistador» y Gucumatz (serpiente cubierta de plumas verdes, versión quiché de Kukulcán, el nombre maya de Quetzalcóatl, rey tolteca y forjador del Nuevo Imperio maya); Ixpiyacoce e Ixmucané, el viejo y la vieja, equivalentes a los dioses mexicanos que, según la leyenda tolteca, inventaron la astrología judiciaria y compusieron el calendario.[10]

b) Siguiendo con la crónica dominicana, en el Perú hay un solo cronista dominico, el limeño fray Juan Meléndez, autor de *Tesoros verdaderos de las Indias: historia de la provincia de San Juan Bautista del Perú* (Roma, 1681-1682).[11] A pesar de esta fecha

9. *Ibíd.*, pp. 23-32 y 103-107.

10. *Ibíd.*, pp. 163-165. Para un conocimiento más profundo del panteón quiché puede consultarse Mary H. Preuss, *Los dioses del «Popol Vuh»*, Madrid, Pliegos, 1988.

11. En el prólogo dice Meléndez: «He dado a esta mi obra el título de Tesoros *Verdaderos de la Indias*, porque a la verdad lo son, los que en ella te presento [...]; éstos debieras tener por "Verdaderos tesoros de las Indias" y no los demás que han dado desde su descubrimiento [...]. Desde el año de 1546, en que se descubrió la riqueza de Potosí, hasta el pasado de 1674 ha dado su cerro, sólo de plata quintada a

tardía, «no era, ciertamente, debido este retraso —como observa Riva-Agüero— a penuria de escritores dominicanos, porque los ilustres nombres de los poetas fray Diego de Hojeda y fray Juan Gálvez prueban la fecundidad y la cultura de la orden, ni tampoco a escasa afición a las materias históricas, ya que desde el siglo XVI el extremeño fray Reginaldo Lizárraga, futuro obispo de la Imperial de Chile y de la Asunción del Paraguay, componía en los claustros de Lima y Jauja su interesante *Descripción y población de las Indias*.[12] En cuanto a esta obra, que debió de terminarse hacia 1605 y que no se publicó hasta 1908 en Lima, es una sumaria descripción geográfica de casi todo el virreinato del Perú, con noticias interesantes sobre las sociedades indígenas y juicios muy duros sobre la condición natural de los indios, tanto peruanos como chilenos o chiriguanos; pero la *Descripción* contiene también una síntesis histórica de la vida política y religiosa del virreinato, de sucesos de los que con frecuencia fue testigo Lizárraga, como, por ejemplo, la entrada a los indios chiriguanos del virrey Toledo y de cuya comitiva formaba parte el dominico. La información es directa y fruto de la propia experiencia: «Trataré lo que he visto, como hombre que llegué a este Perú ha más de 50 años [...]; aunque en diferentes tiempos y edades, he visto muchas veces lo más y mejor de este Perú [...] No hablaré de oídas sino muy poco, y entonces diré haberlo oído más a personas fidedignas; lo demás he visto con mis propios ojos y, como dicen, palpado con las manos».[13]

Pero, volviendo ya a la obra de Meléndez, se trata de una volu-

---

España, 717,990,409 pesos; y juntando a esta partida otro tanto por lo menos que se ha pasado por alto y sin quintar (que sin duda es mucho más), monta lo que ha dado sólo el Cerro de Potosí, 1.435.980.818 reales de a ocho de plata [...]. No son de esta calidad los tesoros de mi historia, son de aquellos de los que dijo el Salvador, que duran siempre en los cielos».

12. Riva-Agüero, *op. cit.*, p. 255.

13. Fray Reginaldo de Lizárraga, *Descripción y población de las Indias*, Lima, Revista del Instituto Histórico del Perú, 1908, p. 3. Entre sus juicios duros sobre la condición natural de los indios destaca el siguiente: «Lo primero que tienen y es el fundamento de las buenas o malas costumbres morales, es un ánimo el más vil y bajo que se ha hallado en nación ninguna; parece realmente son de su naturaleza para servir a los negros. Es gente cobarde, si las hay en el mundo, de donde les viene lo que a todos los cobardes; son cruelísimos cuando ven la suya [...] La nación más sin honra que se ha visto y más mentirosa que se puede imaginar [...] No tienen veneración a sus padres y abuelos [...] No tienen vergüenza de hacer a sus mujeres alcahuetas [...]. Son levísimos de corazón, inconstantísimos [...], los mayores pleitistas del mundo [...] En lo que toca a la doctrina, cómo aprovechan en ella no quiero tratar, porque no se pueden decir sino palabras muy sentidas y éstas me faltan» (pp. 110-111).

minosa crónica, dividida en tres tomos y 14 libros, con unas dos mil doscientas páginas tamaño folio. Participa de las características de la crónica conventual y así es, ante todo, una galería de dominicos ilustres, en la que sobresalen los tres santos canonizados, Rosa de Lima, Martín de Porres y Juan Macías. Tal galería es especialmente interesante, porque nos da la biografía, quizás excesivamente gloriosa, de hombres que tuvieron gran influjo en los inicios de la vida colonial, tales colo los obispos fray Vicente Valverde (a quien otorga la palma del martirio por su muerte en la isla de Puná) y fray Jerónimo de Loayza, o como uno de los fundadores de la Universidad de San Marcos, fray Domingo de Santo Tomás (?-1570), que inició los estudios de quechua con la publicación de su *Gramática o arte de la lengua general de los indios de los Reynos del Perú* (1560) y de su *Léxicon o vocabulario de la lengua general del Perú* (1560).[14] Como buen cronista conventual, Meléndez dedica todo un libro a refutar a Calancha y demostrar que los dominicos son la orden religiosa más antigua del Perú. Además, la crónica tiene interés etnográfico por su información de la vida social de la colonia (la descripción de la ciudad de Lima, con el inventario de sus corporaciones, edificios y conventos, que hace en el Libro II del tomo II, es una de los mejores que se conservan de la época de

---

14. Para tener una visión más completa del estudio de la lengua quechua en el virreinato, quiero referirme al jesuita extremeño Diego González Holguín (1544-1618). Viene al Perú en 1581, en compañía de Ludovico Bertonio, que es autor de la primera gramática y vocabulario de lengua aymara (1612). Pasa mucho tiempo en Cusco y Juli, pero también trabaja en Quito, Chuquisaca, Chile, Asunción y Mendoza. Sus principales obras son: *Gramática y arte nueva de la lengua general de todo el Perú, llamada qquichua o lengua del Inca*, Lima, Francisco del Canto, 1607, y *Vocabulario de la lengua general del Perú, llamada qquichua o lengua del Inca*, Lima, Francisco del Canto, 1608, de cuyo vocabulario se hizo una nueva edición en Lima, en 1952, por la Universidad de San Marcos, con un excelente estudio preliminar de Raúl Porras Barrenechea. Glez. Holguín dice en el prólogo, con sensibilidad de antropólogo moderno: «Así como yo no estoy persuadido para mí de que esta obra sea mía principalmente, sino de los muchos indios del Cusco a los que yo he preguntado y averiguado con ellos cada vocablo y de ellos los he sacado, así ellos son los principales autores de esta obra y a ellos se debe atribuir todo lo bueno» (1952, 8). El vocabulario de Glez. Holguín es mucho más extenso que el de Domingo de Santo Tomás, pero además refleja la evolución del quechua después de tres cuartos de siglo de contacto, sobre todo en el campo religioso. A este respecto observa Raúl Porras: «Pero la más difícil restitución al sentido originario es la de los conceptos sobre las cosas espirituales en que la acción innovadora del misionero es incesante, principalmente en los conceptos sobre Dios, el alma, la eternidad o el pecado, que tiene numerosa cabida en el vocabulario. Éste recoge como expresiones quechuas muchas que son simple trasplante de la teología católica del misionero y en manera alguna modos de pensar indígenas. Así, cuando habla de la vida temporal (*tucuk caucay*) y de la vida eterna (*vinay caucay*)» (1952, XXVII).

auge de la capital virreinal) y, sobre todo, por su descripción de las creencias y catequización de los indios en la provincia de Guaymi, en Panamá, y en la zona central de la Amazonía peruana.

Finalmente, hay que notar que no faltan digresiones de interés etnológico, como por ejemplo la del capítulo 4 del Libro IV, en que «se dice lo que son los indios, indianos y otras naciones que habitan en este reino». Meléndez presenta un verdadero ensayo sobre las características culturales de las tres «naciones» del Perú, indios, españoles y negros, y sobre sus relaciones mutuas. Meléndez se siente español («hacemos, pues, mucho aprecio los criollos de las Indias de ser españoles, y de que nos llamen así y de que nos tengan por tales, y en orden a conservar esta sangre española pura y limpia se pone tanto cuidado, que no tiene poderación» [1681, I, 353]), y se indigna porque, en su viaje a Madrid, cierto licenciado se admiró de que el dominico «hable nuestra lengua lindamente», y le responde: «yo no he hablado en otra [lengua] que en la española, y no sé que sea más de VM. que mía, ni sé que sea VM. más español que yo» (1681, I, 349). Llega a tanto su hispanismo que, aunque admira a fray Bartolomé de Las Casas, piensa que la *Destrucción de Indias* no fue compuesta por éste, «pues el memorial en que le alegaban, por sus fábulas no es todo de aquel venerable Obispo, sino añadido y compuesto por los enemigos de España, impreso en León de Francia, mintiendo en él que fue estampado en Sevilla, lo cual alcancé a saber de muy cierto original». Pero Meléndez, al mismo tiempo, hace una defensa de los indios, indicando que hay indios e indios y que «el engaño de tenerlos a todos por bárbaros [...] nació a los principios y dura hasta hoy en muchos de Europa, de que habiendo aportado los españoles a las orillas del [...] mar océano, cuyos habitadores eran fierísimos, no conocían imperio [...] y los que hacían historia trasladaban sus relaciones [...] y concibieron de todos los indios sin distinción, atribuyendo a todos en general la impolicia y fiereza de aquellos pocos» (1681, I, 357). Además, afirma que si los indios fueron idólatras y si había «muchos indios criados en los montes como fieras, pero también había muchos que vivían en las ciudades reducidos a república, o sujetos a un monarca, que se gobernaban con leyes [...], que tenían religión [...], observaron muchos puntos de la ley natural, prohibiendo los hurtos, los adulterios, los homicidios» (1681, I, 356). Finalmente, presenta un cuadro del indio dentro del régimen colonial:

> Hoy tienen otro estado diferente, viven en policía sujetos en sus lugares a caciques y justicias de su misma nación, gobernados por

alcaldes mayores puestos por su majestad o por sus virreyes, se aplican bien a las artes, son plateros, pintores, bordadores, sastres, zapateros, barberos, músicos, bailarines, doradores y usan de otras artes y gracias semejantes, y todas las obran bien y con primor, porque son naturalmente flemáticos y toman con mucho espacio las cosas; son humildes, corteses, dados al culto divino y a las fiestas de sus iglesias, respetan el sacerdocio, acarician a los españoles, que aportan a sus pueblos, y los sirven, especialmente si son eclesiásticos; algunos caen como hombres y suelen volver al vómito de sus antiguos vicios, pero ¿quién se escapa de esto? ¿A dónde no hay pecado? [1681, I, 356].

1.3. *La crónica agustina*

a) Ninguno de los cronistas agustinos de México tiene la información etnográfica ni el interés etnológico de la *Crónica Moralizada*, de Calancha, que trataré extensamente en este mismo capítulo. Los dos principales cronistas agustinos de la Nueva España son el criollo fray Juan de Grijalva, autor de la *Crónica de la orden de N.P.S. Agustín de la provincia de la Nueva España* (México, 1624) y fray Diego de Basalenque, autor de la *Historia de la provincia de San Nicolás de Tolentino de Michoacán, del Orden de N.P.S. Agustín* (México, 1673). Ambos cronistas recogen información sobre los indígenas, al presentar la labor misionera de los agustinos, pero de forma muy limitada y sin presentar de un modo sistemático las creencias y rituales indígenas, como hacen con frecuencia otros cronistas. Por ejemplo, en Basalenque es interesante ver cómo los agustinos «comenzaron a catequizar y sacramentar a los gentiles del pueblo de Tiripetío» y en tierra caliente (1963, 35-36).

b) En el Perú el primer cronista agustino es fray Antonio de la Calancha; luego viene fray Bernardo de Torres, que escribe la *Crónica de la provincia peruana del orden de los ermitaños de San Agustín* (Lima, 1657), que ha sido reeditada pulcramente por Ignacio Prado Pastor en Lima en 1974. Torres es la antítesis de Calancha en sus virtudes y en sus defectos: vallisoletano sobrio y no criollo de ascendencia andaluza, profesor de la Universidad de San Marcos más que predicador, hacer una narración escueta de la vida y trabajo de los agustinos sin ocultar los mismos pleitos internos, porque «no escribo panegíricos, sino historia», como dice, por más que siga fiel al género literario de la crónica conventual, al hacer el panegírico sobre cada agustino ilustre. Pero donde se muestra más lacónico es en el marco histórico-social, de manera que la crónica de Torres es mucho menos aprovechable para una historia de la antropología indigenista que la de Calancha; con todo, recoge alguna información útil, como, por ejemplo, la relativa a la misión de los chunchos, que inician los agustinos en 1615 (Lib. II, caps. 9-12). Como muestra, transcribo su breve descripción de los chunchos:

> Estas son las propias y verdaderas provincias de los Chunchos, de quienes se derivó el nombre Chunchos a los demás orientales de los Andes, y caen al oriente del Chuquiabo, Arecaxe y Cochabamba, y se dilatan hasta el famoso Paytite río caudaloso [...] Las más de estas naciones de los Chunchos son gente crecida, fuerte y robusta, de vivos ingenios, y tan belicosa, que nunca pudo conquistarlos el Inga. Andan curiosamente vestidos de algodón matizado de varios colores, y usan de rica plumería de pájaros pintados en sus galas, que son vistosas a su modo. Sus armas son dardos, arco y flechas, y chambes, que son como hachas de cobre, y macanas, como porras, de dura y pesada madera, y en jugarlas son hábiles y diestros. Las mujeres, por la mayor parte, son más blancas y hermosas que las del Perú. Las huacas o ídolos que adoran, los sacrificios, supersticiones y ritos que usan, y las bárbaras costumbres que tienen, son las mismas que solían tener en su gentilidad los peruanos, con poca diferencia dellos, por ser uno mismo el infernal maestro de todos. Veneran sumamente a sus hechiceros, y los Magos hombres y mujeres, que son sacerdotes de sus ídolos y médicos de la tierra, de tal suerte, que en diciendo uno destos que se ha de morir el enfermo, lo tienen por infalible y le disponen el entierro [1974, II, 343].

El tercer cronista agustino es fray Juan Teodoro Vázquez, cuya crónica que concluye en 1721, todavía permanece inédita. Su información es fundamentalmente de la historia interna de los conventos y de la vida de sus hijos ilustres, y su estilo es similar al de Calancha, por lo alambicado. Entre la escasa información interesante para esta historia merece destacarse la misión entre los indios ninarvas en las selvas de Guamanga, de la que se habla en el Lib. IV, caps. 4-15. La etnografía ninarva de Vázquez es rica, aunque teñida de juicios de valor, como era costumbre entre los misioneros. He aquí un ejemplo del modo de ser de los nina, cuyo gentilicio deriva Vázquez de la palabra quechua *nina*, que significa «fuego o candela»:

> No son gente que se gobierne por algún uso de razón, pues, aun las cosas que en algunos brutos rehúsa la misma naturaleza, las practica sin horrores su apetito, de suerte que, ardiendo en esto todo el fuego de su nombre, atropella el padre a la honestidad de sus hijas [...] Algunos de ellos tienen por el mayor regalo de su cruelísi-

ma gula, la carne humana [...] formando vasos para sus torpes bebidas de las desnudas calaveras, siendo en su insensatez regocijo de su licenciosa vida, tan funesto recuerdo de la muerte.

No reconocen numen alguno a quien rendir adoración, sólo al demonio se rinden, no con divino religioso culto, sino con servil rendimiento, porque las espantosas figuras, con que esta infernal bestia se les aparece, más les causa horror y asombro que veneración y cariño. Lamagari, que quiere decir el mayor o el primero, es el nombre del principal espíritu que invocan, en todas o en las más arduas expediciones que emprenden; pero, fuera de éste, tienen otros de jerarquía inferior, a quienes humildes se rinden y llaman en algunas necesidades de menor arduidad. Los nombres de estos falsos númenes son los siguientes: Marinache, Atentari, Atengarite, Camatequia, Asinquiri. Estos malditos espíritus, como centro de todo lo malo, sólo en el teatro de la embriaguez y disolución se les aparecen, y hacen ostentación, en la vileza de sus favores, de la dignidad de sus sacrificios.

Pero Vázquez muestra también otros aspectos más positivos de los ninarvas: por ejemplo, son amantes de la verdad y puntuales en sus tratos, «no son aplicados a la rapiña ni al hurto, admirando más este prodigio no reconociendo superior de quien temer castigo, ni reconociendo más ley que la natural de no querer para otro el daño que cada uno en sí no quiere, usan modos de hablar tan elegantes y unos períodos tan rotundos, que pudieran competir con la elegancia latina», etc. Además, Vázquez habla de los vestidos («llevan varones y mujeres una cusma o túnica de bien tejida lana, que les cubre todo el cuerpo, desde el pie de la garganta hasta la garganta de sus pies») y de los atuendos, con cercos de plumas de varios colores en la cabeza; de la división del trabajo entre varones y mujeres; de sus armas, etc. Finalmente, Vázquez presenta todo el desarrollo de la misión, con el ingreso de los misioneros solos, la llegada de soldados en su ayuda, los abusos que éstos cometían con los indios, la rebelión de los indios y la muerte de algunos misioneros.

1.4. *La crónica jesuítica*

Los jesuitas no tienen estrictamente crónica conventual, pues su organización religiosa no está basada en conventos (dotados de bastante autonomía y de un sistema democrático), como la de los agustinos o dominicos, sino en colegios, residencias y misiones, con una organización más centralista y vertical y con sus propios modos para conservar la historia de la orden. Uno de los más característicos son las «Cartas anuas», o los informes que cada año el superior de cada comunidad debía enviar al superior general, residente en Roma, sobre la vida religiosa y apostólica de la respectiva comunidad. Dichos informes han comenzado a publicarse sistemáticamente, junto con toda la correspondencia, en la colección del Instituto Histórico de la Compañía de Jesús de Roma. *Monumenta peruana* (ed. Antonio de Egaña) y *Monumenta mexicana* (ed. Félix Zubillaga). Pero, además de estos informes sistemáticos, existen con frecuencia historias de determinadas casas y obras y, sobre todo, de las misiones.

a) En México merece citarse, en primer lugar, la *Historia de los triunfos de nuestra santa fe entre gentes las más bárbaras del nuevo orbe* (Madrid, 1645), cuyo autor es el padre Andrés Pérez de Ribas. Como dice el mismo título, «refiérense asimismo las costumbres, ritos y supersticiones, que usaban estas gentes». Pérez de Ribas fue un veterano misionero que, como escribe en el prólogo de su historia, fue «testigo de vista de mucho de lo que en ella se refiere, y lo tocó (como dicen) con las manos, porque estuvo por tiempo de diez y seis años empleado en estas misiones y doctrinó algunas gentilidades de ellas [...]; aprendió y trató en sus lenguas a muchos caciques e indios más entendidos de las dichas naciones, y lo demás de que no fue testigo de vista, sacó de muy fieles originales» (1944, I, 114). Escribe en su obra, dividida en 12 libros y con más de 900 páginas, la historia de las cinco grandes misiones de Sinaloa, Topia, San Andrés, Tepehuanes y Parras, que ocupaban los territorios de los actuales estados mexicanos de Sonora y Sinaloa. En su dedicatoria al rey, el cronista le informa que «están 65 sacerdotes de la Compañía, trabajando fuera de los colegios en sustentar la doctrina de las naciones que tienen ya convertidas, que son más de 20, y en sus pueblos edificadas más de 90 iglesias y templos» (1944, I, 99); además, informa que «por cuenta de libros de bautismo, han recibido nuestra santa fe 300 mil almas», entre los que hay que contar unos cuarenta mil párvulos que murieron después de su bautismo; que han muerto 20 misioneros en los levantamientos indígenas, y que, en general, la fe cristiana es «hoy estimada, obedecida y venerada en mucho número de naciones bárbaras» (1944, I, 100).

Pasando al análisis de los puntos más significativos de la crónica, merece destacarse, en primer lugar, la etnografía de las sociedades indígenas. Pérez de Ribas recoge información sobre las siguientes «naciones»: acaxees (III, 24), ahomes (I, 281), batucas (II, 178), conicaris (I, 129); chichimecas (III, 304), chinipas (I, 365);

hiaquis (II, 65), mayos (II, 9), nebomes (II, 149), parras (III, 247), sinaloas (I, 129), sisibotaris y savaripas (II, 178), tarahumares (III, 157), teguecos (I, 311), tepeguanes (III, 135), xiximes (III, 86), zuaques (I, 352), etc. Indudablemente, la etnografía no tiene siempre la misma extensión ni minuciosidad, porque en algunos casos el cronista había convivido mucho tiempo con el grupo y en otros sólo lo había visto en sus viajes o por información de terceros; además, como determinados grupos tenían muchos rasgos culturales comunes, Pérez de Ribas dedica casi todo el Libro I a las costumbres propias de las diferentes naciones de Sinaloa, refiriéndose en concreto a los frutos de la tierra, al modo de habitación y sustento, a los principales vicios y a los que no tenían, a los juegos, entretenimientos y cazas, a las creencias y ritos religiosos, al origen de los grupos y a la variedad de lenguas. Como ejemplo de esta etnografía, transcribo lo que dice la oratoria política:

Muy usado fue en todas estas naciones el haber predicadores que ejercitaban este oficio. Éstos lo más ordinario eran sus principales y caciques, y más cuando eran hechiceros, cuyo oficio remedaba en algo al de sacerdotes de ídolos de la gentilidad. El tiempo y ocasión más señalado para predicar estos sermones era cuando se convocaban para alguna empresa de guerra, o para asentar paces con alguna nación o con los españoles, o de celebrar alguna victoria que hubiesen alcanzado o cabezas de enemigos que hubiesen cortado. En tales ocasiones se juntan en la casa o ramada del cacique los principales viejos y hechiceros. Encendíase una candelada, y alrededor se sentaban: luego seguía el encenderse algunas cañitas de tabaco que tenían preparadas, y con ellas se convidaban a chupar esos brindis. Celebrada esa acción, luego se levantaban en pie el indio de más autoridad entre ellos, y desde allí entonaba el principio de su predicación, y comenzaba a paso lento, a dar vueltas a la plaza del pueblo, prosiguiendo su sermón, y levantando el tono y los gritos, de suerte que desde sus casas y hogueras le oían todos los del pueblo. En esa vuelta a la plaza y sermón, gastaban cada vez media hora, cual más o menos, como quería el predicador; la cual acabada, volvía a su asiento donde los compañeros lo recibían con grandes aplausos que cada uno de por sí le hacía. Si era viejo el que había predicado, que ordinariamente lo son, el aplauso era éste: «Has hablado y amonestádonos muy bien, mi abuelo, yo tengo un mismo corazón con el tuyo». Si era viejo el que daba el parabién, decía: «Mi hermano mayor o menor, mi corazón siente y dice lo que tú has dicho»; y vuelven a convidarlo con otro brindis y cañita de tabaco. Habiendo acabado éste, se levantaba otro predicante por la misma forma [...] Y en estos sermones sucedía gastarse lo más de la noche [...] Lo que en estos sermones predican, conforme a su capacidad bárbara, lo repiten muchas veces y unas mismas razones. Si era para incitar a guerra, representando el valor de sus arcos y flechas, el defender sus tierras, mujeres e hijos, y que allí tenían los hechos de sus capitanes y valientes, nombrando los que al presente eran guerreros de su nación, etc. Y el ordinario epílogo del sermón era exhortar a todos los del pueblo, chicos y grandes, invocándolos con nombres de parentesco; «Mis abuelos, mis padres, mis hermanos mayores y menores, hijos e hijas de mis hermanos, tened todos mi mismo corazón y sentir»: con lo que remataban sus sermones, que es cierto tenían grande fuerza para mover la gente al intento que pretendían, ahora fuese para lo malo, ahora para lo bueno, y por esta razón se les permiten estos sermones aun después de bautizados y convertidos, en orden a que reciban la palabra divina y costumbres cristianas y para persuadir éstas repiten muchas veces: «Ya ha llegado la palabra de Dios a nuestra tierra, ya no somos lo que antes éramos» [1944, I, 140-141].

Otro punto de la crónica que merece destacarse son los métodos misionales y la abundante información sobre los movimientos de resistencia indígena. Pérez de Ribas dedica casi todo el Libro VII a justificar la empresa misional «entre gentes bárbaras y fieras»; la razón es que, una vez evangelizadas las altas culturas americanas e iniciada la evangelización de las altas culturas asiáticas, volvía a plantearse el problema de si los indios «bárbaros y fieros» podían recibir el cristianismo. El cronista analiza la condición de los indios antes de la predicación, desarrollando la capacidad y talento que muestran en los diferentes aspectos de su cultura, tales como la agricultura, el tejido, la organización política y militar, etc., y luego analiza los frutos de la conversión por la que los indios observan la doctrina cristiana, «no con menor ejemplo, sino a veces más libres de vicios que muchos antiguos cristianos de lugares y ciudades populosas» (II, 210). Se detiene especialmente el cronista en el éxito de los misioneros en desarraigar cosas tan inveteradas entre aquellos grupos indígenas como sus prácticas mágicas, la poligamia, la embriaguez ritual, las venganzas entre las diferentes tribus, etc. (II, 222-230). Describe el jesuita costumbres indígenas como la «fiesta de los prohijados» y su reinterpretación cristiana por los indios (I, 165-167). También explica la organización religiosa y civil de las misiones y da abundante información sobre los métodos misionales. Previamente ha justificado el apoyo que los «presidios» de soldados españoles prestaban a los misioneros (Lib. II, caps. 11-16) y que parecía contradecir al método propugnado por Las Casas. En cuanto a las rebeliones indígenas, la crónica informa sobre la de los acaxees (III, 34), la de los tepeguanes (III, 165), la de los sinaloas, con el famoso «hechicero»

Nacabeba (I, 175), etc. Tales rebeliones tomaban con frecuencia ciertas formas mesiánicas. Como ejemplo, transcribo una parte del «alzamiento general, que levantó en la nación acaxee» un hechicero:

> Finalmente, éste fue el más célebre embustero y hechicero que se ha descubierto entre estas gentes: pues llegó en su soberbia por fingirse por obispo suyo [...] Comenzó [...] a hacer pláticas a los demás indios (que estos llaman hatollis) contra la doctrina que predicaban los padres misioneros y otras veces fingía y les persuadía que él predicaba la misma doctrina de los padres. El nombre que se llamaba por toda aquella serranía era de obispo: rebautizaba a los indios ya bautizados por los padres; otras veces los descasaba de las mujeres, con quien como cristianos se habían casado y los casaba con otras [...] Y todo venía a parar en que acabasen con iglesias, doctrina cristiana, con los padres que se la predicaban y con cuantos españoles y reales de minas tenían en toda aquella serranía [...] y volverla a sus antiguas idolatrías, supersticiones y barbaridades [...] No le faltaron al falso obispo [...] cómplices que se le llegaron y serían como cincuenta personas, que [...] fueron amotinando más de 5 mil personas de las reducidas. Finalmente, todo vino a parar en una destrucción lastimosa de casi 40 iglesias, que se habían comenzado a formar; y casi toda la nación se retiró a los montes y picachos más inaccesibles [...] [III, 34-35].

Un último punto interesante de la crónica es el relativo a la ocupación y conquista españolas del noroeste mexicano. El cronista informa sobre la importancia que tuvo el descubrimiento de ricos minerales de plata (I, 99) para acelerar la ocupación. También se plantea el origen del hombre americano, pues «con particular cuidado y no pocas veces hice inquisición entre los más viejos y más entendidos de estos indios, preguntándole de dónde había salido», y se inclina por la hipótesis asiática (I, 142-143); asimismo, examina la disminución de los indios en el nuevo orbe («que no debe de quedar hoy, ni aun la mitad de los indios que había») y sus principales causas, las pestes y la explotación colonial, aunque «como testigo de vista, por haber atravesado, por obligaciones de oficio, no pocas veces el reino de la Nueva España», sostiene la repoblación del territorio por los indios junto a «las estancias de ganado, granjas y haciendas de campo y de minas, ingenios de azúcar» (II, 25-27). Se refiere, sin duda, al repunte de la población en el primer tercio del siglo XVII y su vinculación a la vida económica colonial, independientemente del servicio personal periódico que debían prestar los indios de las «agregaciones». Finalmente, el cronista da cuenta del primero que «descubrió aquella región, Álvar Núñez Cabeza de Vaca, quien con los otros tres sobrevivientes, de los 400 que emprenden la conquista de la Florida en 1528, llega a Sinaloa ocho años después, tras increíbles aventuras que se cuentan en la Relación que dio [...] de lo ocurrido en la armada de Pánfilo de Narváez» (Zamora, 1542), obra vuelta a publicar en el primer tomo de la edición mexicana de Pérez de Ribas (1944, I, 1-74).

En la misma línea de la *Historia* de Pérez de Ribas, hay que situar a los cronistas jesuitas posteriores, que siguieron narrando la conquista espiritual del noroeste de México y sudoeste de Estados Unidos, proporcionando interesante información sobre la etnografía indígena, los métodos misionales y las rebeliones indígenas.[15] Las principales crónicas son: *Apostólicos afanes de la Compañía de Jesús* (Barcelona, Pablo Nadal, 1754), en la que se incluyen «La maravillosa reducción y conquista de la provincia [...] del Gran Nayar», escrita por José Ortega, «La espiritual conquista de la provincia de la Pimería Alta», escrita por el padre Juan Antonio Baltasar, «Las misiones de Sonora y Arizona» (México, 1913-1922, y Archivo General de la Nación), del célebre misionero Eusebio Francisco Kino, quien durante veinticinco años desarrolló una amplia labor evangelizadora y científica en el sur de Estados Unidos, estableciendo la peninsularidad de la baja California y cuya estatua es una de las dos que representa al estado de Arizona en el Capitolio de Washington; la *Noticia de la California y de su conquista temporal y espiritual* (Madrid, 1757), del padre Miguel Venegas. Merece reseñarse también la *Historia de la provincia de la Compañía de Jesús en Nueva España*, del padre Francisco Xavier Alegre, que no se limita al campo misional sino a todo el trabajo de los jesuitas mexicanos y que debió de terminarse en el destierro, pues la orden fue expulsada por Carlos III de todos los territorios españoles. Otro jesuita mexicano desterrado, Francisco Xavier Clavijero, va a escribir en Italia su *Historia de México antiguo*, de la que hablaré en el capítulo del indigenismo mexicano moderno.

b) En el Perú hay que señalar, en primer lugar, la llamada *Crónica anónima de 1600*, publicada por el padre Francisco Mateos con el título de *Historia general de la Compañía de Jesús en la*

---

15. Ya se están haciendo estudios sistemáticos de las crónicas y documentación misional para la historia social y cultural de las regiones donde misionaron los jesuitas. Un excelente ejemplo es la monografía *Etnología y Misión en la Primería Alta (1715-1740)*, México, Universidad Nacional Autónoma de México, 1977, del antropólogo Luis González Rodríguez.

provincia del Perú (Madrid, 1944). Se trata en realidad de una obra colectiva, escrita a base de las cartas anuas de diferentes autores, que en el manuscrito original tiene 770 folios en los vólumenes y que recoge el trabajo de los jesuitas en sus casas de Lima, Cusco, Arequipa, Juli, Potosí, Sucre, La Paz, Santiago de Chile, Quito y Panamá, y en sus misiones de Tucumán, Paraguay y Santa Cruz. No tiene, como otras crónicas, una parte dedicada a presentar la historia y la cultura indígenas, pero sí proporciona una rica información sobre los métodos y resultados de la evangelización de los indios por medio de misiones temporales desde las ciudades y de la atención permanente de las doctrinas de Huarochirí (I, 219-225), del Cercado de Lima (I, 230-236) y, sobre todo, de Juli (II, 399-432). Como ejemplo de la información que proporciona la crónica, recojo uno de los movimientos de resistencia indígena en la provincia de Aimaraes:

Habiendo pasado en esta ciudad [del Cusco] la enfermedad de viruelas, que llaman los indios *moro oncoy*, y teniéndose en aquella provincia noticia de la mortandad y fallecimiento de 6 mil indios, que en esta ciudad murieron, se levantó en aquella provincia de los Aimaraes un indio ladino y enseñado de la escuela de Satanás, grande lengua [...]; este indio hizo pregonar en el pueblo de Huaquirca, que es cabeza de toda esta provincia, que todos los hombres y mujeres se juntasen y subiesen a un cerro a adorar y sacrificar a una guaca ídolo llamado Pisi, la cual enojada de que le habían quitado su adoración antigua y la habían dado al Dios de los cristianos, prometía que, si no volvían a sus antiguos ritos y ceremonias [...], había de destruir toda la provincia, enviándoles la enfermedad del *moro oncoy* [...] Persuadió a todos los curacas que él venía de parte de esta guaca y de la enfermedad, y que luego pusiesen por obra un sacrificio y ofrecimiento de oro, lanas y otras cosas [...] Luego se juntaron para el día señalado cuatro pueblos, y subiendo a un cerro muy áspero todos los indios [...] adoraban la guaca al modo dicho antiguo [...] En lo alto de este cerro había una llanada enfrente del ídolo, adonde tenían una hoguera, y el indio dicho estaba junto a ella recibiendo los sacrificios de ropa, oro, ganado, cuyes y otros animales, los cuales degollaba y aspersaba con la sangre la guaca y quemaba la carne de algunos, y los indios que iban a sacrificar, venían enbijados y afeitados los rostros, y con unas danzas al modo antiguo y con unas redes de lana que les cubrían todo el cuerpo y en las cabezas unas maneras de señales como cuernos; cada ayllu y parcialidad seguía su modo y ceremonias, cantaban sus endechas y decían cosas en honor de la guaca, levantando uno solo la voz y respondiéndole los demás; todos ofrecieron maíz, que es su comida, de diferentes colores, y así mesmo el que llaman parasa, que es de mucha estima entre ellos, y con ello hacen una masa, que llaman

293

sancu, de que forman los ídolos, como adelante se dirá [1944, II, 78-80].

El cronista sigue contando cómo la ceremonia fue descubierta por «una pobre india devota de la Iglesia» y que el indio, que estaba haciendo el sacrificio, «se alborotó y dijo que si no la mataban que no podría ir adelante con el sacrificio, por ser devota de ir a la iglesia», por lo que todos «a puras pedradas la mataron»; avisados el cura y el corregidor por un curaca, subieron con otros indios y españoles al cerro, donde hallaron a los indios «y gran cantidad de lanas, vestidos, maíz y un rimero grande de animales, que iban ofreciendo; prendieron a los culpados, y hicieron algunos castigos, aunque muy sobre peine, y fue mucho de llorar que se puso más los ojos en recoger lo que alló se hallí que no en remediar un pecado tan abominable» (II, 80). Cuando llega a Huaquirca el jesuita Gregorio Cisneros para dar una misión religiosa, el indio rebelde «oyendo los sermones conoció su pecado», y poco después va a reconocerlo públicamente en una ceremonia, descrita por el cronista y que recuerda los «autos de fe» que se organizarán años después, con motivo de las campañas de «extirpación de la idolatría».

Mucha información de este tipo hay dispersa a lo largo de la crónica, pero la hay también más sistemática, como la relativa a la residencia de Juli, donde se organizó una nueva forma de «reducción», en la que se conservaba mejor la cultura indígena y se reducía la dominación colonial. El cronista hace una breve descripción del pueblo de Juli y expone las razones que los jesuitas tuvieron para elegir dicha doctrina: «para ver si, estando de propósito entre ellos y siempre sobre ellos, podrían de una vez con su perpetua vigilancia y cuidado, y con el continuo macear, desarraigar siquiera de un pueblo la idolatría y borrachera»; «hacer la Compañía en este puesto un como seminario de lenguas para [...] la misma Compañía»; «por la razón general de ser la lengua deste pueblo aimara, una de las dos lenguas generales, que se habla desde el Cusco hasta Tucumán»; por tener este pueblo alrededor «grande suma de pueblos aimaraes, a donde desde Juli puede hacer la Compañía sus misiones y volverse a rehacer a su puesto con brevedad» (II, 400-402). Luego el cronista presenta el número estable de misioneros (nueve padres y cinco hermanos, que trabajan en las estancias de ganado, necesarias para el culto y la ayuda a los indios) y enumera los frutos que se consiguen. En primer lugar, la evangelización («si en todo el reino del Perú hay algunos indios que sean de veras cristianos, son los de Juli, porque en lo que toca a sus antiguas idolatrías no hay rastro de ellas»); en segundo lugar, la «pulisía y humanidad y buena criansa destos indios», de modo que «no parece que hace ventaja a Juli ninguna república de españoles bien concertada»; y en tercer lugar, «y no menos principal, aunque trabajoso y murmurado no poco, es el de defender [...] a los indios de los españoles [...], porque son la polilla de los indios» (II, 403-407), donde el cronista hace una enumeración de las principales formas de explotación colonial en un párrafo transcrito más arriba.[16] Finalmente, el cronista describe algunos medios empleados en Juli (catequesis intensiva, escuela, hospitales, ayuda alimentaria y para el pago del tributo, etc.) (II, 409-410).

Pero la *Crónica anónima* contiene otra información interesante, como la entrada a los chunchos desde Camata (II, 413-429), la referencia a la predicación del apóstol santo Tomás y la invención de la cruz de Carabuco (II, 291-299), muchos datos sobre la época de la organización del virreinato por Toledo y de la consolidación de la Iglesia por santo Toribio y, por supuesto, biografías como las de Acosta (I, 281-290) o el lingüista Alonso de Barzana (II, 56-69) en la galería de jesuitas ilustres.

Después de la *Crónica anónima* hay que reseñar al padre Anello Oliva (1572-1642), italiano, que vivió los últimos cuarenta y nueve años de su vida en el Perú y que escribió una obra titulada *Vidas de varones ilustres de la Compañía de Jesús en el Perú* (1631), que no se publicó completa hasta 1895, en Lima. El primero de los cuatro libros de la obra se dedica al Perú prehispánico, que fue el marco y el reto de los jesuitas («sepamos las idolatrías y supersticiones [...] para que con esto se eche de ver mejor lo mucho que hubo que desmontar»); para escribir esta parte Oliva utiliza las crónicas ya publicadas (Acosta, Cieza, Garcilaso), ciertos informes de la orden (como la *Crónica anónima*, papeles del padre Valera, etc.) y los relatos de un anciano curaca y quipucamayoc de Cochabamba llamado Catari.[17]

Para el mundo amazónico, Esteve Barba hace esta síntesis:

16. Cap. 1, p. 51.
17. Porras Barrenechea, en *Crónicas del Perú* (Lima, 1962), tiene un juicio más bien duro de Oliva: «Su historia de los incas, no obstante la nitidez mental del jesuita, es confusa y enmarañada. Los hechos de los incas, conocidos tradicionalmente y aceptados por el consenso de otros cronistas, aparecen arbitrariamente barajados, atribuyéndoles a unos, hechos de los otros, o incorporándose sucesos inéditos, todo lo cual debe provenir del caos mental del caduco y senil informante del jesuita [...] En un orden particular de sucesos, la historia de Oliva importa una contribución interesante. Es en el relativo a ciertos episodios de la historia quiteña [...]» (pp. 398-399).

Hay dos autores que se refieren más bien al aspecto histórico de las misiones, y son los padres Manuel Rodríguez y Juan de Velasco. Los demás: Francisco de Figueroa, el autor de las *Noticias auténticas* sea o no el padre Maroni, Bernardo Recio y, sobre todo, de un modo franco y total, Manuel de Uriarte cultivan un género muy próximo al de las memorias, diarios y recuerdos. El que haga la síntesis de unos y de otros será el último en escribir, Chantre y Herrera, y lo hará desde Europa, sin haber vivido lo que escribe, a base de las noticias que le proporcionan los que proceden de allí, pero tal vez por eso con la perspectiva necesaria para llevar a cabo, a distancia de tiempo y de lugar, una admirable obra de conjunto.[18]

Dada la brevedad de esta revisión panorámica, voy a limitarme a los dos últimos autores citados. Manuel de Uriarte (1720-1801) es un jesuita vasco, que desempeña su tarea misional en el Napo desde 1750 hasta la expulsión de los jesuitas y ya en el destierro italiano reproduce su diario, que ha sido publicado como *Diario de un misionero de Mainas* (Madrid, 1952). Las 515 páginas del diario en la edición española recogen información etnográfica, aunque no sistemática, de muchos grupos nativos (abijira, ayacor, cacumaño, conibo, encabellado, iquito, jebero, lamas, maina, mayoruna, napotoa, omagua, payagua, peba, piro, ticuna, yagua, yameo, yurimagua); asimismo el diario informa sobre las entradas en grupos tribales para su reducción, sobre las fundaciones de pueblos y su reubicación, cuando los indios huyen o mueren por las pestes, y sobre los métodos de evangelización y organización de los pueblos-reducciones; finalmente, hay buena información sobre problemas del régimen colonial español y su relación con los portugueses. Pero toda la información tiene cierto tono subjetivo de un diario personal, que el misionero debió de escribir para reflexionar sobre su propia vida y hace «trasladar, para instrucción de los venideros misioneros» (1952, I, 61). Como ejemplo del estilo y del contenido, transcribo lo que cuenta de su llegada a su nuevo puesto de trabajo en San Pablo de Napeanos:

---

18. *Historiografía indiana*, Madrid, Gredos, 1964, p. 367. Las obras de los autores que cita Esteve Barba son las siguientes: Francisco de Figueroa, *Relación de las misiones de la Compañía de Jesús en el país de los Mainas* (1661), tomo I, Madrid, 1904, Colección de libros y documentos referentes a la historia de América. Manuel Rodríguez, *El Marañón y el Amazonas. Historia de los descubrimientos, entradas y reducción de naciones [...] así temporales como espirituales*, Madrid, 1684. Juan de Velasco, *Historia moderna del reino de Quito y crónica de la provincia de la Compañía de Jesús del mismo reino*, Quito, 1946. *Noticias auténticas del famoso río Marañón* (1738), de autor anónimo, y Bernardo Recio, *Compendiosa relación de la cristiandad de Quito*, Madrid, 1947.

El sitio es muy alto y llano, con una arena blanca como cal; tenía una hermosa plaza y en el centro la iglesia muy capaz, de tres naves, distinguidas con tres filas de columnas de más de doce varas de palo fuerte y oloroso, las paredes de bajaraque, blanqueadas, con sus diez ventanas grandes enrejadas de tarapotos, que imitan al hierro [...].

Miraban al oriente la iglesia y la casa del misionero [...] La casa era alta, con sus claustros, como colegio [...] [La casa de recogimiento] hacía el costado izquierdo de la plaza, con algunas casitas de patos, gallinas y tres vacas, cabras y puercos, que eran gran providencia en aquel desierto. Ni faltaba su trapiche de mano, y alguna caña sembrada, para socorro de los enfermos, en aguardiente y miel, que son el sánalotodo de los indios; y bastantes instrumentos de carpintería, para oficio manual del misionero, con un indio medio carpintero [...].

Hallé poca gente, porque estaban los más en sus chagras y [...] estaban montaraces; mas poco a poco llamados, se fueron juntando y volviendo a los entables antiguos de su P. Bahamonde. Estos eran: rezar todos en sus casas las oraciones en voz alta al despertar y al acostar, avemaría y ánimas; ser puntuales a la doctrina, domingos, miércoles y viernes; y los sábados a pláticas (como las fiestas) y al rosario a la tarde, que se acababa cantando la letanía por la plaza con la Santísima Virgen del Rosario. La doctrina se hacía en tres lenguas, yamea, iquita e inga; para todo dejó escrito el P. Bahamonde, y para casamientos, confesiones, etc. Los niños todos los días oían misa [...] Un buen curaca, Ignacio, y dos curacas recogían el pueblo; había otro mandón para los iquitos y otro, Casimiro, para los masamaes, los de las orejas grandes. Estos señalaban los mitayos y semaneros para sustentar al misionero y para socorrer a los enfermos. Cuatro fiscales y cuatro fiscalitos regían la iglesia, en [...] rezar en voz alta las oraciones, y dos semaneros acompañaban al misionero cuando venía, le llevaban la comida y remedios; avisaban de los partos, y los que estaban en peligro para los sacramentos, cuidaban de los entierros, etc. Así, varayos como fiscales venían al amanecer y Avemarías a avisar lo que ocurría. Había una hora para pedir los indios licencias o lo que se le ofrecía [...] y ninguno faltaba del pueblo de noche sin licencia [...].

La gente andaba decentemente vestida. Eran sus 500 almas [...] Para ayudar del vestuario, había su telar en el tercer aposento bajo de la casa; y como todos los indios sabían tejer, traían sus ovillos de algodón, hilados de sus mujeres, y tejen buenas mantas de vara de ancho, y lo que a su usanza de macana tardaba un mes, lo acababan en un día. Había chacras de yuca, plátanos, piñas, barbasco, de Misión, de dos partidos o barrios, que llamaban de arriba y abajo, y cuidaban sus varayos a sus tiempos desmontar, plantar y limpiar; y otra de maíz, y fuera de eso, cuando cogían el suyo, traía cada indio una o dos canastas, que se depositaban en una casa aparte o almacén, para socorrer necesidades y sustentar los recién traídos. Los sábados limpiaban las mujeres la plaza y calles, y los hombres una vez al mes con macanas batían la maleza [...] Cuando se rompían hachas o machetes, las llevaban al misionero, y éste hacía despacho, habiendo bastantes para componer en la herrería de Omagua [...] Para proveerse de sal, se enviaba cada año un despacho al Cerro de Yurimaguas, y de paso los encargos para la compra de Lamas, tabaco, lonas, lienzos, azúcar, etc., con alguna cera y cosas de Quito; y para el despacho general se nombraban cuatro indios de juicio, y éstos, como los otros y de entradas, confesaban antes. En las bebidas, a que son tan inclinados, había moderación, no lo hacían sin licencia y celaban varayos, y se acababan al anochecer. Hasta en las carnestolendas y pascuas se distinguían estos indios de otros por su juicio y sosiego, y así los llamaban los «gallegos de la misión». He puesto tan por menudo esto, así para que, si quieren, pueden imitar los misioneros que van a Mianas, como para que se sepa cuánto trabajó y consiguió el P. Bahamonde en esta buena tierra en diecisiete años [1952, I, 157-161].

Finalmente, el padre José Chantre y Herrera (1738-1801) escribió una obra de síntesis en su *Historia de las misiones de la Compañía de Jesús en el Marañón español* (1637-1767), que no se imprimió hasta 1901 en Madrid (impr. A. Avrial). La obra tiene 12 libros: el 1.º narra el descubrimiento y conquista del Marañón, el 2.º es una «historia natural y moral», es decir, la naturaleza y los grupos nativos de Mainas, el 11.º describe el gobierno y la organización social y religiosa de los pueblos-reducciones, el 12.º cuenta la expulsión de los jesuitas y su viaje hasta el destierro italiano, y los ocho restantes relatan el desarrollo de los ciento treinta años de trabajo misional. Sólo por el contenido, está claro que los más interesantes para esta historia del pensamiento antropológico son el 2.º y el 11.º Chantre decide escribir sobre las misiones de Mainas, al caer en sus manos abundante documentación sobre las mismas, por «la utilidad de los indios abandonados, la gloria de los misioneros [...] el bien de nuestra santa religión», que acababa de ser suprimida por el papa (1901, VI), a pesar de que es consciente de «ser tan extranjero en las cosas de la América y tan peregrino en las misiones de Mainas» y de «la falta de muchos papeles necesarios para la perfección de la obra» (p. XII); confiesa que pone «mucho cuidado en la verdad, que debe ser el alma de la historia» y que es «bastabte franco y liberal en referir varios lances con las mismas palabras de que usaron los misioneros en sus diarios, apuntaciones y cartas» (p. XV), como puede comprobarse comparando dicha *Historia* con el diario de Manuel Uriarte o con las obras de otros autores a los que se refiere más arriba Esteve Barba. Es innegable que la obra de Chantre, que tiene más de 750 páginas, es, por las fuentes que emplea y por bien estructurada que está, un instrumento sumamente útil para comprender la evolución de las culturas amazónicas, a medida que iba avanzando la conquista. Es especialmente interesante el Libro XI (pp. 586-668), en el que se exponen detalladamente la forma de gobierno de la misión y la jurisdicción del gobernador de la ciudad de Borja, el gobierno inmediato del misionero, de los alcaldes y fiscales indígenas, la organización de las milicias de los pueblos o ejércitos indígenas, pues los soldados españoles estaban únicamente en Borja, la manera como se hacían las entradas a los montes para hacer nuevas reducciones, los despachos ordinarios a Quito, Moyobamba y Lamas, y la organización de la economía y el porqué los indios no pagaban tributos. Al lado del gobierno temporal se detalla también toda la organización religiosa. Puede ser interesante comparar esta organización con la de las reducciones del Paraguay, de la que se habló en el capítulo 4 al presentar a Ruiz de Montoya.

La amplitud y riqueza de la obra de Chantre dificulta seleccionar un solo tema, pues cualquier selección puede resultar arbitraria. Con todo voy a limitarme al tema de la catástrofe demográfica y sus causas:

> Es cosa de admirar que habiendo fundado los misioneros del Marañón más de 80 reducciones en el discurso de 130 años en que lograron trabajar en aquellas dilatadísimas tierras y conquistar tantas naciones diferentes, llegando a predicar el evangelio en 39 lenguas entre sí distintas, el número de almas que se contaban en la misión en el año 1768 no pasase de 15.000, entrando en esta cuenta no sólo los cristianos, pero aun los catecúmenos. Crecerá la admiración si se considera que ya en el año 1656 tenían reducidos los primeros misioneros en sólo 13 pueblos 15.000 familias, como consta de los autos formados en aquel año en la ciudad de Lima. Pues, ¿cómo ahora, después de la conquista de los Andoas y Gaes en el río Pastaza, de los Omaguas y Yameos, naciones numerosísimas en lo bajo del Marañón, de los Payaguas e Icaguates en el Napo, de los Encabellados en el Aguarico y de los Iquitos en el Nanai, era tan corta el número que correspondía una sola alma a una familia de las conquistas antiguas? [1901, 580].

Tres causas anota Chantre, siguiendo «lo que sienten los misioneros más prácticos: la 1.ª, las epidemias de cursos de sangre, de catarros, de sarampión y de viruelas, las cuales, a manera de redes barrederas, llevaban de cuando en cuando pueblos enteros; la 2.ª las incursiones de los portugueses, y la 3.ª la huida de los indios de las reducciones, después de matar al mismo misionero» (1901, 581).

Tras este panorama, paso a exponer detalladamente a dos cronistas conventuales.

2. Gerónimo de Mendieta (1528-1604)

Vasco, el último de 40 hermanos (de los tres matrimonios de su padre), ingresa muy joven en el convento franciscano de Bilbao y en 1554 viaja a la Nueva España. Como era ya sacerdote, aprende la lengua náhuatl y comienza su trabajo misionero en diferentes conventos de su orden, en lo cual emplea la mayor parte de los cincuenta años que pasa en tierras mexicanas, con la excepción de un breve paréntesis en España entre 1570-1573. Conoce a fray Toribio de Motolinía, uno de los «doce», cuyas obras aprovecha en la composición de su *Historia eclesiástica indiana*, que le encargan en 1571. Debió de conocer también a fray Bernardino de Sahagún y su gran obra sobre la cultura azteca, pero no la cita explícitamente, aunque, al hacer su biografía, en la galería de franciscanos ilustres del Libro V, afirma: «yo tuve en mi poder 11 libros de marca de pliego, en que se contenían en curiosísima lengua mexicana declarada en romance, todas las materias de las cosas antiguas, que los indios usaban en su infidelidad» (1945, IV, 114). Además del trabajo como misionero y como cronista, Mendieta desempeñó cargos de gobierno en su orden y fue una persona de consejo. Torquemada hace de él un breve retrato:

> Aprendió la lengua mexicana con eminencia [...] llamábanle el Cicerón de la provincia, por el grave estilo de su razonar, y por eso, las más veces que se escribía a España, al rey, al consejo, a la orden, en cuerpo de comunidad, a él se le encomendaban las cartas; y lo mismo era por acá a los virreyes y otros personajes graves, porque había puesto Dios en su decir mucha eficacia. Por esto le amaban mucho los prelados y fue compañero de muchos, y le encomendaban negocios arduos y de importancia, confiando de su industria y buen talento, su despacho [1723, III, 561].

OBRAS

(1596) *Historia eclesiástica indiana*, 1870; México, Salvador Chávez Hayhoe, 1945; Porrúa, 1971; Madrid, Biblioteca de Autores Españoles, 1973.

A pesar de tal título, sólo el Libro I trata «de la introducción del evangelio y de la fe cristiana en la Isla Española y sus comarcas, que primero fueron descubiertas»; los cuatro libros restantes tratan de México: de los ritos y costumbres de los indios en su infidelidad (Lib. II), de cómo fue introducida la fe en los indios (Lib. III), del «aprovechamiento de los indios y del progreso de su conversión» (Lib. IV) y de los franciscanos ilustres que realizaron dicha conversión (Lib. V). El historiador mexicano Joaquín García Izcazbalceta, quien logró descubrir y publicar la obra, después de casi tres siglos de olvido, analiza, en un estudio introductorio, las fuentes que debió de emplear Mendieta, a saber, «los escritos de otros frailes sus predecesores, las noticias verbales que le dieron los que aún vivían y lo que él mismo vio y supo en su tiempo» (1945, I, XX). Entre los escritos utilizados hay que enumerar la obra histórica de fray Andrés de Olmos, que se ha perdido, la obra ya citada de Motolinía, *Relación de los ritos antiguos, idolatrías y sacrificios de los indios de la Nueva España*, la obra de fray Francisco Jiménez sobre la vida de fray Martín de Valencia, el superior de los «doce», y la obra de Sahagún, aunque, paradójicamente, no la *Historia*, sino otros escritos; por más que Sahagún trate en su *Historia* de la sociedad y religión de los aztecas prehispánicos y Mendieta de su conversión, éste pudo aprovecharse de la *Historia* de Sahagún, que ciertamente conoció (1945, IV, 114), para escribir el segundo libro de su *Historia eclesiástica*, pero no lo hizo.

Pero tan importante como el problema del origen de la obra de Mendieta es el de su influjo, porque, aunque va a permanecer casi tres siglos perdida, fue ampliamente aprovechada por el franciscano Juan de Torquemada en su *Monarquía indiana*, que se publicó en 1615, lo cual ha dado pie para acusar a Torquemada de plagiario. García Izcazbalceta se ha tomado el trabajo de comparar el contenido de los 232 capítulos de los cinco libros de Mendieta con los capítulos de los 21 libros de Torquemada (1945, I, XXXIII-XLIV) y llega a la conclusión de que gran parte del material está transcrito al pie de la letra pero sin citarlo con toda la frecuencia con que debía hacerlo:

> Verdad es que lo cita muchas veces, pero ¿cómo? Después de copiarle largamente, llega tal vez a un punto, donde ya no le es posible apropiarse del texto; cita entonces el texto y, apenas ha salido del mal paso, sigue copiándole como antes, sin decir ya de quién es aquello; con la cual cita, lejos de dar a Mendieta lo que es suyo, acaba de deslumbrar al lector, quien, por lo mismo que ve citadas como ajenas aquellas líneas, cree firmemente que pertenece a Torquemada lo que precede y sigue [1965, I, XXVIII].

En descargo de Torquemada pueden aducirse, en primer lugar, las costumbres de la época, que era mucho menos respetuosa que la nuestra de la propiedad intelectual. En segundo lugar, la confesión expresa, que hace Torquemada en el prólogo general, de la utilización del material de Mendieta, al enumerar como razones para escribir su historia el «haber sido mucho de ello trabajos muy sudados de los religiosos de la orden [...], especialmente [...] Fr. Toribio de Motolinía, Fr. Francisco Jiménez [...], Fr. Bernardino de Sahagún y Fr. Gerónimo Mendieta, que después de ellos añadió otras, y por ser de su orden quiso ponerlo en estilo sucesivo histórico»; pero luego Torquemada, al referirse a la vida de Mendieta, matiza lo anterior diciendo: «Escribió [...] la *Historia Eclesiástica Indiana*, que envió a España el P. Comisario general de Indias, para que se hiciese imprimir [...]: obra, cierto, grandiosa y de mucho trabajo y gusto: no sé qué se hizo [...]; de algunos borrones [...] me he aprovechado mucho en estos míos» (1615, Lib. XX, cap. 73). En tercer lugar, el deseo de que la censura no se opusiese a la *Monarquía indiana* (como parece que se había opuesto a la *Historia eclesiástica*), en caso de que la primera fuera una réplica de la segunda. Escribe G. a Izcazbalceta:

Si el lector se toma la molestia de hacer el cotejo de ambas obras, notará que Torquemada suavizaba u omitía enteramente todo aquello que pudiera lastimar, no sólo a los religiosos de las otras órdenes, sino también a los españoles en general. El P. Mendieta, hombre de carácter enérgico [...], amador de la justicia y de la verdad, más inmediato a los tiempos de la conquista, testigo, por lo mismo, de mayores miserias de los indios, y defensor acérrimo de ellos, aunque no ciego para sus defectos, suelta a menudo la pluma y [..] señala sin temor humano los abusos [...] y maldades de los conquistadores y hasta de los gobernantes, sin respetar del todo ni aun al soberano mismo. Torquemada, llegado después, a una hora en que los mayores de aquellos abusos habían desaparecido, precisado por su posición a guardar consideraciones al poder y a la raza dominante, menos resuelto o quizás más templado, no acoge, pues, las vigorosas declaraciones de su original, ni aun los breves y mordaces rasgos de que está sembrado. Todo lo aparta cuidadosamente, y habríamos carecido de tan preciosas pinturas de la época, a no haber aparecido aquel original.

En cambio de lo suprimido, nos obsequia Torquemada con multiplicadas digresiones históricas o morales, unas breves y otras interminables, pero casi siempre inútiles y que interrumpen a cada paso la narración de una manera desagradable. La obra de Torquemada es más vasta, más erudita, si se quiere; y con lo mucho que se apropió de la de Mendieta, quitó a ésta una parte de su interés [1945, I, XXXI].

Sólo un ejemplo para mostrar las técnicas de Torquemada. En el Libro 17, capítulo 10, «De algunas condiciones naturales que tienen los indios para ayuda de su cristiandad», reproduce al pie de la letra y sin decir nada de su fuente el capítulo 21 del Libro 4 de Mendieta, en que se exponen tres virtudes naturales de los indios: su mansedumbre, su simplicidad y su pobreza. Pero, al llegar a un pasaje de Mendieta, en que éste demuestra la paciencia de los indios, describiendo una serie de abusos de la vida colonial, Torquemada lo omite. El pasaje omitido dice:

> Ya le manda el alcalde que vaya a trabajar a su labranza, y va a la labranza; aún no ha vuelto a su casa, cuando el gobernador le manda que acarree agua a la suya. Cógelo luego el regidor y entrégalo a un español por una semana. Por otra parte, le busca el alguacil para que vaya al repartimiento. Tras esto se ofrece una fiesta en la iglesia, mándanle que vaya por ramos al monte, o a la laguna por juncia. Échale otro mano para que al pasajero le lleve su hato o carga. Otro le envía diez o veinte leguas por mensajero con cartas. Viene virrey o arzobispo o otro personaje a la tierra, ha de ir a aderezar los caminos. Hácense fiestas o regocijos en México, fuérzanlo para que vaya a hacer barreras, tablados y lo demás, y todo lo ha de hacer sin réplicas. Y esto es nada con respecto de lo más, y es que los bueyes, cabras o ovejas que pasan o meten por sus sementeras, le comen lo que tenía sembrado y había de coger para todo el año. El pastor le lleva hurtado el hijo, el carretero la hija, el negro la mujer, el mulato le aporrea, y sobre esto le llega otro repartimiento de que vaya a servir a las minas, donde acaba la vida. Por momentos le riñen y aporrean sin ocasión, aporrean y maltratan, porque ellos no le entienden ni él los entiende, le apalean y azotan sin culpa, y él calla y no se excusa. Es cierto que, considerados los continuos trabajos, daños y vejaciones que esta miserable gente de nosotros recibe, suelo maravillarme cómo no se van a las montañas y riscos con los chichimecos, o por esa larga tierra que en centenares de leguas está descubierta [1945, III, 95-96].

APORTES

Mendieta aporta al pensamiento antropológico mexicano una etnografía sobre la cultura azteca (en el Libro II), independiente, aunque muy inferior a la de Sahagún, y en los Libros III y IV una buena descripción del proceso de cristianización y modelación cultural de la población indígena. Además, en el Libro I recoge información interesante acerca de la conquista y catequización de las Antillas, con puntos tan vitales como el del exterminio de la población indígena y el funcionamiento de las primeras encomiendas (caps. 15-17), en páginas que recuerdan a Las Casas:

> Todo lo cual hizo este gobernador al revés, porque, cuanto a lo primero, deshizo y despobló todos los pueblos grandes y principales y repartió entre los españoles todos los indios, como si fuesen cabezas de ganado o manadas de bestias, dando a uno ciento, y a otro cincuenta [...], según la gracia y amistad que cada uno con él alcanzaba: y de niños y viejos, mujeres preñadas y paridas, y hombres principales y los mismos señores naturales de la tierra; de manera que todos [...] trabajaban y servían hasta que echaban el alma; además de esto consintió que llevasen los maridos a sacar oro, veinte y treinta y ochenta leguas, quedando las mujeres en las estancias o granjas trabajando en trabajos muy grandes [...], de manera que no se juntaba el marido con la mujer, ni se veían en ocho o diez meses y [...] cesó entre ellos la generación. Las criaturas que había nacido perecían, porque las madres con el trabajo y hambre no tenían leche para darles a mamar; y por esta causa en la isla de Cuba acaeció morirse en obra de tres meses 7 mil niños de hambre; otras, sintiéndose preñadas, tomaban yerbas con que echaban muertas las criaturas. El jornal que les mandó dar (porque se contenía en la cédula se les diese) fue tres blancas en dos días, como coas de burla, que montaba medio castellano por cada un año, y esto que se lo diesen en cosas de Castilla, que lo que con ellos se podía comprar sería hasta un peine y un espejo, y una sartilla de cuentas verdes o azules, con que quedaban bien medrados; y aun esto pasaron hartos años que no se lo dieron. La comida que les daban era aun no hartarlos de cazabe, que es el pan de la tierra hecho de raíces, de muy poca sustancia, no siendo acompañado con carne o pescado; dábanles con él de la pimienta de la tierra [se refiere al ají] y unas raíces como nabos, asadas.
>
> Los trabajos que los indios tenían, así en el sacar el oro como en las demás granjerías eran continuos, por haber sido dados y entregados a los que tenían por amos, a menera de esclavos, como cosa suya propia, que podían hacer de ellos lo que quisiesen [...] Y por estos tales tratamientos, viendo los desventurados indios que debajo del cielo no tenían remedio, comenzaron a tomar por costumbre ellos mismos matarse con zumo de yerbas ponzoñosas y ahorcarse [...] Y hombre hubo entre los españoles de aquella isla, que se le ahorcaron o mataron de la manera dicha más de 200 indios de los que tenía en su encomienda [1945, I, 73-75].

Por supuesto que esta parte también la omitió Torquemada. Pero analicemos ya cada uno de los dos aportes indicados:

2.1. *Etnografía sobre la cultura azteca*

Como ya se dijo, todo el Libro II está dedicado a este tema. Mendieta anota en el prólogo: «pues el intento de esta historia [...] es tratar [...] la conversión de los indios de esta Nueva España a la [...] religión cristiana, cosa necesaria parece para este efecto presuponer primero los errores [...], los ritos y ceremonias [...] y las demás costumbres, que en su género de policía tenían» (1945, I, 81). El franciscano conocía muy bien el náhuatl, tuvo una larga experiencia misionera con los indios y pudo utilizar fuentes de primera mano, como las ya citadas, especialmente fray Andrés del Olmos, quien, «habiendo visto todas las pinturas que los caciques y principales de estas provincias tenían de estas antiguallas, y habiéndole dado los más ancianos respuesta a todo lo que le quiso preguntar, hizo de todo ello un libro muy copioso», que «es la fuente, de donde todos los arroyos, que de esta materia han tratado, emanaban» (1945, I, 81-82). En este Libro II Mendieta presenta primero el sistema religioso azteca con el conjunto de creencias, ritos y especialistas religiosos (caps. 1-20); luego, las ceremonias de matrimonio y de entierro con bellas pláticas rituales, el gobierno, la administración de justicia y las guerras, los cantos y danzas y un breve panorama de la evolución histórica y política de los aztecas (caps. 21-41). Aunque la información no tenga la frescura y la riqueza de la de Sahagún, es una buena síntesis y de fuente independiente. Como ejemplo, recojo una de sus descripciones sobre el panteón azteca y su referencia al mito de Quetzalcoatl:

> Son tantas las fábulas y ficciones que los indios inventaron acerca de sus dioses, y tan diferentemente relatadas en los diversos pueblos, que ni ellos se entienden entre sí para contar cosa cierta, ni habrá hombre que les tome tino. En las provincias principales de esta Nueva España, demás del Sol, que era general dios para todos, tuvo cada una su dios particular y principal, a quien sobre todos los demás reverenciaban y ofrecían sus sacrificios, como en México a Huitzilopochtli [...], en Texcoco a Tezcatlipoca, en Tlaxcala a Camaxtlí, y en Cholula a Quetzalcoatl, y éstos sin duda fueron hombres famosos, que hicieron algunas hazañas señaladas o inventaron cosas nuevas en favor y utilidad de la república, o porque les dieron leyes o reglas de vivir, o les enseñaron oficios o sacrificios o algunas otras cosas que les parecieron buenas [...].

El dios o ídolo de Cholula, llamado Quetzalcoatl, fue el más celebrado y tenido por mejor. Éste, según sus historias (aunque algunos digan que de Tula) vino de las partes de Yucatán a la ciudad de Cholula. Era hombre blanco, crecido de cuerpo, ancha la frente, los ojos grandes, los cabellos largos y negros, la barba grande y redonda: a éste canonizaron por sumo dios y le tuvieron grandísimo amor [...] y le ofrecieron [...] sacrificios por tres razones: la primera, porque les enseñó el oficio de la platería [...], la segunda, porque nunca quiso ni admitió sacrificios de sangre de hombres, ni de animales, sino solamente de pan y de flores [...], la tercera, porque vedaba y prohibía [...] la guerra, robos, muertes y otros daños, que se hacían unos a otros. Lóase también mucho este Quetzalcoaltl de que fue castísimo y honestísimo [...].

Afirmar de Quetzalcoatl que estuvo veinte años en Cholula y [...] se volvió por el camino por do había venido [...], y entre otras doctrinas que les dio fue [...] que tuviesen por cierto que, en los tiempos venideros, había de venir por la mar, de hacia donde sale el sol, unos hombres blancos, con barbas largas como él, y que serían señores de aquellas tierras, y que aquellos eran sus hermanos; y los indios siempre esperaron que se había de cumplir aquella profecía, y, cuando vieron venir a los cristianos, luego los llamaron hijos de dioses y hermanos de Quetzalcoatl, aunque después que conocieron y experimentaron sus obras, no los tuvieron por celestiales [1945, I, 98-100].

Es sabido que el panteón azteca estaba conformado por el dios creador Tloque Nahuaque, de muy escasa importancia cultural; por dioses principales de cada uno de los diferentes señoríos (Huitziloploxtli en México, Tezcatlipoca en Texcoco, Quetzalcoatl en Cholula y Camaxtli en Tlaxcala), que van a tener características de héroes culturales; por dioses protectores de las principales necesidades y actividades humanas (Tonatiuh, dios solar, Tláloc, dios de las lluvias, Cinteatl, dios del maíz, etc.), y por una infinita variedad de pequeños ídolos locales. Pero, como observa Mendieta, por la infinita variedad de dioses y de mitos y por la falta de consistencia de los mismos informantes, no «habrá hombre que les tome tino», y así el franciscano recoge información contradictoria. Pero, además, influye en esta confusión el carácter polifacético de muchas figuras; por ejemplo, se llama Quetzalcoatl, que significa etimológicamente «serpiente de plumas de quetzal», al héroe cultural y dios principal de Cholula, al rey histórico de Tula en el imperio tolteca y al sumo sacerdote de Tenochtitlán en el momento de la conquista. Más aún, cuando Mendieta se plantea, al final de su historia de la evangelización indígena (Lib. IV, caps. 40-41), si los indios habían sido ya evangelizados de alguna manera, recoge algunos testimonios (el personaje que dejó una cruz descubierta en Cozumel y que habló de los «barbados de oriente»; el anuncio de Quetzalcoatl a los de Cholula; la predicación mítica de Kukulkan y sus compañeros en Yucatán, ordenando la confesión y el ayuno y anunciando el misterio de la trinidad cristiana; las pinturas de la Virgen María y de Jesús crucificado descubiertas por los dominicos en Oaxaca, etc.) y concluye: «De todos estos dichos y testimonios aquí referidos, no deja de nacer grave sospecha que los antepasados de estos naturales hubiesen tenido noticia de los misterios de nuestra fe cristiana» (1945, III, 200). Y esto, aunque Mendieta repita la idea de la teología colonial del carácter diabólico de las religiones americanas, porque «parece haber tomado el maldito demonio oficio de mona, procurando que su [...] congregación de idólatras [...], en los ritos de su idolatría remedase (en cuanto ser pudiese) el orden que [...] tiene en costumbre la Iglesia católica» (1945, I, 105), y así interpreta cada uno de los ritos indígenas que se asemejan a los sacramentos cristianos (1945, I, 116-120). Esta «cristianización» del mito de Quetzalcoatl, que para muchos no es más que un mecanismo de legitimación de la conquista, va a acentuarse con el nacimiento de la conciencia nacional entre los criollos, como se verá en Calancha y, sobre todo, en el famoso panegírico de fray Servando Teresa de Mier en la fiesta de la Virgen de Guadalupe.[19]

2.2. *La evangelización y aculturación aztecas*

Mendieta abre su historia de la evangelización azteca dentro de una perspectiva providencialista de la conquista. Sin pronunciarse sobre si ésta fue «justa o injusta, lícita o ilícita» (1945, II, 74), presenta a Cortés como «otro Moisés para librar a los naturales de la servidumbre de Egipto» (observando que el mismo año en que nació Cortés se sacrificaron 80.400 personas, con motivo de la inauguración del templo mayor de México) y como quien abre la puerta a los predicadores del evangelio, para que la Iglesia se recupere del daño que le causa Lutero «en la misma sazón y tiempo en

---

19. Otro ejemplo etnográfico interesante son las exhortaciones rituales del padre a su hijo, de un indio labrador a su hijo ya casado, de una madre a su hija, que Mendieta transcribe en el Lib. II, caps. 19-21. Son especialmente interesantes para hacer análisis de contenido sobre los valores de la cultura azteca; pero deben ser comparadas con sus similares de Sahagún, que sin duda representa una tradición etnográfica más auténtica.

la antigua cristiandad» (1945, II, 11-13). Tal lectura providencialista de la historia coincide con «los prodigios y pronósticos que los indios tuvieron, antes de la venida de los españoles, acerca de ella» (Lib. II, cap. 2). Luego Mendieta presenta a los franciscanos, los primeros que van a ser elegidos por el papa y el emperador para la empresa, quienes, en número de «doce» como los apóstoles, bajo la dirección de fray Martín Valencia y con una serie de directrices pontificias y de sus superiores religiosos, inician el trabajo misional (Lib. II, caps. 3-10). Después vendrán también otros religiosos y sacerdotes (IV, 5-11), hasta completar el amplio cuadro estadístico que recoge el cronista franciscano (IV, 43) a los setenta años de iniciado el trabajo misional: los franciscanos con cinco provincias y 200 monasterios, los dominicos con tres provincias y 98 monasterios, los agustinos con una provincia y 76 monasterios y los jesuitas con nueve casas, además del abundante clero secular de la archidiócesis de México y de sus siete diócesis sufragáneas. Pero, para Mendieta, más que el número de misioneros, cuenta su calidad, y así nos los presenta como personas sumamente virtuosas (III, 30-31), y de muchos de ellos hace biografías moralizadas en el Libro V. Con este marco, ya es posible destacar algunos puntos de interés para entender el proceso de aculturación religiosa indígena:

a) *La condición religiosa de los indios*. Sobre este punto ya se vio que el franciscano sostenía una evangelización previa de la población indígena mexicana antes de la llegada de los españoles, aunque luego cayeran en formas idolátricas de carácter demoníaco. También se vio cómo Mendieta observa la gran semejanza entre muchos ritos religiosos indígenas y los sacramentos cristianos, lo cual facilitó sin duda la aceptación de éstos por los indios, aunque no deduzca, como Acosta, de la «parodia diabólica» una «preparación providencial» para el evangelio; por ejemplo, en el capítulo 41 del Libro III trata «de algunas maneras de confesión vocal que los indios tuvieron en su infidelidad, y cómo les cuadró la confesión sacramental de la Iglesia». Pero donde aborda de frente el tema de la condición religiosa de los indios es en el Libro IV, capítulo 21. Lo hace en función de la aceptación de la predicación cristiana y sostiene: «puédese afirmar por verdad infalible, que en el mundo no se ha descubierto nación o generación de gente más dispuesta y aparejada para salvar sus ánimas [...] que los indios de esta Nueva España [...]; puédolo decir, pues los he confesado, predicado y tratado cuarenta y tantos años» (1945, III, 91). Demuestra su afirmación, porque los indios tienen tres grandes virtudes naturales: la mansedumbre, la sencillez y el desprendimiento o pobreza. En el análisis del comportamiento indígena hay muchos de los elementos del «mito del buen salvaje» que eran especialmente perceptibles por la espiritualidad franciscana.

No hay que olvidar que Mendieta escribe su obra al final de su vida y que es un religioso que lamenta cierta pérdida de la austeridad franciscana, por ejemplo «andar a caballo, como a muchos de nosotros nos ha traído [...] nuestra flojedad y tibieza, y no querer seguir y imitar las pisadas y espíritu de nuestros pasados» (1945, II, 99).[20] Como ejemplo de su razonamiento recojo lo siguiente:

> La segunda condición de los indios es simplicidad, por lo cual, si no hay, en los que con ellos tratan, conciencia, son fáciles de engañar. ¿Qué mayor simplicidad que, cuando al principio los españoles llegaron en cualquier parte de Indias, pensar eran dioses u hombres del cielo, aunque los veían con armas defensivas y dañosas, y recibirlos como a ángeles, sin ningún recelo? ¿Y pensar que el caballero y el caballo eran una misma cosa? ¿Y también que los frailes no eran como los otros hombres seglares, sino que por sí se nacían, o que los frailes legos eran las madres que los parían? ¿Qué mayor simplicidad, que tener en más estima las contezuelas de vidrio que el oro? [1945, III, 93].

Pero, otras veces, el razonamiento se apoya sobre todo en datos de la espiritualidad cristiana y franciscana.

b) *Los métodos misionales empleados*. Sobre este punto Mendieta proporciona interesante información. El primer método fue la catequesis, que se hizo con la colaboración de los indios, especialmente niños, utilizando pinturas como las indígenas y desarrollando una amplia política lingüística. Mendieta cuenta detalladamente los difíciles comienzos del aprendizaje de la lengua general náhuatl y de las diferentes lenguas regionales y recoge un primer catálogo de 24 escritores franciscanos en lenguas indígenas (Lib. V, cap. 44). Destacan fray Francisco Jiménez, «el que primero puso en arte la lengua mexicana y vocabulario», fray Andrés de Olmos, que «en la mexicana compuso el arte más copioso [...] y vocabulario y otras muchas obras, y lo mismo hizo en la lengua totonaca y en la guasteca, y entiendo que supo otras lenguas de chichimecos, porque anduvo mucho tiempo entre ellos», y fray

---

20. La explicación del uso de caballos por los franciscanos, cosa que durante mucho tiempo estuvo prohibido por sus normas internas, en el lugar paralelo de Torquemada no es ya la «flojedad y tibieza» de los frailes, sino la «obligación que tenemos en la doctrina de esta gente» (Lib. XV, cap. 37). Es un ejemplo más de la relectura que Torquemada hace de Mendieta.

Bernardino de Sahagún, que «hizo arte de la lengua mexicana y unos sermonarios de todo el año», y «como hombre que sobre todos más inquirió los secretos de esta lengua, compuso [...] doce o trece cuerpos de marca mayor, los cuales yo tuve en mi poder, donde se encerraban todas las maneras de hablar que los mexicanos tenían en todo género de su trato, religión, crianza, vida y conversión» (1945, III, 212-213).

El segundo método fue la extirpación de las religiones autóctonas. Mendieta justifica esto porque los misioneros sabían que, por más que los indios acudían a sus predicaciones y doctrinas y «en lo público no se hacían los sacrificios acostumbrados en que solían matar hombres, pero en lo secreto por los cerros y lugares arredrados, y de noche en los templos de los demonios que todavía estaban en pie, no dejaban de hacerse sacrificios y sus ceremonias antiguas». Por eso, el 1.º de enero de 1525, una vez que obtuvieron de Cortés la prohibición de todos los sacrificios idolátricos, destruyeron los templos de Texcoco, y luego de México y Tlaxcala (1945, II, 70). El cronista recoge los comentarios de este hecho entre los españoles («que fue hecho temerario, porque se pudieran indignar y alborotar los indios [...] y que no se les podía hacer aquel daño con buena conciencia en sus edificios que les destruyeron y en las ropas [...] de los ídolos que allí se abrasaron») y defiende la postura de los frailes, «porque viendo los infieles que lo principal de ellos estaba por tierra, desmayaron en la persecución de la idolatría»; sin embargo, no fue una empresa rápida, y Mendieta recoge una serie de datos significativos sobre la «resistencia» indígena: la persistencia de los cultos agrarios («cuando sembraban los maizales y cuando los cogían») y el fin de mes («porque era fiesta general [...], dedicada a cada uno de sus principales dioses [...] y estaban [...] acostumbrados de tantos años atrás» [II, 76]); la oposición de los sacerdotes indígenas, que no podían contradecir la predicación de los misioneros, pero, «por no perder sus intereses, autoridad y crédito, que lo tenían muy grande por las respuestas que recibían de los oráculos [...], procuraban de secreto allegar su gente como solían» (II, 77); la colocación de sus ídolos, «debajo o detrás de la cruz. Y dando a entender que adoraban la cruz, no adoraban sino las figuras de los demonios que tenían escondidas» (II, 78); y los casos extremos de los niños que matan a un sacerdote indígena en Tlaxcala y de otros niños que son muertos por los indios por destruir los ídolos (II, 78-90).

El tercer método fue la práctica sacramental. Mendieta cuenta cómo fueron administrándose a los indios cada uno de los sacramentos cristianos (Lib. III, caps. 32-48), con datos interesantes sobre ritos indígenas, como la confesión, y con información rica para entender el cambio religioso impuesto.

Finalmente, el cuarto método fue la misma modelación cultural de los indios. Los franciscanos, «demás de enseñar a los indios a leer y escribir y cantar, y algunas otras cosas de la iglesia [...], pusieron también deligencia y cuidado en que aprendiesen los oficios mecánicos y las demás artes, que la industria humana tiene inventadas» (III, 54). Por eso Mendieta, partiendo del «ingenio y habilidad que los mismos indios [...] tenían y el primor que mostraron en los oficios que usaron en su gentilidad», hace una larga exposición de cada uno de los oficios que aprendieron, así como de la educación escolar de niños y niñas, dedicando todo un capítulo al famoso colegio de Santa Cruz de Tlatelolco, del que se habló en la monografía de Sahagún.[21]

c) *Los obstáculos*. Además de la resistencia indígena, los principales obstáculos eran la dispersión de la población indígena, que dificultaba la catequización, y sobre todo la contradicción de realizar una empresa misionera al lado de una empresa colonial. Para el cronista franciscano los indios mexianos eran la nación más aparejada para recibir el evangelio (si se les ayuda), pero, poco a poco, tiene que reconocer que la explotación colonial es el gran obstáculo. No solo reconoce el «daño que ha hecho el llamarse los españoles cristianos, para la cristiandad de los indios», como ex-

---

21. Un remedio importante que señala repetidas veces Mendieta es que españoles e indios vivan en pueblos distintos. Ya en su viaje a España, en 1571, a una consulta que le hizo Juan de Ovando, visitador del Consejo de Indias, sobre el orden que debía establecerse para que «los españoles pudiesen poblar en aquella tierra sin perjuicio de los naturales», responde: «Digo primeramente, que sería gran yerro pensar que en general la población de españoles en todas las partes de las Indias es cosa importante al servicio de Dios o al servicio de rey o al bien común del reino [...]; es cosa manifiesta que, si no hubieran pasado a las indias más españoles de aquellos que crean menester para tener segura la tierra de parte de los indios, de manera que no tuvieran atrevimiento de rebelarse, los mismos naturales no hubieran recibido tan malos ejemplos, como muchos les han dado, y así imprimieran mejor en ellos las cosas de cristiandad, y no se hubieran disminuido, sino aumentado, y [...] aquella tierra estuviera más segura [...], porque de muchos años acá, ya no se teme rebelión de parte de los indios, ni hay memoria de ello, sino de parte de los españoles [...] Otrosí digo, que en toda la Nueva España no siento que haya necesidad de hacer poblaciones de españoles por esta vía de temer a los indios [...] Pues la región de las Indias es tan larga y hay tantos despoblados en ella [...], sería cosa útil y muy acertada hacer poblados de españoles en tales lugares [...] Digo [...] que una de las cosas más necesarias para [...] las Indias, es procurar recoger los españoles y mestizos que andan vagueando [...] y hacer de ellos poblaciones distintas por sí, aprobadas de los dichos indios», en *Cartas de religiosos de Nueva España (1539-1594)*, México, Salvador Chávez, 1945, pp. 110-111.

pone en el capítulo 34 del Libro IV, sino que analiza el efecto sobre la evangelización de las instituciones coloniales y halla «ser la principal y más dañosa el repartimiento que de ellos se hace para que nos sirvan contra su voluntad y por la fuerza» (III, 179). Para expresar su idea el cronista franciscano hace una enumeración de todos los servicios personales y termina:

> Yo para mí tengo que todas las pestilencias que vienen sobre estos pobres indios, proceden del negro repartimiento alguna parte, de donde son maltratados de labradores y de otros que les cargan excesivos trabajos, con que se muelen y quebrantan los cuerpos. Mas, sobre todo, de los que van a las minas, de los cuales unos quedan allá muertos, y los que vuelven a sus casas vienen tan alacranados, que pegan la pestilencia que traen a otros, y así va cundiendo de mano en mano. Plegue a la divina clemencia que, si de nuestra parte no se pone remedio, sea servido de hundir en los abismos todas las minas, como ya hundió en un tiempo las más ricas que en esta tierra se han descubierto, echándoles sierras encima de modo que nunca más parecieron [III, 183].

Pero Mendieta no se limita a desear que las minas se hundan, sino que trata de rebatir el argumento de que, si no había trabajo personal obligatorio, la economía colonial no podía funcionar, y, dentro de su visión providencialista de la historia, ve como un castigo de Dios la facilidad con que los corsarios se apoderan de la plata que los españoles acumulan a costa de la sangre de los indios (III, 184-189).

d) *Los resultados*. Mendieta distingue en el proceso de evangelización dos etapas: un principio próspero y un final adverso. «Como yo, habiendo gozado de buena parte de aquellos prósperos principios, haya visto los adversos fines en que todo ha venido a parar, por haber los hombres ido a la mano a ese mismo Dios en esta su obra con los impedimentos arriba contenidos» (se refiere sobre todo a la encomienda y al servicio personal); Mendieta cree que debe llorar como el profeta Jeremías sobre «la Indiana Iglesia». En los «prósperos principios» el cronista franciscano ha recordado, en una serie de capítulos (Lib. IV, caps. 22-28), la perfección cristiana de muchos indios y aun las visiones y revelaciones que recibieron del cielo. En los «adversos finales» vuelve al tema de la «codicia», que, como la «bestia del Apocalipsis», está destruyendo este nuevo pueblo elegido y está destruyendo a la misma España (que «pasa al día de hoy más pobreza que antes que se descubrieran las Indias, con cuantos millones de oro y plata han metido en ella los indianos»). Hay un tono profético, que responde a la visión mesiánica de Mendieta, por más que no cite la obra de Joaquín de Fiore, que tanto va a influir en otros franciscanos mexicanos. Esta visión final pesimista se explica por el gran cambio que ha observado personalmente el franciscano en la vida de México del último tercio del siglo XVI (con acontecimientos como las pestes, que describe en el Lib. IV, cap. 36). Sin embargo, hay una visión excesivamente parcial; no sólo porque limita su historia a la orden franciscana y no toca sucesos importantes de la vida eclesiástica (como por ejemplo, los Concilios mexicanos), sino porque no saca las consecuencias del papel cristianizador de la misma estructura religiosa creada por los misioneros. A fines del siglo XVI, México, que no va a necesitar como el Perú una segunda «extirpación de las idolatrías», tiene ya los fundamentos del nuevo sistema religioso católico, con elementos sincréticos de origen indígena que van a ser parte de la identidad religiosa del indio mexicano.

3. Antonio de la Calancha (1584-1654)

Criollo de Chiquisaca (hoy Sucre, Bolivia), ingresa muy joven en el convento agustino de su ciudad natal y viene a Lima para estudiar en el colegio de San Ildefonso y para graduarse doctor en teología en la Universidad de San Marcos. Trabaja sucesivamente en casi todas las ciudades del Perú, Bajo y Alto, como maestro, como superior de los conventos de su orden y, sobre todo, como predicador, llegando a ser uno de los más famosos de su tiempo. Así recorre el territorio del virreinato dos veces, aprovechando la oportunidad para informarse de la naturaleza y frutos de la tierra y del influjo de la astrología en las diferentes regiones, tema este último sobre el que compuso un tratado que se ha perdido. Al mismo tiempo, como primer cronista de su Orden, va reuniendo datos y relaciones para la composición de la *Crónica* que inicia por el año 1631. De sus cualidades para la investigación histórica da testimonio, en 1639, una carta de los doctores de la Universidad de San Marcos, en respuesta a una real cédula de Felipe IV, en la que se ordenaba reunir «los papeles y relaciones que se puedan hallar [...] de los sucesos y cosas que han pasado en las Indias desde su descubrimiento, para que sirva a la *Historia eclesiástica*, que escribe en latín de orden de S.M. don Tomás Tamayo de Vargas, y que se cometa a personas particulares, doctas e inteligentes, que lo ajusten con toda claridad». Los catedráticos sanmarquinos dicen: «se eligió la persona del P. Maestro Fray Antonio de la Ca-

lancha, prior del convento de San Agustín de esta ciudad, persona
en quien concurren cabalmente todas las partes necesarias para
que se cumpla la orden de V.M., y para ello se le han manifestado
y le están siempre patentes los archivos de papeles antiguos y modernos».[22] Por este tiempo, colaboró en la fundación del convento
del Prado, de religiosas agustinas descalzas, cuya historia cuenta
en la segunda parte de la *Crónica*. Así, durante toda su edad ma-
dura y vejez vive en Lima, dedicado a las tareas de cronista, predicador y confesor de monjas, hasta que la muerte le sorprende, sin
haber podido terminar su obra.

OBRAS

1639 *Crónica Moralizada del Orden de San Agustín en el Perú*,
tomo I, Barcelona, Pedro Lacavallería.
1653 *Crónica Moralizada de la provincia del Perú del Orden de San
Agustín*, tomo II, Lima, Jorge López de Herrera.

El tomo I tiene cuatro libros con un total de 159 capítulos y
922 páginas, y el tomo II debía tener cinco libros, pero de hecho
Calancha sólo pudo terminar los libros I, V y una parte del II, con
un total de 72 capítulos; el carácter de inacabado del tomo II se
nota hasta en el mismo estilo, que es descuidado y chabacano. En
el capítulo 1 presenta el autor el argumento de la obra y algunas
advertencias, y lo hace allí y no en el prólogo, «porque hay pocos
que lean el prólogo de un libro, y hay muchos que leen el primer
capítulo de una historia». La primera advertencia al lector es que,
si se encuentran «algunos sucesos y antigüedades, que se diferencian [...] de lo que refieren otros escritores, adviertan que sólo los
pongo porque he visto sus yerros en testimonios auténticos [...] o
por vista de ojos». La última advertencia se refiere al porqué ha
«moralizado» o hecho comentarios morales y ascéticos sobre los
sucesos que narra:

> [...] porque moralizando con lugares de Escritura, con dichos de
> santos y con sentencias de filósofos los acontecimientos, las virtudes

---

22. Citado por Manuel Merino en su introducción a Calancha y Torres, *Crónicas
Agustinianas del Perú*, I, Madrid, Consejo Superior de Investigaciones Científicas,
1972, p. XXIII. No está de más recordar que en la edición española de Merino todo
el tomo I de Calancha, el más interesante para la historia y la antropología peruanas,
no se publica, sino únicamente el epítome que hizo Torres del mismo: 75 páginas en
la edición española en vez de las 922 del original.

o los vicios, pondere el libro lo que no se ha de parar a ponderar el lector; y porque si disgustare esto al que sólo quiere la historia desnuda y los sucesos descalzos, agrade al que aborrece historias y desea dichos de santos y lugares de Escritura. Y con esta traza leerán los humanistas lo que apetecen y los eclesiásticos lo que desean: y unos y otros las acciones y vidas de mis religiosos: quizás llamará lo ajeno a que se lea el asunto principal. Yo escribo para que se aprovechen las ánimas y no para entretener ociosos. Mi estado no pide escribir Crónicas que se queden en la esfera de la historia, sino crónicas que suba a provecho de ánimas [...] Pongo sucesos seculares y sucesos deleitosos envueltos en doctrina y moralidades porque pase la píldora que le aproveche, por ver el oro que la enamora. Muchos yerros irán (dicho se está), pues yo soy el dueño. Pido perdón al sabio y misericordia al maldiciente [1639, Pról. 4].

Los «sucesos seculares», que narra junto con la historia de los agustinos, son los que permiten una lectura antropológica de esta crónica, y los comentarios morales son los que hacen su lectura tan pesada. Tal pesadez se acrecienta por el culteranismo gongorino, que, en frase de Riva-Agüero, quien es autor de uno de los estudios más completos de esta crónica, «extiende equívocos laberínticos, metáforas enrevesadas, flores postizas y contrahechos adornos de oropel y de cristal».[23] No obstante esta crítica a su moralización de la historia y a su estilo culterano, Calancha tiene un innegable valor para el conocimiento de las sociedades indígenas. Como observa Riva-Agüero:

En la historia prehispánica o indígena reunió abundantísimos elementos. Es casi seguro que supiera bien quechua, aun cuando hay veces que su desaforado amor a las etimologías caprichosas

---

23. José de la Riva-Agüero, «Los cronistas de convento», en *Obras completas*, tomo IV, Lima, Pontificia Universidad Católica, 1965, p. 209. En el mismo estudio Riva-Agüero hace un juicio de conjunto de Calancha que merece recogerse: «Fue Fr. Antonio de la Calancha uno de los primeros y más fervientes culteranos del Perú; y uno de los predicadores que, con más decisión y empuje, se lanzaron en el púlpito al revuelto mar del gongorismo y del conceptismo. Su estilo cubre la tradicional y cansada retórica de convento con las lentejuelas y las falsas joyas del mal gusto reinante. Es un estilo de provincia, que exagera y caricaturiza, con ardor neófito, las modas de metrópoli; y es, además, estilo hablado, a pesar de sus artificios, estilo de sermón, en que a menudo se advierten los movimientos exhortatorios, el gradual y pedantesco desarrollo de textos, el metódico relato de milagros y anécdotas ejemplares; todos los componentes de la oratoria sagrada colonial. El padre Calancha no se olvidaba jamás de que era predicador; y sus páginas, y en especial sus digresiones moralizantes, parecen la perfecta reproducción de los sermones de aquel tiempo. Hay veces que es imposible evitar el recuerdo de Fr. Gerundio de Campazas, personaje representativo de la degeneración última de aquella escuela» (p. 217).

puede hasta engendrar dudas sobre su competencia en aquel idioma. Leyó a los cronistas conocidos, consultó documentos inéditos, recogió gran número de tradiciones y supersticiones populares y aun manejó quipos e intentó descifrar los históricos, si bien con escaso fruto (véase tomo I, lib. I, cap. 14). Fue el primero en publicar el notable testamento de Mancio Sierra de Leguízamo. Para el estudio de la religión y ritos de los incas, aprovechó los escritos de Polo de Ondegardo, de Fr. Gregorio García, del doctor Juan de Balboa, de Avendaño, de los jesuitas Teruel, Vásquez y Arriaga, y la *Miscelánea* de Dávalos.[24]

Pero, además, recoge información de otros cronistas, como Garcilaso, Acosta, el Palentino, Ramos Gavilán, etc. Tras esta visión panorámica de su obra, paso a exponer sus principales aportes.

APORTES

3.1. *El mito de Wiracocha-santo Tomás*

Calancha, como la mayoría de los teólogos y misioneros de la colonia, condena las religiones indígenas como demoníacas. Pero, al mismo tiempo, es uno de los más tenaces defensores de la predicación del apóstol santo Tomás, lo que le va a permitir revalorar las religiones indígenas, al menos en su origen. Es un tema que desarrolla con bastante amplitud en los cinco primeros capítulos del Libro II. Calancha parte de las similitudes entre el cristianismo y las religiones indígenas:

> Tenían noticia del misterio inefable de la Santísima Trinidad, les quedó noticia del Santísimo Sacramento del altar, de la adoración de la cruz, de la confesión del pecador al oído del sacerdote, del agua bendita y ceremonias del bautismo. Creían en la inmortalidad del ánima y que había premios y castigos para los buenos y malos después de esta vida, y diferentes sillas y lugares para las ánimas en el otro siglo. Observaban el orar por los muertos y tenían por virtud ofrendar por los difuntos. Ayunaban y sólo era el ayuno no comer cosa con sal y ají y sólo una vez, y tener castidad. Guardaban las fiestas sin hacer obra corporal [1639, 340].

Luego el agustino se plantea la doble interpretación: «que tuvieron principio católico y por ministro evangélico y después la

_____
24. *Ibíd.*, 222.

sucesión de los años y la cizaña del demonio la ensuciase» o «que el demonio como simia la introdujo desde su principio, por asemejarse a Dios en ser adorado con estas ceremonias», y defiende vigorosamente la primera interpretación explicando todas las deformaciones del cristianismo primitivo de los indios por comparación con lo que ocurrió en la India, en los reinos del Preste Juan, en Persia y, sobre todo, en Grecia, donde habían tenido una evangelización tan profunda durante la era apostólica. Las pruebas que aduce Celancha para demostrar la predicación de algunos de los apóstoles en América son de dos tipos. En primer lugar, con argumentos *a priori*: «Los que no se persuaden —dice— que predicó apóstol en este Nuevo Mundo, van contra las leyes natural, divina y positiva y agravian a la misericordia y a la justicia de Dios». Enseguida el agustino desarrolla cada punto, con un tono de clara defensa de América y de los indios que revela el nacimiento de cierto nacionalismo:

> Van contra la ley natural, pues quieren para estas tierras la desgracia de no haberse predicado la fe por apóstol, cosa que los europeos no quisiesen para sí [...] Van contra la ley divina que Cristo mandó a sus discípulos: «id y enseñad a todas las gentes» [...] Van contra la ley positiva, pues no quieren que se distribuya el bien común [...] Agravian a la justicia de Dios, pues quieren que condene, porque no creyeron su fe, a los que ni oyeron su ley, ni supieron de su evangelio [...] Agravian a su misericordia, pues habiendo muerto por todo el mundo, no hayan sabido su muerte, ni hayan oído su ley. En qué razón hallan que, siendo doce los apóstoles, los envió Dios a todos doce al medio mundo más corto, y no enviase siquiera uno a este otro medio mundo mayor? Si dijeran que se predicó en cada cabeza de reino y no en todo, pase, pero que en más de medio mundo no entró apóstol, cruel opinión y terrible conjetura [1639, 313].

En segundo lugar, con argumentos a posteriori. Calancha recoge todos los testimonios sobre la predicación de alguno de los apóstoles. Así, piensa que era un apóstol el misterioso personaje de la tradición costeña, quien predicó contra el culto solar y contra la idolatría, por lo que los indios trataron de matarlo, pero él se introdujo en el mar con su manto como barco; ante el portento, «tuvieron por Dios al que el santo predicaba y comenzaron a hacer un templo o huaca al Dios invisible, que crió el mundo, y llamáronle Pachacamac, que lo significa» (1639, 332). De un modo parecido atribuye a la presencia del apóstol el culto de Wiracocha en el Cusco, el de Tunupa en Cacha (Canchis, Cusco) y los de

Tiahuanaco y Titicaca. Aunque el agustino reconoce la insuficiencia de sus pruebas, aconseja al lector escéptico que «lea los rastros que dejó para la tradición Santiago en España, San Andrés en Acaya [...] y otros en diferentes reinos y, cotejando aquéllos con éstos, o confesará la venida del apóstol, o dudará —erróneo y temerario— de la predicación de los apóstoles en aquellos reinos» (1639, 339).

De esa manera Calancha responde por los indios en una cuestión que, si bien tiene menor relevancia para nuestra mentalidad secularizada, entraña el problema de la igualdad entre el viejo y el nuevo mundo. El americanista francés Jacques Lafaye, en su obra *Quetzacoatl y Guadalupe: la formación de la conciencia nacional en México* (México, 1977), estudia detenidamente estas ideas y su relación con ideas similares en México, que ya se han visto en Mendieta, y concluye:

> [..] un personaje omnipresente en América, llamado Zumé en Paraguay y Brasil, Wiracocha en el Perú, Bochica en Colombia, Quetzalcoatl en México, Cuculcan entre los mayas, cristalizaba a su alrededor el máximo de analogías cristianas. Su historia, su retrato, tal como lo hacían las tradiciones indígenas, facilitaba su identificación con un apóstol de Cristo; su acercamiento en el tiempo permitía borrar las últimas dudas: se trataba del apóstol Santo Tomás.[25]

Tal conclusión tenía, en el momento en que escribía Calancha, un interés no sólo teológico, sino político. Era la época en que estaba naciendo la conciencia nacional y en la que el mestizaje biológico seguía afirmándose con un mestizaje espiritual. La creencia en una primera evangelización, hecha por un apóstol, permitía a los indios reconciliarse con su pasado religioso, reconocer que su religión no había sido una gran mentira diabólica, sino que también estaba asentada sobre la verdad, aunque hubiera sufrido deformaciones; y a los españoles dicha creencia permitía seguir creyendo totalmente en la Biblia, último fundamento de su religión y de su cultura. Lafaye dice al respecto:

> Puede decirse que, a pesar de la incomprensión recíproca de los dos mundos en contacto, sus aspiraciones respectivas los incitaban a colmar el foso abierto por la conquista, abismo metafísico que amenazaba tragarse a unos y a otros. En efecto, los indios acababan de per-

---

25. Jacques Lafaye, *Quetzalcoatl y Guadalupe*, México, Fondo de Cultura Económica, 1977, p. 269.

derlo todo política y militarmente, sus ídolos estaban derrotados, sus sacerdotes perseguidos y la nada se abría delante de ellos. Necesitaban recuperar su plena condición de hombres convirtiéndose a la fe de sus vencedores, que resultaría más íntima si algún signo de su pasado les unía a ella: ese signo fue la primitiva evangelización por Santo Tomás. Para los españoles, el sistema del mundo y la propia religión que lo fundaba sobre la revelación se hubieran derrumbado si la Biblia hubiese mentido o, simplemente, hubiera omitido América: la ignorancia, el olvido o la injusticia de Dios eran igualmente insostenibles [...] La hipótesis de la evangelización apostólica de América salvaba a la vez a los indios, haciendo entrar la conquista en el movimiento cíclico de su historia, y a los españoles, para los cuales la religión era la garantía última. Los mestizos, nacidos de los españoles vencedores y de los indios, heredaron esa doble aspiración. En los criollos (que espiritualmente eran mestizos) esa inquietud de indios y españoles se interiorizó aún más. Para los criollos americanos el tender lazos entre la tradición histórica y las creencias indígenas, por un lado, y la Biblia, por el otro, era un problema vital; el pretendido apóstol Santo Tomás, evangelizador de las Indias, fue para todos la inesperada salida de un callejón sin salida.[26]

3.2. *Etnografía de las culturas costeñas*

Es sabido que los cronistas nos han transmitido, sobre todo, información del mundo incaico, porque el imperio del Tawantinsuyo había dominado todos los señoríos regionales. Calancha es una de las pocas excepciones, pues, al lado de una información bastante general sobre los incas, ha recogido una precisa información sobre la religión y la política de los yungas.

Con razón dice Riva Agüero: «Lo importante para el peruanista en la *Crónica* no es lo que se refiere a los Incas —inseguro y seco resumen de muy mediocre valor—, sino lo que se refiere a las fábulas, costumbres y supersticiones de los indígenas, principalmente de los de la costa. En esta parte su utilidad es de primer orden».[27] Como ejemplo reproduzco el panteón de los indios de Pacasmayo, que adoraban a la Luna, al mar (*Ni*), a las estrellas (*Fur y Pata*) y piedras, similares a las apachetas serranas (*Alecpong*). Sobre la Luna dice el cronista agustino:

Adoraban los indios Pacasmayo y los más valles de los llanos, por principal y superior Dios, a la Luna, porque predomina sobre

---

26. *Ibíd.*, pp. 264-265.
27. Riva-Agüero, *op. cit.*, p. 223.

los elementos, cría las comidas y causa alborotos del mar, rayos y truenos. En una huaca era su adoratorio, que llamaban Sian, que en la lengua yunga quiere decir casa de la Luna; teníanla por más poderosa que el Sol, porque él no aparecía de noche y ella se dejaba ver de noche y de día, que hasta en esto son desgraciados los que no están presentes; y también, porque ella lo eclipsaba muchas veces, y el sol jamás la eclipsaba a ella, ignorancia de los mundanos que tienen por más poderoso al que obscurece a su prójimo, debiendo ser argumento de más soberanía, alumbrar más y obscurecer menos, que aquello suele ser violencia y atrevimiento, y lo segundo grandeza y majestad. En los eclipses del Sol hacían festines a la Luna, festejando su victoria; en los de Luna lloraban en bailes lúgubres, mientras duraba su eclipse, manifestando el pésame de su tristeza y acompañando con lutos su obscuridad. Que todas las gentes creyeron que sus dioses podían padecer, y sólo los judíos, con estar prevenidos con profecías, no lo quieren confesar; aquéllos erraban en la persona y éstos en la condición, allá daban postiza la divinidad y acá los judíos niegan la humanidad, con que prueban ser miserables de corazón, pues cuando los gentiles dan divinidad a un hombre, ellos no dan humanidad a un Dios.

Creían los indios de los llanos que, cuando la Luna no aparecía aquellos dos días, iba al otro mundo a castigar los ladrones, que habían muerto [...] Se sacrificaban a la Luna niños de 5 años, encima de algodones de colores acompañados de chicha y fruta, cuidado que deben tener los doctrinantes, castigando al que, entre la mortaja del niño, pone algodones disimuladamente, porque no es amor, sino idolatría. Esta misma adoración de la Luna tuvieron los de Europa [...] y así ¿qué mucho que las indias de parto hiciesen sacrificios a la Luna, si nuestros españoles, en tiempo de la gentilidad de España, la adoraban por diosa de las paridas? [1639, 552].

Esta descripción es un buen ejemplo de la etnografía de Calancha. Junto a una información sobre las creencias y ritos en torno a la Luna bastante completa, pues se dan también las «razones» de tales creencias, se comparan éstas con las creencias de otras regiones y se descubre cierto tono de defensa de los indios, Calancha hace tres comentarios ascético-pastorales sobre la ignorancia de los mundanos, la incredulidad de los judíos y la necesidad de vigilar la supervivencia de la idolatría; es, realmente, una «etnografía moralizada».

Las mismas características tiene la descripción de las otras divinidades del panteón yunga:

Adoraban los indios Pacasmayos y los Yungas al Mar, cuyas costas habitan y lo llaman *Ni*, ofreciéndole harina de maíz blanco, almagre y otras baratijas; teníanle por el más rico y lo adoraban para que no los ahogase y diese pescado, que el interés y el miedo miran como dioses a los que puedan dar y saben afligir, como dice Horacio [...].

Adoraban también los Pacasmayos y Yungas a unas piedras, a quien hasta hoy llaman *Alec-pong*, que quiere decir deidad en piedra y eran tan veneradas que ninguno pisaba junto a ellas, y al pasar a su visita les hacían sumisa adoración, y en señal de súplica o sujeción les echaban piedra o palo, de que hay hoy montones en varias partes [...]; cada piedra, con quien una parcialidad usaba esta adoración, tenían creído que era su primer progenitor, a quien el Sol, por la muerte de aquella mujer en quien tuvo el hijo, convirtió en piedras y, pasado el enojo, mandó que cada familia adorase a quien fue su principio, materia que dije, cuando hablé de la doctrina de Pachacamac, que convirtió mi religión.

Tenían por deidad dos estrellas, que llamaban *Pata*, que son las que llamamos Marías, y muchos de estos indios cuentan hoy (y muchos quizás lo creen) que la estrella de en medio es un ladrón y malhechor y facineroso, que la Luna quiso castigar y envió a las dos estrellas que lo llevan asido (que esto quiere decir *Pata*) y lo entregaron a que se lo comiesen buitres, que son estos gallinazos, figurados en cuatro estrellas que están mas bajas que las Marías, y que, en memoria de este castigo ejemplar, están aquellas siete estrellas en el cielo, acordando la culpa y castigo (que no hay nación tan bárbara que la razón natural no le advierta que es acción del cielo castigar los desafueros y el dejar memoria para escarmiento de otros) [...].

Para aplacar a sus dioses, cuando había mortandad o falta de comida, ayunaban no comiendo cosa con sal, ni ají, absteniéndose de sus mujeres y hacían ayunar hasta a los animales caseros, cosa que hoy usan en los eclipses de Luna las más provincias del Perú [1639, I, 553-554].

Pero Calancha recoge, además de esta información sobre el panteón costeño, otros muchos datos etnográficos: sobre el calendario, que no era solar, ni lunar, sino estrellar, fundado en «una larga fábula que no es para mi asunto» y que computaba el año desde que salen «las estrellas que nosotros llamamos Cabrillas y ellos llaman Fur» hasta que dan la vuelta completa y vuelven a salir, en lo que «se parecieron al año de los egipcios, que se llamó Sidérico, o Asterotérida, o Estrellar» (1639, I, 554). También sobre el rito matrimonial, sobre el entierro con duelo de cinco días y llanto general («ejemplo de amistad y afrenta de estos tiempos», como moraliza una vez más [p. 555]), sobre los castigos a los ladrones y a los adúlteros, sobre curanderos (*oquetlupuc*, que en la sierra se llamaban «ampicamayos»), sobre la sodomía («fueron estos indios de los valles muy inclinados a la sodomía» [p. 556]), etc.

Capítulo aparte merece su información sobre el adoratorio de Pachacamac. Hablando de la biografía de un agustino ilustre, fray Antonio de Baeza, hace una amplia descripción sobre Pachacamac:

> Para que se vea qué conquista le cometió el cielo y qué género de enemigos le pusieron delante, es conveniente saber qué cosa fue Pachacamac, cuál su desdicha en la prosperidad, cuál su error en la creción del mundo y del hombre, y será gustoso saber el origen de sus ídolos y principios de su guacas, y veránse cotejadas sus idolatrías con las de España y Asia y servirá de advertimiento a los confesores para catequizar a los indios yungas de estos llanos; porque Pachacamac fue la Atenas de esta monarquía [1639, I, 409].

Luego describe las ruinas del adoratorio, «el mayor y más populoso de estos indios», que tiene «casi medio cuarto de legua de circunferencia y diversa multitud de patios, cuadras, aposentos [...], que todo va formando uno como alto monte, con las puertas al Oriente, y en todas y en las paredes del templo figuras de animales fieros»; pero en el templo no había «ídolo, ni estatua», aunque había varias huacas en torno al adoratorio, que «son altares de particulares familias, pueblos, reinos y provincias», que daban realce a Pachacamac, «como capillas que hacen autoridad a una de nuestras catedrales» (p. 409). Para ver quién era Pachacamac recurre a Garcilaso, «con quien prueba que, antes de los reyes ingas y de ser monarquía, tuvieron a Pachacamac por Dios invisible y creador universal» (p. 410), y al analizar el origen de la idea de Dios creador, después de transcribir la oración a éste que recogió Molina el cusqueño, concluye: no convengo en que los indios conocieron esto sin más maestro que su luz natural, sino que el santo apóstol Tomé y su discípulo, que en estas tierras predicaron, los instruyeron en el conocimiento de Dios» (pp. 4-11).

Además de apoyarse en Garcilaso, recoge también la tradición religiosa descubierta por los extirpadores. En ésta es especialmente interesante el mito de Vichama. Según este mito, el dios Pachacamac creó a un hombre y una mujer. El hombre murió de hambre y la mujer, al salir a sacar raíces con que alimentarse, se puso a invocar al Sol como creador. El Sol bajó para consolarla, le pidió que siguiera sacando raíces y le infundió sus rayos, de modo que la mujer tuvo un hijo a los cuatro días. Indignado Pachacamac porque el Sol se atribuía los honores divinos, despedazó al recién nacido, a pesar de los gritos de su madre. Pero Pachacamac «sembró de dientes al difunto y nació el maíz», de las costillas y huesos, la yuca, y de la carne, los frutos y árboles. Así apareció la abundancia en el mundo, gracias a Pachacamac. Pero la madre siguió llorando, porque en «cada fruta tenía un acordador del hijo». Por eso el Sol le pidió el ombligo del difunto y crió con él nuevo ser, muy hermoso, llamado Vichama, que se fue a recorrer el mundo. Entonces Pachacamac mató a la mujer y dividió sus trazos entre los cóndores y gallinazos pero guardó sus cabellos y huesos en la orilla del mar; además, creó nuevos hombres y mujeres.

Vuelto Vichama a Végueta, preguntó por los huesos de su madre, la resucitó y se fue a vengarse de Pachacamac. Éste no quiso matar a Vichama, como había matado a su hermano, y se fue por el mar. Entonces Vichama convierte en piedras las criaturas de Pachacamac. «El Sol y Vichama, no pudiendo deshacer el castigo, quisieron satisfacer el agravio y determinaron dar honra de divinidades a los curacas, caciques y valerosos» y los llevaron a la costa, para ser adorados por huacas o por peñoles. Luego Vichama rogó al Sol que creara nuevos hombres y el Sol envió «tres huevos, uno de oro, otro de plata y otro de cobre. Del huevo de oro salieron los curacas, [...] las segundas personas y principales; del de plata, las mujeres de éstos, y del de cobre, la gente plebeya, que hoy llaman mitayos y sus mujeres y familias» (1639, I, 414).

Calancha transcribe también otro mito de creación costeño, no de la zona de Guarmey, sino de la de Caravaíllo, en el que el autor de la segunda creación no es el Sol con Vichama, sino Pachacamac, y la nueva creación no proviene de tres huevos, sino de cuatro estrellas, dos varones y dos mujeres, «mandando el supremo Dios Pachacamac que a tales estrellas, que él había enviado y las volvía al cielo, y a los caciques y curacas convertidos en piedras, los adorasen por guacas, ofreciéndoles su bebida y plata en hoja». Luego el agustino concluye: «Ésta es la fábula que, como nosotros la fe, creían, y aun hoy creen muchos esta ficción; y ésta es la causa de adorar este Dios y estas guacas» (1639, I, 414).

Pero Calancha resulta interesante, no sólo por la transcripción de los dos mitos de creación costeños, sino por su análisis de la supuesta reinterpretación que hicieron los indios del mensaje bíblico que les trajo el apóstol santo Tomás al comienzo de la era cristiana. Tal análisis, en el que se comparan las narraciones bíblicas del Génesis y el mito de Vichama, tiene cierto sabor de análisis estructural:

Génesis bíblico	*Mito de Vichama*
Yavé crea a Adán y Eva.	Pachacamac crea a un hombre y una mujer. Muerte del hombre y hambre de la mujer.
Caín mata a Abel.	Pachacamac mata al hijo de la mujer.
Dios da a Seth en lugar de Abel.	Vichama nace del ombligo de su hermano muerto.
En el diluvio Dios destruye a los hombres con agua y cubre peñas con agua.	Vichama convierte a los hombres en piedras.
De los tres hijos de Noé se repuebla el mundo.	De los tres huevos o las cuatro estrellas nace la nueva humanidad.
Adán y Eva, Seth y Noé van al cielo.	Las cuatro estrellas fueron enviadas del cielo por Pachacamac y allá volvieron.

Así, «conjuntando trozos, como razones de carta rota» y «quitando cláusulas, añadiendo ficciones, asentaron depravándolo su principio» (p. 414). De esa manera, Calancha presenta los mitos costeños no sólo como una manera de explicar sus creencias e instituciones sociales, sino también como una deformación de la primitiva tradición cristiana, que había anunciado santo Tomás.

Es interesante también su información sobre el origen de las *wakas* costeñas. Según los indios, que conservan las tradiciones «en quipos, cuentas y cantares»:

> Habiendo Dios criado al mundo (que ellos llaman Pachayachachic y que quiere decir el Maestro y Criador del mundo y Dios invisible) y en él los hombres le fueron menospreciando, porque unos adoraban ríos, otros fuentes, montes y peñascos, y los hacían iguales a él en divinidad; sentía mucho el Dios Pachayachachic semejante delito, y les castigaba con rayos esta injuria. El castigo no enfrenaba su iniquidad, y así irritado del todo, les arrojó tan gran aguacero y tan inmensa cantidad de agua, que ahogó todos los hombres, de los cuales se escaparon algunos (no culpados), permitiéndoles Dios que se subiesen en altísimos árboles, en coronas de los encumbrados montes, y se escondieran en cuevas y grutas de la tierra, de donde

los sacó, cuando el llover había cesado, y les dio orden que poblasen la tierra y fuesen dueños de ella, donde viviesen alegres y contentos.

Ellos, agradecidos a las cuevas, montes y árboles y escondrijos, les tenían en gran veneración y los comenzaron sus hijos a adorar, haciendo a cada uno ídolo y guaca. He aquí el origen de tanta multitud de adoratorios y guacas, el decir cada familia que a su progenitor amparó tal monte o cueva, enterrándose donde estaba enterrado su primer progenitor. Volvióse su Dios a enojar e indignar, y convirtió a todos los maestros de estas adoraciones en piedras duras como endurecidos, a quienes rayos de fuego ni grandes diluvios de agua habían enfrenado.

Hasta entonces no había el Pachayachachic criado al Sol, la Luna y las Estrellas y fuelas a criar al pueblo de Tiahuanaco y a la laguna Titicada de Chucuito. Él se fue luego al indio Mangocapac, y le prohijó e hizo rey, poniéndoles todas las insignias que hicieron los ingas, y mandó que procrease con ternuras de amor que le dijo ésta es tu fábula, y fue más disonante la de los latinos, y fuese el sol al cielo [1639, I, 366-367].

Al hablar de la información religiosa de las culturas peruanas, merece también destacarse la que recoge del mundo andino no cusqueño. En el tomo I, Lib. II, cap. 32 habla de los ídolos Catequilla, Huarzaclla y Chanca de la provincia de Conchucos, con datos tomados en parte de Arriaga, y cuenta la historia del «gran hechicero, maestro de los encantamientos y artes mágicas, llamado Charimongo», quien se atribuía un carácter divino y convocó a los indios de Conchucos para demostrar su poder, destruyendo un monte de su patada. En el tomo II, Lib. I da una completa información sobre la Virgen de Copacabana, cuyo santuario se levantó sobre un viejo adoratorio de la cultura Tiawanaco, y sobre las creencias y ritos de los habitantes de las islas y riberas del Titicaca. Pero no es original y se limita a resumir la *Historia del célebre santuario de Nuestra Señora de Copacabana y sus milagros, e invención de la Cruz de Carabuco*, que había publicado en Lima, en 1621, el agustino Alonso Ramos Gavilán.

Finalmente, hay que tener en cuenta que Calancha recoge no sólo información religiosa, sino también social y política. Como bien observa Riva-Agüero:

Y no sólo hay en la *Crónica Moralizada* una fidelísima pintura del estado religioso del Perú en el siglo XVII, la hay también del político y social. Incidental e indeliberadamente, sin quererlo y, por lo mismo, con gran verdad y exactitud hace Calancha, en cuadros breves, en rasgos rápidos pero de mucha viveza, desfilar ante nuestros ojos a cada instante, a los oidores y justicias, «más amigos de reales que de leyes reales»; a los soldados y valentones fanfarrones, que como bandoleros infestaban los caminos y que «ponderaban junto con las heridas que recibieron en guerra, las que curaron en la cirujía, sentando plaza de lanzada o bala de mosquete, el botón de fuego en lo que fue postema»; a los indios, «a quienes afligen: el cacique, por tributos; el cura, por comodidades; el corregidor, por granjerías, y los españoles, por servicios personales»; el tropel de mendigos, «que hacen mayorazgo de la mendiguez y mercancía de la limosna»; el asiento de Potosí, «blanco de la codicia y alhóndiga de la condenación, donde sólo se ven disensiones, sólo se oyen pendencias y todo es delincuentes y muertes». Allí revive, en sus raptos de entusiasmo religioso y en su cotidiana y monótona existencia, en sus transportes de caridad y fe y en sus crímenes y vicios, la sociedad hispanoamericana de la época de la casa de Austria.[28]

Un ejemplo de esta pintura social es la explicación de la naturaleza de los limeños, conforme a las reglas astrológicas (tomo I, Lib. I, caps. 38-39).

---

28. *Ibíd.*, p. 227.

VII

LA VISITA A LOS INDÍGENAS

Junto a la crónica conventual, otra fuente importante de conocimiento de las sociedades indígenas la constituyen las visitas. Como es sabido, la visita fue un instrumento de la administración colonial, así civil como eclesiástica, para inspeccionar la realización de sus respectivos proyectos con relación a la población indígena. Aunque las visitas, a veces, las hacían personalmente los virreyes —Toledo es un caso típico— y los obispos, en la mayoría de los casos su realización se encomendaba a funcionarios y a sacerdotes, quienes hicieron extensos informes sobre la situación socioeconómica y religiosa de los dos virreinatos. Tales informes son de muy desigual valor histórico e interés antropológico, muchos de ellos se han perdido y muy pocos de los que se conservan en los archivos mexicanos, peruanos y españoles han sido publicados; a pesar de eso, es innegable que son una fuente importante de conocimiento de las culturas indígenas y así merecen un lugar en este libro. Puede hablarse de tres clases de visitas: la burocrática, la episcopal y la de idolatrías. Paso a presentar las características de cada una, para luego exponer a sus representantes más típicos:

a) *La visita burocrática*. El historiador peruano Franklin Pease ha escrito sobre las visitas como testimonio andino,[1] y destaca la importancia histórica y etnológica de las mismas, señala su finali-

---

1. *Del Tawantinsuyo a la Historia del Perú*, Lima, Instituto de Estudios Peruanos, 1978.

dad, expone sus diferentes motivos (obtener información sobre los territorios y sus habitantes, regular los tributos, precisar los límites jurisdiccionales, supervisar el funcionamiento de la administración colonial, etc.) y enumera las principales visitas que se conocen sobre la región andina. Pease concluye su trabajo diciendo:

> Es este conjunto de materiales el que nos va llevando ahora, además de la crónica clásica, hacia una historia andina del Perú, que no involucre sólo la historia del poder (terrateniente o señorial, comercial o burocrático), sino que busque sobre todo las unidades menores y autosuficientes: los grupos étnicos pre y post hispánicos que tal vez están más cerca de (o más dentro de) la nación que el poder estatal y urbano tantas veces alejado después del siglo XVI, cuando no impuesto a lo humano y a lo andino en el Perú. Es importante el análisis de los grupos étnicos; en ellos son mejor observables (por ahora, al menos), los elementos constitutivos de la originalidad del hombre andino, son más visibles sus relaciones de reciprocidad en torno a los regímenes de parentesco, más claros los mecanismos de acceso a los recursos y el control de tierras y ganados, más posible rastrear la reciprocidad, ahora también en sus formas asimétricas, sino la redistribución que fue uno de los pilares del estado en los Andes. Sin un análisis profundo de la vida de las etnias andinas —han sido llamadas «señoríos», también se ha dudado si denominarlas andinamente pachaqa o waranqa—, no sería posible un análisis lúcido del mundo andino —no sólo el Tawantinsuyo, sino la formación que llevó a él—, ni tampoco de la implantación del estado español en los Andes. Destruido el poder del Cusco, demoró siglos la desaparición de los poderes étnicos, pues las etnias resistieron a la imposición colonial y aun a la republicana, de la misma manera que sobrevivieron al Tawantinsuyo. Las visitas son una parte de su testimonio histórico.[2]

En el Perú, en la década de los veinte, la *Revista Histórica* y la *Revista del Archivo Nacional* iniciaron la publicación de algunas visitas, pero la publicación sistemática de las mismas no se realizó hasta cuarenta años después. Así aparecen las siguientes: *Visita hecha a la provincia de Chucuito por Garci Díez de San Miguel en el año de 1567*, Lima, Casa de la Cultura del Perú, 1964; *Visita de la provincia de León de Huánuco en 1562. Íñigo Ortiz de Zúñiga, visitador* (ed. John V. Murra), 2 tomos, Huánuco, Universidad Nacional Hermilio Valdizán, 1967 y 1972; *Tasa de la visita general de Francisco de Toledo* (ed. Noble David Cook), Lima, Universidad Nacional de San Marcos, 1975; *Collaguas I* (ed. Franklin Pease),

---

2. *Ibíd.*, p. 65.

Lima, Pontificia Universidad Católica del Perú, 1977; etc. De tales visitas luego presentaré, como típica, la de Huánuco.

b) *La visita episcopal*. A medida que se fueron creando nuevas diócesis en los virreinatos de México y del Perú, los pueblos de indios fueron visitados de una manera más sistemática. Aunque muchos obispos no lo hacían personalmente por su edad y por los difíciles caminos, enviaban visitadores, que hicieron extensos informes sobre la situación religiosa de los indios y sobre otros aspectos vinculados con la misma estadística demográfica, tierras del templo y de las cofradías, división territorial, producción agropecuaria, etc. Tal información puede ser muy útil para conocer las sociedades indígenas. Por sólo citar un ejemplo, el americanista Magnus Mörner ha escrito *Perfil de la sociedad rural del Cuzco a fines de la colonia* (Lima, Universidad del Pacífico, 1978), utilizando gran parte del material recogido por el obispo del Cusco, monseñor Manuel de Mollinedo y Angulo, en sus visitas de 1674 y 1687 y en los informes que pidió el obispo a todos los curas de su diócesis. Dicha documentación, que todavía no se ha publicado a pesar de su interés, se conserva en el Archivo General de Indias de Sevilla.

Pero si, desde el inicio de la colonia, surgen, de vez en cuando, obispos y visitadores eclesiásticos con talento burocrático, esto sucede ciertamente a raíz de la renovación burocrática producida por la subida de los borbones al trono español y en particular durante el reinado de Carlos III. Entre los obispos visitadores del virreinato mexicano merecen destacarse monseñor Pedro Cortés Larraz, autor de la *Descripción geográfica-moral de la diócesis de Guatemala* (1772), que fue publicada en 1958 por la Sociedad de Geografía e Historia de Guatemala, y Monseñor Pedro Tamarón y Romeral, autor de la *Demostración del vastísimo obispado de Nueva Vizcaya*, 1765, obra que se publicó por primera vez en México en 1937 por la Librería Robredo y luego en Madrid en 1958. Ambas obras recogen una rica información sobre demografía y estadísticas eclesiásticas (n.º de parroquias y anexos con los respectivos habitantes, n.º de sacerdotes, administración de sacramentos, diezmos, etc.), sobre métodos misionales, sobre el funcionamiento de la economía y de la administración colonial y sobre costumbres indígenas. La visita de Tamarón es especialmente útil para completar la información que, sobre el noroeste de México y sudoeste de Estados Unidos, nos proporciona la crónica misionera jesuítica del capítulo anterior. En su obra Tamarón recoge el resultado de las cuatro visitas que, entre 1759-1765, hizo por su extenso obispado de Nueva Vizcaya, recorriendo 2.768 leguas y administrando el sacramento de la confirmación de 91.307 personas (1958, 1.062). A diferencia de lo que ocurre en la región guatemalteca, que fue sede de la alta cultura maya, en el noroeste mexicano no hay apenas persistencia de la idolatría, aunque sí frecuentes rebeliones indígenas que toman a veces un carácter mesiánico. Tamarón escribe:

> No pude descubrir, aunque lo solicité en toda mi visita, uso o ejercicio de formal idolatría, ni se me denunció; seguí con estos recelos; pregunté y no se me dijo defecto en que pudieran entender sobre este punto, a que suelen ser propensos los indios. Como en otras partes se experimenta, en el Nuevo México no me pareció bien la estufa que así llaman y mantienen en los pueblos que fui a reconocer, habiendo tenido noticia de ella y la forma. Cavando en la tierra tres o cuatro varas de fondo, en redondo como de cinco varas, en cruz, su círculo entero y sobre la haz de la tierra, levantan como vara y media de pared a todo el redondo y lo techan a modo de azotea; la puerta es por el techo, que parece escotillón de navío, con su escalerilla, sin otra puerta ni ventana; de fuera tiene figura de copa de sombrero. Allí dicen tienen sus bailes, conventículos y juntas y reciben a los indios forasteros. No descubrí cosa ciertamente mala, pero encargué estuvieran a la mira [1958, 1.039].

En esta visita es especialmente interesante la información que se da sobre la explotación minera, sobre las rebeliones indígenas y la política de «presidios» o fortalezas españolas, sobre métodos misionales (edicto de 28 de marzo de 1763) (1958, 1.052-1.059), etcétera.

En el virreinato del Perú destaca monseñor Baltasar J. Martínez de Compañón, que visita durante cinco años la extensa diócesis de Trujillo a fines del siglo XVIII. Por eso lo he seleccionado como prototipo de obispo visitador y voy a presentar, en este mismo capítulo, su información sobre la sociedad indígena, a pesar de que, por su ubicación temporal, queda fuera del siglo clave del indigenismo colonial, que se extiende, como he indicado más de una vez, entre 1550 y 1650.

c) *La visita de idolatrías.* Por paradójico que parezca, en esta historia del pensamiento antropológico hay que hablar también de las visitas realizadas por los «extirpadores de idolatrías». Bajo este nombre se conoce a los eclesiásticos del Perú que, durante la primera mitad del siglo XVII, realizaron campañas sistemáticas para terminar con las religiones autóctonas, que seguían vivas al lado o debajo de la religión católica. En México no hubo nada similar, fuera de lo que se dijo del franciscano Diego de Landa, en el capítulo II. Los extirpadores, al inventariar, estudiar y describir aquello que trataban de extirpar, han contribuido a salvar para la posteridad el conocimiento de la religión andina. Y así el único texto quechua popular conocido de fines del siglo XVI, que contiene un cuadro completo de la mitología de Huarochirí, se debe al iniciador de las campañas de extirpación, Francisco de Ávila, párroco de San Damián de Huarochirí.

Para juzgar los datos etnológicos de la visita de idolatría es indispensable conocer cómo se inició ésta; nos lo cuenta detalladamente el mismo Ávila en el largo prólogo de su *Tratado de los evangelios* (1646-1648), como parte de su propia biografía. Todo comenzó en agosto de 1608, cuando el cura del pueblo de Huarochirí invita a su colega de la parroquia de San Damián para que fuera a predicar a Huarochirí con motivo de la fiesta de la Asunción de la Virgen María.

> Fui —cuenta Ávila— con un amigo indio afecto a la religión, que hoy vive y se llama don Cristóbal de Choqueccaca, natural de San Damián; éste, yendo caminando, me dijo:
> —Padre, si os atrevierais a predicar en esta fiesta, a que vamos, lo que yo os dijere y es suma verdad, haréis gran servicio a Dios y pondréis gran terror a todos, porque concurre mucha gente [...] En resolución, me dijo que, aunque siempre esta provincia y otras comarcas adoraban por su Dios principal a Pariacaca y a Chaupiñamca, su hermana, pero que cada cinco años hacían una fiesta muy celebrada, a que concurría toda la comarca y duraba cinco días, y que ésta de ahora se hacía por ser el quinto año [1646, LIX].

Durante el sermón de la fiesta, Ávila no quiso desaprovechar la oportunidad. Él, que en su propia parroquia había predicado contra la idolatría «sin omitir un solo domingo, ni fiesta» y que sólo había suavizado su postura porque los indios fueron a quejarse, asegurándole que «todos somos cristianos y ninguno sabemos trate de maldad», dio un audaz giro a su sermón en Huarochirí diciendo: «Ahora ya hemos tratado de Nuestra Señora; digamos algo de vuestra fiesta y de Pariacaca». Aquello fue el comienzo de la guerra. Cuando, al quinto día, los indios llevaron los acostumbrados regalos («ricochicos») a curas y autoridades, «pero a mí —cuenta Ávila—, con ser el vicario y haber sido el predicador, no me lo hicieron de cosa alguna por odio que por entonces me tomaron». Y al mes le escribió el deán de la catedral de Lima, comunicándole que los indios le habían puesto «capítulos». Ávila bajó a Lima para defenderse y se le remitió a la visita que iba a hacer el doctor Baltasar de Padilla. Poco después de la llegada de éste a Santiago de Tumna, estando presente Ávila, llegó un indio diciendo que el «capitán de los capitulantes», el indio don Cristóbal de Llacsahuarinca, se estaba muriendo de un «flujo de sangre en narices». Ávila acudió con el visitador, le atendió personalmente y el indio pudo salvarse. Después éste confesó ante un notario que la acusación no era sino «calumnia y conspiración», y el visitador regresó a Lima.

A partir de ese momento, emprendió por su cuenta la extirpación de las «idolatrías» en su parroquia y en las parroquias vecinas, de las que era vicario. En San Pedro de Mama apresó al indio Hernando Páucar, «sacerdote mayor de Chaupiñamocc», quien acabó reconociéndolo, y luego, en la misa dominical, hizo pública denuncia del culto que hacían en el pueblo. En San Damián descubrió a una joven sacerdotisa del ídolo Mocavisa (una «piedra azul, que dicen que el Inca le dio a mis mayores»); ella, después de reconocer su «idolatría» en presencia de Ávila, murió repentinamente, ocasión que aprovechó el visitador para predicar a los indios congregados ante el cadáver, quienes, profundamente impresionados, trajeron sus ídolos y pidieron confesión. Se había logrado por primera vez una autodenuncia de los indios «idólatras». Ávila continuó sus visitas con la ayuda de los jesuitas, quienes colaboraron en la empresa, predicando y confesando a los indios.

La llegada a Lima del nuevo arzobispo, Bartolomé Lobo y Guerrero, va a permitir oficializar las campañas de extirpación. Ávila bajó a Lima, llevando consigo a Hernando Páucar y «una gran muchedumbre de ídolos, algunos cadáveres secos a quien adoraban, rostros y manos de carne momia, que los habían conservado más de 800 años pasando de padres a hijos», para convencer al nuevo arzobispo de la extensión del mal. El 20 de diciembre de 1609 se celebró un «auto de fe» en la plaza Mayor de Lima:

Habiéndose hecho dos tablados en ella —cuenta Ávila— con pasadizo de uno a otro, y el más apartado del cabildo era terraplenado, para que se quemasen en él los ídolos y cadáveres, mandaron convocar para que lo viesen y asistiesen a ello, los indios de cuatro leguas alrededor, y se dispuso por orden del señor Virrey que este día en la tarde para las cuatro, se juntasen el cabildo secular en casa del corregidor de los naturales don Gerónimo de Avellaneda, que vivía en la plazuela de la Universidad, con otros convidados y de allí se salió a caballo muy en orden y delante de todos iban los alguaciles de corte y ciudad y en cada esquina se tocaban chirimías, y yo iba en mi mula a la postre, en medio de dicho corregidor que iba al lado derecho y el alcalde más antiguo don Fernando de Córdoba al izquierdo. Llegamos así al cabildo, estando en las ventanas de palacio el señor Virrey, y el Señor Arzobispo con algunos probendados en las suyas [...].

En el tablado terraplenado había buena partida de leña de horno, y en el otro estaban todos los ídolos y cadáveres, y en medio del pasadizo un palo enhiesto [...].

La muchedumbre de indios estaba cerca de los tablados y de un púlpito y escaños en que estaban muchos eclesiásticos, el acompañamiento se quedó a caballo; y yo me apeé, tomé sobrepelliz y subí al púlpito, y estando allí sacaron de la cárcel al falso sacerdote Hernando Páucar, y subió al pasadizo referido, quitáronle la manta y sombrero, y en cuerpo lo amarraron al palo. Estando así di principio al sermón en lengua índica, detesté la idolatría y di a entender a los indios cuán gran pecado es. Luego en castellano hice relación brevemente de lo que había descubierto y de la causa del indio, que a todo estuvo en pie y amarrado a un palo. Subió, acabado esto, un notario al tablado, leyóle la sentencia que fue de doscientos azotes, quitarle el cabello y destierro perpetuo a Santiago de Chile, al colegio de la Compañía de Jesús.

Diéronle luego ahí los azotes, y se quitó el cabello y volvió a la cárcel, y se dio fuego a los ídolos, cadáveres y sus ornamentos, y después lo llevaron al indio a Chile. Y con esto se dio fin a este acto [1646, prólogo].

Este acto, con su boato y pompa colonial, significó la oficialización de las campañas de extirpación. Se creó un cuerpo de visitadores contra la idolatría para visitar todos los pueblos del arzobispado, en compañía de un notario, un fiscal y dos o tres misioneros jesuitas. La visita tenía dos fases: la primera era una especie de «misión popular» para remover las conciencias de los indios y completar su evangelización, que estaba a cargo de los misioneros; la segunda era un verdadero juicio eclesiástico por visitadores nombrados por el arzobispo para la población indígena, que, por estar bautizada, se consideraba sujeta a las leyes canónicas de la herejía, pero que, por decisión del rey, estaba fuera de la jurisdicción del tribunal de la Inquisición. Ávila, en el mismo prólogo tantas veces citado, nos cuenta: después de la pascua de 1610 «salí el primer visitador de la idolatría que hubo en este reino».

No es éste el lugar para hacer una historia de los incidentes de las campañas de extirpación y de sus resultados. Me remito a la obra de Pierre Duviols.[3] Aunque dicho autor estudie la extirpación

3. Pierre Duviols, *La lutte contre les religions autocthones dans le Pérou Colonial. L'Extirpation de l'Idolatrie entre 1532 et 1660*, Lima, Institut Français d'Études Andines, 1971. Duviols tiene también un estudio bioblográfico de los mitos de Ávila en la

entre 1532, fecha de la conquista del Perú, y 1660, es sabido que las campañas sistemáticas se realizaron sólo en la diócesis de Lima y se iniciaron con Ávila, tuvieron dos períodos de mayor intensidad en la segunda y en la sexta década del siglo, y se terminaron casi totalmente hacia 1660, aunque siguió habiendo, en diferentes diócesis, procesos aislados contra la idolatría. Las razones de esta terminación parecen ser, en primer lugar, el éxito relativo de las campañas, por lo que el historiador norteamericano Georges Kubler llega a decir:

> El fracaso de los hombres del siglo XVI para lograr la cristianización de los quechuas debe ser rastreado principalmente en la organización dispersa y poco equipada de la Iglesia en el Perú, en los disturbios de las guerras civiles y en los poderes de resistencia o supervivencia de la religión nativa quechua. Sin embargo, a principios del XVII, la Iglesia lanzó sus fuerzas a una campaña ambiciosa, sistemática y exitosa de erradicación de la idolatría. Hacia 1660, más o menos, se había logrado la catolización de los quechuas.[4]

En segundo lugar, la dificultad para seguir implementando las visitas de extirpación, porque los jesuitas se negaron a colaborar con el arzobispo, aduciendo que su trabajo misional, al estar tan unido al de los jueces eclesiásticos, podía ser malinterpretado por los indios; en tercer lugar, porque los indios, para celebrar sus ritos religiosos, se refugiaron cada vez más en la clandestinidad, con lo que lograron conservar muchas de sus creencias y ritos, especialmente los relacionados con la actividad agropecuaria y con la salud, como lo confirma la moderna etnografía religiosa andina. Kubler aduce también, como una razón decisiva, una cierta redefinición por parte del clero de muchos ritos idolátricos como simples supersticiones, diciendo: «después de 1650 muchos ritos indígenas, que habían sido antes objeto de las campañas de extirpación, entraron rápidamente en la clase de supersticiones relativamente inofensivas».[5] Trata de probar esta redefinición con la autoridad de un manual teológico-pastoral de la época de enorme difusión (cinco ediciones en el primer siglo de su publicación),

---

edición de Arguedas, *Dioses y hombres en Huarochirí*, Lima, Museo Nacional de Historia, 1966, pp. 218-240, y también *Cultura andina y represión: procesos y visitas de idolatrías y hechicerías Cajatambo, siglo XVII*, Cusco, Centro de Estudios Rurales Andinos Las Casas, 1986.

4. George Kubler, «The Quechua in the Colonial World», en *Handbook of South American Indians* (ed. Julian Steward), Washington, 1963, p. 400.

5. Kubler, *op. cit.*, p. 402.

escrito por el obispo de Quito, monseñor Alonso de la Peña y Montenegro, el *Itinerario para párrocos de indios* (Madrid, 1668). Dicho manual contiene una excelente información sobre teología y religión andinas, puede equipararse al *De procuranda indorum salute*, del padre José de Acosta, y, por sus varias ediciones, tuvo gran influjo en el virreinato, pero no apoya ninguna redefinición de la idolatría en este período. Personalmente opino que la diferencia entre idolatría y superstición estuvo siempre presente en la teología y que, en este período, sólo se hizo una lectura diferente de la realidad religiosa indígena, en el contexto de las otras razones aducidas para poner fin a las campañas de extirpación.

Entre las personas vinculadas a dichas campañas de extirpación merecen destacarse, por sus obras publicadas, el visitador Francisco de Ávila y el misionero jesuita Pablo José de Arriaga, que se estudiarán detenidamente en este capítulo; el arzobispo de Lima Pedro de Villagómez, propulsor de la segunda campaña y autor de las *Exhortaciones e instrucción acerca de las idolatrías de los indios* (Lima, Jorge López de Herrera, 1649) y, finalmente, el visitador Fernando de Avendaño, autor de los *Sermones de los misterios de nuestra santa fe católica, en lengua castellana y general del inca. Impúgnanse los errores particulares que los indios han tenido* (Lima, Jorge López de Herrera, 1649).

Tras este panorama sobre la visita y sus clases, paso a exponer la obra de cuatro visitadores.

1. Íñigo Ortiz de Zúñiga

Poco se sabe de la vida de este funcionario colonial, fuera de haber realizado la cuidadosa *Visita de la provincia de León de Huánuco en 1562*. Debió de nacer en Sevilla. Pertenecía a una familia noble de escasos recursos y decidió venirse al Perú en busca de oportunidades. En este país se alista en el ejército del presidente La Gasca y toma parte en la batalla de Jaquijahuana, que puso fin a la rebelión de Gonzalo Pizarro (1548). No debieron de irle bien las cosas y regresa a España, pero vuelve al Perú al ser nombrado virrey su primo, el conde de Nieva. Bajo la protección de éste, Ortiz de Zúñiga es nombrado, en 1562, visitador de Huánuco, para hacer una inspección de la situación económica de las encomiendas. Era el momento en que las arcas reales estaban exhaustas y se barajaba la posibilidad de establecer la perpetuidad de las encomiendas; el visitador regresa a Lima con la propuesta de los curacas, que ofrecían al rey, con tal de que no se declarase la perpetuidad, 400.000 pesos, cantidad que no podían igualar sus encomenderos.[6] Concluida la visita, en 1563 Ortiz de Zúñiga es nombrado corregidor de la ciudad de Arequipa. Parece ser que en la carrera burocrática del visitador de Huánuco influyó la interesada y oscura protección del conde de Nieva, que hacía visitas sospechosas a la mujer de Ortiz de Zúñiga, y que dicha carrera terminó con la misteriosa muerte del virrey en 1563.

1.1. *La visita burocrática de la administración colonial*

La visita de Huánuco se conserva en el Archivo Nacional del Perú. La edición preparada por John Murra tiene dos tomos: el primero reproduce la visita de los cuatro *waranqa* de los chapachu y el segundo la visita de los yacha y mitmaqkuna cuzqueños. El contenido y la estructura de ambos tomos es bastante similar. En primer lugar, se recoge la real cédula de nombramiento del visitador y dos instrucciones de 26 y 14 puntos en las que se detallan todos los pasos de la visita y los puntos que debían investigarse (1967, 8-22; 1972, 10-24). Se trata de una encuesta fundamentalmente demográfica y económica que procura, además, comparar la situación colonial con la que prevalecía, treinta años antes, en el Estado incaico. Tal comparación pretende conocer la evolución de la población y de los recursos en el período en que terminan las guerras civiles y antes de la reestructuración toledana, pero no está teñida de la tesis política de las *Informaciones* de Toledo. En segundo lugar, la visita recoge los testimonios de los curacas en respuesta a los cuestionarios. Finalmente, la visita presenta la situación —casa por casa— de cada uno de los pueblos. Como ejemplo de los testimonios, recojo el de don Cristóbal Xulca Condor, indio principal de la parcialidad de los queros:

> En cuanto al 6.º capítulo de la manera si tributaban al presente como al inga y lo demás de este capítulo, dijo que al presente no tributan a su encomendero como hacían al inga, porque ahora hacen la ropa de algodón y lo cogen de sus chácaras, y dan trigo, que no solían dar el cual cogen donde se cogía el maíz, y dan todo lo demás que se contiene en la tasa que tienen de los tributos; y que al presente no dan indias para mamaconas, ni para el sol, ni dan soldados para la guerra, ni albañiles, ni dan plumeros, ni ají, ni mates;

---

6. José A. de Busto, «Íñigo Ortiz de Zúñiga, visitador de los huancachupachos», en *Visita de la provincia de León de Huánuco* (1562), Huánuco, 1967, p. 351.

y que ahora dan frijoles y gallinas; y que asimismo no dan ahora mineros de cobre y no dan lyupta para comer la coca, pero que asimismo dan al presente cera y miel, que no solían dar al inga, y en lugar de las oxotas, que solían dar al inga, dan alpargatas, y en lugar de los lazos, que da al inga para su servicio, dan al presente cabestros y jáquimas, y que en tiempo del inga, daban mineros de oro y de plata y al presente no los dan.

Y que al presente sienten más trabajo en dar los tributos, que no sentían en tiempo del inga, porque entonces eran muchos indios y al presente no son tantos, y también porque el tributo de ropa lo dan de cuatro en cuatro meses, y se ocupan las indias e indios en hilar y tejer y hacer lo que para ellos conviene, y que a las veces no tienen lugar de ir a hacer sus sementeras; y que a cada indio casado le cabe de la ropa pieza y media y más una pieza de manta en cada un año; y que en hacer esto y en hilarlo y en tejer, tardan cuatro meses marido y mujer, en el cual tiempo también trabajan en otras cosas, así en se alquilar para trabajar, como en limpiar su chácaras y las de su encomendero; y que no levantándose de hacer la dicha ropa, sin entender en otra cosa, tardan tres meses en hacer lo que les cabe de la dicha ropa.

Y que asimismo sirven en el tambo de Ambo tres indios, y que éstos ayudan con su ovillo de algodón hilado y no hacen otra cosa del tributo; y que dan de su parcialidad dos indios porqueros y son por todos los que da el dicho repartimiento ocho indios [...]; y que en el pagar de los dichos tributos y trabajar en ellos tanto hace el indio pobre como el rico, y que en esto no tienen respeto a ninguno, y que en tiempo del inga no pagaban tributo, ni se les repartía a los caciques y principales de parcialidades, los cuales eran relevados de lo pagar, porque solamente entendían en mandar a los indios y juntar los tributos; y que esto es lo que de este capítulo entiende y pasa [1967, 37-38].

Es innegable que en esta sola respuesta, a un solo punto de uno de los doce testimonios del tomo I, se da buena información sobre el régimen tributario, tanto incaico como español, en el período pretoledano, en el que no había mita minera en aquella región y los curacas también pagaban tributo, pero de paso se informa de otras cosas. No es menor la riqueza informativa recogida en la visita de cualquier casa. Por ejemplo, en el pueblo de Quinoas, casa 46:

Este dicho día se visitó otra casa y en ella un indio que dijo llamarse Hernando Paccha, de 25 años; no es casado, está amancebado con una india, que se llama Inés Alcayaco, de edad de 20 años; no tienen hijos; tiene madre, que se llama Isabel Llanco y una hermana Inés Mochui, la madre del dicho indio de edad de 45 años y la hija de 7 años.

Dijo que da de tributo pieza y media de ropa de algodón cada año, y, en lo del maíz, trigo y papas, que hacen chácaras de común para ello, y da una gallina y un gallo para el dicho tributo. Dijo que se ocupa en las chácaras del encomendero de trigo y maíz en las tierras que les dan, en lo sembrar dos semanas y otro tanto en lo coger. Dijo que todos, madre y mujer, le ayudan a dar el dicho tributo y que en la ropa recibe trabajo y en lo demás de la tasa. Dijo que se ocupan en lo del tributo siete meses, y lo demás del año se ocupan en hacer sus chácaras y comidas. Dijo que tiene tierras muchas para chácaras, y que no las siembra, porque se ocupa mucho en el tributo. Dijo que no tiene ganado alguno [1967, 129-130].

La información acumulada en los 18 testimonios de los curacas o principales y en la visita de los 52 pueblos es enorme y ha comenzado a analizarse, en estudios como los aparecidos en la misma edición de John V. Murra, desde muy diferentes perspectivas (demografía histórica, arqueología, economía agraria, técnicas censales, etc.). Naturalmente, en este libro interesa, sobre todo, la utilización etnológica de la visita de Huánuco. Voy a limitarme a un solo punto: el modelo de Murra sobre «el control vertical de un máximo de pisos ecológicos en la economía de las sociedades andinas», que expone en un artículo con el mismo título (1972, 429-476). Murra afirma:

El control simultáneo de tales «archipiélagos verticales» era un ideal compartido por etnias muy distintas geográficamente entre sí, y muy distintas en cuanto a complejidad en su organización económica y política [...].

«Compartir un ideal», cuando se trata de sociedades tan contrastantes, implica inevitablemente formas institucionales muy contrastantes también. Podemos decir ya, por ejemplo, que en una sociedad de clases como el reino lupaqa, la llamada «verticalidad» tenía alcances y proyecciones que no se daban entre los chupaychu. Mas, al ser aplicado el mismo patrón de organización territorial por los tiawanacu, los wari o los inca a etnias que sumaban millones de pobladores, las funciones de las «islas verticales» en el archipiélago y el *status* de sus colonizadores deben haber sufrido procesos de cambio político, económico y social, que merecen estudio detallado.

En este ensayo ofrezco cinco casos de control simultáneo de pisos e «islas» ecológicos, bajo condiciones muy distintas entre sí, en un esfuerzo por precisar los alcances, pero también los límites, del modelo. No pretendo con los cinco agotar todas las formas y variedades que hubo [1972, 430].

Los cinco casos se refieren a un período de un siglo, entre 1460 y 1560, en el cual la población andina se vio conquistada por incas y españoles. Dichos casos son:

1) Etnias pequeñas, como los chupaychu, visitados por Ortiz de Zúñiga, que tienen unas tres mil unidades domésticas. Hay un núcleo serrano monoétnico, entre los 3.000 y 3.200 metros sobre el nivel del mar, donde se cultivan maíz y tubérculos, pero hay núcleos multiétnicos en la puna, a tres días, donde se consigue la sal y se apacientan los rebaños de ganado, y en la montaña, a tres o cuatro días, donde se recoge la madera y se cultiva el algodón, el ají y la coca. Sobre este último punto la información de la visita es de lo más explícita: «Este mismo día visitamos [...] en un pueblo que se llama Chinchao 33 indios, que son cocacamayos de todas las parcialidades de los chupachos, los cuales 20 de éstos están ya visitados en sus mismos pueblos donde son naturales» (1967, 304).

2) Etnias grandes, como los lupaqa, visitados por Díez de San Miguel, con unas veinte mil unidades domésticas. Tienen también un núcleo serrano situado en la puna (4.000 m), biétnico, de habla aymara, que cuida sus rebaños y cultiva tubérculos, y dos núcleos multiétnicos en la costa, para cultivar maíz y algodón y para recoger el *wanu*, a unos diez o quince días de distancia, y en la montaña, para el cultivo de la coca y la explotación de la madera. Dado el tamaño de la etnia, el número de colonos periféricos de los lupaqa y su distancia respecto al núcleo central son mucho mayores que en el caso de Huánuco.

Los otros tres casos (etnias pequeñas con núcleos en la costa central, grandes reinos costeños y etnias pequeñas, con núcleos en la montaña, aparentemente sin archipiélagos) sirven a Murra para establecer los límites al modelo. No voy a exponerlos, por brevedad y porque, para el mismo Murra, en tales casos las evidencias etnohistóricas son mucho más débiles. Por eso, parece que el modelo del control vertical no puede generalizarse a todo el mundo andino. Además, ahora lo que realmente me interesa es subrayar la utilización del material recogido en las visitas para explicar el funcionamiento y evolución de la sociedad andina. Para terminar mi exposición sobre la visita de Huánuco, quiero recoger una comparación de Murra entre ésta y la visita de Chucuito:

Las dos visitas tienen mucho en común. Ambas se escribieron para proporcionar información empírica, recogida en el campo, de informantes cuyos conocimientos procedían de sus profundas raíces en la experiencia andina [...] En ambos casos algunos de los informantes eran ya adultos, cuando se produjo la invasión europea. En ambas zonas, algunos de ellos como Vilcacutipa en Ilave o Xagua de Chaglla, habían participado en actividades incaicas a nivel estatal y no sólo en aquellas de sus propias etnias.

Las dos visitas se complementan: la de los chupachu tiene la ventaja de proporcionarnos información doméstica, casa por casa, en cambio la de los lupaqa enfatiza el papel de los reyes. Los chupachu hablan quechua; los lupaqa, aymara. Los primeros tenían contactos asiduos con la tierra caliente, los segundos nos informan de la puna. La visita de los chupachu ofrece más material sobre las relaciones de una etnia con el Tawantinsuyo; las de los lupaqa, mucho más sobre las relaciones con el régimen colonial europeo [1967, 383].

2. Baltasar J. Martínez Compañón (1737-1797)

Puede considerarse uno de los grandes visitadores del virreinato peruano, aunque, por la época que vive y por su cargo de obispo, su aporte sea muy diferente al de Ortiz de Zúñiga. Navarro, estudia en la Universidad de Zaragoza, en 1761 se ordena sacerdote y, siete años después, va a Lima como canónigo de la catedral. Ahí es rector del Seminario de Santo Toribio y secretario del 6.º Concilio Limense (1772-1773). En 1779 es nombrado obispo de Trujillo y, al año siguiente, inicia una visita pastoral por todo el inmenso territorio de su diócesis, durante cinco años, que va a servir para una mejor organización de la diócesis y para recoger amplia información para su proyectada *Historia natural, moral y civil de la diócesis de Trujillo.* Con ocasión de la visita y durante su episcopado, tuvo una enorme preocupación por la defensa y educación de los indios, como se verá más adelante, lo cual no le impidió que en la sublevación de Otusco (1780), que fue un levantamiento contemporáneo al de Tupac Amaru y en el que los indios protestaban por los tributos, tomara una actitud bastante conservadora y de apoyo a la autoridad colonial.[7] En 1790 fue trasladado a Bogotá como arzobispo, cargo que desempeñó hasta su muerte.

OBRAS

La obra de Martínez Compañón ha permanecido inédita durante mucho tiempo y, lo que es peor, todavía no está claro si

---

7. Puede consultarse la documentación recogida por José M. Pérez Ayala, *Baltasar J. Martínez Compañón y Bujanda, prelado español de Colombia y el Perú,* Bogotá, Biblioteca de la Presidencia de Colombia, 1955, pp. 179-222. La obra de Pérez Ayala es la más completa que se ha hecho sobre el obispo trujillano.

llegó a terminarse el manuscrito de la *Historia natural, moral y civil de la diócesis de Trujillo*, como luego se verá. Hasta ahora sólo se ha publicado el material gráfico: en 1936 apareció *Trujillo del Perú a fines del siglo XVIII* (Madrid, edición de Jesús Domínguez Bordona), que es una selección de los nueve tomos conservados en la biblioteca del palacio real de Madrid; en 1978 el Instituto de Cooperación Iberoamericano de Madrid comenzó la publicación sistemática de los nueve tomos.

APORTES

Es difícil distinguir, en la visita y en el gobierno pastoral de Martínez Compañón, los diferentes aspectos, por estar estrechamente relacionados entre sí. La investigación sistemática de la realidad social y religiosa de su obispado, que incluía todo el norte del Perú, la división de curatos y la creación de nuevos pueblos, el programa de promoción de la población indígena, la composición de la historia social más completa de fines del virreinato y las demás medidas de gobierno pastoral, son partes de un todo. Sin embargo, por motivos pedagógicos, voy a separar al historiador social del hombre de gobierno:

2.1. *La historia social norperuana*

Todo comienza con la visita pastoral que Martínez C., como todos los obispos, debía realizar periódicamente, pero que es especialmente necesaria cuando se llega por primera vez a una diócesis. El padre Justino Ramírez, en su monografía *Huancabamba: su historia, su geografía y su folklore* (Lima, 1966), ha publicado la pastoral e instrucciones para la visita (14 abril 1782), que el obispo Martínez Compañón envió a cada parroquia:

> Asimismo les encargamos que, para el día de nuestra llegada, tenga pronto un ejemplar del catecismo, por donde se enseña la doctrina cristiana, y advertidos los maestros de escuela, donde los hubiese, que comparezcan ante nos a ser examinados de ella, y que también tengan prontos los aranceles, inventarios, libros y cuentas de fábrica, y los bautismos, casamientos y finados (así de la matriz como de sus anexos), como también una relación exacta de las capillas y oratorios, capellanías, aniversarios y memorias de misas, fundadas dentro de los términos de sus parroquias; de los poseedores, número de sacerdotes o eclesiásticos que hubiese, con inclusión de

sus ayudantes y de los títulos a que se hubiesen ordenado, y a ellos mismos prevenidos a que comparezcan.[8]

El documento continúa enumerando todos los puntos sobre los · que deben ser examinados los sacerdotes y las demás personas y cosas que deben someterse a inspección (los mayordomos de las cofradías con sus libros y cuentas desde la última visita, las parteras y fiscales autorizados a bautizar a los niños enfermos, los testamentos a fin de analizar los legados a la Iglesia, el padrón de los fieles de acuerdo al modelo establecido, etc.). Las instrucciones bajan también a detalles prácticos, relativos a evitar los gastos y los excesos con motivo de las visitas, que denuncian ciertos documentos de la época:[9] señalan que la comitiva del obispo estará formada por cinco eclesiásticos y siete negros para el servicio y para el cuidado de las bestias, que no se permitirán las «ramadas» en los intermedios de las parroquias porque resultan costosas para el pueblo, que la comida ofrecida sea moderada («sin que con ningún motivo pueda exceder de 4 platos a mediodía y 2 en la noche»), que los colaboradores y criados del obispo están avisados de que «en nada absolutamente sean gravosos a los pueblos, ni que nada pidan ni reciban de nadie con ningún pretexto».[10]

Toda la información religiosa acumulada con ocasión de la visita, y que se conserva en gran parte en diferentes archivos (los episcopales de Trujillo y Cajamarca, el Archivo Nacional de Bogotá, etc.), se completa con la información socio-cultural, solicitada en un cuestionario enviado a los párrocos por el obispo visitador y que también ha sido publicado por Justino Ramírez. Dicho cuestionario debía estar respondido, o al menos adelantada su respuesta escrita, al comienzo de la visita. Recojo las primeras preguntas del mismo:

1. ¿Cuál es el carácter y genio de los naturales de esa doctrina, y si sepan y hablen la lengua castellana; si son o no aplicados al trabajo; si se nota alguna diferencia entre indios, españoles y otras castas, así en esto como en sus costumbres; otro principio natural o accidental? Y, ¿cuál sea la educación que comúnmente dan a sus hijos?

2. Si el temperamento y el clima de ese beneficio y de todos los

---

8. Ramírez, 1966, 69.

9. Por ejemplo, la «Representación de la ciudad del Cusco, en el año de 1768, sobre excesos de corregidores y curas» (Academica de la Historia de Madrid, Colección Matalinares, tomo 4), en *La rebelión de Túpac Amaru*, tomo II, vol. 1, Lima, 1971, pp. 1-93 (Colección documental de la Independencia del Perú).

10. Ramírez, 1966, 71.

términos de su jurisdicción sea reputado por sano o enfermo ¿a qué se atribuye cualquiera de dichas cualidades, que en él prevaleciesen, cuáles sean las enfermedades más comunes y sus causas, y las medicinas ordinarias de su curación y la edad, a que regularmente llegan sus moradores?

3. ¿Si haya noticia de que algunos de los pueblos, pertenecientes a esa doctrina, se haya arruinado o extinguido o trasladado a otro lugar, y la causa de los unos y de los otros?

4. ¿En qué edad suelen casar los oriundos de esa doctrina, por qué mano suelen ajustarse comúnmente los casamientos; si se encuentran algunos célibes y en quiénes sea más frecuente esta virtud, cuando se halle, tanto en cuanto a las causas como cuanto a los sexos?[11]

Y así, en las 14 preguntas restantes, se interroga sobre evolución de la población, sobre la existencia y utilización de fuentes y ríos, sobre la agricultura («¿qué frutos se cosechan y su calidad, cuánto rinden las tierras, cuál el modo, forma y tiempo de hacer sus siembras, culturas y cosechas?») y sobre la organización de la producción («si hay algunos ingenios, estancias, obrajes o haciendas de panllevar; ¿cuáles sean sus capitales; cuántos los censos que contra sí carguen y cuántos operarios mantengan y si hay algunos mitayos; qué salarios o jornales se les paguen y la forma de pagárselos?»). También se pregunta sobre la minería, sobre el comercio y el modo de mejorarlo, sobre yerbas y frutas medicinales, sobre aguas minerales, sobre resinas y su utilización, sobre aves y fieras extrañas, sobre explotación de la madera («su abundancia y calidades, el uso que de ellas se haga o el que se pudiere hacer»), sobre restos arqueológicos y tradiciones sobre gigantes («si alguna vez se han encontrado huesos gigantescos al parecer humanos y si se conserva alguna tradición de que en algún tiempo hubiese habido gigantes») y, finalmente, sobre supervivencias religiosas indígenas. Al final del cuestionario se expone claramente su finalidad: «formar unas memorias exactas para la historia de este obispado; cuyo trabajo me serviría de mucha satisfacción, siempre que lo pudiese practicar con toda formalidad y seguridad posibles».

Las respuestas de cada parroquia fueron llegando a Trujillo; son de desigual minuciosidad y valor y debieron de ser parte importante de la historia, cuyo paradero se desconoce todavía. En diferentes archivos se encuentran copias de tales respuestas. Justi-

---

11. *Ibíd.*, p. 72.

no Ramírez ha publicado la de Huancabamba. Como muestra transcribo lo que su cura, Buenaventura Ribón Valdivielso, dice del punto 1.º:

Para proceder con la claridad que deseo en el punto de carácter y genio de los naturales de esta doctrina de Huancabamba, es necesario hacer distinción de tres clases [...] entre *blancos* y *mixtos*: *a*) en la primera, aparentan en el exterior unos genios sociales, mas en lo interior reservan una cavilación muy maliciosa, nada inclinada a la caridad del prójimo, pues viven lo más del año enemistados por etiquetas de nobleza, queriendo unos a otros supeditarse; muy desidiosos en el trabajo, contentándose con una excesiva suerte, sujetándose los más a vivir a expensas de la corta diligencia de sus mujeres. *b*) en la segunda clase, que son de menos representación, se encuentra el mismo defecto de flojedad, sin que apliquen a oficios ni ellos ni sus hijos, unos por engreimiento y querer pasar plaza de españoles, otros por desidia y así se nota que los más oficiales [artesanos] son forasteros; bien [aunque] sus costumbres no son de las más viciadas, pues en medio de no haber educación en la juventud, ni en las buenas costumbres y políticas, aun no habiendo juez algunos años, no se experimentan los desórdenes que correspondían en latrocinios y pendencias [...].

c) otros mixtos hay, que residen en los campos, separados de toda sociedad, más dedicados al trabajo de sus sembrados, pero sin aspirar a otra cosa que a comer y vestir con mucha escasez; son de genios humildes, retirados del pacto español, porque sólo en los días de las mayores festividades se reducen al pueblo, más que por lo devoto por las fusiones y juntas que tienen de andanzas y borracheras. Las costumbres de estos son las mismas que las de los indios, en la ninguna crianza que dan a sus hijos, en las vanas observancias [supersticiones] que tienen y trato grosero con que se manejan con libertinaje en el vicio de la sensualidad entre los deudos más inmediatos. Las causas de estos desórdenes, que no son tan frecuentes en los que residen en el pueblo, es el roce que tienen con los indios, pues los más de ellos o son hijos de indias o casados con ellas. Todos hablan y entienden la lengua castellana y, aunque los habitantes en el pueblo entienden la lengua del Inga, no la usan con la frecuencia que los del campo. El carácter y genio de *los indios* de este pueblo y sus anexos es el mismo que en todas partes: muy pusilánimes, maliciosos, litigantes; sin verdad, sin honor, ni palabra; poseídos generalmente del vicio de la embriaguez, muy deshonestos; nada aplicados al culto divino y resistentes a la misa y doctrina cristiana; no dan crianza alguna a sus hijos, que entretienen únicamente en su servicio doméstico, sin que jamás se les oiga en sus casas represión que conduzca a buenas costumbres y observancia de la religión católica. Tienen el carácter de una inacción total al trabajo y sólo les mueve la ejecución del tributo que, satisfecha esta deuda, se entregan a la ociosidad, borrachera, con juntas que forman para dar pasto a sus vicios, que mantienen unos cortos sembrados de trigo y maíz, cuanto basta a mantenerse con desdicha y miseria. Hablan todos y todas la lengua castellana y berrean la inga solamente entre ellos, pero con los blancos se explican siempre en el idioma común.[12]

A pesar del enfoque moralizante que tiene la tipología de los mestizos, no hay duda de que tanto ésta como la descripción de los indios reflejan muchos rasgos de los cuatro grupos sociales (criollos, mestizos, medios y bajos, e indios) y de sus relaciones mutuas y que se manifiesta, en toda su tragedia, el deterioro de la imagen de lo indígena en las postrimerías del sistema colonial.

Uno de los puntos importantes, recogidos por Martínez Compañón, es la demografía. Hizo un verdadero censo de los doce partidos de su obispado, que voy a transcribir, pero incluyendo los partidos dentro de los actuales departamentos: La Libertad (part. de Trujillo, Huamachuco y Pataz), Cajamarca (part. de Cajamarca, Huambos y Jaén), Amazonas (part. de Chachapoyas y Luya), San Martín (part. de Moyobamba y Lamas), Piura (part. de Piura) y Lambayeque (part. de Saña):

Censo de la diócesis de Trujillo (1785)

	Españoles	Indios	Mixtos	Pardos	Negros	Total
1. Amazonas	908	9.639	5.843	138	13	16.581
2. Cajamarca	10.524	34.950	24.988	4.788	520	75.956
3. La Libertad	4.593	26.322	27.59	43.011	1.670	63.691
4. Lambayeque	2.593	19.751	4.873	3.152	1.760	32.218
5. Piura	2.874	24.797	10.654	5.203	884	44.497
6. San Martín	488	2.865	5.091	248	-	8.897
Total	21.980	118.324	79.043	16.630	4.846	241.740
	9,1	48,9	32,6	6,9	2,0	100

Fuente: Manuscrito, tomo I, lámina 5.

Es interesante recordar que la población del virreinato, según el censo realizado pocos años después (1792) por el virrey Gil Taboadas, era de 1.076.122 personas, de los que el 12,6 % eran españoles, el 56,6 % indios, el 22,7 % mestizos y el 3,9 %, mulatos y negros libres.[13]

---

12. *Ibíd.*, pp. 85-86.
13. Vargas Ugarte, *Historia general del Perú*, t. V, Lima, Milla Batres, 1966, p. 100.

En los manuscritos originales hay la más perfecta «etnografía pictórica» de cultura alguna. Son nueve tomos con un total de 1.411 dibujos, más 10 retratos de reyes (la selección de Domínguez Bordona consta de 208 dibujos, distribuidos en 104 láminas). Los dibujos están hechos a la acuarela, con colores vivos y, excepcionalmente, con purpurinas, y por su estilo parecen proceder de diferentes autores, que nos son desconocidos. El texto queda limitado a cuadros estadísticos, equivalencias filológicas y transcripciones musicales, además de los rótulos y explicaciones de las láminas. Para hacerse una idea de la obra, presento un resumen del contenido de cada tomo:

Tomo I (132 folios): mapas, planos de los pueblos y de los edificios eclesiásticos, retratos de los obispos de Trujillo y cuadros esquemáticos sobre la labor realizada por Martínez Compañón.

Tomo II (204 folios): es el de más interés etnográfico y trata de los diferentes grupos sociales del obispado y de sus costumbres (trajes, viviendas, actividades económicas, religión, recreación, ritos de transición, salud, etc.). Hay datos muy interesantes, como un «plan, que contiene 43 voces castellanas, traducidas a las ocho lenguas que hablan los indios de la costa, sierras y montañas del obispado de Trujillo» (folio IV). Tales lenguas eran: quechua, yunga (Trujillo y Saña), sechura, catacaos y colán (Piura), culli (Guamachuco), hivito y cholón (Misiones de Huaylillas). También son notables las acuarelas sobre las danzas siguientes: bailenegritos, negros, parlampanes, los doce pares de Francia, los diabólicos, de carnestolendas, del chimo (con dos variantes), pallas (también con variantes), de hombres vestidos de mujer, de huacos, del purap, del caballito, de las espadas (con dos variantes), del poncho, del chusco, de la ungarina, del doctorado, de pájaros, huacamayos, monos, conejos, carneros, cóndores, osos, gallinazos, venados, leones, de la degollación del inga (con dos versiones) y de indios de la montaña (también con dos versiones). Por último, merecen reseñarse las dos «cachuas» distintas del nacimiento de Cristo y las diferentes «tonadas» recogidas.[14]

Los seis tomos siguientes constituyen una perfecta «historia natural» gráfica: el III contiene acuarelas y dibujos sobre árboles, fructices, sufructices y bejucos (1.969 folios); el IV, sobre árboles frutales, árboles resinosos, maderas, palmas, yerbas frutales y

---

14. Tonadas del congo, del chimo, la lata, la donosa, el conejo, la celosa, el palomo, las lanchas, el diamante, el tupacmaro, el huicho de Chachapoyas, la brujita, la despedida, el huicho nuevo, la montaña llamada el buen querer (II, 178-193).

flores (182 folios); el V, sobre yerbas medicinales (138 f.); el VI, sobre cuadrúpedos, reptiles y sabandijas (104 f.); el VII, sobre aves (159 f.); y el VIII, sobre cetáceos, escamosos, sin escama, cartilaginosos y testáceos (178 f.).

Finalmente, el tomo IX contiene planos y perspectivas de diferentes restos arqueológicos, ajuares funerarios, tejidos, objetos diversos de uso industrial y doméstico y una impresionante colección de huacos (108 f.).

Pero es indudable que todo este cuidadoso material gráfico sólo era una parte de la historia del obispado que Martínez Compañón tenía proyectada. ¿Llegó a terminarla realmente? Vargas Ugarte encontró en el Archivo General de Indias de Sevilla una carta al rey, escrita por el albacea de Martínez Compañón, en la que se afirma que el obispo «no pudo continuar y concluir su *Historia,* como lo deseaba, habiendo fallecido con este dolor, que procuró aliviarlo con el encargo particular que me hizo de su conclusión y presentación a V.M., siempre que pudiese recopilar los apuntes sueltos, que andaban extraviados».[15] De donde Vargas Ugarte concluye que cinco años después del fallecimiento del obispo, su *Historia* «paraba en Bogotá en manos de uno de sus albaceas, pero informe y a medio hacer» y que no «se ha encontrado hasta hoy el rastro de esta *Historia* manuscrita».[16]

Sin embargo, parece que parte del trabajo de Martínez Compañón se salvó en la Descripción de *Trujillo y sus partidos,* escrita por el contador de la aduana de Lima, José Ignacio de Lecuanda, y publicada en el *Mercurio Peruano* entre 1793 y 1794. Al referirse el contador a los animales de Trujillo, reconoce que se valió de «las preciosas indagaciones de [...] Martínez Compañón, quien, siendo obispo de Trujillo, corrió esta diócesis, uniendo a los trabajos apostólicos, las observaciones filosóficas más exactas sobre los tres reinos de la naturaleza».[17] Puede consultarse la descripción del partido de Trujillo en el *Mercurio Peruano,* n.os 247-254; la de Piura, en los n.os 263-270; la de Saña, en los n.os 285-288; y la de Cajamarca, en los n.os 333-338.

---

15. Rubén Vargas Ugarte, «Don Baltasar Jaime Martínez de Compañón, obispo de Trujillo», *Mercurio Peruano,* XXIX, 259 (julio 1948), p. 22.

16. *Ibíd.,* pp. 22-23.

17. *Mercurio Peruano* (Lima), 249 (1966), p. 53. Biblioteca Nacional del Perú, edición facsimilar, 1793.

2.2. Acción pastoral y antropología

El obispo trujillano aporta un gran conocimiento de las sociedades indígenas no sólo por medio de su *Historia*, sino también por todo el conocimiento etnográfico que entrañan sus proyectos pastorales. Antes de analizar los principales proyectos, deseo recoger la opinión de Domínguez Bordona, en su edición de los dibujos y acuarelas, sobre la labor pastoral desarrollada por Martínez Compañón:

> Los cuadros estadísticos insertos en uno de los manuscritos que motivan estas líneas acusan la siguiente actividad desarrollada en los nueve años de su pontificado: fundación de 20 pueblos (16.820 habitantes) y traslado de 17; construcción de 54 escuelas, seis seminarios, cuatro casas de educación para indios y 39 iglesias; reparación de otras 21 iglesias; construcción de seis caminos nuevos (180 leguas) y tres acequias (16 leguas). Fomento de la siembra de la cascarilla (Trujillo y Otusco), cacao (Tongo, Balzas, Moyobamba, Santo Toribio, San Marcos y Magdalena), lino (Chocope y Saña) y plantío de árboles (Sechura).[18]

Estos datos prueban el enorme dinamismo del obispo visitador. Paso a enumerar alguno de sus proyectos:

a) *Fundación de pueblos*. Martínez Compañón seguía pensando con la lógica toledana de que los indios debían reducirse a pueblos, para ser mejor atendidos espiritualmente y gozar de los beneficios de la vida urbana, en una época en que la mita minera ya había dejado de ser el costo social de la reducción. Son muchos los pueblos fundados por el obispo, como Santo Toribio, en Moyobamba, Bagua Chica en Jaén, San Carlos y Yamán en Chillaos, etc. Toda fundación o traslado de un pueblo exigía una serie de informes y cartas oficiales, que se conservan sobre todo en el Archivo de la Biblioteca Nacional de Bogotá[19] y que son una buena fuente sobre la vida económica y social. Toda fundación suponía

---

18. Domínguez Bordona, *op. cit.*, p. 5.
19. El Archivo de la Biblioteca Nacional de Bogotá es, en la actualidad, la principal fuente documental de la obra de Martínez Compañón en el Perú. Como ejemplo, transcribo el título de algunos documentos de la sección «Virreyes»: Tomo 3: «Visita general practicada por el obispo don B. Jaime Martínez de C. a la diócesis de Trujillo» (año 1790, folios 25-139). Tomo 7: «Censo de población de los aborígenes dispersos en la zona comprendida entre el río de la Chira, Amotape, Polvareda y Callejones, jurisdicción de Trujillo, Perú. Visita pastoral del obispo a los varios pueblos de su diócesis y disposiciones dictadas por él para el mejor servicio civil y religioso» (año de 1783, folios 369-990). Tomo 8: «Inventario de alhajas y ornamentos de la Iglesia

la creación de una nueva parroquia, para lo cual, de ordinario, había que dividir una parroquia mayor. Los minuciosos procesos para establecer los ingresos y gastos de las parroquias que iban a dividirse son otra fuente excelente de información.[20]

b) *Visitas pastorales*. Después de visitar cada una de las parroquias de su obispado, Martínez Compañón dejaba un «auto de la visita» en el libro de bautizos respectivo. He recogido y publicado el de la parroquia matriz de Piura,[21] pero he consultado otros

---

de Nuestra Señora del Carmen de la ciudad de Piura y visitas practicadas por el obispo de Trujillo y planos del distrito eclesiástico y del colegio seminario de Piura» (años 1783, f. 843-1.003). Tomo 13: «Los habitantes dispersos de la hacienda grande Chambarazo y otros vecinos residentes en las márgenes del río Chira elevan petición al obispo de Trujillo para que se les señale un sitio para fundar su pueblo y se les nombre cura» (1783, f. 210-255); «Petición elevada al obispo por el cacique gobernador y alcalde del pueblo de Guamachuco para que se funde una escuela» (1785, f. 376-426); «Los moradores de la hacienda Chipillico, en curato de Piura, piden apoyo del obispo para fundar pueblo» (1783, f. 637-689); «Representación del Ayuntamiento de la ciudad del Triunfo de la Santa Cruz de Motilones de Lamas al obispo, en que piden el definitivo señalamiento del lugar donde debe fundarse la ciudad para evitar las disensiones que han surgido» (1787, f. 809-856). Tomo 14: «Visitas del obispo Martínez Compañón a todos los pueblos de su diócesis, con las actas respectivas e impulso a las obras materiales de dicha diócesis [...]» (años 1780-1783, f. 143-1.009). Tomo 15: «Varias parcialidades indígenas peruanas representan ante el obispo de Trujillo con el fin de federarse» (1783, f. 160-180); «Los arrendatarios de la hacienda Yaguay-Negro (Perú) piden al obispo de Trujillo constituir un pueblo» (1783, f. 182-201); «Pastoral e instrucciones del obispo al cura de Otusco y a los demás párrocos sobre los movimientos sediciosos de dicho pueblo» (1782, f. 202-394). Tomo 17: «Federación de las parcialidades indígenas del río Chira, en el sitio llamado La Punta, atendiendo instrucciones del obispo de Trujillo» (1786, f. 19-70); «El obispo promueve el cultivo del lino en la diócesis» (1786, f. 72-73); «Comunicación sobre siembra del cacao en algunas tierras del Perú» (1786, f. 124-125); «Correspondencia entre autoridades eclesiásticas y civiles de Trujillo sobre bienestar material y espiritual» (años 1784-1787, f. 127-256); «Memorial del cacique de la provincia de Guamachuco, Perú, sobre tributos y atención a los indígenas enfermos» (1785, f. 266-319). Una información similar se encuentra en Archivo Arzobispal de Trujillo.

20. En el tomo 7 de «Virreyes» del Archivo de la Biblioteca Nacional de Bogotá, folios 456-465, está el proceso sobre ingresos y gastos del cura de Cheto, Chachapoyas. Declaran como testigos el procurador, el regidor y el alcalde indígenas, y se pregunta sobre la cuantía del sínodo y de las primicias, el número de capellanías y de aniversarios perpetuos, el número de cofradías y misas que manda celebrar cada una, el importe del «manípulo» del jueves santo y de las dos pascuas y la «adoración» del viernes santo, y los estipendios por bautismo y matrimonios. En cuanto a los egresos, se pregunta sobre la cantidad que abona el cura a su ayudante, sobre el gasto de la casa del cura y sobre el pago de los impuestos a la diócesis. El proceso continúa con la presentación por parte del cura de los libros de entrada y su declaración bajo juramento de egresos e ingresos a cada punto del cuestionario. Hay muchos procesos similares en los archivos de Bogotá y Trujillo.

21. M. Marzal, «Un directorio norperuano de pastoral de fines del virreinato, 1783», *Revista Teológica Limense* (Lima), VII, 2 (1973), pp. 267-305.

muchos (Catacaos, Huancabamba, Santiago de Cao, etc.). Dichos autos comprenden una serie de capítulos que se refieren a los temas de cualquier «directorio pastoral», tales como lugares sagrados, ministros del culto, métodos de evangelización y de catequesis, normas para la administración de cada uno de los sacramentos, normas sobre cofradías y demás organizaciones de los fieles, etc. El texto no se limita a presentar orientaciones, sino que tiene mayor complejidad, y así unas veces promulga normas legales concretas, indicando incluso el tipo de sanción impuesta al cura transgresor, y otras presenta razones de lo mandado y aun verdaderas catequesis sobre determinados puntos. Además, el texto no se refiere sólo a la acción religiosa, sino que da también pautas para la promoción humana de los fieles. Como ejemplo, recojo algunas normas del auto de Santiago de Cao (7 de marzo de 1785) relativas a dicha promoción humana. En el número 8 se dice que el cura procure que los indios «que viven y moran en el campo, fuera del son de la campana y a distancia de todo poblado, dentro del término de 4 meses tengan fabricado un rancho, cada uno en el pueblo de su vecindad, para su habitación, según lo han ofrecido a S.Sa. Ilma., y exigen que así se haga las ordenanzas del Reino y la misma razón natural y recíprocas funciones de la sociedad», a fin de evitar «el abismo de ignorancia, de libertinaje y de brutalidad, que son como inseparables de una vida solitaria y silvestre desde la primera edad». En el N.º 12 se pide a los curas que fomenten la actividad agrícola, especialmente «el cultivo de granos y de algodón». En el N.º 13 se dice que se tomen 200 pesos de la caja de las cofradías para comprar tornos, donde aprendan a hilar las cholas y todos los que quieren. En el N.º 14 se establecen «dos dotes para cholitas solteras, oriundas de este dicho pueblo, de doce años en adelante, de una yugada de bueyes aradores para cada una». En el N.º 15 se ordena que los maestros de las dos escuelas se atengan a las normas estipuladas para Chachapoyas y Ferreñafe, mientras se hacen unas generales.

Pero el auto es, sobre todo, el modelo de aculturación religiosa que trató de imponerse al final del período colonial.

c) *La promoción indígena*. Fue otro punto importante del programa del obispo-visitador. En una carta al rey de 15 de mayo de 1786 presenta un cuadro sombrío de la situación del indio:

> A la verdad, Señor, los indios de este obispado [...] es una gente miserable sobre todo encarecimiento, por donde quiera que se mire. Ciertamente son miserables en sus almas, en sus cuerpos, en sus honras y en sus fortunas. En sus almas, por su profunda ignorancia

[...] y hallarse plagados y cancerados de vicios. En sus cuerpos, porque son tratados [...] con inhumanidad y crueldad, [no] poniéndose [...] ningún auxilio para el restablecimiento [de su salud] [...], ni aquellos que comúnmente se suelen aplicar a las bestias. En sus honras, porque un mixto, el más desventurado, y aun tal vez un negro se quiere hacer superior al cacique más distinguido, si es que no llega a tratarle con vilipendio ultrajándole de palabra o con las manos. En sus fortunas porque ésta es para ellos una voz vacía que no tiene significación [...] y siendo así que son, si no los únicos o al menos los que más trabajan sin comparación, vienen a ser los que menos fruto sacan de su sudor.[22]

«Condolido» por esta situación, el obispo propone en su carta la creación de dos internados de indígenas, uno para muchachos y otro para muchachas, procedentes de diferentes pueblos. La carta enumera minuciosamente todos los detalles del proyecto. En primer lugar, la aceptación y colaboración de los indios. Martínez Compañón propuso personalmente el plan a los indios de Piura y les dio ocho días para contestar; ellos regresaron, antes del plazo fijado, aceptando enviar a sus hijos y comprometiéndose a donar, cada uno, dos reales al año; la misma respuesta afirmativa dieron la casi totalidad de los indios del obispado cuando el obispo les envió una carta.

En segundo lugar, Martínez Compañón enumera las ventajas del internado: «dichos indios, así varones como mujeres, con el trato que se les daría de casa, boca, cama, vestido y doctrina se harían a nuestras costumbres y, vueltos a sus pueblos, procurarían mantener el mismo orden en sus familias»;[23] además, los internados podrían servir para seleccionar a los que se mostraron aptos para el sacerdocio. Este carácter de formación de elites se robustece, porque el obispo propone para el más sobresaliente «el título de don y el de voz en el cabildo de su pueblo y asiento en el banco de los alcaldes y vestir de seda.[24] Otra ventaja que Martínez Compañón veía era la aceptación de la ideología oficial por parte de los indios, «que el Señor los ha tratado con mucha misericordia y amor en haberlos redimido de la dura servidumbre que padecían bajo el imperio despótico de los Ingas [...] y en ponerlos bajo el [...] gobierno de los Srs. Reyes de España, que en todos tiempos han tratado como verdaderos padres, sin diferencia de los demás vasallos» y que «lleguen a convencerse de que en las negociaciones y tratos particulares con los españoles y demás castas son benefi-

22. Pérez Ayala, *op. cit.*, p. 272.
23. *Ibíd.*, p. 274.
24. *Ibíd.*, íd.

ciados y no que los servicios, que se les hace, son un anzuelo o carnaza que se les arroja para esclavizarlos».[25] Aunque Martínez Compañón denuncia las injusticias que padecen los indios de parte de mestizos y negros, piensa que hay que mantener la colaboración y confianza mutua entre los diferentes grupos sociales.

En tercer lugar, la carta expone el modo de financiación. Suponiendo que el gasto diario por interno sea de cuatro reales, el gasto anual será de 52.346 pesos, que pueden cubrirse con 2.000 pesos que dona el obispo, 7.000 que ofrecen los indios, con el producto del trabajo de ambos internados y con una serie de medidas que el obispo propone (consignar 15 o 20 fanegadas de tierras baldías en cada pueblo para los dos internados, pedir limosnas con el mismo fin del Domingo de Ramos al Viernes Santo, subir hasta dos pesos, que pueden pagarse en especie, el aporte anual de cada indio, gravar con dos pesos cada botija de aguardiente, con dos reales las de chicha y con un peso cada testamento).

En fin, la carta sigue exponiendo todos los detalles del proyecto (lugar donde debían establecerse los internados, posible alternativa en caso de que no pudieran organizarse dichos internados, etc.), que muestran el talento organizador del obispo. Esta información puede completarse con la de otra carta al rey de 5 de febrero de 1787 sobre la política escolar del obispo; allí se refiere a la creación de dos escuelas de agricultura en Caxamarquilla y se ofrece «cuando otro menos ocupado y de más salud y conocimiento no lo hiciese, a formar un compendio o catecismo breve y claro de los elementos de la agricultura teórica y práctica, por preguntas y respuestas».[26] Parece ser que la intempestiva promoción del obispo trujillano a la sede de Bogotá impidió que el proyecto de los internados llegara a realizarse, pero sabemos, por la historia y por el testimonio de los cuadros estadísticos de su obra inconclusa, que realizó una verdadera promoción del indígena, por lo que Vargas Ugarte llega a compararlo con Vasco de Quiroga.[27]

3. Francisco de Ávila (1573-1647)

Nació en el Cusco y fue «expuesto» en la puerta de la familia del ensayador Cristóbal Rodríguez y su esposa Beatriz de Ávila, de quien recibió el apellido. Estudia con los jesuitas y en 1592 se

25. *Ibíd.*, íd.
26. *Ibíd.*, p. 276.
27. Vargas Ugarte, *op. cit.*, p. 14.

traslada a Lima, para continuar sus estudios en San Marcos. Se ordena sacerdote en 1596, y al año siguiente se recibe de bachiller y gana en una oposición la doctrina de San Damián (provincia de Huarochirí). Pasa los primeros años en su parroquia andina como cualquier párroco, dedicado a la instrucción de los indios en la lengua general, que domina perfectamente, y mostrando mucho interés por conocer las tradiciones indígenas, sin hacer más interrupciones que esporádicos viajes a Lima, donde se doctora en San Marcos, hasta que, en agosto de 1608, ocurren los sucesos ya narrados que lo convierten en el «primer visitador de la idolatría». El 30 de abril de 1610 escribe al rey, solicitando un beneficio en Huánuco:

> Soy persona de letras y que las profeso y me precio de ellas, doctor en cánones por esta universidad donde fui graduado rigurosamente, examinado y aprobado, habiendo estudiado siempre con extrema pobreza y no más ayuda que la de Dios, que fue servido de alimentarme, y me he ocupado más de trece años en curatos de indios, enseñándoles y doctrinándolos en nuestra santa fe católica con muy grande vigilancia y cuidado y no menos aprovechamiento de ellos. Soy así mismo hijo expuesto de esta tierra, de padres naturales de ésa y nobles, aunque no conocidos.[28]

Aunque obtuvo el beneficio en Huánuco, durante varios años estuvo dedicado casi totalmente a la tarea de visitador, logrando gran fama por su eficacia.[29] En 1618 es nombrado canónigo de la

---

28. Archivo General de Indias, Sevilla, Audiencia de Lima, 335, citado por Duviols en Ávila, *op. cit.*, 249.

29. La eficacia de Ávila se muestra por el tiempo que se mantuvo como visitador y por el testimonio de los que trabajaron con él. Por ejemplo, el padre Fabián Ayala escribe al arzobispo el 12 de abril de 1611: «De todo lo dicho colijo una cosa y es que el pueblo donde hay ídolos y huacas (y es sin duda que las hay en todos) y no entrare en él el doctor Ávila a hacer su oficio, es certísimo que se quedará en su mismo error e idolatría [...] La experiencia nos ha mostrado ser verdad lo que acabo de decir, porque si no es con la larga que el doctor tiene de las cosas de los indios, con la cual les entiende los pensamientos, no se puede hacer nada»; citado por Duviols en Ávila, *op. cit.*, p. 252. Se conserva también testimonios de indios, recogidos por Guamán Poma en su *Crónica*. El cronista indio cuenta lo que le informaron en Castrovirreina tres viejas fugitivas a las que Ávila había acusado de idólatras sin fundamento: «Le dijo [al autor]: —señor, nosotras estamos huidas del padre doctor Ávila, visitador del obispado de la ciudad de los Reyes de Lima y valle de Huarochirí y valle de Jauja; a cauda del doctor dijeron que le quería hacelle hechiceros y hechiceras, el quien dice en la pregunta ques huacas mocha sin haberlo sido, se huelga y dice que adora piedras, que no le castiga, sino que le coraza y le ata en el cuello con una soga y en la mano una candela de cera y ansí dice que anda en procesión: con ello acaba y queda contento el dicho visitador; y si es cristiano y responde y dice que no sabe de huacas

catedral de Chuquisaca, donde permanece catorce años, y luego pasa también como canónigo a la catedral de Lima. En este tiempo debió de escribir su *Tratado de los evangelios* (cuyo segundo tomo se publicó póstumamente), que es un sermonario en castellano y quechua para todos los domingos del año, con especial énfasis en las creencias y ritos indígenas. Era el complemento de las visitas. Como dice en el prólogo: «Muy buena es la visita de idolatrías, pero ha de ser haciendo a dos manos, con la una predicando [...] todos los días por la mañana [...] desengañándolos [a los indios] de todo error, sin voces ni gritos, con mucho amor [...]; y con la otra mano, tratando de la visita por el orden del libro del P. José de Arriaga» (1946, LXXV).

OBRAS

1608 *Tratado y relación de los errores, falsos dioses y otras supersticiones y ritos diabólicos, en que vivían antiguamente los indios de la provincia de Huarochirí.*
1646-1648 *Tratado de los evangelios*, 2 t., Lima.

La primera obra es propiamente la traducción castellana incompleta (ocho capítulos frente a los 31 del original), con pequeñas modificaciones para el público hispanohablante (incluso refutando las creencias indígenas) (1966, 207-208), de una recopilación en quechua de los mitos y tradición oral de los indios de Huarochirí, que debió de hacer el mismo Ávila hacia 1598. El manuscrito se conserva en la Biblioteca Nacional de Madrid y se pu-

ídolos y que él adora a un solo Dios y la Santísima Trinidad y a la Virgen Santa María y a todos los santos y santos ángeles del cielo, a este dicho indio o india, luego le manda subir en un carnero blanco y allí dice que le da muy muchos azotes hasta hacelle caer sangre a las espaldas del carnero blanco para que parezca la sangre del pobre indio, y con los tormentos y dolores dice el indio que adora al ídolo huaca antiguo; —ves aquí, cristiano de palo, cómo no tienen favor los pobres de Jesucristo, anda tanto tormento y castigo; dijéronle al autor las tres viejas: Señor V. Md. irá allá y sabrá la verdad y llorará con los pobres de Jesucristo— dijo estas dichas pobres mujeres que otro viejo pobre, por no verse en el dicho tormento injusto, que el propio dicho viejo tomó coca molido hecho polvo y lo tomó y se ahogó y murió con ella y le enterraron en el sagrado, y de allí le mandó sacar el cuerpo y lo mandó quemallo y de los huesos que quedó echó en el río. ¡Oh que buen doctor! ¿Adónde está vuestra ánima? ¿Qué sierpe la come y desuella a las dichas ovejas sin pastor y sin dueño, que no tiene año? Si tuviera dueño, todavía se doliera de sus ovejas de Jesucristo que le costó su sangre. ¿Adónde estás, Dios del cielo? ¡Cómo está lejos el pastor y teniente verdadero de Dios, el santo Papa! ¿Adónde estás, nuestro señor rey Felipe, que así lo pierdes tu reino y tu hacienda, servicio de tu corona real?» (1966, III, 265-266). Otro testimonio similar recoge de los indios despojados de San Felipe.

blicó por primera vez traducido al alemán por Herman Trimborn en 1939. José María Arguedas hizo la primera edición peruana en 1966 de ambos documentos, los mitos y el resumen de Ávila, traduciendo el primero al castellano, bajo el título de *Dioses y hombres en Huarochirí* (Lima, Museo Nacional de Historia). En 1987 apareció en el Instituto de Estudios Peruanos la excelente edición quechua y castellana de Gerald Taylor, *Ritos y tradiciones de Huarochirí del siglo XVII*, con un polémico estudio biográfico sobre Ávila de Antonio Acosta. Volviendo a la edición de Arguedas, éste escribe en su introducción:

> Es el único texto quechua popular conocido de los siglos XVI y XVII y el único que ofrece un cuadro completo, coherente, de la mitología de los ritos y de la sociedad de una provincia del Perú antiguo. Este libro muestra con el poder sugerente del lenguaje no elaborado, limpio de retórica, la concepción total que el hombre antiguo tenía acerca de su origen, acerca del mundo, de las relaciones del hombre con el universo y de las relaciones de los hombres entre ellos mismos. Y, además, alcanza a transmitirnos, mediante el poder que el lenguaje antiguo tiene, las perturbaciones que en este conjunto habían causado ya la penetración y la dominación hispánica. Están descritos mediante la narración de «hechos» que son expuestos con precisión y en la cual se siente el orgullo provincial, la esperanza y la perplejidad. Es el lenguaje del hombre prehispánico recién tocado por la espada de Santiago. En este sentido es una especie de Popol Vuh de la antigüedad peruana; una pequeña biblia regional que ilumina todo el campo de la historia prehispánica de los pueblos que luego formaron el inmenso imperio colonial organizado en el Virreinato del Perú [1966, 9].

APORTES

3.1. *La tradición oral andina*

Aunque distintos cronistas (como Garcilaso, Guamán o Cobo) nos han transmitido algunos mitos, es indudable que el conjunto más importante y completo de mitos andinos que conocemos fue recogido por Ávila en Huarochirí, y por eso se le puede considerar el iniciador de los estudios sobre tradición oral andina. Poco se sabe de lo que pretendió con su recopilación o cómo la hizo. La breve introducción del manuscrito quechua comienza así: «Si los indios de la antigüedad hubieran sabido escribir, la vida de todos ellos, en todas partes, no se habría perdido [...] Por ser así y como hasta ahora no está escrito, yo hablo aquí de la vida de los antiguos hombres de este pueblo llamado Huarochirí [...], sobre la fe que tenían y de cómo vivían hasta ahora» (1966, 19). Y en la primera página de su *Tratado* de 1608 se lee: «recogido por el Doctor Francisco de Ávila [...] de personas fidedignas y que, con particular diligencia, procuraron la verdad del todo y aun, antes de que Dios las alumbrase, vivieron en los dichos errores y ejercitaron sus ceremonias» (1966, 199). Pero la recopilación de Ávila, además de la garantía de estar basada en informantes dignos de fe y conocedores de los mitos y ritos por haber creído en ellos, tiene la credibilidad que nos produce su simple lectura. Es la misma prueba que presentaba Sahagún sobre su información acerca de la religión azteca al decir que era imposible inventarla.

Ciertamente, no es Ávila quien habla en el manuscrito, sino los informantes locales, con el lenguaje salpicado de incoherencias y digresiones, que es propio de la tradición oral. Las incoherencias provienen de que el mismo mito es narrado de manera distinta en los diferentes ayllus; así Ávila, después de contar la vida de las hermanas de la huaca Chaupiñamca, observa: «pero la gente, en sus pueblos, ayllu por ayllu, cuenta de otro modo estas historias y hasta los nombres de las huacas; los hombres de Mama las pronuncian de modo distinto que los de Checa» (1966, 89). Otras incoherencias nacen de que los informantes dan versiones diferentes de la identidad o de las relaciones de parentesco entre las huacas, e incluso reconocen su ignorancia sobre determinados puntos. Las digresiones se producen, sobre todo, por la misma narración, cuando se siguen las andanzas de uno de los personajes para retomar después el hilo de la narración.

No es fácil resumir el contenido de los 31 capítulos del manuscrito. En general, puede decirse que el protagonista de la obra es Pariacaca, la divinidad más venerada en la provincia de Huarochirí, por los muchos mitos en que aparece y por las referencias a ella en los mitos de otras huacas. Pero, haciendo un intento de síntesis de los 31 capítulos, pueden señalarse diferentes temas o ciclos, que se refieren, sobre todo, a los mitos y ritos en torno a una huaca determinada. Tales ciclos son:

a) *Ciclo de las huacas más antiguas y, en especial, de Cuniraya Wiracocha*, creador de la última humanidad (caps. 1-4 y 14-15). Cuniraya se presenta como creador, civilizador y habituado a tomar la forma de mendigo:

Este Cuniraya Wiracocha, en los tiempos más antiguos, anduvo, vagó tomando la apariencia de un hombre muy pobre; su yacolla (manto) y su cusma (túnica) hechas jirones. Algunos, que no lo conocían, murmuraban al verlo: «miserable piojoso», decían. Este hombre tenía poder sobre todos los pueblos. Con sólo hablar conseguía concluir andenes bien acabados y sostenidos por muros. Y también enseñó a hacer los canales de riego arrojando (en el barro) la flor de una caña llamada pupuna; ordenó que los hicieran desde su salida (comienzo) [1966, 23].

Sobre esos tiempos antiguos hay un mito del diluvio (un hombre con su familia y animales de todas las especies se salvan en la cima de la montaña Huillcacoto) (cap. 3) y un mito de un eclipse solar (cap. 4).

b) *Ciclo de la huaca Pariacaca* (caps. 5-9, 16-17 y 25-26). Esta huaca —según el informe del mismo Ávila al arzobispo en 1611— «es un pedazo de cordillera nevada, bien conocida de cuantos han pasado a este reino porque se pasa por ella de esta ciudad a la de Cusco, y es un cerrillo como pan de azúcar, cubierto de nieve [...], este cerrillo fingen que era persona antiguamente» (1966, 257). En el capítulo 16 Ávila dice: «en el capítulo 9 señalamos cómo Pariacaca, habiendo nacido de cinco huevos, tuvo o no hermanos o si algunos de ellos fueron sus hijos [...]; vamos a escribir los nombres de cada uno [...] "Se dice que somos hijos de Cuniraya", afirmando esto, más o menos, cada uno de los cinco fue hermano, uno del otro» (1966, 97). Pariacaca llega a diferentes pueblos en fiesta, como si fuera un mendigo, y al no ser bien atendido por su pobre apariencia, castiga a los culpables. Luego se pelea y vence a la huaca Huallallo Carhuincho (caps. 16-17) y se enamora de la huaca Chuquiuso, que acaba quedándose en la bocotoma del acueducto de Cocachalla, convertida en piedra y en cuyo honor el ayllu de los cupra celebra el rito de la «limpia-acequia» (caps. 6-7). Finalmente, Pariacaca «en todos los pueblos impuso la misma forma de adoración», y «de todos los que somos como un solo hijo (ayllu, linaje o familia) escogía a uno y a ese ordenaba, a solas: "Tú recordando mi vida, siguiéndola, celebrarás cada año una pascua" (los nombres de los elegidos eran Huacasa). "Estos Huacasas cantarán y bailarán tres veces al año, trayendo coca en un saco muy grande"» (1966, 65).

c) *Ciclo de la huaca Chaupiñamca* (caps. 10 y 13). Ávila cuenta:

Chaupiñamca tuvo cinco hermanas: ella fue la mayor. Obedeciendo a un mandato de Pariacaca, bajó a vivir a Mama. Y así esta llamada Mamañamca iba diciendo: «Yo soy la que creo a los hombres». Algunos dicen ahora de Chaupiñanca, que fue hermana de Pariacaca; y ella misma, cuando hablaba, decía: «Pariacaca es mi hermano». Chaupiñamca era una piedra yerta con cinco alas. Para adorarla hacían igual que con Pariacaca: corrían en competencia hacia la montaña, arreando a sus llamas o cualquier otro animal; si alguna llama iba hacia Pariacaca por sí misma, ella guiaba (a todos). Cuando la piedra de cinco alas, que era Chaupiñamca, apareció ante la vista de los wiracochas (españoles), éstos la hicieron enterrar, por ahí, en el corral de caballos del cura de Mama. Dicen que hasta ahora se encuentra en este lugar, bajo la tierra [...] La fiesta de Chaupiñamca la celebran ahora en junio, la han hecho coincidir con el día de Corpus Christi [1966, 73-75].

Esta cita recoge la creencia sobre la huaca, describe los ritos en su honor (descripción que luego se amplía), se refiere a la primera destrucción de la idolatría y a los mecanismos de resistencia religiosa por parte de los indígenas (más adelante sostiene que los cinco días de la fiesta se reducen a la víspera del Corpus, 1966, 65).

d) *Ciclo de los huacas hijos de Pariacaca* (caps. 11-12 y 18-19).

e) *Ciclo de la huaca Llocllayhuanca, y de Pachacamac* (caps. 20-22).

Llocllayhuanca, hijo de Pachacamac, es enviado por éste para proteger al pueblo de Checa. Los de Checa «convirtieron la pequeña casa de la mujer que encontró al huaca en una residencia amplia [...], para que allí fuera adorado, y eligieron el mes llamado Pura para celebrar la fiesta» (1966, 113). La narración sigue contando la evolución del culto, pero añade: «con la predicación del señor doctor Ávila, una parte de la gente está regresando a Dios y rechazando esas cosas antiguas». La resistencia que presentan muchos indios a dejar el culto de las huacas y aceptar el cristianismo la interpreta Ávila como una acción diabólica, y por eso recoge en su escrito dos manifestaciones de Llocllayhuanca como demonio al indio don Cristóbal Choquecaxa.

En cuanto a Pachacamac, se le presenta como la huaca a la que se rendía mayor culto junto con el Sol (1966, 127).

Los últimos capítulos se refieren, sobre todo, a los ritos y creencias fúnebres (caps. 27-28), a las estrellas (cap. 29) y a las lagunas Allauca y Yansa, residencia de huacas convertidas en piedra y objeto de ritos vinculados a la agricultura de regadío (caps. 30-31). Aunque no recogen mitos tan elaborados como los de otros capítulos, completan el cuadro sobre creencias y vida ritual de Huarochirí.

Tras esta visión sintética del contenido del manuscrito, paso a presentar un mito de Pariacaca, utilizando, como siempre, la bella versión de Arguedas:

Cierto día llegó Pariacaca a este pueblo (Yarutini), cuando los Collis estaban bebiendo. Pariacaca se sentó, humildemente, en un extremo de la concurrencia. Tenía el aspecto de un hombre desvalido. Nadie quiso, por esa razón, invitarle a beber. Sólo un hombre bebió con él. «Dame una vez más», le dijo Pariacaca a su invitante. El hombre aceptó y le volvió a servir. Entonces el huaca (Pariacaca) le pidió: «Permíteme mascar de tu coca». Y el hombre accedió igualmente. Pariacaca volvió a hablar: «hermano, has de prenderte bien de ese árbol, cuando en cualquier tiempo, yo vuelva aquí. Pero no les cuentes nada de lo que digo a esos hombres. Que sigan gozando». Y diciendo eso, se fue.

Cinco días después, se levantó un viento muy fuerte. Y ese viento tomó de sorpresa a los Collis, una y dos veces los alzó y llevó muy lejos. Una parte de los hombres, así llevaba por viento, perdieron la razón y murieron; los otros cayeron en el actual pueblo vivo de Carauayllo, sobre la montaña. A esta montaña le llaman ahora Colli; y se dice, que allí murieron todos, que no ha quedado ninguno de ellos vivo.

El único hombre que invitó a Pariacaca a beber en Yarutini, él, pudo salvarse del viento prendiéndose de un árbol. Cuando concluyó de llevarse a todos los hombres (de Yarutini) [Pariacaca] le habló: «hermano, estás completamente solo. Aquí has de habitar eternamente. Cuando mis hijos vengan a rendirme culto, cuatro veces te darán coca los huacasas para que mastiques, sin faltar jamás. Tu nombre será Capac Huanca. Así serás llamado». Y luego enfrió el cuerpo del hombre hasta convertirlo en piedra [...] Y tal como lo dispuso Pariacaca, los huacasas le dieron de masticar (a Capac Huanca) durante muchísimos años [1966, 149].

Esta versión es similar a otras cuatro que se recogen en la obra de Ávila: en el cap. 6, Pariacaca llega al pueblo yunga de Huayquiusa, bajo la apariencia de un pobre, y es despreciado por el pueblo en fiesta; sólo una «mujer común» le ofrece un «mate de chicha», por lo que se salva, junto con su familia, de la granizada «roja y amarilla» con la que Pariacaca a los cinco días castiga al pueblo egoísta; en el cap. 26, Pariacaca se presenta al pueblo de Macacalla, de forma humilde, y nadie le invitó a beber, «enfurecido a los cinco días, mató a todos los habitantes haciendo caer una lluvia amarilla y otra lluvia roja»; en el mismo capítulo se recoge otra versión, en la que aparece una «lluvia roja» y rayos sobre Macacalla, y tanto los que huyeron del pueblo como los que se quedaron en él se convirtieron en piedra; finalmente, ya se transcribió arriba la versión del cap. 2, en la que el protagonista es Cuniraya, que iba por los pueblos con su manto y con su túnica hecha jirones. Para Lévi-Strauss, «los mitos relativos a un personaje sobrenatural, que pone a prueba la generosidad de los humanos bajo la apariencia de un viejo, de un enfermo o de un miserable, son conocidos de una punta a otra del Nuevo Mundo».[30] Esta consistencia y variabilidad de los mitos va a ser uno de los problemas que preocupe a la moderna antropología (cultural, social y estructural), aunque le van a dar interpretaciones diferentes.

Paso ahora a hacer algunas observaciones sobre la obra de Ávila:

1) Dicha obra recoge la tradición local de la provincia de Huarochirí, especialmente de los «checa» y de los «concha», donde los personajes principales van a ser Pariacaca y sus hijos, pero también la tradición más amplia del Tawantinsuyo con referencia al Sol, Pachacamac, el Inca, el Cusco, el Titicaca, etc.; además, en muchas ocasiones alude a lo ocurrido con las huacas y los ritos después de la llegada de los «wiracochas» (españoles). Por lo tanto, la información tiene una amplitud geográfica y temporal muy superior a la de una sola comunidad en una determinada época de su historia.

2) La obra presenta no sólo mitos, sino también ritos y una información dispersa, pero rica, sobre la vida social de los pueblos de Huarochirí, por lo que debe considerarse no sólo como un texto de tradición oral, sino como verdadera etnografía. En cuanto a los ritos, Ávila los describe con bastante exactitud, insistiendo en que tienen su justificación en el mito correspondiente y refiriéndose a la evolución de los mismos, incluso a su acomodación a las fiestas cristianas, establecidas después de la llegada de los españoles. Un buen ejemplo es la fiesta en honor de Pariacaca del capítulo 9. Como muestra presento una parte de la ceremonia:

> Antiguamente iban hasta el mismo Pariacaca; ahora, dicen que van los checa sólo hasta el cerro llamado Incacaya, y desde allí lo adoran. Incacaya se une a otra montaña, Huallquiri, que se alza arriba de la casa abandonada; en ese sitio se reúne toda la gente, ahora, hombres y mujeres. Y para escalar al cerro obedecen a la voz del Yañca que dice: «Yo llegaré primero a la cabeza [de la montaña]». Y compiten en la carrera, tratan de ganarse unos a otros arreando a las llamas del cerro; los hombres muy importantes también avivan la marcha, detrás de las llamas pequeñas. La llama que llegaba primero a la cima de la montaña era muy estimada por Pariacaca [...] Y al [hombre] que tenía la llamita [...], el Yañca le decía: «Éste que tiene la llama es feliz, tiene gran alegría; es amado

---

30. *Mitológicas: lo crudo y lo cocido*, México, Fondo de Cultura Económica, 1972.

por Pariacaca». Y ése era especialmente distinguido y bien mirado por todos. Esta ceremonia de adoración era llamada Auquisma [...] Caía más o menos en junio, diciendo o calculando quizás, la hicieron coincidir con la Pascua [1966, 65].

La etnografía de la obra es, sobre todo, religiosa. Es fácil reconstruir, a partir de ella, el sistema de creencias, de ritos, de formas de organización y de normas éticas de la religión de Huarochirí; en esta reconstrucción puede ayudar la misma síntesis preparada por Ávila en 1611, a petición del arzobispo, donde se refiere sucesivamente al culto doméstico del «cunchur» y «chanca», al culto de los progenitores difuntos, al propio del ayllu, al de Pariacaca, principal divinidad de la región, al de la tierra, manantiales y acequias y al del Sol, la Luna y ciertas estrellas (1966, 255-259); también puede ayudar en la reconstrucción la rica información de Arriaga, que trabajo en la misma zona e hizo su propia síntesis, como se verá enseguida. Esta etnografía religiosa de Ávila es especialmente ilustrativa para estudiar los mecanismos de reinterpretación y resistencia de parte de los indígenas ante la nueva religión, pues en ella Ávila vuelca su experiencia de extirpador. En la citada síntesis del 1611 observa: «en hacer las fiestas de los ídolos referidos con toda solemnidad de danzas y cantos, han usado de un artificio diabólico, que ha sido hacerlas en la fiesta del Corpus Christi, en la fiesta de la adoración del pueblo, en las pascuas y días más solemnes, dándole a entender a su cura que se holgaban por la fiesta de la Iglesia» (1966, 258); pero toda la obra de Ávila» está salpicada de casos concretos de resistencia.

Sin embargo, no hay que olvidar que el material recogido por el cura de Huarochirí ilumina no sólo la religión, sino también muchos aspectos de la vida económica, social y política indígenas.

3) Finalmente, la recopilación de mitos de Ávila puede interpretarse desde diferentes perspectivas teóricas, que maneja la moderna antropología. Es muy clara la interpretación funcionalista de Malinowski, según la cual, como ya decía en el capítulo I, «el mito cumple, en la cultura primitiva, una función indispensable: expresa, exalta y codifica las creencias; custoria y legitima la moralidad; garantiza la eficiencia del ritual y contiene reglas prácticas para aleccionar al hombre».[31] Ávila hace continuas referencias a la explicación de las costumbres por los mitos: por sólo citar un par de ejemplos; después de narrar cómo el dios huanca Huallallo comía perros y cómo los huancas le ofrecían perros y se alimenta-

31. *Estudios de psicología primitiva*, Buenos Aires, Paidós, 1963, p. 33.

ban de perros, añade: «es ésa la razón de por qué hasta ahora a los huancas los llamamos comeperros» (1966, 65); en el capítulo 27 cuenta que, en la antigüedad, los difuntos regresaban al quinto día de su muerte, y narra el mal recibimiento que tuvo el «ánima» de un muerto de parte de su mujer, que, cansada de esperarle, le arrojó una coronta de maíz, y concluye: «desde entonces, hasta ahora, los muertos no vuelven más» (1966, 155).

La perspectiva estructuralista, que fue iniciada por Lévi-Strauss, ha sido cultivada en el Perú por Alejandro Ortiz. En su trabajo *Huarochirí, cuatrocientos años después*,[32] después de analizar, en la introducción, diferentes aproximaciones metodológicas para comprender el mundo andino actual y sus mitos, tales como la histórico-culturalista y la de la dominación-dependencia, propone la aproximación estructuralista, para explicar: «ese mundo vivo, complejo y hermoso, que es la mitología andina, reflejo casi directo, apenas materializado por la palabra, sin necesidad inmediata, casi gratuito del hombre de los Andes. Colorido diálogo entre el hombre y lo que él considera que son las fuerzas sobrenaturales».[33]

Como ejemplo de este análisis, presento la oposición que encuentra Ortiz entre Pariacaca y Pachacamac en la imagen del mundo en Huarochirí. Para Ortiz, «Pariacaca, la divinidad de las alturas, personificada por los nevados [...], se halla en oposición simétrica con el Dios Pachacamac. Ambos se encuentran situados en lugares geométricos extremos y contrarios. Esta relación no está explicitada en ningún relato antiguo ni contemporáneo».[34] Ávila, como ya se vio, dedica una serie de capítulos a Pariacaca y otros a Pachacamac, y dice sobre el último:

> Esto proclamaron los Incas: «En el lago que está hacia abajo del Titicaca, que ya hemos nombrado, en el llamado Pachacamac, allí termina la tierra. Ya no debe haber más allá, ningún pueblo, tampoco debe haber ningún resplandor», afirmando esto sí debieron adorar [los Incas a Pachacamac] [...] Éstas son las verdades que sabemos de Pachacamac, a quien llaman «El que mueve el mundo». Dicen que, cuando él se irrita, el mundo se mueve; que también se estremece, cuando vuelve la cabeza a cualquier lado. Por eso, tiene la cabeza inmóvil. «Si rotara todo el cuerpo, al instante se acabaría el universo», decían los hombres [1966, 127-129].

---

32. Lima, Pontificia Universidad Católica, Fondo Editorial, 1980.
33. *Ibíd.*, p. 17.
34. *Ibíd.*, p. 117.

Por lo cual, según Ortiz, «Pachacamac es la divinidad de las fronteras entre lo tangible y lo vacío, el límite de lo conocido y lo desconocido» y «representa la amenaza del caos, la acción de lo desconocido [...], que puede cambiar, "voltear" el orden de Pariacaca [...], la esperanza de perennidad».[35] Tal oposición lleva a Ortiz a sostener:

> Estos dos aspectos de lo sobrenatural divino, los valores a que están ligados, coinciden con la simbología de lo alto y de lo bajo que hemos estado anotando a lo largo de nuestro estudio: generalmente lo *hanan* (alto) está vinculado con el orden, con el día, y agreguemos, con el poder del Presente, con lo establecido; en contraste, lo *urin* (bajo) evoca el desorden, la noche y, podemos añadir, lo amenazante, el Pasado y el germen del Futuro. Parecieron identificarse íntimamente en estos relatos el *Kay Pacha* (este mundo: presente) con el *Hanan* (alto) y lo *Urin* (bajo) con el *Ukhu Pacha* (el mundo de abajo: pasado y futuro). De esta manera, a los extremos del antiguo Huarochirí, encontramos dos divinidades opuestas (quizás podría afirmarse que se trata del mismo principio divino manifestándose de dos maneras distintas), que explican la permanencia y lo que transcurre, la tranquilidad del orden y la inquietud de lo desconocido: Pariacaca y Pachacamac.
>
> Entre estas dos divinidades, siempre siguiendo el capítulo 22 de Ávila, se ubica el Inca, quien confirma el culto de ambos dioses. El Inca cumple así un rol de intermediario —*chaupi*, medio— entre los dos términos opuestos [...].
>
> Es una imagen del mundo tal vez marcada por las gentes de altura. Para los yungas de Huarochirí, que adoraban a Pachacamac como al Dios principal, los valores *Urin-Hanan*, y en consecuencia las características de Pachacamac, acaso fueran distintas o tal vez inversas [...].
>
> Siguiendo esta interpretación basada en la oposición de las dos divinidades huarochirinas Pariacaca-Pachacamac nos figuramos cuál debió de ser el significado que, cuando menos los huarochiranos de arriba, debieron atribuir al hecho que los españoles instalaran su principal centro poblado en una región *Urin*, al lado de la divinidad amenazante de Pachacamac, a la cual se le relaciona con los españoles aun hoy día.[36]

---

35. *Ibíd.*, pp. 119 y 120.
36. *Ibíd.*, pp. 120-123.

4. Pablo José de Arriaga (1564-1622)

Vasco, jesuita, llega al Perú en 1585 y pasa la mayor parte de su vida dedicado a la educación de los criollos, como rector de los colegios de San Martín de Lima y de Arequipa. Cuando Francisco de Ávila inicia, de un modo sistemático, las campañas de extirpación de la idolatría y solicita la cooperación de misioneros jesuitas que acompañen a los visitadores, Arriaga es uno de los elegidos. Él mismo nos lo cuenta en el capítulo 1 de su obra: «Aunque su Excelencia me tenía ocupado en dar principio al colegio de los caciques y en la fábrica de la casa de Santa Cruz, dejándola en buen paraje al cuidado de otro padre que llevase lo uno y lo otro adelante, me mandó salir a la visita, en la cual acompañé año y medio al doctor Avendaño y algunos meses al doctor Francisco de Ávila, y así lo que dijere será como testigo de vista o informado de persona de tanto o más crédito que el mío» (1968, 299). Poco después de terminar su participación en las campañas de extirpación y de publicar en Lima un libro sobre su experiencia, debe viajar a Europa, y muere al naufragar su barco frente a La Habana.

OBRAS

1621 *Extirpación de la idolatría del Perú*, Lima, Gerónimo Contreras. Ha sido reeditada por Francisco Esteve Barba en *Crónicas peruanas de interés indígena*, Madrid, Biblioteca de Autores Españoles, 1968.

APORTES

Si Francisco de Ávila fue el iniciador de las campañas de extirpación y el recopilador de la tradición oral andina del inicio del siglo XVII, Arriaga es el sistematizador de las campañas de extirpación y quien hace la mejor síntesis de la religión andina del mismo período. Esto se desprende del mismo contenido de la obra que el autor resume en el prólogo:

> Aunque no va esta relación dividida en partes se podrá reducir a tres. La primera, qué ídolos y huacas tienen los indios, qué sacrificios y fiestas les hacen, qué ministros y sacerdotes, abusos y supersticiones tienen de su gentilidad e idolatría el día de hoy. La segunda, las causas de no haberse desarraigado entre los indios, pues son

cristianos e hijos y aun nietos de cristianos, y los remedios para extirpar las raíces de este mal. La tercera, la práctica muy en particular de cómo se ha de hacer la visita para la extirpación de estas idolatrías [1968, 194].

Pienso que estas tres partes pueden considerarse los tres principales aportes de Arriaga al pensamiento antropológico:

4.1. Síntesis de la religión andina

En los primeros capítulos de su obra (caps. 2-6), Arriaga nos ofrece una apretada síntesis etnográfica del sistema religioso andino noventa años después de la conquista. En el capítulo 2, sin hacer ninguna referencia al Dios creador, describe las tres categorías del panteón andino: wakas, malquis y conopas. Entre las wakas enumera al Sol (*Inti* o *Punchao*), la Luna (*Quilla*), el trueno (*Libiac* o *Hillapa*), el mar (*Mamacocha*), la tierra (*Mamapacha*), los manantiales (*Puquios*), los ríos, los cerros, los nevados (*Razu* o *Ritti*) y a los ancestros (*Paqarinas*). Luego se refiere a las wakas móviles: «De ordinario son de piedra y las más de las veces sin figura ninguna; otras tienen diversas figuras de hombres o de mujeres, y a algunas de estas wakas dicen que son hijas o mujeres de otras wakas; otras tienen figuras de animales. Todas tienen sus particulares nombres» (1868, 202). La segunda categoría son los malquis, «que son los huesos o cuerpos enteros de sus progenitores gentiles, que ellos dicen que son hijos de las wakas, los cuales tienen en los campos en lugares muy apartados, en los machays, que son sus sepulturas antiguas, y algunas veces los tienen adornados con camisetas muy costosas y de plumas de diversos colores o de cumbi» (1968, 203). La tercera categoría son las conopas, que son los ídolos familiares para la protección de la casa o de la chacra. Como se ve, el cuadro no es diferente del que presentaba Acosta en el *De procuranda*.

En el capítulo 3, Arriaga describe los diferentes ministros o funcionarios de la religión andina, a los que se conoce con el nombre genérico de *Umu* o *Laicca*. Se distinguen por las funciones que cumplen, y así hay sacerdotes que pueden hablar con las wakas o malquis y hacerles ofrendas (*Wakapvillac* o *Malquipvillac*), curanderos (*Macsa*), confesores (*Aucachic*), adivinos, que reciben diferentes nombres según la técnica de adivinación que utilicen (maíz, cuy, araña, sueños) y brujos (*Cauchus*), que pueden incluso producir la muerte a las personas. En el capítulo 4, se enumeran las principales ofrendas: chicha, llamas, cuyes, maíz, frutillas secas (*espingo* y *aut*), plumas de aves, polvos de colores, conchas marinas (*mullu*), sebo de llama (*bira*), plata, coca, etc. En el capítulo 5 se describen los ritos festivos, que se hacen en honor de cada waka, en los que «la llaman *Runapcamac* o criador del hombre y otros nombres semejantes debidos a sólo Dios, y le piden que les dé salud y vida y de comer» y en los que se hacen diferentes ofrendas, ayunos y confesiones de los pecados y luego se bebe, se baila, se canta y se danza. Finalmente, en el capítulo 6, se detallan los ritos de transición con motivo del embarazo, del nacimiento (sobre todo, si son mellizos o chuchos o si tienen los pies deformes o *chapcas*), de la imposición del nombre, del corte de pelo, de la colocación de huaras o pañetes, del matrimonio previo o *tincunucuspa* y de la muerte. Allí mismo se recogen ciertos ritos impetratorios, para la maduración de los frutos, para conseguir el amor de una mujer, para asegurar la maternidad y con ocasión de la construcción de una casa, de un largo viaje, de las neblinas o de los eclipses.

En general, puede decirse que se trata de una etnografía minuciosa, que se confirma con una serie de casos de la rica experiencia directa del autor, aunque su base judicial, por más que aumente la exactitud del dato, parece privarla de la simpatía y de la aceptación del punto de vista del investigado, que caracteriza a la buena etnografía. Además, también parece influir el marco ideológico y teológico temporal; a la tolerancia del humanismo (cuando escribe Sahagún su etnografía religiosa azteca) sigue la intransigencia de la contrarreforma y el endurecimiento de la política religiosa española; es interesante notar que la extirpación de las idolatrías en el Perú se inicia poco después de la expulsión de los moriscos de España, como lo observa el mismo Arriaga con cierto sabor a justificación («y donde más se echa de ver la dificultad que hay en que errores en la fe, mamados con la leche y heredados de padres a hijos, se olviden y desengañen, es en el ejemplo que tenemos nuevo delante de los ojos, es la expulsión de los moriscos de España», por más que concluya: «no está encancerado el mal en nuestros indios: fácil es el remedio al que desea encurarse, como ellos lo desean, cuando le descubren su falta» (1968, 195).

Como ejemplo de la etnografía religiosa de Arriaga, recojo lo que dice de la confesión indígena:

> *Aucachic*, que en el Cusco llaman *Ichuris*, es el confesor; este oficio no anda solo, sino que siempre es anexo al *Villac* o al *Macsa* sobredicho. Confiesa a todos los de su ayllu, aunque sea su mujer e

hijo. Estas confesiones son siempre en las fiestas de las wakas y cuando han de ir camino largo. Y son tan cuidadosos en su oficio que he topado yo algunos muchachos que nunca se habían confesado con sacerdote alguno de Dios Nuestro Señor y se había confesado ya tres o cuatro veces con estos ministros del demonio [...].

Durante el ayuno se confiesan todos, indios e indias, con los que tienen este oficio, sentados en el suelo el que oye y el que se confiesa, en lugares que suelen tener en el campo diputados para este efecto. No confiesan pecados interiores, sino de haber hurtado, de haber maltratado a otros y de tener más que una mujer (porque tener una, aunque sea estando amancebado, no lo tienen por pecado); acúsase también de los adulterios, pero la simple fornicación de ninguna manera la tienen por pecado; acúsanse de haber acudido a reverenciar al Dios de los españoles y no haber acudido a las wakas. El hechicero les dice que se enmienden, etc. Y ponen sobre una piedra llana de los polvos de las ofrendas y hace que los sople, y con una piedrezuela que llaman Pasca, que quiere decir perdón, que la lleva el indio o la tiene el que confiesa, le refriega la cabeza con maíz blanco molido, y con agua le lavan la cabeza en algún arroyo o donde se juntan los ríos, que llaman *Tincuna*.

Tienen por gran pecado esconder los pecados cuando se confiesan, y hace grandes diligencias para averiguarlo el confesor. Y para esto en diversas partes tienen diversas ceremonias [...] Hoy dijo delante de mí un indio al visitador que, dándole el confesor con un palo, le apretaba a que confesase todos sus pecados y otro que dándoles con una soga. Dales por penitencia los ayunos sobredichos de no comer sal ni ají, ni dormir con sus mujeres, y uno dijo que le habían dado este ayuno por seis meses [1968, 212-213].

4.2. *La supervivencia de las religiones nativas*

A pesar de la cristianización intensiva de la población indígena, sobre todo después de la terminación de las guerras civiles y de la reducción general de indios a pueblos, ordenada por Toledo, las religiones nativas seguían vivas. Es cierto que el culto oficial cayó con el imperio, pero quedaban los cultos locales, que fueron el objetivo de la tarea extirpadora. Arriaga reflexiona en su obra por qué ha sobrevivido la religión nativa local. Su reflexión se parece a la de un antropólogo moderno que analiza el fracaso de un proceso de aculturación dirigida, y aunque Arriaga no maneja —naturalmente— una serie de conceptos y de marcos teóricos, que va a crear la antropología cultural norteamericana tres siglos después, no por eso su análisis deja de ser una explicación científica de un hecho social.

Las «raíces y causas de la idolatría, que hoy en día se halla entre los indios», las desarrolla Arriaga en los capítulos 7 y 8 de su obra y las amplía en el 11, al hablar de los medios para desarraigarla. Para dicho autor, la causa del fracaso está en que no se han presentado de un modo adecuado las creencias y ritos de la nueva religión y, al mismo tiempo, se ha olvidado la capacidad de resistencia de las creencias nativas y de los hombres interesados en mantenerlas, sobre todo los «ministros de idolatría» y los curacas. Paso a exponer cada punto:

a) El desconocimiento de la doctrina cristiana, por falta de una verdadera catequesis. Aunque los muchachos se reúnan todos los días y los adultos los miércoles y los viernes, como está mandado en las ordenanzas y sinodales, «cuando bien lo dicen, es como papagayos, sin entender lo que dicen, y si les preguntan responderán todos juntos, y si le preguntan a cada uno de por sí, de 20 sabe uno la doctrina, digo el texto de la cartilla, y de éste cuando muchachos saben más y cuanto más viejos menos». Además, la doctrima «en algunas partes se enseña con muchos errores, trastocando o mudando algunas palabras o letras, que hacen muy diverso el sentido, como en el credo por decir *Hucllachacuininta*, que es la comunión o junta de los santos, decir *Pucllachacuininta*, que es la burla o trisca de los santos». Además hay curas que no saben el quechua y hay demasiados pueblos en una sola doctrina. Conclusión: «no hay muchacho, por pequeño que sea, que no sepa el nombre de la huaca de su ayllu, y aunque sólo sea por hacer esta experiencia, lo he preguntado a muchos, no me acuerdo que ninguno, por muchacho que fuese, me haya dejado de decir su huaca, y son bien pocos los que, preguntados quién es Dios y quién Jesucristo, lo sepan» (1968, 218-219).

b) La resistencia de las creencias andinas, sobre todo las relativas al origen y al fin. Arriaga constata que los indios «están persuadidos no sólo que los españoles proceden de un principio y los negros de otro, sino que cada ayllu y parcialidad de los indios tiene su principio y Pacarina» (cerro, fuente, etc.), al que rinden culto particular y del que conocen leyendas o mitos. «Esta es una de las razones —observa de paso Arriaga, aludiendo a las dificultades que tuvo la política de reducciones de Toledo— por que los indios están tan pertinaces y tercos en conservarse en sus sitios y pueblos antiguos y en volverse a ellos, cuando los reducen a otros pueblos, porque tienen a aquéllos por su patria y Pacarina». En cuanto al fin, los indios siguen creyendo que «las almas de los que mueren van a una tierra que llaman Ypamarca [...]: dicen que antes de llegar hay un gran río, que han de pasar por un puente de cabellos muy estrecho; otros dicen que los han de pasar unos perros negros, y en algunas partes los criaban y tenían de propósito con esta supersticiosa aprehensión y se mataron todos» (creencia esta última, que comprueba la moderna etnografía andina). Además, «no distinguen de que allá haya de haber ni pena para los malos ni gloria para los buenos [...], no tienen conocimiento de la resurrección de los muertos» (1968, 220).

Pero los indios no sólo conservaron sus creencias sobre el origen y el fin, sino que reinterpretaron la predicación cristiana dentro de sus categorías religiosas politeístas y por medio del sincretismo, que es una forma de resistencia. En este sentido Arriaga recoge dos «errores» comunes a los indios:

> El primero es que entienden y lo dicen así, que todo lo que los padres predican es verdad y que el Dios de los españoles es buen Dios, pero que todo aquello que dicen y enseñan los padres es para viracochas y españoles, y que para ellos son sus huacas y sus malquis y sus fiestas y todas las demás cosas que le han enseñado sus antepasados y enseñan sus viejos y hechiceros; y ésta es [...] cosa muy repetida de sus hechiceros y así dicen que las huacas de los viracochas son las imágenes y que, como ellos tienen las suyas, tenemos nosotros las nuestras [...].
>
> Otro error y más común que el pasado es que pueden hacer a dos manos y acudir a entrambas dos cosas. Y así sé yo dónde de la misma tela que habían hecho un manto para la imagen de Nuestra Señora, hicieron también una camiseta para la huaca, porque sienten y dicen que pueden adorar a sus huacas y tener por Dios al Padre, al Hijo y al Espíritu Santo y adorar a Jesucristo; que pueden ofrecer lo que suelen a las huacas y hacelles sus fiestas y venir a la iglesia y oír misa y confesar y aun comulgar [1968, 224].

Tal reinterpretación sincrética se ha debido, para Arriaga, a no haberles quitado las huacas ni ciertas ocasiones de «idolatrar», ni haberse entendido sus formas de resistencia religiosa. Aquí el jesuita hace una larga enumeración de las huacas móviles (malquis, conopas, símbolos varios, instrumentos musicales, etc.) que debieron quitarse «dentro de los ojos, que hubiera sido motivo para quitárselas también del corazón». Luego afirma que «en lo que se ha tenido mayor descuido y remisión es en consentir y disimular sus borracheras y las juntas que hacen para ellas, especialmente en las *Ningas* que llaman, para hacer sus chácaras o *Casas*» y que tal disimulo se hace por los intereses creados de todas las personas metidas en el negocio del vino, «falta que no es de todos, pero de los más». Finalmente, Arriaga se refiere a una serie de casos en los cuales los indios han escondido sus ídolos y ritos en imágenes y ceremonias cristianas (la fiesta del Corpus, que se celebra en honor de Oncoy; las llamas adornadas, que acompañan la procesión del Corpus y luego son sacrificadas a dos lagunas; las huacas escondidas en las peanas de los santos o debajo del altar, etc.) (1968, 223).

c) La falta de esplendor en el culto católico, por el descuido de los templos y por la ignorancia que los indios tienen del sacramento de la eucaristía. Arriaga parte de la experiencia de que «no ayuda poco, mayormente a la gente común, a tener estima de las cosas de la cristiandad, el ornato y aparato en el cultivo divino. Y siendo comúnmente los indios inclinados a la veneración y adoración de Dios, bien se deja ver cuán poco ayuda tienen [...], por la negligencia que hay en el ornato exterior de los templos y celebridad de los oficios divinos» (1968, 221). Además, sostiene que hay plata suficiente, por lo que se saca cada año de los tributos para la Iglesia y porque «los indios acuden con facilidad a semejantes gastos o haciendo algunas chácaras para tal efecto, o de otras maneras, si hay quien los alimenta a ello» (1968, 236).

d) Finalmente, la resistencia de los ministros de «idolatría» y los curacas. Los primeros, por ser los principales interesados:

> Otra causa se puede dar próxima de las idolatrías que se hallan entre los indios, que es los muchos ministros y maestros que tienen de ellas, como se ve en los que han sido descubiertos y penitenciados en todos los pueblos. Y hecha la cuenta de todos, mayores y menores, de ordinario se halla para diez indios y para menos un ministro y maestro. Cada ayllu y parcialidad tienen sacerdotes particulares y acontece no haber quedado en el ayllu más que tres o cuatro casas, y éstas tienen una huaca y sacerdote particular [...] Bien se deja entender que, teniendo como tienen tantos maestros, que en todas ocasiones y en todas partes les están repitiendo las cosas que aprendieron con la leche y que son conforme a su capacidad e inclinación, y no teniendo quien les enseñe los misterios de nuestra fe, que son tan superiores a su entendimiento, sino como dice el refrán: «Tarde, mal y nunca», cuánta ignorancia tendrán en las cosas de la religión cristiana y cuán enseñados y actuados estarán en las cosas de su gentilidad [1968, 221].

Para remediar esto, Arriaga propone examinar a los curanderos (*ambicamayos*), para que, «quitando lo que es supersticioso y malo, se aprovechen de lo que es bueno como es el conocimiento y uso de algunas yerbas y de otros simples», ayudar con alguna limosna a los ministros, porque «los más de ellos son muy pobres y viejos y que no ejercitan el oficio sino para tener que comer», y, en los casos más difíciles, recluirlos en la casa de Santa Cruz, «que la temen grandemente», o en un centro similar en los demás obispados, o repartirlos en los conventos de religiosos o en hospitales, porque «el quedar estos viejos en sus pueblos es el mayor daño y la principal causa de sus errores» (1968, 228).

En cuanto a los curacas, observa Arriaga:

> Otra causa para conservar la idolatría entre los indios [...] es la libertad de los curacas y caciques en hacer lo que les parece y el cuidado y solicitud en honrar y conservar los hechiceros, esconder sus huacas, hacer sus fiestas, saber las tradiciones y fábulas de sus antepasados y contallas y enseñallas a los demás. Y si ellos fuesen lo que debían ser, sería el único medio para desterrar la idolatría, porque ellos hacen de los indios cuanto quieren y si quieren que sean idólatras, serán idólatras, y si cristianos, cristianos, porque no tienen más voluntad que las de sus caciques y ellos son el modelo de cuanto hacen [1968, 222].

Sin duda, los caciques o curacas, que tenían un gran poder, heredado de la tradición cultural y reforzado por el régimen colonial español, que los había convertido en el único intermediario indígena, fomentaban la idolatría, de forma más o menos encubierta, como un modo de salvaguardar la conciencia étnica entre los indios. Para asegurar la mediación de los curacas en la tarea evangelizadora, Arriaga aconseja ganárselos con dones y no abusar nunca de ellos, porque «ganada la puerta de los curacas, no hay dificultad en descubrir todas las huacas e idolatrías», y aconseja, además, educarlos en «la policía y religión cristiana» desde niños, en el colegio de caciques del Cercado de Lima y en otros dos colegios que el rey había ordenado abrir en Cusco y en Charcas.

Debajo de estas causas y observaciones que Arriaga hace sobre la supervivencia de la religión nativa, hay una serie de presupuestos antropológicos y de técnicas del cambio dirigido que la antropología cultural norteamericana va a explicitar y que dan seriedad al análisis del jesuita para explicar el poco éxito de la cristianización indígena.

4.3. *Metodología de la investigación*

La tercera parte del libro de Arriaga es un manual de la visita. En ella el jesuita describe, paso a pso, el desarrollo de la visita, a base de su experiencia de dos años de misionero acompañando a visitadores. La minuciosa descripción presenta el contenido de los doce sermones de la misión, la distribución del tiempo y horario de la visita, los cuestionarios que debían utilizarse para el interrogatorio, los principales actos públicos que debían tenerse durante la visita (entrada solemne, acto central con el «auto de fe», fiesta de la Cruz), etc. Como ejemplo, véase cómo se celebraba la fiesta de la Cruz. Desde un sitio previamente señalado se emprendía la procesión de todo el pueblo hacia la iglesia, llevando un Cristo crucificado. Los ministros de «idolatrías» confesos, «con su candela en la mano y soga a la garganta y los más culpados con corazás», forman parte importante del cortejo, por lo que oyen la misa delante de todos. Tras el sermón, cada uno de los ministros habla al pueblo «diciendo cómo les han traído engañados y que todo lo que les han dicho es mentira y que, en adelante no les llamen para ofrecer las Huacas». Acabada la misa, se realiza otra procesión, cantando en quechua la letanía de la cruz y yendo los ministros en la misma forma de penitentes. En recuerdo de esta adjuración solemne de las idolatrías, se colocaba una cruz en la plaza, y cada año el día litúrgico de la exaltación de la cruz (14 de septiembre) debía hacerse una fiesta con misa y procesión (1968, 255).

Dentro de este contexto religioso-judicial, Arriaga desarrolla una peculiar metodología para la investigación de las religiones indígenas. Hay, sin duda, unas observaciones útiles para un misionero y otras para un policía, pero las hay también para un científico social que llega a una comunidad andina para realizar su diseño de investigación. Son aprovechables las guías de entrevistas de etnografía religiosa, los consejos sobre la exacta anotación de la idolatría que se descubre en tal pueblo y en tal fecha y sobre la anotación en otro cuaderno de la idolatría que, incidentalmente, se descubra en otros pueblos, y, finalmente, son aprovechables también las observaciones que se hacen para lograr que los caciques, los ministros y los demás miembros de la comunidad se presten a comunicar la información. Hasta el modo de vencer la desconfianza que despierta todo juez puede ser aprovechable, pues es sabido que la antropología latinoamericana se ha hecho, casi exclusivamente, por miembros de la otra sociedad, a la cual la sociedad indígena sigue teniendo mucho recelo. Como ejemplo de la metodología de la investigación de Arriaga, transcribo las preguntas de su cuestionario:

> 1. [...] si es *Llacuaz* o *Huari* [...] (se conserva en los ayllos esta distinción en muchas partes y los Llacuaces, como gente advenediza, tienen menos huacas [...] y los Huaris, que son fundadores,

como gente cuya fue la tierra y fueron los primeros pobladores tienen muchas huacas, y los unos y los otros cuentan sus fábulas, las cuales dan mucha luz para saber su idolatría) [...] 2. Cómo se llama la huaca principal de este pueblo que todos adoráis. 3. Esta huaca es algún cerro o peñasco grande o piedra pequeña, y sacalle las más circunstancias y señas que pudiere de ella. 4. Esta huaca tiene hijo que sea piedra y huaca como ella, o padre, hermano o mujer ([...] todas las huacas principales tienen sus fábulas de que tuvieron hijos y fueron hombres que se convirtieron en piedra, etc.). 5. Quién guarda esta huaca. 6. Qué más huaca adoran en este pueblo. 7. Qué huaca adoran para las chacras y para el maíz o para papas o qué huacas adoran para el aumento del ganado o de los cuyes. 8. Si tiene *Cocamama* o *Zaramama*. 9. Qué huacas (éstas son otro modo de huacas) adoran en sus chácaras para el aumento de ellas que llaman *Chacrayoq*. 10. Qué puquios o lagunas adoran. 11. Cómo se llama su *Paqarina*, porque siempre la suelen adorar. 12. Cómo se llama el *Marcayoq* o *Marcachara*, que es como el Patrón y abogado del pueblo [...] y si es piedra o cuerpo (de progenitor).

13. Cómo se llama la huaca que adoran para las lluvias [...] 14. Cómo se llama la huaca que adoran para que las acequias no se quiebren. 15. Qué huaca adoran para que no llueva demasiado o para que llueva a su tiempo. 16. Qué huaca adoran para que el maíz crezca bien [...], de qué laguna traen cántaros de agua para rociar la chacra y pedir la lluvia; a qué lagunas tiran piedras para que no se sequen y vengan lluvias. 17. A qué huaca ofrecen los nacidos de un vientre juntos, que llaman *Chuchu* o *Curi*, o al que nace de pies, que llaman *Chacpa*. 18. Qué huaca es la del cacique, que siempre suele ser muy célebre. 19. Qué huaca adoran cuando van a la mita de chacras, estancias, obrajes o minas para que vuelvan sanos y presto y los españoles no les maltraten y qué ceremonias usan en todas estas cosas. 20. Háseles de preguntar diciendo dónde está la huaca y de qué manera, con qué vestidos y con qué ornato y todas las demás circunstancias que se pudieren preguntar y saber, porque no den una cosa por otra, y una huaca fingida por esconder y quedarse con la verdadera, como ha acontecido muchas veces, y, si fuera posible, ir luego donde está.

21. Qué malquis adoran [...] y cómo se llama el padre y cuántos hijos tuvo y en qué partes los tienen, en qué cueva o *machay* y de qué manera. 22. Qué conopa [...], si es conopa del maíz o del ganado y si todos los demás indios las tienen [...] (se ha experimentado que más fácilmente descubren las huacas comunes que las particulares que cada uno tiene). 23. Para examinar al hechicero en su oficio se le ha de preguntar si es *Villac* [...], el que habla con la huaca y le ofrece las ofrendas, o si es [...] *Macsa*, que es el más consultado y mingado, o [...] (adivino), o Brujo, y si habla con el demonio y en qué figura se le aparece [...] 24. Háseles de preguntar de las fiestas qué hacían, a qué tiempos y con qué ceremonias.

25. Qué días bebían y qué bailes bailaban, y qué cantos cantaban en las fiestas de las huacas, y dónde se juntaban a confesarse estos días con sus hechiceros [...] 25. [*sic*] Si tienen cuerpos muertos *Chuchus* o [...] *Chacpa* [...] guardados en sus casas, o saben quién los tiene, y si a estos tales que murieron o están vivos los bautizaron, que suelen no hacello. 26. Preguntar quién trasquiló a su hijo los cabellos y quién los tiene guardados [...] 27. Los cuerpos muertos, que han desenterrado de las iglesias. 28. Averiguar qué lugares hay y dónde están, que llaman Apachita y Tocanca. 29. Inquirir desde qué lugar y a qué tiempo adoran al Sol y al Rayo [...] 30. Si adoran la sierra nevada y a la mar cuando van a los llanos tirándose las cejas.

31. Qué hechiceros tienen a su cargo echar las fiestas y ayunos y mandar hacer la chicha y enseñar a los mozos sus idolatrías y supersticiones. 32. Si ponen parianas para guarda de las chácaras y quiénes son. 33. Qué cosa ofrecen a las huacas y si tienen llamas [...] o chácaras, y quién es el mayordomo de las chácaras de las huacas, que llaman *Pachacac*. 34. Preguntar al hechicero cuando iban a mochar la huaca, qué respuesta daba a los indios y cómo fingía que hablaba la huaca, y si dijere que cuando hablaba a la huaca se tornaba loco (que lo suelen decir muchas veces) si era por la chicha que bebía o por efecto del demonio. 35. Inquirir con recato y prudencia si hay algunas personas que no están bautizadas [...] 36. A la postre se ha de preguntar por la hacienda que la huaca tiene; si tiene dinero, que éste suele estar en poder del que la guarda o en el mismo lugar de la huaca, si tiene oro o plata, huamas, chacra hincas, o tincurpas, o aquillas, con que les dan de beber, que casi todas las huacas las tienen [1968, 248-250].

ÉPOCA MODERNA
(1920-1980)

VIII

EL INDIGENISMO MODERNO EN MÉXICO

1. Causas y precursores

Como ya lo indicaba en el capítulo I, llamo indigenismo moderno a la reflexión antropológica que se realiza en México, entre los años 1920-1970, sobre las sociedades y culturas indígenas que han sido redescubiertas tras la tormenta del liberalismo político. Como todo hecho social complejo, el indigenismo mexicano no surge por generación espontánea, sino que está enraizado, tanto en la evolución política de México desde fines del período colonial hasta la revolución de 1910, como en el pensamiento de los escasos estudiosos que dedicaron su atención al indio en dicho período y que pueden considerarse «precursores». Por eso, antes de desarrollar el pensamiento de los grandes indigenistas mexicanos modernos, entre los que he seleccionado a Manuel Gamio, Alfonso Caso y Gonzalo Aguirre Beltrán, en torno a la identidad del indio y a su incorporación a la comunidad nacional, quiero referirme tanto a dicha evolución socio-política como a los «precursores».

a) *La evolución socio-política* queda suficientemente expuesta en el último apartado del capítulo I. En el siglo largo que corre entre 1810 y 1920, México se independiza de España, realiza su «reforma» liberal política y económica, e inicia una revolución que va a postular un enfoque nuevo de la población indígena. Además, como los tres grandes indigenistas seleccionados van a desarrollar su pensamiento como funcionarios de la administración estatal de México, en las respectivas monografías tendré que referirme a diferentes proyectos estatales de antropología aplicada, que son un buen indicador de cómo nace el indigenismo moderno en México.

b) *Los precursores*. Considero como tales a aquellos estudiosos que, desde diferentes plataformas (la historia, la política o el ensayo social), continuaron reflexionando sobre lo indígena durante aquel largo período, de fines de la colonia a comienzos de la revolución, en el que el indio dejó de ser noticia. Pueden agruparse en tres grupos: en primer lugar, el «indigenismo ilustrado» del siglo XVIII, como lo llama Arturo Warman. Para dicho autor,

> A partir de mediados del siglo XVIII se hizo oír la respuesta americana (a la supuesta decadencia de América de que hablaban entonces los europeos) a través de un pensamiento indigenista, que en medio siglo se convirtió en uno de los pilares de la independencia. El indigenismo «ilustrado» del siglo XVIII centraba su atención en el pasado prehispánico, en el indio muerto. Al indio vivo le prestaba ocasional atención, como el portador degradado de algunas supervivencias del pasado [...] Los indios del pasado, por el contrario, adquirieron tonos de mitos, de ancestros clásicos [...] Los indigenistas ilustrados del siglo XVIII aceptaron la conceptualización colonial del indio, pero trataron de cambiar la valoración del pasado precolonial sin modificar los prejuicios de su tiempo. Las contradicciones del indigenismo ilustrado del siglo XVIII reflejaban las del grupo que lo promovió y adoptó como ideología: los criollos, los descendientes de los colonizadores, nacidos en el nuevo mundo [...] Para sustentar la diferencia entre españoles y criollos, éstos tomaron el pasado prehispánico como propio y lo convirtieron en rasgo diacrítico.[1]

Dos representantes de este indigenismo son Francisco Javier Clavijero y fray Servando Teresa de Mier.

El segundo grupo de precursores está constituido por quienes, en medio de un liberalismo que trataba de crear una nación homogénea, reflexionaron sobre la situación social de indio; el representante de esta orientación es Francisco Pimentel. El último grupo de precursores está formado por quienes reflexionaron sobre los problemas sociales del «porfiriato» y fueron verdaderos inspiradores de la revolución de 1910. Tal es el caso de Andrés Molina Enríquez. Paso a hacer una breve reseña de cada uno de estos cuatro autores:

---

1. Arturo Warman, «El pensamiento indigenista», en *Campesinado e indigenismo en América Latina*, Lima, Ediciones Celats, 1978, p. 99.

1.1. *Francisco Javier Clavijero (1731-1787)*

Criollo de Veracruz, se hace jesuita y se dedica a la docencia en diferentes colegios de México (uno de sus alumnos va a ser el joven Miguel Hidalgo, futuro padre de la independencia mexicana) y también a la investigación histórica, hasta que en 1767 tuvo que abandonar su patria por orden de Carlos III, como todos los jesuitas del imperio español. Pasa la casi totalidad de su exilio en Italia (donde está en contacto con otros jesuitas desterrados, como el padre Francisco Javier Alegre, del que ya se habló en el cap. VI) y allí publica, en 1780, en italiano y en cuatro volúmenes su *Historia antigua de México*, cuya edición original castellana no aparecerá hasta 1945 en México.

Clavijero escribe —como dice en el prólogo— «para evitar la ociosidad a que me hallo condenado, para servir del mejor modo posible a mi patria, para restituir a su esplendor la verdad ofuscada por una turba increíble de escritores modernos de la América» (1964, XXI). Su obra comprende la *Historia* propiamente dicha, dividida en 10 Libros, en los que presenta la tierra mexicana, las diferentes gentes que la ocuparon, la monarquía azteca, la religión y gobierno aztecas y la conquista española, y que se publican en tres volúmenes en 1780, y las *Disertaciones*, escritas «para impugnar los que se oponen a la verdad de mi *Historia*», especialmente ciertos escritos de Buffon y las «Investigaciones filosóficas sobre los americanos» (1771), de Paw, que se publican como cuarto volumen en 1781. Clavijero cree que a su trabajo lo acreditan «el haber vivido 36 años en algunas provincias de aquel reino, haber aprendido la lengua mexicana y haber convivido por algunos años con los mismos mexicanos cuya historia escribo» (1964, XXI). Se propone «como principal objeto la verdad», y al referirse a la conquista española, dice: «me aparto igualmente del panegírico de Solís que de la invectiva de Las Casas» (1694, XXII). Pero la verdad que quiere defender sobre todo es la verdad de los indios. Después de señalar que la población de América está integrada por cuatro grupos: americanos propios o indios; europeos, asiáticos y africanos; descendientes de estos tres o criollos, y castas, añade:

> Hablaremos solamente de los que escriben contra los americanos propios, pues éstos son los más injuriados y más indefensos. Si al escribir esta disertación nos moviera alguna pasión o interés, hubiéramos emprendido más bien la defensa de los criollos, como que, a más de ser mucho más fácil, debía interesarnos más. Nosotros naci-

mos de padres españoles y no tenemos ninguna afinidad o consanguinidad con los indios, ni podemos esperar de su miseria ninguna recompensa. Y así ningún otro motivo que el amor a la verdad y el celo de la humanidad, nos hace abandonar la propia causa por defender la ajena con menos peligro de errar [1964, 503].

Y en esta defensa puede señalarse —como lo hace Villoro—[2] una rebelión contra la Europa-arquetipo, una presentación de la historia mexicana como ejemplo clásico de humanismo (como Grecia o Roma), una filosofía de la historia construida con datos aztecas y en la que se tratan tópicos propios del indigenismo colonial, tales como el origen del hombre americano o el valor de las religiones nativas (que ya no son «demoníacas» a lo Torquemada, el cronista más influyente en esa época, sino simple producto de la naturaleza humana) y, finalmente, una exaltación del indio y de su cultura. En este último aspecto presenta una imagen de la sociedad azteca muy similar a la de Sahagún y hace una defensa cerrada de los indios, cuya situación se debe, sobre todo, a la conquista y a la falta de instrucción. Por sólo citar un ejemplo:

> Después de una experiencia tan grande [...] protesto de Paw y a toda Europa, que las almas de los mexicanos en nada son inferiores a las de los europeos; que son capaces de todas las ciencias, aun las más abstractas, y que si seriamente se cuidara de su educación, si desde niños se criaran en seminarios, bajo buenos maestros y si se protegieran y alentaran con premios, se verían entre los americanos filósofos, matemáticos y teólogos que pudieran competir con los más famosos de Europa. Pero es muy difícil, por no decir imposible, hacer progresos en las ciencias, en medio de una vida miserable y servil. El que contemple el estado presente de Grecia no podría persuadirse que en ella había habido antes aquellos grandes hombres, si no estuviera asegurado, así por sus obras inmortales como por el consentimiento de todos los siglos. Pues los obstáculos que tienen actualmente que superar los griegos para hacerse doctos, no son comparables con los que siempre han tenido y tienen todavía los americanos [1964, 519].

---

2. Luis Villoro, *Los grandes momentos del indigenismo en México*, México, El Colegio de México, 1950. En esta interesante obra, el autor «trata de responder a una pregunta: ¿cual es el ser del indio que se manifiesta a la conciencia mexicana? Con lo que no interrogamos por lo que el indio sea en sí mismo, sino por lo que en el indio revelan aquellos que de él se ocupan [...] Esta doble faceta: concepción y conciencia indigenista, constituyen lo que llamamos indigenismo. Podríamos definir a éste como el conjunto de concepciones teóricas y de procesos conciencials que, a lo largo de las épocas, han manifestado lo indígena» (p. 9).

Por más que haya esa confianza tan grande en la educación, tan propia del siglo de las luces, es indudable que la *Historia* y las *Disertaciones* son una excelente prueba de la grandeza del indio mexicano.

1.2. *Fray Servando Teresa de Mier (1763-1827)*

Criollo de Monterrey, se hace dominico y se dedica al ministerio de la predicación. Durante sus estudios conoce la crónica dominicana en México y va a convertir a Las Casas en su héroe. En 1794 fue el encargado de pronunciar el sermón anual de la Virgen de Guadalupe en el Tepeyac. Como dice Brading, en dicho panegírico:

> Declaraba que el descubrimiento de la piedra del calendario —para la que «el oro todo de las Indias no bastaba para comprar alhaja tan valiosa»— había dado nueva luz sobre la historia cristiana e india de México. Y resumía sus conclusiones en cuatro proposiciones. Primero: la imagen de la Virgen de Guadalupe aparecía en la capa de Santo Tomás, «el apóstol de este reino». Segundo: los indios ya cristianos habían adorado la imagen durante 1750 años en el Tepeyac, donde el apóstol había construido la Iglesia. Tercero: cuando los indios cometieron apostasía, la imagen había sido escondida; la Virgen se le había aparecido a Juan Diego para revelarle su localización. Cuarto: la imagen misma era una tela del siglo I donde milagrosamente se había impreso la figura de la Virgen María. Luego afirmaba que Santo Tomás era Quetzalcoatl y que los indios conocían los dogmas fundamentales del cristianismo.[3]

El sermón provocó una gran reacción y Mier fue condenado a diez años de exilio y confinamiento en un convento de su orden en España, pero por diferentes razones no regresa a México hasta 1816, para enrolarse como capellán en el ejército patriota. Durante su exilio europeo abandona la orden dominicana, pero sigue como sacerdote, se alista como capellán en el ejército español contra Napoleón, pasa varios años en las cárceles de la Inquisición, tiene una rica experiencia política en contacto con los participantes en las Cortes de Cádiz y con políticos españoles y americanos, y publica en Londres la *Historia de la Revolución de Nueva España*

---

3. David A. Brading, *Los orígenes del nacionalismo mexicano*, México, Sep-Setentas, 1973, pp. 68-69.

(1813). En ella trata de la crisis antinapoleónica de 1808 en México y del papel de los diputados americanos en las Cortes de Cádiz, de la revolución del cura Hidalgo y, especialmente, de los argumentos destinados a justificar la independencia.

De regreso en México, y habiendo fracasado el ejército patriota, Mier vuelve a pasar varios años en la cárcel y es desterrado de nuevo a España. En su *Carta de despedida a los mexicanos, escrita desde el castillo de San Juan de Ulúa* (1820) retoma el tema de Quetzalcoatl y santo Tomás. Peor no llegó a su segundo exilio español, porque se escapó del barco en La Habana y se fue a Filadelfia, de donde regresa a México para formar parte del Congreso, después de la independencia definitiva llevada a cabo por Iturbide, donde defiende con tenacidad sus ideas republicanas. Al dirigirse por primera vez al Congreso en 1822, aclamó, una vez más, a santo Tomás como apóstol del Nuevo Mundo.

Pero, ¿por qué Mier insistía tanto en este punto, que llegó a decir, haciendo una extraña metamorfosis del pasado indígena, que la religión de los mexicanos no era sino «un cristianismo transtornado por el tiempo y la naturaleza equívoca de los jeroglíficos»?[4] Lo hacía, sin duda, en la línea de las ideas del padre Calancha, cuya obra pudo consultar en su destierro español, por las consecuencias políticas que podían deducirse de la predicación de santo Tomás. Como observa Villoro:

> Mier no puede tolerar ese hecho [se refiere a la predicación del evangelio como título de dominio] que, para siempre, pone un sello de vasallaje en América: «porque ciertamente no puede sufrir —confiesa— que los españoles nos llamen, como suelen hacerlo, cristianos nuevos, hechos a punta de lanza, y que no hemos merecido de Jesucristo una ojeada de misericordia, sino después de 16 siglos entre la esclavitud, el pillaje, la desolación y la sangre». El único medio de acabar radicalmente con todo esto es negar el vuelco definitivo que realiza América con la Conquista. Y Fray Servando, paladinamente, trata a toda costa de separar conversión y conquista, retrotrayendo aquélla hasta el primer siglo cristiano. El Descubrimiento pierde entonces la significación profunda que se le atribuía. Ni siquiera la conserva en lo natural, porque —según nuestro fraile— ya desde mucho antes de la venida del español, estaba América en comunicación con el resto del mundo: estuvo en comercio con la China, por donde vino el apóstol y, desde el siglo X, había en sus tierras colonos normandos, daneses, irlandeses y escoceses. Todo el significado primordial de la Conquista se derrumba. Ahora parece como

---

4. Citado por Villoro, *op. cit.*, p. 131.

una operación militar cualquiera. El español encuentra ya el evangelio en nuestras tierras, pero se niega a verlo.[5]

Así, Mier no sólo contribuyó a la gesta de la independencia mexicana, participando activamente en la política, sino también rehabilitó el pasado histórico del indio y minó uno de los títulos más aceptados de la conquista española.

1.3. *Francisco Pimentel (1823-1893)*

Si Clavijero y Mier significan una defensa de lo indígena frente al mundo europeo, Pimentel es el primero y casi el único que trata de defender al indígena después de la independencia. México ya ha roto la dominación española y ya ha emprendido la política de formación de una nación homogénea sin discriminaciones de casta; sin embargo, en 1864 Pimentel publica su *Memoria sobre las causas que han originado la situación actual de la raza indígena de México y medios para remediarla*, y sostiene que, después de medio siglo de independencia, «hay dos pueblos diferentes en el mismo terreno; pero lo que es peor, dos pueblos hasta cierto punto enemigos» (1864, 218). El indígena está degradado y segregado; hay una segregación religiosa, pues su religión sincrética y los indios «no tienen de católicos más que ciertas formas externas» (1964, 139); hay una segregación social, consecuencia del régimen colonial, que, para proteger al indio con una legislación tan filantrópica como las Leyes de Indias, lo mantuvo aislado; hay una segregación psicológica, pues es visto con desprecio por los demás mexicanos. La consecuencia más importante es que «mientras los naturales guarden el estado que hoy tienen, México no puede aspirar al rango de nación propiamente dicha» (1864, 217), pues una nación es «una reunión de hombres que profesan creencias comunes, que están dominados por una misma idea y que tienden a un mismo fin».

Junto a este cuadro doloroso del indio, Pimentel presenta una figura luminosa del mestizo. Esta exaltación del mestizo la va a recoger Molina Enríquez y la va a desarrollar José Vasconcelos en su obra *La raza cósmica: misión de la raza iberoamericana* (1925).[6]

Para Pimentel, «mientras el indio es sufrido, el mestizo es ver-

---

5. *Ibíd.*, p. 136.
6. Vasconcelos publica con este título un sugerente ensayo social sobre el mestizaje iberoamericano con la tesis central de que las distintas razas del mundo tienden a mezclarse cada vez más, hasta formar un tipo humano compuesto de la selección

daderamente fuerte [...], es agudo, despierto y de fácil comprensión [...] El mestizo puede corregirse con sólo que se le modere por medio de una saludable disciplina; pero, ¿dónde encontraremos un tónico bastante activo para elevar al indio a la vida civilizada? (1864, 235-237). En consecuencia, para el indio la solución es convertirse en mestizo: «debe procurarse [...] que los indios olviden sus costumbres y hasta su idioma mismo, si fuera posible. Sólo de ese modo perderán sus preocupaciones y formarán con los blancos una masa homogénea, una nación verdadera» (1864, 226). Esta homogeneización exige también que el indio sea instruido en la religión católica, que se suprima el sistema de comunidad y aislamiento, que los indios se conviertan en propietarios, adquiriendo, a precios bajos, la tierra excedente de las grandes haciendas, y que los indios vayan a las escuelas públicas. Además, debe favorecerse la transformación biológica del indio en una raza mixta, fomentando para ello la inmigración europea.

Pimentel no ignora las dificultades de esta política de convertir al indio en mestizo, pero cree que es la única solución y da una voz de alerta contra los indios no asimilados que pudieran rebelarse, «pues hemos visto a menudo algunos abogados de color excitar a los naturales contra los propietarios, decirles que ellos son los dueños del terreno, que lo recobren por la fuerza», para concluir: «el resultado de nuestras observaciones nos conduce naturalmente a esta tremenda disyuntiva como único y definitivo remedio, ¡matar o morir! [...]; afortunadamente hay un medio con el cual no se destruye una raza, sino que sólo se modifica, y ese medio es la transformación» (1864, 233).

Por más que las últimas palabras puedan parecer duras en la actualidad, Pimentel tiene el mérito de plantear el problema del indio concreto como parte de la nación, frente a Clavijero o Mier que sólo reconquistan el pasado indígena. Es cierto que la solución propuesta es la asimilación al mestizo y, por lo mismo, la desaparición del indio como tal. De esa manera Pimentel nos presenta el único ensayo teórico sobre lo que denominé, en el capítulo I, indigenismo republicano.

---

de cada uno de los pueblos: «Las tendencias todas del futuro se entrelazan en la actualidad: mendelismo en biología, socialismo en el gobierno, simpatía creciente en las almas, proceso generalizado y aparición de la quinta raza que llenará el planeta, con los triunfos de la primera cultura verdaderamenre universal, verdaderamente cósmica [...] Todo parece indicar que [...] llegaremos en América, antes que en parte alguna del globo, a la creación de una raza hecha con el tesoro de todas las anteriores, la raza final, la raza cósmica» (cita de las pp. 62-63 de la edición española, Madrid, Aguilar, 1966).

1.4. *Andrés Molina Enríquez (1868-1940)*

Puede considerarse el precursor de la revolución mexicana, sobre todo por su obra *Los grandes problemas nacionales* (1909), hasta tal punto que se ha dicho que «la obra del Molina es para la revolución mexicana lo que la de Rousseau es para la francesa».[7] Molina comienza dividiendo a la población mexicana en grupos raciales (criollos antiguos, criollos nuevos, mestizos e indios), que actúan como clases sociales; luego analiza la reforma de Juárez, con sus leyes de desamortización y nacionalización, y juzga que dicha reforma consolidó el poder de los nuevos y fomentó el poder de los mestizos al destruir la propiedad comunal de los indios. Al plantear el problema de la nacionalidad, piensa que la patria es unidad de ideal, generado por compartir la religión, la lengua, las costumbres y las aspiraciones, y es hogar, sólidamente enraizado en una tierra sobre la que se tiene el derecho de propiedad. Tal unidad se da fundamentalmente en los mestizos, que tienen que ser el elemento preponderante de la nacionalidad; por eso es necesario «confundir con el elemento mestizo a los otros dos, refundir en el carácter mestizo el indígena y el criollo, y formar con toda la población una verdadera nacionalidad fuerte y poderosa, que tenga una sola vida y una sola alma [...] Todos, como los hermanos de una familia [...], obligados en virtud de esa misma fraternidad, por una parte a distribuirse equitativamente el goce de la común heredad y, por otra, a tolerarse mutuamente las diferencias».[8] Para Molina la hacienda no es la manera adecuada de explotar la tierra desde el punto de vista económico y social, sino que hay que empezar por la división de los latifundios. La generalización de la pequeña propiedad hará posible la existencia de un mercado interno y facilitará la industrialización.

En resumen, para Molina el problema del indio es un problema social, que se debe a la posición que el indio ocupa en la estructura social del país: el indio debe disfrutar de su pequeña propiedad y confundirse con el mestizo y el criollo en una única nacionalidad mestiza. Esta asimilación del indio significa, en definitiva, la desaparición del indio como tal, por eso el indigenismo moderno de México, nacido de la revolución de 1910 y cuyas figuras más conocidas son Gamio, Caso y Aguirre, va a hablar más

---

7. Citado en Víctor Alba, *Las ideas sociales contemporáneas en México*, México, Fondo de Cultura Económica, 1960, p. 129.
8. *Ibíd.*, p. 132.

bien de la «integración» del indio en la cultura nacional. Paso a exponer el pensamiento de cada uno de esos autores.

2. Manuel Gamio (1883-1960)

Natural de la ciudad de México, puede decirse que su biografía es la biografía del renacimiento indigenista de México y que su nombre está asociado a todos los centros o programas en torno a lo indígena. Estudia arqueología y antropología, entre 1906 y 1908, en el Museo Nacional de México, y entre 1909 y 1911, en la Universidad de Columbia, bajo la dirección de Franz Boas, padre de la antropología cultural norteamericana. En 1921 será el primer antropólogo mexicano que se gradúe doctor en Estados Unidos. Tal acontecimiento es un presagio del influjo que va a tener la antropología cultural en el indigenismo mexicano.

Entre 1917 y 1920 es director de la Escuela Internacional de Arqueología y Etnología Americanas, centro dedicado a la investigación, no a la docencia, cuya dirección había estado en manos de ilustres representantes del mundo antropológico (Eduardo Seler, Franz Boas y Alfred M. Tozzer).

Pero, al mismo tiempo, Gamio está al frente del primer organismo estatal dedicado a la promoción de la población indígena, la Dirección de Antropología (1917-1924). El origen de dicho organismo se debió al mismo Gamio, quien en el 2.º Congreso Científico Panamericano (Washington, 1915), como presidente de la delegación mexicana, propuso «la creación de un instituto de acción práctica inmediata en cada una de las naciones indo-latinas, que se encargará de estudiar las poblaciones aborígenes en todas sus manifestaciones sociales, en el presente y en el pasado, con el exclusivo objeto de impulsar su desarrollo e incorporarlas a la civilización contemporánea».[9] Fruto del trabajo de dicha Dirección fue la obra *La población del Valle de Theotihuacán* (1922) y el método de investigación integral.

En 1920 funda la revista Ethnos, para la vulgarización de estudios antropológicos de Mesoamérica. Ocupa diferentes cargos en la administración mexicana, casi siempre relacionados con su especialidad de antropólogo, y cuando en 1940, al celebrarse en Pátzcuaro el 1.er Congreso Indigenista Interamericano, con la par-

---

9. Citado por Juan Comas, *La antropología social en México: trayectoria y antología*, México, Instituto Indigenista Interamericano, 1964, p. 21.

ticipación de los más destacados indigenistas del continente, se decide crear en la ciudad de México el Instituto Indigenista Interamericano, Gamio va a ser su primer director, cargo que desempeña hasta su muerte en 1960.

OBRAS

1916 *Forjando patria. Pro-nacionalismo*, México, Porrúa.

1922 *La población del Valle de Theotihuacán*, 3 vols., México, Secretaría de Educación Pública (obra en colaboración).

1935 *Hacia un México nuevo. Problemas sociales*, México.

1948 *Consideraciones sobre el problema indígena*, México, Instituto Indigenista Interamericano. Dicha obra contiene todas las editoriales de la revista *América Indígena* del primer sexenio (1942-1948). Además la bibliografía de Gamio incluye innumerables artículos.[10]

APORTES

Es difícil a veces señalar, en los indigenistas mexicanos de este período, el aporte original de cada uno, porque trabajan desde la misma plataforma institucional (Gamio y Aguirre van a ser directores del Instituto Indigenista Interamericano y Caso y Aguirre de la filial mexicana, el Instituto Nacional Indigenista) y porque juntos moldean el indigenismo oficial mexicano, que va a influir poderosamente en el continente. De todos modos, Gamio es el iniciador y en él aparecen los aportes que Caso y Aguirre van a completar y someter a prueba en la praxis indigenista. Entre tales aportes puede señalarse:

2.1. *La identidad del indio y su integración*

En aquel momento, en que se descubría que los indios, a pesar de todo, seguían siendo diferentes y en que se montaban programas en favor del indio, era importante identificarlo. Gamio trata muchas veces el tema y se inclina por una definición culturalista. En sus *Consideraciones sobre el problema indígena* afirma:

---

10. En la edición de *Consideraciones sobre el problema indígena* de 1966 del Instituto Indigenista Interamericano hay una bibliografía completa de Gamio preparada por Comas, pp. 260-274.

Solo pueden ser clasificadas como indígenas, sin discusión alguna, aquellas personas cuya filiación es estrecha y conjuntamente autóctona, en cuanto a raza, cultura e idioma, pero es probable que ya no existan tales seres humanos o, si acaso, en muy remotos e ignorados rincones del continente.

En vista de esto, se han propuesto clasificaciones aisladas a base de características raciales, culturales o lingüísticas o bien fundándose en las necesidades y deficiencias cualitativas y cuantitativas de los grupos considerados,[11] pero casi todas ellas son aún discutidas por los siguientes y por otros motivos que ya no sería oportuno abordar aquí: la racial no es aceptada, porque los métodos antropológicos todavía no permiten distinguir al indígena puro del mestizo; se objeta la lingüística, porque excluye a individuos que sólo hablan español aun cuando sigan poseyendo características autóctonas en cuanto a raza y cultura. Las basadas en apreciaciones de tipos culturales y en la determinación de necesidades y deficiencias parecen ser las más convenientes, pero su elaboración requiere largo tiempo y cuantiosos elementos técnicos y económicos, de que no todos los países pueden disponer [1966, 177].

Aunque Gamio se decide por la clasificación cultural (conjunto de rasgos de origen indígena) y por la «indigencia» o marginalidad de determinados grupos étnicos (pues enfoca la población indígena como un problema social que hay que resolver), reconoce que en México «puede adaptarse la [definición] lingüística para los fines prácticos que persigue la nación, en tanto se cuenta con otra más satisfactoria».

Como la cultura indígena es la base de la identidad indígena para Gamio, él va a darle mucha importancia a la arqueología. No hay que olvidar que comenzó estudiando dicha materia en 1906 en el Museo Nacional y que realizó con Boas los primeros trabajos de estratigrafía que se hicieron en el valle de México. En *Forjando patria* sostiene que la arqueología estudia las manifestaciones materiales (arquitectura, cerámica, implementos domésticos, etc.) e intelectuales (ideas éticas y estéticas, conocimientos religiosos y científicos, organización social, etc.) de las civilizaciones prehispánicas y que «el conocimiento de esas manifestaciones contribuye a explicar las características que durante la época colonial distinguieron a la población mexicana y permite, por tanto, abordar autorizadamente el estudio de la población actual, cuyo conocimiento constituye sin duda el verdadero evangelio del buen go-

---

11. Se refiere al artículo de Oscar Lewis y Ernest Maes, «Base para una nueva definición práctica del indio», *América Indígena*, V, 2, pp. 107-118.

bierno» (1960, 59). Pero en Gamio la arqueología no sólo sirve para conocer la vida social de los antiguos mexicanos antecesores de los indios actuales, sino también nos permite sentir el arte prehispánico. Como ejemplo, recojo su reflexión sobre la célebre cabeza del Caballero Águila en *Forjando patria*; pero no debe olvidarse que esto se escribía en 1916, cuando apenas estaba naciendo la antropología cultural norteamericana:

> Para que el Caballero Águila despierte en nosotros la honda, la legítima, la única estética que la contemplación del arte hace sentir, es necesario [...] que se integren la belleza de la forma material y la comprensión de la idea que ésta expresa. El término «Caballero Águila» es indeterminado e inexpresivo. Debemos saber dónde y cuándo vivió y el cómo y el por qué de su vida. El Caballero Águila no es un discóbolo, ni un gladiador romano. Representa el hieratismo, la fiereza, la serenidad del guerrero azteca de las clases altas. El escultor que lo hizo, estaba connaturalizado con la época de su florecimiento, fue espectador de sus combates, de sus derrotas y de sus triunfos y de todas esas visiones épicas surgió de su mente, embellecido y palpitante el tipo de la raza: se mira en él la inmutabilidad, el reposo en que parecen dormir ante el dolor y el placer los rostros indígenas; el cruel orgullo de los hijos de México, la señora de aquel entonces, señora y dueña de las comarcas teñidas de sangre y estremecidas del valor; la abstracción mental, producida por el ambiente religioso de sangrientos ritos [...] Sólo así, conociendo sus antecedentes, podemos sentir el arte prehispánico [1960, 46].

La identidad indígena, que es producto de la historia mexicana, hay que salvarla, al menos en todos los rasgos positivos. Por eso, la población indígena no debe asimilarse a la población nacional, sino *integrarse* con ella en un verdadero intercambio de valores. Lo que se asimila se hace semejante al todo, lo que se integra se hace parte del todo, pero conservando la propia identidad. En sus *Consideraciones sobre el problema indígena*, Gamio se pregunta si «hay que retrotraer a los grupos indomestizos al modo de vivir que tenían antes de la conquista [...] o bien convendría extirpar radicalmente la cultura indígena de esos grupos, substituyéndola en su totalidad por la extranjera», y partiendo de que «tanto la cultura autóctona como la extranjera ostentan altas virtudes y adolecen de desventajas», concluye que hay que seguir una vía media, quedándose con lo bueno de cada cultura en un mestizaje fecundo. En su enjuiciamiento de la cultura autóctona, Gamio la califica de «natural y espontánea [...], porque ha sido elaborada durante millares de años bajo la influencia del mismo ambiente geográfico en que hoy florece», pero «incapaz de satisfacer las exigencias de la vida humana contemporánea» por sus defectuosas herramientas y por sus deficientes hábitos higiénicos y médicos; pero teme que la introducción de nuevas técnicas mate el arte indígena y sostiene que

> la cultura indígena es la verdadera base de la nacionalidad en casi todos los países americanos y se distingue, entre otras cosas, por su bella y épica tradición, altas manifestaciones éticas y estéticas, excepcionales dotes de persistencia contra toda clase de obstáculos y adversidades, mucho menor sujeción al extremo y perjudicial egoísmo individualista que impone la cultura extranjera, etc. [1960, 13-14].

Ya se verán la ulterior elaboración de este concepto y su confrontación con la realidad en Caso y las críticas de los que cuestionan la meta integracionista, pero todo eso no menoscaba el mérito de Gamio, al acuñar el concepto de «integración» indígena, aunque en el horizonte aparezca la perspectiva un tanto confusa del mito de la «raza cósmica».

2.2. Nacimiento del indigenismo científico

En el México moderno Gamio es el primer indigenista científico y el verdadero padre de la nueva orientación en favor de la población indígena; pero, como otros «fundadores de escuela» (como su maestro Boas y como Mauss), no tiene una obra escrita definitiva y va a ser superado por sus propios discípulos. Ya se vio que fue el primer antropólogo mexicano que recibe el doctorado. Su obra científica más importante es *La población del Valle de Theotihuacán* (1922), realizada como trabajo de la Dirección de Antropología. Gamio parte de la heterogeneidad radical, cultural, lingüística y económica de la población mexicana y cree necesario investigar la situación de dicha población y los medios adecuados para promover su desarrollo integral tanto por el Estado como por asociaciones privadas, preparando así «el acercamiento racial, la fusión cultural, la unificación lingüística y el equilibrio económico de dichas poblaciones, las que sólo así formarán una nacionalidad coherente y definida y una verdadera patria».[12] Para realizar su investigación, Gamio divide México en 10 regiones culturales, que debían ser estudiadas suce-

---

12. Citado en Comas, *op. cit.*, pp. 92-93.

sivamente. De hecho, como ha ocurrido con tantos proyectos indigenistas, sólo se estudió la primera región, que comprendía los estados de México, Hidalgo, Puebla y Tlaxcala, cuya muestra representativa fue el valle de Theotihuacán. El estudio tenía un doble objetivo: *a*) «conocer las condiciones de propiedad, producción espontánea, producción artificial y habitabilidad del territorio [...] y deducir los medios para mejorarlo eficazmente», y *b*) «investigar los antecedentes históricos, el actual estado físico y los diversos aspectos de civilización o cultura, que presenta la población del citado valle, así como los medios adecuados y factibles que deben aplicarse para procurar su mejora física, intelectual, social y económica»;[13] por eso era un «estudio integral» y la situación marginal de la población indígena debía estudiarse y abordarse como un todo desde todos sus aspectos. El estudio integral va a ser una idea central del indigenismo mexicano. El resultado de la investigación del valle de Theotihuacán se publicó en tres volúmenes de más de mil quinientas páginas, en donde colaboran 21 científicos, y puede considerarse un verdadero hito en el pensamiento antropológico mexicano.[14]

Pero Gamio no sólo inicia el camino del indigenismo, sino que durante dieciocho años influye ampliamente en el indigenismo continental desde la dirección del Instituto Indigenista Interamericano. En los editoriales de la revista *América Indígena*, que es todavía la revista más importante para conocer la problemática indígena americana, puede conocerse el pensamiento de Gamio. Pero el Instituto, con Gamio, no sólo desarrolló una labor de divulgación, sino que promovió investigaciones, reunió periódicamente a los indigenistas del continente en congresos (Pátzcuaro, 1940; Cusco, 1949; La Paz, 1954; Guatemada, 1959) y patrocinó algunos programas de antropología aplicada, aunque este trabajo debía realizarse por medio de los institutos indigenistas nacionales.

3. Alfonso Caso (1896-1970)

Mexicano, estudia arqueología, antropología, derecho y filosofía, llega a ser rector de la Universidad Nacional Autónoma de México y ministro de Bienes Nacionales. Se dedica algún tiempo a

---

13. *Ibíd.*, p. 93.
14. En 1921 la Dirección de Antropología quiso recoger una serie de monografías etnográficas sobre cada grupo étnico mexicano. Por razones diversas, la obra se terminó en el Departamento de Educación Indígena y la publicó Carlos Basauri, *La población indígena en México*, 3 vols., México, Secretaría de Educación Pública, 1940, 1.626 pp.

la arqueología, descubre la famosa tumba de Montealban (Oaxaca), y, desde entonces, la dimensión arqueológica va a dar profundidad a su indigenismo. Desde que en 1917 produce su primer ensayo, escribe otros muchos sobre indigenismo, aunque no escriba ninguna obra teórica importante. Cuando, en 1948, se funda el Instituto Nacional Indigenista de México, Caso se hace cargo de la dirección, tarea que desempeñará hasta su muerte.

OBRAS

1953 *El pueblo del sol*, México, Fondo de Cultura Económica.
1958 *Indigenismo*, México, Instituto Nacional Indigenista. Se trata de una colección de artículos escritos desde 1942.

APORTES

Además de su importante contribución a la arqueología mesoamericana, Caso elaboró una teoría y una praxis indigenista que sigue orientando la acción gubernamental en la mayoría de las zonas indígenas de México.

3.1. *Principios de la acción indigenista*

En su trabajo «Los ideales de la acción indigenista» escribe:

> Entendemos por indigenismo en México, una actitud y una política y la traducción de ambas en acciones concretas. Como actitud, el indigenismo consiste en sostener, desde el punto de vista de la justicia y de la conveniencia del país la necesidad de la protección de las comunidades indígenas para colocarlas en un plano de igualdad, con relación a las otras comunidades mestizas que forman la masa de la población de la república. Como política, el indigenismo consiste en una decisión gubernamental, expresada por medio de convenios internacionales, de actos legislativos y administrativos, que tiene por objeto la integración de las comunidades indígenas en la vida económica, social y política de la nación.[15]

---

15. En *Realidades y proyectos: 16 años de trabajo*, México, Instituto Nacional Indigenista, 1964, p. 11.

Esta actitud protectora e integracionista la resume Caso en 14 puntos:

1) El problema indígena en México no es racial, pues la sociedad mexicana rechaza toda discriminación racial, sino que es un problema cultural, por conservar los grupos indígenas su propia cultura, diferente a la cultura nacional mestiza.

2) Las limitaciones del indígena no son congénitas, sino producto de hechos históricos o sociales cuya responsabilidad recae en la otra parte de la población, y así pueden superarse.

3) La acción indigenista no se refiere al individuo como tal, pues éste no sufre discriminación al abandonar su comunidad, sino a la comunidad.

4) La aculturación de las comunidades indígenas debe hacerse en provecho de dichas comunidades y no del país (librar al indio de México, no a México del indio), para insertarlas en el proceso productivo nacional, aunque todo mejoramiento de las comunidades indígenas beneficiará al país.

5) La acción indigenista debe ser regional, pues las comunidades indígenas forman un sistema económico y social con alguna ciudad mestiza (comunidades satélites-ciudad metrópoli), y «sería imposible el desarrollo aislado de una comunidad, si no se desarrolla al mismo tiempo toda la zona a que pertenece».

6) La aculturación de las comunidades indígenas debe contar con la aceptación de los destinatarios, pues asume un «concepto relativista de la cultura, así como una clara posición democrática»; por eso hay que comenzar por investigar las aspiraciones de la comunidad y hay que emplear métodos persuasivos en la aceptación de los nuevos patrones culturales.

7) Hay que «respetar en la comunidad indígena todo aquello que no se oponga a su desarrollo y a una mejor vida», sin recurrir a los procedimientos gubernamentales de obligar a los indios a aceptar patrones de vestido o de vivienda de tipo occidental; los valores positivos de la cultura indígena (régimen comunal de tierras, producción estética, etc.) no deben destruirse, sino fomentarse.

8) La acción indigenista no sólo debe contar con la aceptación de la comunidad, sino con su participación, de modo que los indios colaboren en la implementación de los proyectos, sin que se den simples regalos.

9) Como los fenómenos sociales tienen múltiples causas, «para lograr la transformación cultural y económica de una comunidad es indispensable la acción integral». Por eso hay que promover, simultáneamente, el cambio en todos los aspectos de la cultura:

tecnología agrícola, sistema educativo, prácticas curativas y «también el cambio del concepto que se tenga sobre el hombre y el mundo, modificando las ideas de la propia comunidad en relación con lo que sabemos desde el punto de vista científico».

10) No hay que mantener las comunidades indígenas como tales, ni tampoco restaurar los elementos indígenas perdidos, sino que hay que proporcionarles los medios necesarios para que se transformen e identifiquen con las demás comunidades mestizas del país.

11) Tampoco hay que mantener las comunidades indefinidamente en tutelaje, como menores de edad, sino por un período de tiempo, hasta que la comunidad haya aceptado los cambios indispensables y genere sus propios líderes para esa tarea.

12) No hay que establecer «reservaciones» indígenas como en los Estados Unidos, pero sí hay que dar un trato diferencial hasta que la comunidad esté en camino de su integración.

13) La acción indigenista no debe provocar innecesarias tensiones y conflictos dentro de la comunidad, aunque no pueda evitarlos del todo; además es un proceso educativo, que exige tiempo, que «no está marcado por el deseo del que educa, sino por la capacidad del educando».

14) Estos principios no son inmutables, sino que deben revisarse a la luz de la investigación y la praxis sociales.

Tal declaración de principios sugiere los siguientes comentarios:

a) Se basa en la definición del indio y en el concepto de integración propios de Caso, que ya se vieron en el capítulo I. Como ya observaba allí, para el indigenismo de Caso el indio ya no es un individuo aislado, sino una comunidad indígena. Tal definición es una combinación de las cuatro variables más empleadas en las definiciones del indio (la raza, la cultura, la lengua y la conciencia de grupo); responde a la necesidad de la antropología aplicada de identificar el objeto de los programas indigenistas y tiene un enfoque excesivamente culturalista. Con razón, Rodolfo Stavenhagen observa:

> Esta definición ya no considera al indígena como un ser aislado, sino como miembro de un grupo social bien delimitado. Pero el autor reduce la calidad de indio a un sentimiento subjetivo y también introduce consideraciones raciales, al diferenciar la comunidad indígena de las comunidades de «blancos y mestizos». No encontramos en esta definición los elementos necesarios para un análisis de las relaciones que existen entre los indios y los ladinos; por el con-

trario, la definición de Caso acentúa la idea de que tenemos aquí dos mundos culturales autónomos, que se encuentran yuxtapuestos casi al azar.[16]

En cuanto a la incorporación del indio, ya se vio en el capítulo I que Caso decía que «para resolver el problema indígena» sólo hay un camino: «incorporar las comunidades indígenas a la gran comunidad mexicana» y «conservar lo que las comunidades indígenas tienen de positivo y útil: su sentimiento de comunidad y de ayuda mutua, sus artes populares y su folklore».

b) Dicha declaración de principios supone la teoría del desarrollo de la comunidad, tan de moda en la década de los años cincuenta y sesenta (acción integral, aceptación y participación de la comunidad, cambio con el menor número posible de tensiones, etc.).

c) Dicha declaración supone también la orientación de la antropología aplicada de la escuela cultural norteamericana.[17]

d) Dicha declaración insinúa ya el desarrollo regional (punto 5), pero la fomulación es todavía muy tímida, pues se habla del desarrollo simultáneo de la comunidad indígena y de la zona a la que pertenece, pero no se habla de romper las relaciones de dominación de los ladinos sobre los indios. Tal formulación teórica la hará explícita Aguirre Beltrán y apenas se llevará a la práctica en los programas del Instituto Nacional Indigenista, dirigidos por Caso y Aguirre Beltrán, como lo reconoce este último.

e) Pero el punto más discutible de la declaración es el de los valores positivos y negativos que las comunidades indígenas debían conservar o rechazar. Aguirre, en su reseña necrológica de Caso, habla de los dos grandes influjos que tuvo éste, la arqueología y el positivismo:

> Además del antecedente arqueológico es necesario tomar en cuenta premisas conceptuales diversas, que don Alfonso internalizó durante sus años juveniles, todas ellas impregnadas de la filosofía positivista de Compte que Gabino Barreda, con gran inteligencia, reinterpretó en la realidad nacional. La doctrina del orden, el progreso y la libertad del médico mexicano tuvo la virtud prodigiosa de hacer que sus adherentes, sin apartarse de la política conservadora

---

16. Rodolfo Stavenhagen, *Las clases sociales en las sociedades agrarias*, México, Siglo XXI, 1971, p. 197.

17. Puede consultarse a Roger Bastide, *Antropología aplicada*, Buenos Aires, Amorrortu, 1972, donde se compara la aculturación planificada en el contexto capitalista y socialista.

original, se concibieran a sí mismos como liberales. Según las propias palabras de Caso, el positivismo de Barreda intensificó «el estudio de la ciencia que era entonces, como es ahora, el más firme cimiento de la libertad y de la democracia».[18]

Sin embargo, es sabido que la cosmovisión de la ciencia se limita al campo positivo, y que hay otros aspectos humanos que escapan a la visión científica; por eso, las sociedades indígenas pueden tener un desarrollo humano sin hacer de la ciencia el centro de su cosmovisión.

3.2. *La praxis indigenista*

Pero el aporte más importante de Caso ha sido la organización de programas concretos de antropología aplicada en las diferentes regiones indígenas de México de acuerdo con los principios antes presentados. Cada programa formaba un «centro coordinador», llamado así porque debía coordinar la acción de los distintos ministerios o secretarías del gobierno mexicano para promover el desarrollo socio-económico y la integración de las zonas indígenas. El primer centro coordinador se fundó en Chiapas en 1950, teniendo como sede central la ciudad de fray Bartolomé, San Cristóbal de Las Casas, no tanto por motivos simbólicos cuanto por su ubicación estratégica en la región zeltat-tzotzil; el número de centros coordinarores fue creciendo lentamente, de modo que al morir Caso eran ya 12, pero con la reestructuración del INI durante el gobierno de Echevarría, los centros llegaron a 70. Las principales características de los centros coordinadores son:

a) Tienen su sede administrativa en la «ciudad metrópoli», pero influyen en un territorio intercultural en el que pueden señalarse cuatro áreas de acción: área de «demostración», que es la zona donde se promueve el cambio dirigido por medio de escuelas, clínicas y demás agencias de desarrollo; área de «difusión», que es la zona en la que a la larga se producen también cambios por el impacto del efecto-demostración, aunque el INI no haya implementado sus agencias por falta de recursos o por la misma resistencia indígena; área de «migración», que son las zonas donde concurren los indios fuera de sus «regiones de refugio» en busca de trabajo y donde debe hacerse una labor de vigilancia para

18. «Alfonso Caso (1896-1970)», *América Indígena* (México), 31 (1971), p. 234.

evitar la explotación indígena; área de «movilización», que son las zonas disponibles a las cuales el INI trata de trasladar los excedentes de población indígena, organizando colonias.

b) En la organización del centro hay un director, que ordinariamente es un antropólogo (por ejemplo, en San Cristóbal lo fueron sucesivamente Aguirre Beltrán, Julio de la Fuente, Ricardo Pozas, Alfonso Villa Rojas, etc.), y un comité ejecutivo, integrado por los jefes de los distintos departamentos. Es de notar que los antropólogos tienen el mayor poder de decisión, cuando en otros programas de desarrollo se han limitado a ser asesores no consultados o poco escuchados.

c) Los departamentos se ocupan de los distintos aspectos del desarrollo integral: educación (escuelas bilingües, alfabetización de adultos, etc.), salubridad e higiene (clínicas, postas sanitarias, campañas de vacunación y de extirpación de enfermedades, etc.), economía (tenencia de la tierra y asesoría legal sobre dicha tenencia, extensionismo agropecuario, artesanías, cooperativas de consumo, etc.), caminos y construcciones (nuevas vías de comunicación, urbanismo de centros poblados, concentración de población dispersa, edificios comunales, etc.). El número y la clase de departamentos de cada centro está en función del grupo indígena respectivo. Deliberadamente el INI renunció a intervenir en los campos de la organización política y religiosa por temor a una reacción violenta de los indios, al sentir su propia identidad amenazada, y por suponerse que los demás cambios inducidos acabarían por influir en dichos campos.

d) Cada centro debe tener, además, un departamento de antropología para estudiar los problemas que se presenten en los demás departamentos (adopción de nuevas técnicas, relaciones interétnicas, etc.), pero en la práctica casi nunca funcionó por diferentes razones: muchas veces el único antropólogo era director del centro y estaba absorbido por la rutina administrativa; otras veces, el departamento de antropología se convirtió en una especie de oficina de relaciones públicas o, simplemente, no se implementó en favor de otros departamentos que tenían logros más inmediatos y éxito estadístico en los informes del sexenio. De todos modos, el principio de tener en cada centro un departamento de antropología es un punto a favor de Caso y de los demás organizadores de los centros coordinadores.

e) Se desarrollan y perfeccionan diferentes técnicas de «desarrollo de la comunidad indígena». Entre éstas cabe destacar la preparación de «promotores», que son líderes de las mismas comunidades, seleccionados de ordinario entre los adultos jóvenes, y a los que se les capacita en una determinada línea (maestro, sanitario, técnico agropecuario, etc.) y con una cierta mística, por medio de cursos intensivos de corta duración y que se dan en la sede del centro; tal especialización limitada y hecha *in situ* pretende evitar el desarraigo del medio cultural y la excesiva especialización (para que los promotores no se conviertan en nuevos intermediarios y explotadores de los demás miembros de la comunidad), lo que no siempre se logra, pues algunos promotores entran en un acelerado proceso de «ladinización». Otro terreno donde los centros coordinadores lograron buenos resultados fue el de la medicina: los médicos con frecuencia aceptaban como promotores sanitarios a los curanderos indígenas y procuraban hacer una «traducción» de las enfermedades, de los síntomas y de los remedios a las categorías culturales de los indígenas.[19] Otro campo interesante fue el de la educación de adultos, con técnicas como la del teatro guiñol, con dos personajes que representaban al «conservador» y al «progresista» y discutían todas las innovaciones que estaban apareciendo en la comunidad.

Es difícil hacer un juicio de conjunto de la praxis indigenista dirigida por Caso desde la oficina central del INI en la ciudad de México. El antropólogo alemán Ulrich Köhler hizo una evaluación del trabajo del centro coordinador de Chiapas. En las conclusiones analiza los resultados reales de cada uno de los departamentos, discute los métodos (meta integradora, planteamiento regional, selección de prioridades y métodos de introducción de innovaciones) y examina la contribución de los antropólogos sociales. No es éste el lugar para reseñar cada uno de los puntos. Sobre la integración de los indios Köhler dice:

> Un problema fundamental estribaba en que los indígenas probablemente admitirían aquellas acciones que tendieran a elevar su *standard* de vida, pero, en cambio, ya no verían con buenos ojos la paulatina aproximación de su manera de vivir a la de los ladinos, ni su incorporación social a la sociedad nacional. En caso de que se orientaran los programas regionales con arreglo a los deseos de los indígenas, las acciones tal vez tendrían que haberse planteado de tal manera que propiciaran una independencia cultural todavía mayor de las comunidades indígenas. El mayor beneficio que el gobierno hubiera podido hacer a los indígenas, hubiera consistido en evacuar

---

19. Yo lo vi personalmente en mis visitas a varios centros coordinadores en 1961 y 1963. Puede consultarse la monografía de William R. Holland, *Medicina maya en los Altos de Chiapas*, México, Instituto Nacional Indigenista, 1963.

por la fuerza a los ladinos que viven en los municipios donde aquéllos dominan o en establecer leyes especiales que protegieran a los indígenas de San Cristóbal en su trato con los ladinos. Esto significa que una mayor consideración de los deseos de los indígenas habría ponderado la creación de reservaciones para ellos. Tal política dista mucho de los criterios que maneja el gobierno mexicano, entre otras cosas, porque de esa manera no se pueden ofrecer soluciones correctas. Una reservación para indios en los Altos de Chiapas no podría subsistir económicamente, ni ofrecería una base suficiente para el desarrollo cultural propio de los indígenas, dentro de la tendencia ya generalizada de adaptarse al conocimiento técnico moderno. Además la creación de reservaciones se opondría diametralmente a la política que se sigue en México.[20]

El juicio más global de la praxis indigenista de Caso lo hace Alejandro M. Marroquín en su obra *Balance del indigenismo: informe sobre la política indigenista en América* (1972). Las principales observaciones críticas que hace dicho autor al indigenismo mexicano en su conjunto son: «el Indigenismo mexicano ha tenido éxitos muy positivos, que lo colocaron como vanguardia y guía del indigenismo del continente», por «lo acertado de su fundamentación teórica», por «sensibilizar a muchos funcionarios y a sectores importantes de la población civil frente al problema indígena» y por «romper el aislamiento milenario de muchas tribus [...], reducir en las poblaciones ladinas las actitudes discriminatorias frente al indígena y [...] promover cambios socio-económicos en la vida de las comunidades, de verdadera importancia» (mejor aprovechamiento de los recursos, liquidación del sistema de «enganche» indígena, mejoramiento del nivel de vida, etc.). «Todo esto queda en el haber del INI como una labor sumamente positiva.»[21]

En cambio, para Marroquín resulta negativa la dispersión de la acción indigenista mexicana, que está en manos de diferentes organismos estatales (el Departamento Agrario, el Banco de Crédito Ejidal, la Comisión del Yaqui, el Patrimonio Indígena del Valle del Mezquital, varias secretarías de Estado, etc.) y que tienen a veces políticas opuestas (por ejemplo, la secretaría de Educación tiene muchos internados indígenas, en donde la gran mayoría de los que estudian no regresan a sus comunidades, y practica en sus

20. Ulrich Köhler, *Cambio cultural dirigido por los Altos de Chiapas* (1969), México, Instituto Nacional Indigenista, 1975, p. 333.
21. Alejandro D. Marroquín, *Balance del indigenismo: informe sobre la política indigenista en América*, México, Instituto Indigenista Interamericano, 1977², pp. 110-111.

escuelas una política de castellanización directa en contra de la castellanización indirecta del INI).[22]

Es también negativo; para Marroquín, el que «en los últimos años, hasta 1970, la acción indigenista se ha desviado de sus cauces primigenios» (apenas atiende a una quinta parte de la población indígena, ha perdido su enfoque regional y en las comunidades se ha fomentado el desarrollo individualista). Además, «no se han hecho cambios estructurales en las regiones de refugio y, por consiguiente, no se ha modificado la ecuación ladino-indígena, que es de explotación y opresión de los indios».

Y son también negativas la falta de planificación del INI, la disminución del influjo de los antropólogos, la ausencia de «un enfoque político auténticamente indigenista», la limitación financiera (por un presupuesto que no crece y del que en 1970 el 51 % se iba en pagar sueldos), la falta de coordinación entre el INI y las demás agencias estatales, actuando el INI como simple mediador sin autoridad coactiva, la ausencia de una política de formación del personal, que se ha burocratizado mucho, y, finalmente, las frustraciones que han sufrido muchos grupos indígenas beneficiados por no haberse satisfecho las aspiraciones crecientes despertadas o por no poderse resolver los nuevos problemas, nacidos de los cambios que se han introducido:[23]

> En resumen —concluye Marroquín— podemos decir que la labor del INI presenta aspectos muy positivos, pero que desgraciadamente también tiene aspectos negativos que necesitan corregirse a la mayor brevedad; por otra parte, la mayoría de los aspectos positivos se ubican en el pasado del Instituto, pues a partir de los últimos seis años (1964) se inicia en el INI un período de franca declinación, cuya caracterización simbólica nos la da el retorno de familias chamilas[24] y de otros grupos indígenas a la selva lacandona, después de haber vivido más de veinte años bajo la protección del INI. Este retorno a la vida selvícola bajo la presión de la miseria y el hambre expresa el fracaso de una política indigenista que, bien orientada teóricamente, fue lentamente carcomida por la herrumbre burocrática.[25]

---

22. *Ibíd.*, 111.
23. *Ibíd.*, pp. 112-118.
24. Los chamulas son un grupo tzoltzil, situado junto a San Cristóbal de Las Casas, que ha sido estudiado por Ricardo Pozas en *Chamula, un pueblo indio en los Altos de Chiapas*, México, Instituto Nacional Indigenista, 1959.
25. Marroquín, *op. cit.*, p. 118. Además de la crítica global de Marroquín, hay críticas a puntos más concretos; por ejemplo, el antropólogo holandés R. van Zantwijk, en su obra *Los servidores de los santos: la identidad social y cultural de una comunidad tarasca de México* ([1965], México, Instituto Nacional Indigenista, 1974) analiza dos de

Sin negar el influjo de la «burocratización del carisma», creo que lo negativo de la praxis indigenista que montó Caso tiene raíces más profundas, que hay que buscar en el mismo planteamiento integracionista hecho por un estado paternalista que trata de no crear conflictos en el seno de las comunidades indígenas ni en las regiones interculturales donde los ladinos no sólo conviven con los indios, sino que casi siempre viven de los indios. Son problemas que van a agitar los que replantean el indigenismo en términos políticos y que se estudiarán en el último capítulo de esta obra. Mientras tanto, el anciano patriarca Caso seguía dirigiendo la nave que había fabricado con el pobre resultado que anota Marroquín. Algunos especulaban entonces en México que el INI iba a desaparecer y que se estaba esperando que muriera Caso para decidir la liquidación del Instituto. Entonces ya se había replanteado el indigenismo y se habían escuchado los gritos de ira en la plaza de las Tres Culturas en el agosto del 68 mexicano. Pero cuando ocupa la presidencia el presidente Luis Echevarría, se tiene una conferencia cumbre de «todo el mundo indigenista mexicano» —los que trabajan en las diferentes agencias indigenistas y tambіén muchos críticos— con el propio presidente el 13 de septiembre de 1971; dicha conferencia ha sido publicada con el título *¿Ha fracasado el indigenismo?* (México, Sep-Setentas, 1971); como resultado de la discusión el Gobierno incrementó enormemente los fondos para el indigenismo oficial.[26]

los puntos que el INI no quiso abordar en sus centros coordinadores, a saber, la organización política y la religiosa. En cuanto a la integración de la cultura indígena y mestiza, opina que «sí es posible, hasta cierto punto. Muchos países culturalmente heterogéneos tienen minorías étnicas de alto nivel social y económico, pero que han conservado una lengua y una literatura propias, como las Indias, la URSS, los Países Bajos y Suiza. Pero en estos casos se trata más bien de un "desarrollo que conserva una forma de identidad cultural" que de un «desarrollo que conserva los aspectos positivos". La primera forma es más dinámica, porque incluye nuevos aspectos [...] Para él [Caso] los "aspectos positivos" de las culturas indígenas [...] no deben ante todo contribuir a la conservación de la identidad indígena, sino más bien contribuir al enriquecimiento de la identidad nacional [...] Nos preguntamos si no exagera la posibilidad de dirigir el proceso de desarrollo [...] Sus obras [de Caso] no son muy explícitas sobre la manera como esto se logra [...] Los resultados inmediatos de los métodos prácticos del INI, hoy en día, que el autor ha podido observar en distintos lugares de México, están muy lejos de la realización de este ideal [...] La idea de Caso es sin duda meritoria [...], pero [...] apenas si se puede aplicar el concepto, al hacer los planes para manejar el problema de la integración, puesto que los aspectos "positivos" y "negativos" son interdependientes. El progreso debe verse siempre como un complejo de procesos de desarrollo interdependientes» (pp. 270-271).

26. Aguirre, en un artículo publicado en la revista *Comunidad*, de la Universidad Iberoamericana de México, sobre «Planeación de las zonas indígenas» (1977, 61, pp. 340-349), enjuicia el indigenismo oficial en el sexenio de Echevarría: «otro de los

4. Gonzalo Aguirre Beltrán (1908)

Médico veracruzano, estudió antropología social con Melville J. Herskovits en Chicago, ha sido rector de la Universidad de Xalapa y ha desempeñado una serie de cargos importantes dentro del indigenismo oficial mexicano, tales como director de Asuntos Indígenas en el Ministerio de Educación, subdirector del Instituto Nacional Indigenista, director del Instituto Indigenista Interamericano, subsecretario de Cultura Popular, etc. En 1951 fue el primer director del Centro Coordinador de San Cristóbal de Las Casas, en Chiapas, modelo de los demás centros del INI.

OBRAS

Pueden señalarse cuatro temas de interés: en primer lugar, la etnohistoria, en la que Aguirre se inicia; y haciendo etnohistoria de la población negra, se introduce en el segundo tema, la cultura negra, sin duda bajo el influjo de Herskovits, el gran africanista; en tercer lugar, el cambio cultural, fruto de sus años dedicados a la antropología aplicada, y en cuarto lugar, la defensa del indigenismo integracionista, cuando ya se ha desatado la polémica de los que quieren replantear el indigenismo.

1940 *El Señorío de Cuauhtochco.*
1946 *La población negra de México, 1519-1810. Estudio etnohistórico*, México, Fuente Cultural.
1952 La población indígena de la Cuenca del Tepaltapec, México, INI.
1953a *Formas de gobierno indígena*, México, Imprenta Universitaria.

---

momentos creadores del movimiento revolucionario, tal vez el último [...], que dio alta prioridad al desarrollo rural [...] y alentó el crecimiento y vigorización [del indigenismo] como nunca antes se había hecho. El 1.º de diciembre de 1970 renació la suprimida Dirección General de Asuntos Indígenas de la SEP con la designación de Dirección General de Educación extraescolar en el medio indígena. Su presupuesto anual de 87 millones de pesos se incrementó [...] a medida que se reforzaba [...] el Plan nacional de promotores bilingües, que le fue incorporado. El presupuesto anual para 1977 asciende a 1.081 millones de pesos y el número de indígenas, de muy variada procedencia étnica, contratados para desempeñar tareas educativas, suma 14.500, de ellos seis mil son maestros y el resto promotores. El INI corrió con un aumento paralelo [...], para terminar con un ejercicio de 450 millones de pesos en diciembre del 76. El acrecentamiento se debió a la fundación anual de 10 centros coordinadores, 59 en seis años» (p. 341).

1953*b* *Teoría y práctica de la educación indígena* México, Fondo de Cultura Económica, 1973.

1954 «Las instituciones indígenas en el México actual», en *Métodos y resultados de la política indigenista en México*, México, INI.

1955 *Los programas de salud en la situación intercultural*, México, III.

1957*a* *El proceso de aculturación*, México, UNAM.

1957*b* *Cuijla Un pueblo negro*, México, Fondo de Cultura Económica.

1963 *Medicina y magia: el proceso de aculturación en la estructura colonial*, México, INI.

1967 *Regiones de refugio*, México, III.

1976 *Aguirre Beltrán: obra polémica*, México, Sep-Inah.

1983 *Lenguas vernáculas, su uso y desuso en la enseñanza: la experiencia de México*, México, Ediciones de la Casa Chata.

1986 *Zongolica: encuentro de dioses y santos patronos*, Xalapa, Universidad Veracruzana.

APORTES

Sin duda alguna Aguirre Beltrán es el indigenista mexicano de más vuelo teórico, pues es el único que formula teorías del cambio cultural, a partir de su rica experiencia personal en la dirección de programas de antropología aplicada, y también uno de los que defiende más coherentemente la posición integracionista. Paso a exponer estos dos puntos:

4.1. *Teoría del cambio cultural*

Dicha teoría la expone, sobre todo, en sus obras *El proceso de aculturación* (1957) y *Regiones de refugio* (1967). En la introducción de esta última escribe:

> En nuestra obra *El proceso de aculturación* hicimos un análisis detallado de la doctrina y los métodos del desarrollo; la filosofía de los programas; los métodos empleados y los fines que persiguen; las motivaciones e incentivos que conducen al cambio. En la presente obra deseamos completar lo entonces dicho, con un enfoque del problema del contacto y el cambio de un orden distinto al cultural. En el presente trabajo pondremos un acento decidido en la es-

tructura social y en el proceso de integración por ella determinada [1967, XV].

En consecuencia, ambas obras tratan del mismo tema, a saber, la teoría y metodología del proceso de aculturación de las minorías étnicas de las regiones de refugio, pero la primera se fija más en la aculturación de los grupos indígenas dentro de la región intercultural, mientras que la segunda da un paso más y analiza la estructura social de dicha región intercultural; o de otro modo, en la primera obra está presente el modelo de sociedad dual, los «modernos» y los «tradicionales», que deben modernizarse superando la barrera cultural, mientras que en la segunda obra se presenta la perspectiva de la dominación o «proceso dominical», según la expresión de Aguirre.

Como gran parte del contenido de *El proceso de aculturación* (definición del indio como grupo social, región intercultural con ciudades mestizas, metrópolis y comunidades indígenas satélites, empleo de promotores indígenas, etc.) está ya recogido en *Ideales de la acción indigenista*, de Caso, voy a referirme, únicamente, al aporte de *Regiones de refugio*. Llama así el autor a aquellas zonas del país habitadas por población indígena, donde «la estructura heredada de la colonia y la cultura arcaica de franco contenido preindustrial han encontrado abrigo contra los embates de la civilización moderna» (1967, XV). Aguirre inicia su análisis afirmando que el cambio cultural es «una de las pocas constantes de la existencia humana» (1967, 2) y que, en toda sociedad, existen fuerzas favorables al cambio, generadas dentro del grupo (invención o descubrimiento) o fuera del grupo (préstamo cultural), y fuerzas opuestas al cambio, generadas dentro del grupo (el condicionamiento cultural) o fuera del grupo («el imperio, el control, la autoridad, la sujeción y el dominio externos») (1967, 1). La acción de estas cuatro fuerzas se traduce en cuatro procesos, a los que Aguirre denomina de invención, aculturación, de endoculturación y dominical:

> Mientras los primeros motivaron exámenes múltiples y estudios amplios, el último ha merecido escasa consideración o ha sido completamente soslayado por la investigación antropológica. Ello se ha debido, en parte, a que la antropología cultural encauza sus intereses a la interpretación de hechos culturales, no de hechos sociales; y el proceso dominical enfoca sus atención a estos últimos.
>
> Al confrontar los problemas que sufren las minorías étnicas y la naturaleza de las relaciones interraciales, los antropólogos norteamericanos se abocaron al análisis del proceso dominical, contem-

plándolo desde el ángulo del prejuicio, de las rivalidades y odios de grupos. Creyeron encontrar la fuente original del proceso en la causalidad múltiple que construyeron sumando los factores económicos y sociales con el miedo, la agresión y los conflictos sexuales. Estos estudios, aunque estimulantes e ilustrativos, abstraen el proceso en sus aspectos psicológico, educativo, económico o legal, y con ello dan una imagen parcial del problema. De haberlo considerado en su totalidad, forzosamente habrían tenido que atacar sus implicaciones políticas, y el hacerlo los hubiera llevado a una arena en la que los científicos se sienten particularmente incómodos [1967, 9].

Aguirre continúa su análisis describiendo el proceso dominical, que define como «el juego de fuerzas que hace posible la dominación y los mecanismos que se ponen en obra para sustentarla», sin necesidad de acudir al uso de la coerción física, sino en casos de excepción (1967, 1-11). Luego enumera cinco fuerzas-mecanismos dominicales:

a) La segregación racial, «sancionada por la ley y [...] destinada a separar los extranjeros de los nativos y sus mezclas» en un régimen de castas, donde se impide la movilidad vertical; tal segregación se apoya en el supuesto de la superioridad innata del blanco sobre las razas de color (1967, 11).

b) El control político, «que detenta el grupo dominante y deja a la masa sin participación en el gobierno», aunque los nativos conserven cierto aparato político y cierta aristrocracia local. Tal control político se racionaliza, haciendo que los nativos sean incapaces de gobernarse a sí mismos, y puede estar orientado a la incorporación de los mismos a «la cultura colonial para situarlos como proletarios en una sociedad clasista [...] o a dejarlos en el desarrollo de su autoctonía [...] de la sociedad dividida en castas» (1967, 13).

c) La dependencia económica, «que reduce a la población indígena a la condición de instrumento de uso»; hay una economía dual, moderna y de subsistencia, y los nativos sólo pueden trabajar en esta última o en la moderna como asalariados; el grupo dominante mantiene el control de la producción y, sobre todo, el de la comercialización, y racionaliza este hecho afirmando que los nativos son incompetentes para operar el sistema productivo (1967, 14).

d) El tratamiento desigual, «que otorga, a las poblaciones involucradas en la estructura colonial, tipos distintos de servicios», y así, en el campo educativo por ejemplo, se evita deliberadamente que la educación formal llegue a la población nativa, porque es un fermento contra la situación colonial (1967, 15); en la distancia social, «que limita el contacto entre los grupos a situaciones y normas de comportamiento estereotipados», y así funciona como un verdadero sistema de castas.

e) La acción evangélica, que «no tiene por finalidad servir como mecanismo dominical», sino todo lo contrario, pues busca una «igualdad ecuménica sin distinción de raza o color», pero cuando legitima la situación colonial, se convierte en instrumento de dominio (1973, 16).

A continuación, Aguirre, iniciando ya la aplicación del concepto «proceso dominical» a la realidad social de la América mestiza y en especial a aquellas regiones del continente que han conservado la estructura colonial después de la independencia política, se refiere a las minorías étnicas de las regiones de refugio. Las minorías étnicas son

> Aquellos grupos de población que no sienten pertenecer a la gran sociedad nacional, que se distinguen del hombre común por la indumentaria que da visibilidad a sus rasgos físicos; por la lengua aborigen que hablan y que los separa de la comunicación nacional; por la configuración de su cultura, tan distinta en muchos aspectos de la occidental y por ser herederos directos de grupos étnicos nativos, vencidos en la aventura de la conquista y sujetos a la dominación extranjera. Estos grupos son considerados genéricamente como indios y, no obstante que suman un número respetable y en algunos casos son más del 50 % de la población total del país, sociológicamente son grupos minoritarios [1967, 18].

Las regiones de refugio, por su parte, se caracterizan por una ecología hostil (zonas semiáridas, selvas tropicales, regiones montañosas) y por la presencia del grupo dominante en la ciudad metrópoli en medio de los grupos indígenas dominados.

La parte más importante de la obra trata de analizar los mecanismos dominicales en las regiones de refugio. No es posible presentar todos los mecanismos, por lo que me limitaré al aspecto económico. La economía tiene una estructura dual: por una parte, la economía de los ladinos, «compuesta por una tecnología maquinista, un medio de intercambio monetario, un sistema de crédito elaborado, con valores, acciones e instituciones bancarias, empresas privadas y una estructura individualista a la manera occidental» (1967, 128); por otra parte, la economía indígena, una «economía de subsistencia capaz de sustentar una esfera de prestigio rica» y cuyos principales rasgos son: tecnología muy tradicional, ausencia de vías de comunicación adecuadas, división del trabajo elemental, unidad productiva formada por la familia extensa y con un nivel de capitalización muy bajo («patrimonio hogareño reducido; no hay máquinas o éstas son pocas y rudimentarias; la tierra se encuentra fuera del mercado, es fuente de distinción social»), ausencia de empresas que busquen crear nuevas demandas (a lo sumo comercios, que son «agencias de la economía del dinero introducidas como enclaves en la economía de subsistencia»), control sobre bienes de capital que emplea mecanismos coercitivos diferentes al de la economía occidental (frente a los impuestos, el sistema de cargos y el temor a la magia hacen a la sociedad indígena más homogénea), ausencia de relación asalariada en el trabajo (éste no es objeto de compraventa y se presta por una cierta participación en utilidades y por intercambio basado en lazos de parentesco o de lealtad) y sistema complejo de distribución de la actividad económica, al que no se le pueden aplicar fácilmente las categorías occidentales (renta, interés, productividad, etc.). Además, ambas economías tienen principios integrativos diferentes: mientras la economía ladina se basa en el mercado, la indígena lo hace en la reciprocidad y la redistribución. Sin embargo, esta economía dual de ladinos e indígenas se entrelaza cuando el indio se introduce en la economía de mercado: «por el camino del prestigio o de la satisfacción de necesidades de subsistencia, las cosechas de dinero que obtiene el indio a través del salario, del comercio de cultivos de lucro o del crédito usurero, le atan a la economía de mercado y le obligan cada vez con mayor compulsión a respetar las leyes que norman esa economía» (1967, 145); la posición subordinada del indio frente al ladino hace que las tres relaciones económicas (trabajo asalariado fuera de la comunidad, venta de su cosecha o pedir dinero prestado) sean causa de explotación.

Por más que en la teoría de Aguirre haya puntos discutibles (personalmente tengo más reparos de su análisis de la ideología), es innegable que es un buen aporte para la comprensión de la población indígena: si Caso afirma que el indio es la «comunidad indígena», Aguirre añade la nota de «comunidad sometida a la ciudad ladina». Haciendo una valoración de conjunto de este aporte, dice Palerm:

Abandonando decididamente el estudio de las comunidades aisladas, consigue [Aguirre] establecer empíricamente la existencia de un sistema real de naturaleza regional. O sea, el que está determinado por la presencia de un centro rector ladino o mestizo, rodeado de una constelación de comunidades indígenas, que le están subordinadas. Es evidente que este modelo no deriva de planteamientos de

Gamio, aunque pudo inspirarse inicialmente en ellos, ni tampoco de los de Redfield, que concebía la relación comunidad-ciudad principalmente como de naturaleza lineal evolutiva. El modelo de Aguirre, que a veces se ha llamado de «sistema solar», fue formulado directamente a partir de las evidencias empíricas obtenidas durante sus investigaciones en la región tzeltaltzotzil y en otras partes de la república.

Esta unidad territorial expresa, a la vez, una situación intercultural y una relación de dominio, que se traduce en la fuerte explotación económica de los indígenas [...] El centro rector es la primera clave para la comprensión de este sistema, como lo es también para entender las maneras en que las comunidades subordinadas se relacionan selectivamente con las instituciones y con la cultura de la sociedad nacional. La selección, por supuesto, está a cargo del centro rector y se practica en función de sus intereses.[27]

Sólo añadiré, para terminar este punto, que la teoría de las relaciones interétnicas de Aguirre se ha utilizado como marco teórico en el estudio de varias regiones indígenas del continente.[28]

4.2. *Nuevo sentido de la integración del indio*

Como ya se vio, el concepto de integración fue acuñado por Gamio y perfilado por Caso, pero a fines de la década de los sesenta comenzó a ser atacado por los que replantean el indigenismo oficial. Aguirre ha sido el invitado obligado en esa polémica, lo cual le ha permitido redefinir el concepto de «integración», aun manteniendo su posición fundamental. Voy a presentar ahora su punto de vista, aunque la opinión de sus interlocutores será recogida en el capítulo X. Este punto de vista no está expresado en ningún libro, sino en una serie de artículos que Palerm ha recogido en *Aguirre Beltrán: obra polémica* (1976). Los principales artículos son: «Un postulado de política indigenista» (discurso con ocasión del día interamericano del indio, 1967), «Encuentro sobre indigenismo en México» (polémica realizada en la Universidad Iberoamericana, 1970), «De eso que llaman antropología mexicana» (reseña, en el *Anuario Indigenista*, del citado libro de los antropó-

---

27. En introducción a *Aguirre Beltrán: obra polémica*, México, Sep-Inah, 1976, p. 14.

28. Por ejemplo, las obras de Hernán Castillo, *Pisac: estructura y mecanismo de dominación en una región de refugio*, y Hugo Burgos, *Relaciones inter-étnicas en Riobamba: dominio y dependencia en una región indígena ecuatoriana*, publicadas en México, Instituto Indigenista Interamericano, 1970.

logos críticos, 1970), y «Etnocidio en México: una denuncia irresponsable» (publicado en *América Indígena*, 1975). Siendo el contenido de dichos trabajos muy similar, voy a limitarme al encuentro sobre indigenismo que se celebró en 1970. En dicho encuentro, donde participaron antropólogos profesionales que trabajaban en programas de integración indígena, misioneros católicos y protestantes que evangelizaban en zonas indígenas, y antropólogos investigadores y profesores de universidad, con actitud crítica frente al indigenismo integracionista —según la tipología de Aguirre—, se discutió sobre los resultados y la legitimidad de la política de integrar al indio a la sociedad mexicana. La tesis de Aguirre (opuesta a la de Palerm, que se verá en el último capítulo) fue:

> Es mi intención probar [...] que la acción y política indigenista sí han logrado la cristianización y mexicanización del indio; que la absorción de los valores indios por parte de la cultura nacional implica la supervivencia —no la aniquilación cultural— de esos valores en el proceso irreversible de aculturación que contrae la formación de un Estado nacional; y, finalmente, que el problema indígena no fue nunca, ni lo es en la actualidad, un problema de minorías étnicas, sino, todo lo contrario, un problema de mayorías con las que fue necesario configurar una nación [1976, 67].

Luego desarrolla cada uno de los puntos:

a) La cristianización del indio se llevó a cabo, desde el inicio de la conquista, destruyendo los templos indígenas y adoctrinando a los indígenas con métodos que varían desde la imposición y el terror hasta el convencimiento y la caridad. Lo cristiano ha llegado a los grupos indígenas más apartados y a lo más profundo de su cultura: los tarahumares y huicholes, que son todavía paganos, tienen simbología religiosa cristiana, y los libros sagrados mayas (el *Popol Vuh* y el *Chilam Balam*) están llenos de elementos cristianos.

La gran mayoría de los grupos indígenas son cristianos, con un cristianismo que es parte de su cultura, aunque haya formas sincréticas, como ocurrió en España o Italia. Los censos hablan de un 99 % de cristianos. «¿Dónde está, pues, el fracaso del integracionismo en su tarea de cristianizar a los indios? [...] Creo, sin embargo, que serán los grupos católicos y protestantes, aquí presentes, quienes tendrán mayor peso para confirmar o negar la certeza de mi juicio» (1976, 71).

b) La mexicanización del indio se inicia con la independencia, cuando los libertadores enfrentan la construcción de la nación con grupos tan heterogéneos (criollos, negros, mestizos e indios, siendo éstos el 60 % de la población). La formación de la nación está al principio en manos de los criollos, quienes declaran la igualdad de todos ante la ley, conservan la propiedad comunal y el gobierno indígena, pero no pudieron impedir «el shock cultural y la manipulación por parte de individuos —procedentes precisamente del grupo mestizo y mulato— que se introdujeron en el gobierno y en los de las comunidades y los llevaron a la anomía». Con Juárez y la Reforma, la formación de la nación pasa a los mestizos. «La Constitución de 1857, al abolir la propiedad comunal, destruyó la base económica en que se fundaba la cultura indígena» y promovió una corriente de los indios hacia la sociedad nacional a través de las haciendas. Por más que este desarraigo del indio nos parezca ahora condenable, se logró homogeneizar a la población en el mestizaje. «El censo de 1940 nos hizo saber que la población india había quedado reducida a un 15 % del total [...]; el censo de 1970 nos dirá si es un 6 o un 8 % [...] ¿Dónde está, pues, el fracaso del integracionismo en su tarea de mexicanización?» (1976, 72-73).

c) Esta mexicanización no podía hacerse de otra manera, por más que ahora nos choque. Había que comenzar por crear una conciencia nacional, pues en la guerra con Estados Unidos algunas entidades federativas se declararon neutrales. Así, toda la historia mexicana del siglo XIX debe contemplarse desde la perspectiva evolucionista de convertir una sociedad heterogénea en la homogénea liberal que tenían los países desarrollados de Europa. La hacienda, a pesar de sus mecanismos de dominación del indio, «representó un paso en el progreso de México, al transformar a las comunidades de subsistencia en comunidades de salariado». Además, «todo proceso de formación nacional implica necesariamente la asimilación de los grupos heterogéneos, por uno de ellos, que adquiere el carácter de nacionalidad dominante». Tal grupo fue el criollo, que asimiló al mestizo y que debía asimilar al indio. «La absorción de la personalidad y los valores indios por la cultura nacional es un proceso inexorable, que enriquece a esta cultura y hace posible la integración del indio en una sociedad moderna por caminos distintos a los meramente dominicales.» Por eso México eligió la personalidad y valores indios como símbolos de la identidad nacional, a diferencia de Argentina o Estados Unidos, que eligieron lo occidental (1976, 74-75).

d) Los grupos indígenas no formaron minorías, porque desde la independencia tuvieron el camino abierto a su integración (a semejanza de los negros, que se asimilaron por completo, y a diferencia de los negros de EE.UU., que son una minoría en camino de convertirse en nacionalidad). Además, los indios «no llegaron a configurar nacionalidades, ni en los años aciagos de la guerra de castas. Permanecieron como una dispersión de comunidades parroquiales en el arreglo estructural de las regiones de refugio. En esas condiciones resulta absurdo hablar de una nacionalidad maya, tzeltal o mixteca». Por eso los indios no han planteado el problema de las minorías de México; lo ha planteado Lombardo Toledano y el Partido Comunista Mexicano, como imitación de la política soviética. Por consiguiente, los indios no pueden considerarse minorías, sino verdadera mayoría, pues «sin el indio la constitución de la nacionalidad se hacía imposible» (1976, 76-77).

Hasta aquí he tratado de presentar el pensamiento de Aguirre sobre la integración del indio, que, indudablemente, tiene más matices que el intercambio mecánico de rasgos positivos: pero tiene puntos vulnerables, que serán presentados por los indigenistas críticos del último capítulo.

5. Otros autores y programas indigenistas

Para completar esta visión panorámica de medio siglo de indigenismo mexicano, quiero recoger a continuación algunos nombres y programas indigenistas que han jugado un papel importante, pero no decisivo, en este mismo período, aunque, por razones de brevedad, deba limitarme a una apretada reseña.

5.1. *Moisés Sáenz (1888-1941)*

Es, junto con Gamio, uno de los más dinámicos iniciadores del indigenismo mexicano, llegando a ser primer director interino del Instituto Indigenista Interamericano hasta su prematura muerte. Participa en la mayoría de los programas en favor de la educación indígena, tales como «La Casa del estudiante indígena», en México, y los «Internados indígenas», en las principales regiones del país, proyectos ambos orientados a preparar una elite indígena; también en la «Escuela rural mexicana», concebida como agencia de desarrollo integral de los pueblos abandonados, y en las «Misiones culturales», integradas por equipos polivalentes que recorrían los centros poblados de una región para promover el desarrollo integral con el espíritu de los viejos misioneros. En junio de 1932, y por espacio de ocho meses, dirige un interesante proyecto con el nombre de «Estación experimental de incorporación del indio», en Carapán, Michoacán, cuyo objeto era «desarrollar estudios e investigaciones de antropología social, para cerciorarse de las realidades del medio indígena [...] describir los procedimientos más adecuados que el gobierno deba seguir, a efecto de lograr la pronta incorporación del indio a la entidad nacional, dentro del criterio de estima de los valores culturales y espirituales del indio» (1939, 37). El equipo estaba formado por diferentes especialistas (etnólogo, maestro normalista, economista, trabajadora social, médico, psicólogo, dos agrónomos, maestro de recreación y maestro de música), además del personal de apoyo. El proyecto fracasó, como lo reconoce el mismo Sáenz, «por la dificultad de armonizar el fin de especulación científica con la acción social», por el excesivo peso que tenía el aspecto educativo, al depender el proyecto de la Secretaría de Educación Pública, y por «la falta de perseverancia», tan propia de la cultura mexicana. Los detalles de este trabajo, que fue de investigación-acción (como el de Gamio en Theotiahuacán y como el de los Centros Coordinadores del INI), se recogen en la obra de Sáenz, *Carapán. Bosquejo de una experiencia* (Lima, 1936), y sus ideas indigenistas se recogen en la obra *México íntegro* (Lima, 1939). Cuando Sáenz fue nombrado embajador de su país en Ecuador y Perú, trasladó sus preocupaciones indigenistas al conocimiento de estos países y escribió dos nuevas obras: *Sobre el indio ecuatoriano y su incorporación al medio nacional* (México, 1933) y *Sobre el indio peruano y su incorporación al medio nacional* (México, 1933). Esta visión continental del indio le permitió jugar un papel como promotor y como secretario general del 1.er Congreso Indigenista Interamericano de Pátzcuaro.

5.2. *Vicente Lombardo Toledano (1894-1968)*

Representa el indigenismo marxista. Veracruzano, estudia derecho y se dedica a la docencia universitaria, hasta que en la década de los veinte salta al movimiento sindical, oponiéndose a la orientación anarco-sindicalista, que dominaba entonces la Confederación General Obrera Mexicana (CROM). En 1924 escribe *El problema educativo en México* (México, Ed. Cultura), con los puntos de vista del comité de educación de la CROM, y en 1931, *Geografía de las lenguas de la Sierra de Puebla, con algunas observaciones sobre sus antiguos y actuales pobladores* (México, UNAM), su única obra etnográfica. En 1933 gana la jefatura de la Confederación General de Obreros y Campesinos de México, que se funda al dividirse la CROM, y se convierte en el teórico marxista más calificado. Viaja a la Unión Soviética, donde acepta la tesis stalinista de las nacionalidades oprimidas, y publica, a su regreso, *Un viaje al mundo del porvenir* (México, 1936). Cuando en 1940, bajo el impulso indigenista del régimen de Cárdenas, se celebra el Congreso de Pátzcuaro, Lombardo integra la delegación mexicana, junto con Manuel Gamio, Alfonso Caso, Moisés Sáenz, Miguel Othón de Mendizábal y el jefe del Departamento Autónomo de Asuntos Indígenas, Chávez Orozco, y tiene a su cargo el discurso programático. Con la subida de Ávila Camacho a la presidencia y el inicio de la «segunda fase» de la revolución, Lombardo pasa a la oposición y en 1952 se presenta como candidato a la presidencia de la república por el Partido Popular; la actividad política de partido es la tarea más importante de su vida hasta su muerte.[29]

Para Lombardo los grupos étnicos de México son nacionalidades oprimidas. Después de definir la nación, siguiendo a Stalin, como «una comunidad estable históricamente formada, de idioma, de territorio, de vida económica y de psicología, manifestada ésta en la comunidad de cultura»,[30] Lombardo observa que «no hay ningún problema tan importante como éste, porque somos [...] un pueblo lleno de nacionalidades oprimidas, desde antes de la llegada de los españoles en el siglo XVI». El imperio azteca era un Estado multinacional y la lucha interna de las nacionalidades oprimidas favoreció la conquista española. España creó un nuevo imperio, que siguió explotando a las nacionalidades indígenas, y una nueva nacionalidad, la mestiza. La independencia no tuvo en cuenta a los indígenas, y la Reforma suprimió la propiedad comunal, con lo cual una «gran masa de indígenas seguía siendo nación oprimida por una naciente nación opresora». La Revolución mexicana ha tenido el mérito de «exaltar la nacionalidad mexicana», «ha servido para no avergonzarnos de ser mexicanos» y ha «hallado una fórmula, que parece ser maravillosa: incorporar al indio en la civilización» (1973, 101-105). Pero:

> No hay civilización mexicana, por una razón: porque lo poco que tenemos de civilización europea no es más que la representativa de una cultura burguesa en decadencia [...] Voy a leer a ustedes los medios que yo propongo, a título de sugestión, no para resolver el

---

29. Puede consultarse la selección de textos de Vicente Lombardo Toledano, publicada con el título *El problema indígena* (México, Sep-Setenta, 1973), con estudio previo de G. Aguirre Beltrán, a quien sigo en muchos puntos.

30. Josif Stalin, *El marxismo y la cuestión nacional* (1913), Moscú, Ediciones en Lenguas Extranjeras, 1946, p. 12.

problema de las nacionalidades oprimidas de México, pues éste se ha de resolver cuando exista un gobierno proletario como el de la Unión Soviética; no a título de sugestiones o soluciones definitivas, pero sí como iniciación de la solución futura, que habrá de llegar cuando el momento histórico sea propicio, ni antes, ni después; nuestra tarea de revolucionarios consiste [...] en acelerar el destino histórico [1973, 105-106].

Los medios sugeridos son cinco:

1) Cambio de la división política territorial para hacer distritos homogéneos con la población indígena,

2) «autonomía política absoluta de las entidades pobladas por indígenas: que las autoridades de los indígenas sean indígenas»,

3) fomento de las lenguas indígenas, preparando el respectivo alfabeto,

4) «fuentes importantes de producción económica en los lugares habitados por indígenas»,

5) «colectivización e industrialización del trabajo agrícola [...]; supresión de la propiedad y de la posesión individual de la tierra en las regiones habitadas por indígenas; que sólo ellos habiten en esas zonas y que sólo ellos trabajen colectivamente la tierra. Escuelas de diversos tipos en las escuelas vernáculas, y una educación estética, física y militar, bajo la protección del proletariado industrial» (1973, 107).

Sin embargo, esta identificación grupo étnico - nacionalidad la matizó, en 1942, en una carta a Ramón Berzunza, presidente de la Subcomisión Indígena del Partido Comunista Mexicano, comentando un trabajo de éste sobre los indios mayas: «los grupos indígenas no pueden ser estimados como [...] las nacionalidades de la antigua Rusia, oprimidas por el régimen zarista», y da como razón el que tales nacionalidades en Rusia «no constituyen ni la base histórica ni la base étnica, ni la base social de la nación actual, ni el mestizo o la mezcla de ellas con las mayoría del país constituye, como en México, el proceso natural de la formación del pueblo».[31] También matiza su postura anterior, ante la imposibilidad de suprimir la propiedad privada, por las condiciones históricas de México y por la coyuntura internacional de la postguerra, y propone la proletarización de los indios en grandes industrias, para que así «salten de la etapa del aislamiento primitivo en que viven a la etapa, por lo menos, del proletariado».

Finalmente, en su discurso inaugural como candidato a la pre-

31. Citado en un estudio previo de Aguirre Beltrán, *op. cit.*, p. 42.

sidencia en Ixcateopan, Gro., donde según la tradición está enterrado Cuauhtémoc, el último emperador azteca, afirma que México no debe «ser sólo una nación de indígenas», sino una nación nueva, que no quedará definitivamente construida hasta que la cuarta parte de la población, formada por indígenas, participe en la vida económica, política, social y cultural del país. Para ello propone una serie de medidas, tales como la confirmación de la propiedad de las tierras comunales, la incorporación de las tierras de las comunidades indígenas en el sistema ejidal del país, la racional explotación de los recursos de las comunidades, la construcción de obras de regadío en las comunidades, al reforestación y la construcción de caminos en las comunidades, el establecimiento de agricultura mixta y de cooperativas de producción y de venta, la prohibición del trabajo gratuito y la firma de contratos colectivos con los indios que salen a trabajar fuera de sus comunidades, el establecimiento de centros industriales en regiones indígenas, la implementación sanitaria y educativa de las comunidades, con escuelas que enseñen en lenguas indígenas, pero donde se aprenda también el castellano, que debe ser «la lengua común de los mexicanos», el respeto al régimen de gobierno indígena y la modificación de la división territorial de los municipios indígenas (1973, 162-168). De todo esto se desprende que la alternativa marxista fue evolucionando según las circunstancias, aunque no tuvo oportunidades de ser llevada a la práctica, y que, a pesar de la inicial comparación de los grupos indígenas con las nacionalidades oprimidas, no difería mucho de la alternativa oficial, por aceptar la integración y aun la proletarización del indio dentro de la sociedad nacional mestiza.

5.3. *Departamento Autónomo de Asuntos Indígenas*

Fue creado en 1936 por el presidente Lázaro Cárdenas, porque, como se dice en el texto legal correspondiente, «no puede negarse que la falta de un organismo concreto que examine y plantee los problemas indígenas y busque la manera más adecuada para solucionarlos, ha hecho que se mantenga en pie la vieja situación de pobreza y aislamiento de la población indígena». La nueva dependencia debía asesorar a la presidencia de la república. No quería crearse un organismo ejecutivo exclusivo para los indígenas, a fin de no desvincularlos «de la masa general de nuestra población, constituyendo con ellos una casta aparte, en vez de coadyuvar a la obra de asimilación y unificación nacional, que es el verdadero objetivo de los esfuerzos revolucionarios». Las funciones del Departamento Autónomo eran «el estudio de las necesidades sociales y consulta al Presidente de la República de las medidas capaces de satisfacer aquéllas» y la procuraduría de indígenas «en aquellas cuestiones de orden social, que afectan a los núcleos indígenas en su conjunto». Se daba gran importancia al carácter no burocrático ni académico del Departamento, «atento a descubrir las necesidades reales de los indígenas [...], en vez de ser una dependencia alejada de la realidad y preocupada por el trámite como necesidad superior [...] o que pretenda orientar sus actividades hacia la mera especulación científica».[32]

Sin embargo, el Departamento no pudo cumplir con su misión y en 1946 se transformó en la Dirección General de Asuntos Indígenas, dependiente de la Secretaría de Educación Pública y con carácter de organismo ejecutivo, siendo su primer director G. Aguirre Beltrán. La Dirección ha desarrollado diferentes programas en las zonas indígenas de México. Algunos fueron efímeros, como las «Unidades regionales de promoción económica, social y cultural indígena», en 1948, y las «Comunidades dirigidas de promoción indígena» (una especie de colonias de jóvenes matrimonios indígenas en nuevas tierras»), en 1949; otros programas fueron permanentes, como las «Procuradurías indígenas», nueva versión del procurador de los naturales de la época colonial y cuya misión es asesorar y defender los intereses económicos, políticos y legales de los grupos indígenas; los «Centros de capacitación» o internados, montados para capacitar a jóvenes indígenas en las principales actividades económicas, pero que no pudieron crear verdaderos líderes, pues, al tratar de formar hombres dinámicos al servicio de las comunidades, formaron en realidad hombres modernos, que en su gran mayoría no quisieron regresar a las comunidades y emigraron a las ciudades; y, finalmente, las «Misiones de mejoramiento», que intentan desarrollar una determinada zona indígena con un equipo polivalente (jefe, investigador social, médico, enfermera, técnico agrícola, maestro de música y maestro de los diferentes oficios, según las necesidades de la región). Un informe de la Dirección de Asuntos Indígenas del período 1952-1958 se refiere a 26 procuradurías, 20 centros de capacitación y 12 misiones de mejoramiento en toda la república.[33]

---

32. Citado en J. Comas, *Ensayos sobre indigenismo*, México, Instituto Indigenista Interamericano, 1953, pp. 103-106.
33. Dirección General de Asuntos Indígenas, *Seis años de labor (1952-1958)*, México, Secretaría de Educación Pública, s.f., pp. 9-11.

Como se ha visto, la Dirección de Asuntos Indígenas y el Instituto Nacional Indigenista inician sus labores con unos años de diferencia y nunca llegaron a integrarse; si del INI se dijo que no supo crear una verdadera alternativa indigenista, con mayor razón puede decirse eso de la Dirección, por el carácter más burocrático y por el mejor apoyo de la antropología social, pero de todos modos la Dirección también ha realizado una labor indigenista, cuya evaluación más profunda escapa de los límites de esta historia.

5.4. *Patrimonio Indígena del Valle del Mezquital (PIVM)*

Cierro este capítulo con una referencia al trabajo de PIVM, por haber tenido oportunidad de estudiar detenidamente su funcionamiento. El PIVM es un programa estatal de desarrollo de una de las regiones más deprimidas de México, habitada por indígenas otomíes y cuya ciudad metrópoli es Ixmiquilpán. Los principios de acción del PIVM coinciden bastante con los del INI: se trata de una acción integral, regional, subsidiaria (mientras los otomíes no puedan hacerlo por sí mismos), no paternalista (que es un riesgo explicable, por la gran pobreza de la región) y de coordinación de todas las agencias gubernamentales; y una acción que parte del supuesto básico de que al otomí no se le puede sacar del Mezquital. Quizás para muchas comunidades otomíes la emigración sería la única solución completa por tratarse de una verdadera región de refugio, pero es irrealizable por el apego del indígena a la tierra de sus ancestros, no obstante las altas tasas migratorias, por la enorme dificultad de las migraciones masivas y por la desconfianza de la gente hacia las migraciones organizadas por el gobierno; por eso, el PIVM en su estructura no está para sacar al otomí del valle, sino para trabajar por su promoción en el valle. La organización del PIVM en departamentos y las metas y métodos de los mismos son también bastante similares a los del INI, aunque se note un menor aliento antropológico.

En cuanto a la evaluación global del PIVM, se le pueden hacer estas observaciones:

a) En primer lugar, el Patrimonio no aborda los grandes problemas de la región, que son la falta de fuentes de trabajo y la alta densidad de población. Ante la falta de trabajo, el Patrimonio no promueve suficientemente el regadío, ni la explotación y aprovechamiento industrial de maguey, que es el gran recurso de la región, ni la pequeña industrialización, aprovechando la abundancia de mano de obra y la cercanía de la zona a los centros de consumo, ni el desarrollo de las artesanías populares, evitando la mediación de los «acaparadores»; ante la alta densidad de la población, el PIVM no ha organizado ninguna emigración a otras zonas agrícolas, la cual, en pequeña escala, ciertamente es factible, ni ha intensificado la emigración espontánea, preparando a los que desean marcharse con la capacitación adecuada y proporcionando la información y la defensa necesarias para la adaptación al nuevo medio, como se trata de hacer con los «braceros» que emigran a Estados Unidos.

b) En segundo lugar, el Patrimonio no ha hecho estudios serios, y así muchos de los proyectos han fracasado; además, no cuenta con un departamento antropológico que pueda orientar el enfoque de los problemas propios de una región intercultural; tampoco ha promovido un verdadero desarrollo de las comunidades, asegurando la aceptación y participación efectiva de las mismas en el proyecto; además se nota cierta tendencia a la espectacularidad, como en el caso de la radio-escuela, que tiene aparatos de frecuencia modulada y donde se pone mucho más énfasis en los programas de la emisora que en la preparación de maestros y organización de la radio-escuela misma en cada comunidad; además, el PIVM no cuenta con un plan de metas y prioridades: no hay una reflexión similar a la del INI sobre la acción indigenista, ni un estudio de los problemas de la región; y finalmente, extraña la desarticulación del PIVM con el INI, del cual podía recibir el primero parte del aliento antropológico que le falta, y que puede explicarse por las fidelidades que hay que pagar también en los regímenes revolucionarios a determinados políticos regionales.[34]

---

34. Este punto puede ampliarse en M. Marzal, *La aculturación de los otomíes del Mezquital*, México, Universidad Iberoamericana, 1968, mimeo.

IX

EL INDIGENISMO MODERNO EN EL PERÚ

1. Causas y precursores

El indigenismo peruano moderno, entendido como la reflexión sobre el indio y lo indígena que se realiza en el Perú entre los años 1920 y 1970, es producto, como en el caso mexicano, de la evolución socio-política del país y de la aparición de personas que vuelven a plantear apasionadamente el tema. En dicho movimiento he seleccionado como más representativos a tres autores: Hildebrando Castro Pozo, José Carlos Mariátegui y Luis E. Valcárcel, pero me referiré brevemente a otros, como precursores o como integrantes del movimiento indigenista, aunque su obra sea menos significativa que la de los tres indicados. Debe tenerse en cuenta que la década más importante del indigenismo peruano es la de 1920-1930, que éste no fue llevado a la práctica al menos en gran escala, como el mexicano, y que, en general, el indigenismo moderno peruano resulta más pobre que el de México. Antes de presentar a Castro Pozo, Mariátegui y Valcárcel, quiero referirme tanto a la evolución socio-política del país como a los que pueden considerarse precursores:

a) *La evolución socio-política* ha sido expuesta en el último apartado del capítulo I. En el siglo que corre entre 1821 y 1920, Perú realiza su independencia de España, desmontando todo el régimen diferenciador de lo indígena (el nombre, el tributo, el servicio personal, la propiedad comunal y los cacicazgos), vive de espaldas a sus raíces e identidad indígena, hasta que, por presión de una serie de fuerzas ideológicas y políticas, la Constitución de 1920 vuelve a reconocer la propiedad comunal, base territorial de los grupos étnicos. En las décadas del cincuenta y sesenta, el país tiene sus propios programas de desarrollo indígena, con la orientación de la antropología cultural norteamericana y siguiendo el ejemplo de México, pero de un modo bastante limitado. Y al final de la década del sesenta realiza el país una tardía revolución social que promulga instrumentos legales audaces en favor de los indios: reforma de la educación con el establecimiento de la educación bilingüe, estatuto de comunidades campesinas, ley sobre comunidades nativas y oficialización del quechua como lengua del país.

b) *Los precursores.* Luis E. Tord ha escrito en *El indio en los ensayistas peruanos, 1848-1948* (Lima, 1978), el estudio más completo sobre los indigenistas peruanos. Al referirse al siglo XIX, dice:

> En resumen, creemos que el escaso interés que hubo por los indígenas hasta finales del siglo XIX encuentra su cabal expresión en el libro de Francisco García Calderón, *Le Pérou contemporain*. Editado en París en 1907 contribuyó, como afirma Jorge Basadre, a dar una idea optimista del futuro a la generación de peruanos de la postguerra. Allí observamos que de las 333 páginas de la obra, sólo tres contienen menciones al indio. Y las más de ellas negativas. Así, el autor los define como «pueblo de niños envejecidos» que requiere protección [...] En algunas líneas bosqueja rápidas soluciones: hay que respetar la propiedad y la familia indígenas; hay que formar una élite aborigen, que colabore en las tareas del gobierno, y hay que darles confianza en sí misma.
>
> Este libro de García Calderón creemos que ejemplifica y simboliza bien el estado del panorama en los albores del siglo XX. Asimismo podemos afirmar que Aréstegui y Matto de Turner prepararon el advenimiento de González Prada y la ancha y tempestuosa corriente indigenista, que, a su vez, logró crear una honda y amplia preocupación en torno a este nervio central de la nacionalidad.[1]

Tord se refiere al nacimiento del indigenismo literario, que denuncia la situación de explotación del indio con las obras del novelista cuzqueño Narciso Aréstegui, autor de *El Padre Horán* (1848) y miembro fundador de la Sociedad Amiga de los Indios (Lima, 1867), y de la novelista también cuzqueña, Clorinda Matto

---

1. Luis Enrique Tord, *El indio en los ensayistas peruanos, 1848-1948*, Lima, Editoriales Unidas, 1978, p. 42. Sobre este mismo tema puede consultarse el cap. 4 de la obra de Jeffrey Klaiber, *Religión y revolución en el Perú, 1824-1976*, Lima, Universidad del Pacífico, 1980.

de Turner, que escribió *Aves sin nido* (1889). Ella dedica la segunda edición de su obra a González Prada, que había iniciado su crítica social y su defensa del indio.

1.1. *Manuel González Prada (1844-1918)*

Limeño, es ante todo un ensayista social que aborda muchos temas de la vida nacional con un estilo brillante y cáustico. Hizo un viaje a Europa e incursionó también en la política, fundando el Partido Nacional. Por sus ideas, era positivista, liberal y anticlerical. Sus principales obras recogen los artículos que había editado antes en diferentes periódicos. Entre dichas obras merecen destacarse: *Páginas libres, Horas de lucha*, etc.

Su pensamiento sobre el mundo indígena se recoge, sobre todo, en el ensayo, de unas quince páginas, *Nuestros indios* (1905). Después de repasar el pensamiento sociológico de su época en torno a las razas, González Prada se refiere a los dos grupos étnicos del Perú: «excluyendo a los europeos y al cortísimo número de blancos nacionales o criollos, la población se divide en dos fracciones muy desiguales por la cantidad, los "encastados" o dominadores y los indígenas o dominados. Cien a doscientos mil individuos se han sobrepuesto a tres millones» (1974, 31); encastado incluye a cholos, mestizos, zambos y mulatos. Luego expone brevemente la explotación del indio en la colonia y en la república, con la tesis de que «pocos grupos sociales han cometido tantas iniquidades [...] como los españoles y encastados en el Perú». La colonia condenó los atropellos, y «las leyes de Indias forman una pirámide tan elevada como el Chimborazo», pero «para extirpar los abusos habría sido necesario abolir los repartimientos y las mitas, en dos palabras, cambiar todo el régimen colonial».

«La república sigue la tradición del Virreinato. Los presidentes [...] se llaman protectores de la raza indígena», pero:

> Si no existen corregimientos y encomiendas, quedan los trabajos forzosos y el reclutamiento [...] Le conservamos en la ignorancia y la servidumbre, le envilecemos en el cuartel, le embrutecemos con el alcohol, le lanzamos a destrozarse en las guerras civiles y, de tiempo en tiempo, organizamos cacerías y matanzas como las de Amantani, Ilave y Huanta [...] Una hacienda se forma por la acumulación de pequeños lotes, arrebatados a sus legítimos dueños, un patrón ejerce sobre los peones la autoridad de un barón normando. No sólo influye en el nombramiento de gobernadores, alcaldes y jueces de paz, sino hace matrimonios, designa herencias y, para que los hijos

421

satisfagan las deudas del padre, les somete a una servidumbre que suele durar toda la vida. Impone castigos tremendos [...]; toda india soltera o casada, puede servir de blanco a los deseos brutales del «señor» [...] En resumen, las haciendas constituyen reinos en el corazón de la república [1974, 34-35].

A continuación, González Prada trata de levantar la acusación de que «el indio es refractario a la civilización», que ha sido manejada como racionalización de la situación indígena. Reconoce que los indios construyeron un imperio cuya «organización política y social admira hoy a reformadores y revolucionarios europeos», aunque, «moralmente hablando, el indio de la República se muestre inferior al indígena hallado por los conquistadores; más depresión moral a causa de servidumbre política no equivale a imposibilidad absoluta de civilizarse por constitución orgánica». Al preguntarse quién es el culpable, vuelve a acusar a los encastados, pues «el indio recibió lo que le dieron: fanatismo y aguardiente», en cambio, sostiene que «siempre que el indio se instruye en colegios o se educa por el simple roce de personas civilizadas, adquiere el mismo grado de moral y de cultura que el descendiente del español» (1974, 35-36). Así, la educación es un camino para elevar al indio, pero «la cuestión del indio, más que pedagógica, es económica y social». Para resolverla no es posible restaurar el imperio de los incas (alude a cierto alemán que trató de hacerlo, aprendiendo quechua y buscando partidarios entre los indios del Cuzco), pues sólo se obtendría «el empequeñecido remedo de la grandeza pasada». Hay que educar al indio, pero éste debe, además, responder a la violencia con violencia, «escarmentando al patrón que le arrebata las lanas, al soldado que le recluta en nombre del gobierno, al montonero que le roba ganado», pues «en resumen, el indio se redimirá merced a su esfuerzo propio, no por la humanización de sus opresores. Todo blanco es, más o menos, un Pizarro, un Valverde o un Areche» (1974, 39).

Este ensayo recuerda, por su estilo incisivo, por su tono de denuncia y hasta por el recurso a la violencia ante la incompatibilidad blanco-indio, a los «memoriales» del padre Las Casas, a quien González Prada cita para confirmar su análisis histórico («aunque se tache de exageradas sus afirmaciones»). Este ensayo tiene el mérito de señalar el carácter económico y social del problema indígena, aunque González Prada, como hombre del positivismo, siga creyendo profundamente en la educación ilustrada, enemiga de todos los fanatismos. Pero el ensayo no dice nada sobre cómo puede resolverse dicho problema, o cómo los indios deben resolverlo, no siendo viable la restauración del Tawantinsuyo, y se limita a subrayar la incompatibilidad blanco-indio, en cuyo punto influye sin duda en los planteamientos del Grupo Resurgimiento del Cusco.

1.2. *Dora Mayer (1862- ?)*

Alemana de nacimiento, vive en el Callao y se convierte en una dinámica defensora del indio durante las cuatro primeras décadas de este siglo. En 1909 funda, con Pedro S. Zulen, Joaquín Capelo y otras personas preocupadas por la lamentable situación del indio, la Asociación pro-Indígena, para denunciar esa situación y colaborar en la defensa del indio. Durante siete años, la Asociación funcionó con mucho entusiasmo, aunque, como cuenta Dora Mayer, «no tuvo oficina propia, sino que los asuntos se atendían en las casas particulares de sus miembros prominentes», y realizó lo siguiente:

> Familiarizó el público mediante activas publicaciones con los aspectos del problema indígena [...] Inquietó constantemente a los poderes gubernativos, político, judicial y eclesiástico, a fin de hacer desaparecer un estado de cosas, en que las leyes [...] son solamente escritas [...] Obtuvo la dación de varias leyes y decretos protectores del derecho de los indígenas. Empezó la publicación de una colección de leyes útiles para la defensa del indígena. Patrocinó algunas conferencias ilustrativas. Reunió en *El Deber pro-Indígena* una buena recopilación de material informativo y crítico relativo al problema. Evitó, con la simple amenaza de sus gestiones, la consumación de atentados [...] Se esmeró en educar a los poblanos en la defensa propia de sus intereses legítimos, señalándoles la necesidad de presentar sus quejas en forma documentada y sucinta [...] [1921, 90].

La labor legislativa fue posible porque Joaquín Capelo, conocido sociólogo y autor de *La despoblación en el Perú* (Lima, 1912), era senador de la república. Entre las medidas debatidas en el Congreso merecen destacarse la supresión de la prisión por deudas para los indios, las medidas de seguridad en las minas, el «contrato de enganche» y la indemnización de las tierras deterioradas por los trabajos mineros de la «Cerro de Pasco».[2] Dora Mayer era la responsable de las publicaciones de la asociación y dirigía la revista mensual *El Deber pro-Indígena*, que se publicó entre

---

2. Jorge Basadre, *Historia de la República del Perú*, Lima, Editorial Universitaria, 1970, pp. 189-193.

1912 y 1916. Pero ella es autora de muchos trabajos, cuyos principales títulos son: *El indígena peruano. Estudio sociológico* (1918), *El indígena peruano a los cien años de república libre e independiente* (1921), *El indígena y su derecho* (1929), *Un debate importantísimo en el Patronato de la raza indígena* (1930), *El indígena y los congresos panamericanos* (1938), *La india peruana* (1941), *Indigenismo* (1950), etc. En general, se trata de ensayos que analizan los diferentes aspectos de la situación indígena, pero sin una verdadera doctrina indigenista: el indio es ciudadano del Perú como todos los demás, y hace falta que se apliquen las leyes en su favor, sin aprovecharse de su debilidad.

Como ejemplo de los escritos de Dora Mayer, comento *El indígena peruano a los cien años de república libre e independiente* (Lima, 1921). Parte de que la independencia «no era la victoria de un Túpac Amaru» y que no fue el indio, sino «sus amos los que habían vencido a España e instituido una República soberana» y, por consiguiente, «después de un siglo [...] la emancipación de la raza indígena no se ha operado todavía» (1921, IV). Al hacer una sinopsis de la vida indígena en los últimos cien años, examina brevemente el latifundismo, el peonaje, el enganche, el yanaconaje, la usurpación de tierras de los indios, la explotación comercial, la complicidad de las autoridades, los abusos de los curas, sobre todo con motivo de las fiestas religiosas, los pongos y trabajos gratuitos, la leva militar y los abusos de la policía, la justicia y la actuación de los abogados, las limitaciones de la instrucción pública, la situación de las cárceles, el alcoholismo, el tráfico de menores, la explotación de la mano de obra, el trabajo gratuito en la ley de conscripción vial, la situación de los indios de la selva, refiriéndose a los caucheros del Putumayo, etc. Se trata de una enumeración de los problemas de los indios, sin mucho análisis y en base a la información que fue llegando a la Asociación pro-Indígena desde distintos lugares. Hay un tono de denuncia, y se trata de remover los sentimientos humanitarios del lector para que se ponga de parte del indio. Como ejemplo de la obra, presento el tema del alcoholismo:

> El alcoholismo que fue un cachorro en los días de San Martín, ha crecido a un monstruo durante los cien años transcurridos. Por un lado el desarrollo progresivo de la industria azucarera, con sus anexos de fabricación de ron y aguardiente fue una causa del aumento natural del vicio; por otra parte, grande ha sido el fomento intencional de desastrosos excesos por motivos mercenarios.

> En los villorios, donde el indígena lleva aún su vida hogareña, se prepara todavía el brebaje original, la chicha, que une a sus inconve-

nientes intoxicantes apreciables cualidades tónicas, y de las que el autóctono puede consumir grandes cantidades sin mostrar síntomas desfavorables. En los centros industriales, en cambio, el aguardiente [...], que sólo tiene cualidades estimulantes y no nutritivas, ha reemplazado por completo a la chicha [...].

Las clases guiantes emplean el alcohol para mantener contenta a la indiada en medio de la miseria a que la condenan; en el comercio el aguardiente es importante artículo de venta; en la administración de las haciendas es valioso artículo de pago; en la política es un elixir con el cual se puede empujar a las masas a cualquier refriega y atentado. Estando cifrados tantos intereses de los magnates en la magia del alcohol, es improbable que la ley antialcohólica de fecha reciente ponga fin al alcoholismo en provincias [1921, 25-26].

Aunque la obra de Dora Mayer cumplió una función de denuncia y alivió la situación del indígena, no fue mucho más lejos. Mariátegui, al enjuiciar la obra de la Asociación pro-Indígena, dice que «sirvió para aportar una serie de fundamentales testimonios al proceso del gamonalismo» y «para promover en el Perú costeño una corriente pro-indígena» y que «dio todos o casi todos los frutos que podía dar. Demostró que el problema indígena no puede encontrar su solución en una fórmula abstractamente humanitaria, ni en un movimiento puramente filantrópico».[3]

Esta discusión se va a plantear en los años veinte, que son los más ricos del indigenismo moderno del Perú, al menos por los planteamientos. Voy a limitarme a presentar a Castro Pozo, Mariátegui y Valcárcel. Antes de exponer el pensamiento de Castro Pozo, quiero mencionar a otro parlamentario piurano, Manuel Yarlequé Espinosa (1848-1923), abogado, diputado por Piura y autor del ensayo, La raza indígena (Lima, 1922), que dirigió en 1919 una famosa carta y unos memoriales de los ayllus peruanos al presidente de Estados Unidos W. Wilson. ¡Era un símbolo de que había cambiado el Rey Nuestro Señor!

2. Hildebrando Castro Pozo (1890-1945)

Natural de Ayabaca, en la sierra de Piura, estudia derecho en San Marcos y dedica la mayor parte de su vida a la docencia en diferentes colegios nacionales (Jauja, Piura, Guadalupe, en Lima).

---

3. José Carlos Mariátegui, Peruanicemos al Perú, en Obras completas, t. 11, Lima, Amauta, 1972, p. 104.

En 1919 integra el grupo del periódico *Germinal* en torno a Leguía. Al ser nombrado jefe de la Sección de Asuntos Indígenas del Ministerio de Fomento, reúne muchos datos sobre las comunidades indígenas, legalizadas en la Constitución de 1920. Miembro fundador del Partido Socialista en 1930, fue integrante de la Asamblea Constituyente en 1933 y senador por Piura en 1945.

OBRAS

1924 *Nuestra comunidad indígena*, Lima, El Lucero.
1936 *Del ayllu al cooperativismo socialista*, Lima, Barrantes Castro.
1947 *El yanaconaje en las haciendas de Piura*, Lima.

APORTES

2.1. *Funcionamiento de la comunidad indígena*
y su transformación

Cuando Castro Pozo escribe su estudio sobre la comunidad indígena, ésta ya había sido reconocida por la Constitución de 1920. Atrás ha quedado el debate ideológico de los que discutieron este tema, iniciado en 1907 por Manuel Vicente Villarán en su artículo «Condición legal de las comunidades indígenas», donde sostiene que «la comunidad es el contrapeso del caciquismo semifeudal que sigue imperando en nuestra serranía» y que las «tierras aborígenes no han sido totalmente usurpadas por los ricos hacendados gracias a la posesión comunista»;[4] también ha quedado atrás el debate político al que me referí en el capítulo I. Castro Pozo aprovecha su situación de funcionario del organismo que debía reconocer las comunidades para recoger información sobre las mismas. En realidad, la primera comunidad fue reconocida en 1926.[5]

En este contexto, Castro Pozo presenta en *Nuestra comunidad indígena* un ensayo fundamentalmente etnográfico sobre el funcionamiento de las comunidades, y en *Del ayllu al cooperativismo socialista*, otro ensayo de carácter histórico sobre el desarrollo de las

---

4. *Revista Universitaria* (Lima, Universidad Nacional Mayor de San Marcos), 14 (1907), pp. 8 y 7.
5. Henry F. Dobyns, *Comunidades campesinas del Perú*, Lima, Estudios Andinos, 1970, p. 11.

comunidades durante los períodos prehispánico, colonial y republicano y su posible transformación, junto con las tierras de las haciendas, en cooperativas de producción. Ambas obras contienen, además, numerosas sugerencias prácticas sobre el tema, y en su lectura no debe olvidarse que el autor era un político de oficio. Por todo esto, puede decirse que el aporte de Castro Pozo a nuestra historia es el funcionamiento de la comunidad indígena y su transformación.

En la última página de *Nuestra comunidad indígena*, el autor reconoce que su obra tiene «carácter de ensayo», «adolece de grandes vacíos, como los de una fuente de información más vasta y una estadística pormenorizada de las diferentes productividades» económicas indígenas y que «han resultado escasos los cinco años continuos que me he dedicado a estudiar problemas de tanta importancia» (1924, 498). Dicha obra es efectivamente un ensayo y no es fruto de una investigación intensiva sobre el terreno, como las monografías que van a comenzar a aparecer en la década de los cincuenta, sino producto de la rica experiencia personal del autor como profesor y como funcionario público y de su paciente labor de recopilación de mitos, creencias, actividades de todo tipo e incluso simples anécdotas sobre las comunidades indígenas, consignado en su liberta de apuntes (1924, 96); el tono predominantemente descriptivo de la obra se colorea con frecuencia de juicios de valor y de denuncias sobre la explotación indígena. Los principales temas de la obra son: características y funciones de la comunidad (cap. 1), la sociedad comunal (cap. 2), situación de la mujer y organización de la familia (caps. 3-5), creencias y ritos religiosos (caps. 6-7), magia y curanderismo (cap. 8), música y otras actividades artísticas (cap. 9) y actividades económicas (cap. 10); es decir, que la obra aborda las principales instituciones de la sociedad comunal indígena.

Para Castro Pozo, la comunidad se basa en la propiedad en común y en los lazos de consanguinidad:

> Como no es mi objeto, por hoy, hacer un estudio detallado del origen de nuestra comunidad, si ésta, tal como existe, es un producto preincaico, del imperio o de la colonia, sino que reduzco mi labor al análisis sistemático de lo que es actualmente nuestra comunidad, manifestaré que todas, cuál más cuál menos, las que he tenido oportunidad de observar reposan sobre las bases de la propiedad en común de las tierras que cultivan o conservan para pastos y los lazos de consanguinidad que unen entre sí las diversas familias que forman el ayllu [1924, 7].

Pero en las tierras que son patrimonio de la comunidad y de cuya propiedad aquélla no puede presentar muchas veces otro título que la posesión por tiempo indefinido, hay de dos clases: «las que se cultivan en común para algún santo o la comunidad y las que posee cada uno por separado» (1924, 10). Y dentro del grupo comunal, no sólo están «las más antiguas familias o primitivos elementos gentilicios, que generaron el ayllu», los llamados antepasados o «abuelos», cuyos enterramientos se conservan todavía en las partes altas de la comunidad, sino también miembros de otros ayllis, llevados allí por los españoles o resultado de vinculaciones posteriores.

Luego, Castro Pozo distingue cuatro tipos de comunidades: agrícolas, agrícola-ganaderas, de pastos y aguas, y de usufructuación:

> Como el conjunto de factores externos ha impuesto a cada uno de estos grupos un determinado género de vida, en sus costumbres, usos y sistemas de trabajo, en sus propiedades e industrias, priman los caracteres agrícolas, ganaderos, ganaderos en pastos y aguas comunales o sólo los dos últimos y los de falta absoluta o relativa de propiedad de las tierras y la usufructuación de éstas por el ayllu que, indudablemente, fue su único propietario [1924, 17].

El autor hace una etnografía bastante detallada de cada grupo, presentado una visión especialmente trágica de los pastores, de quienes dice que «no hay uno sólo de estos infelices que conserven la plenitud de sus facultades intelectivas. Todos, cuál más cuál menos, son idiotas o están en camino de serlo. "Opas" los califican los mismos indígenas, quienes saben sus condición y no se duelen de ellos. Sin trato alguno que los obligue a pensar pierden, muchas veces, hasta el uso de la palabra, conservando sólo un grito gutural, lúgubre, con que arrean o juntan el rebaño» (1924, 24-25).

Pero esta visión trágica es mucho mayor cuando Castro Pozo describe a uno de los explotadores de la comunidad indígena, el «tinterillo». Se refiere a los pleitos de los indios, cuyos hechos son frecuentemente deformados, y añade:

> En esta labor de desplazamiento y desfiguración de los hechos es el alma un tipo blanco, mestizo o indio medianamente trajeado, con un cartapacio de papeles bajo el brazo, el rostro amoratado por las huellas del alcoholismo y seguido siempre por una comisión de indígenas o toda la parcialidad. Éste es el que decide respecto a la injusticia o temeridad de las demandas, es el que fulmina la tranquilidad del ayllu, lleva la privación a los hogares comunales, alecciona a los

testigos falsos, les enseña a mentir descaradamente en los comparendos, explota a los damnificados y a su costa vive una vida de perpetua embriaguez y cinismo. Hay provincias serranas, en donde los abogados están de más y sólo viven para firmar, por uno o dos soles, los recursos redactados por estos tinterillos [1924, 40].

Así continúa su ensayo etnográfico, recogiendo muchos mitos o leyendas, como el del pueblo sumergido de Pariallá (1924, 211), el del «Ala Mulo» (1924, 236-242), el de la transformación del brujo en un animal (1924, 301-305), etc., y describiendo todos los demás aspectos de la cultura comunal, pero al mismo tiempo analizando la información denunciando la injusticia y haciendo sugerencias para el mejoramiento de las comunidades. Como ejemplo de este análisis de la información, presento algunos casos. Al hablar de las faenas colectivas, celebradas en ambiente de fiesta, comenta: «La comunidad indígena conserva dos grandes principios económico-sociales, que hasta el presente ni la ciencia sociológica, ni el empirismo de los grandes industrialistas han podido resolver satisfactoriamente: el contrato múltiple de trabajo y la realización de éste [...] en un ambiente de agradabilidad, emulación y compañerismo» (1924, 47). Al referirse al problema de las escuelas, dice: «En la sierra es donde debiera estar [...] lo mejor y más selecto del profesorado nacional. Pero resulta todo lo contrario [...]: de entre la nube de postulantes [...], se escoge primero a los parientes [...], después a los amigos políticos y por último a los recomendados por éstos. De donde resulta que nuestro profesorado serrano puede ser apto para cualquier cosa, menos para la enseñanza» (1924, 85). Al tratar de la ley de Conscripción Vial, promulgada por Leguía, dice que «está sirviendo de grillete al indígena», por lo cual las comunidades indígenas han pedido al gobierno su derogación o reforma en el Primer Congreso Indígena Tawantinsuyano (Lima, 1921) (1924, 63). Al describir las creencias religiosas comunales, comenta: «Más detallado y bajo un punto de vista puramente científico habría querido desenvolver este tema pero, a la falta absoluta de fuentes de información, ya que hasta ahora nadie se ha preocupado de estudiar estos fenómenos, he tenido que tropezar con la enorme dificultad de la reserva indígena, la multiplicación de los dialectos del quechua [...]» (1924, 229). Pero toda esta rica información no podía estar sistematizada en una verdadera teoría sobre la comunidad en un momento en que la moderna antropología anglosajona apenas estaba comenzando; con razón Castro Pozo es consciente de que sólo «ha desbrozado en esta selva virgen de nuestra sociología nacional» (1924, 498), palabras con que termina su obra.

En su segundo libro, Castro Pozo hace un estudio histórico de la comunidad. Después de exponer el origen y funcionamiento del ayllu primitivo, sostiene que «de la cultura quechua-aymara-mochica sólo quedan los ayllus» y que hay que remozarlos para salvar «las instituciones económicas de esta raza predestinada a enseñar a la Humanidad cómo debe vivirse hermanablemente en el trabajo [...] y cómo los instrumentos de producción, entre los que debe considerarse la tierra, no pueden [...] ser susceptibles de apropiación individual» (1936, 150). Luego expone la evolución del ayllu durante la colonia y la república, hasta que la Constitución de 1920 vuelve a restablecer la propiedad comunal. En 1935 el número de comunidades reconocidas era ya de 411, con una población de casi doscientos once mil habitantes, pero el número total de comunidades era superior a mil quinientas (1936, 224-225). Entonces se plantea el gran dilema sobre el régimen económico de la tierra: continuar aumentando los latifundios o «canalizar las aspiraciones comunitarias de conservar los ayllus sus tierras, orientándolas a la doble finalidad de modernizar las instituciones que actualmente las poseen, para racionalizar la producción, y dar un nuevo contenido ideológico a la conciencia de nuestras masas sociales» (1936, 210). Al exponer en qué consiste esta modernización y racionalización de los ayllus, dice claramente que no:

> Patrocinamos un retroceso cultural, una inmersión en el indigenismo del Tawantinsuyo. Ello [...] sería una locura.
> Lo que debemos aprovechar del ayllu no son, precisamente, sus prácticas geneonómicas, ni el sentido doliente o pesimista de la vida; tampoco su espíritu gregario, supersticioso y misoneísta, forjado en el yunque de la esclavitud, el alcoholismo y el despojo violento de sus tierras durante varios siglos. Lo que debemos aprovechar del ayllu es su unidad económico-social: tierras de usufructuación colectiva, cooperación de brazos y de intención y voluntad en la producción socializada; factores de orden económico y espiritual [...] Y así [...] cabe preguntarse: ¿es tan disímil la comunidad de una institución cooperativa proletaria dedicada a la producción? [1936, 269].

Luego enumera las principales características del ayllu: la «marka» o tierra común, las acequias y caminos de uso colectivo, la Asamblea Comunal, integrada por los varones mayores de dieciocho años y las mujeres casadas o viudas, la «rama» o cantidad donada por cada comunero para gastos comunes, la «minga» o trabajo comunal, en el cual cada comunero ofrece su colaboración, llevando sus propios animales y herramientas, y la donación a los comuneros recién casados de objetos, animales, dinero y aun la vivienda.

Una vez que enumera las características del ayllu y los aspectos aprovechables del mismo —que recuerda los «valores positivos» de las culturas indígenas en Alfonso Caso—, se refiere a «la república cooperativa» de Ernesto Poisson y señala dos caminos para lograr la meta:

1.º La organización de cooperativas de producción por las comunidades con sus propios medios.

2.º La implementación de granjas-escuelas y cooperativas de producción indígenas, por parte del Gobierno, de acuerdo con el proyecto presentado en la Asamblea Constituyente de 1933 por el Partido Socialista. En el primer caso, Castro Pozo se refiere a las cooperativas de producción agrícolas y ganaderas, a las cooperativas de crédito y de consumo y a las Cajas indígenas departamentales, para federar a las cooperativas de crédito de un mismo departamento. Como ejemplo, presento su metodología de formación de una cooperativa de producción agrícola. La Asamblea Comunal decide iniciar el proceso y cada comunero debe cotizar anualmente una cantidad en dinero o especie y seis días de trabajo para la compra de semillas, abonos y herramientas para el cultivo de las tierras de la comunidad, que deben explotarse en «minga» y cuyo producto debe servir para gastos de labranza y amortización de capitales y para constituir un fondo de la cooperativa. El paso siguiente es lograr que todas las parcelas individuales de los comuneros, previa aceptación de los interesados, se integren en la propiedad comunal, para ser trabajadas en común. Del monto de la cosecha se deducirá un 10 % para el fondo comunal, un 5 % para amortización de capitales y lo restante se distribuirá en partes iguales entre todos los jefes de familia de la cooperativa, que están, naturalmente, al margen de todas las obligaciones y derechos señalados. Así continúa Castro Pozo exponiendo todos los detalles de su proyecto, que recuerda a algunos de los que se hicieron durante el gobierno militar de Velasco por SINAMOS y que no pasa de ser una construcción ideal que nunca sufrió la confrontación de todos los condicionamientos culturales y todos los intereses creados de las comunidades y de la sociedad nacional.

El segundo camino consiste en la creación de granjas-escuelas en cada departamento donde hay comunidades indígenas, para dar adiestramiento agropecuario intensivo a jóvenes comuneros, a partir de los diecisiete años, para que puedan constituir luego cooperativas de producción, que recibirán el apoyo técnico y crediticio del Gobierno. Pero el proyecto de ley de 8 de mayo de 1933

(1936, 288-295), que lleva la firma de Castro Pozo y de Luciano Castillo, nunca llegó a aprobarse. De todos modos, Castro Pozo representa una reflexión seria sobre la comunidad indígena y un proyecto de utopía que nunca llegó a realizarse a diferencia de las del período colonial.

3. José Carlos Mariátegui (1894-1930)

Natural de Monquegua, al terminar sus estudios primarios debe, por motivos económicos, ponerse a trabajar y lo hace en el diario *La Prensa* de Lima, donde acaba desempeñando la profesión de periodista, para la cual está dotado de un talento natural. Deja *La Prensa*, por su orientación liberal, y sigue escribiendo en otros periódicos más de izquierda, hasta que en 1919 marcha a Europa con la ayuda del Gobierno de Leguía, que de esa manera quería verse libre del polémico periodista. Pasa la mayor parte del tiempo en Italia, donde se casa y es corresponsal de *El Tiempo* de Lima, para el cual envía crónicas sobre la situación europea, que se publicaron bajo el epígrafe «Cartas de Italia» (1920-1923); durante ese período de la postguerra europea, tan interesante políticamente, es testigo de la crisis del liberalismo y del fortalecimiento del fascismo y se pone en contacto con el socialismo revolucionario europeo en Italia, Francia y Alemania, lo cual le confirma plenamente en su postura marxista, aunque no pueda realizar su ilusión de conocer la «nueva sociedad» que estaba naciendo en Rusia como consecuencia de la revolución de 1917. A su regreso a Lima, en 1923, Mariátegui encuentra que el Gobierno de Leguía se ha convertido en una verdadera dictadura; colabora en las revistas *Claridad, Mundial* y, sobre todo, *Amauta*, fundada por él mismo en 1926 y dirigida por él hasta su muerte (en los primeros números de *Amauta* colaboran también Luis E. Valcárcel, Uriel García, Sabogal, Haya de la Torre, Luis A. Sánchez, etc.); se dedica a la organización del movimiento obrero, fundando el Partido Socialista Peruano en 1928, después de su ruptura con Haya de la Torre por diferente visión sobre el partido que debía fundarse (Mariátegui: un partido cuya vanguardia fuera la clase obrera con conciencia de clase y guía de proletariado indígena, y Haya: un partido de todas las clases explotadas por el gran capital bajo la dirección de la pequeña burguesía, el APRA). En 1928 publica su obra más conocida, *Siete ensayos de interpretación de la realidad peruana*, recogiendo artículos publicados anteriormente. Luego se dedica a la organización de la Confederación General del Trabajo del Perú y sigue vinculado a todo el movimiento político de izquierda hasta su prematura muerte.

OBRAS

Obras completas, 20 vols., Lima, Amauta. En especial:
1928 *Siete ensayos de interpretación de la realidad peruana*, vol. 2, Lima, Amauta, 1967.
1929 *Ideología y política*, vol. 11, Lima, Amauta, 1969.

APORTES

Mariano Valderrama, al comparar el indigenismo de Mariátegui y de Haya de la Torre, ha escrito:

> Con los planteamientos de Haya de la Torre y de José Carlos Mariátegui, la discusión del problema campesino e indígena llega a su punto más alto y se replantea en nuevos términos [...] Es planteado, ante todo, como un análisis de clase, aunque sin perder de vista las especificidades culturales. Para los indigenistas populistas el problema nacional se encontraba circunscrito al problema indígena y, resolviendo éste, se resolvía el primero. En Haya y Mariátegui el análisis del problema nacional se ubica en términos más amplios y profundos, al colocársele en el contexto de una sociedad y de un Estado de clase y en función de la comprensión del carácter semicolonial de nuestra sociedad. Historia, imperialismo, estructura productiva. Estado y clase aparecen como los nuevos elementos explicativos de la problemática.[6]

Paso a referirme al nuevo planteamiento, tal como se presenta en los *Siete ensayos* de Mariátegui, dejando el indigenismo del APRA para el último apartado de este mismo capítulo.

3.1. *Evolución de la sociedad peruana y problema indígena*

En el primero de los ensayos, Mariátegui estudia la evolución de la economía peruana aplicando el esquema marxista a la histo-

---

6. «Los planteamientos de Haya de la Torre y de José Carlos Mariátegui sobre el problema indígena y el problema nacional», en *Indigenismo, clases sociales y problema nacional*, Lima, s.f., p. 189.

ria del país. Su punto de partida es la etapa comunista, que él cree descubrir en «el Imperio de los inkas, agrupación de comunas agrícolas y sedentarias», donde «el pueblo inkaico —laborioso, disciplinado, panteísta y sencillo— vivía en bienestar material», gracias al trabajo colectivo (1967, 9). La conquista marca el inicio de la segunda etapa y «sobre las ruinas y los residuos de la economía socialista echaron la base de la economía feudal», pero, como España no hace una verdadera colonización por la escasa población blanca que pasa a América, ni una verdadera creación económica -con excepción de los jesuitas-, se recurre a la importación de esclavos negros para las haciendas y servicios y a la explotación de la minería por medio de la «mita» indígena, de modo que con la «sociedad feudal se mezclaron elementos y características de la sociedad esclavista» (1967, 10). La independencia marca el inicio de la etapa burguesa, pero «enfocada sobre el plano de la historia mundial, la independencia sudamericana se presenta decidida por las necesidades de desarrollo de la civilización [...] capitalista», sobre todo del naciente imperio británico. Dentro del país no hubo una revolución burguesa antifeudal, sino una alianza entre la burguesía comercial y la aristocracia latifundista, que continuaba detentando el poder feudal en las grandes haciendas serranas. En medio de las ideas liberales y democráticas de la época, la situación de la población indígena empeoró. El guano y el salitre abrieron el Perú al mundo occidental, bajo el control del capital británico, y produjeron la incipiente burguesía capitalista costeña. En el momento de su análisis Mariátegui comprueba que «en el Perú actual coexisten elementos de tres economías diferentes. Bajo el régimen de economía feudal nacido de la conquista subsisten en la Sierra algunos elementos vivos todavía de la economía comunista indígena. En la costa, sobre un suelo feudal, crece una economía burguesa que, por lo menos en su desarrollo mental, da la impresión de una economía retardada» (1967, 22).

Esta evolución económica de la sociedad peruana del primer ensayo va a ser el marco de referencia del nuevo planteamiento que hace Mariátegui sobre el problema del indio en su segundo ensayo:

> Todas las tesis sobre el problema indígena, que ignoran o eluden a éste como problema económico-social, no han servido sino para ocultar o desfigurar la realidad del problema. La crítica socialista lo descubre y esclarece, porque busca sus causas en la economía del país, y no en un mecanismo administrativo, jurídico o eclesiástico, ni en su dualidad o pluralidad de razas, ni en sus condiciones cultu-

rales o morales. La cuestión indígena arranca de nuestra economía. Tiene sus raíces en el régimen de propiedad de la tierra. Cualquier intento de resolverla con medidas de administración o de policía, con métodos de enseñanza o con obras de vialidad, constituye un trabajo superficial o adjetivo, mientras subsista la feudalidad de los «gamonales» [1967, 29-32].

Luego va rechazando cada una de esas soluciones: la administrativa, porque «desde los tiempos de la legislación colonial española, las ordenanzas sabias y prolijas, elaboradas después de concienzudas encuestas, se revelan totalmente infructuosas» (1967, 35). Rechaza la solución jurídica, porque el «carácter individualista de la legislación de la República ha favorecido, incuestionablemente, la absorción de la propiedad indígena por el latifundismo. La situación del indio, a este respecto, estaba contemplada por mayor realismo por la legislación española», y porque «sin la disolución del feudo no ha podido funcionar, en ninguna parte, el derecho liberal» (1967, 36). Rechaza la solución racial, porque «el concepto de razas inferiores sirvió al Occidente blanco para su obra de expansión» y porque los indios pueden asimilar «la cultura occidental, en lo que tiene de más dinámico y creador, sin transfusiones de sangre europea» (1967, 36). Rechaza la solución moral, en la línea de la Asociación pro-Indígena de Dora Mayer, porque «la prédica humanitaria no ha detenido en Europa el imperialismo», y así la lucha contra éste «no confía ya sino en la solidaridad y en la fuerza de los movimientos de emancipación de las masas coloniales» (1967, 37). Rechaza la solución religiosa, porque, aunque obtuvo «leyes y providencias muy sabiamente inspiradas», «la obra que la Iglesia no pudo realizar en un orden medieval, cuando su capacidad espiritual e intelectual podía medirse por frailes como el padre de Las Casas, ¿con qué elementos contaría para prosperar ahora?» (1967, 38). Finalmente, rechaza la solución pedagógica, porque «el gamonalismo es fundamentalmente adverso a la educación del indio [...] y la escuela y el maestro están irremisiblemente condenados a desnaturalizarse bajo la presión del ambiente feudal» (1967, 39).

De esa manera, el problema del indio se convierte en el problema de la tierra, que es el tema del tercer ensayo y que Mariátegui vuelve a retomar en «El problema de las razas en América Latina», ponencia presentada en la Primera Conferencia Comunista Latinoamericana (Buenos Aires, 1929) y publicada en *Ideología y política*. Para Mariátegui:

El problema agrario se presenta, ante todo, como el problema de la liquidación de la feudalidad en el Perú. Esta liquidación debía haber sido realizada por el régimen demoburgués, formalmente establecido por la revolución de la independencia. Pero en el Perú [...] no hemos tenido una verdadera clase burguesa, una verdadera clase capitalista. La antigua clase feudal -camuflada o disfrazada de burguesía republicana- ha conservado sus posiciones [...] Las expresiones de la feudalidad sobreviviente son dos: latifundismo y servidumbre [...] Consecuente con mi posición ideológica, yo pienso que la hora de ensayar en el Perú el método liberal, la forma individualista, ha pasado ya. Dejando aparte las razones doctrinales, considero fundamental este factor incontestable y concreto, que da un carácter peculiar a nuestro problema agrario: la supervivencia de la comunidad y de elementos de socialismo práctico en la agricultura y la vida indígena [1969, 41-43].

Luego Mariátegui analiza la evolución de la propiedad, fijándose especialmente en el latifundio y la comunidad (en este último punto se apoya mucho en Castro Pozo) y tratando de encajar nuestra historia agraria en el esquema marxista, que supone válido. Las soluciones más concretas al problema agrario se exponen, sobre todo, en el ensayo sobre las razas, cuya segunda parte, como es sabido, fue redactada por Hugo Pesce sobre las ideas de Mariátegui. Tales soluciones pueden resumirse así:

a) Adjudicación de los latifundios serranos en favor de las comunidades,

b) transformación de las comunidades en cooperativas de producción,

c) apoyar la lucha de los «yanaconas» contra los hacendados para lograr «la libertad de organización, supresión del "enganche", aumento de los salarios, jornada de ocho horas, cumplimiento de las leyes de protección del trabajo» (1969, 43),

d) educación ideológica de las masas indígenas, donde «la vanguardia obrera dispone de aquellos elementos militantes de la raza india que, en las minas y en los centros urbanos [...] entran en contacto con el movimiento sindical y político», pues «los indios campesinos no entenderán de veras sino a los individuos de su seno que les habla su propio idioma; del blanco y del mestizo desconfiarán siempre»; es cierto que «una idea revolucionaria indígena tardará quizás en formarse; pero una vez que el indio haya hecho suya la idea socialista, la servirá con una [...] fuerza, en la que pocos propietarios de otros medios podrán aventajar» (1969, 44-46).

En la segunda parte de dicho ensayo sobre las razas se presenta, como una desviación que los partidos comunistas deben impedir, la formación de un Estado indígena:

> La constitución de la raza indígena en un estado autónomo no conducirá, en el momento actual, a la dictadura del proletariado indio, ni mucho menos a la formación de un estado indio sin clase, como alguien ha pretendido afirmar, sino a la constitución de un estado indio burgués con todas las contradicciones internas y externas de los estados burgueses.
>
> Sólo el movimiento revolucionario clasista de las masas indígenas explotadas podrá permitirles dar un sentido real a la liberación de su raza, de la explotación, favoreciendo las posibilidades de su autodeterminación política [1969, 81].

De este texto y de la lectura de los principales ensayos indigenistas de Mariátegui se desprende que, a pesar de que «la raza indígena compone las cuatro quintas partes de una población total calculada en un mínimo de 5 millones» (1969, 34), para el amauta la solución no estaba en la formación de un Estado indio autónomo. Hasta donde llegan mis conocimientos, Mariátegui no considera nunca a los indios como una nacionalidad, apartándose también en esto de la ortodoxia marxista de esa época, expuesta en los trabajos de Stalin, *El marxismo y la cuestión nacional* (1913), y de Lenin, *Esbozo inicial de las tesis sobre los problemas nacional y colonial* (1920),[7] y que ya se vio aplicar a los indios mexicanos por Lombardo Toledano. Ya fuera por el tan alto porcentaje de la población indígena dentro del país, ya fuera porque el indio del centro minero o urbano parecía desnativizarla con tanta facilidad, ya fuera por otras razones, Mariátegui no reflexiona sobre el indio como poseedor de una cultura diferente sino como un siervo inmerso en estructuras sociales injustas, por lo que, juzga que el problema indígena no podía resolverse hasta que se implantara la revolución socialista.

No puedo terminar este apartado sin hacer una referencia a la «polémica sobre indigenismo» que, a principios de 1927, tuvo Mariátegui con Luis Alberto Sánchez. No por el contenido de la misma, pues los artículos no son de gran valor y se refieren más a la persona o a la ideología de los escritores que polemizan que a sus ideas sobre el indio, sino porque dicha polémica refleja uno de los

---

7. El trabajo de Stalin está editado en Moscú, Ediciones en Lenguas Extranjeras, 1946, 85 pp., y el de Lenin está recogido en *Obras escogidas*, t. III, Moscú, Progreso, s.f., pp. 458-464.

momentos más efervescentes del indigenismo peruano moderno. En realidad la polémica se inició con un artículo del novelista chiclayano Enrique López Albújar, «Sobre la psicología del indio peruano», aparecido en la revista *Amauta* (diciembre, 1926), que sostiene que «el indio es una esfinge de dos caras» y que «una cosa es el indio en su ayllu y otra en la urbe del misti» y enumera hasta setenta rasgos de la psicología social indígena, tales como «jamás se confía en el Misti, aunque viva con él cien años, a no ser que se identifique, pues el indio es pronto a la desconfianza», «estima a su yunta más que a su mujer y a sus carneros más que a sus hijos», «no conoce miseria porque todo le sobra» o «el mayor enemigo del indio es el indio mismo», etc.[8] El 3 de febrero de 1927 apareció en *La Prensa* de Lima un artículo del escritor y diputado leguiísta cusqueño José Ángel Escalante, «Nosotros los indios», en el que, esgrimiendo su identificación con la población indígena serrana frente a los costeños, con un mecanismo que ha manejado oportunamente la clase dirigente cusqueña, afirma que «nosotros los indios estamos sorprendidos del interés que muestran los señores de la costa, los blancos y los mistis, que hasta ayer nos menospreciaban, por nuestra regeneración»; luego responde cada uno de las acusaciones que se hacen al indio (alcoholismo, cocaísmo, superstición, etc.), para acabar desautorizando a los indigenistas, «puesto que no los conocemos [a los indios], cuanto porque nosotros, los indios, nos bastamos y nos sobramos, dentro de la actual ideología gubernamental, para buscar remedio a nuestros males».[9]

Entonces Luis A. Sánchez publica en *Mundial* (18 de febrero de 1927) su «Batiburrillo indigenista», para referirse a las incoherencias de los indigenistas y a la falsedad del dilema sierra-costa.[10] Mariátegui le responde en «Intermezzo polémico», publicado en *Amauta* (25 de febrero), tratando de explicar que las incoherencias de los indigenistas que Sánchez critica se deben a que se sitúan en diversos planos y que, por su parte, de «la aleación de indigenismo y socialismo, nadie que mire el contenido y la esencia de las cosas, puede sorprenderse. El socialismo ordena y define las reivindicaciones de las masas, de la clase trabajadora. Y en el Perú las masas —la clase trabajadora— son en sus cuatro quintas partes indígenas. Nuestro socialismo no sería, pues, peruano [...] si no se

8. Manuel Aquézolo Castro, *La polémica del indigenismo*, Lima, Mosca Azul, 1975, pp. 15-21.

9. *Ibíd.*, pp. 39-52.

10. *Ibíd.*, pp. 69-73.

solidarizara, primeramente, con las reivindicaciones indígenas».[11] Sánchez vuelve a escribir en *Mundial* (4 de marzo) para preguntarle a Mariátegui si «cree que en la oposición de costa y sierra y en la comunidad indígena está la solución» y si debe involucrarse «en el movimiento al cholo», dentro de una «reivindicación total y no exclusivista»,[12] y el amauta le responde en *Mundial* (11 de marzo) que «la reivindicación que sostenemos es [...] la de las clases trabajadoras, sin distinción de costa ni sierra, de indio ni cholo», pero que «el obrero urbano es un proletario: el indio campesino es todavía un siervo» y que «el primer problema que resolver [...] es el de la liquidación de la feudalidad, cuyas expresiones solidarias son dos: latifundio y servidumbre».[13]

Sánchez vuelve a tomar la pluma en *Amauta* (marzo) para quejarse de que no se ha respondido suficientemente a las cuestiones por él planteadas: que planteó «la cuestión de la comunidad, porque barruntaba que hay un equívoco en la manera de enfocarlo», que es una «remota parodia de una organización autóctona» y que «el indio en la comunidad [...] no rinde el esfuerzo que debiera, ni desecha prácticas bárbaras, ni se culturiza ni avanza, ni enriquece»;[14] Mariátegui, en su artículo de *Amauta* (abril) «Polémica finita», no vuelve a tocar el tema mismo del debate sino a defender a la revista *Amauta* como plataforma del debate nacional y a remitirse al juicio de la historia sin temor «al espíritu pequeño-burgués de los críticos orgánicamente individuales».[15] La polémica contó todavía con la participación de otros estudiosos de la realidad nacional (Valcárcel, Manuel A. Seoane, etc.), y cuando Valcárcel publica ese año 1927 su *Tempestad en los Andes*, pide a Mariátegui el prólogo y a Sánchez el colofón. Sánchez vuelve a criticar el indigenismo «regionalista» frente a su postura «totalista»[16] y Mariátegui, entre otras cosas, sostiene:

> Valcárcel, que no parte de apriorismos doctrinales —como se puede decir, aunque inexacta y superficialmente de mí [...]— encuentra por esto la misma vía que nosotros a través de un trabajo natural y espontáneo de conocimiento y penetración del problema indígena. La obra que ha escrito no es una obra teórica y crítica.

11. *Ibíd.*, pp. 73-77.
12. *Ibíd.*, pp. 77-81.
13. *Ibíd.*, pp. 81-85.
14. *Ibíd.*, pp. 86-91.
15. *Ibíd.*, pp. 91-93.
16. *Ibíd.*, p. 141.

Tiene algo de evangelio y hasta algo de apocalipsis. Es la obra de un creyente. Aquí no están precisamente los principios de la revolución que restituirá a la raza indígena su sitio en la historia nacional; pero aquí están sus mitos. Y desde que el alto espíritu de Jorge Sorel, reaccionando contra el mediocre positivismo de que estaban contagiados los socialistas de su tiempo, descubrió el valor perenne del mito en la formación de los grandes movimientos populares, sabemos bien que éste es un aspecto de la lucha que, dentro del más perfecto realismo, no debemos negligir ni subestimar.[17]

Así termina la polémica. Mariátegui, frente al mundo indígena, que no conoce personalmente, ni nunca tuvo oportunidades de estudiar de verdad, siente necesidad de defenderse de sus «apriorismos doctrinales». Después va a decir más cosas sobre el indio que en la polémica, como se expuso al principio de este apartado, pero no puede llegar muy lejos. Él sabía mucho mejor su lección de teoría marxista que la del funcionamiento de la sociedad andina y no pudo llenar este vacío con su innegable capacidad de análisis. Desafortunadamente, su prematura muerte no le permitió completar su obra de juventud con la de madurez —como ocurrió con Valcárcel— lo que nos hubiera permitido conocer el desarrollo de su pensamiento indigenista.

3.2. *Religión y sociedad indígena*

En su análisis de la sociedad nacional desde la perspectiva marxista, Mariátegui dedica su cuarto ensayo a tratar «el factor religioso», y se refiere sucesivamente a la religión del Tawantinsuyo, a la conquista católica y a la Iglesia después de la independencia. Por ser la cristianización indígena, tanto en su contenido religioso como en su forma de proceso de aculturación, uno de los temas más tratados por el indigenismo colonial, pienso que puede ser útil examinar ahora la postura de Mariátegui en este punto, por más que las preocupaciones del amauta sean muy diferentes a las de los misioneros coloniales y se refiera únicamente al papel de la religión en la sociedad indígena y nacional. Parte de una visión positiva de la religión y reconoce que «han tramontado definitivamente los tiempos de apriorismo anticlerical, en [...] gentes que identificaban religiosidad y "oscurantismo"» y que «la crítica revolucionaria no regatea [...] ya a las religiones, ni siquiera a

---

17. *Ibíd.*, íd.

las Iglesias, sus servicios a la humanidad, ni su lugar en la historia» (1967, 140). Al tratar de la religión del Tawantinsuyo, no hace etnografía religiosa —como Cobo, por ejemplo—, sino una cierta etnología para explicar el influjo de la religión en la sociedad y la posterior transformación religiosa del indio, con una interpretación unilateral y convirtiendo la religión en una simple función social. Para Mariátegui, la religión incaica estaba identificada con el régimen social y político del Estado incaico, «tenía fines temporales más que espirituales», «no estaba hecha de complicadas abstracciones, sino de sencillas alegorías», se alimentaba «de los instintos y costumbres espontáneos de una nación constituida por tribus agrarias, sana y ruralmente panteístas», y dominada por el animismo, la magia, los tótems y tabués, y, finalmente, incorporaba al propio sistema religioso los dioses y ritos de los pueblos conquistados (1967, 142-144). Cuando llegan los misioneros, a raíz de la conquista española,

> El catolicismo, por su liturgia suntuosa, por su culto patético, estaba dotado de una aptitud tal vez única para cautivar a una población que no podía elevarse súbitamente a una religiosidad espiritual y abstractista. Y contaba, además, con su sorprendente facilidad de aclimatación a cualquier época o clima histórico. El trabajo, empezado muchos siglos atrás en Occidente, de absorción de antiguos mitos y de apropiación de fechas paganas, continuó en el Perú [...].
> La exterioridad, el paramento del catolicismo, sedujeron fácilmente a los indios. La evangelización, la catequización, nunca llegaron a consumarse en su sentido profundo.
> [...] Los misioneros no impusieron el evangelio: impusieron el culto, la liturgia, adecuándolos sagazmente a las costumbres indígenas. El paganismo aborigen subsistió bajo el culto católico [1967, 149-150].

La visión religiosa del indio del Tawantinsuyo que presenta Mariátegui es superficial, al negarle una dimensión religiosa evolucionada (es significativo que su único apoyo teórico es el de Frazer, el último de los antropólogos evolucionistas) y al recalcar excesivamente su carácter de instrumento del poder político. En cuanto a la cristianización de los indios, sostiene que fue de formas y no de contenidos. Me parece que no queda suficientemente claro el pensamiento del amauta sobre el paganismo aborigen que subsiste debajo del culto católico, pues, poco antes, reconoce que la religión incaica no pudo sobrevivir al Estado incaico por estar tan identificados, y lo que subsistió fue «no una concepción metafísica, sino los ritos agrarios, las prácticas mágicas y el sentimiento panteísta» (1967, 142). Por consiguiente, para Mariátegui desaparece la religión oficial incaica, se implanta el culto católico y se mantiene el culto popular agrario, que se dirige a una realidad religiosa que se concibe como panteísta. Es cierto que, en una nota de la misma página 142, Mariátegui aclara que atribuye al indio «un sentimiento panteísta, no una realidad religiosa panteísta»; pero tal aclaración es discutible, porque los ritos agrarios, como todo rito religioso, son un lenguaje que supone la existencia de un interlocutor que puede salvar, por tanto no puede hablarse de un sentimiento panteísta si no hay también una filosofía o una cosmovisión de algún modo panteísta. Y, desde luego, por toda la información que ya tenemos de la religión andina prehispánica, no puede calificarse de panteísta. En síntesis, su manejo del factor religioso resulta pobre por su insuficiente conocimiento de los cronistas y de la sociedad andina de su tiempo.

4. Luis E. Valcárcel (1891-1987)

Moqueguano como Mariátegui, de niño marcha con su familia al Cusco y desde esa plataforma serrana va a ser protagonista de un indigenismo diferente al del amauta. Estudia letras y derecho en la Universidad de San Antonio Abad, donde toma parte activa en el movimiento universitario, que va a enarbolar como una de sus banderas el indigenismo, y es corresponsal de la Asociación pro-Indígena, que en 1909 había fundado Dora Mayer en Lima. Catedrático de historia en la Universidad del Cusco, fue también fundador del Instituto Histórico del Cusco y director del Museo Arqueológico de dicha ciudad. Junto a la cátedra, cultiva también el periodismo en el diario cusqueño *El Comercio* y es uno de los integrantes del Grupo Resurgimiento.

En 1930 Valcárcel se radica en Lima, donde ocupa diferentes cargos: profesor de la Universidad de San Marcos, ministro de Educación durante el gobierno de Bustamante (1945-1948) y primer director del Instituto de Etnología de la Universidad de San Marcos. Su larga vida y su profunda formación le han permitido ser testigo excepcional y protagonista de gran parte del indigenismo peruano moderno.

OBRAS

1924 *De la vida inkaika*, Lima, Garcilaso.
1925 *Del ayllu al imperio*, Lima, Garcilaso.
1927 *Tempestad en los Andes*, Lima, Universo, 1972[2].
1945 *Ruta cultural del Perú*, Lima, Nuevo Mundo 1965[3].
1964 *Historia del Perú antiguo*, 3 t., Lima, Juan Mejía Baca.
1983 *Memorias*, Lima, Instituto de Estudios Peruanos.

APORTES

En su larga vida dedicada al estudio del hombre andino pueden señalarse dos períodos, que suponen dos enfoques y significan sus dos aportes a esta historia: el período cusqueño y su planteamiento indigenista radical y el período limeño, que se inicia con un planteamiento indigenista desarrollista desde el Ministerio de Educación y desde el Instituto Indigenista Peruano y termina con su estudio de la etnohistoria andina. Paso a exponer cada aporte:

4.1. *Planteamiento indigenista radical*

En *Tempestad en los Andes*, obra que recoge artículos publicados en *Amauta* y en otras revistas, partiendo de la conocida frase de González Prada de que «no forman el verdadero Perú» los criollos de la costa, sino «las muchedumbres de indios diseminados en [...] la cordillera», sostiene:

> El Cusco y Lima son, por la naturaleza de las cosas, dos focos opuestos de la nacionalidad. El Cusco representa la cultura madre, la heredera de los inkas milenarios. Lima es el anhelo de adaptación a la cultura europea. Y es que el Cusco preexistía cuando llegó el conquistador y Lima fue creada por él, *ex nihilo*. ¿Cómo desde la capital va a comprenderse el conflicto secular de las dos razas y las dos culturas, que no ha perdido su virulencia desde el día en que el invasor puso sus plantas en los riscos andinos? ¿Será capaz el espíritu europeizado, sin raigambre en la tierra maternal, de enorgullecerse de una cultura que no le alcanza? ¿Podría vivir en el mestizaje de otras razas exóticas el gran amor que sólo nutre y mantiene la sangre de los hijos del sol? Sólo al Cusco le está reservado redimir al indio [1972, 118].

Este breve párrafo sintetiza las principales ideas del libro: la existencia de dos nacionalidades en el Perú, el conflicto secular no resuelto entre las mismas, la ineficacia de la solución del mestizaje y la tesis de que la salvación del indio sólo puede venir del Cusco, hasta llegar a concluir «la sierra es la nacionalidad». El Perú vive fuera de sí, extraño a su ser íntimo y verdadero, porque la sierra está supeditada por la costa, uncida a Lima (1972, 124). Paso a exponer cada una de estas ideas:

a) *La existencia de dos nacionalidades*. Es el resultado de la conquista. Ya en *Del ayllu al imperio* (1925) había escrito Valcárcel:

> Unos cuantos hombres misteriosos [...] llegaron al gran imperio cusqueño y en menos de un lustro destruyeron el imperio aborigen. Se formó entonces una doble nacionalidad: la de los vencidos, rota, maltrecha, sin conciencia colectiva; la otra, la de los vencedores, la de los hombres blancos, unimismados en la labor de enriquecimiento individual [...] La dualización étnica del Perú se presenta como el más grave problema de su vida política y social; esta heterogeneidad, que los siglos no han podido conciliar, ni amenguar, constituye el peligro de que nuestro país no alcance en muchísimos años el grado de cultura que otros pueblos [1925, 22-23].

b) *El conflicto secular no resuelto*. Es la gran experiencia del país en sus etapas colonial y republicana. El autor de *Tempestad en los Andes* presenta este conflicto en el capítulo «La Sierra trágica», en una serie de estampas o cuadros vivos en los que se refiere a la relación del indio con la hacienda, con el Gobierno o con la Iglesia; Valcárcel presenta la usurpación de las tierras de las comunidades, el abuso sexual de las mujeres por los hacendados, la represión de supuestas rebeliones indígenas, la venganza indígena con la quema de haciendas y el asesinato de gamonales, la quema del santo patrono del pueblo a modo de «auto de fe» al revés, etc. Como ejemplo de esta metodología, transcribo el cuadro de la «danza heroica»:

> Se había sublevado la indiada.
> Su rebelión se reducía a negarse a trabajar para el terrateniente. Llegaron abultadísimas las noticas al Cusco, y el prefecto, alarmado, mandó cincuenta gendarmes a dominar la sublevación.
> Los indios se hallaban reunidos un domingo en la plazoleta del pueblo. Comían y bebían en común, recordando los pasados tiempos de sus banquetes al aire libre, presididos por el Inka o por el Kuraka.

¡Estaban reunidos! ¡Conspiraban! Y sin más, el jefe de la soldadesca ordenó fuego. Los indios no huyeron. Tampoco se defendían, puesto que estaban inermes. Llovían las balas y comenzaron a caer pesadamente las primeras víctimas.

Entonces, algo inesperado se produjo. La banda de músicos indios inició una *k'aswa*, y hombres y mujeres agarrados de la mano comenzaron a danzar frenéticamente por sobre los heridos, por encima de los cadáveres y bajo las descargas de la fusilería.

Danzó alocada la muchedumbre y el clamoreo ascendía cada vez más alto como la admonición de la tierra a todos los poderes cósmicos [1972, 64].

c) *La ineficaz solución del mestizaje.* En *Tempestad en los Andes* Valcárcel se opone al mestizaje con la misma pasión que Guamán Poma, aunque no quizás por los mismos motivos. Su descripción de los «poblachos mestizos» es de una gran dureza, y tal como se refleja en esta sola frase: «La atmósfera de los poblachos mestizos es idéntica: alcohol, mala fe, parasitismo, ocio, brutalidad primitiva» (1972, 44). En el capítulo «Ideario» llega a decir: «la raza del Cid y de don Pelayo mezcla su sangre a la sangre americana [...] Se han mezclado las culturas. Nace del vientre de América un nuevo ser híbrido; no hereda las virtudes ancestrales, sino los vicios y las taras. El mestizaje de las culturas no produce sino deformidades» (1972, 115). Pero, en el capítulo sobre el problema indígena, que recoge la conferencia que leyó en la Universidad de Arequipa el 22 de enero de 1927, matiza su postura y reconoce que «el mestizo arequipeño es un tipo racial de excelencia», que es «sobrio y resistente como el inka, enérgico trotamundos como el aventurero español» y que «ha heredado las sobresalientes cualidades indígenas y las conserva mejor en mucha parte, porque ignora su procedencia (¡Oh el prejuicio, oh las repugnancias indiófobas!)» (1972, 127-129); aunque en esta matización pudo haber una simple estrategia para no herir a su auditorio, que presume de mestizo, puede pesar también su interpretación de que «Arequipa es una avanzada del espíritu andino sobre el mar» (1972, 127).

Tal visión negativa del mestizaje puede ser una manera de condenar el papel de intermediario que el «misti» tiene entre la población indígena y los grupos dirigentes, o de condenar la política de «asimilación» de los indios, que se inició con la independencia y que tuvo tan funestas consecuencias para ellos, como reconoce Valcárcel («en la torpe desviación republicana [...] hemos ido más allá del opresor español. Las últimas vislumbres de autonomía, el simulacro de las autoridades indias, la conservación de la propiedad comunitaria [...], todo ha desaparecido en nombre de una [...] irónica igualdad») (1972, 117).

Dicha visión negativa del mestizaje puede ser también producto de cierta confusión de los conceptos de raza y cultura que parece tener Valcárcel en la obra que comento. Por una parte, tiene el concepto de cultura propio de la antropología culturalista y afirma que «vamos por la tierra con nuestro propio mundo a cuestas, conocemos, y pensamos y sentimos, según el conocer, el pensar y el sentir de la propia cultura» (1972, 113), y por otra parte, sostiene la existencia de un cierto espíritu de la raza, que permanece en la gente, cuando afirma: «la raza permanece idéntica a sí misma [...] El indio vestido a la europea [...], pensando a lo occidental, no pierde su espíritu. No mueren las razas. Podrán morir las culturas, su exteriorización dentro del tiempo y del espacio. La raza keswa fue cultura titikaka y después ciclo inka» (1972, 23).

d) *La salvación del indio viene del Cusco.* Para probarlo, Valcárcel idealiza al indio en la perspectiva del «mito del buen salvaje». Ya en sus obras *De la vida inkaika* y *Del ayllu al imperio* nos había dado una visión un tanto idealizada del Tawantinsuyo. Ahora, en *Tempestad en los Andes*, sobre todo en el capítulo «Nuevos indios», recoge la antítesis del capítulo «Sierra trágica» y nos ofrece una serie de cuadros de la vida indígena, cuyo protagonista es un indio justo, valiente, trabajador, artista, y capaz de despertar amor. Así, los indios del ayllu de Tucsan acuden a sembrar la parcela del comunero que por engaños la vendió, sin temor al dueño misti; los peones ocupan la hacienda, o simplemente se niegan a trabajar, sabiendo que la tierra no vale nada sin ellos; una joven india conquista por su belleza al hacendado y llega a ser su legítima esposa, a pesar del escándalo de la sociedad gamonal; un indio acepta con gusto el servicio militar, «porque con el fusil al brazo cobra su desquite» (1972, 91); un maestro indígena, que «sabe lo que debe enseñar a los hijos de la raza», se hace cargo de la escuela, que se convierte enseguida en el «almácigo de la raza resurgida» y «las familias aborígenes se sienten ligadas a ella, como diez años antes a la iglesia parroquial» (1962, 92-93), etc.

Este mito del «nuevo indio» es el principal apoyo para el renacimiento indígena, para lo cual Valcárcel parece manejar las ideas de la historia cultural de Spengler, tan de moda en aquellos años, y el trasfondo mesiánico de la cultura andina:

> La cultura bajará otra vez de los Andes. De las altas mesetas descendió la tribu primigenia a poblar planicies y valles [...] De la humana nebulosa, casi antropopiteca, surgió el Inkario, otro lumi-

nar que duró cinco siglos, y había alumbrado cinco más sin la atilana invasión de Pizarro. De ese rescoldo cultural todavía viven [...] diez millones de indios, caídos en la penumbra de las culturas muertas. De las tumbas saldrán los gérmenes de la Nueva Edad. Es el avatar de la Raza.

No ha de ser una resurrección del Inkario con todas sus exteriores pompas [...] No adoraremos siquiera al Sol, supremo benefactor. Habremos olvidado para siempre el kjipus [...] Habrá que renunciar a muchas bellas cosas del tiempo ido [...].

La Raza, en el nuevo ciclo que se avecina, reaparecerá esplendente, nimbada por sus eternos valores [...]; es el avatar que marca la reaparición de los pueblos andinos en el escenario de las culturas. Los hombres de la Nueva Edad habrán enriquecido su acervo con las conquistas de la ciencia occidental y la sabiduría de los maestros de Oriente. El instrumento y la herramienta, la máquina, el libro y el arma nos darán el dominio de la naturaleza; la filosofía [...] hará penetrante nuestra mirada en el mundo del espíritu [...].

Se cumple el avatar: nuestra raza se apresta al mañana: puntitos de luz en la tiniebla cerebral anuncian el advenimiento de la Inteligencia en la actual agregación subhumana de los viejos keswas [1972, 23-25].

Esta formulación sobre la raza andina, que resurge haciendo una síntesis de Oriente y Occidente, recuerda mucho a *La raza cósmica* (1925), que acababa de publicar José Vasconcelos. Pero no se trata ahora de la raza mestiza iberoamericana, la «quinta raza, que llenará el planeta con los triunfos de la primera cultura verdaderamente universal, verdaderamente cósmica«,[18] sino de la raza andina, que debe asimilar los valores del mundo costeño, pero que no debe unirse con él en un mestizaje racial.

Cuando Valcárcel quiere hacer más comprensible el mito de la raza andina, habla de «andinismo», que es «una expresión geográfica, toda vez que la raza existe en tanto se arraiga en un trozo de planeta», «pretende ser un ensayo de ideología aborigen» y «deberá extenderse, con idéntico fervor, por el circuito Sudperú-Bolivia-Argentina: todo lo que los Andes abarcan» (1972, 136-138). Para Valcárcel:

> El andinismo es el amor a la tierra [...] y el puro sentimiento de la naturaleza. Es la gloria del trabajo que todo lo vence. Es el derecho a la vida sosegada y sencilla. Es la obligación de hacer el bien, de partir el pan con el hermano. Es la comunidad en la riqueza y el

18. José Vasconcelos, *La raza cósmica*, Madrid, Aguilar, 1966, p. 63.

bienestar. Es la sana fraternidad de todos los hombres, sin desigualdades, sin injusticias.

El andinismo es la promesa de la moralidad colectiva y personal, la poderosa [...] reacción contra la podredumbre de todos los vicios que van perdiendo a nuestro país. Proclama el andinismo su vuelta a la pureza primitiva, al candor de las almas campesinas. Andinismo es agrarismo [1972, 112-113].

Como ya se vio en el prólogo de Mariátegui: «aquí no están precisamente los principios de la revolución que restituirá a la raza indígena su sitio en la historia nacional, aquí están sus mitos». Y ésta es la debilidad y la fuerza del primer planteamiento de Valcárcel sobre el problema indígena. Cuando quiere aterrizar y se pregunta «¿Qué programa tiene formulado la vanguardia del movimiento panindianista?», reconoce que «nosotros —que sin ser indios predicamos el quinto evangelio inkaista— tampoco lo sabemos. Algo se puede intuir», y alude a una cierta movilización general de los indios, que «proclamarán sus derechos, anudarán el hilo roto de su historia para restablecer las instituciones cardinales del Inkario», ante el bloque de mestizo-europeos «minúsculo e inerme», aunque todavía no se sabe «de qué grupo surgirá el Espartaco andino» o el Lenin de esta nueva revolución (1972, 133-134). En otro lugar Valcárcel se ha referido ya a la importancia de la educación, no tanto por su labor de alfabetización, cuanto por su posibilidad de despertar la conciencia social de los indios: «apóstoles trashumantes de las punas y los valles de la serranía [...] propagan la cultura. Nadie más convencido que ellos del resurgimiento de la Raza [...] Los misioneros de la cultura no predican la destrucción. Son, sobre todo, médicos espirituales. Curan a este enfermo de amnesia, que es el indio [...]; el mal de la raza es el olvido» (1972, 93-94). Finalmente, Valcárcel sostiene que el indio de Puno, aún con la ley electoral que restringe el voto a los analfabetos «puede elegir su diputado por inmensa mayoría, un diputado netamente indio» y que, siguiendo su ejemplo en otras provincias, «a la vuelta de veinte años, podría constituirse la Democracia India» (1972, 105-106).

De esta manera, Valcárcel hace el planteamiento más radical sobre el indio, no tanto por la radicalidad de sus métodos, que apenas esboza o los limita a un cierto moralismo reformista, cuanto por la radicalidad de su meta de construir la nacionalidad sobre el polo indígena del Cusco. Este planteamiento se cultivó en el Grupo Resurgimiento, que fue fundado en 1926 por abogados, periodistas, artistas y estudiantes cuzqueños para defender a los indios y promover el resurgimiento indígena. Los principales miembros del grupo fueron el mismo Valcárcel, Luis Felipe Aguilar, Félix Cosío y J. Uriel García, pero se invitó también a intelectuales de todo el país, como Mariátegui y Manuel Seoane. El grupo tuvo, en realidad, una acción muy limitada, por la heterogeneidad de sus componentes y la represión de que fue objeto, por lo que acabó por disolverse al poco tiempo.

Pero sirvió de catalizador de un momento importante del indigenismo peruano. La simple lectura de los ocho breves puntos de los estatutos del grupo muestra la orientación y las limitaciones de su labor indigenista: el grupo «amparará material y moralmente a los indígenas, a quienes considera como hermanos menores en desgracia» (n.º 1), «con abnegación se lanza en esta campaña, que despertará la resistencia y el encono de los intereses creados» (n.º 3), «hará extensivo a él [el indio] todos los privilegios y garantías de la vida en el seno de una sociedad culta» (n.º 7) y, finalmente, «mientras se define y concreta la ideología del Nuevo Indio que debe operar su transformación espiritual, enunciándolo y resolviendo el problema del Resurgimiento Indígena», el grupo empleará los siguientes medios inmediatos: defensa del indio ante los tribunales y la administración pública, fundar en Cusco una Casa del Indio, impulsar una cruzada contra el alcoholismo, movilizar maestros misioneros para alfabetizar a los indios, favorecer la fundación de escuelas rurales, de un internado indígena y de una escuela normal para maestros indígenas, organizar competencias para el renacimiento de las artes populares, publicar un periódico con dos ediciones: una para crear la nueva conciencia frente al problema indígena y otra para los indios mismos, que «sean un monitor de la cultura que queremos crear» y «vincularse dentro y fuera del país con los grupos similares antiesclavistas e igualitarios» (n.º 8).[19] Una prueba de la heterogeneidad del Grupo Resurgimiento se manifiesta en la publicación de José Uriel García (1887-1965) *El nuevo indio* (Cusco, 1930), donde su autor cuestiona la tesis de *Tempestad en los Andes*, de Valcárcel, por más que éste haya escrito en 1973, al prologar la tercera edición de la obra de García:

> Muchos creyeron que se trataba de un enfrentamiento entre Uriel y yo, pero nunca tuvo ese carácter. Fueron dos puntos de vista que caracterizaron a uno y otro libro. Mientras yo hablaba y presentaba a los indios de las comunidades y de los pueblos, Uriel ofrecía su creación

---

19. Aquézolo, *op. cit.*, pp. 55-57.

del nuevo indio. Yo entendía que el indio era uno solo, pero Uriel anticipóse en años a la aparición del «otro» indio, de este que vemos en Lima, que ha conquistado a las tres veces coronada villa, rodeándola en todas direcciones con sus llamados «Pueblos Jóvenes», que están demostrando su juventud y vigor únicos. Este gran deslizamiento de los serranos sobre Lima, la están transformando como si los indios estuviesen en su propio ayllu. Aquí celebran sus fiestas con cantos y danzas, tienen sus clubes y sus coliseos [1973, 18].

J. Uriel García, partiendo de que «nuestra época ya no puede ser la del resurgimiento de las "razas" que en la antigüedad crearon culturas originales», pues «ya hemos llegado a la época del dominio del Espíritu sobre la Raza», sostiene, en el mismo prólogo de su obra, que «el indio de hoy no es simplemente el indio histórico [...] Es todo hombre que vive en América, con las mismas raíces emotivas y espirituales que aquel que antiguamente lo cultivó [el territorio] [...] Y porque la sierra [...] es la región más india de la América india. E indios nos tornamos todos los que extendemos la mirada hacia el mundo desde sus eminencias» (1973, 5-8). Luego, en las tres partes de su obra, desmitifica el incanato, redefine al Nuevo Indio y revaloriza al mestizo, como parte importante de la nacionalidad. Es decir, contra la tesis de Valcárcel de que el Perú debía construirse sobre las ruinas del incanato, olvidando la pesadilla de la conquista y del virreinato, sostiene que la colonia marca al país y por tanto el Perú no puede construirse sin tener en cuenta también la herencia colonial.

Al desmitificar el incanato, García sostiene que hay que distinguir claramente la indianidad de la incanidad, pues «lo incaico es un momento de lo indiano» y «ha muerto para siempre», mientras que «lo indiano vivirá mientras los Andes estén erguidos y los llanos americanos tengan fuerza gremial y sean tenaces incentivos de emoción y de idealidad» (1973, 85). Además, para García, «en el cielo anterior a los inkas se crearon los más altos valores de la cultura, mientras que la originalidad ejemplar del Incanato es su obra política y social» (1973, 86).

Y este régimen no fue feliz, porque «el comunismo doméstico del ayllu se subordina a la organización feudal de los incas. Hay un régimen tributario que obliga a los pueblos a contribuciones cuantiosas de toda índole» (1973, 38). De manera que «no hay que tomar por inkaicos a nuestros indígenas actuales, así en sus costumbres, como en su arte, religión, etc. Si siguen en su pasado, no es precisamente en el pasado inkaico, que se deshizo por completo la conquista [...], sino están en el tiempo indiano, en lo primitivo».

Tampoco hay que oponer a la raza autóctona contra la mestiza o la blanca, «como si los mestizos y los blancos no pudieran asimismo hacerse aborígenes o autóctonos —de tierra— y ser aún más indianos que los indios» (1973, 88).

Así, el nuevo indio es más producto de la tierra y de la herencia social que de la herencia genética y comienza a moldearse en la conquista:

> La conquista es una catástrofe psicológica [...] Para el espíritu indiano autóctono fue un cambio de derrotero, fatal, imprevisto, forzoso; todo un momento de prueba. Pero, del mismo modo, para la cultura invasora. Del percance salió el invasor con su integridad mermada por el influjo de los elementos de capital importancia: la tierra y la tradición andinas, valores históricos ya constituidos en siglos de diálogo creador, de beligerancia mutua y, a la vez, de cordial simbiosis.
>
> La indianidad (no el inkanato) estremecida vira su destino por otras rutas sin darse por vencida. Halla otras ideas o formas de expresión en que proseguir esa su juvenil y poderosa voluntad del genio andino [...] Por su parte, la vieja civilización española —síntesis de elementos heterogéneos— recibe otra inyección más de sangre vernácula y pierde, al mismo tiempo, su integridad histórica [...] De ese modo, la conquista y su vástago, el «coloniaje», son episodios de una sola historia —la nuestra—, americana [1973, 96-97].

Al tratar «las nuevas formas de expresión del genio andino», García desarrolla ampliamente la religión y el arte y termina poniendo como ejemplos de los «nuevos indios» al inca Garcilaso, al cura Juan Espinosa Medrano, «El Lunarejo», y a Túpac Amaru II.

En la tercera parte, Uriel García se refiere al mestizo actual como integrante del conjunto de los nuevos indios. Estudia primero la vida de la aldea: el «pueblo mestizo, ese "poblacho mestizo" que despectivamente denigran los incomprensivos de la verdadera nacionalidad, es el que, a pesar de todo, forma el alma de nuestros pueblos y nutre de emoción nuestro sentimiento de americanos» (1973, 169); luego analiza otros símbolos del mestizaje, como la chichería («caverna de la nacionalidad»), el traje, especialmente el «poncho», la «chola» y la ciudad del Cusco. Hay en esta tercera parte una clara refutación de las ideas de Valcárcel.

Aunque en la segunda edición (1937) García hace algunas rectificaciones, queda en pie su tesis del «nuevo indio». Para él,

> El sentido más amplio de la indianidad es aquel que comprende a todos los hombres ligados a la tierra por vínculos afectivos, sin

que sea preciso tener el pigmento broncíneo, ni el cabello grueso y lacio. Por eso, el sujeto de la acción futura no será precisa ni únicamente el «indio» antiguo, menos ese ridículo «nuevo indio», que ha domado el cabello cerril, que es elector político o misionero evangelista. Su único papel a través de la historia fue ser fragmento de la masa [...] Pues los hombres adalides, los que dirigen y encauzan la cultura, son el artista, el pensador y el héroe; pueden ser todos aquellos que extraigan de su emoción telúrica —que es contacto con el panorama físico, así como con la masa popular—, de su herencia tradicional y de su propia alma, algo nuevo que acrecienta el valor de América, no sólo en su significación nacional, sino también universal, porque América ya no está para crear culturas localistas y esotéricas, aisladas entre barreras de montañas [1973, 90].

Tal planteamiento se acercaba, en realidad, a la necesidad de incorporar al indio a la cultura nacional, que el mismo Valcárcel va a defender en la década de los cuarenta.

4.2. *Del indigenismo científico a la «Historia del Perú antiguo»*

En su trabajo sobre «Indigenismo en el Perú», Valcárcel escribe:

Ha entrado el Perú en una nueva etapa en su política indigenista. Concurren a la iniciación de este período, que se caracteriza por realizaciones, el Estado, los servicios y agencias de ayuda técnica internacional y los institutos especializados, con el consciente apoyo de los directamente beneficiados, los pueblos campesinos.
Han influido poderosamente en el cambio de orientación los estudios de antropología social, que han enfocado el asunto no en el terreno abstracto («el problema indígena»), sino en el de las soluciones concretas —allí y ahora—. Se han realizado investigaciones [...] Se está enmendando el error de aplicar la ayuda técnica a ciegas, sin el auxilio del antropólogo [...] y hoy tenemos, al servicio de los principales proyectos, a jóvenes egresados del Instituto de Etnología de la Universidad Mayor de San Marcos.[20]

En realidad, este indigenismo de «realizaciones» y con la orientación de la antropología científica fue, en gran parte, obra

---

20. En *Estudios sobre la cultura actual en el Perú*, Lima, Universidad Nacional Mayor de San Marcos, 1964, p. 9. Para analizar el indigenismo surandino, del que el Valcárcel cusqueño es sin duda un buen representante, son muy útiles los libros de José Tamayo Herrera, *Historia del indigenismo cusqueño (siglos XVI-XX)*, Lima, Instituto Nacional de Cultura, 1980, e *Historia social e indigenismo en el Altiplano*, Lima, Ediciones Treintaitrés, 1982.

de Valcárcel, que se alejaba de «las generalizaciones, los utopismos y las panaceas».[21] Ese alejamiento puede ser resultado de la evolución personal, propia de la madurez, pero es también fruto de la variación del contexto social: a raíz de la segunda guerra mundial se inicia una etapa desarrollista y modernizadora que busca integrar las poblaciones marginales e incorporarlas al mercado nacional. Al mismo tiempo, la antropología cultural norteamericana se orienta hacia los estudios de aculturación: la Universidad de Cornell inicia en 1947 un Programa de Estudios en Cultura y Ciencia aplicada, sobre el «impacto de la tecnología moderna en regiones no desarrolladas» de siete países, uno de los cuales será Perú, en Vicos, y dicho estudio será el primer germen del Programa Perú-Cornell de 1951.

En noviembre de 1945, el ministro de Educación del Perú, Valcárcel, y su colega boliviano se reúnen en Arequipa para poner en marcha un proyecto conjunto de educación indígena en la región del Titicaca, considerada como unidad cultural. Por la declaración conjunta queda claro que «el problema indígena es un problema del Estado de carácter social-económico, sanitario, vial, educacional, jurídico» y que «el indio no debe ser incorporado a la vida civilizada [...], sino que es la civilización occidental la que debe incorporarse a la vida de este grupo humano, que ha contribuido con brillo a la cultura universal». También se determina que «la educación que impartan dichas escuelas será fundamentalmente agropecuaria», «sin distinción de edad, sexo, ni condición social», orientada a «arraigar al campesino en su medio ambiente en evolución» y que «debe extenderse hasta el hogar campesino con el fin de conseguir el mejoramiento en todos los aspectos de la vida».[22] Como parte de este proyecto, se organizan cursos de sanidad rural, de agricultura y de industrias caseras rurales para maestros de ambos países, se inicia la alfabetización en lengua aymara y se estructura el sistema escolar campesino en unidades geosociales (cuenca del Titicaca, valle del Urubamba, etc.). Cada unidad cuenta con una escuela principal o núcleo, con todos los grados de primaria y una serie de servicios complementarios (parcela de tierra, herramientas y semillas, con un técnico agropecuario, técnico para campañas de salud, supervisor para campañas de alfabetización de adultos, etc.) y un conjunto de hasta 20 escuelas comunales, de primaria incompleta, que son supervigiladas por el

21. *Ibíd.*, p. 12.
22. En *Perú Indígena* (Lima, Instituto Indigenista Peruano), 1 (1948), pp. 24-25.

núcleo y al cual envían cada día, en una movilidad que viene desde el núcleo, a los alumnos que deseen terminar la primaria.

En febrero de 1947 se instala el Instituto Indigenista Peruano, «para estudiar los problemas relativos a la población indígena en cooperación con el Instituto Indigenista Interamericano»,[23] siendo Valcárcel su primer director, y miembros, otros ilustres indigenistas como José A. Escalante, Julio C. Tello, Carlos Monge, José A. Encinas, J. Uriel García, Emilio Romero, Jorge A. Lira y Atilio Sivirichi. Desafortunadamente el Instituto tuvo una organización excesivamente académica y burocrática, y nunca dispuso de suficientes recursos para desarrollar una verdadera promoción de la población indígena, como su similar de México.[24]

Aunque Valcárcel, en su etapa limeña, se alejó de la utopía de *Tempestad en los Andes* y de la necesidad de curar la «amnesia colectiva» para lograr el resurgimiento de la raza, siguió pensando que hay que conocer a «nuestros antepasados precolombinos, a quienes somos deudores de la tierra cultivada, del alimento indígena, del camino, del espacio urbanizado, del hombre con disciplina de trabajo, de la sociedad adaptada a su medio, de su habilidad artística, del paciente esfuerzo, de la resignada espera» (1964, I, 20). Por eso, después de dedicar más de medio siglo al estudio de los cronistas, hace una larga enumeración de los aportes del Perú antiguo a la cultura universal (1964, I, 103-107) y deduce no sólo «la esplendidez de los tejidos de Paracas, la belleza de la cerámica nasquense o mochica, la deslumbrante orfebrería chimú», sino también «que está probado de manera absoluta que el estado imperial de los incas fue la gran empresa para el bienestar universal

---

23. *Ibíd.*, pp. 18-20.
24. Héctor Martínez y Carlos Samaniego, en su trabajo «La política indigenista», en *Campesinado e indigenismo en América Latina* (Lima, Celats, 1978, p. 157), han escrito sobre la labor desempeñada por el Instituto: «En concreto su labor, en el período 1947-66 se reduciría a la esporádica publicación de *Perú Indígena*, a la realización de algunos estudios de comunidades y haciendas, a la formación de su biblioteca, mediante canjes principalmente, y a su reducida participación en sus proyectos de Vicos y Puno. Es recién a partir de 1966, hasta su extinción en 1969, en que realmente puede disponer de recursos suficientes, provenientes del Proyecto de Desarrollo e Integración de la Población Indígena, lo que le permitió conformar sendos equipos de investigación, compuestos cada uno por dos antropólogos, un agrónomo, una asistente social y asistente administrativo [...], [que] se volcarían en seis de las siete zonas de acción conjunta del Proyecto [...] La irrupción del actual gobierno [...] truncaría las investigaciones iniciadas [...]; sus cuadros serían totalmente dispersados [en la Dirección de Comunidades Campesinas], por considerar su director, paradójicamente un antropólogo, que los estudios estaban de más y que se tenían los suficientes conocimientos y que había llegado la hora de actuar».

[...], al haber logrado la erradicación total del hambre y de la miseria» (1964, I, 108-109).

La obra es, actualmente, el mejor manual de etnohistoria andina. Es una síntesis de los escritos de más de cien cronistas de los siglos XVI-XVIII, tanto españoles como americanos, quienes tuvieron un especial interés en describir los sistemas político y religioso. En esta síntesis no falta «ningún autor importante» y, por supuesto, están recogidos todos los nombres que hablan del mundo andino en esta historia del pensamiento antropológico. La obra está precedida de una amplia introducción, donde Valcárcel hace un resumen interpretativo del universo cultural peruano, a partir de su teoría de los doce órdenes de la actividad cultural (economía, política, derecho, moral, ciencia, técnica, religión, magia, mito, juego, concepción del mundo y arte) y de los dos instrumentos de la cultura (lenguaje y educación). El trabajo de la obra misma ha consistido en una ordenación y resumen de cada cronista, citando con mucha frecuencia las palabras textuales entre comillas, pero sin hacer la cita correspondiente, lo cual hace difícil un trabajo crítico.

5. Otros autores y programas indigenistas

Como en el capítulo dedicado al indigenismo mexicano moderno, quiero recoger ahora algunos nombres y programas indigenistas del Perú que han jugado un papel importante, pero no decisivo, en este período, para completar así nuestra visión panorámica.

5.1. *Víctor Andrés Belaúnde (1883-1966)*

Arequipeño, profesor universitario y ministro plenipotenciario, tiene que abandonar el país durante una década (1921-1930), desterrado por el gobierno de Leguía; participa en la Asamblea Constituyente de 1931-1933, se dedica a la cátedra universitaria en San Marcos y la Católica y es representante del Gobierno peruano en las Naciones Unidas desde 1948 hasta su muerte. Sus principales obras sobre el problema nacional, donde expone su visión del problema indígena, son: *Meditaciones peruanas* (1917), *La realidad nacional* (1931) y *Peruanidad* (1942); de todas ellas hace varias ediciones con cambios en el número de trabajos recogidos. Ideológica y políticamente era social-cristiano. En esta historia merece destacarse su postura frente al problema del indio de su tiempo y frente a la cristianización indígena.

El primer punto lo desarrolla, sobre todo, en *La realidad nacional*, cuya primera parte es una respuesta a los *Siete ensayos* de Mariátegui y se publica por primera vez en *El Mercurio Peruano* (1920-1930): «La distancia ideológica que me separa del autor [...] —escribe— y la evidente injusticia con que trata a la generación a que pertenezco, impone de mi parte, al estudiar sus *Ensayos*, un deber de mayor imparcialidad. Deber fácil en este caso. Tengo el espíritu abierto a la admiración, y la despiertan sinceramente el talento y la obra de Mariátegui» (1930, 17). Además reconoce que «era útil aplicar a la realidad peruana el criterio del materialismo histórico», al que considera «verdadero por lo que afirma y falso por lo que niega» (1931, 18). Sobre el problema del indio dice: «El mérito principal de los *Ensayos* [...] es haber dado el primer lugar, en la sociología nacional, al problema del indio y el haber afirmado que su nuevo planteamiento supone el problema de la tierra» (1931, 27-28), postura que Belaúnde confiesa haber sostenido, no obstante «la gratuita afirmación de Mariátegui, de estar yo vinculado por educación y temperamento a la casta feudal del Perú»; por eso en su comentario Belaúnde hace una «digresión de orden personal» para referirse a una serie de ocasiones en que analizó y criticó la situación del indio. Por ejemplo, en su discurso «La cuestión social en Arequipa» (1915), reproducido en *Meditaciones peruanas*, dice:

> No ha desaparecido la colonia. Alguna vez dije que todos tenemos almas de encomenderos y de corregidores. La ficción de que el indio podía ser propietario individual nos llevó a la abolición de las comunidades. Faltas éstas de personalidad jurídica y de defensa por el Estado, han ido perdiendo sus terrenos. El enganche ha sustituido a la mita; por último, se mantiene la adscripción del indio al suelo y una forma de servidumbre, que nos lleva por analogía al pleno medioevo [...].
>
> Necesitamos, además, una legislación tutelar. En eso también somos inferiores a la colonia. Necesitamos instituciones oficiales, que se dediquen al estudio de la cuestión indígena de un modo exclusivo [...] ¿Hay siquiera una oficina indígena? El más grave de los problemas del Perú, asombra decirlo, no tiene un organismo oficial que lo plantee y que lo estudie.
>
> Debemos recordar que aquella raza produjo sucesivamente dos civilizaciones prodigiosas, que han salvado el prestigio del hemisferio austral en la historia del progreso; debemos recordar que ello contribuyó tanto como la española a la civilización de la colonia, porque fueron sus brazos los que levantaron los monumentos [...], sacaron el oro de las minas o hicieron producir la tierra [...]; debemos recordar que no escatimó prestar su concurso de sangre en las

guerras de la independencia [...], contribuyendo a formar una patria que desgraciadamente no ha sido para ella madre [...].

No es exageración decir que, suprimido el indígena, quedarán eriazos nuestros campos, desiertas nuestras minas [...], extinguida la nacionalidad [1933, 129-131].

Volviendo al comentario del ensayo de Mariátegui, Belaúnde sostiene con el amauta que el «fraccionamiento de los latifundios para crear la pequeña propiedad no es una solución bolchevique», pero, por «realismo esencialmente relativista», no cree en una «solución única» y juzga que para «el indio transformado en el ambiente de los grandes centros mineros o agrícolas y que ha adquirido así la psicología individualista, la solución será la pequeña propiedad; para la masa indígena, adherida a las comunidades, la solución será la defensa, vitalización y modernización de éstas» (921, 36). Y al comentar el ensayo sobre el «problema de la tierra», distingue entre «el proceso histórico, la situación presente y la solución». Sobre los dos primeros puntos hace una serie de rectificaciones y matizaciones a Mariátegui y sobre el tercero presenta una alternativa:

> Todas estas conclusiones conducen lógicamente a un programa realista, sin utopías y sin dogmatismo, que suscribirían muchos que no son comunistas: protección y vitalización de las comunidades, expropiación del latifundio improductivo o retardado, conversión del yanacón o aparcero en propietario, defensa y extensión de la pequeña propiedad, constitución de un banco agrícola para los fines anteriores y para sustituir la habilitación extranjera, gravar el ausentismo, aplicar rigurosamente las leyes de protección obrera, fijar una proporción al capital nacional en toda empresa, establecimiento de parroquias conventuales y escuelas misionarias, y culminando todo este sistema y como clave de él, sustitución del parlamento pseudodemo-liberal, por la representación de todos los organismos vivos en los que el trabajo tendría una gran mayoría [1931, 49].

Tal alternativa se inscribe en la perspectiva del socialcristianismo de su tiempo con la implementación de una serie de medidas de política agraria (fortalecimiento de la pequeña propiedad y de la propiedad comunal, reforma agraria moderada, apoyo crediticio, limitaciones legales a la explotación capitalista, etc.), junto con una mejor formación del indio, por una mayor atención religiosa y educativa, y, sobre todo, con la transformación del Estado.

Paso ahora a presentar la postura de Belaúnde sobre la cristianización del indio. No hay que olvidar que, debajo de este debate, está el de la creación de una cultura nueva o de un «nuevo indio», como se vio en J. Uriel García. Belaúnde, en su comentario al ensayo sobre «el problema religioso», hace una serie de críticas y rechaza la tesis de Mariátegui: «Viendo en el catolicismo sólo la liturgia y no el espíritu, es explicable que Mariátegui sostenga que la obra misionera no transformó el alma religiosa del indio y que el culto católico simplemente se yuxtapuso al fetichismo primitivo», para sostener «la penetración del espíritu católico en las masas indígenas» y concluir: «subsiste el ayllu y continúan las "corveas" en el peonaje y enganche: sólo los dioses se han ido definitivamente. De un modo obscuro, imperfecto, impreciso, si se quiere, ha triunfado el cristianismo» (1931, 123-125).

En su obra *Peruanidad*, Belaúnde explora toda la evolución religiosa del aborigen peruano. Dice que el Tawantinsuyo no logró una verdadera unidad religiosa, por el carácter sincrético de la política religiosa de los incas, que no pretendían que el culto solar reemplazara al de las huacas locales, sino que se limitaban a sobreponerlo al culto regional y a trasladar las principales huacas o ídolos al Coricancha, que se convirtió así en un «panteón», en el sentido griego del término. Pero:

> El vínculo del culto solar y del emperador como hijo del Sol desapareció prácticamente al desaparecer el Incario y quedaron los cultos idólatricos tribales en su profusa multiplicidad. Este hecho tiene una inmensa importancia desde el punto de vista de la cultura. La conciencia nacional depende de la existencia de una verdadera comunidad espiritual, que no se concibe sin una unidad religiosa integral y efectiva. Como ésta no existió prácticamente para las tribus del Imperio Incaico, es evidente que dichas tribus no llegaron a tener sino el vínculo de la unidad política, o sea de la estructura social. Desaparecido el núcleo director, debería producirse la desintegración. Ello implica la rapidez de la conquista con que el régimen incaico fue sustituido por el régimen español [1965, 179-180].

En cuanto a la época colonial, Belaúnde, después de narrar brevemente la primera evangelización y las campañas de extirpación de la idolatría, se pregunta «si el catolicismo indígena fue una realidad o simplemente un barniz, que cubría la efectiva infidelidad y la idolatría o, por lo menos, la ignorancia y la indiferencia respecto de la religión que se les había enseñado», y responde que «hay que ver la transformación religiosa [de los indios] en los aspectos psicológicos y ambientales y no simplemente con el criterio de la estricta pureza dogmática y teológica y de una moralidad muy exigente», pero «sin ignorar, ni mucho menos disimular, las sombras en el cuadro de la evangelización del Perú» (1965, 232-233). Al enumerar los cambios religiosos en el ambiente o panorama social peruano, Belaúnde alude a la aparición de los templos, como hogares religiosos, y de las cruces, a la regulación de la actividad del grupo por la liturgia, a la celebración de las fiestas, a la prolongación del grupo familiar en la cofradía y la espiritualización del culto. Al descubrir los cambios de la psicología religiosa indígena Belaúnde afirma que el culto al Sol, a la Pachamana y al mismo Dios creador por parte de la elite incaica estaban dominados, como se ve en las plegarias recogidas por Molina, por el culto a las huacas, que absorbía plenamente el sentimiento religioso de las muchedumbres indígenas, pero que «los misioneros españoles lograron, en su aproximación al indígena, lo que no pudieron conseguir los amautas y villacumus, que la idea de un Dios paternal se extendiera a los indígenas más retrasados» (1965, 237). Al concretar más la naturaleza de esa transformación religiosa del indígena, Belaúnde escribe: «En síntesis, ambiental y psicológicamente, se realizó, en medio de imperfecciones, abusos y errores, una definitiva transformación espiritual del Perú. El culto de la Eucaristía reemplazó el culto solar. La devoción a María surge en la tierra americana con la modalidad típica de los santuarios autóctonos. Las Iglesias han sustituido a las huacas. La liturgia católica se ha apoderado del alma indígena» (1965, 241). Y esta transformación espiritual del indígena es importante, no sólo desde el punto de vista religioso, sino desde el punto de vista político y cultural, porque para Belaúnde, «en esta vinculación espiritual estriba el secreto de eso que se llama, quizás imperfectamente, la conciencia nacional. Ella se plasma en el amor a la tierra y se alimenta del recuerdo de las tradiciones comunes y del aliento de las mismas esperanzas, pero la fuerza íntima, el secreto supremo de esta comunidad radica en el sentimiento religioso» (1965, 255).

Aunque no se esté de acuerdo con ciertas equivalencias funcionales (por ejemplo, la sustitución del culto solar por la Eucaristía), es innegable que el análisis de Belaúnde es más rico que el de Mariátegui y que explica mejor la transformación religiosa del indio. Otros historiadores y científicos sociales, aunque no compartan todo el análisis de Belaúnde, llegan a la misma conclusión, que también es confirmada por la moderna etnografía religiosa andina.[25]

25. George Kubler, «The Quechua in the Colonial Worl», en Steward, *Handbook of South American Indians*, Washington, 1963, p. 400; Fernando de Armas Medina,

5.2. Víctor Raúl Haya de la Torre (1895-1979)

Trujillano, estudia filosofía y letras y derecho en la universidad de su ciudad natal y luego en la de San Marcos de Lima, aunque no llegó a graduarse debido a su participación activa en la política estudiantil. En 1923 fue deportado por Leguía. Durante su largo exilio de ocho años, Haya funda el APRA (Alianza Popular Revolucionaria Americana) en 1924 en México y es secretario de José Vasconcelos, viaja a Rusia para conocer de cerca su revolución, estudia en Inglaterra política y antropología, matriculándose en la London School of Economics y en la Universidad de Oxford con Evans-Pritchard, y recorre los países de Centroamérica en campaña contra el imperialismo yanqui. Desde el exilio Haya colabora con Mariátegui en la revista *Amauta*, pero acaba rompiendo con él por diferencias en la estrategia de la lucha popular. En 1930 se funda en Lima el Partido Aprista Peruano, que lanza la candidatura presidencial de Haya. Desde ese lanzamiento hasta la muerte de Haya, poco después de firmar en su lecho la Constitución de 1979 como presidente de la Asamblea Constituyente, transcurre casi medio siglo de política peruana, en que Víctor Raúl juega un papel importante, aunque nunca llega al palacio del Gobierno. Durante ese período, Haya vuelve a ser en tres ocasiones candidato a la presidencia, sufre prisiones y destierros, vive aislado cinco años en la Embajada de Colombia en Lima y se dedica a escribir y dirigir su partido, que se convierte en el partido mejor organizado del Perú.

En las *Obras completas* (7 vols., Lima, Juan Mejía Baca, 1976), hay una serie de referencias al problema indígena como parte del problema nacional, pero la exposición más sistemática de su pensamiento indigenista se encuentra en un breve ensayo, remitido en 1927 desde el destierro con ocasión de la formación del Grupo Resurgimiento, que se publicó por vez primera en las *Obras completas*. Las principales ideas de Haya al respecto son:

a) El problema del indio no es racial, sino socio-económico:

> Nuestro indigenismo no es el simplista sentimental concepto racial que, ante la estúpida afirmación burguesa de la inferioridad de razas, opone en un amargo grito de revancha la afirmación contra-

Cristianización del Perú (1532-1600), Sevilla, Escuela de Estudios Hispanoamericanos, 1953, pp. 596-597; Rubén Vargas Ugarte, *Historia de la Iglesia en el Perú*, t. II, Burgos, 1959, p. 240; Manuel Marzal, «Una hipótesis sobre la aculturación religiosa andina», *Revista de la Universidad Católica* (Lima), 2 (1977), p. 116.

ria de que toda raza de color es superior a la blanca. Para quienes tenemos una concepción marxista o aun para los estudiantes de antropología moderna, resulta ridículo proclamar la superioridad de los blancos de los de color, como éstos sobre aquéllos. Nosotros concebimos el problema económicamente, clasísticamente. Nosotros sabemos que las superioridades raciales son, en realidad, superioridades de orden económico [1976, I, 183].

Por eso, «no es el color lo que limita el problema. Indios por sangre hay, desde Felipillo el traidor, que son verdugos de sus hermanos de raza»; además, hay «a veces gamonales de raza india, verdugos implacables [...] de los siervos, aplicándoles el Huallpacaldo y maldiciéndolos en quechua» y «nadie ha ayudado más al civilismo latifundista en su política de centralización y succión nacional que el gamonal serrano» (1976, I, 183).

b) El problema del indio es, como ya ha dicho Valcárcel, un problema internacional de toda Indoamérica, donde el 75 % de su población es indígena. «Lo internacional del problema está, pues, en que no es un problema regional, sino un problema de clase. Es el indio explotado desde México [...] hasta la Argentina por el hacendado [...], por el señor feudal que importó España.» En el Perú hay, además, desde la conquista, un conflicto permanente entre el latifundio y la comunidad; la «comunidad representa la nación, es la tradición social del Perú, es la vértebra de una organización que perdió el poder político que le arrebató el latifundio»; el latifundio «es lo extranjero», «tuvo el poder político durante el coloniaje y lo retiene en la república», «se ha formado a expensas de la comunidad» y sostiene la débil burguesía nacional de un país apenas industrializado (1976, I, 184-186).

c) El problema indígena «no se puede apartar del imperialismo», en su política de penetración económica en busca de materias primas, mercados y mano de obra barata, formada por gente de color a quien se considera inferior y así se justifica moralmente su explotación; el imperialismo trae «un nuevo y grandísimo peligro para nuestros indígenas: la alianza del gamonal nacional con el invasor económico extranjero apuntala el poder de la clase dominante y pesa doblemente sobre nuestros trabajadores». Por eso hay que resolver el problema indígena dentro del «gran problema general que plantea el imperialismo», y los «indios de toda América tienen un puesto» en el APRA (1976, I, 188-191).

d) Aunque, para Haya, el imperio de los incas desarrolló «concepciones políticas y sociales realmente extraordinarias [...], sin paralelo en su época y en todos los estadios correspondientes de progreso de cualquier otro pueblo del mundo» y «estuvo más cerca de los ideales de las doctrinas socialistas que ningún otro país del mundo», no se limita a resucitar el Tawantinsuyo y presenta la alternativa cooperativista:

> No es que pretendamos una regresión a las formas avanzadas de su tiempo, pero primitivas hoy, de comunismo incaico, para resucitarlo hoy. Pero la lucha de cuatrocientos años de la comunidad incásica constituye la base de la restauración económica nacional. La reorganización de nuestra economía desquiciada, la gran cooperativa agrícola de producción que debe ser el Perú no podrán establecerse sino sobre las bases de la maravillosa organización económica incásica, modernizada, dotada de todos los elementos de la técnica contemporánea y resguardada por el Estado, no ya de los latifundistas, sino de los productores [1976, I, 185-187].

Como se ve, Haya de la Torre comparte muchas de las ideas de Belaúnde y de Mariátegui; éste lo reconoce en una nota de los *Siete Ensayos*: «Escrito este trabajo, encuentro en el libro de Haya de la Torre, *Por la emancipación de América Latina*, conceptos que coinciden absolutamente con los míos, sobre la cuestión agraria en general y sobre la comunidad indígena en particular» (1967, 72). Sin embargo, Haya no fue mucho más lejos; no llega a plantear el problema de la población indígena como una nacionalidad oprimida, en la línea de la perspectiva marxista de Lombardo Toledano, como tampoco lo hace Mariátegui, y además su estrategia de formar un frente de todas las cosas explotadas hizo que se pasara a segundo plano la explotación de los indios por los mestizos. «El programa de acción inmediata» (1931) del Primer Congreso Nacional del Partido Aprista Peruano expone así su política indigenista:

> Incorporaremos al indio a la vida del país. Legislaremos en pro de la conservación y modernización de la comunidad indígena. Protegeremos también a la pequeña propiedad. Fomentaremos el arte indígena. Estableceremos las causales específicas que determinen la revisión de los pactos y contratos, celebrados por los indígenas y los terratenientes. Respetaremos las peculiaridades de cada región indígena, dentro del plan general y rumbo unificador de la educación. Formaremos maestros indígenas. Estableceremos la escuela rural indígena. Educaremos al indio usando su propio idioma, además del castellano. Introduciremos el cooperativismo agrario entre los propietarios indígenas de tierras. Emprenderemos una enérgica campaña contra el abuso del alcohol y de la coca. Crearemos el Hogar Agrícola Indígena [1976, V, 23-24].

Nuevos elementos del problema se plantean en el capítulo de cuestiones agrarias (por ejemplo, se plantea una reforma agraria bastante moderada), pero, de todos modos, el indigenismo del APRA, a pesar del análisis lúcido del «joven Haya», no fue mucho más lejos y el indio como tal ha estado bastante ausente en los sucesivos planes del partido.

5.3. *José María Arguedas (1911-1969)*

Representa, en el indigenismo peruano moderno, algo similar a la voz de los mestizos del indigenismo colonial. Con razón Arguedas, al recibir un año antes de su muerte el Premio Inca Garcilaso, dijo:

> Acepto con regocijo el premio Inca Garcilaso de la Vega, porque siento que representa el reconocimiento a una obra que pretendió difundir y contagiar en el ánimo de los lectores el arte de un individuo quechua moderno que, gracias a la conciencia que tenía del valor de su cultura, pudo ampliarla y enriquecerla con el conocimiento, la asimilación del arte creado por otros pueblos, que dispusieron de medios más vastos para expresarse [...].
> No tuve más ambición que la de volcar, en la corriente de la sabiduría y el arte del Perú criollo, el caudal del arte y la sabiduría de un pueblo al que se consideraba degenerado, debilitado o «extraño» e «impenetrable», pero que, en realidad, no era sino lo que llega a ser un gran pueblo, oprimido por el desprecio social, la dominación política y la explotación económica en el propio suelo donde realizó hazañas por las que la historia lo consideró un gran pueblo [...] Dentro del muro aislante y opresor, el pueblo quechua, bastante arcaizado y defendiéndose con el disimulo, seguía concibiendo ideas, creando cantos y mitos [...] Contagiado para siempre de los cantos y los mitos [...], yo no soy un aculturado; yo soy un peruano que orgullosamente, como un demonio feliz habla en cristiano y en indio, en español y en quechua. Deseaba convertir esa realidad en lenguaje artístico y tal parece, según cierto consenso más o menos general, que lo he conseguido. Por eso recibo el premio Inca Garcilaso de la Vega con regocijo.[26]

Natural de Andahuaylas, pasó su infancia en diferentes pueblos de la sierra sur, donde su padre ejercía como abogado, llegando a identificarse plenamente con el mundo cultural andino, hasta el

---

26. Publicado como apéndice en *El zorro de arriba y el zorro de abajo*, Buenos Aires, Losada, 1977, pp. 296-297.

punto que, según su propia confesión, «cinco años luché para desgarrar los quechismos y convertir el castellano literario en el instrumento único».[27] Ingresa en San Marcos, donde acepta el socialismo de Mariátegui, e inicia su carrera de escritor con el libro de cuentos *Agua* (1935). Trabaja en la Sección de Folklore del Ministerio de Educación, en el Museo de la Cultura Peruana y llega a ser director de la Casa de la Cultura, al mismo tiempo que publica sus grandes novelas, *Yawar Fiesta* (1941), *Los ríos profundos* (1958) y *Todas las sangres* (1964). En 1963 se recibe como doctor en antropología en la Universidad de San Marcos con una tesis sobre *Las comunidades de España y del Perú* (1968), dedicándose a la docencia en dicha universidad y en la Universidad Agraria La Molina hasta su trágica muerte. Su última novela, *El zorro de arriba y el zorro de abajo* (1971), se publicó póstumamente. Entre sus trabajos etnológicos hay que enumerar, además de su tesis, la traducción de Ávila publicada como *Dioses y hombres en Huarochirí* (1966) y un conjunto de artículos y monografías de los que Ángel Rama ha hecho una selección en *Formación de la cultura nacional indoamericana* (1975).

Arguedas estudia lo andino con una doble perspectiva, la humanística, de sus cuentos y novelas, y la antropológica, de sus investigaciones y ensayos etnológicos y folklóricos. Aunque estas dos perspectivas no son totalmente opuestas, por ser la antropología la más humanista de las ciencias sociales, y aunque dichas perspectivas pudieron tener en Arguedas el privilegiado promotor del acercamiento metodológico, es cierto que tal acercamiento no llegó a realizarse y que, como observa Ángel Rama, «el novelista Arguedas ha opacado, hasta casi hacerlo desaparecer, al etnólogo Arguedas».[28] Sin embargo, en esta historia interesa sobre todo el segundo. Arguedas influido por Mariátegui y Valcárcel, que dominaban el indigenismo peruano cuando el joven apurimeño llegó a los claustros de San Marcos, inicia su análisis de la realidad andina con el esquema dualista indios-blancos y con el desprecio hacia los mestizos, pero, poco a poco, va a defender un mestizaje sin la pérdida de los valores indígenas, lo cual era reflejo de su propia experiencia personal.

Ya en su trabajo *El complejo cultural del Perú* (1952) rebate la «corriente pesimista acerca del mestizo» representada por Valcár-

---

27. Juan Larco (ed.), *Recopilación de textos sobre José María Arguedas*, La Habana, Casa de Las Américas, 1976, p. 403.
28. Ángel Rama (ed.), *Formación de la cultura nacional indoamericana*, México, Siglo XXI, 1975, p. IX.

cel, para quien el mestizo «no ha cristalizado, no ha podido cuajar sino apenas como borroso elemento de la clase media» y «padece la doble tragedia de dos almas irreconciliables y el doble rechazo de los de arriba y los de abajo», pues piensa que todos los que conocen bien la sierra «saben por propia experiencia que el mestizo no representa sólo un borroso elemento de la clase media, sino la mayoría y, en algunos casos, como el de los pueblos del valle del Alto Mantaro, la totalidad de la población» y juzga que «el mestizo es el hombre más debatido del Perú y el menos estudiado», por lo cual su estudio «es uno de los más importantes de los que la antropología está obligada a emprender en el Perú» (1975, 2-3). En otro trabajo, *La sierra en el proceso de la cultura peruana* (1953), apunta que el caso del Mantaro, aunque sea todavía una excepción en el Perú, servirá «para el estudio del posible proceso de fusión armoniosa de las dos culturas [...], fusión posible, puesto que en esta región se ha realizado», y que, sin dicho caso del Mantaro, «nuestra visión del Perú sería aún amarga y pesimista» (1975, 12). Este tema del mestizaje del Mantaro lo amplía en su trabajo *Evolución de las comunidades indígenas* (1957), donde presenta el Mantaro y la ciudad de Huancayo como «caso de fusión de culturas no comprometidas por la acción de las instituciones de origen colonial». Como muestra de su tesis, transcribo este párrafo:

El mestizo y el indio, o el hombre de abolengo de provincias, que llega a esta ciudad, no se encuentra en conflicto con ella; porque la masa indígena que allí acude o vive es autóctona en el fondo y no en lo exótico de los signos externos; y está, además, movida por el impulso de la actividad, del negocio, del espíritu moderno, que trasciende y estimula [...] Y el mestizo o el indio, encontrará barrios formados por individuos pertenecientes a todos los grados de cultura y condición económica y social. Pasará desapercibido en la ciudad hasta cuando lo desee; pero podrá también abrigarse en gentes oriundos de su propio distrito o hacienda, entre gentes de la misma habla, de idéntico *status*, movidos exactamente por los mismos propósitos, arrojados a la ciudad por causas semejantes. Y llegada la oportunidad revivirá en la ciudad, sin vergüenza y públicamente las fiestas de su pueblo, y podrá bailar en las calles a la usanza de su ayllu nativo o sumarse a las fiestas y bailes indígenas de la propia ciudad, pues no será extraño a ellas. Y será ciudadano, aun a la manera todavía ínfima, pero real, de los barredores municipales que chacchan coca, y conversan en quechua, a la madrugada, tendidos en las aceras de las calles; pero con la seguridad de que han de recibir un salario, que les permitirá, si lo deciden, entrar al restaurante El Olímpico, y sentarse a la mesa, cerca o al lado de un alto funcionario oficial, de un agente viajero o del propio prefecto del departamento, y libres, en todo momento, del temor de que alguien blanda un látigo sobre sus cabezas [1975, 139].

Arguedas explica «esta integración pacífica de las castas y culturas en el valle del Mantaro» (1975, 87) por una serie de factores: características culturales de los huancas y su alianza con los españoles, ausencia del latifundismo, desarrollo de Huancayo como «capital industrial y foco de difusión y resistencia de la cultura mestiza», etc., y hace un estudio histórico-cultural, que por aquel entonces dominaba la aún incipiente antropología académica peruana. Pero, como los marcos teóricos de la aculturación inventados por la antropología cultural son insuficientes para explicar de modo adecuado el mestizaje cultural, Arguedas avanza poco por esta vía para explicar a un mestizo, al que presenta y presiente en toda su riqueza y ambivalencia en sus novelas (por ejemplo, el indio mestizado Demetrio Rondón Willka de *Todas las sangres*).

Otro aporte al estudio del mestizaje lo hace en su tesis doctoral, al comparar las comunidades españolas de Bermillo y La Muga de Sayago (León) y el Perú andino. Aunque la obra sea, sobre todo, una etnografía cálida, pero apresurada, de las dos comunidades leonesas, recoge la intuición fundamental que estudios de esa naturaleza pueden ayudar a la comprensión del Perú andino y mestizo, y presenta una comparación entre los dos mundos en el orden económico, político, social, religioso y educativo. Por ejemplo, en lo económico los «españoles disfrutaban ya de una experiencia propia y muy antigua de aprovechamiento comunal de la tierra», por lo que fue fácil aplicar esa experiencia a un territorio donde había también formas comunales de explotación. El reparto de tierras se realiza en Sayago de forma rígida, pero en algunas comunidades peruanas, como los incas, se realiza de acuerdo con la evolución de la población. Las formas de cooperación común en el Perú conservan las características andinas (como el ayni y la minka) o las hispánicas (como las faenas o «república») (1968, 329-333). En cuanto a lo religioso, Arguedas sostiene que «el indio nunca llegó a ser católico» (supongo que por no abandonar totalmente la religión andina) y trata de probarlo con material de su estudio *Puquio, una cultura en proceso de cambio* (1956). Allí exponía la persistente resistencia andina, expresada en el mito de Inkarrí, pero también cierto mestizaje religioso, al afirmar que las religiones oficial y local «cumplen funciones diferentes y, sin embargo, son integrantes de un complejo mayor que las abarca a ambas» (1975, 75).

En resumen, pienso que Arguedas no plantea un indigenismo distinto que el de incorporar al indio a la sociedad mestiza, a pesar de que él tenía una vivencia personal muy rica de lo andino y a pesar de que conocía las limitaciones de los métodos de la antropología cultural aplicada, que en la década de los cincuenta tenía programas en Vicos y en Puno-Tambopata. Pero sí es un testimonio de hasta qué punto esa incorporación sin pérdida de valores indígenas es posible. Con razón José Luis Rouillón ha escrito:

> Arguedas mismo es un caso patente de mestizo más por cultura que por raza. «¿Cómo no he de creer en él, si soy un mestizo tan firmemente convencido de su valor? ¿Cómo no he de creer, si todo lo tomado de la cultura occidental no ha sido sino para afirmar y desarrollar lo que en esta mezcla hay de definido ya, de permanente y hecho? [...] ¿Qué soy? ¿Un hombre civilizado que no ha dejado de ser, en la médula, un indígena del Perú? [...] Entiendo y he asimilado la cultura llamada occidental hasta un grado relativamente alto; admiro a Bach y a Prokofief, a Shakespeare, Sófocles y Rimbaud, a Camus y a Eliot, pero más plenamente gozo con las canciones tradicionales de mi pueblo; puedo cantar, con la pureza auténtica de un indio chanka, una harawi de cosecha.» Hay en estas confesiones un júbilo de victoria, una plenitud humana en la que el mestizaje es proclamado como una meta difícil y noble.[29]

5.4. *El proyecto Perú-Cornell*

Como ya se dijo en la presentación del indigenismo de Valcárcel, a raíz del programa de la Universidad de Cornell sobre el «impacto de la tecnología moderna en regiones no desarrolladas» en Vicos (Marcará, Ancash) y en el Callejón de Huaylas, se firmó en 1951 un convenio entre dicha universidad y el Instituto Indigenista Peruano, para «desarrollar generalizaciones y teorías acerca de las relaciones entre la introducción de tecnología y los procesos de cambios sociales y culturales», «atender al mejoramiento del estandar de vida de los habitantes de la zona de Vicos, hasta el momento que ellos puedan tomar un rol progresivo en el mundo moderno», y «preparar estudiantes, administrativos y técnicos con un amplio e integral conocimiento de los problemas prácticos y teóricos de los campos socio-económicos».[30] Dicho convenio permitía a

29. «Arguedas y la idea del Perú», en *Perú, identidad nacional*, Lima, CEDEP, 1979, p. 388.
30. En *Perú Indígena* (Lima, Instituto Indigenista Peruano), 4 (1952), pp. 88-89.

la Universidad de Cornell seguir contando con un laboratorio antropológico para el estudio de las leyes y técnicas del cambio social dirigido y para el entrenamiento de sus estudiantes, y al Instituto abrir su primer programa de promoción indígena. En realidad, la responsabilidad directiva y financiera estaba en manos de los de Cornell, bajo la dirección del antropólogo Allan R. Holmberg, que recibían, a su vez, los aportes económicos de diferentes fundaciones norteamericanas, sobre todo para becas de investigación, mientras que el Instituto, que siempre tuvo personal y recursos muy escasos, se limitó a ser el intermediario administrativo.

Vicos era entonces una hacienda de casi ocho mil ha, propiedad de la Sociedad de Beneficencia Pública, que estaba habitada por unos dos mil indios quechuas, de cultura bastante tradicional y que trabajaban como colonos de la hacienda. Cada diez años, la Beneficencia alquilaba la hacienda en pública subasta y el mejor postor se convertía en el «patrón» con todos los derechos y prerrogativas del sistema gamonal. Así, cada colono debía, a cambio de la parcela que sembraba y del limitado número de cabezas de ganado que criaba en los pastos de la hacienda, trabajar sin remuneración tres días a la semana en las faenas agrícolas de la hacienda y prestar, también gratuitamente, otra serie de servicios (como cocinero, pastor, vigilante, etc.). El patrón concentraba en sus manos el poder económico, político y aun judicial de una población empobrecida, con niveles alimenticios, sanitarios y educativos sumamente bajos y sin más organización que los grupos de parentesco próximos y la celebración de las fiestas religiosas.

El proyecto comenzó por encargarse de la administración de la hacienda en 1952 e inició la preparación de los indígenas colonos para que pudieran convertirse ellos mismos en administradores y dueños de la hacienda. Efectivamente, en 1962 los colonos compraron la hacienda a la Beneficencia; no hay que olvidar que la orientación conservadora de los Gobiernos de turno (Odría y Prado) no permitía otra solución al problema de la tierra. El proyecto realizó un trabajo de extensión agrícola (nuevas semillas, fertilizantes, insecticidas, nuevos métodos de cultivo, etc., que fueron aceptados por la mayoría de los colonos y permitieron un notable incremento de la productividad), de extensión sanitaria (con la inauguración de una posta médica en Vicos) y de extensión educativa (con el fortalecimiento y ampliación del sistema escolar, haciendo que la escuela se convirtiera en un valor para los vicosinos, y con el desarrollo del liderazgo, vigorizando los diferentes niveles del gobierno comunal).

El éxito del proyecto se consideró grande, comenzó a hablarse del «milagro de Vicos» y a agitarse como bandera política, tratando de demostrar que el problema indígena podía solucionarse con una asesoría técnica y una promoción educativa a la población indígena, sin necesidad de otros cambios más profundos. En la actualidad se ven las cosas con más objetividad. Es innegable la mejoría que lograron los vicosinos en muchos aspectos de su vida económica y social. También fue un fruto no despreciable el entrenamiento académico y profesional que tuvieron muchos estudiantes de antropología de la Universidad de San Marcos durante la década de los cincuenta.[31] También fueron valiosos muchos de los estudios hechos sobre el terreno por estudiantes norteamericanos y peruanos, por más que muchos de ellos fueran a parar al centro de documentación de la Universidad de Cornell en vez de quedarse en el país (como ha ocurrido con otros programas similares) y por más que no sirvieran para orientar el trabajo práctico realizado en Vicos. Pero, no obstante estos aspectos positivos, no hay que pedirle mucho más al proyecto de Vicos, ni mucho menos hay que convertirlo, con la ingenuidad propia de la década del desarrollismo, en la gran alternativa para la solución del problema indígena peruano, pues su costo económico fue grande y sus resultados finales modestos.

5.5. *El programa Puno-Tambopata*

Este programa se realiza casi simultáneamente al proyecto de Vicos. La iniciativa viene también de fuera, aunque el Gobierno peruano sometió dicho programa a la supervisión del Instituto Indigenista Peruano. En la cuarta conferencia de países americanos miembros de la Oficina Internacional del Trabajo (OIT), celebrada en Montevideo (1949), se plantea el problema del «trabajador indígena» y se recomienda a los Gobiernos acomodar «sus legislaciones, armonizándolas con las necesidades reales y las modalidades específicas de vida y de trabajo de sus respectivas poblaciones indígenas», sin necesidad de recalcar las diferencias étnicas.[32] Para estudiar ésta y las demás recomendaciones de Montevideo, se reú-

---

31. Puede consultarse Allan R. Holmberg, *Vicos, métodos y práctica de la antropología aplicada* (Lima, Estudios Andinos, 1966), en cuyo libro hay un extenso trabajo de Henry Dobyns y Mario Vásquez sobre el personal y bibliografía del proyecto, pp. 115-163.
32. *Poblaciones indígenas*, Ginebra, Oficina Internacional del Trabajo, 1953, p. 628.

ne en 1951 en La Paz (Bolivia) una comisión de expertos en temas indígenas. Como fruto de esta comisión la OIT prepara y publica la obra *Poblaciones indígenas. Condiciones de vida y de trabajo de los pueblos autóctonos de los países independientes* (Ginebra, 1953), donde hay mucha información sobre los indios andinos. Además, la OIT, en unión con las demás agencias especializadas de las Naciones Unidas (FAO, UNESCO, OMS, etc.), envía en 1952 al antropólogo neozelandés Ernest Beaglehole, conocido por sus trabajos sobre la integración de los maoríes, a Ecuador, Perú y Bolivia para tomar contactos con los Gobiernos y para seleccionar los programas y regiones concretas. Por fin, en 1954 se inicia el Programa Andino en el altiplano sur con centros de formación profesional (carpintería, herrería, mecánica) en los pueblos aymaras de Chucuito y Camicachi y en el quechua de Taraco, con extensionismo agropecuario (mejora de pastos, utilización de abonos químicos, granjas avícolas, introducción de ganado fino, etc.), con servicios médicos (atención en las postas médicas, formación de promotores de salud y organización de campañas de saneamiento regional), con diferentes programas de desarrollo de la comunidad por medio de promotores sociales, y con estudios de comunidad, realizados por antropólogos.

Pero el proyecto más ambicioso del programa andino fue la colonización del Tambopata. El Gobierno deseaba abrir una salida al congestionado altiplano puneño, de donde había una corriente migratoria importante hacia Arequipa y la costa, especialmente con motivo de las sequias periódicas, y reservó 17.000 ha en la ceja de selva y construyó una carretera de penetración. De esta manera se inició una colonización de campesinos indígenas, que se establecieron en San Juan del Oro con la ayuda técnica y sanitaria de los expertos del programa andino, para facilitar la difícil adaptación a una región ecológica tan diferente. El antropólogo Héctor Martínez, que ha hecho el estudio más completo sobre la colonización del Tambopata,[33] enjuicia así el programa andino:

> Un ligero balance del desarrollo del Programa nos muestra que sus efectos fueron más cualitativos, en cuanto la población que llegó a afectar directamente no fue muy numerosa, pero no por ello menos importante, teniendo en cuenta sus recursos realmente limitados, no obstante la cooperación internacional. El Programa no pretendía cambiar las estructuras tradicionales de las haciendas, inten-

---

33. Héctor Martínez, *Las colonizaciones selváticas dirigidas en el Perú*, Lima, Centro de Estudios de Promoción y Desarrollo, 1976, mimeo.

to que hubiera sido inútil y que no hubiera siquiera permitido el establecimiento del programa [...] El Programa demostró que era posible que los campesinos acudieran a los servicios regulares establecidos, rompiendo su secular marginación: que era posible mejorar significativamente la producción de alimentos, e incluso lograr un pequeño excedente mediante la mejora de las prácticas culturales y el acceso al crédito [...] y que en fin, era posible el mejoramiento de las condiciones de vida y trabajo de grandes masas de campesinos a un costo relativamente bajo en recursos materiales, financieros y humanos, siempre y cuando se utilice un método de trabajo, sobre la base del conocimiento de la realidad local del campesino, se evite la burocratización, la centralización y el despilfarro.[34]

De esa manera, el Programa Puno-Tambopata, a semejanza del Programa Vicos, funcionó ante todo como un laboratorio de promoción indígena en la década desarrollista de los cincuenta. Ambas experiencias sirvieron de base para la implementación del ambicioso Plan Nacional de Integración de la Población Aborigen (diciembre de 1959), que continuó el trabajo en el Callejón de Huaylas y en Puno y abrió tres nuevos frentes en Apurímac, Ayacucho y Cusco (aquí en convenio con el Departamento de Antropología de la universidad cusqueña y teniendo como centro de operaciones la comunidad de Cuyo Cuyo, que va a convertirse en un nuevo laboratorio de antropología aplicada);[35] pero los resultados finales del Plan de Integración fueron muy modestos por los limitados recursos humanos y financieros con que contó. En este sentido, más esperanzas produjo la organización del Proyecto de Desarrollo e Integración de la Población Indígena (1966), durante el primer Gobierno de Belaúnde, bajo la mística de la «acción popular», que se decía heredera del antiguo Perú y propulsora del mestizaje de las tecnologías, y con un préstamo del Banco Interamericano de Desarrollo de veinte millones de dólares para equipos y maquinarias, además de una cantidad similar del presupuesto del Gobierno peruano, lo que significaba algo insólito en comparación con los modestos presupuestos indigenistas peruanos. Aunque el nuevo proyecto de integración tuvo una serie de logros en muchas comunidades, los grupos indígenas como tales fueron sólo uno de los objetivos de la acción desarrollista, al lado de muchas comunidades mestizas, lo cual era un síntoma de que en la década de los sesenta se estaba replanteando el indigenismo.

---

34. Martínez y Samaniego, *op. cit.*, p. 165.
35. Óscar Núñez del Prado, *Kuyo Chico, applied anthropology in an indian community*, The University of Chicago Press, 1973.

5.6. Misiones católicas

No puedo cerrar esta apretada síntesis sin referirme a los programas indigenistas de las Misiones Católicas, que habían desempeñado, como ya se vio, un papel tan importante en el indigenismo colonial. Cuando se replantea el problema de la población indígena en la década de los veinte, como consecuencia de la nueva postura de la Constitución peruana de 1920 frente a la población indígena y de la aparición de una serie de influyentes ensayos sociales sobre el indio (Castro Pozo, Valcárcel, Mariátegui, Uriel García y Belaúnde), de los que ya se ha hablado, los hombres de la Iglesia católica no van a tener un papel protagonista como en la colonia por varias razones: en primer lugar, la Iglesia de las primeras décadas del presente siglo no tenía la misma cantidad de clero, ni el dinamismo de la Iglesia colonial; en segundo lugar, el movimiento indigenista de los años veinte se inicia con un sesgo anticlerical y en estrecha vinculación con posturas de izquierda marxista, lo que alejó a la Iglesia de ese entonces. Sin embargo, primero en la selva y luego en la sierra llega a institucionalizarse un nuevo indigenismo eclesiástico. En la selva se produce una nueva ola misionera con ocasión del establecimiento en 1900 de tres nuevas circunscripciones eclesiásticas, las de Amazonas, Ucayali y Madre de Dios, encomendadas a los agustinos, franciscanos y dominicos respectivamente; en 1976 el número de misioneros de las nueve circunscripciones eclesiásticas es de 857 (218 sacerdotes, 61 religiosos, 491 religiosas y 87 laicos), de los cuales 99 trabajan con 24 grupos nativos diferentes en 22 puestos misionales.[36] Por su parte, en la región andina hay también un significativo incremento de sacerdotes y religiosos cuando a partir de la década de los cincuenta se crean prelaturas en los territorios menos atendidos pastoralmente de las viejas diócesis con abundante población indígena. Los nuevos misioneros de la selva y de la sierra, que proceden en su gran mayoría del extranjero y que cuentan con el apoyo de sus respectivas órdenes o congregaciones religiosas, van a poner toda su mística y toda su capacidad para conseguir recursos materiales y humanos al servicio de la causa indígena.

Sin embargo, el objetivo de este nuevo indigenismo eclesiástico no va a ser siempre y en todos el mismo, y por eso pueden señalarse tres orientaciones que responden a tres metas más o menos

---

36. Luis M. Uriarte, «Poblaciones nativas de la Amazonía Peruana», *Amazonía Peruana* (Lima, Centro Amazónico de Antropología [CAAP]), 1 (1976), pp. 27 y 31.

definidas (asimilar los indios al país, integrarlos pero respetando sus peculiaridades culturales o liberarlos de la dominación cultural y política) y, en cierto sentido, a tres etapas, pero no totalmente, pues las tres orientaciones pueden darse simultáneamente en una misma región eclesiástica, por más que la tercera sea muy minoritaria y responda al «replanteamiento del indigenismo», tema que abordaré en el último capítulo. Paso ya a exponer cada una de las tres orientaciones indigenistas:

a) *La asimilación indígena.* Los misioneros que comienzan a trabajar con los nativos en las misiones de la selva y los párrocos serranos con cierta preocupación social, fuera de su labor estrictamente religiosa, quieren resucitar el trabajo de las antiguas misiones coloniales y pretenden incorporar al indio a la sociedad nacional; el indio, por motivos geográficos y culturales, había permanecido al margen de la sociedad nacional, y la igualdad total de derechos, proclamada por las leyes de la independencia, no había podido superar esa marginación. Por eso los misioneros, con un enfoque humanista del problema, quieren superar tal marginación y que en cierto modo, los indios dejen de ser indios; para eso van a crear, sobre todo, centros de salud y centros educativos de diferentes niveles, pero tal educación, de espaldas al mundo cultural nativo, es con frecuencia un verdadero etnocidio.

b) *La integración indígena.* La nueva orientación va a estar influida por el nacimiento del movimiento indigenista continental, que va a tener en México su abanderado, y por las experiencias de antropología aplicada realizada en el Perú (Vicos, Puno-Tambopata, etc.); esta orientación es propia de la época desarrollista y de la visión dual de la sociedad, con un polo moderno y un polo tradicional, que debe modernizarse: los grupos indígenas son ese polo tradicional que no ha querido aceptar la modernización y el progreso, pero que no debe perder en su modernización todo lo valioso de su propia identidad; por eso el indio no debe dejar de ser indio, sino que debe conservar los valores positivos de su personalidad social (la lengua, la manera de vestir, las formas de organización, el arte, etc.). Los misioneros van a enfocar ahora el problema no ya con su formación humanística, sino con los aportes de la antropología y de las demás ciencias sociales, y por eso estudian esas disciplinas o buscan la colaboración de científicos sociales. Una publicación de las Obras Misionales Pontificias, que lleva el significativo título de *Integración silenciosa de 600 mil hombres* (1966), presenta un panorama del trabajo que realizan los ocho vicariatos de la selva: en el terreno educativo, hay 1.094 escuelas primarias con casi cincuenta y seis mil alumnos, 31 colegios de secundaria con más de mil seiscientos alumnos, 10 escuelas normales con más de mil alumnos, 85 centros de alfabetización con casi dos mil setecientos participantes, 50 internados con más de dos mil trescientos alumnos y varias escuelas radiofónicas; en el terreno sanitario, dicha publicación habla de 55 centros entre hospitales, postas médicas y dispensarios; en el terreno económico-social, se da cuenta de la organización de cooperativas de consumo y de producción, del establecimiento de granjas y de aserraderos y de la fundación de nuevos pueblos.[37] Es cierto que todas estas cifras no se refieren sólo a los 200.000 nativos amazónicos, sino que también incluyen a los ribereños e incluso a los habitantes de ciudades como Pucallpa o Iquitos. Nótese de paso cómo a los centros de educación y de salud, que eran los principales medios de la anterior orientación, se unen ahora pequeños programas socioeconómicos que conllevan alguna forma de desarrollo de la comunidad. Y también ahora tales programas tienen, con frecuencia, efectos desestructuradores sobre los grupos nativos.

Pero, además, hay que conocer mejor la cultura indígena que se quiere aprovechar y conservar, y por eso se crean instituciones especializadas. En 1968 se funda en el Cusco el Instituto de Pastoral Andina (IPA) para asesorar, en su trabajo pastoral entre quechuas y aymaras, a las siete circunscripciones eclesiásticas de la sierra sur, entre Abancay y Juli, a las que enseguida se unirán Ayacucho y Huancavelica. Dicho instituto ha organizado numerosos encuentros para sacerdotes y demás agentes pastorales de la región sobre la cultura andina, promoción humana, aprendizaje del quechua y realidad nacional; además, ha realizado y publicado varios estudios sobre antropología religiosa y pastoral campesina, y edita la revista *Allpanchis*, que llegó a ser una de las mejores revistas sobre el mundo cultural andino, aunque en los últimos números se ha convertido en una revista más de temas campesinos. Por su parte, los obispos de la selva crearon en 1973, para asesorar a los ocho vicariatos, el Centro Amazónico de Antropología y Aplicación Pastoral (CAAAP), con sedes en Lima e Iquitos, que, a semejanza del IPA cusqueño, ha organizado cursos para misioneros sobre antropología y lingüística, publica la revista semestral *Amazonía Peruana* y una serie de monografías sobre diferentes grupos nativos, y asesora o dirige diferentes proyectos socio-económicos.[38]

---

37. Obras Misionales Pontificias, *op. cit.*, pp. 12-55.
38. El IPA ha publicado ya 37 números de *Allpanchis* y los estudios de *El mundo religioso de Urcos* (Cusco, 1971), de Manuel M. Marzal, y *Cristianismo y religión que-*

c) *La liberación indígena*. Esta nueva orientación, que ha sido decididamente asumida por un reducido número de agentes pastorales de la sierra y de la selva, pretende una promoción de los indígenas tal, que no sólo les permita conservar sus valores culturales propios, como en el caso anterior, sino expresar esa diferencia en términos de una cierta autonomía política. Esta orientación es resultado de una serie de factores: en lo político, se replantea el indigenismo integracionista y se habla del «poder indio», en el análisis social, entra en crisis el desarrollismo y aparece la teoría de la dependencia; en el campo teológico-pastoral, se celebra la Conferencia del Episcopado Latinoamericano en Medellín (1968) y surge la teología de la liberación. Esta orientación busca servir a los indios, no tanto en los campos de la educación y la salud, ni siquiera en los programas de desarrollo económico, sino en la concienciación, movilización y organización indígenas. Uno de los documentos que, a nivel latinoamericano, expresa mejor esta orientación es la Declaración de Barbados (1971), de la que luego se hablará y que contiene una severa crítica a los Gobiernos, a los antropólogos y a los misioneros. En el Perú, sólo dos meses después de la reunión de Barbados, se reunieron obispos y misioneros de los cinco países del Grupo Andino para reflexionar sobre su trabajo; fruto de esta reflexión fue el Documento de Iquitos. Transcribo la parte del mismo que expresa la solidaridad con los nativos:

> La situación desesperada, en que se encuentran los grupos marginados de la Cuenca Amazónica [...] nos hace tomar conciencia del carácter liberador de nuestra pastoral misionera [...] Dentro de esos grupos, nos solidarizamos de manera especial con la suerte de los indígenas, y especialmente con aquellas minorías étnicas, que constituyen un potencial humano en América Latina y están en acelerado proceso de desintegración. Esta solidaridad implica:
>
> 1. Compromiso de máxima comprensión, respeto y aceptación de las culturas autóctonas (encarnación cultural).
> 2. Compromiso serio por asegurar la supervivencia biológica y cultural de las comunidades nativas. Esto exige inserción en su proceso histórico.
> 3. Constante evaluación autocrítica del misionero y de la obra misionera.

---

chua en la prelatura de Ayaviri (Cusco, 1972), de Mateo T. Garr. El CAAAP ha publicado cinco números de *Amazonía Peruana* y los estudios *Los mitos de creación y destrucción del mundo* (Lima, 1978), de C. Nimuendajú, y *Duik Múun: el universo mítico de los aguarunas* (Lima, 1979), de Manuel García Rendueles, 2 tomos.

4. Denuncia abierta, serena y sistemática de la injusticia institucionalizada por el atropello de la sociedad nacional a los grupos nativos.

5. La Iglesia misionera, local, nacional, latinoamericana, debe asumir la responsabilidad de procurar que los grupos nativos tomen conciencia de su situación frente a la sociedad nacional, se organicen y se conviertan así en los impulsores de su propio desarrollo. Esta labor de concientización debe realizarse también a nivel de sociedad nacional, a fin de que se logre el cambio de las estructuras de dominio y se obtenga una política verdaderamente indigenista, que respete, posibilite y promueva el desarrollo autóctono de las minorías nacionales, dentro de una dinámica del desarrollo nacional, dado que sólo dentro de un sano pluralismo de las culturas puede darse una auténtica unidad nacional. Afirmamos los valores auténticos del hombre amazónico [...]: sociedad familística, autoridad de carácter carismático, sentido de responsabilidad y libertad, propiedad comunitaria.[39]

El cumplimiento del compromiso de denuncia ha llevado a los obispos de la selva a frecuentes pronunciamientos sobre los problemas de esa región. Por ejemplo, la Asamblea Episcopal regional de la selva (Pucallpa, 1972) muestra su «extrañeza y dolor ante la nueva postergación de la ley de comunidades nativas» (que realmente no salió hasta 1974) y vuelve a reiterar demandas urgentes, hechas en la asamblea del año anterior, tales como «personería legal y documentación personal, títulos, propiedad de la tierra, control y selección de autoridades militares y civiles por parte del gobierno, adecuación de programas de colonización»; y la misma Asamblea Episcopal regional, reunida al año siguiente en San Ramón (Chanchamayo), vuelve a reiterar esas demandas: añade que «el gobierno reconozca y escuche a las autoridades nativas, nombradas por los mismos indígenas», vigile los organismos encargados de la comercialización para evitar la explotación indígena, y llama la atención sobre «las sutiles formas de racismo, que todavía perduran en la Amazonía peruana».[40]

Aunque en la denuncia profética, tanto los obispos de la selva como los de la sierra sur han cumplido un servicio no despreciable, no ha sido tan eficaz la acción de los agentes de pastoral comprometidos con la «liberación indígena». Y esto se explica tan-

---

39. En Adolfo Colombes (ed.), *Por la liberación indígena*, Buenos Aires, Ediciones del Sol, 1975, pp. 105-107.

40. Juan M. Mercier y Gastón Villeneuve, *Amazonía: ¿liberación o esclavitud?*, Bogotá, Ediciones Paulinas, 1974, pp. 105-107.

to por la indefinición de las metas (en la actualidad ni los partidos políticos, ni los científicos sociales saben bien qué hay que hacer para «salvar» a las sociedades indígenas), como por la inadecuación de los sacerdotes y misioneros para emplear los nuevos métodos indigenistas: ellos supieron crear numerosos centros educativos y de salud en favor de los indios y montar pequeños programas de desarrollo, pero se sienten poco preparados y aun infieles a su misión religiosa cuando se trata de movilizar y organizar políticamente a los indígenas; ni siquiera les ha ayudado cierto acercamiento a los partidos políticos de la izquierda marxista, que son los más interesados en la movilización popular, pues éstos, fieles a la lectura marxista de nuestra realidad hecha por Mariátegui, no han visto en los grupos indígenas nacionalidades oprimidas, sino clases explotadas. De esta manera las Misiones Católicas, junto a su labor religiosa, también modificada por los nuevos planteamientos de la «teología de la misión», siguen cumpliendo sobre todo una función asistencial y de desarrollo de la comunidad.

5.7. *Instituto Lingüístico de Verano*

Finalmente, debo hacer una breve referencia al Instituto Lingüístico de Verano (ILV), que comenzó a trabajar en el Perú en 1945, mediante un convenio con el Ministerio de Educación, con la finalidad de estudiar las lenguas indígenas, y que desde 1952 fue el asesor y el ejecutor en la práctica del Programa de Educación Bilingüe de la selva. El ILV fue fundado en 1934 por William Cameron Townsend con el fin específico de hacer estudios lingüísticos y traducir la Biblia a las diferentes lenguas indígenas del mundo y está establecido en diferentes países americanos, entre ellos México. En realidad, dentro del ILV funcionan dos instituciones gemelas, el mismo Instituto y la Wicleffe Bible Translators (WBT); como expresa Eugene E. Loos, actual director del ILV en el Perú, en un artículo sobre la filosofía y métodos del Instituto, éste «no fue establecido como un intento de enmascarar las actividades del WBT, sino que el WBT fue fundado para dar solución a un problema que se iba notando a través del tiempo»,[41] a saber, la existencia de personas e instituciones interesadas en apoyar las

---

41. Eugene E. Loos, Patricia M. Davis y Mary Ruth Wiese, «El cambio cultural y el desarrollo integral de la persona: Exposición de la filosofía y los métodos del Instituto Lingüístico de Verano en el Perú», en *Educación Bilingüe: una experiencia en la Amazonía Peruana* (ed. Ignacio Prado Pastor), Lima, 1979, p. 419.

actividades científicas, pero no las religiosas del Instituto o vice- · versa. Esto explica que, a pesar de que el convenio del ILV con el Ministerio de Educación era de carácter científico y orientado hacia una asesoría técnica, muy pronto el Instituto comenzó a desarrollar también una actividad religiosa, dentro del pluralismo de confesiones cristianas que le es propio y aprovechando, sobre todo, su influjo en las recién establecidas escuelas bilingües, que van a convertirse, como en el caso de los templos, en escuelas y dispensarios de las Misiones Católicas, en centros de reubicación geográfica y política de los nativos.

Para conocer el «indigenismo» del ILV, puede ser útil analizar el citado artículo de Loos, en que se presenta toda una teoría sobre el cambio cultural de los nativos, por más que el planteamiento ideal deba confrontarse con la práctica real. Loos basa su análisis en los principios fundamentales de la antropología norteamericana, especialmente en el funcionalismo y en un relativismo que debe ser compensado por los valores cristianos de la Biblia (aunque la interpretación fundamentalista de ésta que hacen la mayoría de los miembros del ILV supongo que hará en la práctica muy difícil esta «compensación». Como muestra del análisis recojo el siguiente texto:

> Se reconoce que cada cultura está compuesta de valores, agrupaciones y actividades interrelacionados (Pike, 1967), y que no es posible cambiar una parte sin variar el todo. Se reconoce también que la presencia de cualquier investigador de campo en un grupo nativo, inevitablemente, produce cambios [...] Los principios [de la acción] [...] están basados en las siguientes consideraciones psico-culturales: —que el hombre tiene necesidades de diversa índole que deben ser satisfechas para su desarrollo integral como persona: —que la cultura es dinámica y no estática; —que las culturas tienen aspectos que conducen al bienestar del grupo y de sus miembros, mientras otros llevan a su detrimento: —que la lengua materna es un rasgo clave para mantener la identidad cultural y valerse de nueva información.[42]

En cuanto a la calificación de rasgos culturales como negativos, Loos observa que no se trata de compararlos con «una cultura occidental predominante, sino que se trata de rasgos que llevan a la auto-destrucción de la cultura y/o al detrimento físico o psicosocial de su pueblo, o que conducen a injusticias dentro o fuera de la cultura», definiendo las injusticias de su sentido más común-

---

42. *Ibíd.*, p. 406.

mente aceptado, como el de la Declaración Universal de los Derechos Humanos de las Naciones Unidas. En cambio, Loos piensa que «pueden clasificarse como positivos, es decir que conducen al bienestar, todos los rasgos no negativos»,[43] y añade que «existen innumerables de estos rasgos positivos en cada uno de los grupos étnicos del Perú», de manera que, en opinión de muchos estudiosos, la vida es más satisfactoria para los nativos que nuestra «civilización» para sus integrantes. Ejemplos típicos de rasgos positivos son el conocimiento del medio ambiente, la adaptación ecológica, la agricultura de «tala y quema», etc.

Para el ILV tiene especial importancia, dentro del cambio cultural, el lenguaje:

> El lenguaje es una de las partes sumamente importantes y positivas de una cultura, ya que constituye tanto un vehículo como una parte substancial de ésta. Es un rasgo clave para la preservación de la unidad e identidad de los individuos de una cultura. Por lo tanto el que su lengua sea considerada digna de ser empleada como medio educativo y el que su herencia cultural oral sea merecedora de ser preservada y difundida [...] y respeto propio.[44]

Bajo esta filosofía, los campos de actividad del ILV han sido los siguientes:

a) Producción científica en lingüística descriptiva y aplicada. Un informe entregado por el ILV al Ministerio de Educación para el período 1946-1975 habla de 1.297 trabajos en 41 idiomas vernáculos, donde se incluyen trabajos de fonología, gramática, diccionarios y vocabularios, lingüística comparativa, antropología, tradición oral, traducciones (donde se incluyen las traducciones bíblicas), material pedagógico para centros de educación bilingüe, etc. Más de la mitad de los trabajos son material pedagógico y una cuarta parte traducciones.[45]

b) Auxilios médicos, por medio de la instalación de postas médicas, formación de promotores de salud, organización de campañas de vacunación, etc.

c) Desarrollo comunal (colaboración con las comunidades para conseguir sus títulos de propiedad, programas de artesanía, ganadería, transporte, etc.).

---

43. *Ibíd.*, p. 408.
44. *Ibíd.*, p. 415.
45. *Ibíd.*, pp. 422-423. Puede consultarse *Bibliografía del Instituto Lingüístico de Verano en el Perú* (1946-76) (recop. Mary Ruth Wiese y Ann Shanke), Instituto Lingüístico de Verano, Lima, 1977.

d) Educación, donde ocupan un lugar central las escuelas bilingües.[46]

e) Valores espirituales. Las culturas nativas fuertemente sacralizadas deben enfrentarse al mundo occidental tan tecnificado, en lo cual les pueden ayudar los nuevos valores que proclama el ILV. Además, «las enseñanzas del evangelio pueden reemplazar la base del miedo, común en sus religiones, con la seguridad del amor de Dios, que da esperanza al hombre y lo motiva a sentir y demostrar ese mismo amor hacia su prójimo. Éstas se presentan a los nativos como una opción y no como una imposición».[47]

No es éste el lugar para hacer un enjuiciamiento de la labor del ILV, tema que ha sido repetidas veces objeto de encendidas polémicas, como por ejemplo la que tuvo lugar con ocasión de la última renovación del convenio con el Ministerio, cuando ya el Gobierno militar de Velasco había anunciado su decisión de no renovar dicho convenio. Pero, al menos, habrá que escuchar las principales críticas que se le hacen. El antropólogo Luis M. Uriarte, buen conocedor del mundo amazónico, ha escrito: «podemos afirmar que el frente de expansión cultural (religioso, educativo, científico), por este orden, del ILV es, sin lugar a dudas, el de mayor impacto para las poblaciones nativas de la selva. Sin embargo, hasta el momento carecemos de un análisis y evaluación serios (sin demagogias y/o propagandas) sobre esta compleja institución».[48] Refiriéndome ahora a cada uno de los campos de actividad, las observaciones críticas pueden resumirse del modo siguiente:

a) En el terreno científico, se reconoce la seriedad de su producción lingüística descriptiva y aplicada, pero, dada la inversión en personal calificado y en recursos durante más de treinta años, no parece excesiva la productividad, como se desprende de la calidad y del tamaño de la mayoría de las publicaciones que aparecen en la bibliografía. Esto es especialmente grave en el campo de los estudios antropológicos, por lo cual el ILV ha carecido en realidad del apoyo de una verdadera teoría del cambio cultural, a pesar de sus declaraciones de principios. Además se critica el incumplimiento del convenio en uno de sus puntos, al no preparar al personal peruano que deba continuar la obra del ILV.

b) En el terreno educativo, se reconoce la implementación de

46. Puede consultarse la mayoría de los artículos de la obra citada *Educación bilingüe*, 1979.

47. Loos, *op. cit.*, pp. 439-440.

48. Uriarte, *op. cit.*, p. 34.

la escuela bilingüe, primera experiencia de este tipo en la historia del país, pero se critica la insistencia en la escuela, que ha obligado a los nativos a romper su estilo de residencia tradicional, la mentalidad excesivamente individualista que subyace a la educación, y el que tanto la escuela como el maestro se hayan convertido en un factor desestructurador de la identidad nativa y de su conciencia de «gratuidad de servicios»; además, en muchos casos el maestro, controlado por el ILV, se ha convertido en el nuevo «amo» de la comunidad.

c) En el terreno socio-económico, se reconocen los servicios del ILV por sus programas de salud y de desarrollo de la comunidad, pero se critica —más a los sucesivos Gobiernos que al mismo Instituto— la entrega, con escaso control a una organización norteamericana de la mayor zona geográfica del país y de indudable importancia geopolítica.

d) Finalmente, en el terreno religioso se reconoce la labor evangelizadora del ILV, pero se critica su escasa encarnación en el mundo religioso nativo: una interpretación de la Biblia excesivamente literal hace que en su nombre se rechacen las religiones nativas y su concepción del mundo y del hombre como «obras del demonio», al mismo tiempo que se critican sistemáticamente los ritos de iniciación, basados muchos de ellos en tomas rituales de alucinógenos, las actividades de los chamanes y las tradiciones míticas; otro punto de crítica en este terreno es el establecimiento de «pastores nativos» con escasa formación teológica y con una interpretación casi mágica de la Biblia, que rompen con frecuencia la unidad del grupo nativo por su mayor sentido de pertenencia hacia el grupo religioso.

X

NUEVO INDIGENISMO
Y ANTROPOLOGÍA INDIGENISTA

La antropología indigenista, entendida en el sentido utilizado en esta obra, ha estado, a lo largo de la media centuria del indigenismo moderno, al servicio de la política integracionista de los Gobiernos de México y Perú con relación a las sociedades indígenas de los respectivos países. Al final de la última década de dicha media centuria se «replantea el indigenismo», lo cual hace que la antropología busque nuevos derroteros. Este será el tema del último capítulo de la obra y permitirá al autor, que ha querido mantener en todo el libro una posición bastante imparcial, presentar sus puntos de vista.

1. Replanteamiento del indigenismo (1970-1980)

Como ya se vio en el capítulo I, a lo largo de cuatro siglos y medio desde la conquista de México y del Perú, hubo tres proyectos políticos sucesivos de los Gobiernos criollos o mestizos para con la población indígena: mantenerla como tal, asimilarla por completo o integrarla conservando sus características culturales propias. Pero tal integración, que era la meta del indigenismo moderno, se vio que, en la práctica, terminaba por destruir la cultura indígena que quería preservar. Por eso los antropólogos van a replantear no ya los métodos, sino la meta misma del indigenismo; pero, además, los indios mismos, como consecuencia de una serie de factores externos e internos, van a desarrollar su conciencia política y a iniciar diferentes formas de organización, para convertirse en el «poder indio». Este replanteamiento del indigenismo por antropólogos e indios no es independiente, sino que hay influjo mutuo; aunque el antropólogo sea un mero intérprete de los procesos sociales que se dan en la realidad, sus interpretaciones pueden desencadenar nuevos procesos sociales, sobre todo cuando el antropólogo ha decidido que los primeros destinatarios de sus estudios sobre las sociedades indígenas deben ser los indios mismos. Por eso, voy a hablar del nacimiento del «indigenismo crítico» de los antropólogos y del nacimiento del «movimiento indio» de los grupos.

1.1. *El indigenismo crítico*

Como ya observé al hablar de Las Casas en el capítulo IV, se conocer como indigenismo crítico la corriente de pensamiento que surge entre los antropólogos mexicanos y peruanos en la década de los setenta, cuestionando el indigenismo oficial de los Gobiernos, que trata de integrar al indio en la nacionalidad mestiza. Los antropólogos que habían introducido en los grupos indígenas el «caballo de Troya»[1] de los proyectos de aculturación dirigida, dieron la voz de alerta en libros, revistas y encuentros internacionales de diferente nivel para postular un nuevo indigenismo. Los diferentes trabajos, que tienen con frecuencia la forma de pronunciamientos, son mucho más clarividentes en el análisis y crítica de la meta integracionista que se condena que en la construcción de la nueva meta. Sólo parece claro que las sociedades indígenas deben conservar una cierta autonomía política para poder defenderse del influjo demoledor de su identidad por parte de la sociedad nacional, pero sólo se presentan proyectos poco definidos y algunos claramente utópicos; además, no ha habido tiempo ni posibilidad política de llevar a la práctica el nuevo indigenismo. No es posible recoger aquí todos los trabajos de replanteamiento del indigenismo que han presentado los antropólogos en México y el Perú durante la década de los setenta. Voy a limitarme a los más importantes:

a) *Encuentro sobre indigenismo en México* (1970). A dicho encuentro ya me referí en el capítulo VIII, al presentar el nuevo sentido de la integración del indio que defendió Aguirre Beltrán. Ahora voy a recoger la posición contraria, sostenida por Ángel Palerm. Este está de acuerdo con Aguirre en relacionar «la actitud de los

---

1. Adolfo Colombres, *Hacia la autogestión indígena*, Quito, Ediciones del Sol, 1977, p. 34.

antropólogos ante el indigenismo con una crisis más general de conciencia política y profesional» y en distinguir entre la tarea «corriente» del antropólogo en sociedades abiertas (donde «la coyuntura histórica y la situación estructural permiten modificaciones profundas y extensas, sin necesidad de apelar a medios revolucionarios o insurreccionales», tarea que debe consistir en el «papel de científico, como investigador, estudioso e intérprete de los procesos» o «participar en ellos, como otra fuerza promotora de cambio en direcciones favorables», y el «posible cometido del antropólogo en circunstancias de orden revolucionario», añadiendo que México continúa siendo una sociedad abierta.[2]

Palerm también está de acuerdo con Aguirre en el análisis del indigenismo que ha tratado de «acabar con el indio haciéndolo mexicano» y en el «esquema histórico del proceso de integración nacional», pero añade una observación importante: este concepto del indigenismo es cierto, pero «debe dejar de serlo». Aguirre describe el proceso como Las Casas, pero éste estaba dominado «por la indignación moral» y aquél «lo está, aparentemente, por la explicación científica del proceso histórico». Además, para Palerm, «Aguirre identifica la historia real, lo que ha ocurrido, con la única historia posible», y por eso Palerm acumula una serie de argumentos para probar su tesis del «cambio multilineal» en los procesos históricos, ya que el hombre es quien, en último término, hace la historia.[3] En uno de estos argumentos Palerm deja traslucir su posición ante el «nuevo indigenismo», aunque en esta polémica no se detenga a detallarla, ni menos a explicar los caminos de su implementación. Así afirma:

> Estado y nación pueden ser (y Aguirre lo sabe) cosas bien distintas, y aun un verdadero «Estado nacional» puede aceptar, y de hecho acepta, pluralidad cultural, sin poner por ello en peligro su existencia y su estabilidad interna. Francia puede ser ejemplo de un proceso en que se van confundiendo Estado, nación y cultura. Sin embargo, Suiza, España, Yugoslavia, son otros tantos ejemplos de «Estados nacionales» con pluridad cultural y nacional [...] Se desploma por su base la necesidad de una política indigenista de destrucción de la identidad espiritual del indio, de una política indigenista secular de asimilación y aniquilamiento.[4]

2. «Indigenismo en México: confrontación de problemas», en *Anuario Indigenista*, México, Instituto Indigenista Interamericano, 1970, pp. 297-298.

3. *Ibíd.*, pp. 301-304.

4. *Ibíd.*, pp. 305-306. Sobre el indigenismo mexicano es muy útil la publicación *Instituto Nacional Indigenista: 40 años* (México, INI, 1988). Son especialmente útiles los artículos de Aguirre, «Formación de una teoría y de una práctica indigenistas» (pp. 11-40), y de Bonfil, «Notas sobre civilización y proyecto nacional» (pp. 121-140).

b) Publicación del libro *Eso que llaman antropología mexicana* (1970), con artículos de Arturo Warman, Guillermo Bonfil y Margarita Nolasco, que cuestionan el indigenismo oficial de México. Es especialmente significativo el artículo de Bonfil «Del indigenismo de la revolución a la antropología crítica», donde se plantea la relación entre «cultura indígena» y«cultura nacional» y si la primera debe integrarse a la segunda o conservar cierta autonomía. En cuanto al primer punto, Bonfil recuerda que el concepto antropológico de cultura, por haberse elaborado en el estudio de sociedades pequeñas, relativamente aisladas y de limitado desarrollo tecnológico, subraya excesivamente el carácter armónico, integrado y homogéneo, y por tanto no puede servir para explicar situaciones como la de México, donde hay mayor variedad y verdaderos conflictos entre la sociedad nacional y las sociedades indígenas. Por eso Bonfil introduce el concepto de «culturas de clase», «que se definen y sólo son comprensibles dentro de un sistema social mayor que incluye cultura de clases opuestas» (1971, 48), y se pregunta si «pueden entenderse las culturas aborígenes de México, como culturas de clase», como hacen algunos autores que consideran la población india «como un segmento particular de una clase social nacional». Su respuesta es «negativa, en términos generales», pues «las culturas aborígenes estabecen su perspectiva histórica y su legitimidad al margen del sistema de clases predominantes en la sociedad global» (1971, 49). Bonfil explica más detalladamente esto y concluye:

> Las comunidades indígenas están en relación con la sociedad nacional, pero sus relaciones son asimétricas (es decir, no sobre la base de la reciprocidad), en detrimento de las propias comunidades; la explotación a que están sometidas es vicarial, en términos del sistema social dominante, pero fundamental en términos de la economía indígena. Las comunidades indias poseen una cultura propia, pero es la cultura de un grupo minoritario dominado y, por lo tanto, es oprimida, defensiva y aislante. A diferencia de la cultura de los explotados dentro del sistema dominante (cultura de clase), que también es una cultura oprimida pero que sólo tiene alternativas *dentro* del sistema nacional, las culturas indígenas tienen alternativas *fuera* de ese sistema, porque no fundamentan su legitimidad en términos de la cultura nacional, sino en un pasado propio y distinto y en una historia de explotación *en tanto indígenas*; y es precisamente el haber sido explotados como indígenas lo que ha permitido la pervivencia de su cultura propia y diferente [1971, 52].

Es decir, para Bonfil los grupos indígenas mexicanos no pueden entenderse únicamente como clase explotada, que va a ser el planteamiento de muchos marxistas, por tener una historia cultural propia, por más que la actual identidad cultural sea en parte producto de la explotación, que fue «medular» cuando el país vivía de los indios, pero que hoy sólo puede considerarse «vicarial».

En cuanto a la pregunta sobre la meta del indigenismo, piensa Bonfil que hay que empezar por «romper el carácter asimétrico de las relaciones que mantiene la sociedad nacional con las comunidades indígenas, destruir las formas de explotación» (1971, 54) y luego apreciar, a partir de una serie de criterios (el volumen demográfico de cada etnia, la continuidad y extensión de su territorio, el grado en que ha incorporado la moderna tecnología, la forma de relación con la sociedad nacional, etc.), «cuáles etnias mantienen condiciones que fundamenten su autodeterminación, cuáles otras requieren elementos y restituciones de la sociedad nacional y cuáles, en fin, han sido de tal manera abatidas por el proceso colonial que sólo tienen por perspectiva histórica su desaparición y la asimilación de sus miembros por la sociedad nacional o por otras etnias consolidadas», llegando así a un «Estado pluricultural» y a diversas identidades étnicas bajo una sola patria (1971, 56). Es la misma idea que acabamos de ver en Palerm.

c) *Declaración de Barbados* (1971). A fines de enero de dicho año un grupo de antropólogos latinoamericanos (Guillermo Bonfil, Darcy Ribeiro, Stéfano Varese, etc.) se reunieron en Barbados para participar en un simposio sobre la fricción interétnica en América del Sur. Fruto de ese encuentro fue una declaración, que ha sido ampliamente difundida, donde se analiza la responsabilidad del Estado, de las misiones religiosas y de los mismos antropólogos. Al hablar del Estado es cuando se perfila la meta del nuevo indigenismo, aunque sin descender al cómo. El Estado debe «garantizar a todas las poblaciones indígenas el derecho de ser y permanecer ellas mismas, viviendo según sus costumbres y desarrollando su propia cultura por el hecho de constituir entidades étnicas específicas»; además debe «garantizar a cada una de las poblaciones indígenas la propiedad de su territorio, registrándolas debidamente, y en forma de propiedad colectiva, continua, inalienable y suficientemente extensa», pues las sociedades indígenas «tienen derechos anteriores a toda sociedad nacional», y «reconocer el derecho de las entidades indígenas a organizarse y regirse según su propia especificidad cultural».[5] El Estado debe también proporcionar a las dife-

---

5. Adolfo Colombres (ed.), *Por la liberación indígena: documentos y testimonios*, Buenos Aires, Ediciones del Sol, 1975, pp. 22-23.

rentes etnias «la misma asistencia económica, social y sanitaria que al resto de la población», defenderlas de la explotación de otros sectores, responsabilizarse de «todos los contactos de grupos indígenas aislados», por los peligros que suponen, y de todos los «atropellos que resultan del proceso expansivo de la frontera nacional» y, finalmente, «definir la autoridad pública nacional específica que tendrá a su cargo las relaciones con las entidades étnicas» sin delegar esta obligación, donde se alude, sin duda, a la práctica de algunos países del poner esta función en manos de misiones religiosas o del Instituto Lingüístico de Verano.[6] Como se ve, el documento se sitúa a un nivel de denuncia y de afirmación de los grandes principios, pero sin precisar más el estatus de las «entidades étnicas» dentro de las sociedades nacionales, lo cual quizás se deba a la diversidad de situaciones en el continente.

En el terreno misional, la declaración es más explícita y llega a concluir, en virtud de un discutido análisis, que «lo mejor para las poblaciones indígenas, y también para preservar la integridad moral de las propias iglesias, es poner fin a toda actividad»;[7] además señala una serie de puntos que son una acertada crítica a muchas misiones religiosas, tanto católicas como protestantes. Ante dicha conclusión, el Consejo Mundial de las Iglesias, que había sido uno de los patrocinadores del simposio de Barbados, sintió la necesidad de organizar otro encuentro en Asunción (1972), que, sin dejar de denunciar la vinculación entre misión y colonialismo y de reconocer que «nuestras Iglesias, más de una vez, han sido solidarias o instrumentalizadas por ideologías y prácticas opresoras del hombre», afirma el principio de la misión de la Iglesia de anunciar el evangelio a todos los hombres, respetando sus diferencias culturales, y presenta pautas para orientar una evangelización realmente respetuosa con las culturas indígenas.[8] Por su parte, la Iglesia católica de los países del Grupo Andino se reunió en Iquitos (1971) para hacer su propia autocrítica y trazar nuevos rumbos a su actividad misionera, como ya se vio en el capítulo IX.

En cuanto a los antropólogos, la declaración reconoce que «desde su origen la antropología ha sido instrumento de la dominación colonial» y declara que es función suya «aportar a los pueblos colonizados todos los conocimientos tanto acerca de ellos mismos como de la sociedad que los oprime, a fin de colaborar con su lucha de liberación» y «reestructurar la imagen distorsiona-

6. *Ibíd.*, pp. 23-24.
7. *Ibíd.*, p. 25.
8. *Ibíd.*, pp. 31-36.

da que existe en la sociedad nacional respecto a los pueblos indígenas». Además, releva al antropólogo de su puesto de intermediario privilegiado y, en cierto sentido, de tradicional promotor del indígena, al afirmar que «la liberación de las poblaciones indígenas es realizada por ellas mismas, o no es liberación» y al comprobar «la dinamización que se observa hay en las poblaciones indígenas del continente, que las está llevando a tomar en sus manos su propia defensa contra la acción etnocida y genocida de la sociedad nacional».[9] Así aparece esta línea, que irá desarrollándose en la década de los setenta, y por eso la Declaración de Barbados II (1977) ya irá dirigida a los «hermanos indios», pues asistieron dirigentes indígenas de todo el continente. Desde entonces muchos antropólogos querrán fungir sólo como asesores de los indios, al igual que antes lo fueron de los Gobiernos nacionales. Ha habido todo un giro en el planteamiento.

d) En el Perú, Stéfano Varese publica en 1971 sus *Consideraciones de antropología utópica*, donde sostiene:

> Proponemos simplemente la inversión del postulado integracionista: negamos que el camino de la integración (eufemismo que esconde una verdadera fagocitación social, cultural y económica) sea el de la destribalización y de la aculturación; afirmamos que sólo apoyando, consolidando y reforzando a la tribu, a cada comunidad local, se puede aspirar al logro de esa unidad en la variedad, de esa unión y cohesión alrededor de objetivos comunes de toda la nación. Un gobierno formado voluntariamente por los miembros de las tribus confederadas no se opone en nada al desarrollo económico, ni a los valores nacionales.[10]

Y también él se refiere al ejemplo de Yugoslavia, con «5 naciones, 2 regiones autónomas, 4 idiomas nacionales, 2 formas de escritura y 10 grupos minoritarios con derecho a su idioma y a su cultura».[11] Luego, siguiendo a Gurvitch, postula la creación de un «sistema nacional pluralista descentralizador de tipo autogestionario»,[12] donde estén incorporados los diferentes grupos tribales de la selva. Así, la autogestión va a convertirse, como se verá luego, en la nueva fórmula del indigenismo.

---

9. *Ibíd.*, pp. 27-31.
10. En *Textual* (Lima, Instituto Nacional de Cultura), 1 (1971), p. 50.
11. *Ibíd.*, íd.
12. *Ibíd.*, íd.

1.2. *El movimiento indio*

Pero el indigenismo integracionista de los Gobiernos mexicano y peruano no sólo es cuestionado por los antropólogos, que denuncian muchos programas gubernamentales como «etnocidio», sino por los indios mismos, que comienzan a movilizarse y organizarse. Este movimiento indio no se estudia aquí por su dimensión política, pues tal aspecto escapa del objetivo de este libro, así como tampoco se estudiaron las rebeliones indígenas coloniales, sino porque va a originar nuevas formas de reflexión sobre lo indígena. El nacimiento del movimiento indio es poco claro y, para el gran público, no ha ocurrido todavía, ni en México ni en el Perú. Esto se debe a que sigue pesando la ideología oficial de países mestizos que han optado por Occidente pero llevando en su sangre y en muchas de sus costumbres ancestrales la herencia del pasado indígena. Es significativo que actualmente el «tema indígena» no preocupe a los partidos políticos. En cuanto a México, Bonfil lo confirma en un artículo escrito en agosto de 1978:

> En el debate actual sobre la reforma política, todos los partidos y grupos políticos interesados han expuesto sus plataformas; hasta donde la información difundida permite conocer, *ninguno* hizo mención de la cuestión indígena y mucho menos estableció con claridad su posición al respecto. Curiosa y sintomática ceguera ante la situación y problemas de, por lo menos, el 15 % de la población del país. Poco antes durante el II Congreso Nacional de Pueblos Indígenas, la insistencia de que los partidos políticos hicieran explícitos sus planteamientos frente a la cuestión indígena se expresó reiteradamente en todos los ámbitos de la discusión.[13]

En el Perú ocurre lo mismo, como se ha demostrado en las recientes elecciones generales de 1980 y en las anteriores para la Asamblea Constituyente de 1978. El partido Acción Popular, aunque en su ideario sostiene «el Perú como doctrina», entendido como «búsqueda de inspiración [...] en el territorio y el hombre del Perú, tendencia a revivir, consolidándolos con las ideas técnicas de nuestro tiempo, los principios básicos que nos dieron grandeza [...], remozamiento del principio cooperativista y la ayuda mutua»,[14] se

---

13. «Los pueblos indios: viejos problemas, nuevas demandas en México», en Enrique Valencia *et al.*, *Campesinado e Indigenismo en América Latina*, Lima, Celats, 1978, p. 120.

14. En *Perú, 1980: elecciones y planes de gobierno*, Lima, Universidad del Pacífico, 1980, p. 69.

refiere en realidad al Perú mestizo. El APRA sigue fiel al pensamiento de Haya de la Torre y su tesis integracionista, que se vio en el capítulo pasado. El Partido Popular Cristiano tiene esta misma postura, en la línea de los planteamientos iniciales del socialcristianismo de Víctor Andrés Belaúnde. La izquierda marxista es también integracionista, porque está más inspirada en la interpretación de la realidad peruana de Mariátegui que en la clásica teoría staliniana de las nacionalidades oprimidas. En realidad no presenta una postura diferente ni siquiera el FRENATRACA, a pesar de salir del altiplano puneño, airear los chullos y proclamar la construcción de un socialismo tawantinsuyano.

A pesar de este silencio de los partidos políticos, los grupos indígenas como tales han comenzado a organizarse. Bonfil, en un trabajo presentado en la Segunda Reunión de Barbados, escribe:

> Entre 1971 y 1977 ha habido un incremento innegable en la movilización política de las poblaciones aborígenes del continente americano. El número de organizaciones que se definen a sí mismas como étnicas o indígenas se ha incrementado considerablemente [...] [México] ha visto el surgimiento de varias organizaciones indígenas (el Consejo Nacional de Pueblos Indígenas y sus correspondientes consejos supremos en cada grupo étnico; la Alianza Nacional de Profesionales Indígenas Bilingües, etc.) y la realización de importantes reuniones, de las que han surgido demandas y programas de acción de los grupos étnicos (el primer y el segundo Congresos Nacionales de Pueblos Indígenas: dos reuniones de la Alianza, el I Congreso Indígena de Chiapas y otros eventos).[15]

En dicho trabajo Bonfil trata de encontrar los factores que explican este renacimiento de las organizaciones políticas indígenas y distingue entre factores exógenos, que se derivan de las condiciones de la sociedad global, y factores endógenos, que se derivan de las mismas etnias. Entre los primeros, enumera la persistencia de los diversos modos de producción, articulados con el modo de producción capitalista dominante: el reconocimiento por parte del Gobierno, en su política indigenista, de un «pluralismo étnico», a pesar de no ser reconocido éste en la Constitución política; la incapacidad de la sociedad nacional de incorporar a los indígenas que están dispuestos a hacerlo por medio de los canales de la educación y de la emigración («los indígenas que regresan; los que se fueron y no

---

15. Citado en «Las nuevas organizaciones indígenas», en Valencia *et al.*, *op. cit.*, 1978, pp. 133-134.

encuentran trabajo y los que, estando fuera, mantienen y aprovechan su derecho a la tierra de la comunidad [...] cuestionan la alternativa del "pase" como posibilidad real y rescatan la opción de la lucha étnica»);[16] la coyuntura política mexicana de 1975, cuando el Gobierno, por una serie de razones de diversa índole, auspició el surgimiento de las organizaciones políticas indígenas; y, finalmente, la coyuntura política internacional, que favoreció el ascenso de los movimientos étnicos («El triunfo de Vietnam, el avance de China, el poder de los países árabes petroleros, los experimentos sociales y la independencia de nuevos países, han puesto en entredicho la supremacía y la legitimidad del proyecto histórico de Occidente y del tipo de socialismo "contaminado" por él»).[17]

Entre los factores endógenos, Bonfil enumera las identidades primordiales, que se mantienen tercamente «como una dimensión de la realidad social [...], sin dar muestras de ir en vías de disolución (como lo quieren los profetas de un futuro universalmente homogéneo)»; la necesidad de espacios propios, que es peculiar de cualquier grupo étnico, y que los grupos indígenas mexicanos, después de mantener una «cultura de resistencia» durante cinco siglos, tratan de rescatar en una coyuntura favorable; y, finalmente, el surgimiento de una nueva elite potencialmente dirigente, como la nueva jerarquía de los Consejos Indígenas creados por el Gobierno o como los «promotores» que no alcanzan el «pase» a la sociedad dominante. Bonfil habla de «promotores» de educación, que van pasando lentamente al sistema educativo no indígena, pero, cuando llegan a unos dieciocho mil, este acceso se restringe casi por completo, por lo que pueden volverse a su grupo y convertirse en líderes:

> El uso que hagan estos nuevos sectores de su capacidad de negociación, será determinante para definir su posición en el seno de los grupos étnicos. En un extremo está la posibilidad de que manipulen su identidad en beneficio particular (de que sean indios para los otros, pero no para los propios indios); en la otra, que se conviertan en una elite dirigente de sus grupos. La coyuntura actual del sistema favorecería esta última alternativa; falta conocer el grado de aceptación y representación que alcancen por parte de las comunidades. Un problema mayor estriba en encontrar los mecanismos que hagan compatible esta nueva elite con los sistemas de prestigio y autoridad preexistentes; el riesgo más serio estaría en dividir a las comunidades entre supuestos «conservadores» y supuestos «progresistas», en

---

16. Bonfil, *op. cit.*, p. 139.
17. *Ibíd.*, p. 141.

vez de dinamizar la estructura de resistencia creando un ámbito nuevo para la elite emergente.

En todo caso, la nueva elite tiene el potencial para contribuir efectivamente a la lucha por las reivindicaciones étnicas. Una de sus capacidades radica en el mayor conocimiento de la sociedad dominante [...] y en la posibilidad de establecer canales horizontales de comunicación con otras dirigencias indígenas [...].

El discurso de los nuevos dirigentes no es unívoco. Algunos asumen la racionalización del indigenismo oficial, al que se puede dar cumplimiento en sus propios términos; otros se afilian a un planteamiento clasista en el que se diluye, sin desaparecer, la dimensión étnica; unos más buscan el milenio y algunos, en fin, se encuadran en la corriente pluralista y autogestionaria. La «politización», en el caso de aspirantes a la dirección de grupos étnicos oprimidos, puede significar muchas cosas.[18]

Así concluye Bonfil la enumeración de los factores de su «hipótesis para la formulación de un modelo analítico», que me parece fundamentalmente válida. El que se detecten determinados factores de la realidad y se trate de explicar el fenómeno del resurgimiento de las etnias en la década de los setenta no significa que el triunfo de las etnias esté cercano, siendo tan importante todavía la opción política de la independencia, la reforma y la revolución mexicana para hacer de México un país mestizo, y estando las etnias indígenas dispersas a lo largo y ancho de todo el país como consecuencia de la forma de ocupación del territorio mexicano por los españoles; pero, de todos modos, es un camino abierto para solucionar este complejo problema. Bonfil ha seguido reflexionando sobre este difícil tema, como se desprende de su trabajo *Utopía y revolución. El pensamiento político contemporáneo de los indios en América Latina* (México, Nueva Imagen, 1981), donde, tras un excelente estudio introductorio, recopila trabajos de los principales ideólogos del movimiento indio y presenta las principales organizaciones.

En el Perú ha ocurrido algo similar, aunque no todos los factores tuvieron la misma intensidad, por lo que ni se cuenta con el elevado potencial de promotores indígenas con posibilidad de convertirse en nuevos dirigentes, por haber sido muy inferior el número de programas indigenistas, ni el Gobierno ha favorecido la creación de consejos indígenas. Pero varias de las medidas indigenistas del Gobierno militar, que reseñaba en el capítulo I, han tenido efectos significativos. Merecen especial mención la reforma

18. *Ibíd.*, p. 144.

agraria, que ha proporcionado tierra a muchos grupos indígenas, y la ley de comunidades nativas, que ha dado personería jurídica y confirmado el territorio de los grupos indígenas amazónicos. Al mismo tiempo, en la selva, con la cooperación de diferentes agencias (SINAMOS, ciertos grupos religiosos, asociaciones privadas de ayuda, etc.), algunas etnias han ido organizándose a diferentes niveles (Consejo Aguaruna, Congreso Amuesha, Federación Shipibo, etc.) y en la sierra las nuevas formas de organización agraria (SAIS, cooperativas comunales, etc.) han servido de expresión a determinados grupos indígenas.

Deseo hacer una breve mención al Movimiento Indio Peruano (MIP), aunque sólo sea por la difusión que tuvo, en la prensa peruana e internacional, el Primer Congreso Indio Sudamericano (Cusco, marzo de 1980), del cual el MIP fue el principal organizador. Según sus promotores, el MIP «no es un partido político al estilo tradicional», ni un movimiento racial o étnico, sino que puede estar integrado por «todos los peruanos que aman las tradiciones, usos y costumbres, el modo de vida y de producción, la filosofía y la moral que se desarrollaron durante el Tawantinsuyo».[19] Haciendo una versión un tanto sesgada de la historia peruana, a partir del presupuesto de que los cronistas sólo trataban de probar los vicios de los indios para justificar el dominio español (lo cual se vio, efectivamente, en las *Informaciones* toledanas, pero eso no se puede generalizar a todas las crónicas de «soldados y curas»),[20] idealizando el pasado indígena prehispánico y, sobre todo, suponiendo que lo importante no es el indio en su realidad histórica, económica, política y cultural, sino el «espíritu indio», del cual pueden participar todos los peruanos que acepten los valores del Tawantinsuyo, los promotores del MIP adoptan una postura no utópica sino irreal. Para ellos este espíritu indio o indianidad «no tiene nada que ver con la indumentaria», «no es sólo el lenguaje, aunque las lenguas indias deben ser defendidas, reestablecidas, enriquecidas y expandidas», sino que «todos, absolutamente todos, pueden ser indianos o indios, si cubren los requisitos de respeto a los valores indios, voluntad de promover a su pueblo y a su localidad, solidaridad con su comunidad, defensa de la naturaleza, esfuerzo constante de perfeccionamiento personal y adhesión a la moral india».[21] Aunque sea una buena idea organizar un «movi-

---

19. Guillermo Carnero Hoke, «Teoría y práctica de la indianidad: ¡Cuando queramos el poder es nuestro!», *Cuadernos indios* (Lima), 1, p. 3.
20. *Ibíd.*, íd.
21. Virgilio Roel, «Indianidad y revolución», *Cuadernos indios* (Lima), 3, p. 30.

miento indio» en un país donde aprenden a hablar en una lengua indígena aproximadamente la tercera parte de sus habitantes, no se puede hacer prescindiendo de la realidad histórica, económica, política y cultural de los que van a integrar el movimiento indio. El Tawantinsuyo no es sólo, para muchos peruanos, un modelo político ideal (pues en ese caso no sé por qué los promotores del MIP no prefieren el modelo de la *Utopía* de Moro, que, como toda utopía, es más perfecto), sino un proyecto histórico concreto, del cual la población andina conserva parte del territorio, la lengua, muchas costumbres y la memoria colectiva, y así en la posible reconstrucción del mismo se tendría andada la mitad del camino. Además, el Tawantinsuyo responde a unos condicionamientos históricos y políticos diferentes a los actuales, por lo que no se puede decir sin más que, para reeditarlo, basta «cubrir los requisitos de respeto a los valores indios». Por eso, el planteamiento del MIP resulta poco serio y se me antoja una manipulación de una buena idea, tan estéril como las manipulaciones de la «democracia» o el «socialismo».

Prescindiendo del MIP, otros grupos que asistieron al Congreso del Cusco tenían planteamientos más serios, y desde luego el movimiento indio es una alternativa seria. No es posible encontrar en las nuevas organizaciones indígenas una uniformidad en las metas y en los métodos, pero pueden encontrarse ciertas constantes, como por ejemplo la autogestión. Adolfo Colombres ha reunido en su volumen *Hacia la autogestión indígena* una serie de documentos y pronunciamientos de diferentes grupos indígenas en esta línea. En el estudio preliminar, Colombres subraya los cinco «presupuestos» que harán posible la participación del indígena en el poder nacional, a saber, la consolidación del poder comunal, de sus instituciones y de su *ethos*; la legalización de la propiedad de sus tierras; la federación de las comunidades en una misma etnia; la confederación de las diversas etnias ya organizadas de una misma región y de todo el país; y la asociación de las diversas confederaciones en un organismo interamericano. Luego presenta las diferencias entre la «aculturación» promovida por el indigenismo integracionista y la «autogestión» del nuevo indigenismo:

> La autogestión supone una reculturación, previa o concomitante. La aculturación no se produce sin una deculturación, lenta o acelerada o también previa o concomitante. La autogestión es protagonizada por los indígenas, apoyándose en una relación con el blanco más o menos dialógica, simétrica. La aculturación es conducida por el blanco, a través de una situación de dominio, esencialmente asimétrica, por más

que un barniz de melifluo paternalismo pretenda encubrir su naturaleza. La autogestión lleva a cierta independencia en lo político y económico. La aculturación, a la integración del indígena destribalizado en los estratos más bajos de una sociedad de clases altamente dependiente, en la que carecerá ya de todo poder, al haberse disuelto el núcleo que podía sustentarlo. La autogestión conduce a un óptimo equilibrio social. La aculturación, hacia el desequilibrio, lo que significa que la primera asegura la supervivencia étnica, y la segunda provoca la desaparición del grupo en la sociedad nacional. El corolario de la autogestión, la sujeción del grupo étnico al aparato político administrativo nacional. La autogestión se afirma en la participación y el autogobierno. La aculturación, en mecanismos de dominio, como el control político y otros. Para la autogestión, el aporte de Occidente es un incentivo. En el proceso aculturativo, lo occidental irrumpe con una violencia descentralizadora de la vida social. En la autogestión, toda conciencia política pasará por el reconocimiento de la identidad étnica. En el proceso aculturativo, la conciencia política, cuando existe, se da a través de una negación o de un desconocimiento de la propia identidad, al ligarse ésta a un pasado retrógrado y vergonzoso que es mejor enterrar. Finalmente, en el proceso autogestionado es el grupo étnico el que selecciona las pautas y elementos que habrá de incorporar a su vida social, adaptándolos a su idiosincrasia. En el proceso aculturativo, es el opresor quien decide qué elementos de la sociedad indígena conservará momentáneamente, mientras impone, por medio de mecanismos compulsivos, toda su cultura y concepción del mundo como un bloque indiferenciado.[22]

Sin duda, la meta de la autogestión es más aceptable que la aculturación, por más que todavía quede cierta duda de si el caballo de Troya, una vez que ha entrado en la sociedad india, no de la reata de los antropólogos sino de los propios dirigentes indígenas, no ocasiona daños irreparables; es el riesgo que tiene toda sociedad cuando acepta nuevas ideas y tecnologías.

Para terminar este apartado, quiero referirme al II Encuentro de Barbados, donde grupos indígenas y antropólogos hicieron la sistematización más completa del nuevo indigenismo. El documento, dirigido a los «hermanos indios» en forma de declaración de principios, contiene un análisis de situación, un objetivo y unas estrategias. En el análisis de situación afirma que los indios están dominados física y culturalmente:

La dominación física se expresa, en primer término, en el despojo de la tierra. Este despojo comenzó desde el momento mismo de

22. Colombres, op. cit., pp. 31-32.

la invasión europea y continúa hasta hoy. Con la tierra se nos han arrebatado también los recursos naturales: los bosques, las aguas, los minerales, el petróleo. La tierra que nos queda ha sido dividida y se nos han creado fronteras internas e internacionales, se ha aislado y dividido a los pueblos y se ha pretendido enfrentar unos contra otros.

La dominación física es una dominación económica. Se nos explota cuando trabajamos para el no indio, quien nos paga menos de lo que produce nuestro trabajo. Se nos explota también en el comercio, porque se nos compra barato lo que producimos (las cosechas, las artesanías) y se nos vende caro. La dominación no es solamente local o nacional, sino internacional [por] las grandes empresas trasnacionales [...].

La dominación cultural puede considerarse realizada, cuando en la mentalidad del indio se ha establecido que la cultura occidental o del dominador es la única y el nivel más alto de desarrollo, en tanto que la cultura propia no es cultura, sino el nivel más bajo del atraso que debe superarse [...] La dominación cultural no permite la expresión de nuestra cultura o desinterpreta y deforma sus manifestaciones. La dominación cultural se realiza por medio de la política indigenista [...] el sistema educativo formal [...] y los medios masivos de comunicación [...].[23]

Como resultado de esta dominación, los americanos forman en la actualidad tres grupos: los que, por su aislamiento, han conservado su propia cultura; los que han conservado parte de su cultura, pero dominada por el sistema capitalista; y los que se han «desindianizado [...] a cambio de ventajas económicas limitadas».

Ante esta situación, el gran objetivo es «la unidad de la población india», para lo cual se plantean las siguientes estrategias: organización política interna de los diferentes grupos étnicos, tanto en base a sus organizaciones tradicionales como a las de tipo moderno; «ideología consistente y clara que pueda ser del dominio de toda la población» a partir del análisis histórico; método de trabajo que permita la movilización indígena a partir del análisis de la situación de dominación; y conservación de la cultura propia como «elemento aglutinador», «para crear conciencia de pertenecer al grupo étnico y al pueblo indoamericano».[24]

De esta sucinta exposición se deduce que la interpretación de la realidad no se hace ya a base de la teoría de la modernización,

---

23. En *Amazonía Peruana* (Lima, CAAP), 2 (1977), pp. 181-182. Puede consultarse también *Indianidad y descolonización en América Latina. Documentos de la Segunda Reunión de Barbados*, México, Nueva Imagen, 1979.

24. En *Amazonía Peruana* (Lima, CAAP), 2 (1977), pp. 182-183.

que estaba debajo del indigenismo integracionista, sino a base de la teoría de la dependencia; por eso no es necesario preparar a las poblaciones indígenas para que acepten las ventajas de la cultura occidental, sino organizarlas para librarse de la dominación e imponer sus propias condiciones. La nueva interpretación pretende subrayar la importancia de la explotación colonial sobre las culturas indígenas en su forma actual y corregir la desviación de la falta de decisión de los grupos indígenas en el propio proceso aculturador, pero tiene el peligro de buscar una autonomía del grupo excesiva en un modelo de sociedad que no resulte ya viable, como se verá en la presentación de mi propia posición. Paradójicamente no aparece la palabra «autogestión», pero sí su concepto. Además, el análisis y la formulación de las estrategias, aunque se hizo con la participación de indígenas, se me antojan excesivamente teóricos e idealistas, por lo que queda un largo camino hasta que las ideas de los antropólogos y de los indígenas más concienciados llegue a la amplia, dispersa y multiétnica población indoamericana.

Este replanteamiento del indigenismo, que se manifiesta tanto en los antropólogos como en el naciente movimiento indio, todavía no se ha reflejado de un modo significativo en la antropología indigenista de la década de los setenta pues ha habido poco tiempo para que el cambio de rumbo político se traduzca en nuevos estudios antropológicos. Pero se nota, al menos, un cambio en la motivación, y así cuando los jóvenes antropólogos se gradúan, aunque sigan haciendo tradición oral o etnohistoria o estudios de los procesos sociales, esperan que su material sirva, en primer lugar, para el fortalecimiento y liberación del mismo grupo indígena.[25] Además, hay una serie de líneas nuevas de trabajo, como expondré en el último apartado de este capítulo.

Finalmente, es importante subrayar que la antropología indigenista dominó el quehacer antropológico en México y Perú en la época colonial y cuando llega a nuestra tierra el influjo de la antropología científica anglosajona, pues la población indígena debía

---

25. Me refiero a tres tesis de licenciatura, en las que actué últimamente de jurado en el Programa de Ciencias Sociales de la Universidad Católica del Perú, a saber, *Duik Múum: el universo mítico de los aguarunas* (Lima, CAAAP, 1979), de Manuel García Rendueles, *La noción de redefinición étnica como hipótesis y perspectiva de aproximación a los grupos étnicos de la Amazonía. Análisis de un caso: el grupo étnico amuesha* (Lima, 1980, mimeo), de Federica Barclay, y *Vientos de un pueblo; síntesis histórica de la etnia amuesha (siglos XVII-XX)* (Lima, 1980, mimeo), de Fernando Santos. García Rendueles incluso ha publicado una parte de la tesis en edición popular para uso de los nativos.

ser estudiada y manejada; en la actualidad ya hay otros muchos temas y enfoques antropológicos que interesan a los antropólogos mexicanos y peruanos, que naturalmente escapan de los objetivos de esta obra.[26]

2. Mi posición personal

Quiero terminar esta larga historia presentando mi posición personal ante el indigenismo político y ante las tareas que, en la actualidad, debe desarrollar la antropología indigenista. Lo hago para dar mi modesta contribución a los problemas políticos y académicos de México y Perú y porque así se entienden mejor las críticas que he ido haciendo en la exposición de los diferentes autores de esta historia.

2.1. *De la autogestión a la nacionalidad autóctona*

Es difícil buscar un modelo político adecuado para la población indígena de México y Perú. Los dos grandes imperios azteca e inca que encontraron los españoles cayeron definitivamente, por muy injusto y doloroso que resulte este hecho, pero quedan enormes grupos a lo largo y ancho de ambos países que se siguen considerando indígenas. Una publicación especializada habla de ocho y seis millones de indios mexicanos y peruanos,[27] respectivamente, lo que expresa la magnitud de la realidad indígena, a pesar

---

26. Puede consultarse el trabajo de Carlos E. Aramburú, «Aspectos de la antropología social en el Perú», en Bruno Podestá (ed.), *Ciencias sociales en el Perú: un balance crítico*, Lima, Universidad del Pacífico, 1978. Allí el autor hace una síntesis interesante del desarrollo de la antropología social como disciplina académica desde su nacimiento en la década de los cuarenta en torno al Instituto de Etnología y Arqueología de San Marcos, con Luis E. Valcárcel y Jorge Muelle, y presenta los diversos enfoques: el dualismo cultural y el cambio dirigido, muy vinculado a los proyectos de antropología aplicada, la dominación y la dependencia, y la antropología marxista. Entre las instituciones vinculadas al desarrollo de la antropología académica pienso que hay que mencionar, además del mismo Instituto de Etnología de San Marcos, a la Universidad del Cusco y a la Universidad Católica de Lima. Un papel importante va a desempeñar también el Instituto de Estudios Peruanos, como plataforma de investigaciones y publicaciones de antropología y de otras ciencias sociales, bajo la dinámica dirección de José Matos Mar.

27. Enrique Mayer y Elio Masferrer, «La población indígena de América en 1978», *América Indígena* (México, Instituto Indigenista Interamericano), XXXIX (1979), p. 248.

de lo discutible que puedan ser los procedimientos utilizados para llegar a esas cifras. La situación de esos grupos y el nivel de conciencia étnica son muy diferentes, pero de todos modos son una realidad viva que exige un tratamiento distinto al de la terca tenacidad con que los Gobiernos siguen definiendo a los dos países como mestizos. Ante las enseñanzas que nos proporciona el replanteamiento del indigenismo integracionista que acabo de exponer, pienso que el modo político debe comenzar por la autogestión, lo que asegura la permanencia de cada etnia, para terminar en la nacionalidad autóctona en aquellas etnias que tengan posibilidades de llegar hasta este nivel de evolución:

a) *La autogestión*. El contenido de la misma ha sido suficientemente expuesto, especialmente por Adolfo Colombres. En México, el nacimiento del movimiento indio, con sus congresos de pueblos indígenas (Janitzio, Michoacán, 1975; Centro Ceremonial Mazaua, 1977; Ciudad de México, 1979) y con la formación de la Alianza de Profesionales Indígenas bilingües, que quieren convertirse en la elite de las diferentes etnias, ha iniciado ya un proceso de afianzamiento de las mismas. Por más que muchos grupos indígenas sean hoy sólo una parte de unidades políticas mayores dominadas por mestizos y nunca se hayan puesto en práctica las medidas sugeridas por Lombardo Toledano (cambio de la división política territorial para hacer distritos homogéneos con la población indígena y autonomía política absoluta de las entidades pobladas por indígenas), es innegable que hay un fortalecimiento de la conciencia étnica y un canal de expresión de su organización indígena.

En el Perú, la nueva Constitución, de 1979, crea ciertas condiciones favorables a la autogestión. En el aspecto económico, después de consagrar la reforma agraria y la multiplicidad de formas de propiedad en el agro (arts. 155 y 157), reconoce la existencia legal y la personería jurídica de las comunidades campesinas y nativas. Tal reconocimiento hace que dichas tierras no puedan ser embargadas ni enajenadas por personas de fuera, ni pueda permitirse el acaparamiento de tierras dentro de la misma comunidad (art. 163); sin embargo, las comunidades son «autónomas en su organización, trabajo comunal y uso de la tierra, así como en lo económico y administrativo dentro del marco que la ley establece» (art. 161), y el Estado, por su parte, está obligado a promover el desarrollo integral de las comunidades y a favorecer la modernización fomentando las empresas comunales y cooperativas. En el aspecto político la nueva Constitución consagra el voto de los analfabetos, con lo cual la población indígena, que en su mayoría es analfabeta, puede concurrir a las urnas, cosa que no había podido hacer desde que fue privada de ese derecho por la ley de 1896. De esa manera el indio cuenta con un arma política más, que, si no es definitiva, puede ir adquiriendo cada vez más importancia a medida que se consolide el sistema democrático. En aquellos municipios que tienen población mayoritariamente indígena, como ocurre en muchos municipios del sur andino y en algunos de la selva amazónica, las elecciones municipales pueden ser un instrumento de la autogestión indígena. Por otra parte, el indio, por estar capacitado para votar, según la nueva Constitución, «tiene el derecho de asociarse en partidos políticos» propios (art. 68). Aunque la experiencia del país en este punto es nula, a raíz del largo período en que los indios no tuvieron voto y de la utilización que hicieron los gamonales del voto indígena en el siglo pasado, es innegable que los partidos indios pueden ser un arma importante en la defensa de las etnias. Finalmente, en el aspecto cultural aunque la nueva Constitución vuelve a recalcar el principio liberal de los hombres que hicieron la independencia, sosteniendo la igualdad jurídica de todos ante la ley, reconoce las diferencias culturales. Así, «el Estado preserva y estimula las manifestaciones de las culturas nativas» (art. 34) y «el estado promueve el estudio y conocimiento de las lenguas aborígenes. Garantiza el derecho de las comunidades quechua, aymara y demás comunidades nativas a recibir educación primaria también en su propio indioma» (art. 36). De aquí se desprende que, para la nueva Constitución, el Perú está formado por individuos iguales ante la ley, a pesar de sus diferencias culturales, y dichos individuos forman comunidades lingüísticas y económicas, pero no políticas.

De todo esto parece deducirse que hay buenas condiciones para que se conserven los grupos indígenas como tales, pues el Estado les garantiza su territorio, su lengua, sus características culturales y ciertos derechos políticos mínimos, pero queda un largo camino por recorrer en la movilización de los grupos étnicos, en lo cual los partidos políticos no parecen realmente interesados, y en el afianzamiento de cada una de las etnias hasta llegar a una verdadera autogestión indígena.

b) *La nacionalidad autóctona.* Pero si las condiciones a que acabo de referirme permiten conservar las diferentes etnias o al menos prolongar la agonía de esas culturas marginales de agricultura de subsistencia con un sistema de *apartheid*, no permiten su desarrollo pleno, ni su transformación en interlocutores válidos de la sociedad nacional, que se industrializa rápidamente y trata de incorporar toda la tecnología del mundo moderno. Para esto hace falta que aquellas etnias que tengan las condiciones necesarias se conviertan en verdaderas nacionalidades autóctonas. Limitándome al caso peruano, voy a presentar ahora un ejemplo donde parecen darse las condiciones adecuadas para la formación de esa nacionalidad autóctona: el surandino. Es sabido que la nueva Constitución peruana consagra la regionalización en su art. 259: «Las regiones se constituyen sobre la base de áreas contiguas integradas histórica, económica, administrativa y culturalmente. Conforman unidades geoeconómicas. La descentralización se efectúa de acuerdo al plan nacional de regionalización, que se aprueba por ley». Esta definición de región tiene en cuenta no sólo la geografía y la economía, como se ha hecho con frecuencia al plantearse la regionalización como un mejor aprovechamiento de los recursos y desde la perspectiva de un país que se supone homogéneo, sino también la historia y la cultura. Efectivamente, la planificación regional no es sólo una programación adecuada de metas y recursos disponibles, sino también una canalización eficaz de motivaciones comunes, que funcionan, sobre todo, dentro de la cultura regional, es decir, dentro de ese conjunto de hábitos, valores y conocimientos que la propia historia ha ido plasmando y que forman la propia identidad. De esa manera la población indígena mayoritaria de la región surandina de Huancavelica a Puno, que ocupa una misma región geográfica y ha compartido una misma experiencia histórica, puede constituir una misma región. Así, las comunidades indígenas no sólo no tendrán que perder su identidad al «incorporarse» a la sociedad nacional, como ocurre realmente ahora, sino que podrán desarrollar esa identidad, aceptando la tecnología del mundo moderno e incorporando o «indianizando» a la población no indígena de la región. Aunque ésta no comparte totalmente la misma tradición cultural que la población indígena, la geografía, la historia y la lengua, y cierta autonomía política que le concede la Constitución, son elementos suficientes para forjar la conciencia social de la nueva región y convertirla en una nacionalidad. De esa manera, la región mayoritariamente indígena podrá dialogar con las demás regiones del país en pie de igualdad y conformar con ellas un Estado fuerte, pero respetuoso de la diversidad cultural.

La declaración del quechua y el aymara como lenguas oficiales de determinadas regiones («en las zonas y en la forma que la ley establece»), que la nueva Constitución consagra en su artículo 83, puede ser un excelente medio de consolidación de la naciente nacionalidad surandina. No está de más decir que, en tal caso, el quechua no sólo debe utilizarse en la escuela primaria con la población quechua-hablante en un sistema de educación bilingüe, sino que debe ser obligatorio en la educación primaria y aun secundaria de toda la región y debe utilizarse en los tribunales, en los documentos oficiales y en las demás ocasiones que determine la ley. Así se evitará que la oficialización del quechua en la región tenga tan pocos efectos como tuvo su oficialización a nivel nacional. Cuando el régimen militar de Velasco dio el respectivo decreto el 7 de mayo de 1975, inmediatamente un diario del Gobierno publicó una página en quechua, una televisora limeña tradujo a dicha lengua su propia denominación y, en algunas entrevistas aparecidas en la prensa o en la TV, se defendió la medida por algunos antropólogos y habitantes de los pueblos jóvenes, pero la reglamentación de la ley no salió nunca y, poco después, el diario y la televisión volvieron a ser monolingües en castellano. La reglamentación no salió porque en nombre de ninguna revolución se puede convertir en lengua oficial del país una lengua que sólo la hablan uno de cada cuatro peruanos, con el agravante de que hay, por lo menos, tres quechuas; pero puede oficializarse el quechua en una región donde lo hablan el 90 % de los habitantes y debe exigirse su enseñanza en el sistema educativo para afianzar su carácter de lengua culta y literaria.

De este modo la región surandina, mayoritariamente indígena, puede encontrar un modo adecuado de conservar y desarrollar su propia identidad cultural. Pero, a medida que la región se consolide, habrá que aplicar los correctivos necesarios para que no prosperen los cánticos de sirena independentistas, los cuales se escuchan en la mayoría de los países con regiones culturales fuertes. Al mismo tiempo la población indígena debe valerse de la educación, del voto político y de las organizaciones clasistas para no permitir en la región la prolongación del actual dominio de los grupos no indígenas. Aunque la historia nos ha enseñado que con frecuencia los mayores explotadores de los indios han sido los «mitis» y demás habitantes no indios de la región, si se aplican los correctivos ya indicados, puede construirse una región fuerte y justa; además, también la historia nos ha enseñado que, a la larga, es mayor la explotación nacional y trasnacional que la regional.

En síntesis, pienso que el difícil modelo político para la población indígena debe consistir, para la mayoría de los grupos étnicos mexicanos y peruanos, en un régimen de autogestión con todos los matices que se indicaron en el apartado anterior, y para aquellas etnias que tengan gran volumen demográfico, continuidad territorial, la misma lengua, una tradición cultural propia, posibilidades económicas en su territorio y todos los elementos que forman una «nación» según la ciencia política, en la creación de una nacionalidad autóctona que se integre en un Estado multinacional.

Si releemos ahora los capítulos de este libro, parece innegable que la solución aquí propuesta ha ido forjándose a lo largo de esta historia por hombres a los que les «dolía el indio» y su situación de explotación desde que aparecieron en el horizonte americano las naves de Colón. Las Casas, con sus gritos de denuncia contra la explotación indígena y su propuesta de que los indios acepten la fe cristiana y la supremacía simbólica del rey de España, pero conserven sus bienes, su libertad y su propia organización política; Vasco de Quiroga, con su fe en el indio y su construcción de la utopía; Ruiz de Montoya, con su paciente trabajo de evangelizador y organizador en el «Estado indígena» del Paraguay y su audacia al organizar un ejército indígena contra las incursiones paulistas; Guamán Poma, con su proyecto político y su solicitud al papa del sacerdocio indígena; Lombardo Toledano, con su análisis de las nacionalidades indígenas oprimidas y su propuesta de hacer distritos indígenas autónomos; Valcárdel, con su mesianismo andino y su afirmación del «extrañamiento» del mundo cusqueño hasta que se convierta en una nacionalidad frente al mundo costeño, etc., son diferentes formulaciones de la idea central de salvar la especificidad autóctona.

Así escribía en la primera edición de esta obra, en 1981. Sin embargo, hoy me resulta difícil imaginar las fronteras de tal mapa regional peruano y más todavía predecir su viabilidad. Es sabido que en la regionalización, además de los factores culturales, cuentan mucho los factores económicos, demográficos y políticos, que entre los mismos quechuahablantes del sur andino existen distintas tradiciones indígenas y que el mundo peruano actual está muy abierto al cambio. Por eso, habrá que esperar a que se consolide el proceso de regionalización, cuyas cinco primeras regiones han elegido ya a sus Gobiernos regionales, antes de plantear nuevas formas de autonomía para la población indígena dentro de sus respectivas regiones. Pero de cualquier modo es indispensable asegurar una cierta autonomía en las regiones a las etnias ya existentes tanto andinas como amazónicas, dentro del marco de un país que, a pesar de ser fundamentalmente mestizo, es también pluricultural y que debe afirmar su unidad sin sacrificar su diversidad, que es una parte importante de su riqueza.

2.2. *Algunas tareas de la antropología indigenista*

Finalmente, quiero exponer mi punto de vista sobre las tareas que debe desarrollar la antropología indigenista en la actualidad, como estudiosa e intérprete de los procesos sociales que vive la población indígena. Vuelvo a repetir que éste no es ya el único campo de trabajo de los antropólogos, pero debe seguir siendo una tarea importante para los antropólogos mexicanos y peruanos. Las principales tareas son:

a) *La definición de indio*. Se ha señalado que el término *indio* es una categoría colonial, y es indudable que debajo de esa denominación hay grupos étnicos muy diferentes. Pero, por una serie de razones, entre las que no es la menos importante conocer la fuerza potencial del «poder indio», la antropología indigenista debe estudiar la definición de *indio*. Desde la década de los cuarenta, cuando se organiza el indigenismo oficial y se montan los programas indigenistas, la definición de *indígena* ha sido un tema constante; se han ensayado diferentes criterios, como raza, lengua, cultura, pertenencia a una comunidad indígena, situación de indigencia o marginalidad, etc. La raza fue el primer criterio en rechazarse, por el volumen del mestizaje y porque el contexto colonial en que nació la denominación racial la convirtió en «raza social», por lo que el término *raza indígena* equivale a raza inferior. El criterio cultural, entendido como conjunto de rasgos culturales de origen predominantemente autóctono (traje, alimentación, organización social, etc.) también se rechazó por su escasa funcionalidad, lo mismo que al criterio de situación de indigencia, por la misma razón. Los criterios más utilizados han sido la lengua indígena y la pertenencia a una comunidad indígena.[28] Pero es fácil reconocer que, fuera del alcance de esos dos criterios, hay muchas personas que deben ser considerados indígenas en México y Perú. Un reciente trabajo del Departamento de Investigaciones Antropológicas del Instituto Indigenista Interamericano, «La población indígena en América en 1978», al que ya me referí, incluye, dentro del «núcleo irreductible» de la población indígena americana, que calcula en 28,5 millones, junto a los indios de las comunidades con economía autosuficiente y organización tribal, a los indios campesinos con una economía articulada a la sociedad nacional y una organización campesina, y a los indios de la ciudad con una economía también articulada a la sociedad nacional, pero donde «mediante el proceso de conquista del espacio urbano los grupos indígenas están reafirmando a otro nivel su lugar como cultura diferente, pero partícipe de la vida nacional».[29] Por discutibles que

---

28. Me refiero a los trabajos de Gamio y Caso sobre definición del indio citados en el capítulo VIII. También puede consultarse Oscar Lewis y Ernest E. Maes, «Base para una nueva definición práctica del indio», *América Indígena*, V, pp. 107-118.

29. Mayer y Masferrer, *op. cit.*, p. 238.

puedan parecer ciertos criterios para reencontrar la etnicidad en el indio campesino y urbano, es indudable que es mucho más discutible la facilidad con que ciertos políticos cambian por decreto la condición indígena de las comunidades. Por todo eso, es importante estudiar la definición de *indio*.

b) *La identidad de los grupos étnicos, vista no ya desde fuera sino por los mismos indios, o sea su autoidentificación.* Los grupos autóctonos han sido llamados sucesivamente, por los «otros», indios, campesinos, etc. y, en cierto sentido, han tenido que interiorizar esas denominaciones, sobre todo porque una de las características de su cultura marginal ha sido adaptarse a las imposiciones de la sociedad dominante; pero, dichos indígenas, ¿cómo se ven a sí mismo o con quiénes se identifican como parte del mismo grupo social básico? Éste es un tema importante para una antropología indigenista que quiere reflexionar sobre el indio como protagonista de su historia. Y en esta autoidentidad hay que descubrir, por una parte, lo permanente, y por otra, lo cambiante.[30] En toda cultura, y también en las culturas autóctonas de México y Perú, hay un conjunto de patrones culturales básicos (por ejemplo, la división dual en el mundo andino, la réplica estructural y conceptual del mundo mesoamericano zinacanteco, etc.[31] que se conservan tenazmente, por más que varíen las formaciones socioeconómicas. Pero también toda cultura, y mucho más las culturas que han soportado un proceso de dominación política y cultural, tienen que desarrollar una serie de mecanismos de adaptación a la situación cambiante, como ocurre, por ejemplo, con ciertos grupos nativos de la Amazonia peruana, que han tenido que romper su larga separación de la sociedad nacional. Es tarea de la antropología indigenista descubrir esa autoidentidad indígena.

c) *La tradición oral.* En el descubrimiento de la identidad del grupo étnico juega un papel importante la tradición oral. Es sabido que los mitos son una institución cultural universal que tienen forma de narración con argumento y que poseen funciones y significados psicológicos, sociales y religiosos. Por medio de sus mitos toda cultura expresa su mayor originalidad y el horizonte de totalidad, que da sentido a la vida del grupo. Es necesario que la antropología recoja el *corpus míticum* de los diferentes grupos ét-

---

30. Puede consultarse *Los grupos étnicos y sus fronteras: la organización social de las diferencias culturales* (comp. Fredrik Barth), México, Fondo de Cultura Económica, 1976.

31. Evon Z. Vogt, *Los zinacantentecos: un grupo maya en el siglo XX*, México, Sep-Setentas, 1973, pp. 155 ss.

nicos, que ayude a éstos a conservar o a recuperar la conciencia de su propia especificidad. Además, este *corpus míticum* puede utilizarse, como ya se está haciendo en algunas partes, en los libros de cultura de las escuelas bilingües y en la misma catequesis cristiana, tomando los mitos como «semillas de la revelación».[32]

d) *Estudios de etnohistoria*. Se ha supuesto con excesiva facilidad que los pueblos indígenas carecen de historia o, a lo sumo, se ha reducido ésta al «descubrimiento» y a las relaciones de dichos pueblos con la sociedad colonial y nacional; además, se han utilizado los estudios de etnohistoria para rellenar las páginas en blanco de la historia del país o para acumular más material comparativo en la comprensión de los procesos sociales. Sin embargo, ahora deben hacerse dichos estudios sobre todo para recuperar la conciencia histórica del indio. De esa conciencia forman parte los mitos, pero también los recuerdos de los ancianos del grupo, ciertas «supervivencias» etnográficas y los documentos de los archivos de los vencedores. La misma función que desempeña la historia patria en el fortalecimiento de la conciencia nacional puede desempeñar la historia de las etnias en la conciencia del propio grupo; además, la politización de las etnias puede desarrollarse mejor a partir del redescubrimiento de la historia de la explotación por parte de la sociedad nacional.

e) *Funcionamiento de las sociedades indígenas*. Ha sido el estudio más clásico por parte de los indigenistas, tanto en las crónicas de los misioneros y funcionarios coloniales como en los «estudios de comunidad» de la década de los cincuenta, pues era indispensable para asegurar las metas de la política colonial o nacional. En la actualidad, estudiar el funcionamiento de las sociedades indígenas sigue siendo necesario para que los indios mismos tomen conciencia de su propia realidad. Pero los grupos étnicos de México y Perú no son islas, ni siquiera las comunidades indígenas con régimen de relativa autosubsistencia y organización tribal, mucho menos los indios campesinos y los «indios urbanos»; es una tarea importante de la antropología indigenista describir y explicar las relaciones entre indios y sociedad nacional y los mecanismos de explotación que ésta ha desarrollado, y tal información debe ser puesta al alcance de los indios. Además, aun las comunidades indígenas aparentemente más integradas y homogéneas tienen sus propios conflictos y sus personas interesadas que manipulan los símbolos de la cultura en propio beneficio. Hace falta estudiar

---

32. Concilio Vaticano II, Constitución «Ad gentes», n. 11, y Secretariado Pontificio para los no cristianos, *Las reglas del diálogo*, Madrid, 1967.

esos conflictos, esos mecanismos de poder y el nacimiento y evolución del liderazgo. Un estudio importante en la sociedad andina es el de la coca, tan vinculada a la propia etnicidad andina y, al mismo tiempo, a los conflictos de la sociedad nacional.

f) *Etnia y clase.* Como la mayoría de los grupos étnicos de México y del Perú participan, además de su propia especificidad étnica, de un sistema de clases sociales en relación con la sociedad nacional, es importante tener en cuenta también la perspectiva de clase; sin embargo, no ha sido así y no pocas veces la perspectiva de clase se ha olvidado por completo; es cierto que muchos, por el contrario, han creído que bastaba con desarrollar esa perspectiva prescindiendo por completo de la perspectiva étnica. Parece necesario, pues, plantear el doble camino de la etnia y de la clase para entender y transformar la realidad indígena, pero no hay que olvidar la complejidad de los procesos sociales, que se escapan tantas veces a nuestros esquemas de interpretación, y en especial la complejidad de la «etnicidad», que reaparece tercamente después de transformaciones estructurales. Al mismo tiempo, el estudio de los modos de producción indígena y su articulación con el modo de producción capitalista de la sociedad nacional puede iluminar aspectos poco conocidos cuando se ha empleado sólo la perspectiva de la etnia, más tradicional en los estudios antropológicos.

g) *Migración indígena.* Desde la llegada de los españoles, por lo menos, el indio ha sido un migrante empedernido. Tuvo que migrar en la colonia para cumplir con la mita, o para escapar de ésta y del tributo, o para prestar sus fuerzas de trabajo en las ciudades, o para establecerse como «forastero» en tierras de otra reducción al ser despojado de sus propias tierras. Este fenómeno migratorio, que se mantuvo a lo largo del período republicado, en que los despojos de tierra fueron todavía mayores, se ha acentuado por una serie de factores (urbanización, industrialización, resolución de las aspiraciones crecientes, etc.), tanto en México como en el Perú, en los últimos cuarenta años. Pero el indio no emigra sin más, rompiendo definitivamente con todo su mundo cultural, sino que mantiene una serie de lazos económicos y afectivos con la comunidad de origen, trata de reconstruirla en la ciudad por medio de los «clubes regionales» o de otras formas de solidaridad interétnica y, a veces, se reintegra a ella en una «migración de retorno». Todas estas formas de migración han comenzado a ser estudiadas,[33] pero

---

33. Puede consultarse a Jorge P. Osterling, *De campesinos a profesionales: migrantes de Huayopampa en Lima*, Lima, Pontificia Universidad Católica del Perú, 1980, y Teófilo Altamirano, *Regional Commitment and Political Involvement Among Migrants*

deben seguirse estudiando por la antropología indigenista, sobre todo para conocer la permanencia de la identidad y de la organización étnicas.

h) *Papel del antropólogo*. Un cambio importante producido por el replanteamiento del indigenismo y por el nacimiento del indigenismo crítico ha sido la redefinición del papel de los antropólogos. Éstos, conscientes de su papel de intermediarios al servicio de los Gobiernos, lo cual muchas veces ha acabado siendo perjudicial para los grupos étnicos, quieren ahora ponerse al servicio de los indios, reestructurar la imagen que de ellos tiene la sociedad nacional, descubrir para los indios los mecanismos de dominación de dicha sociedad nacional, ayudar a los indios a conocer mejor su historia y su tradición oral y, sobre todo, participar sólo en aquellos programas gubernamentales que aseguren la autogestión indígena. A pesar de todo, muchos grupos indígenas miran hoy con desconfianza el trabajo de los antropólogos, sospechando que, debajo de las nuevas etiquetas, se escondan las mismas técnicas e intenciones del pasado.

He presentado algunas tareas que tiene la antropología indigenista, pero, como ocurre siempre que se hace historia del tiempo presente, falta suficiente perspectiva, y quizás los acontecimientos políticos lleven la antropología indigenista por otros derroteros.

in *Perú*, tesis doctoral presentada en la Universidad de Durham, 1980, y *Estructuras regionales, migración y formación de asociaciones regionales en Lima*, Lima, Pontificia Universidad Católica, 1977, mimeo.

APÉNDICE

1

BIBLIOGRAFÍA
DE ANTROPOLOGÍA INDIGENISTA

En esta bibliografía voy a recoger sólo las fuentes, no los estudios, que han ido apareciendo en las notas de pie de página; tal distinción entre fuente y estudio puede resultar arbitraria en los autores de la antropología indigenista moderna. Como ya lo indiqué en el capítulo I, debajo del apellido de cada autor aparece el año de la edición original de la obra respectiva; si dicho número va entre paréntesis significa que es el año de terminación, no de publicación, de la obra, y en tal caso la fecha de publicación aparece inmediatamente después del título de la obra; por último, el año que a veces sigue a la ciudad donde se editó la obra es siempre el año de la edición que he utilizado y de la cual están tomadas todas mis citas. Otra observación: empleo las siglas ordinarias para identificar a los autores que son miembros de diferentes órdenes religiosas: agustinos (OSA), dominicos (OP), franciscanos (OFM) y jesuitas (SJ). También empleo siglas para identificar a las editoriales que más se repiten en la bibliografía. Dichas siglas son:

BAE	Biblioteca de Autores Españoles
CSIC	Consejo Superior de Investigaciones Científicas
FCE	Fondo de Cultura Económica
III	Instituto Indigenista Interamericano
INAH	Instituto Nacional de Antropología e Historia
INI	Instituto Nacional Indigenista
SEP	Secretaría de Educación Pública

SGHG   Sociedad de Geografía e Historia de Guatemala
UNAM   Universidad Nacional Autónoma de México
UNMSM   Universidad Nacional Mayor de San Marcos

Finalmente, la bibliografía va dividida en dos secciones: México (que incluye también a autores que escriben sobre toda América, como Anglería, Encinas, Fdez. de Oviedo, Herrera, López de Velasco, Sepúlveda, Vázquez de Espinosa y Vitoria) y Perú.

I. México

AGUIRRE BELTRÁN, Gonzalo
1940 *El señorío de Cuauhtocchoco.*
1946 *La población negra de México, 1519-1810. Estudio etnohistórico,* México, Fuente Cultural.
1952 *La población indígena de la Cuenca del Tepalcatepec,* México, INI.
1953a *Formas de gobierno indígena,* México, Imprenta Universitaria.
1953b *Teoría y práctica de la educación indígena,* México, FCE, 1973.
1954 «Las instituciones indígenas en el México actual», en *Métodos y resultados de la política indigenista de México,* México, INI.
1955 *Los programas de salud en la situación intercultural,* México, III.
1957a *El proceso de aculturación,* México, UNAM.
1957b *Cuijla. Un pueblo negro,* México, FCE.
1963 *Medicina y magia: el proceso de aculturación en la estructura colonial,* México, INI.
1967 *Regiones de refugio,* México, III.
1976 *Aguirre Beltrán: obra polémica* (ed. A. Parlerm), México, SEP-INAH.

ALEGRE, Francisco Javier (SJ)
1797 *Historia de la provincia de la Compañía de Jesús en Nueva España,* México, Carlos M. Bustamante, 1841-1842.

ALVA IXTLILXOCHITL, Fernando de
(1640) *Obras,* 2 t., 1891-1892, México, Editorial Nacional, 1965.

ALVARADO TEZOZCOMOC, Hernando
(1598) *Crónica mexicana,* 1878, México, Porrúa, 1975.

ANGLERÍA, Pedro Mártir de
1530 *De orbe novo decades,* Buenos Aires, 1944.

BALTASAR, Juan Antonio (SJ)
1974 «Espiritual conquista de la provincia de la Pimería Alta», en *Apostólicos afanes de la Compañía de Jesús,* México, Layac, 1944.

BASALENQUE, Diego de (OSA)
1673 *Historia de la provincia de San Nicolás de Michoacán del Orden de N.P.S. Agustín*, México, Jus, 1963.

BENAVENTE, Toribio de (*Motolinía*) (OFM)
(1541) *Relación de los ritos antiguos, idolatrías y sacrificios de los indios de esta Nueva España, y de la maravillosa conversión que Dios en ellos ha obrado*, 1848, México, Salvador Chávez Hayhoe, 1941.
(1555) *Carta al emperador*, México, Jus, 1949.

BONFIL, Guillermo
1987 *México profundo: una civilización negada*, México, Sep.

BURGOA, Francisco de (OP)
1670 *Palestra historial de virtudes y ejemplares apostólicos*, México.
1674 *Geográfica descripción de la parte septentrional del polo ártico de la América*, México.

CASO, Alfonso
1953 *El pueblo del sol*, México, FCE.
1958 *Indigenismo*, México, INI.

CLAVIJERO, Francisco Xavier (SJ)
1780 *Historia antigua de México*, México, Porrúa, 1964.

CORTÉS, Hernán
1522-1525 *Cartas de Relación*, México, Porrúa, 1963.

CORTÉS LARRAZ, Pedro
(1772) *Descripción Geográfica de la Diócesis de Guatemala*, Guatemala, SGMG, 1958.

DÁVILA PADILLA, Agustín (OP)
1596 *Historia de la fundación y discurso de la provincia de Santiago de México de la orden de predicadores*, México, Colección de Grandes Crónicas Mexicanas, 1955.

DÍAZ DEL CASTILLO, Bernal
1632 *Historia verdadera de la conquista de la Nueva España*, 2 t., México, Porrúa, 1960.

DURAND, Diego (OP)
(1581) *Historia de las Indias de la Nueva España*, 2 t., 1867, México, Porrúa, 1964.

ENCINAS, Diego
1596 *Provisiones*, Madrid, Instituto de Cultura Hispánica, 1946.

FERNÁNDEZ DE OVIEDO, Gonzalo
1535 *Historia general y natural de las Indias*, Madrid, BAE, 1959.

GAMIO, Manuel
1916 *Forjando patria. Pro nacionalismo*, México, Porrúa.
1922 *La población del valle de Theotihuacán*, 3 t., México, SEP.
1935 *Hacia un México nuevo. Problemas sociales*, México.
1948 *Consideraciones sobre el problema indígena*, México, III, 1966.

GRIJALVA, Juan (OSA)

1624 *Crónica de la orden de N.P.S. Agustín de la provincia de la Nueva España*, México.

HERRERA, Antonio de

1601-1615 *Historia general de los hechos de los castellanos en las islas y tierra firme del mar océano*, 10 t., Asunción del Paraguay, Guaranía, 1944-1947.

JIMÉNEZ, Francisco (OP)

Tesoro de las lenguas quiché, cackchiquel y zutuhil.

(1722) *Historia de la provincia de San Vicente de Chiapa y Guatemala*, Guatemala, SGHG, 1929-1931.

KINO, Francisco Eusebio (SJ)

1754 «Las misiones de Sonora y Arizona», en *Apostólicos afanes de la Compañía de Jesús*, México, Layac, 1944.

LANDA, Diego de (OFM)

(1566) *Relación de las cosas de Yucatán*, México, Porrúa, 1958.

LAS CASAS, Bartolomé de (OP)

(1537) *Del único modo de atraer todos los pueblos a la verdadera religión*, 1942, México, FCE, 1975.

(1541) *Brevísima Relación de la Destrucción de Indias*, 1552, en *Obras*, t. V, Madrid, BAE, 1958.

(1551) *Apología* (contra Sepúlveda), manuscrito latino de la Biblioteca Nacional de París.

(1559) *Apologética historia*, 1909, en *Obras*, t. III y IV, Madrid, BAE, 1958.

(1566) *Historia de las Indias*, 1875, en *Obras*, t. I y II, Madrid, BAE, 1958.

(1566) *De regia potestate*, Madrid, CSIC, 1969.

LOMBARDO TOLEDANO, Vicente

1924 *El problema educativo en México*, México, Cultura.

1931 *Geografía de las lenguas de la Sierra de Puebla, con algunas observaciones sobre sus antiguos y modernos pobladores*, México, UNAM.

1936 *Un viaje al mundo del porvenir*, México.

1936 *El problema del indio* (selección de textos), México, SEP-70s., 1973.

LÓPEZ DE GOMARA, Francisco

1552 *Historia de las Indias y conquista de México*, Zaragoza, Miguel de Zapila.

LÓPEZ DE VELASCO, Juan

(1574) *Geografía y descripción universal de las Indias*, 1894, Madrid, BAE, 1971.

MEDINA, Baltasar de (OFM)

1682 *Crónica de la santa provincia de San Diego de México*, México.

MENDIETA, Jerónimo de (OFM)
(1596) *Historia eclesiástica indiana*, 1870, México, Salvador Chávez Hayhoe, 1945.

MIER, Servando Teresa de (OP)
1813 *Historia de la revolución de Nueva España*, Londres.
1820 *Carta de despedida a los mexicanos*.

MOLINA ENRÍQUEZ, Andrés
1909 *Los grandes problemas nacionales*, México, Era, 1979.

ORTEGA, José (SJ)
1754 «Maravillosa reducción y conquista de la provincia del Gran Nayar», en *Apostólicos afanes de la Compañía de Jesús*, México, Layac, 1944.

PASO Y TRONCOSO, Francisco del (ed.)
(1579-1580) *Papeles de Nueva España*, México, 1905-1906.

PÉREZ DE RIBAS, Andrés (SJ)
1645 *Historia de los triunfos de nuestra santa fe entre gentes las más bárbaras del nuevo orbe*, 3 t., México, Layac, 1944.

PIMENTEL, Francisco
1864 *Memoria sobre las causas que han originado la situación actual de la raza indígena en México y medios para remediarla*, México.
1874 *Cuadro comparativo y descriptivo de las lenguas indígenas de México*, 3 t., México, 2.ª ed.

POMAR, Juan Bautista
(1582) *Relación de Texcoco*, 1891, en *Relaciones de Texcoco y de la Nueva España*, México, Salvador Chávez Hayhoe, 1941.

QUIROGA, Vasco de
(1535) «Información en derecho», en Rafael Aguayo Spencer, *Don Vasco de Quiroga*, México, Polis, 1940.
(1535) «Reglas y ordenanzas para los hospitales de Santa Fe», en *ibíd*.

REA, Alonso de la (OFM)
1643 *Crónica de la provincia de San Pedro y San Pablo de Michoacán*, México.

REMESAL, Antonio de (OP)
1619 *Historia general de las Indias Occidentales y particular de la gobernación de Chiapa y Guatemala*, 2 t., Madrid, BAE, 1964.

SÁENZ, Moisés
1933a *Sobre el indio ecuatoriano y su incorporación al medio nacional*, México, SEP.
1933b *Sobre el indio peruano y su incorporación al medio nacional*, México, SEP.

SAHAGÚN, Bernardino de (OFM)
(1582) *Historia general de las cosas de la Nueva España*, 4 t., 1830; México, Porrúa, 1956.

SEPÚLVEDA, Juan Ginés
(1547)   *Democrates alter, sive de iustis belli causis apud indos*, Madrid, Consejo Superior de Investigaciones Científicas, 1951.

TAMARÓN Y ROMERAL, Pedro
(1745)   *Descripción del vastísimo obispado de Nueva Vizcaya*, en *Biblioteca Indiana*, t. II, Madrid, Aguilar, 1975.

TELLO, Antonio (OFM)
(1653)   *Crónica miscelánea de santa provincia de Jalisco*, Guadalajara, 1891.

TORQUEMADA, Juan de (OFM)
1615   *Monarquía indiana*, 3 t., México, Porrúa, 1969.

VÁZQUEZ DE ESPINOSA, Antonio
(1629)   *Compendio y descripción de las Indias Occidentales*, Washington, The Smithsonian Institution, 1948.

VETANCURT, Agustín de (OFM)
1674   *Arte para aprender la lengua mexicana.*
1698   *Teatro mexicano: descripción breve de los sucesos ejemplares, históricos, políticos y religiosos del nuevo mundo occidental de las Indias*, México, Porrúa, 1971.

VENEGAS, Miguel (SJ)
1757   *Noticia de la California y de su conquista temporal y espiritual*, México, Layac, 1944.

VITORIA, Francisco de (OP)
1539a   *De los indios recientemente descubiertos*, en *Obras*, Madrid, Biblioteca de Autores Cristianos, 1960.
1539b   *De los indios o del derecho a la guerra de los españoles sobre los bárbaros*, en *Obras*, Madrid, Biblioteca de Autores Cristianos, 1960.

WARMAN, Arturo (ed.)
1970   *De eso que llaman antropología mexicana*, México, Nuestro Tiempo.

ZURITA, Alonso de
(1560?)   *Breve y sumaria relación de los señores de la Nueva España*, 1864, en *Relaciones de Texcoco y de la Nueva España*, México, Salvador Chávez Hayhoe, 1941.

VV.AA.
1681   *Recopilación de las Leyes de los Reinos de las Indias*, 4 t., Madrid, Julián de Paredes.
1979   *Indianidad y descolonización en América Latina (documentos de la segunda reunión de Barbados)*, México, Nueva Imagen.

II. Perú

ACOSTA, José (SJ)

1588 *De procuranda indorum salute*, en Obras, Madrid, BAE, 1954.

1590 *Historia natural y moral de las Indias*, en Obras, Madrid, BAE, 1954.

AGIA, Miguel de (OFM)

1604 *Tres pareceres graves en derecho*, reeditado como *Servidumbres personales de indios*, Sevilla, Escuela de Estudios Hispanoamericanos, 1946.

AMICH, José (OFM)

(1771) *Historia de las Misiones del convento de Santa Rosa de Ocopa*, 1854, Lima, Milla Batres, 1975.

ARGUEDAS, José María

1968 *Las comunidades de España y del Perú*, Lima, UNMSM.

1952-1970 *Formación de la cultura nacional indoamericana* (selección de artículos editada por Ángel Rama), México, Siglo XXI, 1975.

ARRIAGA, José de (SJ)

1621 *La extirpación de la idolatría en el Perú*, en *Crónicas peruanas de interés indígena* (ed. Esteve Barba), Madrid, BAE, 1968.

AVENDAÑO, Fernando de

1649 *Sermones de los misterios de nuestra santa fe católica, en lengua castellana y general del Inca*, Lima, Jorge López de Herrera.

ÁVILA, Francisco de

(1598?) *Dioses y hombres en Huarochirí*, Lima, Museo Nacional de Historia, 1966.

1646-1648 *Tratado de los evangelios*, 2 t., Lima.

BELAÚNDE, Víctor Andrés

1931 *La realidad nacional*, Lima, Imp. Pablo Villanueva, 1964.

1933 *Meditaciones peruanas*, Lima, Imp. Pablo Villanueva, 1964.

1942 *Peruanidad*, Lima, Librería Studium, 1965.

BERTONIO, Ludovico (SJ)

1612 *Arte de la lengua aymara*, Lima, Francisco del Canto.

1612 *Vocabulario de la lengua aymara*, Lima, Francisco del Canto; La Paz, 1956, edición facsimilar.

BETANZOS, Juan

(1551) *Suma y narración de los Incas*, 1890, en *Crónicas Peruanas de interés indígena* (ed. Esteve Barba), Madrid, BAE, 1968.

CABELLO VALBOA, Miguel

(1586) *Miscelánea Antártica*, Lima UNMSM, 1951.

CALANCHA, Antonio de la (OSA)

1639 *Crónica moralizada del Orden de San Agustín en el Perú*, t. I,

517

Barcelona, Pedro Lacavallería; t. II, Lima, Jorge López de Herrera, 1653.

CASTRO POZO, Hildebrando

1924 *Nuestra comunidad indígena*, Lima, El Lucero.

1936 *Del ayllu al cooperativismo socialista*, Lima, Barrantes Castro.

1945 *El yanaconaje en las haciendas de Piura*, Lima.

CHANTRE Y HERRERA, José (SJ)

(1790?) *Historia de las misiones de la Compañía de Jesús en el Marañón español (1637-1767)*, Madrid, A. Aurial, 1901.

CIEZA DE LEÓN, Pedro

1553 *La Crónica del Perú* (la 2.ª parte se publica en 1880 y la 3.ª en 1979), Buenos Aires, Espasa-Calpe, 1945; Roma, 1979.

COBO, Bernabé (SJ)

(1653) *Historia del Nuevo Mundo*, 1882-1893, en *Obras*, Madrid, BAE, 1964.

COLOMBRES, Adolfo (ed.)

1975 *Por la liberación del indígena* (Documentos), Buenos Aires, Ed. del Sol.

1977 *Hacia la autogestión indígena* (Documentos), Quito, Ed. del Sol.

CÓRDOBA SALINAS, Diego de (OFM)

1651 *Crónica de la religiosísima provincia de los doce apóstoles del Perú*, Washington, Academy of American Franciscan History, 1957.

DÍEZ DE SAN MIGUEL, Garci

(1567) *Visita hecha a la provincia de Chucuito*, Lima, Casa de la Cultura, 1964.

FIGUEROA, Francisco de

(1661) *Relación de las Misiones de la Compañía de Jesús en el país de Maynas*, t. I, Madrid, Colección de libros y documentos referentes a la Historia de América, 1904.

GARCÍA, Gregorio (OP)

1607 *Origen de los indios del Nuevo Mundo e Indias occidentales, averiguado con discurso de opiniones*, Madrid, Francisco Martínez Abad, 1729.

1625 *Predicación del evangelio en el Nuevo Mundo viviendo los apóstoles*, Baeza.

GARCÍA, José Uriel

1930 *El Nuevo indio*, Lima, Universo, 1973.

GARCILASO DE LA VEGA, el Inca

1605 *La Florida del Inca, historia del adelantado Hernán de Soto [...] y de otros heroicos caballeros españoles e indios*, Madrid, Pedro Madrigal.

1609 *Primera parte de los comentarios reales, que tratan del origen de los incas*, Buenos Aires, Emecé, 1943.

1617 *Historia general del Perú o 2.ª parte de Comentarios reales*, Buenos Aires, Emecé, 1943.

GONZÁLEZ DE HOLGUÍN, Diego (SJ)

1607 *Gramática y arte nuevo de la lengua general de todo el Perú, llamada quichua o lengua del Inca*, Lima, Francisco del Canto.

1608 *Vocabulario de la lengua general de todo el Perú, llamada qichua o lengua del Inca*, Lima, Francisco del Canto; UNMSM, 1952.

GONZÁLEZ PRADA, Manuel

1905 «Nuestros indios», en *Horas de Lucha*, Lima, 1974.

GUAMÁN POMA DE AYALA, Felipe

(1615) *El primer nueva crónica y buen gobierno*, 1936 (ed. Luis F. Bustíos), Lima, Ministerio de Educación, 1956-1966.

HAYA DE LA TORRE, Víctor Raúl

(1927) «El problema indio», en *Obras completas*, t. I, Lima, Juan Mejía Baca, 1976.

IZAGUIRRE, Bernardino (OFM)

1922-1929 *Historia de las misiones franciscanas (1619-1921)*, 14 t., Lima, Talleres Tipográficos de la Penitenciaría.

JIMÉNEZ DE LA ESPADA, Marcos (ed.)

(1586) *Relaciones geográficas de Indias*, 3 t., 1881-1897, Madrid, BAE, 1965.

LIZARRAGA, Reginaldo (OP)

(1605) *Descripción y población de las Indias*, Lima, Revista del Instituto Histórico del Perú, 1908.

MARIÁTEGUI, José Carlos

1928 *Siete ensayos de interpretación de la realidad peruana*, en *Obras completas*, t. 2, Lima, Amauta, 1967.

1929 *Ideología y política*, en *Obras completas*, t. 11, Lima, Amauta, 1969.

MARTÍNEZ COMPAÑÓN, Baltasar Jaime

(1797) *Historia natural, moral y civil de la diócesis de Trujillo*.

(1790) *Trujillo del Perú a fines del siglo XVIII*, Madrid, Biblioteca de Palacio, 1936.

(1790) *La obra del obispo Martínez Compañón sobre Trujillo del Perú en el siglo XVIII*, Madrid, Cultura Hispánica, 1978.

MATIENZO, Juan de

(1567) *Gobierno del Perú*, Lima, Institut Français d'Études Andines, 1967.

MATEOS, Francisco (ed.) (SJ)

(1600) *Crónica Anónima o Historia general de la Compañía de Jesús en la provincia del Perú*, Madrid, CSIC, 1944.

MELÉNDEZ, Juan (OP)

1681-1682 *Tesoros verdaderos de las Indias: historia de la provincia de San Juan Bautista del Perú*, Roma, Imp. Nicolás Ángel Tinaffio.

MAYER, Dora
1918   *El indígena peruano. Estudio sociológico.*
1921   *El indígena peruano a los cien años de república libre e independiente.*
1929   *El indígena y su derecho.*
1930   *Un debate importantísimo en el Patronato de la raza indígena.*
1938   *El indígena y los congresos panamericanos.*
1941   *La India peruana.*
1950   *Indigenismo.*

MOLINA, Cristóbal de (el Cuzqueño)
(1574)   *Fábulas y ritos de los incas*, 1913, Lima, Horacio Urteaga y Carlos A. Romero, 1916.

MURÚA, Martín
(1590)   *Historia del origen y genealogía de los reyes incas del Perú*, de sus hechos, costumbres, trajes y maneras de gobierno, Lima, Urteaga y Romero, 1922 y 1925.

OLIVA, Anello (SJ)
(1631)   *Vida de los varones ilustres de la Compañía de Jesús en el Perú*, Lima, Imprenta y Librería de San Pedro, 1895.

ORE, Luis Jerónimo (OFM)
1598   *Símbolo católico indiano*, Lima, Antonio Ricardo.

ORTIZ DE ZÚÑIGA, Íñigo
(1562)   *Visita de la provincia de León de Huánuco*, Huánuco, Universidad Nacional Hermilio Valdizán, 1967 y 1972.

PEÑA Y MONTENEGRO, Alonso de la
1668   *Itinerario para párrocos de indios*, Madrid, Joseph Fernández de Buendía; Amberes, 1698, 1726 y 1754; Madrid, 1771.

PIZARRO, Pedro
(1571)   *Relación del descubrimiento y conquista de los reinos del Perú*, 1844, Lima, Pontificia Universidad Católica, 1978.

POLO DE ONDEGARDO, Juan
(1554)   *De los errores y supersticiones de los indios*, en *Confesionario*, Lima, Antonio Ricardo, 1585.
(1554)   *Carta de los adoratorios y ceques del Cusco*, en Cobo, *Historia del Nuevo Mundo*, Madrid, Biblioteca de Autores Españoles, 1964.

RAMOS GAVILÁN, Alonso (OSA)
1621   *Historia del célebre santuario de Nuestra Señora de Copacabana y sus milagros, e invención de la cruz de carabuco*, Lima, Ignacio Prado Pastor, 1979.

RELIGIOSOS AGUSTINOS
(1555)   *Relación de la religión y ritos del Perú*, Lima, Francisco A. Loayza, 1952.

RODRÍGUEZ TENA, Fernando (OFM)
(1774) *Misiones apostólicas de la religión de mi padre san Francisco de Asís en América.*

RUIZ DE MONTOYA, Antonio (SJ)
1639 *Conquista espiritual hecha por los religiosos de la Compañía de Jesús en las provincias del Paraguay,* Paraná, Uruguay y Tapé, Bilbao, Mensajero, 1892.
1639 *Tesoro de la lengua guaraní,* Madrid, Juan Sánchez.
1640 *Arte y vocabulario de la lengua guaraní,* Madrid, Juan Sánchez.

SANTA CRUZ PACHACUTI, Juan de
(1613) *Relación de antigüedades deste reyno del Perú,* 1879, en *Crónicas peruanas de interés indígena* (ed. Esteve Barba), Madrid, BAE, 1968.

SANTO TOMÁS, Domingo de (OP)
1560 *Gramática o Arte de la lengua general de los indios de los Reynos del Perú,* Lima, UNMSM, 1951.
1560 *Lexicón o Vocabulario de la lengua general del Perú,* Lima, UNMSM, 1951.

SARMIENTO DE GAMBOA, Pedro
(1572) *Historia de los Incas,* 1906, Buenos Aires, Emecé, 1947.

SOLÓRZANO PEREYRA, Juan de
1648 *Política Indiana,* 5 t., Madrid, Compañía Iberoamericana de Publicaciones, 1930.

TOLEDO, Francisco de
(1570-1572) *Informaciones acerca del señorío y gobierno de los incas,* en R. Levillier, *Don Francisco de Toledo supremo organizador del Perú,* t. II, Buenos Aires, 1940.
(1572-1575) *Ordenanzas que el señor visorrey don Francisco de Toledo hizo para el buen gobierno de estos reinos del Perú,* en R. Levillier, *Gobernantes del Perú,* t. VIII, Madrid, Colección Biblioteca del Congreso Argentino, 1925.

TORRES, Bernardo de (OSA)
1657 *Crónica de la provincia peruana del orden de los ermitaños de San Agustín,* Lima, Ignacio Prado Pastor, 1974.

URIARTE, Manuel de (SJ)
(1767) *Diario de un misionero de Mainas,* Madrid, Consejo Superior de Investigaciones Científicas, 1952.

VALCÁRCEL, Luis
1924 *De la vida inkaika,* Lima, Garcilaso.
1925 *Del ayllu al imperio,* Lima, Garcilaso.
1927 *Tempestad en los Andes,* Lima, Universo, 1972.
1945 *Ruta cultural del Perú,* Lima, Nuevo Mundo, 1965.
1964 *Historia del Perú antiguo,* 3 t., Lima, Juan Mejía Baca.

VALERA, Blas (SJ) (o el jesuita anónimo)
Las costumbres antiguas de los naturales del Perú, 1879, en *Crónicas peruanas de interés indígena* (ed. Esteve Barba), Madrid, BAE, 1968.

VÁZQUEZ, Juan Teodoro (OSA)
(1721) *Crónica de la provincia peruana del orden de San Agustín.*

VILLAGÓMEZ, Pedro
1649 *Exhortaciones e instrucción acerca de las idolatrías de los indios,* Lima, Horacio Urteaga y Carlos A. Romero, 1919.

ZÁRATE, Agustín de
1555 *Historia del descubrimiento y conquista del Perú,* en *Biblioteca peruana,* t. II, Lima, Editores Técnicos Asociados, 1968.

2

CRONOLOGÍA
DE LA BIBLIOGRAFÍA ANTROPOLÓGICA

México   **Perú**

Siglo XVI

	México		Perú
1522	CORTÉS, *Cartas*.		
1530	P. ANGLERÍA, *Décadas*.		
1535	FDEZ. OVIEDO, *Historia*.		
(1535)	QUIROGA, *Información*.		
(1537)	LAS CASAS, *De único modo*.		
1539	VITORIA, *De los indios*.		
1539	VITORIA, *De los indios y del derecho*.		
(1541)	MOTOLINÍA, *Relación*.		
(1547?)	SEPÚLVEDA, *Democrates*.		
(1551)	LAS CASAS, *Apología*.	(1551)	BETANZOS, *Suma*.
1552	LAS CASAS, *Brevísima relación*.		
1552	L. GÓMARA, *Historia*.		
		1553	CIEZA, *Crónica*.
		(1554)	POLO DE O., *De los errores*.
(1555)	MOTOLINÍA, *Carta al emperador*.	1555	ZÁRATE, *Historia*.
(1559)	LAS CASAS, *Apologética historia*.	(1555)	AGUSTINOS, *Relación*.
(1560?)	ZURITA, *Relación*.	1560	SANTO TOMÁS, *Gramática*.
		(1562)	ORTIZ, *Visita Huánuco*.

523

(1566) LANDA, *Relación.*

(1567) MATIENZO, *Gobierno.*
(1567) DÍEZ, *Visita Chucuito.*
(1570-1572) TOLEDO, *Informaciones.*
(1571) P. PIZARRO, *Relación.*
(1572) SARMIENTO, *Historia.*
(1572-1575) TOLEDO, *Ordenanzas.*

(1574) L. VELASCO, *Geografía*
(1579-1580) PASO Y TRONCOSO,
        Papeles.
(1581) DURAND, *Historia.*
(1582) POMAR, *Relación.*

(1574) MOLINA, *Fábula y ritos.*

(1586) JIMÉNEZ DE E. (ed.),
        Relaciones.
(1586) CABELLO BALBOA,
        Miscelánea.
1588   ACOSTA, *Historia.*
(1590) MURÚA, *Origen.*

1596   DÁVILA, *Historia.*
1596   ENCINAS, *Provisiones.*
(1596) MENDIETA, *Historia
        eclesiástica.*
(1598) TEZOCZOMOC, *Crónica.*

1598   ORE, *Símbolo.*
(1598) ÁVILA, *Mitos Huarochirí.*

Siglo XVII

(1600) MATEOS (ed.), *Crónica
        Anónima.*
1604   AGIA, *Tres pareceres.*

1601-1615 HERRERA, *Historia.*

(1605) LIZARRAGA, *Descripción.*
1605   GARCILASO, *La Florida.*
1607   GLEZ. HOLGUÍN, *Gramática.*
1607   G. GARCÍA, *Origen de los
        indios.*
1608   GLEZ. HOLGUÍN, *Vocab.*
1609   GARCILASO, *Coment.*
1612   BERTONIO, *Arte y Vocab.*
(1613) SANTA CRUZ PACHACUTI,
        Relación.

1615   TORQUEMADA,
        Monarquía.

(1615) GUAMÁN POMA, *Crónica*

1617   GARCILASO, *Historia.*

1619   REMESAL, *Historia.*

1621   ARRIAGA, *La extirpación.*
1621   RAMOS G., *Historia.*

(1629)	VÁZQUEZ DE ESPINOSA, *Compendio.*
1632	DÍAZ DEL C., *Historia.*

(1631)	OLIVA, *Varones ilustres.*
1639	CALANCHA, *Crónica* (1.ª parte).
1639	RUIZ MONTOYA, *Conquista.*
1639	RUIZ MONTOYA, *Tesoro.*
1640	RUIZ MONTOYA, *Arte* *y vocabulario.*

(1640)	IXTLILXOCHITL, *Obras.*
1643	REA, *Crónica.*
1645	PÉREZ RIBAS, *Historia.*

1646	ÁVILA, *Tratado.*
1648	SOLÓRZANO, *Política.*
1649	VILLAGÓMEZ, *Exortac.*
1649	AVENDAÑO, *Sermones.*
1651	CÓRDOBA, *Crónica.*

(1653)	TELLO, *Crónica.*

(1653)	COBO, *Historia.*
1653	CALANCHA, *Crónica* (2.ª parte)
1657	TORRES, *Crónica.*
(1661)	FIGUEROA, *Relación.*
1668	PEÑA, *Itinerario.*

1670	BURGOA, *Palestra.*
1673	BASALENQUE, *Historia.*
1674	VETANCURT, *Arte.*
1674	BURGOA, *Geográfica desc.*
1681	VV.AA., *Recopilación.*
1682	MEDINA, *Crónica.*
1698	VETANCURT, *Teatro.*

1681-1682	MELÉNDEZ, *Tesoros.*

Siglo XVIII

(1721)	VÁZQUEZ, *Crónica.*

1722	JIMÉNEZ, *Historia.*
1754	BALTASAR, *Conquista.*
1754	KINO, *Misiones.*
1754	ORTEGA, *Conquista.*
1757	VENEGAS, *Noticias.*
(1765)	TAMARÓN, *Demos-* *tración.*
(1767)	ALEGRE, *Historia.*

(1767)	URIARTE, *Diario.*
(1771)	AMICH, *Historia.*

(1772)	CORTÉS LARRAZ, *Descripción.*

(1774)	RODRÍGUEZ TENA, *Misiones.*

1780	CLAVIJERO, *Historia.*

(1790) MARTÍNEZ COMPAÑÓN,
     Historia.
(1790?) CHANTRE, *Historia.*

Siglo XIX

1813 MIER, *Historia.*
1820 MIER, *Carta.*
1864 PIMENTEL, *Memoria.*
1874 PIMENTEL, *Cuadro.*

Siglo XX

1905 GLEZ. PRADA, *Nuestros indios.*

1909 MOLINA E., *Los grandes problemas.*
1916 GAMIO, *Forjando patria.*

1918 D. MAYER, *El indio peruano*
1918 D. MAYER, *El indio a los 100 años.*

1922 GAMIO, *La poblac. Teotihuacán.*
1922-1929 IZAGUIRRE, *Historia.*

1924 LOMBARDO, *El problema educativo.*
1924 CASTRO P., *Nuestra comunidad.*
1924 VALCÁRCEL, *De la vida inkaika.*
1926 VALCÁRCEL, *Del ayllu al imperio.*
1927 VALCÁRCEL, *Tempestad.*
(1927) HAYA, *El problema indio.*
1928 MARIÁTEGUI, *Siete ensayos.*
1929 MARIÁTEGUI, *Ideología.*
1929 D. MAYER, *Indio y su derecho.*
1930 D. MAYER, *Debate.*
1930 J.U. GARCÍA, *Nuevo indio.*

1931 LOMBARDO, *Geografía*
1931 BELAÚNDE, *La realidad nacional.*

1933 SÁENZ, *Sobre el indio peruano.*
1933 BELAÚNDE, *Meditaciones peruanas.*
1933 SÁENZ, *Sobre el indio ecuatoriano.*

526

1935	GAMIO, *Hacia un nuevo México.*
1936-1961	LOMBARDO, *El problema indio.*
1940	AGUIRRE, *El Señorío de C.*
1946	AGUIRRE, *Población negra.*
1948	GAMIO, *Consideraciones.*
1952	AGUIRRE, *Población indígena.*
1953a	AGUIRRE, *Formas de gobierno.*
1953b	AGUIRRE, *Teoría y práctica.*
1953	CASO, *El pueblo del sol.*
1954	AGUIRRE, *Las instituciones.*
1955	AGUIRRE, *Programas de salud.*
1957a	AGUIRRE, *Proceso de aculturación.*
1957b	AGUIRRE, *Cuijla.*
1958	CASO, *Indigenismo.*
1963	AGUIRRE, *Medicina y magia.*
1967	AGUIRRE, *Regiones de refugio.*
1970	WARMAN, *De eso que llaman...*
1976	AGUIRRE, *Obra polémica.*
1979	VV.AA., *Indianidad y descolonización.*

1936	CASTRO P., *Del ayllu.*
1938	D. MAYER, *El indio.*
1941	D. MAYER, *La india.*
1942	D. MAYER, *Peruanidad.*
1945	CASTRO P., *El yanaconaje.*
1950	D. MAYER, *Indigenismo.*
1952-1970	ARGUEDAS, *Formación.*
1964	VALCÁRCEL, *Historia.*
1968	ARGUEDAS, *Las comunidades.*
1975	COLOMBRES (ed.), *Por la liberación.*
1977	COLOMBRES (ed.), *Hacia la autogestión.*

3

ANEXO BIBLIOGRÁFICO

ALBO, Xavier (comp.)
1988 *Raíces de América. El mundo Aymara*, Madrid, Alianza América.
ALCINA FRANCH, José (comp.)
1990 *Indianismo e indigenismo en América*, Madrid, Alianza.
BONFIL BATALLA, Guillermo
1981 (Comp.), *Utopía y revolución. El pensamiento político contemporáneo de los indios en América Latina*, México, Nueva Imagen.
1987 *México profundo. Una civilización negada*, México, Grijalbo.
BRADING, David A.
1992 *Orbe indiano. De la monarquía católica a la república criolla, 1492-1867*, México, FCE.
BURGA, Manuel
1988 *Nacimiento de una utopía. Muerte y resurrección de los incas*, Lima, Instituto de Apoyo Agrario.
CASTILLA URBANO, Francisco
1992 *El pensamiento de Francisco de Vitoria: filosofía política e indio americano*, Barcelona, Anthropos.
CONSEJO EPISCOPAL LATINOAMERICANO
1987 *De una pastoral indigenista a una pastoral indígena*, Bogotá, CELAM.
FARRISS, Nacy M.
1992 *La sociedad maya bajo el dominio colonial*, Madrid, Alianza América.

FERNÁNDEZ HERRERO, Beatriz
1992 *La utopía de América: teoría, leyes, experimentos*, Barcelona, Anthropos.

FLORES-GALINDO, Alberto
1987 *Buscando un inca: identidad y utopía en los Andes*, Lima, Instituto de Apoyo Agrario.

LEÓN-PORTILLA, M., M. GUTIÉRREZ, G. GOSSEN y J. KLOR (eds.)
1992 *Depalabra y obra en el Nuevo Mundo*, t. 1, *Imágenes interétnicas*; t. 2, *Encuentros interétnicos*, Madrid, Siglo XXI.

MILLONES, Luis (comp.)
1990 *El retorno de las Huacas*, Lima, IEP.

PEREÑA, Luciano
1988 (Ed.), *Carta Magna de los Indios*, Madrid, Consejo Superior de Investigaciones Científicas.
1992 *La idea de justicia en la conquista de América*, Madrid, MAPFRE.

OSSIO, Juan M.
1992 *Los indios de Perú*, Madrid, MAPFRE.

PAGDEN, Anthony
1988 *La caída del hombre natural. El indio americano y los orígenes de la etnología comparativa*, Madrid, Alianza América.

RESINES LLORENTE, Luis
1992 *Catecismos americanos del siglo XVI*, 2 t., Salamanca, Junta de Castilla y León.

SALVADOR RÍOS, Gregorio
1991 *Comunidad andina, migración y desarrollo endógeno*, Lima, Centro de Estudios para el Desarrollo y la Participación.

STEIN, William W.
1988 *El levantamiento de Atusparia. El movimiento popular ancashino de 1885*, Lima, Mosca Azul.

STERN, Steve J.
1986 *Los pueblos indígenas del Perú y el desafío de la conquista española*, Madrid, Alianza América.

VV.AA.
1988 *Identidad, etnocidio e indigenismo en América Latina*, México, INI y CEMCA.
1988 *Instituto Nacional Indigenista: 40 años*, México, INI.

4

ÍNDICE ONOMÁSTICO

El presente índice recoge todos los nombres de personas que aparecen en el texto y en las notas con la página o páginas respectivas, pero no incluye los nombres de la bibliografía final. Cuando en el texto se expone el pensamiento de un autor, de modo que éste deberá aparecer repetidas veces en dichas páginas, en el índice sólo se han recogido, en cursiva, la primera y la última páginas correspondientes, separadas por un guión. El índice, que es completo en cuanto a los personajes históricos, es sólo selectivo en cuanto a los personajes míticos de la mitología azteca, maya, inca o amazónica. Tampoco se recogen los nombres de las editoriales, pero sí los de los editores.

ÍNDICE

ÉPOCA COLONIAL (1550-1650)

ÉPOCA MODERNA (1920-1980)

APÉNDICE